云南古代物产大系

江燕　毕先弟　编著

（下）

中国文联出版社

二十二、虫之属

综述

虫之属十一[①]：蛇、蛤蚧、蚱蜢、蜻蜓、蛙、蝉、蝼蛄、蟆、蟹、水蜈蚣、螺、蜂、蚁。（万历《云南通志》卷3《蒙化府》第28页）

虺虫之属九：乌蛇、碎蛇、土蜂牙、水蜈虹、瑟虫、螃蟹、蟆蛉、蜥蜴、蜂。（万历《云南通志》卷4《顺宁州》第24页）

虫有蝼、蝈、螳螂、蟋蟀、水蛭、虻、蚊、蚁、蜗牛、蜥蜴、萤火、蜘蛛、蝶、青蜓、蛱、蚯蚓、螽斯、虾蟆、青蛙、蝌蚪、斑猫、蜈蚣、蜓蚰、蠐虎、守宫、螺蠃、蝉、蜩、蟋蛄、蜂、蛲螂。（天启《滇志》卷3《云南府》第113页）

虫之属，如穿山甲。（天启《滇志》卷3《楚雄府》第116页）

虫之蛤蚧、蚱蜢。（天启《滇志》卷3《蒙化府》第117页）

山中草棘丛生，其枝颠皆有泥结如巨丸，盗其中，有虫居焉，不知其何虫也。（天启《滇志》卷3《广南府》第120页）

虫鱼之族，有脆蛇，见人则碎[取而干之，蛇分为数节，入药良。]人见其碎也而去之，复为蛇，形如初。土蜂者，如蜜蜂而大，其螫弥毒，每春末为房于树上，大如斗，秋末冬初间，有为阴霜杀而坠地者，余皆入地穴。穴有前后两门，土人物色得之，塞其后，火其前，蜂皆熏死，

------

① 十一　　按文意为十三。

取其子以为美馔,所伤实多。或曰即记所称八珍之一,曰腊是也。其服食亦曰蜂牙腐,即此虫为之。或者又曰,土蜂在土中,土人掘土乃可得,在树杪者,露蜂房也,其种类固难穷矣。刀鱼者,不知其形何似,流黄于鱼类,亦闻所未闻矣。(天启《滇志》卷3《顺宁府》第120页)

虫之属:蝙蝠、螳螂、蝉、蚯蚓、蛇、虾蟆、螽斯。(康熙《晋宁州志》卷1第14页)

虫之属:蛇、石蚌、土蜂、青鸡、蜈蚣。(康熙《嵋峨县志》卷2)

虫之属:蚕、蚊、蜂、萤、蜩、蛙、蛇、蟋蟀、蝴蝶、促织、蜉蝣、螳螂、蚯蚓、蜘蛛、蝼蝈、苍蝇、蜈蚣。(康熙《澄江府志》卷10第8页)

虫之属:蛇、石蚌、青鸡、蜈蚣、蛤蟆、蜜蜂、土蜂、岩蜂、葫芦蜂、草蜂。(康熙《新平县志》卷2第322页)

虫之属:蜜蜂、蝉蝶、螳螂、蚁、蛇、蝎、萤、蚊、蟋蟀、螽斯、蚯蚓、蛙、蜻蜓。(乾隆《弥勒州志》卷23第118页)

虫:蜂、蝉、蝶、蚁、蛇、蝎、蛙、萤、蝇、蚊、螳螂、蟋蟀、螽斯、蚯蚓、蜻蜓。(乾隆《陆凉州志》卷2第30页)

虫属:蚕^{暖地多产,茧织土绸}、蝉、凤子^{有五色}、蜂^{有蜜蜂、土蜂、细腰、胡卢数种}、蚁^{有黄黑飞二种}、螳螂、萤、蛋、蟋蟀、龟、蛙、田鸡、蚯蚓、蝌蚪、蜥蜴、蝇、蝨^{俗作蚊}、蜉蝣、蜘蛛、伏翼^{一名蝙蝠}、蚰、螽斯、蜻蜓。(乾隆《赵州志》卷3第59页)

其虫属,则蚕、蝱、蝶、蝉、萤、蟋蟀、蝇、蜘蛛、蝙蝠、蚊、蝱、蚱蜢、蜉蝣、蜻蜓、螳螂、蛇、蝎、龟、虾蟆、蝌蚪、蛴螬、蜗牛、蚓。而黄莺儿虫极细,无声,呴即发痒,名可爱而虫可恶。(乾隆《腾越州志》卷3第28页)

虫类:蝉、蜩、螳、蜂、蝶、蜻蜓、蚊、蝇、促织、蟢、蠓、蜗、蚓、鼀、蚂蝗、百足虫、蝇虎、蜈蚣、蜑。(乾隆《东川府志》卷18第5页)

昆虫之属:有蝉、螳螂、蟋蟀、蝼蝈、蜜蜂、蜢蚱、蝴蝶、蜻蜓、金凤雀、蟾蜍、蛙、蝎虎^{俗呼苍蝇老虎}、蜘蛛、蚯蚓。(乾隆《黎县旧志》第

14 页）

按《尔雅·释虫》，皆陆虫也。而于蜎、蛭、蚪斗、蟾、黾、守宫之水居者，统归之于《释鱼》。鱼兼鳞、介以为言，守宫、龙子，故陆居而附于水族，古人分类之精，至于如此。其《释虫》不过五十余种，琐碎不足为民生日用所取资。未特著蚕，蚕有三种：曰螝，曰雔由，曰蚢，皆能成茧。螝即今蚕，食桑。雔由食樗、棘、栾。蚢食萧。蚕类既多，食叶又兼乎桑、樗、栾、萧，皆叶之蠹也。圣人使之各得成茧，利益于民生日用。夫采蘩可以饲不齐之蚕，则蚢之食萧，岂有不足信者乎？后来失其遗法，仅知桑、柘之能养蚕，而利源不广耳。迩来毛辣虫之患，在山则松柏叶俱尽，入园林则花柳果菜叶俱尽，且有入洲渚食芦叶俱尽者。初生毛载辣人手，老则刺脱如蝎，脊金色，或有角，窜老树杈缝间，作茧自裹。入春化为蛾蝶，遗子仍为毛辣虫，其恼人如此。若使蚕失所以畜之，尽化野蛾蝶，恼人更甚于毛辣虫，安望其衣被天下？乃知《周礼》设官分治，虫豸之细，亦攻治之法所不遗，盖为此也。昆明、拓东，古有蚕桑之利，后来惟通海工织缎，近岁亦绝迹，则蚕事无可言矣。次蚕丝以利民者为蜂蜜、虫蜡，《尔雅·释虫》举土蜂、木蜂，名见而已，不言酿蜜。郭注："江东呼大蜂，地中作房为土蜂，啖其子，似土蜂而小，树上作房为木蜂，又啖其子。"意谓江东人俱啖其子，比供豆之蜗、范耳。《邢疏》不甚分明，壹似二蜂自啖其子者，读之令人胡卢。土蜂窠于土穴，木蜂窠于树林，其窠于崖穴，亦土蜂也，皆能酿蜜。即李氏《纲目》于二蜂外，另著土蜂，谓亦能酿蜜，又谓江东人啖土蜂及木蜂子，则知《尔雅》不言作蜜，蜜从蜂出，总括于土、木二窠，但有家畜、野生，形质巨细之异，其实皆酿蜜之蜂也。滇南崖蜜，既有志矣，而以蜜、糖从类，故入于《志果》，而酿出自蜂，故于《虫鱼》之后发明之。至于白蜡生于蜡树，利用更胜于蜜底之黄蜡，故入之《志草木》，而其发实缘于虫，则昆虫之利于民生日用其表表者也。故推原《尔雅·释虫》与《释鱼》，见古经分部列品之精意，使后来览之者，知所原本焉。（《滇海虞衡志》第207页）

虫豸之属二十五：蚕、蜂、蝶、蝉、萤、蟋蟀、蝇、蜘蛛、蝙蝠、蚕

斯、蟊蟲、蚱蜢、蜉蝣、蜻蜓、螳蜋、虺、蜥蜴、䵷、蝦蟆、科斗、蚂蚱、蛴螬、蜗牛、蚁、蚯蚓。(道光《昆明县志》卷2第7页)

《论虫豸之属》：谷雀，田间蚱蜢也，每岁秋穫时，儿童攫而微煮之，作老红色卖于市，曰谷雀。一名蚂蚱，买得者掐而去其项与翼，油煠之，蘸以椒盐，味绝佳，可下酒。土人又谓能解炉烟毒，销积滞也。檀萃《滇海虞衡志》：螺峰山圆通寺有蝴蝶会，每岁春夏间来集，寺壁皆满，后不来者二十余年，辛亥四月朔忽至。赵樸庵言：彝人炙带蛹小蜂窝，以为珍品。恐传之中土，将来贵必如燕窝，然此亦古礼，上公二十四豆，范与蜩并列，岂以为虫而轻之。燕窝与海参，见重于中国，甫百余年，前此无所著闻也。若使滇南蜂窝菜得行，亦可竞胜于山右。天花菜，彼菜犹带蚳臊气，蜂窝则悬结清高，燕窝险隔重洋，蜂窝则稳行陆地，以二窝相校，则蜂窝处其优矣。桂馥《札樸》：毛虫螫人者，俗呼毛辣虫。案《尔雅翼》云：載虫，背有毒毛能螫人，俗曰杨瘌子(虫)。《说文》：楚人谓药毒曰痛瘌，音如辛辣之辣。此即《尔雅》蛅，毛蠹。陶注《本草》：蛅蟖，毛虫也。其背毛螫人。陈藏器《本草》云：蚝虫好在果树上，大小如蚕，身面背上有五色斑文，毛有毒，能螫人。(道光《昆明县志》卷2第20页)

虫属：蚕、蜂、萤、蚊、蛙、脆蛇、蟋蟀、蛤蚧、蜈蚣、螳螂、蝴蝶、蜘蛛、蜻蜓、蝙蝠、穿山甲、斑蝥、蝉、蟑、蜗。(道光《广南府志》卷3第4页)

虫之属：岩蜂蜂，一名大黑蜂，又名七里，大如蛾，能蛊牛。(道光《新平县志》卷6第23页)

虫之类：蛇、蜈蚣、蛤蟆、蝉、蜜蜂、土蜂、蛙、石蚌、班猫、蚯蚓、青鸡、田鸡、蚕。旧《县志》(道光《续修易门县志》卷7第169页)

虫之属：蚕、蚊、蜂、萤、蜩、蛙、蛇、蟋蟀、螟蛉、蝴蝶、促织、蜉蝣、螳螂、蚯蚓、蜘蛛、蝼蛄、苍蝇、蜈蚣。(道光《澄江府志》卷10第8页)

虫之属①：蚕、折腰蜂、蜂窝、毛辣子、蜻蛉、芫青、冰蛆、蛊、鳞蛇　谨案：旧《志》尚有蟊、蝶、蝉、萤、蟋蟀、蝇、蜘蛛、蝙蝠、螽斯、蚊、蚤、蚱蜢、蜉蝣、蜻蜓、螳螂、蜥蜴、蕈、虾蟆、蝌蚪、蟓蜻、蜗牛、蚁、蚯蚓，皆滇产。（道光《云南通志稿》卷68《通省》第31页）

虫属：蚕、蠡、螳、蝉、萤、蟋蟀、鼪鼠、蝙蝠、蜻蜓、螳螂、蛇、蜥蜴、蕈、田鸡、虾蟇、蝌蚪。（咸丰《南宁县志》卷4第14页）

虫属：蜜蜂、蜻蜓、蝴蝶、螳螂、促织、田螺、萤、蜘蛛、虾蟇、蝉、蚯蚓、蚁。（光绪《永昌府志》卷22第6页）

虫之属②：脆蛇、青竹飙、蛤蚧、金蛾、蚁、断肠草、蚕、毛辣子、蜻蛉、芫青、蛊、蜂　谨案：顺宁尚有蝶、蝉、萤、蟋蟀、蝇、蜘蛛、虾蟆、青蛙、蛇、蝙蝠、螽斯、蚊、蚱蜢、蜉蝣、蜻蜓、螳螂、蚁、蚯蚓、多脚虫、蚂蝗、蛂螂、螟蛉、蝇、虎尖、棕蟊、蛾蝇、壁虎、蜈蚣。（光绪《续修顺宁府志》卷13第26页）

虫豸属：蚕　而茧，织锦缫精致。《唐书·南蛮志》：南诏自曲、靖州至滇池，人水耕食，蚕以柘蚕，生阅二旬，又南蛮庄蹻之裔，正月蚕生，二月熟。旧《云南通志》：热地多产，蚕织土绅。谨按：宜邑多桑树，间有育者，三月间蚕自卵中孵出，饲以桑叶，数日蜕其毛，渐毛渐蜕，凡四次，蚕以长成，体灰色而多节，前后足共八对，由是吐丝作茧成缫，取其丝以作服物之用　、蜂、蝴蝶、蝉、萤、蟋蟀、蝇、蜘蛛、蝙蝠、螽斯、蚊、蝱、蜉蝣、穀雀　田间蚱蜢也，一名蚂蚱。每岁秋获时，儿童擢而卖于市，买得者招中去其项与翼，油煠之，蘸以椒盐，味色佳，可下酒。土人又谓能解炉烟毒，销积滞也　、蜻蜓、螳螂、蜉蝣、蛇　有青蛇、乌蛇、白蛇、脆蛇、称榉蛇数种、蜥蜴、虾蟆、蝌蚪、蜗牛、蕈、田鸡、蚁、蜈蚣、蝼蝈、蟪蛄、蛴螬、蚂蝗、蚯蚓、柴虫、竹节虫、蠹、壁虎　俗名山白猴、土鳖、毛辣虫　桂馥《札樸》：毛虫螫人者，俗呼毛辣子。按《尔雅翼》云：蛓虫，背有毒毛能螫人，俗呼杨瘌虫。《说文》：楚人谓药毒曰痛瘌，音如辛辣之辣。此即《尔雅》蛞，毛蠹。陶注《本草》：蛞蜥，蛓虫也，其背毛螫人。陈藏器《本草》云：蛓虫，好在果树上，大小如蚕，身面背上有五色斑文，毛有毒，能螫人。（民国《宜良县志》卷4第33页）

昆虫类：蚕、蝶、蜻蜓、蚂蚱、蚯蚓、竹节虫、蛇、蜈蚣、蝉、柴虫、蠹鱼、花瓶虫、蜘蛛、蝌斗、萤、蝇、蝙蝠、螽螽、蕈、蜉蝣、蜗斗、蚁、蜂。（民国《路南县志》卷1第49页）

虫之属二十：蚕、蜂、蝶、蚁、蝉、蛾、萤、蛙、蜥蜴、蚱蜢、蜻蜓、蜗牛、虾蟆、螳螂、蜈蚣、蜉蝣、天牛、蚯蚓、蜘蛛、蝌蚪、蝼蛄、蚂蝗、蝗。（民国《邱北县志》册3第16页）

昆虫：蝉、蜂、螟蛉、蝇、蚊、蚕、蟋蟀、螳螂。（民国《富州县

① 属下各虫，原本皆有注释，详见各虫名下。
② 属下各虫，原本皆有注释，详见各虫名下。

961

志》第十四第 86 页）

昆虫之属：蚕、蛾、蟋蟀、蚂蟥、蜥蜴^{即四脚蛇}、多脚虫^{形似蜈蚣行甚速}、蝶、萤、蝼蛄、螳螂、斑猫、草鞋虫、蚁^{有黄黑二种}、蛙、蜻蜓、蜉蝣、灶马、牛皮虫^{变水母鸡}、蝉、蛇、蜗牛、蚯蚓、蛕虫、七里蜂、蚱蜢、蜂、蟢^{蜘蛛的一种,常于墙上做钱大白色的小窠}、虾蟆、射公^{俗呼山别猴}、葫芦包^{蜂名}、蠹、蜘蛛、蜈蚣、蝌蚪、蜣螂^{俗呼壳牛矢}、白花蛇、蚊、苍蝇、壁蝨、水蠆^{蜻蜓之幼虫}、尺蠖^{俗呼刖步虫}、蜾蜂^{细腰}、土蚕、毛虫^{俗呼毛辣虫}、黄石蚌。（民国《嵩明县志》卷 16 第 242 页）

昆虫：虫之处亦类繁,邑所有者,蚕也,蜂也,蝶也,蝉也,萤也,蟋蟀也,蝇也,蜘蛛也,蝙蝠,螽斯也,蜉蝣也,螳螂也,蚁也,蚯蚓也。（民国《维西县志》卷 2 第 39 页）

（昆虫）蜂、蜜蜂、马蜂、岩蜂、蛾、蝶、蝇、毛虫、马蟥、蚂蚁、蟒蛇、墨蛇、青竹螵、花蛇、黄鳝、泥鳅、刺螺、田螺、蛤蚧、蝌蚪、螳螂、蟋蟀、蚯蚓、蜘蛛、萤火虫、卷叶虫、浮尘子、蜻蜓、水蠆、蚱蜢、天牛、蜗牛、蝉、穿山甲、壁虎、金线蛙、青蛙、蟾蟆、螃蟹。（《宁蒗见闻录》第 2 篇第 63 页）

虫类：蜂、蚕、蝶、蛾、蚁、萤、蝉、蛔、蜣、蚤、蜘蛛、蟋蟀、蚱蜢^{俗名麻蚱,又名谷雀,土人捕卖于市,炙以荐酒,味佳}、蜉蝣、螳螂、蜈蚣、蚯蚓、蝗蝗、水蛭、蝇、蚋、蚊、蚤、凯虱、柳树虫^{产柳树内}、寸金虫^{俗呼竹节虫,产灰土中,与柳树虫皆为小儿出风发表妙药}。（楚雄旧志全书"楚雄卷下"宣统《楚雄县志述辑》卷 4 第 1051 页）

虫之属,蚕少、蜜蜂、蝴蝶、蝼蛄、蟋蟀、萤、蝇、螽斯、蛐子、蜉蝣、蜻蜓、螳螂、蛇、蚯蚓、鼋、龟、虾蟆、蝗、蝉、蝉蜍、蜥蜴、蜘蛛、蝌蚪、蛕、蜚、蚁、蚊、虻、螬、蛾、蟭蟟、秋蝉、斑毛、蜈蚣、蜻蟑、蛐蜒、蛭、守宫、蚯虫。（楚雄旧志全书"双柏卷"乾隆《碍嘉志》第 232 页）

虫属,蝶、萤、蝉、蟋蟀、蜻蜓、螳螂、蜘蛛、蝇、蚊、蝦蟆、蚓、蚕。（楚雄旧志全书"牟定卷"道光《定远县志》第 247 页）

昆虫之属：蚱蜢^{俗名麻蚱,一名麦蚱,又名谷雀,谷熟时,土人捕而卖于市,炙以荐酒,味颇佳}、蟋蟀、蜂、蝶、水蛭、竹鼠^{出州南永宁乡、阿雄乡诸处,肉甚美,烹食最佳,齿可刻竹}。（楚雄旧志全书"南华卷"光绪《镇

南州志略》卷 4 第 358 页)

昆虫之属：蚱蜢^{俗名麻蚱，一名谷雀,谷熟时土人}、蟋蟀、蜂、蝶、水蛭、竹鼠^{出阿雄乡、永宁乡诸处,齿}_{可刻竹,肉甚美,烹食最佳。}（楚雄旧志全书"南华卷"民国《镇南县志》卷 7 第 636 页）

虫之属：蜜蜂、蛱蝶、蜻蜓、蝉、萤、蛴螬、蟋蟀、螳螂、蚯蚓、螽斯、斑蝥、蝌蚪、蚕、蜘蛛。按：姚地产蚕，始于嘉庆二十三、四年间，至今出丝渐多，岁计可得四五千斤，固从前未有之利。（楚雄旧志全书"姚安卷上"道光《姚州志》卷 1 第 243 页）

虫之属：增补六种：蚱蜢，土人食之，呼为"蟆蚱"，亦曰"谷雀"，秋获时，儿童收而卖于市。炙以荐酒亦佳。蜻蛉，土人呼为虹虹。每六七月间，款款群飞。蛉河中尤多，此蜻蛉河之所以得名也，而绛绡赤足亦有。飞蛭，出县华山深林中。每雨水盛时，人有经过者，即飞集手足上，初甚微茫不觉，迨痛痒视之，则庬然大矣。喙深入毛孔不脱，以刃刮去，血淋漓焉，亦异物也。飞蚁，即《本草》所谓"螱"也。每大雨后，出穴群飞，土人以其飞之高下卜阴晴，云"蚁腾空，日影红；蚁扑地，雨将至。"大蝦蟇，山谷中最多，能嘘气作瘴，其色如虹，中者发疟。南界有夷人，一长一少，宿羊于山，夜逢大雨，雨止，燃薪燎衣，闻有郭索声，视之，见大蝦蟇如五六岁小儿，寻火光而来。长者惊避，少者自负力壮，取木桩击之，良久始去。每一击，则痱瘟中浆出如噀，洒溅满身。天晓回家，见浆溅处绿色深入骨际，是日即毙。长者三日内亦毙。青竹剽，出深山中，绿色。桂馥《札樸》云："此蛇善逐人，其行如飞，击以木不中，惟竹之单节者能毙之。"（楚雄旧志全书"姚安卷上"光绪《姚州志》卷 3 第 567 页）

虫属：县西旋涡塘田土肥美，禾稼坚好。近年忽生一种异虫俗呼负矢虫，专食禾苗，饭则粪出于背，负之而行，亦害虫之特种也。（楚雄旧志全书"姚安卷上"民国《姚安县地志》第 904 页）

虫属：《王志》十四：蜜蜂、蛱蝶、蜻蜓^{即蜻}_蛉、蝉、萤、蛴螬、蟋蟀、螳螂、蚯蚓、螽斯、斑蝥、蝌蚪、蜘蛛、蚕。注：蜜蜂，各乡均有，所产蜜、腊为出品大宗。尚有山蜂，体较大，前端有长须；熊蜂，腰部赤黄,又名葫芦蜂,此二种均巢于山中木石上或废寺檐间;赤蜂,俗呼马蜂;青蜂,俗呼椽蜂;土蜂,巢于墙壁间;马尾蜂,则具三长尾;没食子蜂,长二分许,触角端直,翅甚长,腹部侧扁,初寄生于动植物之体,生于植物者,刺植物茎叶产卵,注射毒液使生虫瘿,初青,后成暗褐色,为有机化合物之一,恒由五倍子中析出,制之为白色细针形之结晶,有光色,无臭,味涩微酸,与绿(氯)化第二铁化合成青黑之沉淀,可制蓝墨水,为染色鞣皮等工业上之重要物品。蛱蝶,有凤蝶,形大而色美,幼虫嗜食橘柑之叶。斑蝶,形小,常卷稻叶作巢,为禾稻之害。粉蝶、黄蝶,幼虫均嗜食菜叶。蜻蜓,《甘志》:土人呼为虿虿,每岁六七月间,款款群飞,蛉河中尤多,此蜻蛉河之所以得名也。而绛绡赤足亦有,尚有草蜻蜓,即草蜉蝣,常捕食蚜虫。其卵具长柄,排列如花,佛氏称为优昙花。蛟蜻蛉,又名白齿蜉蝣,捕食蚁等小虫。黄蜻蛉、大蜻蛉、黑蜻蛉、鬼蜻蛉等,均为益虫。惟鬼蜻蛉身大头巨,俗呼为大头虿虿。蝉,有春蝉、夏蝉、寒蝉三种,均害虫,但蝉蜕能明目。萤,尾部有发光器,呼吸时空气传入,生氧化作用,发光美丽。蛴螬,为金龟子之幼虫,白幼虫至成虫,均为稻、蔬、花果之害。蟋蟀,身油亮,有油葫芦、金钟儿、金琵琶等分别。螳螂,前足肥大如镰,善捕食害虫,药用之桑螵蛸即其巢之坚凝者也。蚯蚓,疏松土质,为农家益虫。螽斯,则为害虫。斑蝥,陶宏景《本草别录》:斑蝥一虫五变,在芫花上者为芫青。县属多产黄豆苗中,可攻猘犬毒。蝌蚪,蛙之幼虫。蜘蛛,于屋角檐中张网,尚有络新妇,网如车轮。岩蜘蛛,营巢山岩土中。平蜘蛛,凝丝壁间如钱,故名壁钱。大蜘蛛,体形颇大。蝇虎,则跳跃壁间。蠼螋,则足细如丝;螲蟷,一名袋蜘蛛,栖树根及墙基间,均捕食昆虫。蚕,《王志》:姚中养蚕始于嘉庆二十三年,至今出丝渐多,岁计可得四五千斤,实昔年未有之利。惟昔日只知土法养育,现新法始由配蛾、产卵、孵卵、饲叶、调节温度、清洁蚕室、除沙、上簇、烤茧、缫丝,均用科学改良新法。并夏、秋二季均可养育,故获利丰而收效著,甚望职司农业者加意提倡而改进之,并见农业。《甘志》四:蚱蜢,土人食之,呼为蟆蚱,亦曰谷雀^{昆明所呼}谷花雀,非蚱蜢,秋获时儿童收而卖于市,炙以荐酒亦佳^{按:是一种益虫,}食之有益无害。飞蛭,出崀华山深林中,每雨水盛时,人有经过者,飞集手足上,初甚微茫不觉,迨痛痒视之则庞然大矣,喙深入毛孔不脱,以刀割去,血淋漓焉,亦异物也^{按:飞蛭即山蛭,俗呼旱蚂蝗,非真能飞也。栖山谷土石间,降雨时则升于枝叶间或草际,闻人之足声近则急附着之,以吸其血液甚为害}。飞蚁,即《本草》所谓蝘也,每大雨后出穴群飞,土人以其飞之高下卜阴晴,云:"蚁腾空,日影红;蚁扑地,雨将至"。青竹飙,出深山中,绿色。桂馥《札樸》云:此蛇,善逐人,其行如飞,击以木不中,惟竹之单节者能毙之。增补五十八:蜥蜴、守宫、蛇舅母三种。蜥蜴、守宫,均食昆虫,无毒害。蛇舅母,俗名四脚蛇,尾较长。赤楝蛇,有淡黄而赤黑斑,或赤色而黑斑数种,均无毒。麻蛇,有黄绿白等种,亦无毒,善捕鼠。青蛇,形较长大,亦善捕鼠。响尾蛇,尾下有角质鳞片多枚,动则发声,有剧毒。紫贝武产一种寸筋蛇,见人则惊断为数节,人去则接合而去^{按:邑中毒蛇甚多,视其头如三}^{角形者,即为}^{有毒之蛇。}红娘,一名瓢虫,有食害虫者。龙蝨,生污水中,俗呼水母鸡。水黾,即豉豆虫,行水面如转轮,系益虫。蚕蛾,即蚕之羽化者,初为桑之害虫,因人饲养而造绢丝,遂成为著名之益虫。糠虾,俗名虾子,可供食用。此数种,多属益虫。天牛,一名角虫,又名发切虫,木蠹虫之羽化者也,常穿孔于竹木而产卵,故为森林大害。蜣螂,常运粪。叩头虫,秋夜灯前,常跳动作叩首状,亦害虫。谷象,为谷米害虫。吉丁虫,为松树害虫。尺蠖蛾,即尺蠖之羽化成虫者,有绿灰褐等种。蛄蟖,俗呼毛痢虫,其背毛螫人,蚀害桑之新芽后,卷叶作茧,成蛾产卵叶背。谷蛾,则蠹食仓谷。螟蛾,幼虫蠹入稻秆吸食髓液,卵子附着叶部,年发生二次,甚为稻害。蝇,有家蝇、青蝇、大麻蝇、蚕蛆蝇等。虻,有黄虻、圆虻、家畜虻、食虫虻等。蚊,有普通蚊、蚊姥、斑蚊等,斑纹为疟疾、热病传染之媒介。蚤,亦传染媒介。蚜虫,有蚁卷、蚁牛等名,为植物害虫。介壳虫,则以介壳覆体,形如小贝,大为植物之害,惟白蜡虫有益。浮尘子,俗呼蜢子,种类甚多,为稻之害虫。椿象,前翅硬似甲虫,身放臭气。负矢虫,即其一种,大为稻害。甘仲贤《乡土科书》:州西旋涡塘,田土肥腴,禾稼坚好,近年忽生一种异虫,俗呼负矢虫,专食禾苗,食饱则粪出于背,负之而行,水荡粪落,或积禾茎,或浮水面,人足触之黏腻,皮肢浮肿作痒,在秋前不检去此虫,则禾渐萎败,全无收成,当究其原因,设法去之也。文龙河亦多此虫,秋初背上矢乾色白,潜伏其中,数日后成蛾产卵田中,明年夏间复孵化为幼虫。红娘华,俗呼筊筊虫,生沟渠中。田鳖,亦生沟渠中。虱与壁虱,俱因不洁而生。羽蚁,一名白蚁,生朽木中。蝗,较螽斯大,俗呼老糯米。蝼蛄,为小麦、葡萄等害虫。蜚蠊,全体油黑。灶马,全体赤褐。断肠草,《札樸》:断肠草马误食,则肠断而毙,形如枯草,长三四寸,六足,前两足能直出,相并在草,终日不动,驱之不去。剪其首,出蓝汁亦不仆,汁尽乃死。竹节虫,形如草木茎。蠹鱼,为衣服、书籍之害虫。跳虫,则夏日檐溜及水边甚多。恶蚖,栖书物、木皮下。蜈蚣,具有毒腺。马陆,俗名过山龙。鼠妇,俗呼草鞋虫。水蛭,俗呼蚂蟥,栖水塘、沟渠,附着人体则破皮吸血,故甚有害。牛虱、毛囊虫、疥癣虫、蛔虫、蛲虫、旋毛虫、绦虫、脏蛭,皆寄生于人畜,为害最大,凡此多种。均为农业及人生之害虫,吾人不可不深加注意。论曰:旧时志乘于羽毛、鳞介之属,但举十数名称,即征考故实,亦仅称是。本篇物鉴其弊,创例加详,盖因人与动物血缘较近,且同居一地,直接间接利害影响较大,苟能精研深究,即可明生物之进化,以之兴利除害,亦可积渐而成功,初非毫无凭藉,难于实现者。孔子曰:"多识鸟兽草木之名",所深为小子致意也。(楚雄旧志全书"姚安卷下"民国《姚安县志》卷43第1654页)

虫之属:蚕、䖂、螽斯、蠭、蟋蟀、蝶、茧、蛾、蠮螉、蜻蜓、蜘蛛、蝇、螽、螽、蝙蝠、蚝、蚱蜢、醯鸡、蜉蝣、螳螂、蛇、蟏蟑、蜥蜴、蛙、蚁、蜗虎、蝌蚪、蝉、田鸡、石蚌、蚯蚓、蝥虫、蜈蚣、蛊、蟾蜍。(楚雄旧志全书"大姚卷上"道光《大姚县志》卷6第175页)

虫类:蜂、蝶、蝉、螽斯、蜻蜓、蜘蛛、蟋蟀。(楚雄旧志全书"大姚卷上"乾隆《白盐井志》卷3第489页)

虫之属:旧《志》七种:蜂、蝶、蝉、螽斯、蜻蛉、蜘蛛、蟋蟀。

新增七种：蚱蜢（俗呼麻蚱）、螳螂（形如琵琶,俗呼草天蛾）、飞蚁（即本草所谓蚍也）、虾蟇、蜗牛、守宫、蛇、青竹飙、飞蛭（俗呼蚂蟥）。（楚雄旧志全书"大姚卷上"光绪《续修白盐井志》卷3第663页）

　　虫之属：旧《志》七种：蜂、蝶、蝉、螽斯、蜻蛉、蜘蛛、蟋蟀。

新增十四种：蚱蜢（俗呼麻蚱）、螳螂（形如琵琶,俗呼草天蛾）、飞蚁（即本草所谓蚍也）、虾蟇、蜗牛、守宫、蛇、青竹飙、飞蛭（俗呼蚂蟥）、蛙、蟾蜍、蝶螈、蚯蚓、蜈蚣。（楚雄旧志全书"大姚卷下"民国《盐丰县志》卷4第1161页）

　　虫之属：蛇、蜈蚣。（楚雄旧志全书"元谋卷"康熙《元谋县志》卷2第59页）

　　虫之属：蛇（产深山大箐中,有长一二丈者,能伤人）。（楚雄旧志全书"武定卷"康熙《武定府志》卷2第83页）

　　虫属：蛇（产乌蒙山大箐中,有长一二丈者,能伤人。）（楚雄旧志全书"武定卷"光绪《武定直隶州志》卷4第377页）

　　虫属：为蜂,为蝶,为蝉,为蛙,为蜥蜴,为萤、蝇,为蚊,为蜈蚣,为蛇,为蚱蜢,为蟋蟀。（楚雄旧志全书"禄丰卷上"康熙《广通县志》卷1第392页）

　　虫类：益虫有蚕、蜜蜂、蜻蜓、螳螂、蜘蛛等,害虫有蛇、蝎、蜈蚣、土蚕、水蛭、蚂蟥、蚊、马蜂、螽斯等,此外如蝴蝶、蝉、萤、蛙、虾蟆、蝌蚪、蜗牛、蟰蛛、蟋蟀、蚯蚓等,亦皆有之。（楚雄旧志全书"禄丰卷下"民国《广通县地志》第1422页）

　　虫类：蜂、蚁、蜩、蝉、萤、蝇、蝶、蚊、螳、蚯蚓、促织、蜘蛛、螳螂、蜻蜓、蝇虎、虾蟆、蜈蚣、蚂蝗、蝙蝠、蚱蜢、蟋蟀、蛙。（昭通旧志汇编本嘉庆《永善县志略》卷1第752页）

　　虫属：蚕、蜂、蝉、萤、蝶、蜘蛛、螽斯、蝱、蚊、蛇（有青竹标、钓钩子、乌梢、菜花、麻子、野鸡、班数种）、蜻蜓、螳螂、石蚌、虾蟆、蝌蚪、蜗牛、蚁、蚯蚓。（光绪《镇雄州志》卷5第59页）

虫之属①：有蚜蚄，害稼之虫，初生谷仓中，小而无脚，背有甲，赤褐色，头小口长，俗称油子。谷盗，体为椭圆形，长三寸许，黑褐色，有触角，状似小蚕，又名土蚕。蝗，翅黄褐色，后翅透明，胸有脊线，口阔大，飞集田间食稻，但不若外省之大害，雌虫秋产卵，明春孵化为蛹，农人于火把节燃炬照之则少。蟊，又谓根白蛆，长二三分，体大头小，专在土中食稻之根，秋间之季为害最甚。螟，害稻之虫，共三种：一曰化螟虫，初长八九分，黄白色；次曰二化螟虫；三曰大螟虫，形体稍大，三者皆入稻茎食其髓质，稻皆白枯而死，农家谓之曰"庚三化螟虫，为害尤甚"，故不可不预防之。䐠，稻上小青虫也，长寸许，好食苗叶，吐丝缠裹，令穗不得发展，甚为苗害。蜚蠊，蝗类，一名蝷蚄，体寸许，绿色或黄褐色，无斑，头长，食农产物，甚为害。蚱蜢，俗称蟆蚱，有深灰色、黄、赤、绿色等数种，食稻叶，亦为农害。天牛，居土中，专食稻之幼根，使稻株萎缩不能发育。等皆害稻者也。防止法：以杀幼虫为主。蠹鱼，蒸湿而生，体小，色白，甚为衣帛、书画之害。蜥蜴，俗名四脚蛇，雌者褐色，雄者青绿色，尾易断，断后复生，常栖于石壁之隙。蛄蛶，即毛虫，种类甚多，处处有之，大者毛身，三稜，有黄绿红褐等色，人咸恶之。蛇，爬虫类，体为长圆筒状，修尾，无足，大别为有毒、无毒二种。斑猫，产饭豆叶上，背有黑纹，入药用，销售四川。马（蚂）蟥，产于池沟、山坡，有水马（蚂）蟥、山马（蚂）蟥之别，好吸人畜肌肤而吮其血，有由草丛过者，遍腿钉（叮）满，去之之法：以烟油涂患处。蛱，蝶之一种，翅赤黄，有黑蓝纹两色，其幼虫黑色，背有白线二，多黑刺毛，栖于柳、桃等树，亦害虫也。蛾，与蝶并称。有天蛾蚕，又有扑灯蛾、涨水蛾等，种类甚多，止时形如水平，与蝶不同，昔荒岁，群蛾飞集田地间，谷与苞谷皆被害。蜈蚣，节足动物，其节二十有（同又）二，有脚一对，端有小孔，内通毒線（腺），能注射毒液，潜伏阴湿之地，捕食他虫，获之可入药用。蜓蚰，软体动物之有肺者，与蜗牛同类异

---

① 虫之属　　以下内容，昭通旧志汇编本民国《昭通县志稿》卷五第 386 页同，不再辑录。

种,其经行处辄留粘液,为植物之害。蜘蛛,节足动物,黑者布网檐下,捕食小虫,有患疟疾者,取大蜘蛛包之则愈。又有花纹者,体稍长,其丝甚牢,其网能止血。蝴蝶,体小,四翅,其状甚多,飞翔花间,产卵茎叶上,成蛹后,复化为蝶。青虫,种类甚多,最著者为粉蝶幼虫,在油菜、芜菁、莱菔等叶上,食叶成长,又卷稻叶成三角形,成蛹于中,后化为蛾。蝎,蜘蛛之属,长三寸许,青黑色,腹部环十三节,有毒钩,捕虫食,并能螫人。蛊,毒害人之物也,夷俗:五月五日取百虫置皿中,俾相啖食,其存者为蛊,蓄为人害,近时已无,但患蛊者以铁杆、星宿草磨米汁服之最效,并可验其有无此患。等皆害物害人者也。至如蚕,吐丝之虫也,环节蠕动,摘桑饲之,经三四眠,上簇作茧,缫丝织帛,大有利益。蜂,酿蜜之虫也,能采花作蜜,农民多饲之。蠼螋,尾端有角质之附属作铗子状,迫之则放毒液以自保护,在野食蚜虫、叶卷虫等,有益于农圃。螵蛸,黏桑树者为桑螵蛸,可入药用。蚂蚁,有黑、黄二种,能列阵互斗,久雨尤多。虾蟇,居陂泽中,体暗褐色,背有黑点,俗称癞咯宝,可治病。青蛙,小蝌蚪所化,将雨则叫甚。田鸡,蟆属,可以治病、包脐。蟾蜍,三足,腹有丹书“八”字,可以取蟾酥治病。萤,喜食小虫,于农事有益,昔车允(胤)囊萤借光以读书。蝉,即蜩也,有蚱蝉、茅蜩、蟪蛄等类,饮而不食,振翅作声。蠸,瓜中黄甲小虫也,常在瓜叶上食叶而不食瓜,故又名“守瓜”。蜡,饲蜡虫于蜡树上,约百日,其蜡粘附树皮,取溶之即成白蜡。蟋蟀,一名促织,性善斗,其种十数,见《促织经论》,其生地、颜色、形状分优劣,童儿恒饲之以决斗。蜻蜓,幼时即水蚤,有数色,四翅六足,善捕食蝶蛾、蚊蝇等害,于农家大有益。螳蜋,能食蜘蛛、螟蛉等小虫,有益于农产物。蜉蝣,长六七分,头似蜻蛉而小,四翅尾有三毛,夏秋之交飞集水边,往往数小时而死。揩米,形小,有壳,背有白点如米大,生水沟内,患痔疮者取以研末,酒服之可断根。襄衣虫,体长八九分,行走极速,捕食害虫,有益农家。草鞋虫,形同草鞋,故名。蚯蚓,一名曲蟮,又名地龙,有环节,为蠕形动物,钓者取以为饵鱼之需。灶鸡,一名灶马,穴灶而居,状如促织。蜣蜋,能以土包粪推转成丸,可入药用。蟆蚱,生稻田间者谓之谷蚂蚱,可炒食;生山间者有红黄绿黑花点,鸣声锵锵,俗谓"山道士"。蝙蝠,圆毛,肉翅,能飞能走,矢(屎)为夜明沙,可以入药。蛴螬等,或有益于人,或益少而无大害者等类,皆自无而有,自有而无,或细微莫测,以及奇异莫状者,所在有之,姑从略焉。(昭通旧志汇编本民国《昭通志稿》卷9第257页)

虫之属:蜡虫、蚕、土蚕、蜂、土蜂、木蜂、大黄蜂、细腰蜂、竹蜂、蜘蛛、壁钱、草蜘蛛、土蜘蛛、蝇虎、蚁、蝇、狗蝇、蛆、蚋、蚊、蟆、白蚁、蛄蝼、鸲掇、蟾蜍、蛱蝶、蛾、蜻蜓、豆娘、蝉、促织、蜣螂、萤、蠹鱼、蟆蚱、吉丁、螳螂、斑蝥、牛蝨、木蠹虫、蠹鱼、老木虫、山蚕虫、地牯牛、水蛭、蟾蜍、虾蟆、鼃、蝌蚪、沙虫、水黾、水蚤、蜚蠊、蚯蚓、蚰蜒、蜈蚣、穿山甲、青蛇、蛇医母、壁虎。(昭通旧志汇编本民国《巧家县志稿》卷7第696页)

昆虫类:蜥蜴(俗称爬壁虎,最毒,以尾绞人鼻中,每不能治)、蜈蚣(最毒)、蝎、蜂(有蜜蜂、岩蜂、油七里、地波罗、狗尿蜂、大足蜂诸种)、蝶、蚊、蛾、蝉、蠓、萤、蝗、螟螣、蚕(养蚕户全境皆是,产丝不下五六万斤)、螽斯、蚜蝣、蜻蜓、螳螂、螵蛸、蟋蟀、毛虫(浑身黑毛,头红,有毒,手触即肿)、八角丁、害苗虫、青虫、花虫、猪儿虫(体大如拇(指)数种。黑者最大有毒,能作声)、多脚虫、草鞋虫、蜘蛛、灶马子、蜗牛、蚱蜢、蝱、水蛭、土鳖、地牯牛、偷油婆(能去百毒,治损伤)、土蚕(生长土内,损害禾根)、野蚕(生长于草木禾苗各物,又能结茧成蛹)、蚯蚓、打屁虫(此虫少时青色,撒尿臭不可闻,每到百日(白)露后,河水初退,河岸乱石凌错,傍晚成群千万飞藏石底,约一小时顿变黑色,身体肥大,肚中纯是白脂。翻石捕之,置温水中去尿,炒食味鲜而美,且大温补。城中卖者数百人,月余绝迹。贫人恃为补剂,亦特产中之奇异者)、老母虫(色白体大,生沙土草屋内者最多,大不可食;生粟木桑树内者,如足拇大,味香可食)、竹蜂(色黄褐,大如拇(指),专吃竹笋生长,能飞,可食,捕者甚多)、竹蛆(生长各种大竹笋中,味香可食)、粪鳖(可作药品)、菜花蛇、乌梢蛇、风骚蛇、松花蛇、脆蛇(此蛇行走俱跳,或遇岩石跌碎成节,稍时自能生合复原,跌打药中要品)、青竹标、麻子蛇、红边土伏、黑蛇、烙铁头、锅铲头(以上六种,皆恶毒非常,啮人难治)、棒蛇(体大而短,头尾不分大小,形如棒)、蝙蝠、蚁(有黄白黑三种,黑者大而弱,黄者强)、蜈蚣、蜾蠃(一名蜾蠃)。(昭通旧志汇编本民国《绥江县县志》卷2第858页)

昆虫:蚕、蜻蜓、蝉、蜂类(蜜蜂、岩蜂、草蜂、葫芦蜂、牛角蜂、大黄蜂、赤蜂等)、蝶(种类甚多)、蜾蠃、螳郎、蟑螂、蚱蜢、蟋蟀、蜘蛛、蚂蚁、螽斯、蚜蝣、蝗、蠋(蛾蝶类害虫)、浮塵子害苗虫、土蚕（食农植物根）、黄（蝗）虫（食瓜叶）、蚊、背屎虫（背有虫屎,惯食秧苗）、蜒蚰（害虫,与蜗牛同类）、蜗牛、纺织娘、蜡虫、蛞蝼（即蝼蛄,俗名杜狗子）、土鳖,蚯蚓、灶鸡、牛虻、虾蟆、蟾蜍（俗呼癞浆包）、偷油虫（宿于碗厨灶隙）、蜈蚣,斑蝥、壁虎,苍蝇、狗蝇、蛇类（有麻蛇、乌稍蛇、青竹标等）、蜥蜴（俗称四脚蛇）、滚山蛛,打屁虫（可食）、萤（即萤火虫）、毛虫（类多,以青钉子最辣）、蝎、千脚虫（即草鞋虫）、蠹鱼、蛾。（昭通旧志汇编本民国《盐津县志》卷 4 第 1698 页）

冰蛆

冰蛆,郭祐之云:赛尚书尝官于云南,曾带得数条来,亦尝见之,其大如指。（道光《云南通志稿》卷 68《通省》第 33 页）

蚕

境内甚热,四时皆蚕,以其丝染五色,织土锦,充贡。（景泰《云南图经志书》卷 6《干崖宣抚司》第 347 页）

南甸、干崖、陇川,所谓三宣也,在腾越南半个山下,其山巅界限华、夷,北寒南暑,迥然各天。南甸俗与木邦同。干崖旧名干赖赕,其地热,有桑,四时皆蚕,织五色丝为锦入贡。（《滇略》卷 9 第 324 页）

有山间野蚕,取茧丝而为布。（天启《滇志》卷 3《寻甸府》第 118 页）

八蚕,《吴都赋》云:"乡贡八蚕之绵。"注云:"有蚕一岁八育。"《云南志》云:"风土多暖,至有八蚕。"言蚕养至第八次,不中为丝,只可作绵,故云"八蚕之绵"。李商隐《烧香曲》:"八蚕茧绵小分炷,兽焰微红隔云母。"（天启《滇志》卷 32 第 1046 页）

波罗树实,《唐书》云:"自曲州、靖州至滇池,人水耕,食蚕以柘。蚕生,越二旬而茧,织锦缣精致。太和、祈鲜而西,人不蚕,剖波罗树实,状若絮,纽缕而幅之。"今滇人不知蚕桑,尺帛寸缣,咸仰给江南,所织绵布亦不足供,惟贾人是需。而所谓波罗实者,亦不知其种汇矣。(天启《滇志》卷32第1046页)

八蚕 《吴都赋》云:"乡贡八蚕之绵。"注云:"有蚕一岁八育。"《云南志》云:"风土多暖,至有八蚕。"言蚕养至第八次,不中为丝,止可作绵,故云八蚕之绵。李商隐《烧香曲》:"八蚕茧绵小分炷,兽焰微红隔云母。"《唐书》云:"自曲州、靖州至滇池,人水耕,食蚕以柘。蚕生,越二旬而茧,织绵(锦)缣精致。太和、祈鲜而西,人不蚕,剖波罗树实,状若絮,纽缕而幅之。"今滇人不知蚕桑,尺帛寸缣,咸仰给江南,所织绵布亦不足供,惟贾人是需。而所谓波罗实者,亦不知其种类矣。(康熙《云南通志》卷30第874页)

干崖土热,四时皆蚕,取其丝织五色土绵充贡。(《云南蛮司志》第77页)

按《尔雅·释虫》,皆陆虫也。……未特著蚕,蚕有三种:曰蟓,曰雔由,曰蚢,皆能成茧。蟓即今蚕,食桑。雔由食樗、棘、栾。蚢食萧。蚕类既多,食叶又兼乎桑、樗、栾、萧,皆叶之蠹也。圣人使之各得成茧,利益于民生日用。夫采蘩可以饲不齐之蚕,则蚢之食萧,岂有不足信者乎?后来失其遗法,仅知桑、柘之能养蚕,而利源不广耳。……昆明、拓东,古有蚕桑之利,后来惟通海工织缎,近岁亦绝迹,则蚕事无可言矣。(《滇海虞衡志》第207页)

蚕,《唐书·南蛮传》:"南诏自曲、靖州至滇池,人水耕,食蚕以柘,蚕生,阅二旬而茧,织锦缣精致。"(又)南蛮庄蹻之裔,正月蚕生,二月熟。旧《云南通志》:热地多产,茧织土紬。(又)《吴都赋》云:"乡贡八蚕之绵。"注云:"有蚕一岁八育。"《云南志》云:"风土多暖,至有八蚕。"言蚕养至第八次,不中为丝,止可作绵,故云八蚕之绵。李商隐《烧香曲》云:"八蚕茧绵小分炷,兽焰微红隔云母。"(又)《唐书》云:"自曲、靖州至滇池"云云,"太和、祈鲜以西,人不蚕,剖波罗树实,状如絮,纽缕而幅之。"今滇人不知蚕桑,尺帛寸缣,仰给于江南,所织绵布亦不足供,惟贾人是需。所谓波罗实者,亦不知其种类矣。(道光《云南通志稿》卷68《通省》第32页)

蚕,旧《通志》:热地多产,茧织土紬。(光绪《续修顺宁府志》卷13第27页)

高士奇《天禄识余》:《云南志》风土多暖,至有八蚕。按云南史记地无桑,悉养柘蚕。《新唐书》言柘蚕不过二旬而茧,锦缣精致。不知江村何据。光绪中,滇复兴蚕,然仅有一蚕矣。(《滇绎》卷4第728页)

《蚕桑》:蚕桑一项,自清季锡制军良厉行禁烟,而欲以蚕桑代之,提倡督率,不遗馀力,曾由官处发给桑苗,饬令各乡领栽。嵩明城辟有苗圃,由黄典史督导之。宣统二年,奉令办理蚕桑学校,委任高欽充校长办事,尚热心试养家蚕,成效欠佳。及民二县长李鸣盛开办山蚕传习所,改放山蚕,而以气候燥寒,不甚适宜,至结茧时多病死,后遂停办,而桑树亦砍伐罄尽矣。(民国《嵩明县志》卷13第219页)

左进思《蚕桑说》:欧化东渐,已知国势之趋弱,由物质之不兢当亡。清末季,实业机关遍全国,提倡指导,颇具热力,中国固有之蚕桑业,当然在提倡之例,然无经验之事业,鲜有能成功者。马关地当温带,气候和平,华氏温度表最高不过九十,最低不过五十,而常在七十度之间,适合蚕儿生活需要,桑树则仲春萌芽,隆冬始凋,可以育蚕之时间甚长,于蚕桑上实有发展之可能,何以至于今日,尚无蚕桑之可言,其故何哉?盖马关生活简易,向未知蚕桑之利,当公家提倡之时,亦多购种试验,但不明学理,不识方法,并于蚕儿所需之桑业,亦完全不知计算,饿死者居其多数,病死者居其二三,仅有少数成茧者,又不能缫之成丝,制之成货,亦废物置之耳。官与民之成见盖相若也,一经失败,遂谈虎色变,数亩桑园,伐作柴薪,可太息也。甲子岁,汪君德一由大理退伍归,知蚕桑之有利也,乃壹志图之,领公地六七亩,植桑苗万余株,盖为移植扩张之准备,其志不在小也,仍以外行之故,频遭挫折,其且力与愿违,未能逞移植扩张之目的,精力全用于数亩桑园中,家计亦因之至于困窘,一般人又从而讥讪之,汪君之志乃愈坚,不恤人言,日埋头练习育蚕缫丝等事于不辍,近且研究人工孵化法,亦告成功矣,自能缫丝制线,就地销售矣。桑园疏株酌留千余,而桑树亦茂盛矣,此后每年计可育蚕二十万以上,获丝三四十斤,汪君之家计将由窘入裕矣。前之不敢过问,必将望风兴起,他日桑林遍郊野,我邑亦获享丝货之利益,饮水思源,则汪君个人倡导之功,未可忘也,先为之说,以俟其后。(民国《马关县志》卷10第7页)

《蚕桑之情形如何》:民国元年,本县实业局成立,注重栽桑饲蚕,并桑学校招生学习,即由校内种桑十数千株,桑叶直径约一尺许,可谓茂矣。当经实行养蚕大丝,美年可得茧百余斤,继因山地不能种桑,熟田又不肯种,以致推广为难,学校于是停办,近建设局锐意造林,蚕桑事业一时恐难倡办也。(《阿迷州志》册2第513页)

第二十一课《桑》:桑为木本中最要之树,其花雌雄异株,而开有萼,无冠无香气,无密槽,雄蕊之花粉甚多,随风而达于雌蕊之柱头,故谓之风媒花。第二十二课《续上》:桑叶大而薄,其里面脉高如伞状,为完全单叶,内含蛋白质,为养蚕者所必需。其木坚实,可造器具,皮可造纸,果可食并可分配药材。(楚雄旧志全书"元谋卷"光绪《元谋县乡土志》修订本卷下第399页)

第二十三课《桑柘檿》:桑有山桑、家桑,性分硬软,花绿色,雌雄异株,雄无葚,雌有葚。葚紫黑色,食之明目,叶分锯齿形、掌形,可饲蚕,皮可作药,又与楮皮均可制纸。柘枝有刺,叶与檿叶均有浆,可饲幼蚕。柘楮之浆,亦可写字,贴金,利用甚溥。(楚雄旧志全书"楚雄卷下"民国《楚雄县乡土志》卷下第1357页)

第三十五课《蚕、蜂》:蚕初生如黑蚁,蜕毛四次成蚕,体多节,旁有小孔通,呼吸空气,前后截有足各三对,口直,剪桑叶,下有赘疣,吐丝,丝尽成黄白茧,丝可织绸缎。蜂有窝巢,作房头,有须,口作管形,身翅有毛,六脚,尾有毒刺,窝有蜂王,小蜂采花酿蜜,渣成蜡。附:蚕在茧内一星期而变蛹,蛹经旬而变蛾,蛾破茧出,自配雌雄,摆子。(楚雄旧志全书"楚雄卷下"民国《楚雄县乡土志》卷下第1361页)

《蚕桑》:巧家蚕桑事业始于民国二年试办蚕桑实业团,至九年改为实业所,十八年又改为建设局,对于栽桑养蚕相继至今已二十余年,无甚成绩可言。至私人方面虽或有经营其事者,然以未得其法,且因天时地利之不大适宜,故产量亦极少。兹述其概要如下。适宜地区:蚕桑区域以第一区、第九区、第十区沿金江一带与第七区濒牛栏江之一小部,尚有经营之可能,其余均因气候太寒,不能生息。桑树种类及产量:桑之种类及产量仅有青皮湖桑一种,建设局植有千余株,其他私人种植者多于田亩间,亦不过数千株而已。饲育及制造:蚕之饲育与丝之制造使用,因蚕种培养之不得法,故茧壳逐年递小,最近数年与十年前相比较即已减小四分之一。又因蚕室之设置与器具之制备均不合式,故蚕之生育不盛。至于私人之饲育,更无学理之研究,一任烟尘污染,病亡更多。缫丝无适宜器具,故育蚕之家多用箔抽成丝绵被,做绵袍、被褥之用。(昭通旧志汇编本民国《巧家县志稿》卷6 第675页)

《蚕桑》:绥邑蚕桑,向由成(城)乡各妇女自行养育。桑树只有甜桑、苦桑(即茨桑),多系宅边墙下自生自长,稍加保护。桑多者育蚕多,桑少者育蚕少,相沿已久,概用旧法,未加改良。宣统三年(1911年),县长林芝田奉命创办蚕桑所,将城隍庙改建,委聂敬敷充任所长。改良教育并采湖桑、扶桑及牛皮桑等种。除饬民间领取栽种外,又于东皇殿左右及后坝口、干池塘公地一带,新植千余株,前后获丝四五十斤,后因匪患停办。嗣奉省令并入建设局,经过局长王海泉、朱纯武、赵子端、师茂梧等,均无起色。至今园中桑叶自生自落,甚可惜矣。新滩镇左右种有桑树三百余株,其余五区亦有栽种者,惜未成林。绥属全境近年养蚕者不下二千户,每年出丝约二三千斤,若再加以改良提倡,诚开辟利源之一道也。(昭通旧志汇编本民国《绥江县县志》卷3 第904页)

蝉

蝉,尚洁,饮露。高栖长鸣,以翼高枝清吟。当秋,悽声应满山谷,亦鸡足之幽思矣。(《鸡足山志》卷9 第350页)

蝉菌,蝉菌亦名蝉花,或称冠蝉,因蝉蛹自一化蜕皮后,即头向上而欲出土,乃为菌类细胞所侵袭寄生于其头顶,蝉蛹遂僵卧而不能动,以整个身躯供蝉菌之营养,及蝉蛹之精华既尽,则蝉菌已完全成熟,惟此种菌类似为有性繁殖,必须雌器卵细胞受精而成卵子,始能发芽生长,故虽同在一地,同时一化蜕皮之蝉蛹,亦多数不受菌类细胞之侵袭,仍能出土上树,二化蜕皮而成蝉,否则蝉已绝种。而《本草》中既无蝉蜕之剂,诗词中亦无蝉鸣之声矣。蝉菌形为伞状,色黄微带碧绿,性滋补,能明目,产于属第三区栏马坡之山阴、山阳两面山麓松栗间。考蝉之幼虫在土中时,专食草根,尤喜食玉蜀黍,即包谷之根,每二年发生一次,虫体粗大如指,色白,其硕大者,长三寸许,颈有红毛,状甚厌恶,土人呼为虫王,生虫之年,凡第三区沿江一带之包谷,大受其害,农家谓之虫年,其田地宽余者,凡值虫年,故将耕地荒芜以避之,幸间年始生一次,因蝉交尾产卵后,至次年,始生幼虫,幼虫蜕皮成蛹后,至再次年始蜕皮成蝉,故蝉为间年生物,蝉之幼虫,亦为间年生物,若以一蝉之系统而言,则蝉菌又间年生物也。(民国《中甸县志稿》卷上第 11 页)

螭

螭,徐云虔《南诏录》:螭鱼,四足长尾,鳞成五色,头似龙无角。(道光《云南通志稿》卷68《通省》第31页)

蛾

金蛾,《顺宁府志》:出云州。(道光《云南通志稿》卷69《顺宁府》第36页)

旧《志》:出云州。(光绪《续修顺宁府志》卷13第26页)

蜂

蜂,鸡山寒甚,论气候则不耐蜂。当松开花,则群蜂之声如奏天乐,此则蜜蜂也。时珍曰:蜜以密成,故谓之蜜。余昔读蜜以密成四字,耐思竟至十日,遂以悟作文惜墨如金之法。回思往昔,今则齿脱颠毛种种矣。《礼》范则冠,而蝉有緌,盖谓蚕蜂能肃君臣之义,得兰,负之于背以献其君。思于蜂,宁忘作忠之义哉!岩蜂,高岩之蜂,稍大于家畜者。其腹圆大,黑色,善藏其芒而不螫人,蜂房竟有逾一二尺如箕如斗者,其蜜甜而远淡,故谓之石蜜,其蜡白,然不及放蜡树虫所熬之蜡白耳。土蜂,《尔雅》为蟺蜂,即蜚零矣。而江东人呼土蜂为马蜂,荆巴间则呼马蜂为蟺蜂。而滇作小列于土墙壁,其身细长而红黄色者,乃名马蜂。其蟺蜂则谓之胡卢包,即《楚辞》所谓悬蜂若壶,《广雅》称玄瓠者也。结大如斗于树颠,作列于人屋则不祥。而土蜂作房于土内,不酿蜜,惟衔树皮作大窠列,生子其中,即岭南所谓白踊者是也。惟此蜂极大,色老红,螫人立死,人以烟燻其窠,然后燎其大者死尽,乃尽列以取其子,炒食之,香美补益。盖恶其螫人至死,亦食肉寝皮之义耳。鸡山为佛国,僧均戒杀好生,而蜂幸得长育其子孙。如蜂而有知,宜改图其毒螫之心,否则除恶务本,将必有伺僧之护持一炬之可怜,蜂其思全生之计。(《鸡足山志》卷9第349页)

岩蜂,在九龙江外,毒螫若昆仑之钦原,行者畏其蠚,每迂道而避之。康熙中,江西某为武官于蛮,蛮来攻劫,闭城不出,载巨箱数十车,当蛮来路。蛮见发之,皆红绿布片、线纩诸物,为蛮妇所喜者,欢呼而去。蛮贪无厌,居数月,侦又欲来,乃装箱加倍陈于路。蛮利汉货,争发之,则盈箱皆岩蜂,进出螫蛮,蛮死且过半。其王怒,率倾国之蛮,尽出来报复,又为箱加倍陈于路。王以为岩蜂,争投炬焚之,万炮齐发,声震天地,王及群蛮歼焉。王妻美而善战,带诸蛮女来复夫仇,铠服弓刀耀日,索战甚急。某戎装盛服登城,谕其来归。妻亦念国亡王死,无以为也,且悦某美,因归于某。某辞官回,与之偕老焉。则知善用此蜂者,能螫蛮立功,但不知采之之法,用何术也。乾隆间,川客载十九骡货物,道经岩下,蜂螫之,尽死。客子闻父遭此难,恸之,誓倾家除其祸。走告普洱官,官怜其志,为出示禁夷民毋阻,俾得尽所为。乃为厚布幄数百,壮士负幄,带火药,乘夜,蜂归穴不出,扳崖而上,齐投火药于穴,烟焰蔽空,但听穴中如千万爆竹声。壮士匿幄中,蜂奔出不得螫。迨天明声息,穴蜂已尽死,余蜂散去不复归。入穴寻之,出蜜与蜡盈巨万。彼盖拥其所有,相与屯聚为凶耳,亦诸土司之鉴也。此道今成坦途,客子之功亦巨矣。《楚辞·招魂》称:"赤蚁若象,元蜂若壶。"兹其若壶之蜂乎?数十年前,南中有贡巨蚁者,其重九斤,饲以米花,道经潜山,邑人尽见。则若象之传,当亦有可信。(《滇海虞衡志》第204页)

赵朴庵言:夷人炙带蛹小蜂窠,以为珍品,恐传之中国,将来贵必如燕窝。然此亦古礼,上公二十四豆,则范与蜩俱列,岂以为虫而轻之?燕窝与海参,见重于中国甫百余年,前此无所著闻。若使滇南蜂窝菜得行,亦可以竞胜于山右天花菜,彼菜犹带蛇臊气,蜂窝则悬结清高。燕窝远隔重洋,蜂窝则稳行陆地。以二窝相较,则蜂窝处其优矣。(《滇海虞衡志》第206页)

按《尔雅·释虫》,皆陆虫也。……次蚕丝以利民者为蜂蜜、虫蜡,《尔雅·释虫》举土蜂、木蜂,名见而已,不言酿蜜。郭注:"江东呼大蜂,地中作房为土蜂,啖其子,似土蜂而小,树上作房为木蜂,又啖其子。"意谓江东人俱啖其子,比供豆之蜩、范耳。《邢疏》不甚分明,壹似二蜂自啖其子者,读之令人胡卢。土蜂窠于土穴,木蜂窠于树林,其窠于崖穴,亦土蜂也,皆能酿蜜。即李氏《纲目》于二蜂外,另著土蜂,谓亦能酿蜜,又谓江东人啖土蜂及木蜂子,则知《尔雅》不言作蜜,蜜从蜂出,总括于土、木二窠,但有家畜、野生,形质巨细之异,其实皆酿蜜之蜂也。滇南崖蜜,既有志矣,而以蜜、糖从类,故入于《志果》,而酿出自蜂,故于《虫鱼》之后发明之。至于白蜡生于蜡树,利用更胜于蜜底之黄蜡,故入之《志草木》,而其发实缘于虫,则昆虫之利于

民生日用其表表者也。(《滇海虞衡志》第 207 页)

折腰蜂,樊绰《南蛮记》:宁州沙中有折腰蜂,岸崩则蜂出,土人烧治以为琥珀,常见琥珀中有物如蜂形。蜂窝,檀萃《滇海虞衡志》赵朴庵言:"夷人炙带蛹小蜂窝,以为珍品,恐传之中国,将来贵必如燕窝。然此亦古礼,上公二十四豆,范与蜩并列,岂以为虫而轻之?燕窝与海参,见重于中国甫百余年,前此无所著闻。若使滇南蜂窝菜得行,亦可以竞胜于山右天花菜,彼菜犹带蛇臊气,蜂窝则悬结清高,燕窝险隔重洋,蜂窝则稳行陆地,以二窝相较,则蜂窝处其优矣。"(道光《云南通志稿》卷 68《通省》第 33 页)

岩蜂,檀萃《滇海虞衡志》:在九龙江外,毒螫若崑崙之钦原,行者畏其蠚,每迁道而避之。康熙中,江西某为武官于蛮,蛮来攻刭,闭城不出,载巨箱数十车,当蛮来路。蛮见发之,皆红绿布片、线鑶诸物,为蛮妇所喜者,欢呼而去。蛮贪无厌,居数月,侦又欲来,乃装箱加倍陈于路。蛮利汉货,争发之,则盈箱皆岩蜂,进出螫蛮,蛮死且过半。其王怒,率倾国之蛮,尽出来报复,又为箱加倍陈于路。王以为岩蜂,争投炬焚之,万炮齐发,声震天地,王及群蛮歼焉。王妻美而善战,率诸蛮女来复夫仇,索战甚急。某盛服登城,谕其来归。妻亦念国亡王死,无以为也,且悦某美,因归于某。某辞官回,与之偕老焉。则知善用此蜂者,能螫蛮立功,但不知采之之法,用何术也?乾隆间,川客载十九骡,经岩下,蜂螫之,尽死。客子闻父遭此难,誓倾家除其祸。走告普洱官,官怜其志,为出示禁夷民无阻,俾得尽所为。乃为厚布幄数百,壮士负幄,带火药,乘夜蜂归穴不出,扳崖而上,齐投火药于穴,烟焰蔽空,但听穴中如千万爆竹声。壮士匿幄中,蜂奔出不得螫。迨天明声息,穴蜂已尽死,余蜂散去不复归,出蜜与蜡盈巨万。今成坦途,客子之功巨矣。《楚词·招魂》称:"赤蚁若象,元蜂若壶。"兹其若壶之蜂乎?(道光《云南通志稿》卷 70《普洱府》第 7 页)

蜂,采访:有岩蜂、土蜂、草蜂。(光绪《续修顺宁府志》卷 13 第 28 页)

《养蜂》：蜂之种类虽多，其对于人类有益无害者仅蜜蜂也，故居民多养之者，为其能酿蜜也。然养蜂之家以山居者为多，乡村间有之，均属副业。其养法：将墙掘为正方或长方形之洞，外嵌薄板以作蜂窠，板上凿小孔以作蜂出入路，又有将木作空，或用板制为木箱，置于墙下，或砌于墙上，以作蜂窠者，设备简陋，管理保护不得法，往往有养蜂甚多，而一旦成群飞去，一无所留者，从事养蜂业者，不可不研究其保养之法也。……（民国《嵩明县志》卷13 第220页）

《养蜂》：养蜂之户五区皆有，然均系土法，先视蜂群飞集某地，用篾编蜂招，内喷以盐水，外用香火或蚊烟之驱入。招后复山招驱入桶中，两头用牛粪封满，桶面留一小孔以便出入。务须随时提防，遇有糖鹅、绵虫等为害。亟宜除之。又，同一桶内，另产生小王时，必予分出，此一定不易之法也。（昭通旧志汇编本民国《绥江县县志》卷3 第904页）

《养蜂》：养蜂一事，为利甚溥，人民只知沿用旧法，不事扩充，且又交通不便，销路不广，遂致不甚讲求，不为无因也。（民国《富州县志》第十二第79页）

蛊

畜蛊，鲍照《苦热行》："含沙射流影，吹蛊痛行晖。"南中畜蛊之家，蛊昏夜飞出饮水，光如曳彗，所谓行晖也。《文选》注云：行晖，行旅之光晖。非也。（天启《滇志》卷33 第1087页）

蛊，蜀中多蓄蛊，以金蚕为最，能戕人之生，摄其魂而役以盗财帛，富则遣之，故有嫁金蚕之说。滇之东西两迤无金蚕，其鼠蛇虾蟆等蛊，害较烈，每夜静云密，有物熠熠如流星，低度掠屋脊而遄飞，尾铤修烁，寒焰摇动心目。余甚诧之，询于同官，始知民家有放蛊事，并述蛊所止，善食小儿脑，为鬼盗如金蚕。然豢蛊之家，其妇女咸为蛊所淫，稍拂欲，即转食蛊家小儿女，千计莫遣，必蛊家贫绝，始自去。人颇畏，不敢蓄，且官法日严，亦更无造蛊者，而遗孽未殄，散落民家，犹惧祸拏养，踪迹隐秘，比邻莫知。余闻而痛恶之，屡于新兴、剑川设法告捕，思尽歼其种类，间有首者，往搜无所获，用生蝐取之，亦缩缩无效，深以为恨，然缉之愈力，而蛊影流殃，亦随地渐灭。又山中摆夷，剥全牛，能咒其皮如芥子，货客入山不戒，或为夷女所悦，当货毕言归，即私投饮食以食客，女约来期，如约至，乃得解，逾期，则蛊作腹裂，皮出如新剥者。更闻元郡江外，以木易客腿，索财既足，始复其胫，否则木脱蹇立矣，其害亚于蛊。安能得此辈而尽律以大辟，边荒妖毒，庶其息乎？遗孽为害之说，余殊不敢信。（《滇南新语》第27页）

沅江蛊，世传南人能造蛊，然余自昆池戍腾冲，阅历十年，足迹半两迤，亦不能概见也。独沅江土司世传此法，其药最毒而最奇，凡郡守新任，例必设宴迎风，药已入腹矣，在任理事，药不即发也，但两目瞳子变黑而为蓝，面色淡黄，状类浮肿，至离任一月，则阖门并命矣。余同寅郡守潘一品、粮厅官素士父子，主仆幕宾，皆死此药，无一人得脱者。（《南中杂说》第29页）

缅甸蛊，尤可怪者，缅人之蛊，不用药而用鬼。世传：神呪能于四十九日，呪牛皮如芥子，号曰牛皮蛊；呪犁头铁，亦大如芥子，号曰犁头蛊。下蛊之法，不需饮食，但藏芥子于指甲之内，对人弹之，药已入腹矣，然不肯无故药人，必无赖客子侵其妻妾，勒其赀财者，乃以此法治之。汉人中毒而还，彼又计其道里之日月，复诵神况，则蛊毒大发，肌瘦而腹胀，数月而死。金谿周瑞生、龚吉贞皆死此物也。又可怪者，腾越所属土司中，有杨招把者，亦能诵神呪，拔出蛊毒 活汉人而杀缅人。佛书所谓毒药，还加于彼人。天地之大，何所不有耳目所不经见，未可尽斥为诞妄也。（《南中杂说》第30页）

畜蛊法：聚虫豸龟蛇等物，汇入一大器皿中，顷之，强食弱，并为一物，即通神，能变化。《易》称："皿虫为蛊"如是。畜蛊之家，事之甚谨，每于夜放蛊，平明收之。不但饮食器中能为害，即畜蛊之人摩腹抚顶，皆能作痛血泻，以礼物求其人，则可作法解脱。或以鸡置前，祝而扑之，鸡死而人立苏。所畜物夜放出，如流星,如赤虹,喜咋小儿脑。收蛊藏笥中,钱帛丰盈,莫知其来。真眚孽也,有犯案牍,应穷治之。(乾隆《腾越州志》卷 11 第 24 页)

蛊为虫毒,有邪术,可以杀人。楚、粤盛行,迤东、南地近粤西,颇有之。闻女子与人淫合,其人或欲别去,或更有他好,恶其人之弃已也,下蛊于饭食内,其人归家,渐渐腹胀而死。又闻蛊须善养之,崇奉之可以致富,欲驱之甚难,不善遣则还自杀。其说殊荒诞不经,然其事颇有,非虚言也。(《滇南闻见录》卷下第 45 页)

蛊,杨慎《升庵外集》:《隋书志》云江南之地多蛊,以五月五日聚百种虫,大者至蛇,小者至虱,合置器中,令自相啖,存者成蛊,其毒食入人腹内,食其五脏死,则其产移蛊主之家。若盈月不杀人,则畜者自踵其害,累世相传不绝。自侯景之乱,杀戮殆尽,蛊家多绝,既无主人,故飞游道路,中之则殒焉。今此俗移于滇中,每遇亥夜,则蛊飞出饮水,其光如星。鲍照诗所谓"吹蛊痛行晖"也,予亲见之。(道光《云南通志稿》卷 68《通省》第 34 页)

蛊,杨慎《升庵外集》:《隋书志》云江南之地多蛊,以五月五日聚百种虫,大者至蛇,小者至虱,合置器中,令自相啖,存者成蛊,其毒食入人腹内,食其五脏死,则其产移蛊主之家。若盈月不杀人,则畜者自踵其害,累世相传不绝。自侯景之乱,杀戮殆尽,蛊家多绝,既无主人,故飞游道路,中之则殒焉。今此俗移于滇中,每遇亥夜,则蛊飞出饮水,其光如星。鲍照诗所谓"吹蛊痛行晖"也,予亲见之。采访:顺属蛊毒亦多,中之者多系小儿,治之稍缓,必殒命云。(光绪《续修顺宁府志》卷 13 第 28 页)

九龙江及三猛江外,多摆夷所居,皆竹楼,喜清洁。女多白皙而有姿,逐日成群裸浴江中以为常,如通汉人,如欲还家,必令限期重至,逾期不至必死,无幸免,不知何术?闻滇中有养蛊之说,汉夷均有,皆属妇女,非所亲见,以为不经,然此种案情亦恒有之。其法,以五毒聚于一皿,使互吞噬,最后独存者,养以为蛊,即与此妇性命相关,秘密藏匿,无第二人知者。其家必洁,常燃清油灯,供以果饵,盖能飞而食人。其妇必先以蛊所食余之果饵,与人食以诱之,蛊即寻其人而食,故被蛊者,十二岁以下小儿女尼多,而眼眶必先陷,亦有术能救治,为口浅者可治。传说养蛊之家,经商必获倍利,务农必获丰收,所求无不遂意,其理实难索难。又有老媪拿魂等魔术,亦时见于控诉。(《幻影谈》卷下第 134 页)

鬼弹

鬼弹,郦道元《水经注》:永昌禁水傍瘴气特恶,气中有物,不见其形,其作有声,中木则折,中人则害,名曰鬼弹。惟十一月、十二月差可渡,正月至十月径之,无不害人。故郡有罪人,徙之禁旁,十日皆死也。《腾越州志》:一名瘴母,色如霜,光如火,声如析木破石,五六月中有之^{谨案:永昌无禁水,所言瘴气,盖潞江也。}(道光《云南通志稿》卷70《永昌府》第 27 页)

蝴蝶

蝶泉,大理府龙首关之东,泉从石腹中涌出,旁有蝴蝶花一株,高丈余,夏月花开,状如蝴蝶,而蝶唧之,蝶与蝶复首尾相唧,长垂至地,亦奇观也。(《增订南诏野史》卷下第 50 页)

己卯三月十一日……有村当大道之右,曰波罗村。其西山麓有蛱蝶泉之异,余闻之已久,至是得土人西指,乃令仆担先趋三塔寺,投何巢阿所栖僧舍,而余独从村南西向望山麓而驰。半里,有流泉淙淙,溯之又西,半里,抵山麓。有树大合抱,倚崖而耸立,下有泉,东向漱根窍而出,清冽可鉴。稍东,其下又有一小树,仍有一小泉,亦漱根而出。二泉汇为方丈之沼,即所溯之上流也。泉上大树,当四月初即发花如蛱蝶,须翅栩然,与生蝶无异。又有真蝶千万,连须钩足,自树巅倒悬而下,及于泉面,缤纷络绎，五色焕然。游人俱从此月，群而观之，过五月乃已。余在粤西三里城，陆参戎即为余言其异，至此又以时早未花，询土人，或言蛱蝶即其花所变，或言以花形相似，故引类而来，未知孰是。然龙首南北相距不出数里，有此二奇葩，一恨于已落，一恨于未蕊，皆不过一月而各不相遇。乃折其枝、图其叶而后行。（《徐霞客游记·滇游日记八》第 1007 页）

细蝶_附，鸡山无大蝶，惟盛夏始有五色细蝶逐花，翩翩可爱。其橘蠹所化耶？抑菜虫之所化耳？（《鸡足山志》卷 9 第 351 页）

蛱蝶会：有绾青篆翠，翘翘如髻，处省城内之北隅者，曰螺山，又名元通。于悬峭纡回中，建元通庵，山半悬绝处，翼以危亭，登巅远眺，则昆明可盥，太华可抚也。下有潮音洞，俗名红孩，谈其迹者，鄙谬解客颐。洞深里许，燃炬可游，今以藏奸塞，尚窍尺余，存其意。惟每岁孟夏，蛱蝶千百万，会飞此山，屋树岩壑皆满，有大如轮、小于钱者，翩翩随风，缤纷五采，锦色烂然。集必三日始去，究不知其去来之何从也。余目睹其呈奇不爽者盖两载。（《滇南新语》第 4 页）

蝴蝶会：省城东北隅有螺峰，县治倚之以建。治之右为圆通寺，山石秀削，亭树幽胜，颇多名人题咏，镌于岩石，差足游览。端阳前后数日内，有蝴蝶飞集于寺中，不知其几千万也。大小不一，五色俱有，土人呼为蝴蝶会。会则年岁丰稔，人口平安。故每值此日，游人往来不绝，希得一睹也。（《滇南闻见录》卷下第 45 页）

蝴蝶会，每年来集，圆通寺壁皆满，后不来者二十余年。辛亥四月朔忽至，予与云谷老人、九鲤仙扶杖往看之。于时士女婆娑，门嗌塞路，三老亦竟日始归。老人曰："此为吾辈来者也。"（《滇海虞衡志》第 204 页）

蝴蝶会，檀萃《滇海虞衡志》：每年来集，圆通寺壁皆满，后不来者二十余年，辛亥四月朔忽至。（道光《云南通志稿》卷 69《云南府》第 10 页）

第三十二课《蝶》：蝶分头、胸、腹三部，有触须复眼，口器之部曰头部。有翅及肢之部曰胸部。胸以下曰腹部,由数环节而成,每环节而侧具二气门以管呼吸,属节足动物昆虫类之鳞翅目。(楚雄旧志全书"元谋卷"光绪《元谋县乡土志》修订本卷下第402页)

黄蝇

《元志》:乌蒙山峡多小黄蝇,生毒蛇鳞甲中,啮人痒痛,搔之即成疮,惟以冷水沃之,搽盐即愈。张志淳云,永昌山中亦有。问土人,乃蛇粪中所生也。(《滇略》卷3第232页)

黄蝇,樊绰《蛮书》:朱提江下有黄蝇、飞蛭、毒蛇、短狐、沙虱之类。祝穆《方舆胜览》:云南乌蒙峡中多毒蛇,鳞中有虫名黄蝇,有毒,啮人成疮,但勿搔,以冷水沃之,擦盐少许即愈。(道光《云南通志稿》卷70《昭通府》第39页)

龙

又丽水……水中有蛟龙、鳄鱼、乌鲗鱼。又有水兽似牛,游泳则波涛沸涌,状如海潮。(《云南志补注》卷2第27页)

己卯八月初一日……有铁锁桥横架江上,其制一如龙江曲石,而较之狭其半^{其上覆屋五六楹,而水甚急。土人言,桥下旧有黑龙毒甚,见者无不毙。又畏江边恶瘴,行者不敢仁足。云其南哈思凹更恶,势更甚于潞江,岂其峡逼而深坠故耶?}(《徐霞客游记·滇游日记十二》第1165页)

龙,山多龙,惟人见吐五色云者,如画法所谓头似驼,角似鹿,眼似兔,耳似牛,项似蛇,腹似蜃,鳞似鲤,爪似鹰,掌似虎。今询之见者,均不似。其身之皮色类水牛皱形,又如虾蟆背之癞点。鳞带金色,则藏于癞点皱皮之中。口横方腹,色如雄黄,此僧雪林之所目击者。《艺文》谓龙首如博山,其名尺木,得之始能升天,呵气成云,以致雨泽。《尔雅》:龙爱美玉空青。嗜燕肉,畏铁及茵草、蜈蚣、楝叶。山既多龙,而龙之爱恶,僧所宜知也。五色气见龙潜五色。(《鸡足山志》卷9第349页)

龙薮,人谓滇地多龙窟,余初以为不经。辛未六月五日巳后,省邸颇晴朗,忽乱云起西北,近乃凝而不流。五龙夭矫,长百丈,悬空际,一护以白云,余则黑雾罩之。始见其身,可二三围,渐上,缩细如杖。其白者尾袅袅,复自上渐下,如初从地起者然,突与白云俱坠西城外。俄而雨点如飞槁叶,龙仍冉冉升天表,白云拥之,复缩细如线而隐。未几,西郊农民呈报,小龙白色,坠田间,蹂禾百余亩,房屋圮近三十间。院司饬令验实赈恤之。噫!滇果龙薮也哉?吾将学为豢龙氏。(《滇南新语》第3页)

起旱蛟,乾隆己巳正月二十日戌刻,省城风雨大作,电光射人可畏,雷訇訇声不断。忽霹雳一震,凡大小衙署,从外至内,中门洞开,虽重扉叠幢,灯火俱熄,民居亦然。大小东关横木重键,皆折若截薪。五华山之东北隅,官民廨舍,共倾颓一千六百余栋。火药局十一间,陷为深阱五尺余。局贮枪刃,咸屈曲飞散,挂数里外各檐墙,焦瓴分插远近街衢及瓦罅中。炮重千百斤者,悉觅归自城外各田间。余姻家董策三观察公署邻于局,亦化为瓦砾场。向闻楚北康熙中失毁火药局,与此情形相类,惟此有雷雨之异耳。当事以药局起旱蛟,致并毁民居详奏。奉旨饬赔,诚坐照万里矣。(《滇南新语》第4页)

按《范志·虫鱼》,外薄于海,夫海,广右不得而有之也。滇南界海,兹著吾海所有者,录其实焉。鳞虫,龙为首,天用莫如龙。农部茅山且有九十九龙,则全滇之龙,几成龙伯之国。况龙池㵼瀑,漏江伏流,以灌稻田,以兴云雨,故自省、州、县至土司,莫不祀龙,而缅甸且有养龙池。大理李某,吉君世琛之幕友也。李曾三至于缅亲见之。池有三青龙,无角,长数十丈,每日豢以牛肉,每龙二十六挞,如京师象俸然。尝一龙走,追而还之。又其苑养一独角兽,云是角端。皆所以明其德盛致物,威服夷人也。后儒讥左氏御龙、豢龙之言为诬,今有明征如此,古人岂诬乎?(《滇海虞衡志》第177页)

蚂蝗

蚂蝗箐,箐在剑川西北三百里,至中甸之通衢要径也。路险峻,有十二阑干、鬼见愁、猴狲怕等名。惟蚂蝗箐更丑恶,援枝附叶,粘壁缠径皆满,或长寸余至数寸,过客袖手蒙头,掩面急趋,鲜不被吮毒者。马骡皆汗血,虽坐舆中,围幪四遮而衣袖间必阴伏一二,状甚可憎。箐长数里,过此绝无。地之生物不测至此,即问之造物,亦何以自解?(《滇南新语》第 20 页)

中甸同知吴自修^{琭如}《中甸集景八首》之《蚂蝗山》:行愁陷潦步迟迟,又恐山蝗溢路垂。树古心空盘作室,人过气急触相随。依梢杪小看不见,刺肘鲜红剔未离。极力推除身两断,头凝毒散药难医。(光绪《新修中甸厅志》卷下第 7 页)

蚂蚁

蚁_附,即蚍蜉、玄驹之属。有君臣之义。其穴在下,上长蚁蕈,盖蚁气蒸之为菌耳。其封土如疆,曰蚁封;壅土为队,曰蚁及,又曰蚁蛭、蚁塿,盖指其高下之次。谓死能为塚,曰蚁塚。能为阵,知候雨。细之若蚁,尚能用智,况于人乎?(《鸡足山志》卷 9 第 351 页)

耿马^{地名}有大蚁,结穴树头,夷人食之,味酸如酢。(《滇游续笔》第 471 页)

蚁,《顺宁府志》:有飞者、鸣者,云州极多,最为物螽。桂馥《札樸》:耿马有大蚁,结穴树头,夷人食之,味酸如酢。(道光《云南通志稿》卷 69《顺宁府》第 36 页)

蚁,旧《志》:有飞者、鸣者,云州极多,最为物螽。桂馥《札樸》:耿马有大蚁,结穴树头,夷人食之,味酸如酢。(光绪《续修

顺宁府志》卷 13 第 26 页)

《班洪风土记·细蚁》:余友旃荫棠,去岁以事至班洪,有调查日记,在昆明见之,记曰:"夜来为细蚁螫,寝恒不能安枕,此种细蚁,嘴利如针,侵及皮肤,刺痛非常。"余至班洪,夜宿有戒心,而不为所扰,盖旃君三月至此,余至为十二月,或为节候使然也。(《滇西边区考察记》第 1 篇第 41 页)

毛辣子

按《尔雅·释虫》,皆陆虫也。……迩来毛辣虫之患,在山则松柏叶俱尽,入园林则花柳果菜叶俱尽,且有入洲渚食芦叶俱尽者。初生毛戟辣人手,老则刺脱如蠋,脊金色,或有角,窜老树杈缝间,作茧自裹。入春化为蛾蝶,遗子仍为毛辣虫,其恼人如此。若使蚕失所以畜之,尽化野蛾蝶,恼人更甚于毛辣虫,安望其衣被天下?乃知《周礼》设官分治,虫豸之细,亦攻治之法所不遗,盖为此也。(《滇海虞衡志》第 207 页)

毛辣子,毛虫螫人者俗呼毛辣子。案《尔雅翼》云:戴虫"背有毒毛能螫人,俗呼杨瘌虫。"《说文》楚人谓药毒曰痛瘌,音如辛辣之辣。此即《尔雅》蛅,毛蠹。陶注《本草》蛅蟴,蚝虫也。其背毛螫人。陈藏器《本草》云:蚝虫,好在果树上,大小如蚕,身面背上有五色斑文,毛有毒,能螫人。(《滇游续笔》第 471页)

毛辣子,桂馥《札樸》:毛辣子,毛虫螫人者俗呼毛辣子。案《尔雅翼》云:戴虫"背有毒毛能螫人,俗呼杨瘌虫。"《说文》楚人谓药毒曰痛瘌,音如辛辣之辣。此即《尔雅》蛅,毛蠹。陶注《本草》蛅蟴,蚝虫也。其背毛螫人。陈藏器《本草》云:蚝虫,好在果树上,大小如蚕,身面背上有五色斑文,毛有毒,能螫人。(光绪《续修顺宁府志》卷 13 第 27 页)

缅虫

缅虫,《永昌府志》:可为妇人之饰。(道光《云南通志稿》卷70《永昌府》第32页)

蟛蜞

大理……无螃蟹,夏秋间有蟛蜞,醉以椒酒,差可供咀嚼耳。(《云南风土记》第50页)

蜻蛉

明修撰杨慎新都《蜻蛉行》二首:蜻蛉绝塞怨离居,金雁桥头几岁除。易求海上琼枝树,难得闺中锦字书。燕子伯劳相对眠,牵牛织女别经年。珊瑚宝树生海底,明星白石在天边。《蜻蛉谣》:蜻蛉川,砠碌野,铁箐穷崖,飞鸟不下,魋结成群行。白日腥风泪,击我氂牛驱笮马。金鸡庙前无行者,使君坐紫城,桴鼓卧不鸣。苍山平,洱水清,守犬无夜惊,行商达天明。白羽蠹,青苗生,南山踏歌北山耕。愿留使君住,只愁使君去。畏途前番君不闻,高车驷马亦使君,劫商车下殷车轮。(楚雄旧志全书"大姚卷上"道光《大姚县志》卷15第324页)

蜻蛉,李京《云南志》:澜沧蒲蛮诸地,凡土蜂、蜻蛉、蚱蜢之类,无不食之也。(道光《云南通志稿》卷68《通省》第33页)

蜻蛉,李京《云南志》:澜沧蒲蛮诸地,凡土蜂、蜻蛉、蚱蜢之类,无不食之也。(光绪《续修顺宁府志》卷13第27页)

蚯蚓

地龙,〖一〗名蚯蚓,又名蛐蟮。味苦、辛,性寒。祛风。治小儿瘼瘀惊风,口眼歪斜,强筋,治瘘〖软〗。(《滇南本草》第837页务本)

白沙蚓,生石峡内,形似蚯蚓,身上有白圈毛,细尾。宜良最多,人多不识。气味甘、辛。无毒,主治小儿三十六惊风,六淫风邪疫症,男妇老幼中风不语,或左瘫右痪,四肢不仁,捣烂火锻,酒下,神效。一治男子精寒阳缩,敷肚脐可兴也。(《滇南本草》第977页范本)

蛇

(交州)峤多虺,其毒杀人。有冷石可以解之,屑着疮内,即活。《太平寰宇记》卷一百六十六《郁林县马岭山》条引。(《云南古佚书钞·南中八郡志》第12页)

(交州)麋泠县深山中有大蛇,长数丈,围三尺。于树上,野鹿过,便低头绕之,鹿于是有顷而死。先含水濡之,令濡,乃合头角并吞之;讫,便不能动。至数日,鹿乃消尽。蛇自绕树,鹿角骨悉钻皮出。养疮得一月,乃愈。《太平寰宇记》卷九百六《兽部》十八引。(《云南古佚书钞·南中八郡志》第13页)

黄津江在郡南侧,有大蛇,名曰青葱,好食人。又有大蛇在树上,伺鹿过绕之,鹿死乃吞之,吞了,蛇亦绕树,其角骨亦钻皮而出,蛇亦殆死,疮差即更欲吞之。(《太平寰宇记·剑南西道·姚州》卷79)

这里还产蛇和巨蛇(锷鱼)。这种巨蛇有十步长,身围有十掌尺,前面接近头部的地方,有两只短腿,有三个爪子,眼睛比四个辨士的硬币还大,闪闪发光。两颚很宽,足可吞下一个人。牙

990

齿大而且锋利,整个样子十分吓人。人或动物接近它们时,无不感到恐怖。我们遇到的其它蛇类,体积却较小,长八、六或五步。捕蛇的方法如下:蛇因白天太热,都蛰伏在山洞中,到了夜间,才出来觅食。一遇到动物,不论是何种野兽,它都能够擒来吞吃,吃了之后,便爬到湖边、泉水边或河边去饮水。它们沿着岸边爬行,因为蛇体很重,留下一道很深的痕迹,好象一根笨重的木梁在沙地上拖过一样。捕蛇者观察到蛇经常出没的地点,便将几根钉着铁矛的木条安装在地上,再用沙子复盖,不使露出痕迹。因此,当蛇向原处爬去时,它们就被这些锐器戳伤,并且很快地死去。乌鸦一见蛇死去,便鸦声大作,这成了捕蛇者的信号,他们闻声起来,剥开蛇皮,随即小心翼翼地取出蛇胆。蛇胆在医药上极有价值。如被疯狗咬伤,将本尼威特(英金衡单位:=1.555克或者等于1/20盎斯)重的胆汁掺入酒中,让病人服下,随即药到病除。孕妇临盆阵痛时,又可用这种东西作催产剂。如果面上长了面疱、脓疮或其它疹类,只要敷上小量的胆汁,立即消肿止痛,对治疗其他病痛也很见效。同样,蛇肉售价昂贵,因为人们认为蛇肉比其他肉类更加味美,认为这是最精美的食物。(《马可波罗游记》卷2第49章《哈剌章省的边远地区》第146页)

异龙湖,在石屏州。……湖中又有三岛……其三曰孟播笼,居其左,此岛多蛇毒,遇有罪者,法流于此。《永乐大典》卷二千二百七十引。(《云南古佚书钞·洪武云南志书》第83页)

蟒蛇胆 安南长官司出,蛇长丈余,四足,有黄鳞、黑鳞,能食鹿,春冬在山,夏秋在水,土人杀而食之,取其胆治牙疼,解毒药,黄鳞为上,黑鳞次之。(正德《云南志》卷4《临安府》第208页)

乌蛇 可入药。(正德《云南志》卷6《顺宁府》第367页)

蟒蛇 胆可解诸药毒。(正德《云南志》卷12《新化州》第511页)

蟒 巨蟒也,有四足,胆可解诸毒药。(正德《云南志》卷14《孟养军民宣慰使司》第577页)

占农石,大理府浪穹县城南三十里凤羽乡,有石窍中藏一蛇,见头则插秧,早见腹则及时,见尾则旱,人以占农。(《增订

南诏野史》卷下第 52 页）

脆蛇，一名片蛇，产顺宁大侯山中，长二尺许，遇人辄自断为三四，人去复续。干之，治恶疽。腰以上用首，以下用尾，又治大麻风及痢。（《滇略》卷 3 第 231 页）

鳞蛇，蟒属，四足，长丈余，能吞豕鹿，临安诸郡及镇康、孟养有之。冬春在山，夏秋在水，其胆治齿𪐴，解毒药。黄鳞为上，黑者次之。（《滇略》卷 3 第 231 页）

蚺蛇，产孟养山中。土人欲取之，先以鸡卜问诸神，得吉兆，则入麓求之。蛇见人辄伏不动，夷人语之曰："中国天子求尔胆，尔可伏死。否则吾亦不汝贳也。"蛇反背就戮。今相传云去胆复活者，盖谬说耳。一蛇有三胆，居颔下者以傅毒矢；居腹间者入药，有病疽者以童便研一合服之，又以傅患所，顷刻而愈；居尾者弃弗用。（《滇略》卷 3 第 232 页）

《寰宇记》云：滇池黄津江有大蛇，名曰青葱，好食人。又有大蛇藏树上，伺鹿过，绕之，鹿死乃吞而绕树，其角骨皆钻皮而出，蛇亦殆死。疮差即更吞之。又《郡国志》云：兴古郡有大蛇，长数丈，尾有两岐如钩，在水中以尾钩取岸上人马食之，然今俱未之有闻也。（《滇略》卷 3 第 232 页）

青葱，《寰宇记》云：滇池黄津江有大蛇，名曰青葱，好食人。又有大蛇，藏树上，伺鹿过绕之，鹿死乃吞焉，吞毕，蛇复绕树，其角骨钻皮而出，蛇亦殆死，疮差更吞之。（天启《滇志》卷 3 第 1087 页）

戊寅九月二十八日……今谓之黄龙山。山小而石骨棱棱，乃弥雄山东下之脉，起而中峙如锥，州城环之，为州治之后山者也，昔多小黄蛇，故今以黄龙名之。登此，则一州之形势，尽在目中矣。（《徐霞客游记·滇游日记三》第 814 页）

鳞蛇胆，有黄黑二种，长丈余，其四足，能食鹿。春夏在山，秋冬在水，土人取食之，其胆治牙痛，解诸毒，黄为上，黑次之。（康熙《云南通志》卷 12《元江府》第 227 页）

青葱，《寰宇记》云：滇池黄津江有大蛇，名曰青葱，好食人。又有大蛇，伺鹿过，盘绕之而吞之，吞毕，复绕树，其角骨钻皮而出，蛇疮甚殆死，瘥更吞之。（康熙《云南通志》卷 30 第 862 页）

瑞蛇锡类。题辞曰:食鹿吞象,蛇之大也。胆可治痛,骼可医疾。犹未若昆崙蛇绕山三匝之为,不可知之大也。《孙子》曰率然长腾,谓常山之蛇也。《山海经》曰肥遗六足,谓太华山之蛇也。又宁若包胥之乞封豕,修蛇之蚕食于天下哉?墨子曰龟近灼,蛇近暴,以其神而灵也。鱼属连行,蛇属纡行,则不灵矣;牛可以鼻听,蛇可以眼听,易官而能也。然谓蛇猪鬣貐牙,莫不皆有毒,未闻以见蛇为瑞者也。奝遇昔至蜀渝之官廨,中有瑞蛇,见者争谈祥异。今瑞蛇在天鼓山,谓大白蟒,修真念一于此。出则其光如银,目环绕若电,覩之无不吉。夫蛇以善身之道,善及夫人,非其锡类之仁耶!恒闻之鸡山永无虎蛇之患,其慈氏之昭格欤?虽蛇虎也且如此,况于人哉?不欲见蛇为人之恒情,今转恒情而欲见之,亦奇矣。(《鸡足山志》卷 3 第 158 页)

收蛇洞。释曰:尝闻之丐者戏蛇乞食,则有收蛇咒。此极贱之鄙技,迫饥寒而工,是不得已之为也。兹以收蛇为异迹,夫何以哉?盖慈悲心,惧其毒之伤物,而遂以其毒之自伤其命于人矣。不若收之,使其两不相伤,解冤以释结。蛇而有知,岂不生感?则衔珠之报,蛇岂无心?庄子曰:蚿怜蛇,蛇怜风。蚿谓多足,其行且迟,蛇而无足,何以能行,是以怜之。蛇又曰:我虽无足,具有形也;风而无形,胡以行之,是以怜之。今而知多足不如无足之捷,有形不如无形之化而速也。今悉驱蛇。收归一洞,妙义在若有若无之间。劳生草草,谋名筹利,毒愈于蛇。此丹庭空洞无物中,悉收其妄之所起者,而不使之窜出,则人人可佛矣。佛者觉也,祈觉之者,慎斯独,谨斯几焉。(《鸡足山志》卷 4 第 168 页)

蛇见瑞蛇锡类及收蛇洞(《鸡足山志》卷 9 第 349 页)

脆蛇,生山径草石间,长至五六寸或七八寸,见人则自断,人去仍续。遇之者,当于其断时,拾取贮筐中,掩盖携归,挂当风处凉干收藏,可治跌打损伤,研成细末,以黄酒调服,如伤重昏迷,则合药服之。每蛇一两,加人参五钱、自然铜五钱、三七八钱、血竭一两、归尾一两、孩儿茶五钱、虎骨一两,共为细末,用米面酒调匀为丸,每丸重一钱,热酒送下,立愈。又治诸疮毒,用阴阳瓦焙干,研成末,酒调服。如毒生在首,即用其首;毒生在上身,即用上段;毒生在中身,即用其中段;毒生在下身,即用其下段。此蛇产于顺宁地方,以牛街附近各处为最。云州亦有,不甚佳,别郡皆无。来顺购求者甚多,不易得也。(《顺宁杂著》第 56 页)

脆蛇,亦产顺宁,形细小,色白,见人辄跃起,坠于地,断为数截,复能自为连辍如初,殊可怪。其气甚毒,误触之致毙。治折跌损伤有神效。(《滇南闻见录》卷下第 37 页)

钩蛇,出永昌,此古所传也。言其尾长,能钩岸上人与物而食,亦鳄之类也。今不闻有此事,其亦他徙而去欤?潮州无鳄鱼,永昌无钩蛇,见生聚之盛也。又按《续传志物》以为出朱提,且言水旁有鬼弹,不见其形,其作有声,中物则折,中人则害,罪人徙此不过十日死。此水土恶劣,阴怪得窟穴其中为虐耳。驱之之法,投以烧石,注以溶铁,万众各鸣瓦盆、瓦器以号呼,其物不死即徙,为政者不可不知也。(《滇海虞衡志》第 199 页)

鳞蛇,出临安、元江、孟养等处,巨蟒也。长丈余,四足,有黄鳞、黑鳞,能食鹿。春冬在山,夏秋在水。土人杀而食之,取其胆,治牙疼,解毒药。黄鳞为上,黑鳞次之。邹经元言:鳞蛇眼大如镜,初见者不利,即制而牵行于市,儿童争坐其背以为嬉。《范志》云:蚺蛇常逐鹿食,寨兵插满头花赴蛇,蛇喜驻视,竟附其首,大呼红娘子,蛇俛不动,大刀断其首。近闻捕蚺蛇有蚺蛇藤,束而牵之。按鳞蛇亦食鹿,当即一类而异名耳。蚺蛇胆亦入药,《天问》云:灵蛇吞象。彼巴蛇也。要皆蟒也。蟒为螣蛇,为王蛇,大小随地为名耳。(《滇海虞衡志》第 201 页)

脆蛇,傅玄《神蛇铭》:"嘉兹灵蛇,断而能续。"今顺宁有小蛇,见人则自断数节,人去复成完体,俗谓之脆蛇,主疗骨伤。(《滇游续笔》第 471 页)

青竹飘,顺宁绿蛇,细而长,有毒,善逐人,其行如飞。击以木不中,惟竹之单节者能毙之。(《滇游续笔》第 471 页)

鳞蛇,祝穆《方舆胜览》:鳞蛇,出安南、云南、镇康州、临安、元江、孟养诸处。巨蟒也,长丈余,有四足,有黄鳞、黑鳞二色,能食麋鹿,春冬居山,夏秋居水,能伤人,土人杀而食之,取胆治疾,以黄鳞者为上。檀萃《滇海虞衡志》:鳞蛇胆治牙疼,解毒药。邹经元言:鳞蛇眼大如镜,初见者不利,即掣而牵行于市,儿童争坐其背以为嬉。《范志》云:蚺蛇常逐鹿食,塞兵插满头花赴蛇,蛇喜驻视,竞拊其背,大呼红娘子,蛇俛不动,大刀断其首。近闻捕蚺蛇有蚺蛇藤束而牵之。按鳞蛇亦食鹿,当即一类而异名耳。蚺蛇胆亦入药。《天问》云:灵蛇吞象。彼巴蛇也。要皆蟒也,蟒为螣蛇,为王蛇,大小随地为名耳。(道光《云南通志稿》卷68《通省》第34页)

青葱,乐史《太平寰宇记》:滇池黄津江有大蛇,名曰青葱,好食人。大蛇,乐史《太平寰宇记》:滇池有大蛇于树上,伺鹿过绕之,鹿死乃吞之,吞讫,蛇亦绕树,其角骨亦钻皮而出,蛇亦殆死,疮差即更能吞之。(道光《云南通志稿》卷69《云南府》第9页)

脆蛇,陈仁锡《潜确类书》:一名片蛇,出云南大侯御夷州,长二尺许,遇人辄自断为三四,人去则复续,干之,治恶疽,腰以上用首,以下用其尾。桂馥《札樸》:傅元《神蛇铭》"嘉兹灵蛇,断而能续。"今顺宁有小蛇,见人则自断数节,人去复成完体,俗谓之脆蛇,主疗骨伤。旧《云南通志》:见人则断,人去复续,取而干之,可治肿毒。青竹剽,桂馥《札樸》:顺宁绿蛇细而长,有毒,善逐人,其行如飞,击以木不中,惟竹之单节者能毙之。(道光《云南通志稿》卷69《顺宁府》第36页)

歧尾蛇,郭义恭《广志》:歧尾蛇,出云南。乐史《太平寰宇记》:兴古郡有大蛇,长数丈,其尾有两歧如钩,在水中以尾钩取岸上人马食之。(道光《云南通志稿》卷69《曲靖府》第40页)

蟒胆,《一统志》:镇康州出。章潢《图书编》:出镇康州,可解诸毒药。孟养巨蟒,有四足,胆可解诸毒。……钩蛇,郦道元《水经注》:永昌西山有钩蛇,长七八丈,尾末有歧,蛇在山涧水中,以尾钩岸上人、牛食之。王蛇,陈鼎《蛇谱》:滇南近缅山中有之,长数里,色如黄金,盖数千年矣,常隐不常见,不害人物,以蛇为饭,每出小黄蛇千数,所止地凡蛇尽来朝,有罪及伤人者,辄命群蛇嗛之,即以为食。凡毒蛇伤人者尾必秃,所杀者皆秃尾,人以是知其讨有罪也,每杀蛇必留尾以为号令,人以其能讨恶,故曰王蛇,盖蛇之神武者也。歌蛇,陈鼎《蛇谱》:长五尺,大一拱,不食生物,专食山间瓜果之类,不啮人,人以其不为民物害,亦不忍伤也。东印土及缅甸、永昌界俱有之,每至秋,清风明月之夜,辄长歌如蚓,然有节韵,抑扬宛转,俨若刻羽流商。双身蛇,陈鼎《蛇谱》:一头两身,雌雄自具,自为合,单日粪从雄尾出,双日粪从雌尾出。三月则交,五月卵生如鸡子,七月子育,九月子成,自觅食。是蛇长五六尺,亦有八九尺者,不满丈,喜捕鼠及狸。出占城国、缅甸,滇西亦有之,食鱼虾,善泅水面,人以其善捕鼠,尝蓄于家,然能为苗害。(道光《云南通志稿》卷70《永昌府》第27、32页)

鳞蛇胆,旧《云南通志》:出安南长官司与元江,产者同。章潢《图书编》:出安南,长丈余,足有黄麟、黑麟,食鹿。春冬在山,夏秋在水,可食胆治牙疼,解毒药。黄麟为上,黑次之。(道光《云南通志稿》卷70《开化府》第34页)

鳞蛇胆,旧《云南通志》:有黄、黑二种,长丈余,具四足,能食鹿,春夏在山,秋冬在水,土人取食之。其胆治牙痛,解诸毒,黄为上,黑次之。(道光《云南通志稿》卷70《元江直隶州》第56页)

脆蛇,陈仁锡《潜确类书》:一名片蛇,出云南大侯御夷州,长二尺许,遇人辄自断为三四,人去则复续,干之,治恶疽,腰以上用首,以下用其尾。桂馥《札樸》:傅元《神蛇铭》"嘉兹灵蛇,断而能续。"今顺宁有小蛇,见人则自断数节,人去复成完体,俗谓之脆蛇,主疗骨伤。旧《云南通志》:见人则断,人去复续,取而干之,可治肿毒。青竹剽,桂馥《札樸》:顺宁绿蛇细而长,有毒,善逐人,其行如飞,击以木不中,惟竹之单节者能毙之。(光绪《续修顺宁府志》卷13第26页)

第三十一课《蛇》:蛇,冷血卵生动物也。体长,舌分为二歧,齿如钩,上颚具毒牙二,毒囊生于颊部。其进行则由脊骨之屈曲及腹部大鳞以助之,属爬虫类。(楚雄旧志全书"元谋卷"光绪《元谋县乡土志》修订本卷下第401页)

观音山^{距城六十余里……其处建白衣阁,饶}_{牧,改名凌霄阁,山多蛇,而不伤人。}(光绪《镇雄州志》卷 1 第 33 页)

（广南）其地极热,附近蛇蟒须食其叶,以生有虫为守,取者必探虫所在,设法以�制之,否则,蛇闻虫声,成群而至,人无幸免者。(《幻影谈》卷下第 136 页)

小毒蛇,产于山中,有半截似乾,俗名小乾半截,口有液甚毒,多围于草木上,若啮人,须速将被啮处割去,否则其毒立传于遍体,不可救药。(民国《嵩明县志》卷 16 第 244 页)

螳螂

螳蜋_附,蚝之属。其房则桑螵蛸也,以其怒背敌。《说文》名拒斧,《尔雅》为蚀肬,《别录》曰野狐,而又谓为鼻涕。今滇称鼻涕虫则蜗也,以其涎多,特如鼻涕耳。扬雄《方言》:蜱蛸鳟蟭,可以致神。又名致神,则是矣。(《鸡足山志》卷 9 第 350 页)

堂螂,常璩《华阳国志》:堂螂县有堂螂。(道光《云南通志稿》卷 70《东川府》第 37 页)

蜩

蜩,亦蝉之属。《论衡》:蛴螬化蝮蜟,蝮蜟拆背出而为蝉。则是蝮蜟者,育之于腹也。蝉者,变化相禅也。蚱^音_窄,为蝉之声,调即蜩之声。《诗》:螓首蛾眉。螓盖小蝉耳,故称蝉为齐女。盖《诗》为美庄姜,故云。(《鸡足山志》卷 9 第 350 页)

土狗

土狗,一名地虎,〖一名地狗〗。味甘,性平。入胃,利小便,消水肿,上〖半身肿〗痛者,用头身上半节;下〖半身肿〗痛者,用身子下半节,去足翅方可用;上下俱肿,全用。用新瓦焙干,每服五个。滚水服效。鲜用。(《滇南本草》第854页丛本)

蜎

蜎,常璩《华阳国志》:滇池县有白蜎山,山无石,惟有蜎也 谨案:滇池县,今宜良县,晋宁州是。(道光《云南通志稿》卷69《云南府》第7页)

蟋蟀

蟋蟀 即《诗》蟋斯 斯蟀也 生土中,身小黑色,头似蚱蜢,翅双搓即鸣,六脚,能飞跳,性善斗。(楚雄旧志全书"楚雄卷下"民国《楚雄县乡土志》卷下第1361页)

雪蛆、雪蛤蟆

雪蛆,产丽江之雪山,形如竹蟲。土人于积雪中捕得,臛食之,云愈心腹热疾,间有脯至鹤庆鬻者,然不恒有也。(《滇略》卷3第233页)

文殊寺……小雪山亦出雪蛆,大者如兔,味如乳酥,多食,口鼻出血。(《滇游记》第8页)

中甸……其中产雪蛆,形类大蚯。雪虾蟇如箕,性热,称珍药。(《滇南新语》第 17 页)

雪山,丽郡城外二十里有雪山,一名玉龙,……产雪蛆,大者如兔,味如乳酥,性极热。(《滇南闻见录》卷上第 10 页)

雪蛆、雪蛤蟆,出苍山。二物产于积雪之中,不知几何年。一曰西藏积雪之中,尚产猪,谓之雪猪,性极热,盖阳极转阴,阴极转阳,理本相因也。又云雪中产物甚多,不可为名数,而性皆极热。是知天地之大,何所不有。虽深山绝塞,涸阴冱寒,终古不见天日,而生机未尝中绝。天随寒热以为生,物游其中以自乐。火鼠之入火不焦,冰蚕乘冰自缕,彼又奚知火与冰哉?(原注:按,玉龙山产雪茶,亦采自积雪中。)(《滇海虞衡志》第 202 页)

雪蛆、雪虾蟇,檀萃《滇海虞衡志》:出苍山,二物产于积雪之中,不知几何年?(道光《云南通志稿》卷 69《大理府》第 18 页)

雪蛆,陈鼎《滇黔纪游》:丽江小雪山亦出雪蛆,大者如兔,味如乳酥,多食,口鼻出血。(道光《云南通志稿》卷 69《丽江府》第 48 页)

芫青

芫青,苏恭《本草会编》:芫青,出宁州。陶宏景《本草别录》:斑蝥,一虫五变,二三月在芫花上,为芫青。(道光《云南通志稿》卷 68《通省》第 33 页)

芫青,陶宏景《本草别录》:斑蝥,一虫五变,二三月在芫花上,为芫青。(光绪《续修顺宁府志》卷 13 第 27 页)

萤

萤_附,丹鸟也。腐朽之所化,其名夜光、夜照、熠耀、据火、挟火、宵烛、即炻，皆缘其火得名。惟景天则以飞多，其光肖之。而救火，则谓人疑为真火，思救之也。《豳风》：熠耀宵行。熠熠，盖其光也。《吕氏·月令》所谓腐草化为萤，《明堂·月令》则谓腐草化为蠲，则蠲所萤耳。（《鸡足山志》卷9第351页）

蚱蜢

蟆蚱，味甘，微辛，性温。入肝脾二经。治山岚瘴气疟疾，寒热往来，不服水土，瘴疟炉烟，立效。（《滇南本草》第856页务本）

蚱蜢，油炙如虾，或晒干下酒。倮倮男妇小儿，见草中螽斯之属，即欢笑扑取，以火燎其毛，嚼吞之。（《滇游记》第11页）

谷雀之名颇佳，禾间蚱蜢也。收获时多，知风雨。儿童收而卖于市，曰谷雀，言谷中之雀也。又曰山鰕，曰水鸡，讳其名。蛮字从虫，故南蛮多嗜虫也。一曰麻蚱，厂民食之，能解炉烟毒。（《滇海虞衡志》第203页）

谷雀，檀萃《滇海虞衡志》：田间蚱蜢也，秋获时，儿童收而卖于市，曰谷雀。厂民食之，能解炉烟毒。（道光《云南通志稿》卷69《云南府》第9页）

蚱蜢一名麻蚱，生谷草间，头身脚似蟋蟀，羽能飞。乡人捕食，味香。蟆虫出卵白色，自稻秆蠹入，吸食稻之养液，渐大成蛹，及成蛹出稻秆，则稻枯矣。与飞蝗害苗稼同。（楚雄旧志全书"楚雄卷下"民国《楚雄县乡土志》卷下第1361页）

二十三、饮馔之属

综述

　　扑子蛮……土无食器，以芭蕉叶藉之。开南、银生、永昌、寻传四处皆有。(《云南志补注》卷 4 第 58 页)

　　猪、羊、猫、犬、骡、驴、豹、兔、鹅、鸭，诸山及人家悉有之，但食之与中土稍异。蛮不待烹熟，皆半生而吃之。(《云南志补注》卷 7 第 111 页)

　　每饮酒欲阑，即起前席奉筋相劝。……取生鹅治如脍法，方寸切之，和生胡瓜及椒楤啖之，谓之鹅阙，土俗以为上味。南诏家食用金银，其余官将则用竹箪。贵者饭以箸不匙，贱者抟之而食。(《云南补注志》卷 8 第 117 页)

　　白人，……食贵生，如猪、牛、鸡、鱼皆生醢之，和以蒜泥而食。(《云南志略》第 87 页)

　　这里的人民生吃禽鸟、绵羊、黄牛和水牛的肉，已经成为一种习惯。他们的肉类，是用下列的方法保藏的：他们将肉切成小块，浸在盐水中，再加入几种香料，这是为上等阶级的人备制的。至于较贫苦的人，只是将肉剁碎后浸入大蒜汁中，然后取出来食用，味道像烹调过的一样。(《马可波罗游记》卷 2 第 48 章《哈剌章大省和省会大理》第 145 页)

　　饮馔之属三十：蜜^{黄白二种，以坚如蜡者良}、酥^{以鲜者佳，酥价亦廉}、乳腺^{乳，酥乳冻皮也。气味不异酥，然酥乳非盐则不耐久，}

此则不盐而可以致远、茶点苍，树高二丈，性味不减阳羡，藏之年久，味愈胜也、蜜煎以扬（杨）梅、枇杷、橙、橘、梅、桂、木瓜、附馀甘子、唐求子、姜芽、杏杉、槟榔、海棠子之属，蜜渍之成煎也、酪酥蜜食也、糕数品，梁为者黄，糯者白，莜者绿，藜者青，皆因本色为之、蓬饵缕切玉饵而曝之，其乱如蓬，汉书亦谓之蓬饵，俗呼饵線、米缆粉粳作糒，园细如灯草，引长不绝，脆润不粘，盘结成团，经汤则解，服虔《通俗》文曰：煮米粹。《食经》曰：作糒之法，近水则涩，今法于长流水中醡之，高似孙纬略所谓米缆是也、饧枝油炸粉粳也。大理以熟糯粉和芋泥，用核桃油苯之，缀以米糁，尤为胜味。陆放翁诗云：新炸饧枝缀红糁。各省皆有之，而不若和芋之佳也、粹粉以绿豆为者凉，蚕豆为者暖、柜蒻如芋，浸作粉，煮成块，夏月和冷淘佳、赤豆粥以赤豆作粥，元旦、冬至则食之。世传共二（工）氏有不才子，死为厉，性畏赤豆，故作粥食之，以安五脏、糍饼粉糯为之，大者径三尺，冬至以馈节，他处有之，不用于冬至。独荆楚与滇同俗，岂庄蹻遗风与、豆豉以黄黑豆为之、莲煎以乳腺为肤，珍蔬珍果为餡，酥沃成饼、生脍猪鸡鸭鸽鱼水鸟皆可为，盖腥而切齿之，和以五色五味，蔬鲊姜蒜、螺弹出龙尾关濞水中，螺白也，其园如榛子，煮之不散，可为羹、粉荔粉糯山药为园，以核桃油炸之，如荔。唐人云：瑞英薦腊，粉荔迎年、蜜雪大理暑月，取点苍雪和煮梅蜂蜜食之，风韵绝胜、松花饼点苍山多松，采黄花和蜜为饼、香笋出澜沧江，瓶贮久而愈香、蓝糯笋酱为之，久而不变、杨梅煎杨梅作酱，可以调羹、药梅香药和调梅、金樱煎取金樱作煎，可人酒、馀甘煎盐蒸馀甘子作煎、煮梅以赤豆和盐煮青梅，年久愈红，调合诸味皆宜、钩藤酒酿酒米于瓶，待熟着藤瓶中，内注熟水，下燃微火，执藤饮之，味胜常酒，名咂鲁麻。程本立大理饮诗："金杯哈喇吉，银筒咂鲁麻。江楼日日醉，忘却在天涯"、红花油即染大红膏子之实也，油香胜诸品、核桃油即核桃春泥榨油，香美与红花油等。（嘉靖《大理府志》卷2第76页）

饳饵致馈州中土人，凡遇时节往来，以白粳米炊为软饭，杵之为饼，折而捻之，若半月然，盛以瓦盘，致馈亲厚，以为礼之至重。（景泰《云南图经志书》卷3《阿迷州》第174页）

饮馔之属三十：蜜、酥、茶糕、乳线、蜜煎、酪酥、蓬饵、米缆、饧枝、粹粉、柜蒻、豆豉、生脍、螺弹、餈饼、蜜雪、香笋、蓝糯、药梅、煮梅、莲煎、粉荔、赤豆粥、松花饼、杨梅煎、钩藤酒、金樱煎、馀甘煎、红花油、核桃油。（万历《云南通志》卷2《大理府》第33页）

饮馔之属十三：糕、酥油、乳线、蜜、芝麻油、饵、豆粉、米粉、茶、酒、饼、咂酒、苏麻。（万历《云南通志》卷2《临安府》第55页）

饮馔之属十二：茶、酥、饧、糖、蜜、乳线、豆豉、香笋、蓝糯、花糕、蓼花、芦子。（万历《云南通志》卷2《永昌府》第68页）

饮馔之属二十三：饼、饵、糗、糒、粉、餴、餳、面、糍糕、煎、饊、酒、醴、腌、腊、脯、醢、鲊、脍、烹、炰、燔、炙。（万历《云南通志》卷3《蒙化府》第28页）

饮馔之属十六：饼、饵、粉、面、糍糕、糗、酒、醴、餔、鲊、糟蟹、

腌、腊、烹、炙。（万历《云南通志》卷4《景东府》第12页）

饮馔之属十五：蜜、酥、乳线、蜜煎、酪酥、茶、谷茶、蓬饵、饽饼、柜蒟、香笋、蓝糯、香油、春饇、蜂牙腐。（万历《云南通志》卷4《顺宁州》第24页）

谢东山《游鸡足山记》：……还至土主殿，一僧，洛阳人，留食，具馒头、鸡棕、松仁、蒸栗，皆佳品。予谓野庭曰"笋蒲馔也。"（万历《云南通志》卷14第58页）

僰夷风俗：……民间器皿、瓿盆之类，惟陶冶为之。孟艮等处漆器却精致，其宣慰用金银、车渠、琉璃等器，其下亦以金银为之。（万历《云南通志》卷16第5页）

僰夷风俗：……其在寻甸岩谷散居者，名野蛮。……无器皿，以芭蕉叶藉之。（万历《云南通志》卷16第7页）

元旦、清明、端午、七夕、冬至，人家咸作赤豆羹啖之，互以相遗。按《初学记》云："共工氏有不才子，以冬至日死，为人厉，畏赤豆，故作粥以禳之。"是其遗法也。（《滇略》卷4第239页）

饮食，惟公宴礼会者与中土同，其民间所造，多糅杂而成。如缕切饼饵而暴之，其乱如篷，曰篷饵。磨蒟蒻而沆之，曰鬼药。熟糯粉和芋为泥而膏沃之，缀以米糁，曰饧枝。浓煎乳酪而揭之，曰乳线。揉糯及山药，圆而煠之如荔，曰粉荔。至于鱼肉牲畜蠃蚌之属，率生斫缕丝和诸椒桂而啖之，其名曰胜。盖古人斫脍之遗法，今闽广亦间为之，但滇以为常耳。宴饮至进鱼然后撤席，此俗自楚以西皆尔，向在吴兴亦然。吴兴鱼至多荐三四种，其末乃一大鲤也，俗戏谓之春牛，盖迎春，牛居其最后也。粤西如之。（《滇略》卷4第241页）

夏秋之交，稻尚未熟，先取其稚穗，囷而晾之，致馈于亲厚，谓之尝新。然半作土气，非正味也。（《滇略》卷4第242页）

又载服食一类，曰蜜、酥、茶、糕、乳线、酪酥、蓬饵、饧枝、柜蒟、螺弹、蜜雪、香笋、蓝糯、药梅、粉荔、赤豆粥、松花饼、杨梅煎、钩藤酒、金樱煎、馀甘煎、红花油、茶子油、核桃油，省会未志，而其品俱有之。（天启《滇志》卷3《大理府》第114页）

食物之品，为香笋，为蓝糯，为蒌花蒌实以佐槟榔。（天启《滇志》卷3

1003

《永昌府》第 116 页）

服食之乳线_{积潼酪澄晞为之，以为素食，名曰连煎。}（天启《滇志》卷 3《蒙化府》第 117 页）

又有香水泉，春雨零而香发，居人祭而后汲，以蔗浆、酸角和饮之，去疾。（天启《滇志》卷 3《武定府》第 118 页）

戊寅八月十六日……既饭，杨君携酒一樽，侑以油饼熏凫，乃酌酒而携凫饼以行。……瀹汤煮杨君所贻粉糕啖之，甘如饴也。（《徐霞客游记·滇游日记二》第 751 页、753 页）

戊寅十月十一日……是日，傅幕复送礼，余受其鸡肉，转寄大来处。（《徐霞客游记·滇游日记四》第 831 页）

戊寅十一月初九日……半里，路旁有卖浆草舍倚南坡，则顾仆与行李俱在焉，遂入饭。（《徐霞客游记·滇游日记四》第 876 页）

戊寅十二月二十八日……门外冈脊之上，多卖浆瀹粉者。……僧瀹米花为献，甚润枯肠。（《徐霞客游记·滇游日记五》第 912 页、914 页）

己卯正月初六日……过玄明，啜茗传松实。过白云，啜茗传茶实_{茶实大如芡实，中有肉白如榛，分两片而长，入口有一阵凉味甚异。即吾地之茗实，而此独可食。闻感通寺者最佳，不易得也。间有油者辣口。}（《徐霞客游记·滇游日记六》第 925 页）

己卯正月十四日，早寒，以东楼背日，余移砚于藏经阁前桃花下，就暄为记。上午，妙宗师以鸡葼茶果饷。（《徐霞客游记·滇游日记六》第 936 页）

己卯正月二十日……入多宝楼，河南僧不在，其徒以菉豆粥、芝麻盐为饷。（《徐霞客游记·滇游日记六》第 941 页）

己卯正月二十三日……有僧两人，皆各踞一龛，见客至，胡麻方熟，辄邀同饭，余为再啜两盂。……度梁北，有殿新构，有池溢水，有亭施茶。余入亭饭，一僧以新瀹茶献。曰："适通事与担者久待于此，前途路遥，托言速去。"盖此殿亦丽江所构以施茶者，故其僧以通事命，候余而致之耳。余亟饭行，竟忘其地为热水桥，而殿前所流即热水也。（《徐霞客游记·滇游日记六》

第 944 页、947 页）

　　己卯二月初三日，余以叙稿送进，复令大把事来谢。所馈酒果，有白葡萄、龙眼、荔枝诸贵品，酥饼油线子[细若发丝，中缠松肉为片，甚松脆]、发糖[白糖为丝，细过于发，千条万缕，合揉为一，以细面拌之，合而不腻]诸奇点。（《徐霞客游记·滇游日记七》第 957 页）

　　己卯二月初五日……是日，传致油酥面饼，甚巨而多，一日不能尽一枚也。（《徐霞客游记·滇游日记七》第 958 页）

　　己卯二月初八日……纯一馈以古磁杯、薄铜鼎，并芽茶为烹瀹之具。（《徐霞客游记·滇游日记七》第 960 页）

　　己卯二月初十日……肴味中有柔猪、牦牛舌，俱为余言之，缕缕可听[柔猪乃五六斤小猪，以米饭喂成者，其骨俱柔脆，全体炙之，乃切片以食。牦牛舌似猪舌而大，甘脆有异味。惜余时已醉饱，不能多尝也]。（《徐霞客游记·滇游日记七》第 965 页）

　　己卯三月二十四日……既止，风雨交作，寒气逼人，且无从市米，得面为巴而啖之。（《徐霞客游记·滇游日记八》第 1032 页）

　　己卯三月二十六日……肆多卖浆市肉者，余以将登宝台，仍斋食于肆。（《徐霞客游记·滇游日记八》第 1036 页）

　　己卯四月十日……又一里，有数家当箐底，是为冷水箐，乃饭于鬻腐者家。（《徐霞客游记·滇游日记九》第 1050 页）

　　己卯四月十一日……是为湾子桥。有卖浆者，连糟而啜之，即余地之酒酿也。（《徐霞客游记·滇游日记九》第 1051 页）

　　己卯四月十三日……是为坡脚村。有卖浆者，出酒甚旨，以醋芹为菜。与同行崔姓者，连啜二壶乃行。（《徐霞客游记·滇游日记九》第 1058 页）

　　己卯四月十四日……薄暮，同行崔君挟余酌于市，以竹实为供[竹实大如松子，肉圆如莲肉，土人煮熟以卖]。投壶畅饮，月上而返，冰轮皎然。（《徐霞客游记·滇游日记九》第 1058 页）

　　己卯四月二十二日……又西一里余，有结茅卖浆在南山下，于是巨松错立，高影深阴，午日俱碧。（《徐霞客游记·滇游日记九》第 1072 页）

己卯四月二十九日……有三四家当岭而居,是为酒店,以卖浆得名也。……路转其东北隅,有小水自峡间下注,有卖浆之庐当其下,入而少憩。(《徐霞客游记·滇游日记九》第1091页)

己卯五月初三日,参府来候宴。已又观音寺天衣师令其徒来候,余以参府有前期,辞之。上午赴参府招,所陈多腊味,以断屠故^{腊味中始}食竹䶉。……天衣师拜经观音寺,三年不出,一见喜甚,留余宿。余辞以他日,啜其豆浆粥而返,已昏黑矣。(《徐霞客游记·滇游日记十》第1096页)

己卯五月初五日……余从竹中下,一老人迎入其庐,具腊肉火酒献。盖是日端午。(《徐霞客游记·滇游日记十》第1098页)

己卯五月初七日……宿李虎变家。虎变以骑候于马鹿道中,不遇,甫返,煮竹䶉相待。(《徐霞客游记·滇游日记十》第1105页)

己卯六月初四日,其家插秧忙甚,竟不为余炊。……始入市食馒面而饱焉。(《徐霞客游记·滇游日记十》第1121页)

己卯六月初七日,闪知愿来顾,谢余往叩灵几,礼也。知愿馈饼二色。八日,知愿又馈猪羊肉并酒米甚腆。(《徐霞客游记·滇游日记十》第1121页)

己卯七月十一日……薄暮,其子以酒肉来献,乃火酒也。酌于栏上,风雨忽来,虽栏无所蔽,而川中蕴热,即就栏而卧,不暇移就其室也。(《徐霞客游记·滇游日记十一》第1147页)

己卯七月十三日……下午雨止,遂别僧下山,宿于蛮边火头家,以烧鱼供火酒而卧。(《徐霞客游记·滇游日记十一》第1150页)

己卯七月十四日……一里,至早龙川家,即龙江之弟,分居于此,以主此渡者。时渡舟尚在江东岸,龙川迎坐以待之,其妻女即织纴于旁。出火酒糟生肉以供。余但饮酒而已,不能啖生也。(《徐霞客游记·滇游日记十一》第1150页)

己卯七月十九日……又出大理苍石屏置座间,另觅鲜鸡葼瀹汤以佐饭。(《徐霞客游记·滇游日记十一》第1153页)

己卯八月初一日……所谓中火铺。有守者卖腐于中，遂就炊汤而饭。(《徐霞客游记·滇游日记十二》第 1168 页)

己卯八月初七日……即所谓塘报也^{铺司、铺}_{兵之类}，卖腐以供旅人之饭云。(《徐霞客游记·滇游日记十二》第 1176 页)

己卯八月十二日，饭于龙泉。命顾仆入城觅夫，而于殿后静室访讲师。既见，始知其即一苇也。为余瀹茗炙饼，出鸡葼、松子相饷。(《徐霞客游记·滇游日记十二》第 1184 页)

己卯八月十四日……又下二里，而宿于高简槽。店主老人梅姓，颇能慰客，特煎太华茶饮予。(《徐霞客游记·滇游日记十二》第 1187 页)

己卯八月十五日……是夜为中秋，余先从顺宁买胡饼一圆，怀之为看月具，而月为云掩，竟卧。(《徐霞客游记·滇游日记十二》第 1189 页)

己卯八月十七日……过等觉寺，税驾于寺北之冷泉庵，即妙乐师栖静处。中有井甚甘冽，为蒙城第一泉，故以名庵。……闻城中有甲科三四家，是反胜大理也^{北门外有卖饼者三四家，想皆中土人。其制酷似吾乡"眉公饼"，但不兼各味耳，即省中亦不及。}(《徐霞客游记·滇游日记十二》第 1193 页)

己卯八月十九日，妙乐以乳线赠余。余以俞禹锡诗扇，更作诗赠之。(《徐霞客游记·滇游日记十二》第 1195 页)

己卯九月十三日……既下室中，啜茶果，复继以饼饵。……又一里，入西来寺，寺僧明空他出，其弟三空，余向所就餐者，闻之，自其静庐来迎。复吾知吾辈喜粥，为炊粥以供，久不得此，且当行陟之后，吸之明月之中，不啻仙掌金茎矣。(《徐霞客游记·滇游日记十三》第 1215 页)

己卯九月十四日，三空先具小食，馒后继以黄黍之糕，乃小米所蒸，而柔软更胜于糯粉者。乳酪、椒油、葼油、梅醋，杂沓而陈，不丰而有风致。盖史君乃厥兄明空有约而来。(《徐霞客游记·滇游日记十三》第 1216 页)

腾越铁少，土人以毛竹截断，实米其中，炽火煨之，竹焦而饭已熟，甚香美。(《滇游记》第 9 页)

屏人岁时宴会,多用生肉,杂蔬果和蒜食之,曰剁生。疾病用羊豕祀神,曰叫魂。行媒议亲成礼,曰烧香。(康熙《石屏州志》卷13第284页)

食物:蜂蜜^{有黄白二种}、烟、茶、蘆子^{出两江,用以合槟榔}、油子两种^{有菜子、粑}、乳扇^{出保山,积牛乳澄汁而造之}、酥^{出保山}、锡、黑沙糖、柿饼、柿霜、香笋^{出金鸡村}、松花、南糯^{以笋酱之,味似醋而甜}、花椒、酒^{有黄酒、烧酒,惟烧酒以糯米及粉麹造之,味极清美,出于施甸牛旺。近日宾筵咸用之。}(康熙《永昌府志》卷10第3页)

饵线^{以米蒸熟,乘热杵之成极薄饼,截丝长二尺}、椒、火腿^{味似金华}。(康熙《鹤庆府志》卷12第24页)

(康熙五十九年二月)十三日,行五十余里,至大中甸,……人至,鸣角伐鼓以迎,糌粑、面果、葡萄、珊瑚果之属为供,米饭加饴糖。……六月二十三日,渡江为黑喇嘛所属地,更寒苦,所有惟牛、羊、糌粑,若米、豆、菜蔬、鱼肉、鸡、鸭不可得矣。(《藏行纪程》第170、173页)

生啖虪,碎切生虪肉,杂以生豆腐、豆瓣、蒜、醋之属。或挺击豕毙,丛草燎毛,入涧涤净,仿前切制,均生啖,如嗜珍错。遇佳节,则比户皆然,然剑人究以燎毛者为上品。(《滇南新语》第6页)

红花、乳扇、酥油,《大理府志》:出邓川州。(道光《云南通志稿》卷69《大理府》第10页)

宝山茶、棠梨膏、酥油,《古今图书集成》:俱出剑川州。(道光《云南通志稿》卷69《丽江府》第41页)

酥油、乳扇,旧《云南通志》:蒙化出。(道光《云南通志稿》卷70《蒙化直隶厅》第41页)

蜂蜜、黄蜡、红釉、豌豆粉、蓑笠。(楚雄旧志全书"牟定卷"道光《定远县志》第244页)

光绪元年十二月初八日,辛未,大风,午后,微雨即晴,钦宪送冬笋一筐。晚上,煮百果粥,邀蒋太守、刘少翁、陆彦翁、马玉翁、殷绍翁、叶少翁、华百翁来炊粥煮笋,久不得此味,吸之微月之下,不啻仙掌金茎。……二年春正月初十日,壬寅,晴,酉刻,交立春节。午后，钦宪遣家人来请居停入内署清谈，适蒋太守、殷太令来，遂邀食饺子，缀以蔓油、梅醋，味尤鲜美。……三月初十日，壬寅，……李受之，茂才馈余方普茶十块、山查红二斤，余答以对开洋蚨二枚，亦滇中所罕见也。（《滇游日记》第257页）

中甸同知吴自修^{琢如}《中甸集景八首》之《夷食》：被体羊毛与苧麻，平生粒米未粘牙。忽来宾客调牛乳，敬接长官奉糍粑。白屑临风飞雪蕊，青浆著火涨梨花。围炉膝坐欢相聚，伴食雪黄酸奶渣。《夷业》：银山拱峙带金河，应令民咸鼓腹歌。鸭绿成阴新蔓菁，鹅黄满野好青稞。年荒地瘠勤耕少，食众家贫走厂多。国宝虽生村左右，他人取尽自无何。（光绪《新修中甸厅志》卷下第6页）

《往昔昆明的好吃食》：从前昆明地方，有几种好吃食，真正好极。一是松花糕，系取松枝尖上的黄粉末，杂以他种质料而做成，一吃进口，即觉其清香、清甜、清凉极。一种呼为油炸麻叶，系用面做成而炸得极好，入于口，脆极、酥极、香极、甜极，以较所谓之兰花糖犹强。一种是茯苓烘片，其香美处，大不易于言说，惟有口舌能辨。有松子糕，真是用松子瓤和以糯米粉及糖捣融而做成。更有用面精做成之洒其码（萨其马），尤爽口极。此具属于小吃食上之美味，而且为他省所无，以无此一些材料也。（《云南掌故》卷15第519页）

《昆明之洒弥^{即撒尼，彝族支系}人及所制食品》：昆明境内，有居于花红洞、昭宗箐，墨雨龙潭一带之洒弥人，其人数约有数百家，亦是集成村落而居，其男子之穿着，是与汉族中村农相同，妇女之装束，则保持其原状。论此，则不仅洒弥人是如此，其他各族亦大都如是。洒弥人，男女俱勤谨，除栽种田地外，即以其所有之米粮，舂粑粑，舂饵块，入城售卖。粑粑名米面粑粑，而由二十里路外背入城来，犹温热可食，尤细润极，有谷米真味，故有多人爱重之。每个才卖两三文钱，价廉极。饵块亦舂得好，食馆极重之。（《云南掌故》卷16第519页）

八角

（广南）八角山产八角，西人以之蒸油，运销各国，视为珍贵之品。（《幻影谈》卷下第 136 页）

醋

七醋，禄丰出佳醋，色深红，味极酽而甜美，不亚于镇江醋，名之曰七，不知何所取义。询之土人，亦不能解也。（《滇南闻见录》卷下第 32 页）

醋，《云南府志》：出禄丰，味香色浓，虽久不变，与他属异。（道光《云南通志稿》卷 69《云南府》第 2 页）

豆制品

淡豆豉^{出阿迷，治伤风。}（康熙《云南通志》卷 12《临安府》第 226 页）

豆豉沈，云南人取猪血杂以肉骨，同盐豉作醢，谓之豆豉沈，余颇嗜此，因考其字当为䘴。《说文》：䘴，血醢也，从血，肬声。《礼记》有䘴醢，以牛干脯梁籔盐酒也。馥谓豉可代梁籔^{永昌人以竿}，^{芰为豆豉，}《南方草木状》："蒟酱，荜茇也。"《寰宇记》："益州蒟酱，如今之大荜茇。"（《滇游续笔》第 467 页）

豆腐，省城豆腐，嫩而且佳，极有味。闻只用石膏点就，不用盐卤，故其色净白。且不卖浆，不揭衣，故浓厚有味。此乃日用常食之物，而佳美如此，至今每饭不忘也。（《滇南闻见录》卷下第 32 页）

豆芽菜，四季皆有，真绿豆芽也。茎甚粗而短，盛于盘，晶莹可爱，质肥味甘，愈于他省。（《滇南闻见录》卷下第 32 页）

豆叶粉,收割蚕豆时,将青叶取下晒乾,鞭为粉,贮于仓,以之养猪,猪极肥美。多则粜卖,名为豆叶粉。于以知天下无可弃之物,而夷地之人能识物性,亦颇惜福也。(《滇南闻见录》卷下第48页

豆豉,《大理府志》:鸡足山者佳。(道光《云南通志稿》卷69《大理府》第10页)

淡豆豉,旧《云南通志》:出阿迷,能治伤风。(道光《云南通志稿》卷69《临安府》第22页)

猁㹴之豆豉,是族所作豆豉,别饶风味。制法,选豆去皮,煮之软熟,置于稻草窝中,使之发热,取出拌以冷水,入臼捣碎,包以蕉叶,即成卖品。其气甚臭,其味甚美,但不习食者,难以下咽也,邑人嗜之者甚多,亦有数百里外之亲朋指名相索者。(民国《马关县志》卷2第25页)

蜂蜜

戊寅十月二十五日……崖胁有二小穴如鼻孔,群蜂出入其中,蜜渍淋漓其下,乃崖蜂所巢也。两牧童言:"三月前土人以火熏蜂而取蜜,蜂已久去,今乃复成巢矣。"童子竞以草塞孔,蜂辄嗡嗡然作铜鼓声。(《徐霞客游记·滇游日记四》第847页)

己卯正月十一日……此间石蜜最佳,白若凝脂,视之有肥腻之色,而一种香气甚异。(《徐霞客游记·滇游日记六》第934页)

滇西多蜜饯物,蜜甚多。彝人扑得大蜂,以长线系其腰,识以色纸,迎风放之,乃集众荷畚锸随行,度越山岭,蜂入土窍中,从而掘之,其穴之中,大如城郭,辄得蜜数百斛。故槟榔、香附、橘橙、佛手柑、木瓜、香圆、梅、李、川芎、瓜、茄多以蜜渍供客。复以酒醉群蜂饷亲友,如温台之海味也。(《滇游记》第11页)

崖蜜,出于滇。山民因崖累石为窝以招蜂而蜂聚,其蜜甚白,真川蜜也。初莅农部时,值甚贱,近今客来收贩,渐昂矣,亦

地方之利也。尝得蒋先生服茯苓方,茯苓三十斤,白蜜三斗,蒸捣三万杵,服之,眼能夜视,发神光。农部办二物甚便,彼时乐酒肉穿肠道在心,那暇及此,今悔之甚。武定山民有养至百窝者,家大饶,俗因谑为蜂王。若和茯苓而服之,岂不成蜂仙乎?(《滇海虞衡志》第 259 页)

蜂蜜,陈鼎《滇黔纪游》:滇西蜜甚多,彝人扑得大蜂,以长绳系其腰,识以色纸,迎风放之,乃集众荷畚锸随行,及度越山岭,蜂入土窍,从而掘之,其穴大如城郭,辄得蜜数百斛。故槟榔、香附、橙柑、木瓜、香橼、梅、李、川芎、瓜、茄多以蜜渍供客。复以酒醉群蜂饷亲友,如温台之海味也^{檀萃《滇海虞衡志》:崖蜜产于滇,山民因崖累石为窝以招蜂而蜂聚,其蜜甚白。武定山民有养至百窝者,家大饶裕。}(道光《云南通志稿》卷 67《通省》第 3 页)

茶蜜,常璩《华阳国志》:平夷县山出茶蜜。《沾益州志》、《宣威州志》、《平彝县志》、《陆凉州志》、《马龙州志》:并出蜂蜜。(道光《云南通志稿》卷 69《曲靖府》第 37 页)

蜂密(蜜),采访:有家密、崖密二种,黄白二色。(光绪《续修顺宁府志》卷 13 第 20 页)

养蜂,巧家向无专门养蜂之家,各区农人视为一种副业,全县约计有五百余户。以四区、七区为较多。但均用旧法,每年产蜜数量不过六七千斤而已。(昭通旧志汇编本民国《巧家县志稿》卷 6 第 675 页)

胡椒

山胡椒,气味辛,大温。无毒。主治下气,温中,去瘀,除藏腑中风冷,去胃口虚冷气,亦除寒湿,霍乱、吐泻、转筋,服之最良。(《滇南本草》第 318 页范本)

其土产响锡、胡椒为多也。(景泰《云南图经志书》卷 6《木邦军民宣慰使司》)

响锡、楜椒。(正德《云南志》卷 14《木邦军民宣慰使司》第

575 页)

胡椒,段成式《酉阳杂俎》:胡椒,出摩伽陁国,呼为昧履。支其苗蔓生,茎极柔弱,叶长寸半,有细条与叶齐,条上结子,两两相对,其叶晨开暮合,合则裹其子于叶中,子形似汉椒,至辛辣,六月采,今作胡盘肉食皆用之。周达观《真腊风土记》:胡椒,缠藤而生,累累若绿草子,其生而青者尤辣。李时珍《本草纲目》:胡椒,今南番诸国及交趾、滇南、海南诸地皆有之,蔓生,附树及作棚引之,叶如扁豆、山药辈,正月开黄白花,结椒累累,缠藤而生,状如梧桐,子亦无核,生青熟红,青者更辣,四月熟,五月采收,曝干乃皱,今遍中国食品,为日用之物也。(道光《云南通志稿》卷 68《通省》第 4 页)

山胡椒,采访:出山中,子青,味亦辣。(光绪《续修顺宁府志》卷 13 第 7 页)

花椒

放光椒①,释曰:本帖号定堂,为寻甸人,俗姓杨。嘉靖间诣摇铃山礼白斋和尚,参万法归一。少契悟,遂至鸡足,金龙潭之龙为之作礼。自把茅手植椒树,夜不具灯烛,课经于椒下,椒树为之放光,师遂入定其间,见者如火烛空,咸为称异。一日坐化,偈曰:几回力尽心圆处,坐脱娘生铁面皮。后人感之,题其庵曰花椒。嗣建寺,即谓之寂光寺。(《鸡足山志》卷 4 第 181 页)

椒,《诗》:椒聊之实,繁衍盈升。盖椒多子易植,即《尔雅》檓之属。椒子色以红而香者胜。今鸡山之椒甲天下矣。即蜀黎椒有子母,不足以上之。其颇带黄黑,惟有椒气,则樛树子耳。有毒,食之令人气闷。花椒,以红色如花,其细点如聚粟,鲜芳绛错也,其目似漆光黑,谓为秦本者,非,此即蜀之黎椒种,以受霜雪凝寒之郁,故椒之味永馥,不易散也。林椒,山中自产,味稍带

---

① 书中附图一幅,可参。

苦，然香具别旨，入虾蟹及鲊中，惟此为胜。狗椒，别况，少带臊膻之气，可以制臛，他不堪佐。(《鸡足山志》卷9第327页)

花椒┌出宝源。(康熙《路南州志》卷2第36页)

新鲜花椒，土人用以煮菜，又腌之而取其卤以和味，虽觉其鲜，而辛辣过甚，余不能食也。(《滇南闻见录》卷下第32页)

花椒，出化佛山者佳，因名佛椒。(楚雄旧志全书"牟定卷"道光《定远县志》第244页)

花椒，《古今图书集成》:出路南州宝源厂。(道光《云南通志稿》卷69《澄江府》第27页)

庄紫山┌距城一百二十里……四时青翠┐(光绪《镇雄州志》卷1第33
　　　└不变，山椒极目，欲穷千里。┘
页)

火腿

火腿，《鹤庆府志》:味似金华。(道光《云南通志稿》卷69《丽江府》第41页)

《火腿四两饦及其由来》:火腿月饼，为昆明地方一切糕饼铺通能烧制之物，不过品质上有所区别。烧制得好者，食之极其可口，是不特为本省人推重，即外省人亦多闻名而生羡，故可称为昆明饼食中之一特殊品物。火腿月饼，创始于合香楼，其主人胡姓。有胡某者，系从徐抚台之铭来滇之一饽饽匠，手艺极精，居徐厨多年。徐以受革职查办处分，弃印而逃，胡某遂出而开糕饼铺于抚署侧，传三代，阅数十年，在光绪初叶，该铺以新法制出一种火腿馅之月饼，是名为火腿四两饦。初制出时，亦不见十分精美，后则逐渐改革，遂得一般讲口腹者称赞，于是火腿四两饦之名，便大噪于滇南。已而又有吉庆祥出而与合香楼争胜，此种饼子，更臻佳妙。至此，昆明人在度中秋节上，竟成一种人们不可不买、不可不食之物，然亦果能快于人口也。总之，是所用之猪油，即新鲜而质又净也，其一切原因如此，故记之。(《云南掌

故》卷 16 第 526 页）

酱菜

《允香斋之玫瑰黑芥》：昆明之允香斋，系百余年来一老酱菜铺也，制出之玫瑰黑芥，实异于众，入口嚼之，不仅香甜，而又脆嫩。所以然者，因酱缸老，做酱又概用好黄豆，酱里又落有玫瑰糖，故酱出来之黑芥，能得如此美好也。允香斋之黑芥，能行销于港、沪及其他省，都认为是云南酱菜中唯一佳品也。若永香斋、桂香庙、颐和斋等所制者，其香甜脆嫩处终差，所以允香斋在往昔时能独擅盛名。（《云南掌故》卷 16 第 527 页）

干腌菜：每届冬季，将青菜洗净，曝日中，待干，置杉木缸中，掺清水以没菜为度，略洒以盐及花椒，上用大石封压，次年取出，即名腌菜。欲保久远，可干系之成束，名曰干版菜。以之调羹，其味酸香，销行远道。（昭通旧志汇编本民国《昭通县志稿》卷 5 第 388 页）

酱油

《云南路南县调查输出货物表》酱油：通海县输入五百六十觔，河西县输入三百九十觔，共计九百五十觔，每百觔平均价八元。（民国《路南县志》卷 1 第 56 页）

辣椒

蔬之属：有薑、椒、番椒一名秦椒，俗名辣子……。（乾隆《黎县旧志》第 13 页）

蔬属：……秦椒_{俗名辣子，初种可长至七八年者}……。（楚雄旧志全书"牟定

卷"道光《定远县志》第 244 页)

秦椒,旧《云南通志》:俗名辣子^{谨案:秦椒即花椒,辣子乃食茱萸,}。(道
光《云南通志稿》卷 67《通省》第 14 页)

辣子,采访:顺宁产者味较厚,惟无灯笼形者。(光绪《续修
顺宁府志》卷 13 第 7 页)

蔬属:薑、花椒、秦椒……。(光绪《永昌府志》卷 22 第 2
页)

蔬属:……秦椒^{即花椒,俗}作辣子,误、食茱萸^{俗名辣子,邑中所植灯笼辣、牛角辣、甘露}_{子辣,三月间可食,硕大且蕃,较邻方为甚}
早,而最著名可以销售远方者,莫如细角辣。辣分红黄二种,春初布种,俟长至四五寸,移植于
地,五六月间开小白花,七八月熟,红黄满枝,采取曝乾,蒂固末尖,子实满中,形如羚角,又如
解结锥,味辛而香,年_{约出产数十万斤}。(民国《宜良县志》卷 4 第 22 页)

糖

糖^{纳楼亏容}_{甸出}。(正德《云南志》卷 4《临安府》第 209 页)

沙糖^{红白二色,出建}_{水、宁州、阿迷}。(康熙《云南通志》卷 12《临安府》第 226 页)

蔗糖,名目至多,而合子糖尤盛。元谋、临安之人多种蔗,熬
之为糖,糖凝坚厚成饼,二饼相合,名合子糖。临安人又善为糖
霜,如雪之白,曰白糖。对合子之红糖也,其买卖大矣。(《滇海
虞衡志》第 257 页)

甘蔗,檀萃《滇海虞衡志》:蔗糖,名目至多,而合子糖尤盛,
元谋、临安之人多种蔗,熬之为糖,糖凝坚厚成饼,二饼相合,名
合子糖。临安人又善为糖霜,如雪之白,曰白饼(糖),对合子之
红糖也。《本草》段志约曰:石蜜,出益州及西戎,煎炼沙糖为
之,可作饼块,黄白色。(道光《云南通志稿》卷 67《通省》第 20
页)

沙糖,旧《云南通志》:出建水宁州。(道光《云南通志稿》卷
69《临安府》第 18 页)

糖,旧《志》有红、白、饴三种^{谨案:云州所产冰糖、白糖、红糖为数}_{甚多,州属货产,以糖为第一大宗。}(光绪

《续修顺宁府志》卷13第20页）

《云南路南县调查输出货物表》糖类：黎县输入红糖六万二千一百觔,弥勒县输入红糖一万九千八百觔,白糖一万二千四百觔,共计九万四千三百觔。每百觔平均价七元。（民国《路南县志》卷1第56页）

《熬糖》：熬糖之原料,通常多用碎米蒸熟令稍冷,和以大麦芽,装于甕中,以文火温之,澱粉遇麦芽,遂变为糖质,因含水份过多,故其味淡甜,注于锅中,用烈火蒸发之,其汁渐凝,味甜色红,谓之餳糖,取出稍冷,经多次扯之,使受空气了氧化作,其红色变洁白,谓之白糖,松软可食。其餳糖为制作各种糖食之原料。（民国《嵩明县志》卷14第228页）

《甘蔗之情形若何》：至于甘蔗乃县属农作之大宗,每年约种二千余亩,每亩上地可获糖一千斤,次地可获糖七百斤,年可获糖二百二十万斤。（《阿迷州志》册2第514页）

《境内各种工匠之调查以何种为最多,何种为特色》：本属工业向不发达,各种匠役均少科学之研究,以致操业者率皆墨守陈法,毫不加以改良,既鲜精致之出品,复无进取之能力。境内工匠以制造干米线、红糖、白糖及操金银首饰、土木铁石诸业者居多,内中以干米线、红糖、白糖为特色。（《阿迷州志》册2第520页）

米线、饵块

杨升庵《滇南月节词》：腊月滇南娱岁晏,家家饵块雕盘荐,鸡骨香馨火未焰,梹榔串,红潮醉类樱桃绽。苔翠甀觬开夜宴,百夷枕粲文衾爛,醉写宜春情兴懒,妆阁畔,屠苏已识春风面。（《增订南诏野史》卷下第74页）

耳块,大理人作稻饼若蝶翅,呼为耳块。询其名义,云形似兽之两耳。馥告之曰,当为饵馈。方言饵或谓之餈,餈即稻饼,北人谓之餈糵^{普八}。其圜者谓之餈团,重阳所食谓之餈糕。《集

韵》:餹馈,饵名,屑米和蜜蒸之。餈檗,俗作糍粑,滇人呼饼曰粑粑。(《滇游续笔》第467页)

米线,磨稻米作粉,如制香法,用水调润,以管注成线,煮之以代面食,颇可口。(《滇南闻见录》卷下第31页)

饵线,《鹤庆府志》:以米蒸熟,乘热杵之成极薄饼,截丝长二尺。(道光《云南通志稿》卷69《丽江府》第41页)

黄炳堃《食饵块》^{饵块,腾越胡家湾产最佳}:滇中数佳品,食经格另破。不假粉团香,不天旋劳蚊磨。其制炊稻便,胶黏却红糯。断木以为杵,云碓安坎坷。渣滓渐销融,风味夸真个。色如竹粉新,状若花砖大。检点人筠篮,一肩村妇驮。侵晨来城市,争相易钱货。虽非驱车逢,往往垂涎唾。浸润石泉养,岂害颜色涴。肉不三日出,此可一旬过。摄切作寸丝,煎炙盐脯佐。或沃鱼眼汤,匀调蔗浆和。但藉厨娘烹,便饫老饕饿。伊予亦曹交,食粟讵能作。既乏五侯鲭,嘉肴供客座。夜值饥肠鸣,转毂嗟无耶。得之聊复佳,差足资诗课。湖汀廿载游,兹名已先播。饱啖更何求,息心暂高卧。(《永昌府文征·诗录》卷39《清二十九》第1477页)

蜜雪

沐璘^{右军都督同知}《食点苍山雪》(五古):我从永昌回,中怀积烦热。目眵花眩睛,喉干刺生舌。莫致金茎浆,翻忆玄冬冽。坐令百佳味,举箸无所悦。揭来鹤拓城,获此苍山雪。命仆亟致之,一见心火灭。盈盘霜作华,翻匙玉霏屑。马乳凝且坚,羊肪莹而洁。冷冷寒逼牙,锵锵脆鸣颊。客抱消郁沉,枯肠散清冽。身如冰中蚕,饱食不知歇。陋彼陶谷烹,肯效苏卿啮。向来裸壤氛,肃然俱已绝。缅怀大明宫,圣躬当暑月。天厨足珍羞,此品未尝啜,安能托飞仙,持献苍龙阙。仰瞻云路遥,恋恋心空结。(景泰《云南图经志书》卷9第442页)

杨升庵《滇南月节词》：五月滇南烟景别，清凉国里无烦热，双鹤桥边人卖雪，水碗啜，调梅点蜜和琼屑。十里湖光晴泛艓，江鱼海菜鸾刀切，船尾浪花风卷叶，凉意惬，游仙绕梦蓬莱阙。（《增订南诏野史》卷下第73页）

明施武《滇中竹枝词·卖雪词》^{大理苍山雪，六月不化，市上}^{女郎卖之，犹吴下之卖冰也。}双龙关里百花香，银海逶迤抱点苍，六月街头教卖雪，行人错认是琼浆。（《御选宋金元明四朝诗·明诗》卷14）

明顾开雍《滇南月令词·六月卖雪》：苍崀六月晓寒生，双凤桥西卖雪声。银碗盛来调蜜咽，冰魂净洗齿牙清。（《御选宋金元明四朝诗·明诗》卷14）

大理五六月间，鬻雪者满市，家家以蜜而咽之，曰蜜雪，云去心腹热疾。（《滇略》卷4第242页）

明朱泰祯《命侍吏陟山颠采雪作供，日赋三升，犹以不给为惧，喜而赋之》（七律）：朝来静爱山头雪，梦去忙寻雪后山。属国自甘沙草碛，班生空老玉门关。仙家在馔台无馈，侍吏晶盘来未还。仿佛安期沆瀣露，千秋常傍使星间。（天启《滇志》卷22第954页）

点苍山，……地暖无冰霜，溪涧积雪厚数丈，盛夏，儿童碗盛卖之，和以糖蜜，可疗饥，但多食则生瘿，岚瘴所结也。（《滇黔纪游》第70页）

雪山，丽郡城外二十里有雪山，一名玉龙，蒙氏封为北岳者是也。高耸云际，清光夺目，寒气逼人，虽春夏不甚融，人呼为万年雪。地方有胜事及逢暑时，土人担雪出售，颇觉清雅。……有雪山紫金锭，治热毒有效，用雪水所制也。（《滇南闻见录》卷上第9页）

卖六月雪，点苍踞大理西，长百里，有峰十九，涧三十六。最高曰太和，顶有池，广数十亩，龙窟其中，祷雨辄应。池傍生交河菜，类芹味辛，采者须屏息，稍有声，冰雹立至。山亦不甚高峻，至菊节后，两峰已积雪，迄夏始消。土人及时取雪藏阴岩间，届六月，贸于驿亭，雪每碗钱一文，微加蔗糖于其上。余偶过，必买数碗，虽未及齿，已寒沁心脾矣。（《滇南新语》第17页）

雪,滇山最多,不似闽粤、两广,故丽江雪山,雪因冻凝结成白石,雪皆不化,其势则然。至于苍山,且卖六月之雪,而乌蒙山七八月即下雪。吹落于禄劝之撒甸,故其地种谷多不实,因艺稗,稗亦往往不得收。(《滇海虞衡志》第296页)

蜜雪,《大理府志》:出大理。《赵州志》:夏月,郡人自苍山顶负雪,杂以糖蜜水卖之,土人争食,以解热渴。(道光《云南通志稿》卷69《大理府》第10页)

曲

大麯、红麯,《云南府志》:出呈贡。(道光《云南通志稿》卷69《云南府》第2页)

乳饼、乳扇

乳线,积牛乳澄定造之,土人以为素食,名曰连煎。(景泰《云南图经志书》卷3《武定府·和曲州》第147页)

乳扇,《大理府志》:邓川、浪穹俱出。作乳扇法,《邓川州志》:乳扇者,以牛乳杯许,煎锅内,点以酸汁,削二圆箸轻荡之,渐成饼,拾而指摊之,别以二箸轮捲之,布于竹架成张页而乾之,色细白如轻丝,售之,张值一钱,商贩载诸远为美味,香脆愈酥酪。凡家饲四牛,日作乳扇二百张,八口之家,足资俯仰矣。(光绪《浪穹县志略》卷2第19页)

乳饼用羊乳酸化为之,为此方之特产,较宜良所产为多,年约出境万余斤。(民国《路南县志》卷1第54页)

油料

油,市有素油而不可食,即菜油亦不宜食,以其杂油掺和,食之伤脾。朝夕所食者惟猪油,故油价倍于肉。惟点灯用素油。又猪油有熬熟出售者,不无作伪,闻以芋头煮熟,捣烂杂和之得重价,此即饮羊之风也。(《滇南闻见录》卷下第 32 页)

弥勒大种落地松与草麻,以榨油,故其民俗渐丰裕。将来广行于全滇,亦大利益也。(《滇海虞衡志》第 290 页)

油,有菜油、苏子、胡麻、黑子、芦花子油数种。(咸丰《南宁县志》卷 4 第 10 页)

油,旧《云南通志》:有菜油、苏子、麻子、芝麻、胡麻、桐油、芦花子油数种。(道光《云南通志稿》卷 67《通省》第 2 页)

椒油,陈鼎《滇黔纪游》:色碧如泉,其香如兰,入蔬中食则沁肺腑,溲溺皆馥。(道光《云南通志稿》卷 70《蒙化直隶厅》第 41 页)

油,旧《通志》:有菜油、烟子油、核桃油数种,又芝麻油、粑子油。(光绪《续修顺宁府志》卷 13 第 20 页)

香油_{此方多系菜子油,以其味香,故名}、豆腐油_{系用豆腐表面之脂肪膜制成薄片者,晒干之后,虽贮藏日久,而味不变,故销售外属者颇多。}(民国《路南县志》卷 1 第 53 页)

《云南路南县调查输出货物表》油:输出个旧菜油八千六百斤、猪油三千八百斤,共计一万二千四百斤。每百斤十元。(民国《路南县志》卷 1 第 55 页)

《榨油》:榨油原料,多用菜籽及蘿蔔籽者,又名冬子,或春籽。制法:将原料于锅内用火焙黄,用牛碾之成细麵,入甑内蒸之,使透装于蓯箍圈内,一一踩之成饼,然后挨次置于榨槽内,插入木椿,以石鎚用力击椿压榨,则油即徐徐自榨底流出,其汁稍浑,若久屯之,汁便澄清,此普通榨法也。而第一区中,又有用撞榨法,其出品亦良美,销售境内,兼运省垣。其饼为粪田之最好肥料。(民国《嵩明县志》卷 14 第 228 页)

油,制造原料,昔用婴粟籽,禁烟后专用菜籽、绿花籽等。
(民国《邱北县志》册3第18页)

油有菜油、麻油、稷油、桐油数种。(楚雄旧志全书"牟定卷"道光《定远县志》第244页)

十四《农业》:红籽一种,又名油菜,籽八九月播种地中,不须除草,翌年二三月即可收获,用以榨油。(楚雄旧志全书"武定卷"民国《武定县地志》第450页)

榨油,榨油为我邑大宗工业。因桐、柏、花生、菜籽、烟籽每年不下五十万石,当时有油房十五六家,年产桐、柏除销本境外,运川者不下二十余万斤。近则花生只供食品,各种子货出产锐减,榨油户减半数,产额更无论矣。(昭通旧志汇编本《绥江县县志》卷3第907页)

竹笋

笋 其地多苦竹,土人取其笋,制去其苦味而食之。(景泰《云南图经志书》卷3《镇沅府》第200页)

笋 地多苦竹,土人取其笋,制去其苦味而食之。(正德《云南志》卷8《镇沅府》第352页)

竹笋极佳,曰沧笋。(天启《滇志》卷3《北胜州》第120页)

戊寅八月十八日……饭以笋为菜。笋出山箐深处,八月正其时也。(《徐霞客游记·滇游日记二》第756页)

戊寅八月二十八日……是日此处马场,人集颇盛。市中无他异物,惟黄蜡与细笋为多,乃煨笋煮肉。(《徐霞客游记·滇游日记二》第769页)

戊寅九月初四日……既饭,遂西入竹峡。崇峰回合,纡夹高下,深篁密箐,蒙密不容旁人,只中通一路,石径逶迤,如披重云而穿密幄也。其竹大可为管,弥漫山谷,杳不可穷,从来所入竹径,无此深密者 其处名竹园箐。自黄泥河西抵马场,人人捆负,家家献客,皆此物也。客但出盐渝之耳。……适得羊场堡四五家当岭头,遂入宿焉。其家竹床竹户,煨榔饷笋,竟忘风雨之

苦也。(《徐霞客游记·滇游日记三》第 780 页)

戊寅九月初六日……北峡中男妇二十余人,各捆负竹笋而出,盖土人群入箐采归,淡熏为干,以待鬻人者。(《徐霞客游记·滇游日记三》第 783 页)

己卯四月二十三日,命主人取园笋为晨供,味与吾乡同^{八九月}间有香笋,薰干瓶贮,味有香气。(《徐霞客游记·滇游日记九》第 1074 页)

笋,《徐霞客游记》:其处名竹园箐,自黄泥河西抵马场,人人捆负,家家饷客,皆此物也。客但出盐瀹之耳。(道光《云南通志稿》卷 69《曲靖府》第 37 页)

甜竹笋,《他郎厅采访》:味清香而甜。(道光《云南通志稿》卷 70《普洱府》第 3 页)

黄笋,《新平县志》:出江外,一名臭笋。(道光《云南通志稿》卷 70《元江直隶州》第 55 页)

蔬之属:笥,采访:有甜笥、黄笥、京竹笥、椅竹笥、香笥、南糯笥,各种笥类以顺宁为最多云。(光绪《续修顺宁府志》卷 13 第 2 页)

笋品:香笋、凤竹笋^{似香笋而差小,味较美}、蛮竹笋^苦、^{出阿雄乡,味}茭笋^{俗呼水浸可食}^{茭瓜}。(楚雄旧志全书"南华卷"光绪《镇南州志略》卷 4 第 356 页)

笋品:香笋、凤竹笋^{似香笋而差小,味较美}、蛮竹笋^苦、^{出阿雄乡,味}茭笋^{俗呼水浸可食}^{茭瓜}。(楚雄旧志全书"南华卷"民国《镇南县志》卷 7 第 634 页)

二十四、金石之属

综述

梁水郡贲古县,山出银、铅、铜、铁。(《华阳国志》卷4第453页)

哀牢出铜、铁、铅、锡、金、银、光珠、虎魄、水精、瑠璃、轲虫、蚌珠。(《后汉书》卷86《西南夷列传》第2849)

山林川泽之产,若金、银、珠、玉、铜、铁、水银、朱砂、碧甸子、铅、锡、矾、硝、黐、竹、木之类,皆天地自然之利,有国者之所必资也,而或以病民者有之矣。元兴,因土人呈献,而定其岁入之课,多者不尽收,少者不强取,非知理财之道者,能若是乎。(《元史·食货志》卷94第2377页)

大德元年,改同金枢密院事,寻出为云南行中书省左丞。……云南民岁输金银,近中庆城邑户口,则诡称逃亡;甸寨远者,季秋则遣官领兵往征,人马匃粮,往返之费,岁以万计。所差官必重赂省臣,乃得遣,征收金银之数,必十加二,而拆阅之数又如之。其送迎馈赆,亦如纳官之数,所遣者又以铜杂银中纳官。正首疏其弊,给官秤,俾土官身诣官输纳,其弊始革。(《元史·刘正传》卷176第4107页)

金、铜、盐出府境。(正德《云南志》卷8《永宁府》第360页)

金之属六:镤、银、铜、铁、锡、铅。(万历《云南通志》卷2《临安府》第54页)

金宝之属十四：金、铜、铁、锡、玛瑙、土玛瑙、墨玉石、催生石、紫英石、青石、紫石、云母石、水晶石、实砂。（万历《云南通志》卷2《永昌府》第67页）

金石之属九：银、铅、铜、铁、瓁、青石、绿石、响石、黑盐石。（万历《云南通志》卷3《楚雄府》第8页）

金石之属六：银矿、铜、铁、石青、石绿、焰硝。（万历《云南通志》卷3《澄江府》第22页）

半子山_{在府城南一百二十里，产矿}。（万历《云南通志》卷3《鹤庆府》第33页）

金之属二：金、铁。（万历《云南通志》卷4《永宁府》第28页）

临安，又视大理之异同为详略，今详其异者。金之属惟锡，而玄铅附焉。（天启《滇志》卷3《临安府》第115页）

金石之属，为银，为铁，为玛瑙。其土奴之为碧玉，为墨玉_{古赋所称碧孥黄环，又新都杨司隶宗吾者，杨用修先生之孙也，博物可绍家声，尝谈古诗"瑟瑟"，曰即宝石也，引证确}、曰琥珀_{相传古松脂千年化而成}、曰催生石_{作杯以俟妇人产难，饮酒催之}、曰紫英石_{水晶类也其色紫}、曰云母石，曰水晶_{不及闽粤也}、曰宝砂_{以攻玉}。（天启《滇志》卷3《永昌府》第115页）

楚雄所产，五金与铅，而铜为盛，坚炼密致，铸器无几时，慧之日中，即凝为古色，土人呼为栗色铜。又有石青、石碌、食盐与瓁。又有响石，可以为磬。（天启《滇志》卷3《楚雄府》第116页）

山海之利，食土之毛，在东郡中称饶沃焉。金石之属，如银，如铜铁，如青碌、焰硝，各因其土之宜。（天启《滇志》卷3《澄江府》第117页）

南中山水，《汉书》又云：俞元装山出铜，在河中洲上。律高西石室山出锡，东南甃町山出银、铅。贾古北采山出铜、锡，西羊山出银、铅，南乌山出锡。……来唯县，从陟山出铜。（天启《滇志》卷32第1042页）

己卯正月二十五日……所谓黄峰也，俗又称为天生寨。木氏居此二千载，宫室之丽，拟于王者。盖大兵临则俯首受绁，师返则夜郎自雄，故世代无大兵燹，且产矿独盛，宜其富冠诸土郡

云。（《徐霞客游记·滇游日记六》第 954 页）

己卯二月十四日……老君山者，在州西南六十里杨村之北，其山最高，为丽江、兰州之界，出矿极盛，倍于他山者。土人言，昔亦剑川属，二十年前，土千户某姓者，受丽江贿，以其山独畀丽江。丽江以其为众山之脉，禁矿不采。（《徐霞客游记·滇游日记七》第 976 页）

己卯三月初三日……乃南蹑坡冈，则东之蜡坪厂山^{其厂出矿，山之东即邓川州。}（《徐霞客游记·滇游日记八》第 997 页）

己卯四月二十六日……又北二里，盘西山之嘴，始复见姊妹山北倚，而前壑之下，炉烟氤氲，厂庐在焉。遂五里而至厂，厂皆茅舍，有大炉、小炉。其矿为紫色巨块，如辰砂之状。（《徐霞客游记·滇游日记九》第 1081 页）

食货：金、银、铜、铁、锡、铅^{滇产五金，其来旧矣，但时出时竭，所获甚艰，即无定在，似难专指，兹附于食货之后。}（康熙《云南通志》卷 12《通省》第 226 页）

纳楼茶甸长官司羚羊洞，在司北，产矿。（《肇域志》册 4 第 2347 页）

楚雄府定边县……，旧产青碌。（《肇域志》册 4 第 2351 页）

元江军民府九龙山，产矿，名鱼凫场。（《肇域志》册 4 第 2385 页）

采矿事惟滇为善。滇中矿硐，自国初开采至今，以代赋税之缺，未尝辍也。滇中凡土皆生矿苗。其未成硐者，细民自挖，掘之一日，仅足衣食一日之用，于法无禁。其成硐者，如某处出矿苗，其硐头领之，陈之官而准焉，则视硐之大小，召义夫若干人。义夫者，即采矿人，惟硐头约束者也。择某日入采，其先未成硐，则一切工作公私用度之费，皆硐头任之，硐大或用至千百金者。及硐已成，矿可煎验矣，有司验之。每日义夫若干人入硐，至暮，尽出硐中矿为堆，画其中为四聚瓜分之：一聚为官课，则监官领煎之以解藩司者也；一聚为公费，则一切公私经费，硐头领之以入簿支销者也；一聚为硐头自得；一聚为义夫平煎之。其煎也,皆任其积聚而自为焉。硐口列炉若干具,炉户则每炉输五六金于官,以给酾而领煅之。商贾有酤者、屠者、鱼者、菜者,任其环居于硐外,不知矿之可盗,不知硐之当防,亦不知何者名为矿徒。是他省之矿,所谓"走兔在野,人竞逐之",滇中之矿,所谓"积兔在市,过者不顾"也。采矿若此,以补民间无名之需,荒政之备,未尝不善。(《肇域志》册4第2422页)

金属:黄金^{出上江及永平}、银^{龙江皆有之}、铜^{出孟桀山中}、铁^{出永平花桥山,有铁厂,上江亦有之,今奉禁不采}。(康熙《永昌府志》卷10第6页)

金^{产金沙江,土人淘滤,日金不过数厘,盖敓金也}、银^{坑久封}、铜^{出汤丹、大碌碌两厂}、铁^{出募魁大水塘}、自生铜^{出蒙姑塘房边,土人随地拣取,今殊少}、白铅^{产者海}、黑铅^{产阿那多}。(乾隆《东川府志》卷18第5页)

矿砂,滇之山大半多产矿砂,凡金、银、铜、铁、铅、锡、朱砂、硝黄之属,所在多有,大约山势宽深,来龙远大,环抱周匝者,所产矿砂必旺,《中庸》所谓宝藏兴焉者,余于滇南之山征之矣。土矿,凡矿皆石,而亦有松土成矿者,丽江回龙厂曾有于硐中挖出松土数斗,弃于道旁,色稍异于别土,有识者携之去,煎熬得银数十两。(《滇南闻见录》卷下第29页)

水晶等,常璩《华阳国志》:永昌郡有水晶、轲虫、蚌珠。旧《云南通志》》:水晶、菜玉、墨玉、碌砂、宝砂、海金沙与宝石等,俱出猛缅,若水晶、墨玉诸品,尤贵且远者。旧《志》载于永昌物产内,盖因其由永昌而来,实未考其所自出,姑存其名。(道光《云南通志稿》卷70《永昌府》第16页)

金之属:银^{出太和厂,今矿砂绝无,行将详请封闭}、铜^{旧出易得岭厂已封闭}、铁^{出南茂竜山,现在封禁,不准开采}、硝^{旧出谷麻,以瘴大难于采办,今封禁}。(道光《新平县志》卷6第20页)

金属:金、银、铜、铁、铅、水银^{滇产五金,其来旧矣。时出时竭,难指定有}。(光绪《永昌府志》卷22第5页)

滇省矿产,五金皆备,三迤咸有。清康熙、乾隆之际,为全盛时代,州县缺,岁入陋规多至二三十万者,有"金蒙自"、"银会泽"之称,汉人不得署。旋经兵燹,嘉、道间渐形减色,发、回之乱,矿商、矿丁逃亡殆尽,始一律停办。当其盛时,东川、昭通所属铜矿尤盛，多用船载，自金沙江运出四川入京，厥后铜运既停，水道遂废。初非洞老山空，盖随国运为兴替也，如永北银厂，吾友刘春霆云曾办过，往昔规模阔大，永北同知，日进陋规大银一锭五十余两，以为常。矿门苗路如昔，厂屋器物犹存，附近有数老民，年八九十，壮时曾充矿丁，尚能逐一指点，仍循原路掘入，办理二年，迄不得手。闻停办时苗极旺。一日，忽闻对山之上，有猿猴千百成群，呼号奔逐，负矿砂丁出入各洞，众至数千，互相惊异，纷纷出洞瞻望，山忽坐崩，各洞门路，概为土石堆压，按名点验，尚有七百余人未出，立时停办。在内砂丁，其后开窿时，间一遇之，面目如生，见风则腐云。(《幻影谈》卷下第142页)

矿物^{土石}附：铜矿，在城东二十余里桅杆山，名曰大铜厂，产铜最旺，清乾隆间开采，二十余年，洞老山空，久经封闭。惟城西南十里黄保村后山，有铜矿发现，光绪三十年，土人循苗开磴试采，矿质亦佳，惟开炉煅炼，铜质清浊不分，旋即闭歇，殆亦炼矿之学有未精欤。铁矿，在城西十五里铁矿山，产铁最旺，开采多年，今废。煤矿，在城北五十余里二龙戏珠一带，界连嵩明，面积约五十方里，煤质有层理，色黝黑，烧之焰烈而烟少，取煤末垩壁为深青色，杂以土泥成块，煅乾名曰铁炭，燃以代薪，火最猛力，能耐久，灰白色，自清宣统二年，滇越铁路修通后，煤矿公司林立，熟煤运销省垣及本境，生煤则多供火车之用，年约售煤一千数百万斤，亦出产之大宗也。又，城南二十五里张家窑之后山，及城西三十里汤池之各山皆产煤，色褐黑而无光泽，质多木理若乌木，乾则碎裂，其成层理者，中多夹沙土，烧之烟甚浓，焰亦易烬，灰黄白色，然气味薰臭，仅可代薪炊爨。乌金炭，产城西三十五里保郎村，质与铁煤相类，惟出产有限耳。礬厂，宜良旧例，年征礬课银五两，今封闭。大礁塘礁厂，宜良县属年办礁六千斤，该工本桶费运脚银二百八十四两七钱一分六釐，解交省局，今封闭^{见《云南通志》}。石灰，取青石成块，堆积窑中，下砌火门，以烈火烧之至透红，候冷取出，用时取灰块以水洒之，勃勃有声，气热甚，旋分解化为粉末，用以垩壁糊瓦，填石涂缝，或为肥料之需，然灰块风亦能化之使末，邑中青石皆可煅灰，而以汤池保郎村产者为最。陶土，城南张家窑、黄家庄，城西五邑村均产陶土，色黄，性粘质细，杂以白土，去碎石作泥，以机盘制为碗盏盆甕之器，俟乾，上以釉水，置窑中烧之成器，釉土杏黄色，质最细腻，至近山各处皆产白粘土，可为砖瓦之用。古怪石，产城东南十里驼骆山，五六月间大雨后，由箐中冲出，形扁圆不下一，石质最坚，外皮若碎石搏成，中空有细土如粉末，凿窍注砚，水经久不变味，养花能耐久，大者如盘，小者如指，惟仅产西箐中，他处所无，殆亦火成岩之类欤。土玛瑙，亦产驼骆山，质最坚致如火石，中有缠丝，绿色相间，置水中光润错杂，大者难得，仅可为盆景养花之用，又半山河中产五色玛瑙，不多见。金星石，产汤池涌金山下，可作砚。红色洒金石，产城西北三十里半山河中，可作砚。千层石，产城西北二十里宝洪山，色青而质脆，匠人取之，用以代砖。石燕，产城西三里石燕山及城东五里蜈蚣山一带，俗名小燕石，形如燕，居民采为眼药。按：师范《滇系》：石燕有文，大曰雄，小曰雌，土人言天将雨，燕随风舞满天，风落止地，仍为石。红土，产城南二十里张家窑后山，色最红，稍逊硵砾，用以垩壁书字皆适宜。（民国《宜良县志》卷 4 第 35 页）

矿产：煤、锑、铁。（民国《富州县志》第十四第 86 页）

《矿业》：中甸县境骑于滇康两高原之过峡，而又为金沙江所环抱，是以矿产极富，已发现开办者，有金、银、铜、铁、铅五种，尤以金矿为遍地皆是，在二十年以前均有大规模之开采，嗣因迭遭匪乱，络续停歇，现仅沿金沙江边一带，及安南厂、麻康厂、聚宝厂各处，挖洗沙金，惟规模既小，或作或辍，统计每年所得纯金，平均不及百两。近因康属龙达金厂，日渐兴旺，县属僧民，争相趋赴。本县矿业尤形停顿，约计全县矿工，每年约得纯金五十余两，平均全县男女，每人可得一元。兹将全县矿产矿业情形，列表如下：金矿（注：以下按：种类、地点、矿质、开采情形、开办人及极旺时期、现状、属区、备考几大类依次排行）：老山、红淄口：马牙金，钻山洞，光绪年间，荒，第三区安南厂，夹银质。大塘口：冗金，钻洞亦挖明塘，现正开采，同右（第三区安南厂），金色最佳。下河：瓜子金，挖明塘，光绪年间，现正开采，同右（第三区安南厂）。沿金沙江一带：冗金，淘洗，现正开采，第三区沿江一带。上麻康：马牙金，钻山洞，咸同年间，荒，第二区。下麻康：瓜子金，钻洞亦挖明塘，清初丽江木氏开办，同治间最旺，现正小规模开采，第二区，民口获赤金二条，约重斤余，土人呼为木天王之金筷。聚宝厂：瓜子金，钻洞，清初木氏开办，清末最旺，现正开采，第二区。那贺薄：瓜子金，钻洞亦挖明塘，光绪年间，荒，第一区，民六得一块赤金，重十二斤。严里：瓜子金，钻洞亦挖明塘，光绪年间，荒，第一区。格咱：瓜子金，钻洞亦挖明塘，清末民初，荒，第五区。拍怒：瓜子金，钻洞亦挖明塘，清初木氏开，极旺，现由利民公司开采，第五区。铺上：瓜子金，钻洞，荒，第五区。洛吉河：瓜子金，钻洞亦挖明塘，陈锡真、王万民办，光绪年间极旺，荒，第三区。天生桥：瓜子金，挖明塘，咸同年间，荒，第一区。银矿，宝兴厂：矿质净，银位高，钻山洞，乾隆年间极旺，光绪初又旺，荒，第一区。安南厂：矿质净，银位高，钻山洞，乾、嘉间发现，同治、光绪间极旺，荒，第三区三坝乡。东炉房：矿夹硬峡中，钻山洞，乾嘉间发现，光绪间极旺，荒，第三区三坝乡，夹铜质。铜矿，回龙厂：矿夹硬峡中，质净，钻山洞，光绪年间，荒，第三区三坝乡。那斯厂：矿质净，挖明塘，光绪末年同知阮大定开办，荒，第五区格咱乡。下所邑：矿质不净，铜位低，钻山洞，荒，第三区。铁矿，力些地：矿质净，钻山洞，光绪十三年开办，荒，第三区吾车乡。打列巴迭：矿质净，钻山洞，现正开采，第三区吾车乡。洛吉河：矿质净，钻山洞，光绪以来极旺，鹤庆彭姓开办，民三荒，第三区三坝乡。铅矿，力些地：矿质净，钻山洞，光绪三十一年开办，极旺，宣统三年荒，第三区吾车乡。东炉房：钻山洞，光绪末年旺，民初荒，第三区安南厂。（民国《中甸县志稿》卷下《职业》第56页）

矿产：维邑处万山中，以矿产富，一则资本家少；二则土法采炼，往往得不偿失，以致货弃于地，不然金银铜铁煤，在在均有，其水银犹为特产，惜年所产不上千劀也。（民国《维西县志》卷2第40页）

《宣威矿产之富》:宣威为迤东一大邑,南北距三百余里,东西二百余里,面积逾五万方里,其幅员不可谓不广,邑中丁口超过二十万,黎庶不可谓不众。惟境内山原多而水泽少,田土瘠瘠,农产不丰,有者多是包谷杂粮。以是地之所出,不足以供民食,故邑之丁壮,在往昔多出外谋生。如往各矿厂当砂丁,各山场上事解锯,年必有数万人,春初而出,冬尽而归,此是习于常,盖不如此不足以云生活也。宣威之情形若是,得毋为地瘠民贫之处欤?噫!宣威实一富藏于地之域也。宣威之煤、铁、铜矿随处皆是,今先以铜言:邑有村曰兔场,距城仅二十里,村后有土山,高大倍于省之五华,山腹内蕴藏有自然铜一大块,殆占山之体积在三分之一或五分之二焉。在明末清初时,即有人凿山开洞而取铜。时以土法,于山脚或山腰掘一容人一身钻入之洞,深或三四丈,或五六七丈不等,俱可达到土之尽处。土尽处即是一层石壳,石壳略有厚薄,薄者只三四尺,厚者可能到七八尺,凿开石壳,铜即在内。铜在石壳内,其体积之大小究是若何,其形状又是若何,直无人敢必。取铜者惟知掘洞开槽,土尽凿石,石穿则可凿洞。在山之南北两头掘洞而入者,其结果如是;从山之东西两面开槽而入者,其结果亦未尝不如是;即在其上下左右相并而开入者,亦无一不破石同而见矿同;甚至有在山脚下斜穿地道而入,或在山顶凿井而下者,其破石得矿,亦复相同也;可见此山是土包石而石包矿也。时有人喻此矿如一板栗,外有壳而内有皮,肉在其中,此语甚确。石壳内包之铜却是一块鸡血铜,色紫而艳,质极纯净,取出勿须提炼,以火熔化,即可制器,故名之为自然铜。此藏于山腹中,堪云"天地为炉,阴阳为炭,造化为工"而制成者也,铜似一大团凝结于内,表面仅现凸凹而微有棱角。入内取铜者,于凿穿石壳后,自无法刨掘,无法敲击,惟有刳之斫之,钻之削之,而日得铜粒、铜屑若干两或斤许,便为一日劳力之收获。时铜价虽廉而生活却低,以一人日之所获,亦足以赡养三五人,故有人甘此孜孜勤劳而博取蝇头利耳。逮至近百年来,邑之生活日高,事此者觉利微薄,乃舍此而作他图,矿业乃废。前五十年,余曾至是处,访求遗事,考查故迹,尚见土坡上下有昔人遗弃之槽洞数十，痕迹宛然，乃绕山一周，似不下三里也。心计此块大铜，假作一长阔五十丈、高二十丈之带纵立方体算，应为五千万立方尺，每一立方尺，以铜之定率约计为四百七十斤，五千万立方尺应有二百三十五亿斤，噫！地之藏蓄宝物，何其如此之富哉！又去宣威城四十里，有地处曰苴姜槽子，是处为一大山槽，两边俱绵亘不断之高山，中成一槽，槽里宽窄不一，有宽达里余者，有窄至一二百步者，由槽口至槽之尽处，据土人云，约有二十余里，槽子内以山势陡仄，难于种植，故不易于居人。但有穷黎百姓数十家，结茅山际，栽种燕麦、洋芋等以糊口。槽之东畔，若沿山麓而探求，则尽属煤矿；槽之西畔，又尽是产铜之处。铜矿又蕴藏不深，有掘入五六丈即得矿者，有二三丈即得者，甚有仅及丈许即得者，真便宜极矣。矿之成分极高，闻百斤矿可提炼二三十斤铜，此尚是用极单纯之土法，若精求炉火，得铜当不止于是也。在往昔承平时世，槽内无匪潜藏，一般穷黎，或十人、八人，或三人、五人，各凑一二担包谷，背之入槽，东边取煤而西边采矿，山间锯木架箱，崖下结茅为屋，采得二三千斤矿出，化得数百斤铜，而凑集之粮食亦咀嚼尽矣。背铜而出，售之于市，盈余又几何哉！然附近是处之穷黎极多，一一俱无田耕地种，出外谋生，而又无人携带，遂多有利此地处而求生活耳。夫如是之天财地宝，何无人投以巨资而营谋之耶？盖采矿冶金，非尽人能为之事，且是处荒僻，彼拥丰资挟巨财者，谁肯轻于试之耶？故财弃于地而无人顾惜也。至于铁矿，随在皆有所见，且多半是菊花矿，其显著于路旁者，真可用条帚而扫之也。挖掘煤炭与挖泥土同，运煤卖者，无非赢得一种脚力钱耳。近闻宣威之煤亦有价，是因粮食价昂，煤故叨光也。且宣威之煤可以提炼火油，前四十年，曾有人以粗浅之法，就宣威之某处蒸制，其成分极好，惟不甚清亮，致不获人重视，遂停止其进行。又据邑人云：在乾、嘉年间，宣威矿产殊旺，是时开采铜、铁、银矿者直不下数十部份。如淌塘一隅即有数十炉户，年出铜数在二三十万斤，其他地处，产出之铜亦复不少，若铁若银，出数亦丰。且有人云，在二百余年前，当清雍正时，曾有一冶银者遭遇到一种至奇之事：宣威城外之东山，距城只十余里，为邑之名胜地处，有一古佛寺在其上焉。山不甚高，自下至上只三几里耳。山势绵亘，长可十余里，山多石而少土，人无不认山之蕴藏厚。时有江西人刘某，素以矿学家自命，初在宣威经商，颇有积蓄，既而艳羡宣之矿产丰富，遂专事于矿业，亦曾在宣之某处开发一银矿，成效著后，为强者夺去，刘某于此遂生戒惕。已而在东山上开得一银矿，鼓炉而试，实佳矿也。于是罄其所积而专攻乎此。积半年，出矿不少，又开一炉而冶之，仍银也。但资本尽矣，乃停工封洞，令依傍身边之一子坐而守之，己则持化出之银若干两，作路费而旋赣措资，以图大举。刘某抵家，出银以示长子，并述其一切经过，子闻而心艳其。时刘某有田二三十亩，有屋数栋，欲悉数售去而携款来滇，拓展大业。刘某有族弟名某者，家亦充裕，闻其父子之举，劝其勿作倾壶至干之计，愿出资襄助。刘父子不乐他人分利，拒之，惟一诣孤行，货尽宅而鬻尽田，得款若干，尽数挟之来滇。刘父子抵宣后，即大招工役，尽量开采，而偶一炼化，自是纯银，父子三人欣喜极，以为功成指日，当然得到一本万利，日惟背矿出洞而已。意者俟洞空矿竭，再行开炉熔化，既免被人侵夺，又可隐瞒矿税。计算精深，惟待开炉后，雇骡马来驮银耳。于是日以虚言哄骗一班劳力者。此而又尽半年之工作，不知背出矿若干万千箩来，洞外堆积之矿已如丘陵。夫呼而不吸，气必穷竭，一日探囊取钱，又将空矣，至此不能不设洪炉而冶金焉。一火一罩，意谓不下数十两之收获，讵知天不乐彼登玄坛，命也难言！火中取宝，轻气化而浓烟飞，揭盖称之，得宝固数十两，惟不分质，视之自是白锢，宰之则如钢焉，一炉如是，后此者亦无不如是。父子于此，亦惟目瞪而口呆尔！复一再设法分提，终是一气浑成，又出前之标本相较，形色仍复相同，惟性质则异于是也。即而又于初架箱处搜求余矿出炼，亦复如是，持以问人，亦无人能辨认其质，斯而惟有停炉。火停工罢，则欠人帐项不少，手持此种"银块"而不能用，亦惟仰天而呼，顿足而叹也。父子同受此天畀地与之惨毒，是身家尽而矿产变，债台高而生路绝，不死何能了结！一日二日，父以是愧忿而死，二子亦因受困厄而亡。旁有不甘心者，复开炉下罩,其结果亦与刘同。至是一班冶矿砂丁始一哄而散,今余矿仍存是处,亦无人往顾云。余于宣统元年(1909年)随侍在宣,邑人某引余观其遗迹,是去东山寺约四五里许,有一高至数丈之大土堆,一若大理下关之万人冢焉,上惟丛棘蓬蒿蔽满尔。某曰:即此是也^{作者眉批:此种矿或是镍矿,盖时里尚少有人知金属中有一镍矿也,后世人又弃此而不加之以考求,殊惜!}(《云南掌故》卷11第344页)

《绪言》:云南境内矿产,种类之多,产额之盛。可称为国内本部各省中之最丰伟者焉。而尤以铜、锡、银、铅、锌诸矿,希望之大,可冠全国各省。钨、锑、汞、金、铁矿诸矿,亦年有相当产额,其中间有数矿,足供将来大量开采。钴、磷二矿,为滇省特产,善为利用,亦不难大量生产。铋、钼、铝及石绵诸矿,如施以详密之测勘工作,当可发现较有希望之矿床。煤田分布,虽不甚广,然储量尚足自给,尤以广厚之褐炭田,如利用得法,则可解决国内液体燃料问题之一部。其他如锰、砒、硫及硝酸钾等矿,亦皆有之,其中砒矿,缅甸及印度诸处,需要较广。滇省幅员广大,一切矿产之经前人调查与测勘者,多在交通较便之区,将来调查愈详,范围愈广,其他新矿产或较大矿床之逐渐发现,当属意中事也。滇省矿产,固称丰厚,然以地处边陲,过去交通不便,民智蔽塞,以致货弃于地,所开发者,不及什一。自抗战以来,本省顿成国际交通线之中枢,天假之缘,得以自由开发。然一般矿业之不能尽量发展者,原因甚多,据鄙意观察,可略举数端言之。一曰开发之前,宜求精确之研究,凡一矿产之开发,须经测勘试探与正式采冶三步工作,测勘为试探之参考,试探之结果,为正式采冶之张本。过去情形,或系资本不敷,系见识未足,每遇一矿,不问其矿体生存情形如何?经济价值如何?辄冒然开掘,以致鲜克成功,经连次失败之后,遂转视开矿为畏途,裹足不前。或转而迷信外人,不论其能力如何,均予以优厚之待遇,因其立场不同,敷衍度日,于矿冶本身,既无改进,或竟误其事,大有例在,当无讳言。二曰宜求实地采冶,过去滇省之虽称某某矿业公司者,实则系一收买矿产机关,由开采者所获之矿石,售与冶炼者,冶炼后,由公司统制收买,其对于采冶技术之改良与安全,工人之福利,概皆置之不问,焉能增加生产,在重重剥蚀之下,民生益形凋敝矣。最近一二年来,此类现象,虽改善不少,然仍有一部分之存在,若能善聘专家,公司自行采冶,其获利之厚,产额之丰,或较之统制收买者,为有希望多矣。三曰力求成本减轻,以前滇省各矿厂,管理无方,每致成本增高,是否在滇省人口稀少,工人效率较低之区,择其较佳之矿,施以一部分之机械化,而使成本减轻,颇有考虑之必要。至于每一矿厂,通常认为财富之处,所产之矿,理应免除一切税收,鼓励生产,此为立国之常经。乃反苛捐杂税,层出不穷,以致无法开展,此不可不有所改良者也。四曰运输宜求便宜,滇省系属山陵区域,交通极为困难,每一矿产,开发之初,运输问题,本属应为慎重考虑原则之一,将来叙昆、滇缅二路逐渐通车后,沿线矿产,理宜格外予以协助。较佳之矿,局部交通问题,政府亦应予以相当维持,以谋大量生产。五曰努力技术之改进,滇省各矿,采冶方面,多墨守陈法,即如个旧各矿,一部分虽称新式之矿,其开采方法,亦未改进,选矿之法,损失亦多,平台选矿,亦无成绩,冶炼之时,虽施用淋滤法,将锡质稍加改良,然其杂质,均未收集,每年损失之数,至为可观。以滇省矿产之多,技术人员实不敷用,现应广聘专家,优予待遇,协助其改良与研究,同时广造专材,以继其业,庶几滇省矿业之进展,可获相当之效果也。第二节《矿产分布·引言》:金属矿产之分布,除水成矿床外,每与火成岩侵入体,有成因上之关系。滇省火成岩侵入体之分布,可分为东北、西南、东南及西北四部。东北部之火成岩侵入体,多属中性,或稍基性之火成岩体,如闪长岩类是也。其火成岩体,多系岩脉或岩株,东川、易门二铜矿,会泽、鲁甸与昆明附近各铅锌矿,以及易门铁矿,皆与此侵入岩体有关。其西南、东南及西北三部之火成岩侵入体,或系岩株或系岩盘,均属酸性侵入岩,如花岗岩类是也。其生于侵入岩之旁或其中者,则为锡、钨二矿及一部分之金矿。滇南汞锑矿,虽距西南侵入岩较远,当仍与之有关。兰坪、云龙、鹤庆诸铅锌矿,位于西北、西南二区侵入岩体之间,虽各距火成岩体较远,但是类矿床之沉积,与之终非无因也。滇西边境各铅锌矿,位于西南龙陵附近花岗岩盘之西部,其所以沉积是类矿床者,一如上述情形。龙陵东部邻近火成岩体之钨钼矿,乃居于高温度矿产带也。滇省各金属原生矿体,每与地质构造有关,如东川、易门二铜矿,个旧锡矿,以及鲁甸之铅锌矿等,皆生于背斜构造之张力断裂带中。柱状矿体,似生于岩层中几近垂直之二系节理交叉之处。其他如围岩系粘土质之薄层石灰岩而具有褶曲者,则生成马鞍状矿床,如东川铜矿区域内之十三闹堂是也。盐基性岩流如玄武岩类,分布甚广,南自路南,北接四川,西起中甸、永胜,东迄贵州。在此类岩流分布之处,岩流本身每每生有铜铅锌原生矿体,究其成因,当属喷发后期影响作用(Eruptive after – effeet)所成。其含铜矿物,经风化后,成为含铜溶液,流入湖沼海淀之中,常交换炭质物,而沉积结核状之铜矿。且其含铜溶液,或流入玄武岩本身或三叠纪砂岩裂隙内,则沉积为自然铜矿。此种喷发后期影响作用所成之矿床,三叠纪水成矿床及自然铜矿床,通常分布零星,赋量有限,或矿质较贫,不易开采,虽偶有采者,多限于养化与次生富集二带,及局部较富之处。玄武岩流中,又每含有钴镍矿物,经风化后,成为含钴镍之次生矿物,恒沉积于一处,而成过去开采之滇省特产碗花矿。至于水成矿床,为寒武震旦二纪地层中之磷矿与铁矿及一部分之金矿,上三叠纪地层之膏盐与硫酸钠及局部之铁矿,第三纪之风化残余铁矿及湖积层之锰矿,以及第四纪含金金梯级砾石层,造成滇省重要砂金矿床,煤田则分为石炭纪上二叠纪三叠纪第三纪及第四纪五时代,其分布情形,容后论之。兹将各种矿产分布情形,个别叙述于后。二、铜矿:滇省之铜矿,在地理上之分布,似乎限于滇之北中二部,而尤以滇之东北部,最为重要。就其成因而论,则大致可分为三类,一为与火成岩侵入体有关之水热矿床,二为盐基性岩流中之铜矿,三为水成铜矿。第一类之铜矿,当有东川、易门、路南、富民、云龙、祥云诸铜矿。东川、易门、路南、富民诸矿,与闪长岩类侵入体有关,又似与西康之会理及大渡河流域诸铜矿,同一成矿时期与成矿区域,是以东川、易门二矿,在滇省已知各铜矿中,佔有重要位置。路南、富民二矿,虽属同一成因,但脉薄而分布散漫,已失其经济价值。至于云龙、祥云诸矿,或系含金铜石英脉,或系磁黄铁矿黄铜矿脉,二者皆与花岗岩类侵入体有关,若祇就铜之一项而言,恐不甚丰,然开采之时,铜金或铜硫二项,同时利用可也。盐基性岩流之铜矿,常与泡沸石共生,或充填于岩流气孔之内,或成含铜方解石脉,生于玄武岩流本体之内,或居于岩流与下部石灰岩之接触处。虽滇省之玄武岩流,分布达数十县之多,然在此范围之内,并非到处皆有此类铜矿,且此类之矿,通常分布散漫,而赋量甚微,昔日开采者,多在养化与次生富集二带云。水成铜矿,大别可分为二类,即上三叠纪煤系中之水成铜矿,与会泽之自然铜矿是也。上三叠纪煤系中之铜矿,其含铜矿物,每呈结核状,或成不规则形,散嵌于煤或炭质之中,其铜质之来源,当与玄武岩流之含铜矿物有关。在上二叠纪时,滇之东北部受玄武岩流之喷发作用,其范围于为广阔,河道阻塞,造成湖沼与海淀,其后玄武岩经剧烈之风化,含铜矿物,亦因之而成铜液,随水流入湖沼海淀之中,而沉积此类铜矿。其详密之讨论,容于第二章第五节中述之。此类矿床,分布范围虽广,但极零星,储量有限,较富之部,间有可以开采者,如永胜一部分之铜矿是也。会泽自然铜矿,每生于岩流本身之气孔与裂隙间,或三叠纪砂岩之裂缝中,或呈鸽卵形,或成薄片与树枝状,显示次生之成因。其铜液之来源,亦为盐基性岩流之原生含铜矿物,因被风化而成铜液,流入裂隙间,重行沉积而成。在滇之东北部此类铜矿床,屡见不鲜。三、银铅锌矿:银、铅、锌三种矿产,每共生于一矿体中。在滇省分布至广,希望亦大,可冠全国各省。约略言之,可分为滇之东北中西三部。滇北重要之矿,如会泽之矿山厂,鲁甸之乐马厂诸矿,量大而分布有规则,在国见内尚属罕,堪以大量生产,以供川省兵工事业之用。滇中之矿,为昆明、安宁、双柏、龙武、罗平、澄江诸矿,通常储量有限,矿脉多呈不规则形,在交通方便之处,尚足供小规模之经营。滇西之矿,如鹤庆、中甸、澜沧等矿,过去虽有一部分,曾大量生产,然地处边陲,运输困难,现时提炼昔日炉渣中之银铅,亦属消极中之一办法也。将来滇缅西段通车后,方可择其中较有希望而位置优越之矿,从事大量探采之。至于盐基性岩流之银铅矿,如永胜之东昇厂等,过去曾经盛采,储量已觉有限,殊难利用也。四、锡钨铋钼矿:锡、钨、铋、钼四种矿产,每常共生,锡、钨二种矿产,年有巨大产额。铋、钼二矿,不过偶见于含锡钨之矿体中。滇省除个旧一隅,为国内惟一重要锡矿产地外,他如大姚及会泽牛澜江中之冲积层内,亦闻有黄锡矿之存在。其他各处,尚未闻有发现之事。惟滇北及滇西二部,而尤以龙陵一带,地近花岗岩侵入体之石灰岩区域内,若施以详密之测勘工作,当有发现锡矿之可能,将来之希望或不限于个旧一地也。钨矿除个旧本部锡矿中,含有一部,可以利用外,个旧南部卡房区之石英矿脉及伟晶花岗岩中,开采较盛,年有相当产额,文山境风之钙钨矿,亦已从事大量开采。滇西龙陵境内,亦曾发现钨铁锰矿,如施以详密之测勘工作,开采上予以相当指导,当可增加产量者也。铋矿仅见于个旧锡钨矿中,而尤以卡房钨矿区为多,若能收集而利用之,将来当系钨锡矿之副产品也。钼矿则见于龙陵钨矿标本中,矿质优越,惜无人从事测勘工作,以决定其经济价值。五、铁矿:滇省铁矿之分布,至为零星,可采与调查较详之矿,似限于滇之中部各矿,如易门铁矿,储量虽不能称为丰富,然在滇省各矿中已属一不可多得之矿。其如武定牟定之矿,年虽有相当产量,但其地质生存情形,尚无人施以详密之工作。风化残余矿床,分布既极零星,质亦欠佳,兼之运输困难,一时尚难利用。滇西澜沧之水成铁矿,地处边陲,附近又乏焦炭之供给,是以滇省贫铁,无可讳言。六、汞锑矿:含汞锑之矿地,均属低温度之矿物。此二种矿产,有时共生于一矿体中,在滇南各锑矿床中,常能见之。滇省境内,汞之分布,可分为二区,其在西部者,丽江、云龙、兰坪、保山、永平诸汞矿属之。其在南部者,多与锑矿共生,但有时亦为纯粹之汞矿者。其与锑矿共生者,如开远果花与都比等处。其矿体上部,已知为纯粹汞矿者,如建水、文山、邱北、泸西、西畴等处。以上各处,曾一度皆产水银,惟滇南一区,赋量恐不甚丰,故自前清末叶,以迄今日,均无产额闻。滇西一区,现皆有相当之产额堪加注意。锑矿之产地甚多,而尤以滇南各县,如开远、屏边、广南、邱北、师宗、马关以及平彝等县，在民国初年，曾皆一度开采，而有相当成绩。最近数年来钨锑公司，亦从事开采开远、文山、广南、屏边、西畴各矿。至于峨山、镇沅、景谷、罗平、沾益等处，亦闻有钨锑之发现。七、金矿：沿金沙江、澜沧江、红河与怒江各流域为滇省重要产金之区。金沙江流域之金矿，西北由西康境内起，南经中甸、丽江、永胜、鹤庆而东折至大姚、巧家，复东北至永善、绥江等处。其中在中甸一带，寒武纪前变质岩系内，恒有含金英脉之存在。惟因开采困难，故多在其支流淘洗沙金。沿金沙江至永胜金江一带主流及各支流，含金之第四纪梯级砾石层，至为发育，工人多采掘此层而淘洗之。由永胜至巧家，此砾石层虽然存在，然不甚发育，金粒幼小而量微，农暇间有人洗淘之。巧家至永善、绥江境内，两岸含金石英脉，又较发育，是以砂金采淘亦较甚。澜沧江流域之金矿，北自维西、兰坪，沿澜沧江主流而至澜沧县。另一支流则为漾濞江，自剑川、洱源而入澜沧江。沿主支流之变质岩系中，皆有含金石英脉之存在，其能否堪以开采，至今尚无人作有系统之测勘。至于砂金矿当以维西一节，及支流漾濞江自剑川至蒙化一段，含金均属较富，开采亦盛。红河流域之金矿，北自凤仪、祥云，沿礼社河而至红河本流，经新平、元江、墨江、蒙自、屏边，复分岐为二支，一支向东延伸，经文山而入广西。其他一支，可延接安南之金矿。凤仪、祥云至元江一节，砂金及含金石英脉俱备，然赋量皆不甚丰。自墨江至屏边一节，含金石英脉，至为丰裕，砂金亦复富厚，在已知滇省各金矿中，可称最丰伟者也。怒江流域之金矿，其上游产金情形，无从得知。其下游保山、腾冲一段之主支流，皆曾淘洗砂金，惟产量有限耳。八、钴镍矿：钴、镍二矿之原生矿床，在滇省者，尚未得闻。滇省所产之养化钴，俗名碗花者，系玄武岩流中之含钴镍矿物经风化后，而重行沉积之风化残余矿床，在玄武岩流分布之处，皆有此类矿发现之可能。昔日开采，多集中于滇东及滇中二部。镍矿除牟定玄武岩中之次生养化镍矿含镍较富外，通常养化钴中，每混有养化镍之存在，其含镍之率，约在千分之二三。将来开采钴矿时，此类镍矿当可利用。九、磷矿：云南下寒武纪地层中，每含有水成磷矿，出露地点，计有昆阳之中邑村及昆明之大板桥附近，含磷之层厚自三至六公尺，矿石似属胶状磷灰石。国内素乏磷矿，仅江苏东海朐山汽成铁矿中者及东沙群岛鸟粪层二处而已。前者过去偶采是矿，运销日本。故云南之水成磷矿，分布范围既属较广，储量亦丰，可称国内惟一之重要磷矿。十、膏盐及硫酸钠矿：岩盐、石膏及硫酸钠三者每共生于一处，滇省此三种矿产之分布，可分滇之西北、西南及中部三区。西北区者，计有剑川之乔后井，兰坪之喇鸡井，云龙之云龙场等。西南区者，计有宁洱之磨黑与石膏井，镇沅之按板井，及景谷之香益与香盐二井。滇中区者，计有盐兴之黑井、元永井与阿陋井，及盐丰之白井等。其他如安宁城内之盐井，及巧家金沙江北岸之汪家坪等处，皆属次要者也。十一、煤矿：云南境内之煤矿，其煤田之地质时代，大别之。可分为五时期：即石炭纪、上二纪叠、上三叠纪、第三纪及第四纪是也。石炭纪煤田，其分布极为广阔，凡属石炭纪含煤地层出露之处，皆有煤层之出现。自滇池周近起，向北延伸经宜良、嵩明间之可保村与大煤山及宣威、巧家而达金沙江北岸。其另一支由昆阳而西，经易门、双柏而接澜沧。其中自宣威以至金沙江北岸，及昆阳至澜沧二段，煤田断续无定，分布较为零星，质劣而量有限，似已失其经济价值矣。本纪煤田，又可分为下石炭纪与中石炭纪二类，中石炭纪炭田，如滇池周近之煤田是也，可采之煤层，仅有一导，厚自数公寸至一公尺许，煤质多属无烟煤及半无烟煤，通常含硫及灰份甚高，仅足供燃烧石灰及家庭燃料之用。下石炭纪煤田就质量而论，似以宜良、嵩明间之可保村与大煤山煤田为最佳，可采之层，约有二三层，平均各厚约一公尺左右。煤质或系焦性烟煤，或系半无烟煤，且其地位优越，昆明附近各工厂及滇越、个碧二路，皆采用之。上二叠纪煤田，分布范围，似仅限于滇省东北部，南自路南、泸西、弥勒起，向北延伸，经平彝、宣威而接贵州之威宁，复北至镇雄，约成南北延长之方向，长约三百公里。含煤之层，为数可达五层以上，其堪以开采者，可有三四层，各层平均厚度，亦在一公尺左右，煤质大部为焦性烟煤。上三叠纪煤田，分布既不规则,而又极零星,大抵在古生代末期,因地壳运动与玄武岩流之广大喷发作用等关系,在构造及地形上局部低窪之处,汇成湖沼,而沉积本纪煤田。含煤可采之层,为数自一至三层,煤质除祥云、宾川之无烟煤外,余如开远之乌格,广通之一平浪,皆系焦性烟煤,其质之佳,可冠各纪之煤田。第三纪渐新统之褐炭田,在滇省为数虽多,然亦极零星。如开远之小龙潭,宜良之可保村,盐兴之大江坡,以及澜沧、腾冲诸褐炭田。大抵在中生代之末,滇省造山运动,较为普遍,以致造成局部湖沼而沉积是类之零星褐炭田。第四纪下洪积统之褐炭田,已知者仅蒙化、云县二区,以后调查渐周,当有发现其他褐炭田之可能。然其煤质,介于泥炭与褐炭之间,除供当地家庭燃料外,其经济价值,可谓极为微小也。十二、其他矿产:(1)锰矿:锰矿之在滇省,本甚贫乏,已知者,仅玉溪、曲溪及河西三处,此外易门、峨山诸铁矿,亦偶夹有锰矿,红河南岸诸地,鐥铁矿床中,亦闻有锰矿之存在,然皆赋量甚微。将来云南铜铁事业发展,锰矿之供给,颇成一问题。(2)铝矿:含铝之铁铝养石,最近在滇省发现之处,为数尚多,大致均在滇池附近,如昆明、宜良、呈贡等处。分布虽广,但极零星而散漫,矿质优劣亦属不一,其经济价值如何,尚未确知。(3)砒矿:砒矿指雌黄、雄黄而言,在滇省境内,尤以前者较后者为多,至于含砒之毒砂,除个旧锡矿中偶见有之外,其大量之矿,尚未得闻。雌雄黄限产于凤仪、蒙化一带,而尤以凤仪为盛。(4)石绵:云南发现石绵之处尚多,如楚雄、禄劝、武定、宣威、丽江、景东诸处皆有之,惟因滇省本身无销路,至今尚无人开采。但楚雄礼社河之角闪石绵,纤维甚长,质白而柔,堪以注意。(5)硝矿:硝酸钾在滇省,计有地皮硝与峒硝二种,产地虽多,而极零星,其著名产地,约有禄劝、富民、沾益、武定、宣威、会泽、文山、广南诸处。(6)硫磺矿:产硫矿之地,计有平彝、罗平、保山、宣威及会泽诸处,惜其地质生存情形,无从得知。至于腾冲保山温泉沉积之"天生磺",其产额其微,而储量有限。(7)自然碱:在蒙化、永胜等处,往往因潜水溶解与冲刷关系,沉积自然碱,通常赋量甚微,难以利用。(8)瓷土及陶土:滇省产瓷土而制瓷较

卷上"隆庆《楚雄府志》卷2第34页）

金石类:金,出雁山。明初筑南城跨山,硐口闭塞,详《杂著·古迹》篇。银,出团山、永盛、聚宝等厂。取矿沙煎成,铅中澂银。铅,出永盛、聚宝等厂。铜,出自雄、罗摩、凹舌等哨。响石,详《杂著·碑石》篇。赭石,出哨地。有紫、黄二色,可作画,入纸不脱。火硝,出尘土中,泡水煎成。石膏,出东界歪头山。石灰,出西界白米王。石磺,出罗摩哨。皂礬,出碧鸡哨。（楚雄旧志全书"楚雄卷下"宣统《楚雄县志述辑》卷4第1050页）

第四十课《矿、盐、煤》:楚邑乱峰杂沓,莫若八哨。考宝藏则少兴,旧有永盛、团山厂、大波厂、滥泥箐厂,或银或铜,不过办二、三年,旺岂,不谙矿之脉苗欤。城西南波涧元后不知何故,废驰。石人坡傈傈屯地生煤炭,由不明治化之法,故无人采办。附:后河黄草地办银矿,自雄哨地采办铜矿,江外哨开创土纸,均渐有成效。（楚雄旧志全书"楚雄卷下"民国《楚雄县乡土志》卷下第1363页）

食货:红铜、白铜、铁。（楚雄旧志全书"牟定卷"道光《定远县志》第244页）

矿厂一:大湾山铁厂,在治东一百二十里,出产尚旺,承办者十一户,所出盐锅二千件以上,铁六十万斤以上。土法:以柴炭鼓铸,林木渐凋,移厂就炭,驼运繁难。扭柴河铁矿,在治北三十里,开采无效。秀春厂铜矿,在治东一百六里,现已衰废。青龙厂铜矿,在治北二十里,矿质颇佳,衰歇多年,近又著效。白铜厂,在治东一百二十里,以红铜点化,质色甲于全滇。《矿厂二》:清水河铜矿,在治东十五里,矿质平常。猛冈河金沙,在治东北一百二十里,所出已微。其近今发现者,治北四十里之高山顶、治东六里之寨子山均铜矿。治东一百五十里之大坡之煤矿遍布,大力石之铅矿夹银,其余微露矿苗者,不下数十处。不讲矿学,室藏虽富,徒滋外人垂涎矣。（楚雄旧志全书"牟定卷"民国《牟定乡土地理志初稿》第362页）

金石之品:银_{出州南白象厂}_{中,所出甚细,不堪攻采}、铁_{七村河诸山}_{铸农器及釜炉之属}、铅_{出州南鹅赶厂,土人采}_{出州南铅六十}

里,铅厂山 出州南五里松毛地,色赤
所出甚少、赭黄,可作书,入纸不脱 。(楚雄旧志全书"南华卷"光绪《镇
南州志略》卷4第357页)

云南山势磅礴郁积,五金之矿蕴藏最高。近闻有邃于矿学
专家业经调查,某某县区产某某矿,凡金、银、铜、铁、锡、镍、铅、
锑及煤炭,皆富有之。建国以来,海外侨胞正拟投资至滇开采,
镇南一山县也在昔已开之区,以鹅赶厂为最著,而湮没不彰,盖
以时机犹未至耳,兹特纪之以策将来。……论曰:镇南矿物,以
山势之友雄厚观之,或不仅仅如上述,即如村落尚有以呼龙厂名
者,苟非有矿而又曾经开办,何以厂名?要之厂情之发达与否,
恒视国运之兴衰以为比例差。今民国将兴矣,滇矿之盛可拭目
以俟,即我镇南异日当有新发现之矿产区。(楚雄旧志全书"南
华卷"民国《镇南县志》卷7第631页)

金石之属:故实二种:金,《唐书·地理志》:姚州土贡麸金。
《明一统志》:龙蛟江出雨按空青,檀萃《滇海虞衡志》:今名大青、
今无
曽青。滇中以为颜料。贡出姚安雨按。(楚雄旧志全书"姚安卷
今无
上"光绪《姚州志》卷3第559页)

《云南姚安县矿产表》(注:原书为表,今依类别、所在地、矿
产衰旺、矿界面积、距大河通路里数、距相近之城镇里数,依次排
列):铁矿,盐井沟,衰,五十亩,距乌龙桥八里,距城四十八里。
铁矿,独松树,旺,二百四十亩,距龚家坟六里,距城五十里。铁
矿,铜厂箐,旺,三百六十里,距廻龙厂八里,距城五十五里。铜
矿,杨家树,衰,一百五十亩,距前场关五里,距城四十五里。银
矿,迴龙厂,衰,二百四十五亩,距者乐村十里,距城四十七里。
煤矿,龚家坟,衰,六十亩,距太平铺八里,距城四十八里。煤矿,
瓦罐窑,衰,八十亩,距弥兴十二里,距城五十二里。(楚雄旧志
全书"姚安卷上"民国《姚安县地志》第903页)

矿物:《禹贡》梁州厥贡璆、铁、银、镂、砮、磬。《华阳国志》
亦盛称汉益州金、银、畜产之富。姚邑矿产,向以回龙厂著名,今
遗迹昭然,事非虚构,惟各志均未纪载。间尝稽考史册,元至元
间,遣人行视云南银洞,旋立银场官。明万历间,诏采云南诸矿。

清初，蔡毓荣疏奏，姚安三尖山有铅厂，斯厂之盛衰起讫，大要亦不外是。兹并各矿物择要纪之，或亦物质腾光，时代所宜注意云。非金属：空青，《滇海虞衡志》：今名大青、曾青，滇中以为颜料。贡大青，出姚安^{《甘志》注：今无。}硝石，采访：连水乡母姑地硝井产硝，此外无独立特产。匠人多取老墙土浸滤熬而取之。硫矿，采访：产蛉源乡回龙厂、白马苴，土人掘取，用罐烧而取之。盐，樊绰《蛮书》：览睑城内，琅井产盐，洁白味美，惟南诏一家所食，取足外，辄移灶缄闭其井。泸南有美井盐^{《通志》注：览睑，即今定远县，唐姚州地。泸南县，即今白盐井所属地。}《一统志》：姚安府盐，白盐井出。《李通志》物产属：产盐。《王志》盐，白井产，属州治北。采访：连水乡大河边，冬日水落，石上凝砂皎然，土人恒汲取之，以佐烹调，尤以母姑地含盐质较浓。煤炭，甘仲贤《乡土科书》：州南五十五里龚家坟，产煤最佳，质坚而焰烈，尝采取试验，火力加常煤数倍。采访：蛉源乡之龚家坟、东峰村，文龙乡之高顶山，烟萝乡之孙家湾，弥兴镇之瓦罐窑、中村，锁北乡之古衙，均产煤。质则以龚家坟为最佳，余次之；孙家湾则系沼煤，质较劣。石膏，采访：文龙乡之王朝里，蛉源乡之旱田、米树拉，连水乡之海子冲，稽肃乡之稗子沟，普溯镇之格子，均产石膏，其成分系硫酸、石灰，土人掘采，售之于市。芒硝，采访：多与石膏共产，为含水硫酸曹达，其味清苦，可入药剂。金属：金，《唐书·地理志》：姚州土贡麸金。《明一统志》：龙蛟江出^{《甘志》注：今无。}《王志》：产麸金。采访：稽肃乡一泡江产麦麸金；龙蛟江，或系一泡江之误。黄铁矿，甘仲贤《乡土科书》：回龙厂铁矿满地。前署州梁正麟委土人试办，以铁、磺混合不能化分而止。采访：回龙厂之滥泥箐产黄铁矿，其成分为硫化铁，土人误以为金，盖此矿多与金、铜共产，金多，则采以取金，铜多，则采以取铜；取铁则甚难适用，前人采以铸锅，火烈即熔。文龙乡之石栏杆、小村，弥兴镇后小冲、打厂箐昔年亦曾采办铁矿。赤铁矿，采访：产文龙乡之高峰山巨格里。方铅矿，蔡毓荣《筹滇十疏》：姚安之三尖山俱有铅厂。铜矿，王昶《云南铜政全书》：惠隆铜厂，坐落姚州地方，开于康熙间，岁办铜数千斤，乾隆十年

封闭厂 ^{注：惠隆本银}。又，白马苴铜厂，坐落姚州地方，乾隆二十三年开采，二十七年封闭。采访：前场镇之庄科、刺通箐、罗家箐、周家村、拉巴苴、瓦密鲊箐，文龙乡之迷迷苴河、己者坡；锁北乡之周家冲均产。镍矿，《事物绀珠》白铜出滇南，如银。采访：前场镇立石关一带能炼铜，矿为白铜，故姚安有产白铜之名，以白铜乃铜与镍之合金也，审是则立石关一带产镍必矣。硫银矿，《天工开物》：凡云南银矿，楚雄、大理、永昌为最盛，曲靖、姚安次之。甘仲贤《乡土科书》：州南六十里有回龙厂，峰峦环抱，五金俱出。前明开凿之时银矿最旺，明季封闭，无采取者。光绪初，釐员何受祜招股开采，银、磺混合不能分化而止。刘德修《县志资料采访程式》：县属矿产，在明代时当以四区回龙厂为最大，现元宝山南西北各面，矿硐多数犹存，镶木如故，即是昔年银矿最旺之处。因大量开采，矿穴空虚，故山顶横断陷落，有类刀截，阔丈余，长二十余丈，遗址昭著如是。西面山场，自是昔年冶场，所谓营房、街市、菜圃等遗址及现存之西岳庙，父老犹能历历言当年相传情事，附近银铅矿苗，发现最多。数年前，尚有就当年矿渣提炼大量铅条。采访：连水乡白石头箐及大白者乐；稽肃乡之稗子沟外，拉角摩箐亦有银厂遗迹。论曰：吾姚四山，峭嶵纵横，支条繁达，宝藏或亦不鲜。曩者，本志由总纂任云南实业厅长时，曾聘朱庭祜君，调查全省地质矿物，已将姚安等十一县调查完毕，具有详细报告书存厅中，乃辗转交替，竟致遗失。后朱君到滇，亲往查问，亦终不获。当日欲开发矿产之苦心，竟尔失其先导，良堪惋惜。而回龙厂父老相传，亦以深透阴河，水泉大至，是以终止。兹柴薪如桂，民用维艰，且铁道行将贯通境内，则开发煤矿，是非当前之急务也欤？（楚雄旧志全书"姚安卷下"民国《姚安县志》卷45 第1664页）

其物产，则金石沴卤之属。白铜，出多克。红铜，出班红、阿罗。硝，出苴宁。矾，出那化。砺石，出金沙江。而祭牛山之白铜为最，山属武定，隔江外由庄令宝璨开，故归元谋掌卯人之政焉。至于汉志所载："会无县出铁，县东山出青碧，濮冢藏珠。"东山即今雷应山，青碧之光徒供远眺，而濮冢久荒，珠藏焉在？

即如河中铜船,今亦未有见之者。记之以存古可也。(楚雄旧志全书"元谋卷"乾隆《华竹新编》卷2第228页)

矿物:白铜、红铜昔有今无。今惟矾有矿,盐有井,火硝亦间出,然亦稀矣。(楚雄旧志全书"元谋卷"光绪《元谋县乡土志》初稿本第336页)

货属:铁。县之西有冷水沟、大马桥、鹅头厂、牛得庄、花沟等厂,古产铜、铁矿子,今硐老山空,并无所出,不敢备载。(楚雄旧志全书"禄丰卷上"康熙《罗次县志》卷2第147页)

货属:铁,县之西有冷水沟、大马桥、鹅头厂、牛得庄、花沟等厂,古产铜、铁矿子,今硐老山空,并无所出,不敢备载。附增,物产照旧。(楚雄旧志全书"禄丰卷上"光绪《罗次县志》卷2第268页)

集称:滇产五金,如石青、石绿、竹箭、翡翠皆为所有。及至其地绝无见,况广瘠民贫,较他处为甚,安所贵难得之物而珍藏之,玩好俱哉。然山林川泽之利,为民生日用所需,苟不爱养樽节,王道之曷云赖焉?《禹贡》别土性,辨物宜,盖与是也。地不爱宝,勤者得之。今以谷种、蔬畜、布帛、泉刀及飞潜动植之属,凡可明天时、益人事者备载之,将以通食货、广源流,俾耕凿无憾,出康衢而歌之,有以也。金属:银矿^{原罗川金鸡山开广运厂后硐脉无迹,封闭年久。}铁^{无产。}铅^{无产。}(楚雄旧志全书"禄丰卷上"康熙《广通县志》卷1第389页)

金属之矿:有银,产北二、三区,现未开采。铜,东北诸山皆有,现未开采。铁,产北二区及东、南乡,现尚开采。白铅,东、北乡皆有之,近因价落少开采者。黑铅,四乡大山产之,现时亦少开采。非金属之矿:有乌金,东、南二区多产之,现均有开采,供给城乡燃烧。柴炭,产西区溪岐陶一带,南区干河、土洞均产之。青石,四方均产,唯铁炉山及石牛口最旺。墨石,北区头道沟并小龙洞均有之。滑石,色白,味甘,通利肠郁,入药用。水晶,南乡大山产之,俗称旱水晶,形为六方结晶,中有水珠或有虫者。硝,龙洞山产之,现未开采。硫磺,龙洞山有之,现未开采。土

矾,龙洞山及南乡炭山均有之,但供染色之用。(昭通旧志汇编本民国《昭通志稿》卷9第268页)

矿产重要,见于古代:殷人设司货之官,周代有卝人之职,均司矿业之事者也。昭于矿业不甚讲求,唯炭开采尚属发达,其余各矿,经乡先辈之调查,载于前志者,计北二、三区诸山有银矿,东北诸山有铜矿,东南北区有铁矿、白铅、黑鎌各矿以及龙洞之硝、硫磺,均蕴藏甚富。惜地方人士均图近利,狃于见兔放鹰之习,恐劳费多而成功难,不事开采,货弃于地,甚为憾焉。(昭通旧志汇编本民国《昭通县志稿》卷5第387页)

矿物,矿物类别为金、银、铜、铁、铅、鎌、煤、盐之属,产量多少不一,有已开采者,有未开采者,有已开而后停者。兹据最近调查,列表志之。又铜、盐两类为县属矿品中之重要部分,并将其历史沿革附志于后,以资考证。(表略)铜政沿革:查巧家铜产,非仅为巧家一县之利益,实于滇省财源关系甚巨。故有清二百余十年均极重视,设官管理,计数抽课。其事实之经过,《云南通志》、《东川府志》各书载之綦详,探本穷源,足资考证。入民国后,成立官商合办之东川矿业公司,缔造经营,于今二十余年。就公司《矿业概况》之纪述,可以得其大概,然设置虽在东川,命名亦曰东川,而厂地则在巧家,产物亦属巧家,县志记载又乌容已?兹择要分别志之。《云南通志》之记载:汤丹厂,《大清会典事例》:"云南会泽县汤丹铜厂,各厂年额共课银一万八百二十五两七钱九厘有奇"。旧《云南通志》:"汤丹铜厂坐落东川府地方,雍正四年总督鄂尔泰题开,年该课息银一千二百两,每铜一百斤抽收十斤。其各厂衰旺不一,或硐老山空,另开子厂,故无额课,止于总数奏销。"王昶《云南铜政全书》:"汤丹厂,在东川府城西南一百六十里会泽县境内谨案:今在巧家厅内。汤丹,山绵亘七十余里。东川初隶四川,厂已开采。雍正四年改隶云南,岁获铜数无考。雍正十一二三年,岁获铜二三四百万斤。乾隆元年至五年,岁获铜五六百万至七百五十余万斤,供京铜之外尚给各省采买,称极盛。后出铜渐少,至二百余万斤。四十三年定年额三百一十六万余斤,专供京局。每铜百斤,抽课十斤,归公铜三斤,养廉铜一斤,耗铜一斤,通商铜十斤。三百五十斤捐铜一斤,东川府管理。"《案册》:"嘉庆七年,定年额铜二百三十万斤,遇闰办铜二百四十九万一千六百六十九斤,每铜百斤价银七两四钱五分二厘。迤东道专管,东川府经管。"王昶《云南铜政全书》:"九龙箐子厂,在汤丹厂西南一百里,乾隆十六年开采,年获铜三四十万斤。聚宝山子厂,在汤丹厂西七十里,乾隆十八年开采,年获铜五六十万斤。观音山子厂,在汤丹厂西八十里,乾隆二十三年开采,年获铜三四十万斤,即在汤丹厂年额之内。裕源子厂,距汤丹厂六十里,乾隆四十七年开采,年获铜八九万斤。"《会典事例》:"乾隆四十九年奏准东川府裕源子厂系汤丹子厂,所有抽收铜斤、脚价等银,俱归汤丹厂造报。"《新修户部则例》:"汤丹厂厂官,月支银三十两,客课五名、巡役四名,每月支银二两。闽天坡看桥夫一名,月支银五钱。二、八月祭山二次,买备猪羊等费共银八两,塘兵护送工本、赏费,共银二两四钱。红花园客课一名,月支银三两二钱。硐长二名,每名月支银一两二钱。脚价:汤丹厂运寻甸店,每百斤给银四钱五分;运东川店,每百斤给银二钱五分。九龙箐子厂运至汤丹,每百斤给银一钱八分七厘。聚宝山、观音山二子厂运至汤丹,每百斤各给银一钱二分五厘。自寻甸至威宁,计陆路十五站,每百斤给运费银九钱三分三厘三毫零。自省城请领运脚至寻甸店,计三站,每银一千两,每站给马脚银一钱三分四厘三毫零。"(案册)同治十三年,巡抚岑毓英奏准,东川府汤丹厂每办铜百斤,加价银一两一钱五分,由厂至省运脚每百斤加银一钱四分三厘。岁获铜斤无定额,专供京运。碌碌厂,《大清会典事例》:"会泽县碌碌铜厂各厂,年额共课银一万八百二十五两七钱九厘有奇。"王昶《云南铜政全书》:"雍正四年隶滇开采,岁获铜数十万至一二百万斤不等。乾隆四十三年,定年额铜一百二十四万四千斤。四十六年,硐覆,减铜四十二万余斤,额办铜八十二万三千九百九十二斤,专供京局。每铜百斤价银七两四钱五分二厘,余同汤丹。"(案册)嘉庆七年,定年额铜六十二万斤,遇闰办铜六十七万一千六百六十六斤。迤东道专管,东川府经管。王昶《云南铜政全书》:"龙宝子厂、兴隆子厂俱附近碌碌厂,获铜归入碌碌厂,不另支脚费。"《新修户部则例》:"碌碌厂官月支银十五两。兴隆厂、龙宝厂书记各一名,每名月支银三两。碌碌厂客课六名,每名月支银一两;巡役二名,每名月支银一两四钱。大雪山硐长一名,月支银一两二钱。得禄山炉长一名,月支银一两二钱。兴隆厂、龙宝厂客课二名,每名月支银二两;巡役各四名,每名月支银二两。月支灯油纸笔银各五两;岁支祭稿银各一十六两。脚价:碌碌厂运东川店,每百斤给银四钱。"(案册)同治十三年,巡抚岑毓英奏准,东川府碌碌厂每铜百斤加价银一两一钱五分,由厂至省运脚,每百斤加银一钱四分三厘。岁获铜斤无定额,专供京运。茂麓厂,王昶《云南铜政全书》:"茂麓铜厂在东川府会泽县境内,乾隆三十三年开采,岁获铜多寡不等。四十三年,定年额铜二十八万斤,余同汤丹。"(案册)遇闰办铜三十万三千三百三十三斤。迤东道专管,东川府经管。"《新修户部则例》:"茂麓厂厂官,月支银十两;书记一名,月支银三两;客课三名,每名月支银二两;巡役一十五名,每名月支银二两;厨役水火夫一名,月支银二两。灯油纸笔,月支银十两。脚价:茂麓厂运至大水沟厂,每百斤给银四钱五分六厘;运东川店,每百斤给银四钱。"(案册)同治十三年,巡抚岑毓英奏准,东川府茂麓厂,每办铜百斤,加价银一两一钱五分,由厂至省运脚,每百斤加银一钱四分三厘。岁获铜斤无定额,专供京运。九龙、杉木等子厂及汤、大各厂,均归入茂麓报解京运。大水沟厂,《大清会典事例》:"会泽县大水沟铜厂,各厂年额共课银一万八百二十五两七钱九厘有奇。"王昶《云南铜政全书》:"大水沟厂在东川府会泽县境内,雍正四年开采,年获铜一百三四十万至数十万不等。乾隆四十三年,定年额铜五十余万斤,余同汤丹。"(案册)嘉庆七年,定年额铜四十万斤,遇闰办铜四十三万三千三百三十三斤。迤东道专管,东川府经管。《新修户部则例》:"大水沟厂厂官,月支银十两;书记一名,月支银三两;客课四名,每名月支银二两;巡役一十四名,每名月支银二两;厨役水火夫二名,每名月支银二两。灯油纸笔月支银十两,祭稿岁支银三十八两。运脚:大水沟厂运东川店,每百斤给银四钱。"(案册)同治十三年,巡抚岑(毓)英奏准,东川府大水沟厂,每办铜百斤加价银一两一钱五分,每百斤加脚银一钱四分三厘。岁获铜斤无定额,归并茂麓报解,专供京运。大风岭厂,王昶《云南铜政全书》:"大风岭铜厂在东川府会泽县境内,乾隆十五年开采,每年获铜数十万斤或数万斤不等。四十二年,定年额铜八万斤,余同汤丹。"(案册)遇闰办铜八万六千六百六十六斤。迤东道专管,东川府经管。"王昶《云南铜政全书》:"大寨子厂,一名杉木箐,距大风岭三站。"《新修户部则例》:"大风岭厂厂官,月支银十两;书记一名,月支银三两;客课三名,每名月支银二两;巡役八名,每名月支银二两;渡船水手二名,每名月支银二两。灯油纸笔月支银一两,祭稿岁支银十二两。脚价:运东川店,每百斤给银七钱五分。"(案册)同治十三年,巡抚岑毓英奏准,大风岭铜厂加给本脚价,岁获铜斤暨杉木箐子厂均归入茂麓报解,添供京运。紫牛坡厂,王昶《云南铜政全书》:"紫牛坡铜厂在东川府会泽县境内,乾隆四十年开采。

四十三年,定年额铜三万三千斤,供东川局。每铜百斤价银六两九钱八分七厘,余同汤丹。"(案册)遇闰办铜三万五千七百五十斤。迤东道专管,东川府经管。(案册)东川府属紫牛坡厂新开复兴子厂,均归汤丹解运。《东川府志》之记载:汤丹厂,离府城二百余里,其来已久。本朝自禄氏归土,康熙三十六年听民纳课开采,其时尚隶四川,如何管理抽课,文卷无考。雍正四年改属滇省,委道、府总理,招集商民开采,先发工本,后收铜斤。题定每年额课银一千二百两,春季课银四百两、夏季课银二百五十两、秋季课银二百两、冬季课银二百五十两。雍正五年,巡抚朱纲奏明,每百斤抽课十斤,余铜九十斤以六分一斤收买,奉部覆准。乾隆五年总督庆复奏明,每铜百斤抽课十斤,外收耗铜五斤,内以三斤归公,一斤为粮道养廉,一斤为铜运折耗。九年,总督张允随奏明,每毛铜三百五十斤,外收捐铜一斤。十九年,题请每铜百斤加增银八钱四分八厘,部议不准,奉旨着加恩照请增之数给与一半。二十一年奏明,于东川新局加卯鼓铸,以所获余息再加增铜价银四钱二分四厘,合原奏六两之数。奉旨准行在案。计每毛铜百斤,除抽课、耗、捐三项铜十四斤一两九钱四分三厘外,余铜八十五斤十四两五分七厘,每一斤给银六分九厘八毫六丝六忽九纤七尘二渺五漠收买。每年课银一千二百两,统于年终办获余息银内汇总报解。大雪碌碌厂,离府城一百六十里,本汤丹子厂。向前出铜无多,自十万至四五十万不等,通商抽课。至乾隆元二年间,议将洋铜铸本陆续赴滇省采买,停止通商,厂铜日旺,过于汤丹,每年承办事例,与汤丹同。汤、大两厂子厂:大丰岭厂,离府城三百里,原属东川府管,后改专委杂职管理;老王山厂,离府城三百里,系大丰岭委员管理。丰裕厂,离府城一百三十里,系大丰岭委员管理。九龙箐厂,离汤丹厂四十里,委杂职管,今停,悉归汤丹官管。观音山厂,离汤丹厂三十里,归汤丹厂官管。聚宝山厂,离汤丹厂三十里,归汤丹厂官管。大水沟厂,离碌碌厂二十里,委杂职官管。龙宝厂,离碌碌厂三十里,归大碌厂官管。兴隆厂,离碌碌厂三十里,归大碌厂官管。迤西厂,离碌碌厂三十里,归大碌厂官管。以上各子厂,开闭不常,随时查办。其每年办铜五六万至十一二万不等,所出铜斤,归入汤丹、大碌老厂项下造报,课余捐耗铜斤,发运变价成例。一课余铜,运供京省各局及各省采买,并卖给铺户点济白铜。其耗铜五斤,原定以一斤备运店沿途擦捐,以一斤变银为粮道养廉,以三斤变银解司充公。后因矿旺铜多,酌定粮道养廉额数,所余养廉铜、银一并充公。又耗铜除运店准折半斤外,仍余半斤易银充公。其捐铜,系变银解司,以备岁修金江之用。今已奏明,捐耗铜斤,即同课余铜一体发运,抚庸变银充公。东川矿业公司《矿业概况》之记载:矿产沿革及公司成立之缘起:东川各厂开辟已久,逊清嘉、道间为最盛时期,各厂皆设委员,由部领款,采办铜斤,解京鼓铸制钱。清末并设矿务大臣领其事。民国光复,京厂之制废。前都督兼省长蔡松坡将军发起官商集股设立公司之议,公司于是成立,时为民国二年三月。次年遵《矿业条例》请领矿区,至今已有二十余年之历史,此公司创立之大略也。公司总、分各店之组织:总店设于云南省城,支店设于会泽县城。设董事十三人,互推总、协理各一员,监察三人,皆由股东会选举。分店设于汤丹、落雪、因民、铁厂等处,各设经理、会计、文牍、庶务等职,由总、协理选任。铜矿区所在地及其面积:汤丹厂、白锡蜡厂,地属巧家县,面积二百六十三公顷一(十)八公亩。落雪厂、因民厂,地属巧家县,面积一百五十四公顷零七公亩。茂麓厂,地属巧家县,面积九十六公顷七十公亩。上(原作右)列各厂,均系巧家县辖地。因地方沿革关系,兼以地点距会泽县城较近,故厂内维持治安及因矿业发生之民刑诉讼案件,皆归会泽县府管理。铜矿质之成分:铜矿地质多由粘板岩所构成,矿床概系脉状,而包含矿脉之脉石,则又多系石灰岩,有时亦夹石英岩。其矿脉之生因,则基于运矿岩之辉绿岩,铜质沿岩隙上升。矿石多为班铜矿及碌铜矿、黄铜矿,露出地表之部分,常伴炭酸铜孔雀石。矿石之成分则为百分之一五至百分之一七,即每百斤矿可炼成铜一十五斤或一十七斤也。铜之制炼及其成分:铜之制炼,分初炼、复炼两度。初炼为粗铜,又称毛铜,就厂地以旧法炼成,燃料概用松炭。粗铜运至东川支店炼厂,入反射炉复炼,经过此度则成纯铜。此炉系民国三年日本技师所建筑,纯用煤炭,效力十倍于旧炉,此亦值得纪录之一点也。铜之成分,前于民国十九年,经锡务公司美籍工程师宾福士带至旧金山,托著名之化验师汉克君依法化验,其成分如下(原作左)列表。去今两年,复寄样货至沪、港化验,其结果与表字数有增无减,但铜已提高至百分之九九五矣。兹列原分析表如下(原作左):铜,金极微,银千分之〇四二,铜百分之九八〇一二。各厂工人约数及其待遇:各厂工人,亦分采矿、炼矿两种。采矿工人曰领班、曰捶手、曰砂丁,每厂或一百五六十名,或二三百名不等。领班每月薪金十五六元至二十元,捶手每月工银十五六元。砂丁分两种:甲、硐内工作者,系由硐内搬运矿石,每月工银十五元;乙、硐外工作者,系搞矿、检矿、运矿等事,每月工资十元或十二元。炼矿工人曰炉头、曰助手、曰炉工,每厂五六十人或百余人,系按炉给值,每炼一炉约昼夜,炉头工银十元,助手六元。炉工分长工、临时工两等,长工每月十元至十二元,临时工每日工银三角至五角。上列工资系包伙食在内,亦有由磧、炉户供给伙食者,但合计工资、食费,亦与上述银数无甚差别也。近数年铜之产量销地及将来改进计划:在民国八年以前,铜之产量每年七八十万斤以至一百一十余万斤,大抵视销情之畅滞为增减。每年产额,由川商运销成都、重庆者约占十分之七八。盖川、滇连壤,运费较轻,供求两方皆有相需之势也。民(国)九(年)以后,金融紊乱,生活程度增高,加以地方不靖,产销皆受阻碍。年复一年,出货堆积如山,各厂商资本积压,几至无法活动。幸民国二十五年以来,上海金属市价日渐上涨,东川公司已将各厂存货加紧运省,陆续出售,并定改良计划,分采、炼两项。采矿方面,先从测量旧硐入手,期于明了矿层之方位,然后将旧日倾斜曲折之坑道改为平形直径,内设轻便铁轨,外设架空索道,以便运输而增产额。煅炼方面,除复炼纯铜参用新法已(以)提高成色之外,又拟添置化验仪器、药品,随时化验矿石,分别弃取,以减少无谓之消费。再进一步,则以自造之耐火砖建筑新炉,购置鼓风机代替旧日风箱,此系公司将来之计划也。滇北矿务股份有限公司之成立：抗日军兴后，军事委员会所属之资源委员会来滇计划开发资源，与云南省政府合组滇北矿务股份有限公司，股本定为国币二百万元，资省双方各认其半。原日东川公司矿业权由滇省府收回，移转滇北。所有东川经营之矿山、房产、器材等项，概行估价移交滇北接收，作为滇省府应筹交股本之一部分，业于民国二十八年三月内换文备案。计自滇北接收后，仍暂照东川改进计划锐意进行，今尚无特殊成绩表现。见因滇北成立为日尚浅，兼以该公司矿区范围扩张至永胜、易门各属，固不宜划出原日东川矿区作局部之论列也。（昭通旧志汇编本民国《巧家县志稿》卷7第696页）

金类：银、铜、铁、黑铅（又附石炭、油炭、荒沙，此三样，人用以煮日食。）（昭通旧志汇编本《永善县志略》卷1第752页）

《矿物》：金属：银（产新滩镇银厂坝，咸丰时出产极旺，后因地方不靖废）、铜（产铜厂河象鼻子、中村乡各地）、铁（产板桥沟、中村乡、凉浆（良姜）场、三道水各地，当年苗旺区宽，曾获大利，俱以地方不靖作废，现仅中村开办，不甚兴旺）、铅（产地同上）。非金属：盐（产盐井坝，现停废）、硝、水晶（产银厂坝）、炭（有油炭、石炭二种。油炭亦称烟炭，石炭无烟，火力最大，产石溪及新滩土官坝各地。销本地外，多数出销叙、泸。油炭各地皆产，昔年旺时销至重庆，近则专供本境燃料）。（昭通旧志汇编本民国《绥江县县志》卷2第860页）

矿物：盐津地下天然富源，非金属及金属矿产为煤与铁，次为盐与铜，生成于地史中生代侏罗纪。当时四川盆地未出海面，云岭逐渐成陆，海滨植物蕃茂，海水蒸发产生盐层。至侏罗纪末叶，盐津有火山喷出，地层变动，地震剧烈，森林埋没，空气隔绝，生成石炭熔岩，灼热，久经锻炼，遂成现在之无烟炭。又因石炭为铁之还原剂，铁之矿脉常发见于煤层之下及火成岩与灰质岩之接触带中。而铜之主要矿石黄铜矿，又多产于花岗岩（即火成岩中之深成岩类）之接触之石灰岩中。故盐津矿物以煤、铁、盐、铜为最著，煤、铁、盐矿至今开采未已，唯铜矿则盛产于清乾隆年间，京铜采运史乘可考。其他银、铅、锡矿探采未见成效。清末刘文珊先生勘测叙昆铁道时，发见临江溪附近之劳力湾石灰岩含有油质，或有石油矿储藏尚待钻探。煤矿厂地表、铁厂矿质表、产盐数量表（略

录）。（昭通旧志汇编本民国《盐津县志》卷4第1698页）

（一）非金属

白碱

白碱，《一统志》：旧定边县出，能去垢。（道光《云南通志稿》卷70《蒙化直隶厅》第40页）

宝石

左思《蜀都赋》（节选）：金马骋光而绝景，碧鸡倏忽而曜仪。火井沉荧于幽泉，高焰飞煽于天垂。其间则有琥珀丹青，江珠瑕英，金沙银铄，符彩彪炳，晖丽灼铄。（《文选注》卷4）

猛密者，木邦宣慰司部落也。木邦自国初纳款授官，与八百、缅甸、车里、孟养诸酋竞强鼎立，而猛密有宝井，为木邦利府，陶猛司歪领之。陶猛者，犹华言头目也。宣慰使罕楪以其女曩罕弄妻司歪，罕楪死，孙罕岌立，嗜酒好杀，曩罕弄遂以猛密叛，然犹未敢公侵木邦也。成化初，南宁伯毛胜守云南，墨猛密宝石，许得自贡，不关木邦。太监钱能尤婪索无厌，曩罕弄遂怙势纵横，略地自广。十六年，太监王举索宝石猛密，曩罕弄骂不与，举遂疏猛密叛木邦罪，请征之。曩罕弄大惧。时大学士万安宠幸用事，而周宾五者，江西人也，逋猛密，谓曩罕弄曰："无忧，万阁老贪闻天下，又得权，结昭德宫，与万皇亲最厚。若遣人赍重宝投之，不止不征，且得授官比木邦矣。"曩罕弄从之，遣人多赍金宝投安。安许之，召职方郎中刘大夏，啗以美迁，俾往抚处。

大夏辞曰："某愚懦不任使。"安遂举都御史程宗往，以意授宗，宗唯唯。至云南，时巡抚都御史吴诚，宗同年也，言不可。宗大怒曰："万公甚嗛汝，敢复忤之？"诚忧懑不知所为，发疾卒。乃率镇守及三司往抚猛密，冀曩罕弄出迓。会曩罕弄所遣安使归，已悉安意指，益倨傲不见宗，且曰："我见都堂，须坐讲。"宗许之。复曰："我不得远涉，须都堂过自就我。"宗不得已，至南牙山就见曩罕弄。坐定，互讲良久。曩罕弄曰："我猛密之于木邦，犹大象之孕小象也。今小象长成，躯倍大象矣，宁能复纳大象腹中乎？"宗曰："然。"遂以所略木邦地界之，为设安抚司，以司歪子孙世袭其职。木邦人诉辩宗，宗辄笞辱之，曰："朝廷画土分封，汝宁得专耶？"状闻，万安大喜，遂以宗巡抚云南，寻迁刑部尚书。曩罕弄既立，遂尽夺木邦之地，罕兖奔猛止。由是孟养诸番大不平，遣大陶猛伦索提兵卫罕兖，声言必灭猛密。会敬皇帝即位，安、宗斥罢，按察副使林俊复稍稍割猛密地还木邦，曩罕弄惧，不敢逆命，遂与木邦并立，世仇杀矣。(《炎徼纪闻》第205页)

宝石产猛密、木邦及永昌以西皆有之。生山坳溪涧注水之所，谓之宝井，色类不一，值亦悬绝。蔚蓝色而重数两者即逾千金，然亦不多得也。其杂碎者为宝砂。传闻先朝时，宝井得一宝石，中有苍蝇二头，置几上能辟蝇，镇守中官闻之，以三百金购去。(《滇略》卷3第234页)

明成化十六年，遣都御史程宗抚猛密，猛密故木邦部落也，其地有宝井。成化初，木邦宣慰罕兖淫虐，猛密酋曩罕弄遂叛投缅。既而镇守太监钱能、王举索宝石不得，疏于朝，请征之。罕弄惧，重赂大学士万安，遣宗抚处。宗承安意，尽以所略木邦地界之。孟养诸番不平，汹汹欲乱。适弘治改元，安、宗斥罢，副使林俊始割其地还木邦，语具田汝成《炎徼纪闻》。(《滇略》卷7第276页)

明杨慎《宝井篇》："彩石光珠从古重，窈窕繁华急玩弄。岂知两片弱云鬟，戴却九夷重译贡。宝井会闻道路赊，蛇风蜃雨极天涯。驰传千群随票鹞，披图万里逐轻车。君不见，永昌城南宝井路，七里亭前碗水铺。情知死别少生还，妻子爷娘泣相诉。川长不闻遥哭声，但见黄沙起金雾。潞江八湾瘴气多，黄草坝连猛虎坡。遍茅相野甘芝寨，崩碛浮沙曩转河。说有南牙山更恶，秃头漆齿号蛮莫。光摇戛灯与孟连，哑瘴须臾无救药。莫勒江傍多地羊，队队行行入帐房。红藤缠足诏法女，金叶填牙缅甸王。回首滇云已万里，宝井前瞻犹望洋。紫刺硬红千镒价，真赝入眼无高下。得宝归来似更生，吊影惊魂梦犹怕。吾闻昆仑之山玉指鹊，庆云之地金掷龟。安得仙人缩地法，宝井移在长安街?”（天启《滇志》卷26第886页）

明施武《滇中竹枝词·宝井词[1]》宝井在姚关万里外，非客易至，贩宝者止于缅中交易，缅中多瘴疠，除三冬初春通，夷者不敢出缅中花落满蛮山，千两鸦青马上还。寒食雨飞防瘴疠，汉人不敢出姚关鸦青，宝名。时适有是宝，重一两三钱，价三十贯。（《御选宋金元明四朝诗·明诗》卷14）

己卯四月十六日……自天马而出，为南路，通孟密，有宝井。（《徐霞客游记·滇游日记九》第1061页）

万历二十八年，丙子，云南税监杨荣开采阿瓦、孟密宝井。（《明史·神宗本纪》卷21第281页）

隆庆六年，诏云南进宝石二万块，广东采珠八千两。神宗立，停罢。（《明史·食货志》卷82第1996页）

是年，杨荣为云南人所杀。初，荣妄奏阿瓦、猛密诸番愿内属，其地有宝井，可岁益数十万，愿赐敕领其事。帝许之，既而荣所进不得什一，乃诬知府熊铎侵匿，下法司。又请诏丽江土知府木增献地听开采。巡按御史宋兴祖言：“太祖令木氏世守兹土，限石门以绝西域，守铁桥以断土蕃，奈何自撤藩蔽，生远人心。”不报。荣由是愈怙宠，诬劾寻甸知府蔡如川、赵州知州甘学书，皆下诏狱。已，又诬劾云南知府周铎，下法司提问。百姓恨荣入骨，相率燔税厂，杀委官张安民。荣弗悛，恣行威虐，杖斃数千人。至是怒指挥使樊高明后期，榜掠绝觔，枷以示众。又以求马

① 宝井词，又见光绪《永昌府志》卷六十六《七绝》第1页。

不获，系指挥使贺瑞凤，且言将尽捕六卫官。于是指挥贺世勋、韩光大等率冤民万人焚荣第，杀之，投火中，并杀其党二百余人。事闻，帝为不食者数日，欲逮问守土官。大学士沈鲤揭争，且密属太监陈矩剖示。帝乃止诛世勋等，而用巡抚陈用宾议，令四川税使丘乘云兼摄云南事。(《明史·宦官传》卷305第7811页)

万历三十四年春二月，云南指挥贺世勋等杀税监杨荣。云南孟密土司有宝井，正德以后，多以内臣掌之，及荣领税使，妄奏井多晴绿珍瑰之属，可岁益数十万。帝特赐之专敕。而荣所进不得什一^{会缅贼侵蛮莫，其执词以奉税使令，令杀宣抚思正，以开道路。正奔腾越，缅人追之，有司不得已杀之以谢，贼乃退。}既而荣又请丽江土知府^{本越析诏地，明设土府，今改流官}木增献地听开采。巡按御史宋兴祖^{中江人}言："太祖令木氏世守兹土，限石门^{关名，在府西北}以绝西域，守铁桥^{亦在府西北}以断土蕃，奈何自撤藩蔽，生远人心。"不报，荣由是怙宠益横，夷汉居民恨入骨，相率燔税厂，杀委官，荣犹弗悛，恣行毒虐，杖毙数千人。至是以求马不获，繫指挥使贺瑞凤，且言将尽捕六卫官。于是世勋等率冤民万人，焚荣第，杀之，并杀其党二百余人。事闻，帝为不食者数日，欲逮问守土官。阁臣沈鱼鱼鲤揭争，且密嘱太监陈矩剖陈，帝乃止诛首凶世勋等。(《历代通鑑辑览》卷112)

明张含《宝石谣》(歌行)：成化年中宝石重，私家暗买官家用。只在京师给帑银，不索南彝作琛贡。林宝石家海内闻，雄商大贾集如云。敕谕林家避科道，恐有弹章皂囊到。自从嘉靖丁亥岁，采买官临永昌卫。朝廷公道给官银，地方多事民憔悴。民憔悴，将奈何，驿路官亭虎豹多，钦取旗开山岳摇，鬻男贩妇民悲号，到今一十四回内，涕泪无声肝胆碎。成化年，嘉靖年，天王明圣三皇肩，独怜绝城边民苦，满眼逃亡屋倒悬。屋倒悬，不足惜，只为饥寒盗贼起，山川城郭尽荒凉，纷纷象马窥封疆。窥封疆，撼边域，经年日月无颜色，杞人忧天天不顾，浊醪大醉明诗亭。(康熙《云南通志》卷29第802页)

孟密宣抚司……《通考》：木邦界有宝井，天顺中宣慰司罕楪使其陶猛思歪领之。陶猛，犹言头目也。既以女囊罕弄妻之。罕弄据有宝井，常藐其父。成化中罕楪死，孙罕嵗嗣，罕弄阴叛之。会镇守内臣需索宝石，听其开采，遂略木邦地以自广。内臣疏其罪请征之，或导以重宝赂时相，不惟罢兵，且可授官，比于木邦。（《读史方舆纪要》卷119 第5225页）

猛密，本木邦部落，明初设木邦、车里、孟养、缅甸诸军民宣慰，而木邦在六慰中分土最远，猛密十三处皆在其内。明有陶孟司歪者守猛密。……所产瓜果花蔬与中国同，独宝井多利。木邦宣慰罕楪者，利宝井所有，特以爱女曩罕弄妻司歪。罕楪死，孙罕嵗立，嗜酒好杀，曩罕弄自恃姑行，思夺袭，结族人与争，不得。景泰中，兴兵侵木邦，逐罕嵗据之，傍略蕯川、孟养诸地，自称天娘子，其子思楪称宣慰，每以金宝结内，欲自立，为守臣所抑，不得行。成化初，南宁伯毛胜守云南，贪猛密宝石，许得自贡，不关木邦，而太监钱能直就征其地，自是曩罕弄益怙势纵横无忌。……猛密产宝石，武宗朝，钱能出镇，每岁采办，至嘉靖初犹然。巡按刘臬疏止之，不听。时猛密酋思真犹在也，年一百岁。凡采办，例必先应官府，然后与商贾贸易，每一往五六百人。其属有地羊寨，在猛密东，往来取道所必经者。（《云南蛮司志》第83页、86页）

永昌府瘴疠最浓，产宝石，掘者往往瘴死井中。（《滇黔纪游》第73页）

红珠，缅甸，永昌所属之长官司也。以蒲绀城为都，距腾越二十四跴，数十年来，国家存恤远人，置之度外，今且僭号称王矣。宝井，距蒲绀四跴，距腾越二十跴。山中碎石，外甚粗粝，而内蕴精光，号曰宝石，又号红珠，是凿地而取之，非入水而取之也。缅人甚珍此石，其大而光者皆以归之于王，细碎而黯黑者则以入市，盖其国禁甚严，不以精妙之物漏入中原，惧开征求之门，别生边衅也。贾人收石入关，状如瓦砾，号曰荒石。腾越工人磨之以紫梗，砥之以宝砂，而宝光始出，以赤者为上，曰玫瑰水，曰鸽子血，曰石榴红，皆佳品也。曰老红，则弃物矣。其蓝者曰鸦青，白者曰猫儿眼，绿者曰祖母绿，但精光发越，皆妙品也。其大如豌豆者曰帽顶，大如黄豆及绿豆者曰宝石，最小者曰鬼睫眼。

此瓦砾之类，饥不可食，寒不可衣，独以供妇人钗钏之饰耳。而前朝嘉、隆间，至出中官以典之，劳人病马，虚中原以实南彝，朝廷可谓无人矣。我国家不贵异物，度越前代，独关禁不立，杀人甚多，封疆小臣，贪近利而无远识，甚可议也。查前明旧制，腾越三站之外，设立八关，以协镇标兵，分防其地，汉彝互市，则关外有市场，防弁及巡司主之，其犯铜铁之禁者，必诛无赦，是不欲以利器假彝人也。今八关废弛，尽付荆榛，协镇防弁，饮酒食肉，高坐州城，漫不加察。而中原忘命之徒，出关互市者，岁不下千百人，人赍锣锅数百，远赴蒲绀，是缅人不费斗粟，徒以瓦砾无用之物，岁收铜觔数十万也。又贾人出关，必结十人为夥，盖八关之外，俱为空虚之地，投宿山林，号曰打野，而十人乃分任其职，曰搭窝铺，曰寻柴，曰喂牛马，曰主爨，非十人则不能分役也。及驰至蒲绀，则于江水之滨，结庐而居，瘴厉凶恶，鬼蜮横行，而缅人妻女，又复争赴汉人，执庖厨之役，汉人与之狎，则俯首听命惟恐后。夫以奔走久劳之人，处瘴厉之地，而复有房帷之失，安得久而不病，病而不死哉？于是十人之中，在蒲江之滨，已二三人为异物矣！还至中途，又二三人告病，异至腾越矣！而此三四人者，虽甚壮健，犹且面肿而色黄，二百日内不食鸡，不食鲜鱼，不食香油，始无疟厉之疾。大约计之，十人出关，必死者过半，是岁杀数百人也。有地方之责者，亦何不具详上台，立关设防？乃岁杀无罪之人，为缅酋运铜铁也。（《南中杂说》第35页）

宝井，井在阿哇国界，产玫瑰等宝石，去腾越州三十余日，惟江右客时裹粮以往。井深寒，蛮人服砒少许缒下，取石子满贮狗皮袋，负以上，既出，犹寒颤欲绝。每袋谓之一卟（精改切，十字），索价甚昂。客买一袋，或碾得平常宝石十余块及一二块，或竟得映红、映青一块及数块者，亦有一袋之内，碾洗皆顽然者，遇不遇若有命焉，岂惟名哉？（《滇南新语》第18页）

宝石，缅夷界内有宝石井，用锥凿取之，五色皆有。大红者最贵而绝少，偶得之，仅如颗粒大，矜贵之至。盛水磁碗内投之，水尽赤，满室皆有红光。闻夷中设头目抽课，遇之即攫而献诸其酋，内地贾人不能得也。紫色者多，色透而大，亦甚贵。（《滇南

闻见录》卷下第 27 页）

附外夷物产。谓蛮莫所产曰白玉、翠玉、墨玉，猛拱所产琥珀之属，猛密所产宝石、宝沙、碧霞玺之属，不知当日外夷皆内地也。呜呼，宝之为毒，于滇累世矣。尝读杨慎《宝井谣》而悲之，其词曰："彩石光珠从古重，窃窕繁华皆玩弄。岂知两片若云鬟，戴却九彝同夷重译贡。宝井曾闻道路赊，蛇风蜃雨急天涯。驰传千群随嫖姚，披图万里逐轻车。君不见，永昌城南宝井路，七里亭前碗水铺。情知死别少生还，妻子爷娘泣相诉。川长不闻遥泪声，但见黄沙起金雾。潞江八湾瘴气多，黄草坝连猛虎坡。遍茅相野甘蔗寨，崩碛浮沙曩转河。说有南牙山更恶，帕头漆齿号蛮莫。光摇戛灯与孟连，哑瘴须臾无救药。莫勒江傍多地羊，队队行行入帐房。红藤缠足诏法友，金叶填牙缅甸王。回首滇云已万里，宝井前瞻犹望洋。紫刺硬红千镒价，真赝入眼无高下。得宝归来似更生，吊影惊魂梦犹怕。吾闻崐崙之山石拂鹊，庆云之地金掷龟。安得仙人缩地法，宝井移在长安街。"慎盖谪金齿，目击情形而伤之也。同好郡人张含相与和歌曰："成化年中宝石重，私家暗买官家用。只在京师给帑银，不索南彝作琛贡。林宝石家海内闻，雄商大贾集如云。勅谕林家避科道，恐有弹章皂囊到。自从嘉靖丁亥岁，采买官临永昌卫。朝臣公道给官银，地方多事民憔悴。民憔悴，将奈何？驿路官亭虎豹多。钦取旗开山岳摇，鬻男贩女民悲号。到今一十四回内，涕泪无声肝胆碎。成化年、嘉靖年，天王明圣三皇肩。独怜绝域边民苦，满眼逃亡屋倒悬。屋倒悬，不足理，只为饥寒盗贼起。山川城郭尽荒凉，纷纷象马窥封疆。窥封疆，撼边域，经年日月无颜色。杞人忧天天不倾，浊酒大醉明诗亭。"即此二诗，宝远物者可以鉴矣。"勅谕林家避科道"，想见言路之开，朝廷犹有所畏忌也。此谣盖嘉靖时也。于是宦竖盘结，疆事孔亟，彼此牵掣。缅酋起而乘之，万历中拥众直犯蛮莫，其执辞以"奉开采使命，令杀蛮莫思正，以开道路"。巡抚陈用宾愤之，乃疏曰："臣惟云南之有缅，其为中国患，旧矣。彼其挟封豕长蛇之势，敢与我抗，小则蚕食诸彝，大则寇边。即先年麓川之役，王师百万三劳而下，卒莫能大创。迩年以来，缅丑不敢饮马金沙，窥我蛮莫，岂在臣之力能制其死命哉？良由我皇上以封疆之事一以委臣，臣因得以展布四体：内则绸缪牖户之修，治以不治；外则联络远交之计，以彝攻彝。又严禁中行之辈，不使播弄于中外。彼缅欲乘无隙，自救不遑，故狼烟驰惊，三宣亡恙耳。乃本年二月内，缅丑阿瓦，其酋雍罕，结连木邦等夷，拥众十余万直犯蛮莫，蹂三宣而抵腾越之墟。其执词曰：'开采汉使令我杀思正，以通蛮莫道路，吾为天朝除害焉耳。'彼时边疆将吏奉臣令，声正酋致寇败北之罪，歼之殉众。使瓦酋而果无他，则当如臣檄，捲甲尽回阿瓦，乃留兵据守蛮莫，何为哉？狡缅之假献井而思启疆，藉追思正而垂涎蛮莫，奸谋盖毕露矣。夫蛮莫，何地也？三宣之藩篱也。三宣，腾永之垣墉也。腾永，全滇之门户也。蛮莫失必无三宣，三宣失必无腾永。全滇之祸，当自开宝井启之。欲开宝井，则蛮莫不可复；欲复蛮莫，则宝井之役不可开，此不两立之势也。欲觊宝井，则藩篱必撤；欲保藩篱，则采买当报罢，此不两全之理也。夫天下之事，一则精神专而事成，二则群枉开而事败。今为陛下之巡抚者，任一将以整饬兵戎；为陛下之督税者，又任一将以总理采买。司兵戎者，当惟边疆是防，有警必报，贼入必击；司采买者，当惟宝井是问，警不欲报，贼不欲击，其势必至掣肘。掣肘不已，必至壅蔽；壅蔽不已，必至弛备。则缅骑可以长驱，由蛮莫径抵三宣，如入无人之境，腾永一带，恐非陛下有矣。陛下肯使数年怀柔之邦、祖宗金瓯之业，一旦以采井坏之耶！臣知其非陛下意也。夫宝井何足宝哉？不过一土屑耳。石为重乎？土地为重乎？以无用之土屑，坏万里之封疆；以采买之虚名，贾边疆之实祸。臣又知陛下不为也。臣受陛下之恩渥矣，封疆安危，在此一举，若坐视不言，是臣误封疆而负陛下也。望我皇上锐发乾断，将宝井采买之役亟赐罢免，旧将侯显忠令速回籍，无再起衅，使边疆将吏得一意讲求战守计，图所以复蛮莫之策。缅去不追，缅入必拒，庶几边事无掣肘之虞，而南服犹可保全乎。"呜呼！用宾此《疏》，可谓贾生痛哭矣，而帝卒不寤也。时税使杨荣纵其下恣暴横，蛮人苦之，且欲令麓江退地听采，缅酋因得执词深入。

巡按宋兴祖极言其害,请追还荣等,而帝皆不纳也。宝石之溺人心至于如此哉!宝井盖在今猛卯土司外猛密土司也,宝石即《汉书·哀牢传》所谓光珠也。前《志》吴君谓:宝石起于元时,陶宗仪《辍耕录》谓之回回石,以红剌为上品。大德中,商人卖红剌一块于官,重一两二钱,估直中统钞一十四万锭,用嵌帽顶上,累朝宝重之。其石淡红色娇者曰剌,深红色石薄色娇者曰避者达,黑红色者曰苦剌泥,红带黑黄不正之色曰古木兰,块虽大,石至低,同出一坑,有此四等。云南宝石,出猛卯土司外猛密境,其地有宝井,明时镇守太监尝往取之。张南园谓,宝石须极天下之红透水为宝,尝于太监王举处见之,比以软红则黑,比以硬红则干也。猛去腾千余里,其地多瘴疠。缅酋筑室环宝井,守之甚严。余刺腾已十年,未见有佳品,知宝之难得也。宝石之外曰碧霞玺者,五色俱有,以深红而透水为最,紫、黄、绿、月白色次之,最下白、黑二色,其物亦出猛密,大约宝石之流也。然闻其地宝石止有数井,皆本地夷人环屋围之,开凿于室内,虽取有佳者,外人不知,每为缅酋得去。至碧霞玺,则与中土开厂同,有凿硐得佳者,即为旺硐,转售于外可发财。凿而不得,或得而非佳者,即财、命随之俱尽。又,不但明时地羊鬼之为祟也,盖其地有地羊鬼,故吴君及之。(乾隆《腾越州志》卷3第30页)

杜氏《通典》:西南夷红珠,即宝井之石也。永昌张愈光有《诗》云:"劳生害马贡红珠,暗径明投献紫枢。若得泰元怜赤子,速移宝井到神都。"亦犹杨升庵也。(乾隆《腾越州志》卷11第18页)

明阚祯兆《黑水考》:……潞江,一名怒江。……江中产绿玉、黄金、钿子、金精石、黑玉、水晶,间出白玉。滨江山下出琥珀,江畔有宝井。旧《志》以琥珀、绿玉出澜沧江,何其谬耶。(乾隆《腾越州志》卷12第36页)

宝石,即《汉书·哀牢传》所谓光珠,出于猛密土司之宝井。井有数处,夷人环屋围之。取得佳者,缅酋持去。元时谓之凸凹石。以红剌为上品,重一两二钱,值钞十四万锭。用嵌帽顶,累朝宝重。其次,淡红色娇曰剌,深红石薄色娇曰避者达,黑红曰苦剌泥,红带黑黄曰古木兰,凡四品。张含谓"须以红透者为宝,尝于王太监处见之,比软红则黑,比硬红则乾。"以予在滇所见,皆苦剌泥也,而价且巨万矣。(《滇海虞衡志》第60页)

珠,出金沙江,江岸有濮人冢,冢不闭户,其中多珠,然不可取,取之不祥。往尝客粤东,多见珠,珠由番舶至,大抵皆蚌珠也。珠产不同,或出于山,或出于水。滇中宝石,古多光珠,岂剖自蚌呼?左思赋称中有"江珠瑕英",次于金、碧、火井后,则滇未尝不产珠也。(《滇海虞衡志》第63页)

宝石,谷泰《博物要览》:云南宝井,产红宝石。明永乐中,曾得一颗大者,重三两一钱,深红色,明莹娇艳,非常估值银三千两,自后从无此大者。一种石色嫩红娇倩,如新开海榴花,光彩夺目。又一种淡红明莹者,名童子色,最贵。又有石色大红而带黄黑色,名为油烟红,最下。所产酒黄宝石,色嫩黄如金珀。青宝石,色嫩青如翠蓝,亦有淡青如月下白者。李时珍《本草纲目》:宝石,云南、辽东亦有之。有红、绿、碧、紫数色。红者名剌子,碧者名靛子,翠者名马价珠,黄者名木难珠,紫者名蜡子。又有鸦鹘石、猫睛石、石榴子、红扁豆等名色,皆其类也。张勃《吴录》云越巂、云南河中出碧珠,须祭而取之,有缥碧、绿碧,此即碧色宝石也。《天工开物》:凡宝石皆出井中,西蕃诸域最盛,中国惟出云南金齿卫与丽江两处。凡宝石,自大至小,皆有石床包其外,如玉之有璞,金玉必积土其上,韫结乃成。而宝石则不然,从井底直透上空,取日精月华之气而就,故生质有光明如玉,产峻湍珠孕水底,其义一也。凡产宝之井,即极深无水,此乾坤巧设机关,但其中宝气,如雾氤氲井中,人久食其气多致死。故采宝之人,或结十数为群,入井者得其半,而井上众人亦得其半也。下井以长绳系腰,腰带叉口袋两条,及泉近宝石,随手疾拾入袋<small>宝井内,不容蛇虫</small>,腰带一巨铃,宝气逼不得过,则急摇其铃,井上人引絙提上,其人即无恙,已昏聩,止与白滚汤入口解散,三日之内,不得进粮食,然后调理平复。其袋内石,大者如碗,中者如拳,小者如豆,总不晓其中何等色,付与琢人鑢错解开,然后知其为何等色也。属红黄种类者,为猫睛、靺鞨芽、星汉砂、琥珀、木难、酒黄、喇子。猫睛,黄而微带红。琥珀最贵者名曰瑿^{此值黄金},红而微带黑,然昼见则黑,灯光下则红甚也。木难,纯黄色。喇子,纯红。前人于松树注茯苓,又注琥珀,非属青绿种类者,为瑟瑟、珠珇、碔砆、鸦鹘石、空青之类^{空青,既取内质其}。至玫瑰一种,如黄豆、绿豆大者,则红碧、青黄皆具,宝石有玫瑰,如珠之有玑也。星汉砂以上,犹有煮海金丹,皆西蕃产,滇中并所无。琥珀易假,亦最易辨认之^{琥珀,磨}至引草原惑人之说,凡物借人气能引拾轻芥也。檀萃《滇海虞衡志》:宝石,出猛密土司之宝井。井有数处,夷人环屋围之,得佳者,缅酋持去。元时谓之凸凹石,以红刺为上品,重一两二钱,值钞十四万锭,用嵌帽顶,累朝宝重。其次淡红色娇曰刺,深红石薄色娇曰避者达,黑红曰苦刺泥,红带黑黄曰古木兰,凡四品。张含谓须以红透者为宝,尝于王太监处见之,比软红则黑,比硬红则乾。以予在滇所见,皆苦刺泥也,而价且巨万矣。陈鼎《滇黔纪游》:永昌产宝石,掘者往往瘴死井中。(道光《云南通志稿》卷70《永昌府》第13页)

　　红砾,杜佑《通典》:西南夷红砾,即宝井之石也^{永昌张愈光《诗》:劳生害马贡红砾;}暗胫明投献紫枢。若得泰元怜赤子,速移宝井到神都。(道光《云南通志稿》卷70《永昌府》第15页)

　　^修杨慎^新《宝井谣》:彩石光珠从古重,窈窕繁华皆玩弄。岂知两片若云鬟,戴却九夷重译贡。宝井曾闻道路赊,蛇风蜃雨急天涯。驰传千群随嫖姚,披图万里逐轻车。君不见,永昌城南宝井路,七里亭前碗水铺。情知死别少生还,妻子爷娘泣相诉。川长不闻遥哭声,但见黄沙起金雾。潞江八湾瘴气多,黄草坝连猛虎坡。遍茅相野甘芝寨,崩碛浮沙曩转河。说有南牙山更恶,帕头漆齿号蛮莫。光摇戛灯与孟连,哑瘴须臾无救药。莫勒江傍多地羊,队队行行入帐房。红藤缠足诏法友,金叶填牙缅甸王。回首滇云已万里,宝井前瞻犹望洋。紫刺硬红千镒价,真赝入眼无高下。得宝归来似更生,吊影惊魂梦犹怕。吾闻崑嵛之山玉拂鹊,庆云之地金掷龟。安得仙人缩地法,宝井移在长安街。

（光绪《永昌府志》卷 66 第 1 页）

张含永昌《宝石谣》：成化年中宝石重，私家暗买官家用。祇在京师给帑银，不索南夷作琛贡。林宝石家海内闻，雄商大贾集如云。敕谕林家避科道，恐有弹章皂囊到。自从嘉靖丁亥岁，采买官临永昌卫。朝臣公道给官银，地方多事民憔悴。民憔悴，将奈何？驿路官亭虎豹多。钦取旗开山岳摇，鬻男贩女民悲号。到今一十四回内，涕泪无声肝胆碎。成化年，嘉靖年，天王明圣三皇肩。独怜绝域边民苦，满眼逃亡屋倒悬。屋倒悬，不足惜，祇为饥寒盗贼起。山川城郭尽荒凉，纷纷象马窥封疆。窥封疆，撼边域，经年日月无颜色。杞人忧天天不倾，浊醪大醉明诗亭。
（光绪《永昌府志》卷 66 第 2 页）

提学吴应枚乌程《滇南杂咏》三十首之一（七绝）：宝藏争传出永昌，缠丝玛瑙闪金光。盛朝不尚珍奇贡，琛献无烦达上方缠丝玛瑙质白丝红，宛转如绘金，光闪似水晶，俱宝石也。（光绪《永昌府志》卷 66 第 4 页）

宝石，有红、白二种，产于一区北山口观音山及七区龙泉乡，可作装饰品。（民国《嵩明县志》卷 16 第 244 页）

相关文献

明巡抚蒋宗鲁《奏罢屏石疏》，康熙《云南通志》卷 29 第 562页。

明巡抚陈用宾《陈言开采疏》，康熙《云南通志》卷 29 第 563页。

明巡抚陈用宾《罢采宝井疏》，康熙《云南通志》卷 29 第 564页。

碧霞玺

宝石之外曰碧霞玺者,五色俱有,以深红而透水为最,紫、黄、绿、月白色次之,最下白、黑二色,其物亦出猛密,大约宝石之流也。然闻其地宝石止有数井,皆本地夷人环屋围之,开凿于室内,虽取有佳者,外人不知,每为缅酋得去。至碧霞玺,则与中土开厂同,有凿硐得佳者,转售于外可发财,凿而不得,或得而非佳者,即财、命随之俱尽。又,不但明时地羊鬼之为祟也,盖其地有地羊鬼,故吴君及之。(乾隆《腾越州志》卷3第30页)

碧霞髓,亦产于夷地宝石井中,五色皆有,色如菠菜根者为上品,其质透亮,光彩动荡,诚可宝玩,大者愈贵,若色淡而不甚深,板而不甚活者,其值贱。又有一种景塘石,形色绝似碧髓,而石质松脆,刀可削,不足取。近年丽江回龙厂上产一种石,亦似碧髓,毕竟欠活相,不能乱真,价不甚贵也。(《滇南闻见录》卷下第28页)

碧霞玺,一曰碧霞玼,一曰碧洗,皆宝石之类,出猛密土司中。五色俱有,以深红透水为最,紫、黄、绿间白色者次之,白、黑二色最下。(《滇海虞衡志》第61页)

碧霞玺,檀萃《滇海虞衡志》:一曰碧霞玼,一曰碧洗,皆宝石之类,出猛密土司中。五色俱有,以深红透水为最,紫、黄、绿间白色次之,白、黑二色最下。(道光《云南通志稿》卷70《永昌府》第15页)

丹砂

成周之会,……卜人以丹沙^{卜人,西南之蛮,}_{丹沙所出。}(《逸周书》卷7《王会解五十九》)

丹沙,《周书·会》曰:"卜人丹沙。"云西南之蛮,丹沙所出。

卜人,盖今之濮人也。(天启《滇志》卷 32 第 1048 页)

丹沙蛮^{《周书·会》曰:卜人丹沙。云西南之,丹沙所出}。卜人,盖今之濮人也。(康熙《云南通志》卷 30 第 876 页)

丹砂,出于迤西,左思所称。永平之西里有朱砂厂。(《滇海虞衡志》第 64 页)

丹砂,檀萃《滇海虞衡志》:丹砂,出于迤西,左思所称。永平之西里有朱砂厂。(道光《云南通志稿》卷 70《永昌府》第 17 页)

矾石

胆矾、紫石^{出石屏,可作砚}、松花石^{出通海}。(康熙《云南通志》卷 12《临安府》第 226 页)

矾,产于那化山,系百姓自备工本煎销,每年纳课叁两,布政司查收,通省不产,皆赖此为用。(楚雄旧志全书"元谋卷"康熙《元谋县志》卷 2 第 58 页)

胆矾,旧《云南通志》:出石屏。(道光《云南通志稿》卷 69《临安府》第 19 页)

明矾,《一统志》:元谋县出。檀萃《华竹新编》:出那化。(道光《云南通志稿》卷 70《武定直隶州》第 49 页)

菊花山矾矿^{距县十里,今未办}。(民国《马关县志》卷 10 第 12 页)

(矿石之属十四)白矾矿一区,距城三十里之午铺团山脚,清同治八年开办,因矿质不旺,已停。(民国《邱北县志》册 3 第 17 页)

翡翠

《后汉书·班固传》"翡翠火齐",注引《异物志》释为翡翠鸟。馥案：翡翠与火齐并言，乃石之似玉者，所谓翡翠屑金也。今缅甸出此石，大者重五六百斤，小者如拳，剖之白如雪，青如翠，美者价值金斤。(《滇游续笔》第472页)

翡翠石，质欲其白，翠欲其深。翠有青绿两种，青者尤佳，贵重与宝石比埒。(《滇南闻见录》卷下第28页)

李元沪《翡翠鼻烟壶》：腾充富文玉，荒怪闽山经。截得浮筠色，分来翡翠翎。清涵江水绿，嫩夺鸭头青。巧作掌中玩，珍遗鼻观馨。苞胎长蕊馥，透骨小珑玲。拾或由神渚，含宜奏内庭。鹦螺还异用，鹊尾亦殊形。宛转水苍珮，晃摇云母屏。雕镌随物理，变化想坤灵。莫笑兰苕见，区区等挈瓶。(《永昌府文征·诗录》卷25《清十五》第879页)

光珠

永昌郡博南县，……有光珠穴，出光珠。(《华阳国志》卷4第441页)

《南中志》云：永昌产光珠，有光珠穴。吕凯子祥，太康中献光珠五百斤。……今俱绝无。(《滇略》卷3第235页)

光珠，常璩《华阳国志》：永昌郡博南县，有光珠穴，出光珠。司马彪《续汉书·郡国志》：哀牢出光珠。(道光《云南通志稿》卷70《永昌府》第11页)

豪猪牙

豪猪牙，亦宝石之类，取形似而名也。临阵时以挂胸前，矢石不能及，故蛮方贵之。甚至以诸宝嵌于头顶及身，以豪长于诸部，在得所用之耳。今居中国而不得所用，何为求之哉？张君《记》云："宝井在阿哇国界，井深寒，蛮服砒始敢下，取石子满囊，负以上，寒战欲绝。每袋谓一卟，索价甚昂，江右客买之。"是

时客犹得至也,而今不能矣。(《滇海虞衡志》第 62 页)

豪猪牙,檀萃《滇海虞衡志》:亦宝石之类,取形似而名也。临阵时以挂胸前,矢石不能及,故蛮方贵之,甚至以诸宝嵌于头顶及身,以豪长于诸部。张君《记》云:宝井在阿瓦国界,井深寒,蛮服砒始敢下,取石子满囊,负以上,寒战欲绝,每袋谓一卧,索价甚昂,江右客买之。(道光《云南通志稿》卷 70《永昌府》第 15 页)

琥珀

琥珀,永昌城界西去十八日程琥珀山掘之,去松林甚远。片块大重二十余斤。贞元十年,南诏蒙异牟寻进献一块,大者重二十斤,当日以为罕有也。(《云南志补注》卷 7 第 107 页)

《神仙传》云:松柏脂入地千年,化为茯苓,茯苓化为琥珀。琥珀,一名江珠,今泰山出茯苓而无琥珀,益州永昌出琥珀而无茯苓。或云烧蜂巢所作,未详此二说。(《博物志》卷 4)

永昌郡博南县,……有虎魄,能吸芥。(《华阳国志》卷 4 第 441 页)

有虎魄生地中,其上及旁不生草,深者四五八九尺,大者如斛,削去外皮,中成虎魄如升,初如桃胶,凝坚成也。(《后汉书·郡国志》注引《广志》第 3514 页)

云龙,……其旁多松,故有琥珀。《宋书》:武帝时,宁州献琥珀枕。时方用兵,以疗金创,上大悦,命碎之,即此水产也。(嘉靖《大理府志》卷 2 第 67 页)

有山名鬼窟,极险恶,据为硬寨,而产有琥珀焉。(景泰《云南图经志书》卷 6《孟养宣慰使司》第 346 页)

琥珀,生地中,其上及旁不生草,深者八九尺,大者如斛,削去外皮,中成琥珀。(正德《云南志》卷 13《金齿指挥使司》第 540 页)

琥珀、碧瑱。(正德《云南志》卷 14《孟养宣慰使司》第 577 页)

琥珀,产缅、爨诸西夷地。相传松脂入地千年所化,又云枫木精液凝成,未知信否。但其中亦有蚊蠓等形,想不诬也。其直,火珀及杏红为上,血珀、金珀次之,蜡珀最下。又其下者,可供药饵而已。宋刘裕南征时,宁州献琥珀枕,裕大悦,以其治金创,碎以分将士。今重三五两以上者,即不可多得矣。万历甲午,有诏下藩司取二百斤,一时骚然,惟永昌郡帑旧贮二十余年,悉以上供,搜括数年,竟不能充其数而止,民破家者无算。(《滇略》卷3第234页)

琥珀,《神仙传》云:"松柏脂入地千年,化为茯苓,茯苓化为琥珀。琥珀,一名江珠。"韦应物《琥珀》诗曰:"曾为老茯苓,元是寒松液。蚊蚋落其中,千年犹可觌"。古文曰:"顿牟掇芥,磁石引针。"顿牟,亦琥珀也。今泰山出茯苓而无琥珀,益州永昌出琥珀而无茯苓。或言龙血入地为琥珀。《南蛮记》:"宁州沙中有折腰蜂,岸崩则蜂出,土人烧冶以为琥珀。旧说松液入地千年所化,今烧之,尚作松气。常见琥珀中有物如蜂,然此物自外国来。"《玄中记》言:"枫脂入地为琥珀。"《尔雅》云:"枫树无风自动,有风则止,脂甚香,谓之枫香脂,一名白胶香,入地千岁,则为琥珀,上有菌,食之辄令人笑不止。"《世说》曰:"桃漍入地所化。"《淮南子》曰:"兔丝,琥珀苗也。"荆州陟屺寺僧那照善射,每言光长而摇者鹿,帖地而鸣者兔,低而不动者虎。又言:夜格虎时,必见三虎并来,挟者虎威,当刺其中者。虎死,威乃入地,得之可却百邪。虎初死,记其头所藉处,候月黑夜掘之。欲掘时,必有虎来吼掷前后,不足畏,此虎之鬼也。深二尺,当得物如琥珀,盖虎目光沦入地所为也。(天启《滇志》卷32第1048页)

琥珀匣,《西京杂记》:"宣帝被收,系郡邸狱,臂上犹带史良娣合采婉转丝绳身毒国宝镜一枚,大如八铢钱。旧传此镜照见妖魅,得佩之者,为天神所福。故宣帝从危获济。及即大位,每持此镜,感咽移时,常以琥珀笥盛之。"《拾遗记》:"吴主命工人写潘夫人真状以进。吴主见而喜悦,以琥珀如意抚按,即折。嗟曰'此神女也'。"东昏侯潘淑妃市琥珀钗一枝,直七十万。《杜阳杂编》:"唐德宗幸奉天行在,无药饵。时有神将为流矢所中,上碎琥珀匣以赐之。近臣曰：'陛下奈何以神将金疮而碎琥珀匣？'上曰：'今凶奴逆恣，欲危社稷。军中藉财用之际，战士有疮，如朕身之疮也。昔太宗剪须以付英公，今朕以人为宝，岂以剑匣为宝也？'左右及中外闻者，无不感悦。初，德宗出内殿，自携火精剑，叹曰：'千万年社稷，岂为狗鼠所窃耶？'遂以剑斫槛上铁狻猊，应手而碎，左右皆呼万岁。上曰：'若碎小寇如斩狻猊，不足忧也。'及乘舆遇夜，侍从皆见上仗数尺光明，即火精剑也。建中二年大林国所贡，云其国有山，方数百里，出神铁，山有瘴毒，不可轻为采取。若中国之君有道，神铁即自流溢，炼之为剑，必多灵。其剑光如电，切金玉如泥，以朽木磨之，则生烟焰；以金石击之，则火光流起。上所碎琥珀匣，盖以盛剑者。"（天启《滇志》卷32 第1049页）

虎魄，《广志》："哀牢县有虎魄，生地中，其土及旁不生草。深者八九尺，大者如斛，削去外皮，中成虎魄如升，初如桃胶凝坚成也。"琥珀出西域者，色纯黄若金，西僧以为念珠，滇人呼为蜜蜡金。《淮南子》："鸡子可作琥珀。"今无其传。近市以桃膏伪为者，色大佳，但久握之则软。（天启《滇志》卷32 第1049页）

己卯四月十六日……八关之外，自神护而出，为西路，通遍西，出琥珀、碧玉。（《徐霞客游记·滇游日记九》第1061页）

琥珀、宝石旧出猛广井中。今宝井为缅所得，滇人采取为难，而入滇者必欲得之，大为永昌之累。余在滇中，闻前两直指皆取琥珀为茶盏，动辄数十，永民疲于应命，可恨也。（《肇域志》册4 第2424页）

腾越，……地出琥珀、碧玉珍宝。（《滇游记》第9页）

琥 珀 《神仙传》云：松柏脂入地千年，化为茯苓，茯苓化为琥珀，一名江珠。韦应物诗曰：会（曾）为老茯苓，元是寒松液。蚊蚋落其中，千年犹可觌。古文曰：顿牟掇芥，磁器引针。顿牟，亦琥珀也。今泰山出茯苓而无琥珀，益州永昌出琥珀而无茯苓。或言龙血入地为琥珀。《南蛮记》：宁州沙中有折腰蜂，岸崩则蜂出，土人烧治以为琥珀。旧说松液入地千年所化，今烧之，尚作松气。常见琥珀中有物如蜂，然此物自外国来。《玄中记》言：枫脂入地为琥珀。《尔雅》云：枫树无风自动，有风则止，脂甚香，谓之枫香脂，一名白胶香，入地千岁，则为琥珀。上有菌，食之辄令人笑不止。《世说》曰：桃潘入地所化。《淮南子》：兔丝，琥珀苗也。荆州陟屺寺僧那照善射，每夜光长而摇者鹿，帖地而明灭者兔，低而不动者虎。又言夜格虎时，必见三虎并来，挟者虎威，当刺中者。虎死，威乃入地，得之可却邪。虎初死，记其头所藉，虎候目黑掘之。欲掘时，必有虎来叫捄前后，不足畏，此虎之鬼也。深二尺，当得物如琥

珀,盖虎目光沁入地之所为也。(康熙《云南通志》卷30 第 875 页)

虎魄 《广志》:哀牢县有虎魄,生地中,其土及旁不生草。深者八九尺,大者如斛,削去外皮,中成虎魄,初如桃胶凝坚成也。(康熙《云南通志》卷30 第 875 页)

琥珀匣 《西京杂记》:宣帝被系郡邸狱,臂上犹带史良姊合采婉转丝绳身毒国宝镜一枚,大如八铢钱。旧传此镜照见妖魅,得佩之者,为神所福。故宣帝从危获济。及即大位,每持此镜,感咽移时,常以琥珀笥盛之。《拾遗记》:吴主命工人写潘夫人真状以进,吴主见而喜悦,以琥珀如意抚按,即折,嗟曰此神女也。东昏侯潘淑妃市琥珀钗一枝,直百七十万。《杜阳杂编》:唐德宗幸奉天行在,无药饵。时有神将,为流矢所中,上碎琥珀匣以赐之。中外闻者,无不感悦。初,德宗出内殿,自携火精剑,研檻上铁狻猊,应手而碎,曰:"若碎小寇如斩狻猊,不足忧也。"及乘舆遇夜,侍从皆见上仗数尺光明,即火精剑也。建中二年大林国所贡,云其国有山,方数百里,出神铁,山有瘴毒,不可轻采,若中国之君有道,神铁即自流溢,炼之为剑,必多灵异。剑光如电,切金玉如泥,以朽木磨之,则生烟焰;以金石击之,则火光流起。上所碎琥珀匣,盖以盛剑者。(康熙《云南通志》卷30 第 876 页)

琥珀,《列仙传》云:"松脂入地千年,化为茯苓,茯苓化为琥珀。"《元中记》:"枫脂入地为琥珀。"韦应物诗:"会得(曾为)老茯苓,元是寒松液。蚊蚋落其中,千年犹可亲"。或言龙血入地为琥珀,或言虎死时目光沁入地之所为,故又名虎魄。《广志》:"哀牢县有虎魄,生地中,其土及旁不生草。深者八九尺,大者如斛,削去外皮,中成虎魄,初如桃胶凝结成也。"今蛮莫对江猛拱地产此,夷民皆凿山而得,与开矿无异,夷人守之,不易得。琥珀以火珀、血珀为上,柳青次之,金珀最下。珀根有黑,有白,有雀脑,有老鸦翎。为朝珠,有价值百金一盘者。(乾隆《腾越州志》卷11 第 11 页)

琥珀,有红黄各色,黄者色如柳,青净而透者乃佳。又有深黑色者,日光照之,则殷红如血,名为血珀,品最贵,价昂。琥珀根,黄白色,白而净者,雀脑最佳。(《滇南闻见录》卷下第 28 页)

于友人处见琥珀一块,大如拳,色如火,内有蝼蚁数枚,蠕蠕上下,或云蚁食其中松脂得不死,若常沾人气,血脂可不竭。李子友云:曾于永昌见一珀,内有小蜈蚣,亦然,但彼系金珀,尤极清楚耳。(《云南风土记》第 49 页)

琥珀,出永昌。地中有琥珀,旁不生草,掘深八九尺即得之。其大如斛,削去外皮,中即琥珀。……琥珀、玛瑙,字皆从玉,则亦玉类也。《本草》以琥珀入木部，谓松化菟丝，下有茯苓，转成琥珀也。今云削皮，殆其然欤？白玉、翠玉、黑玉，出蛮莫土司。琥珀之属，出孟琪土司。宝石、宝沙、碧霞玺之属，出猛密土司。（《滇海虞衡志》第59页）

琥珀，张揖《广雅·释器》：琥珀，珠也。其上及傍不生草，浅者五尺，深者八九尺，大如斛，削去皮成琥珀。初时如桃胶，坚凝乃成其方，人以为枕，出博南县。张华《博物志》：《神仙传》云松柏脂入地千年，化为茯苓，茯苓化为琥珀。琥珀，一名江珠。今泰山出茯苓而无琥珀，益州永昌出琥珀而无茯苓。或云烧蜂巢所作，未详此二说。杜预《春秋释例》：黑僰濮出武珀。常璩《华阳国志》：博南县有琥珀，能吸芥。司马彪《续汉书》：博南，刘昭注《广志》曰有琥珀生地中，其上及傍不生草，深者四五八九尺，大者如斛，削去外皮，中成琥珀，如桃胶凝坚成也。（又）《续汉书·郡国志》：哀牢出光珠、琥珀。陶宏景《名医别录》：琥珀出永昌。李时珍《本草纲目》：琥珀，今金齿、丽江亦有之，其茯苓千年化琥珀，书传误也。《唐书·南蛮传》：异牟寻谢天子，献琥珀。樊绰《蛮书》：琥珀，永昌城界西去十八日程，琥珀山掘之，去松林甚远，片块大重二十余勔。贞元十年，南诏异牟寻进献一块大者，重二十六勔，当日以为罕有也。樊绰《南蛮记》：宁州沙中有折腰蜂，岸崩则蜂出，土人烧治以为琥珀，常见琥珀中有物似蜂形。《一统志》：产缅爨诸西夷地，松脂入地千年所化。又云松木精液凝成，其中亦有蚊蟆等形者，以火珀及红杏为上，血珀、金珀次之，蜡珀最下，又其下者供药饵而已。陈鼎《滇黔纪游》：腾越出琥珀 _{韦应物《诗》：会得（曾为）老茯苓，元是寒松液。蚊蚋落其中，千年犹可观。}（道光《云南通志稿》卷70《永昌府》第11页）

琥珀，《通鉴》：晋义熙十二年，宁州献琥珀于太尉裕。胡三省注：琥珀出哀牢夷。《广雅》曰：琥珀生地中，其上及旁不生草，深者八九尺，大如斛，削去皮尖，琥珀如斗，初时如桃胶，凝坚乃成。《博物志》：松脂沦入地，千年化为茯苓，茯苓千年化为琥珀。今太山有茯苓而无琥珀，永昌有琥珀而无茯苓。按：今滇中琥珀最多，茯苓尤著，且不必永昌也。胡注专引古籍，或古今不

同耳。(《滇绎》卷 2 第 688 页)

腾冲人徐宗偀《辨琥珀》:琥珀有二,一玩珀,一药珀。玩珀,产缅甸密支那府岗板县属之北,距岗板县七十余英里,名护硜。每冬,我国边区户撒司人民辄至其地贸易,投资于当地。野人寻苗挖掘,沿山谷之地如浚井然。井深五六尺或丈许,编竹围栏以防土崩。琥珀之产,疏密大小不一。掘至泥现绿色,嗅之有臭气则止。琥珀以艳红、金红、柳青,体质透明为上;清水、黄牛蹄、珀根次之。大者堪为镯,小则雕琢玩件。质脆易燃,有吸力,可以引芥,确为一种矿质。旧称千年芸香、万年琥珀者非也。药珀,产岗板县之西约百英里,地名赖赛。其珀如地内石龙,挖取最易,质松而脆,见风即碎。运往香港、上海,售与药店以为药料云。(《永昌府文征·文录》卷 30《民十二》第 3029 页)

滑石

滑石,出蜘蛛山。(景泰《云南图经志书》卷 5《丽江府·巨津州》第 321 页)

滑石巨津州出。(正德《云南志》卷 11《丽江府》第 475 页)

滑石,出巨津州。(《滇海虞衡志》第 46 页)

滑石,檀萃《滇海虞衡志》:出巨津州。(道光《云南通志稿》卷 69《丽江府》第 47 页)

(矿石之属十四)滑石,距城十五里西平山顶维摩山侧。(民国《邱北县志》册 3 第 18 页)

木腊滑石距县五十里。(民国《马关县志》卷 10 第 11 页)

硫磺

温泉,东坡诗纪所经温泉,天下七处,以骊山为最。滇中宁州、白崖、曲江、德胜关、浪穹、宜良、邓川、三泊、江川、罗次所在有之，不止数十处，而安宁为最。凡温汤所在，下必有礦黄，其水犹有味，独安宁清澈见底，垢自浮去不积，不知何理也。旧有人见其窍出丹砂数粒，乃知其下有丹砂。传闻徽州黄山温泉亦类此。后周王褒《温汤铭》云："白矾上彻，丹砂下沉。华清驻老，飞流莹心。"乃知温泉所在，必白矾、丹砂、硫黄三物为之根，乃蒸为暖流耳。（天启《滇志》卷32 第 1042 页）

己卯五月初七日，阴雨霏霏。……念马鹿塘在东北，硫磺塘在西北，北山之脊，昨已逾而来，西山之脊，尚未之陟，不若舍马鹿而逾西脊，以趋硫磺塘，且其地抵州之径，以硫磺塘为正道，遂从之。……又西下半里，直抵溪上，有二塘在东崖之下，乃温水之小者。其北崖之下，有数家居焉，是为硫磺塘村，有桥架溪上，余讯大塘之出硫磺处，土人指在南峡中，乃从桥南下流涉溪而西，随西山南行。时风雨大至，田塍滑隘，余踯躅南行，半里得径。又南一里，则西山南进，有峡东注大溪，遥望峡中蒸腾之气，东西数处，郁然勃发，如浓烟卷雾，东濒大溪，西贯山峡。先趋其近溪烟势独大者，则一池大四五亩，中洼如釜。水贮于中，止及其半，其色浑白，从下沸腾，作滚涌之状，而势更厉，沸泡大如弹丸，百枚齐跃而有声，其中高且尺余，亦异观也。……西峡小溪，从热池南东注大溪。小溪流水中亦有气勃勃，而池中之水，则止而不流，与溪无与也。溯小溪西上半里，坡间烟势更大，见石坡平突，东北开一穴，如仰口而张其上腭，其中下缩如喉，水与气从中喷出，如有炉橐鼓风煽焰于下，水一沸跃，一停伏，作呼吸状。跃出之势，风水交迫，喷若发机，声如吼虎，其高数尺，坠涧下流，犹热若探汤。或跃时风从中卷，水辄旁射，揽人于数尺外，飞沫犹烁人面也。余欲俯窥喉中，为水所射不得近，其龈齶之上，则硫磺环染之。其东数步，凿池引水，上覆一小茅，中置桶养硝，想有磺之地，即有硝也。又北上坡百步，坡间烟势复大，环崖之下，平沙一围，中有孔数百，沸水丛跃，亦如数十人鼓煽于下者。似有人力引水，环沙四围，其水虽小而热，四旁之沙亦热，久立不能停足也。其上烟涌处虽多，而势皆不及此三者。有人将沙圆堆如覆釜,亦引小水四周之,虽有小气而沙不热。以伞柄戳入,深一二尺,其中沙有磺色,而亦无热气从戳孔出,此皆人之酿磺者。(《徐霞客游记·滇游日记十》第1101页)

(矿石之属十四)硝磺二区,距城一百二十里之戛勒葫芦孔半边寺,清光绪二十五年开办,旋停。(民国《邱北县志》册3第17页)

瑠璃

瑠璃,司马彪《续汉书·郡国志》:哀牢出火精琉璃。常璩《华阳国志》:永昌郡有瑠璃。(道光《云南通志稿》卷70《永昌府》第16页)

玛瑙

土玛瑙石^{出哀牢山}之支岭。(景泰《云南图经志书》卷6《金齿指挥使司》第326页)

土玛瑙^{哀牢山支巅出,有红白绿相间缠者谓之}缠丝玛瑙,有红如胭脂者谓之红玛瑙。(正德《云南志》卷13《金齿指挥使司》第540页)

玛瑙,产永昌之哀牢山,红、白二色,其相间者谓之缠丝。又有土玛瑙,其色微红,而坚不足。近辽东玛瑙盛行,而滇产遂废。(《滇略》卷3第234页)

永昌军民府,……玛瑙山,在城西百里,山产玛瑙石。(《读史方舆纪要》卷118第5188页)

己卯七月初六日……余夙知有玛瑙山,以为杖履所经,亦可一寓目,而不知为马氏之居。马元中曾为余言其兄之待余,余以为即九隆后之马家庄,而不知有玛瑙山之舍^{玛瑙山,《一统志》言玛瑙出哀牢山支陇,余以为在东山后。乃}知出东山后者,为土玛瑙,惟出此山者,由石穴中凿石得之。其山皆马氏之业。……下午,从庐西下坡峡中,一里转北,下临峡流,上多危崖,藤树倒罨,凿崖进石,则玛瑙嵌其中焉。其色有白有红,皆不甚大,仅如拳,此其蔓也。随之深入,间得结瓜之处,大如升,圆如球,中悬为宕,而不粘于石。宕中有水养之,其精莹坚致,异于常蔓,此玛瑙之上品,不可猝遇,其常积而市于人者,皆凿蔓所得也^{其拳大而坚者,价每斤二钱。更碎而次者,每斤一钱而已。}(《徐霞客游记·滇游日记十一》第 1136 页)

己卯七月初八日,晨饭,欲别而雨复至。主人复投辖布枰。下午雨霁,同其次君从庐右瞰溪。悬树下,一里,得古洞,乃旧凿玛瑙而深入者,高四五尺,阔三尺,以巨木为桥圈,支架于下,若桥梁之巩,间尺余,辄支架之。(《徐霞客游记·滇游日记十一》第 1137 页)

缠丝玛瑙,质白丝红,宛转如绘,金光闪似水晶,俱宝石也。(《滇南杂记》第 51 页)

土玛瑙,出永昌哀牢山支岭。琥珀、玛瑙,字皆从玉,则亦玉类也。(《滇海虞衡志》第 59 页)

玛瑙,郭义恭《广志》:玛瑙,出西南诸国。陈仁锡《潜确类书》:玛瑙,今云南处处有之,名土玛瑙,盖玉之贱者。《徐霞客游记》:保山县玛瑙山,《一统志》言出哀牢支陇,余以为在东山后,今乃知出东山后者,为土玛瑙,惟乾海子峡桥南者,由石穴中凿石得之。其山下临峡流,上多危崖,藤树倒罨,凿崖进石,玛瑙嵌其中焉。色有白有红,皆不甚大,仅如拳,此其蔓也,随之深入,间得结瓜之处,大如升,圆如毬,中悬为宕,而不黏于石。宕中有水养之,其精莹坚致,异于常蔓,此玛瑙之上品,不可猝遇,其常积而市于人者,皆凿蔓所得也。其拳大而坚者,价每勖二钱,更碎而次者,每勖一钱而已。《一统志》:出保山县玛瑙山巅,有红白色相间者,曰缠丝玛瑙;有红如胭脂者,曰红玛瑙;有色白如玉而光润者,曰白玛瑙;有紫色者,曰紫瑛玛瑙,其体极坚,然脆而易破,制之甚难。(道光《云南通志稿》卷70《永昌府》第 12 页)

玛瑙石^{光绪年间出,捞鱼河、马寨子河、马料河,乡人寻得,雇玉人雕琢成器,丝纹温润,价昂。}(光绪《呈贡县志》卷5

第 2 页）

玛瑙 ^{出保山玛瑙山巅,有红白二色,又有红白相}间者。其体极坚,治之甚难,然脆而易碎。（光绪《永昌府志》卷 22 第 5 页）

玛瑙厂 ^{在保山县地西}山,久封闭。（光绪《永昌府志》卷 22 第 8 页）

玛瑙石 ^{出宝乡马料河上流,矣马伴河亦有之。大如鹅鸭卵,皮淡}褐色,纹理黑白相间,质甚坚。县人恒采至县,以易玉器。（民国《路南县志》卷 1 第 48 页）

瑟瑟

会川收瑟瑟之宝。（《南诏德化碑》）

瑟瑟,宝石也。唐贞元二年,虢州卢氏山冶出瑟瑟。时李泌为陕虢观察使,奏请充献,禁民开采。诏曰:瑟瑟之宝,中土所无。今产于近郊,实为灵异。朕不饰器玩,不迩珍奇,常思返朴之风,用鸣躬俭之节。其出瑟瑟之处,听百姓求采不禁。（天启《滇志》卷 32 第 1048 页）

瑟瑟 ^{瑟瑟,宝石也。唐贞元二年,虢州卢氏山冶出瑟瑟。时李泌为陕虢观察使,奏请充}献,禁民间采。诏曰:"瑟瑟之宝,中土所无,今产于近郊,实为灵异,朕不饰器玩,不迩珍奇,常思返朴之风,用鸣躬俭之节,其出瑟瑟之处,听百姓求采不禁。"（康熙《云南通志》卷 30 第 876 页）

瑟瑟,《唐书·南蛮传》:南诏异牟寻献生金、瑟瑟。张揖《广雅》:瑟瑟,碧珠也。（道光《云南通志稿》卷 67《通省》第 4 页）

珊瑚

永昌郡博南县,……又有珊瑚。（《华阳国志》卷 4 第 440 页）

《南中志》又云:澜沧水有珊瑚,今俱绝无。（《滇略》卷 3 第 235 页）

珊瑚树,洱海八月望夜,河海正中有珊瑚树出水面,渔人往往见之。世传海龙献宝，《内典》云："珊瑚撑月。"此世外事，不可以意度其有无也。冬月海风，水面起火高数丈，莫知其故。《易·象》曰："泽中有火。"《海赋》云："阴火潜然。"岂其事与？（天启《滇志》卷32第1042页）

洱海中出珊瑚树，高数丈，渔者尽见。冬日大风，海水倒卓起，火光如山。（《滇游记》第8页）

珊瑚树^{洱河八月望夜，有珊瑚出水面，渔人往往见之。世传海龙献宝。}（康熙《云南通志》卷30第862页）

珊瑚树^{洱河八月望夜，有珊瑚出水面，渔人往往见之。世传海龙献宝。}（康熙《云南通志》卷30第862页）

洱海渔火，……闻中秋夜海中出珊瑚树，渔者偶得见之，未知果否。按《岭南见闻》云：铁树生海底石上，干似珊瑚，尾如慧，千年则成珊瑚。渔舟所见者，或是铁树耳。（《滇南闻见录》卷上第14页）

珊瑚，常璩《华阳国志》：博南县有珊瑚。（道光《云南通志稿》卷70《永昌府》第16页）

印红

印红，亦宝石之类，方径不过数分，投之大水缸中，红光即映满缸。以嵌冠上，临阵则矢石俱不能及，敌人望之，如见仙佛圆光，皆惊怖，此其所贵也。（《滇海虞衡志》第61页）

印红，檀萃《滇海虞衡志》：亦宝石之类，方径不过数分，投之大水缸中，红光即映满缸。以嵌冠上，临阵则矢石俱不能及，敌人望之，如见仙佛圆光，皆惊怖，此其所贵也。（道光《云南通志稿》卷70《永昌府》第15页）

玉石

又西百五十里曰高山，其上多银，其下多青碧^{碧也玉类也。今越嶲会稽县东山出碧。}

(《山海经》卷2《西山经》)

会无县,……今有濮人家,冢不闭户,其穴多有碧珠,人不可取,取之不祥。……东山出青碧。(《华阳国志》卷3第318页)

(越嶲郡遂久)有缥碧石,有绿碧。(《后汉书·郡国志》注引《广志》第3512页)

晋《太康地记》曰:云南青蛉县出碧。(《太平御览》卷809)

至元二十七年十一月,庚戌……罢云南会川路采碧甸子。(《元史·世祖本纪》卷16第340页)

产碧甸子之所,曰和林,曰会川。(《元史·食货志》卷94第2378页)

碧甸子,……在会川者,(至元)二十一年,输一千余块。(《元史·食货志》卷94第2382页)

碧瑱子俱安宁州出。(正德《云南志》卷2《云南府》第122页)

己卯五月十一日……潘生一桂虽青衿,而走缅甸,家多缅货。时倪按君命承差来觅碧玉,潘甚苦之,故屡屡避客。……十三日,雨时止时作,而泥泞尤甚。李生来,同往苏玄玉寓观玉。苏,滇省人,本青衿,弃文就戎,为吴参府幕客。先是一见顾余,余亦目其有异,非风尘中人也苏有碧玉,皆为簪,但色太沉,余择四枚携寓中,后为李生强还之。十四日至十八日……潘捷余以倪莞承差苏姓者,索碧玉宝石,窘甚,屡促不过余寓,亦不敢以一物示人,盖恐为承差所持也。……潘生送翠生石二块,苏玄玉答华茶竹方环。(《徐霞客游记·滇游日记十》第1106页)

己卯五月二十五日,晓霁。崔君来候余餐,与之同入市,买琥珀绿虫。又有顾生者,崔之友也,导往碾玉者家,欲碾翠生石印池盃子,不遇,期明晨至。二十六日,崔、顾同碾玉者来,以翠生石界之。二印池、一盃子,碾价一两五钱,盖工作之费逾于买价矣,以石重不便于行,故强就之此石乃潘生所送者。先一石白多而间有翠点,而翠色鲜艳,逾于常石。人皆以翠少弃之,间用搪抵上司取索,皆不用。余反喜其翠以自白质而显,故取之。潘谓此石无用,又取一纯翠者送余,以为妙品,余反见其黯然无光也。今命工以白质者为二池,以纯翠者为盃子。时囊中已无银,以丽江银盃一支重二两条,界顾生易书刀三十柄,余付花工碾石。(《徐霞客游记·滇游日记十》第1113页)

腾越,地出碧玉。(《滇游记》第9页)

苍壁玉,龙凤寺墙藉峭壁约千寻,闻壁上有绿玉,水从中出,视之,绿色一围,不及尺,无光而燥,似以铜绿涂之者。王游击顺业云:昔莹润可爱,后为丽江沐土官以药箭射之,乃晦。老僧云:此玉尾耳,头在箐内,人不能取。姑漫听之。(《滇南新语》第12页)

软玉,出丽江之摸梭山,山势峻险,土人凿穴开取,初出如石膏,见风即坚。有若碧玉者、沉香玉者,皆极明透,柔如青田寿山诸洞石。作印章,脆不受镌,惟琢酒器及水注,甚可观。丽郡配土仪以赠人,美曰软玉。又墨玉一种,性极坚,初取出,色正绿,以油或汗手抚之,即黑如漆。制抚作念珠,锡以嘉名,曰贝峰石,且充贡。(《滇南新语》第18页)

玉,滇玉不如西玉,然有一种深白而温润者,竟是羊脂玉,与西玉无异。若黯白及透白者,则诚下品也。(《滇南闻见录》卷下第27页)

蛮莫所产,曰白玉、翠玉、墨玉。(乾隆《腾越州志》卷3第61页)

玉,出于南金沙江,江昔为腾越所属,距州二千余里。中多玉,夷人采之,搬出江岸,各成堆,粗矿外护,大小如鹅卵石状,不知其中有玉并玉之美恶与否。估客随意贸之,运至大理及滇省,皆有作玉坊,解之见翡翠,平地暴富矣。其次,利虽差而亦赢。最下,则中外尽石,本折矣。毡包席裹,远运而来,有贵而置之密室,或贱而弃之篱落,且用以拒门。然珍者解开,转成白石,贱者解开,反出翡翠,虽老于作玉者不能预定,此卞和所以泣也。其琢成器皿,无所不备,而如意为大,且以充贡。往时王少公吏顺宁,徙于滇行医,且作玉。近者孙汉辅、骆思侨二老,亦爱作玉,每至其寓,玉物盈几案间,亦足以悦目也。钦其宝,惜未详询其名,见鄙人之疏且陋耳。王少公,姑苏王文恪公之后,今已归。汉辅,补山相国弟。思侨之子廷桂,则从予游者也。按南金沙江,即《禹贡》之黑水。江之自出,包西藏而上通甘肃,所谓"雍望"者,应在于甘肃,言雍州望以为祭者也。故雍、梁二州,皆以黑水为界,犹兖、豫、雍共界河,徐、扬共界淮耳,后儒谓有两黑水,岂淮、河亦有两哉？雍州之贡,球、琳、琅玕。梁州之贡,璆、铁、银、镂、砮、磬。周制合梁于雍,滇于《禹贡》属梁州,于《职方》属雍州。想古时黑水,上流必巨,采玉者多于其中,故球、琳、琅玕,尽为雍州之贡。梁但贡璆、磬,由玉出之少耳。自上流渐湮,所谓黑水者,其流甚细,又时隐时见,几无从脉其源流,而江之精珍,随水而下,尽归于梁州。滇南正界大金沙江,故出玉为盛。凡滇产诸玉,皆当日球、琳、琅玕与璆、磬之遗也。《职方》亦云：“其利玉石。”则采玉改玉,为民利所贯同。今川、陕不闻有玉,玉出黑水之大金沙江。脉水道者,得吾说而存之,其亦可以谈禹迹也夫。(《滇海虞衡志》第 56 页)

碧瑱,出孟养土司。(《滇海虞衡志》第 61 页)

软玉,出丽江摸拔山,若碧玉,若沉香,琢为酒器及水注,甚佳。又出墨玉,作念珠,且充贡。(《滇海虞衡志》第 62 页)

碧瑱子,章潢《图书编》：安宁出。(道光《云南通志稿》卷 69《云南府》第 3 页)

软玉,檀萃《滇海虞衡志》：出丽江摸拔山,若碧玉,若沉香,琢为酒器及水注,甚佳。又出墨玉,作念珠,且充贡。(道光《云南通志稿》卷 69《丽江府》第 42 页)

白玉、翠玉、黑玉,檀萃《滇海虞衡志》：出蛮莫土司。(道光《云南通志稿》卷 70《永昌府》第 15 页)

碧瑱,檀萃《滇海虞衡志》：出孟养土司。陈鼎《滇黔纪游》：腾越出碧玉。(道光《云南通志稿》卷 70《永昌府》第 15 页)

缥碧石、绿碧,刘昭《续汉书·郡国志注》引《广志》：遂久县有缥碧石,有绿碧_{谨案：遂久县,今永北厅永宁土府,西连中甸厅,详沿革}。(道光《云南通志稿》卷 70《永北直隶厅》第 43 页)

玉,常璩《华阳国志》：绳水出缥碧、绿碧。《续汉书·郡国志》：会无县东山,出碧。(道光《云南通志稿》卷 70《武定直隶州》第 48 页)

徐宗稈《玉石厂记》：玉石厂者,产玉区域之总名也。厂有新山、老山之分。其山远自西藏而来,灵气结晶于干昔山,脉络纵横起伏,倾斜南下,而散为各厂。山峦重叠,竹木蔽天,登高极目,千里如一。其地踞腾冲界外之西南角,距腾冲约二百英里,在缅甸之极西,属于密支那府之岗板县。明清之交,腾冲边民自古永乡越高梁公山,循箐岖鸟道,旬日而至大金沙江东岸,渡江而西,即昔日之三亚矿,今之密支那府所在地也。当时诸厂野人咸负玉石至三亚矿,与腾边民交易。腾边民获玉归,售与滇、粤商人,如是者有年。缅甸人之言,谓昔缅王某时,遣臣求玉,自瑞波^{缅王建都地}经稔助^{缅土司}至猛养^{我旧宣慰地今之猛允}之西区,探挖老山玉石。今厂名摩哄^{厂者是也缅语谓之老}。玉有绿色者,贡缅王非绿色者弃而不取。厥后尚玉之风日甚一日,挖玉者群趋于厂,乃循山追踪而开挖会卡、南摩、麻猛诸厂^{即干昔山南端坡脚}。海禁未开,粤人乘帆船入缅贸易。于是火车未通,由伊洛瓦底江乘木船至新街^{今之八募},缅、汉业玉诸商咸集于此。赴玉石厂者须从水道溯大金沙江西上,至青蒲入猛碪江而达岗板,由是或步行或乘马,经山谷五六日至会卡。迨玉石畅销,不独有绿色者可取,凡体质透明,观之有情者皆购之矣。夏初山洪发时,以竹筏载玉石沿小河入江,经岗板而达猛碪。缅王设税关于猛碪^{此道光年间事},估价课税,值百取三十二。完税出口,改装本船,运往新街,粤商运入内地。光绪十一年,英人占据瓦城^{今之曼得里},挥兵西向,渡伊拉瓦底江,攻稔助、猛养、猛碪三司^{猛碪司有明代铜关防一颗,至今保存僧寺}。中国玉石厂诸野官闻风惶恐,干昔山官代表投诚,英人权力遂达诸厂,设野人头目一名,代理行政事务。继而仰光火车通至瓦城。光绪廿五年,火车自瓦城直达密支那,时始设县分治。玉石厂归岗板县管辖。由是改修路线,自猛碪火车站起,一日至岗板,卅七英里;二日至南亚,十七英里;三日至龙塘,卅五英里;四日自龙塘西上十五英里,经马洒厂、格地摩而至干昔山之新山厂^{缅人唤之朵摩},干昔野人官于此居焉。干昔山,高厚脊平,全体皆玉,南北长百英里许,下有雾露河,三面环绕。光绪初年,发现新山玉,野人逐渐挖取,竟入深境。地归干昔野人官所有,被亲族头目各要一洞位,或方五尺,或方一丈。每届冬季,各率壮丁数十名来,斩荆辟市,披茅为屋,工商同居,挖土凿石,历二三年之久,深达三十余丈,始见玉石。取玉之时,有洞权者咸进洞内,按尺丈划分界限,然后积薪烧之,薪尽火灭,泼之以水,使玉自裂,敲取较易。负出洞外,卖于汉、缅商人,频年如是。其后有洞权之野人不耐烦劳,将所有洞权相率转让于腾商,始则售与赵连海、毛应德,毛故售与张德珩、李本仁、李先和、邓体和、解仕义等。未两年,腾商购机运厂,以机代工。从兹劳工骤减,山林闹市不复睹矣。所谓老山玉者,自龙塘沿雾露河南下九英里,至怕敢渡河至幽马,十英里达会卡厂。途畔山谷皆有劳工挖玉,三里一厂,五里一厂,以地名为厂名,不胜枚举。怕敢居诸厂中,方仅百丈,诸商会萃,为交易之所,人口约贰百余户,滇人居百户以上。龙塘摆夷百余户,会卡厂汉、缅百余户,而野人千余户散居各厂山间。老山玉体属个形,皆自干昔发源而来,凡属脉络所到,无处不生玉石,可自由挖采,得玉值百纳山税百之十,其余依此类推。新山玉以有洞权人名为玉名,与老山以地名为厂名者不同。据地质学家言,新山、老山所出玉石皆属水质凝结而成,受阳光之蒸晒变生色彩。此说似乎近理。玉石厂不但生玉,复产沙金,量亦丰富,挖玉者往往兼而取之,藉以辅助费用之不足。余赴厂已三十年于兹矣,故将见闻所及记之,以贡邦人。(民国三十年五月稿,时年六十有三。)(《永昌府文征·文录》卷30《民十二》第3028页)

硃砂

西里硃砂厂在永平县地,康熙四十四年,总督贝和诺题开,每六勐抽一勐,该课银一百七十五两二钱九分六厘,遇闰加银十三两五八五分。(光绪《永昌府志》卷22第8页)

安宁为杨文襄故里,有温泉可浴,内产硃砂,天下温泉,无胜于此。(《幻影谈》卷下第138页)

紫石英

紫石英,《蒙化府志》:出澜沧江岸。(道光《云南通志稿》卷70《蒙化直隶厅》第40页)

珍珠

省会位于省的入口处,也名建都(云南)。在它附近有一个很大的咸水湖,湖中盛产珍珠,颜色洁白,但不是圆形。珍珠产量实在丰富,如果皇帝陛下允许人人都去采集的话,那么它价值必将变得微不足道了。不过,没有大汗的特许,任何人都不得从事捕鱼的工作。(《马可波罗游记》卷2《云南省》第142页)

(二)金属

金矿

永昌郡博南县,……有金沙,以火融之为黄金。(《华阳国志》卷4第440页)

永昌郡博南,永平中置。南界出金。(《后汉书·郡国志》第3514页)

生金,出金山及长傍诸山,藤充北金宝山。土人取法,春冬间先于山上掘坑,深丈余,阔数十步。夏月水潦降时,添其泥土入坑,即于添土之所,沙石中披拣。有得片块,大者重一觔,或至二觔，小者三两五两，价贵于麸金数倍。然以蛮法严峻，纳官十分之七八，其余许归私。如不输官，许递相告。麸金出丽水，盛沙淘汰取之。河赎法，男女犯罪，多送丽水淘金。长傍川界三面山并出金，部落百姓悉纳金，无别税役征徭。（《云南志补注》卷7第106页）

弥诺国、弥臣国，皆边海国也。……太和九年曾破其国，劫金银，掳其族三二千人，配丽水淘金。（《云南志补注》卷10第127页）

长川诸山，往往有金，或披沙得之。丽水多金麸。（《新唐书》卷222第6269页）

生金，出长傍诸山。取法，以春或冬先于山腹掘坑，方夏水潦，荡沙泥土注之坑，秋始披而拣之。有得片块，大者重一斤，或二斤，小者不下三四两。先纳官十分之八，余许归私，仍累劳效，免征赋。麸金，出丽水河睒川，有罪送淘金所，最为重役。（《续博物志》卷7）

《海药》云：云南山出颗块金。（《证类本草》卷4）

每条河流里都出产金砂。金沙有的是分散的，有的则大量集中。山中也有金矿脉。因为，拥有大量黄金的缘故，所以，他们把一个金萨吉换六个银萨吉。（《马可波罗游记》卷2第49章《哈剌章省的边远地区》第145页）

至元二十八年，秋七月丙申朔，云南省参政怯剌言："建都地多产金，可置冶，令旁近民炼之以输官。"从之。（《元史·世祖本纪》卷16第348页）

丽江路军民宣抚司，路因江为名，谓金沙江出沙金，故云。（《元史·地理志》卷61第1464页）

柏兴府金县以县境斛棘和山出金，故名焉。（《元史·地理志》卷61第1476页）

产金之所，……云南省曰威楚、丽江、大理、金齿、临安、曲靖、元江、罗罗、会川、建昌、德昌、柏兴、乌撒、东川、乌蒙。（《元史·食货志》卷94第2377页）

初，金课之兴，自世祖始。……在云南者，至元十四年，诸路总纳金一百五锭。此金课之兴革可考者然也。（《元史·食货

志》卷 94 第 2379 页）

天历元年岁课之数，金课：云南省，一百八十四锭一两九钱。（《元史·食货志》卷 94 第 2383 页）

金^{南安长官司出}。（正德《云南志》卷 4《临安府》第 208 页）

金^{龙蛟江出}。（正德《云南志》卷 9《姚安府》第 407 页）

金^{金沙江出，所谓金生丽水是也}。（正德《云南志》卷 11《丽江府》第 475 页）

金^{澜沧江滨出，有金沙，取洗融为金}。（正德《云南志》卷 13《金齿军民指挥使司》第 540 页）

金^{金沙江出}。（正德《云南志》卷 14《芒市长官司》第 602 页）

语云"金生丽水"，今丽江其地也。其江曰金沙，源出吐蕃，经铁桥、宝山、永宁、北胜以达东川。江浒沙泥，金麸杂之，贫民淘而煅焉。日仅分文，售蜀估转诸四方，其税属之土府，汉不得有也。朝廷岁责滇赋金五千，其直可四万缗，皆蜀估有力者先期受直于官，而走四远哀入之，间有逃且死者，累及姻族，桁杨累累，至于黔巫瘴疠，十死一生，又不具论也。永平山中间有金沙，色更赤而利其微。丽江之金，不止沙中，又有瓜子、羊头等金，大或如指，产山谷中。先以牛犁之，俟雨后即出土，夷人拾之，纳于土官，然近亦绝无矣。《博物志补》云：金，一也，产于金沙江者赤色光莹，产于丽江者色赤而沾垢腻。……丽江府产金尤多，每雨后，其金散拾如豆、如枣，大者如拳，破之，中空有水，亦有包石子者。（《滇略》卷 3 第 234 页）

丽江于诸土酋中传世最远，自唐贞观以来，谱系历历可考。……其地土广大，产金，富厚不赀。（《滇略》卷 9 第 324 页）

猛密，在腾越南千余里，其地产宝井金矿，估客云集。山高田少，米谷腾贵，花果瓜蔬与中国同。（《滇略》卷 9 第 325 页）

汉永昌太守刘君世铸黄金为蛇，以献梁冀，益州刺史种暠纠察其奸，不果献。冀恨暠，因以他事陷之。李固上疏伸理，太后赦暠，免官，行永昌，以金蛇输官。冀从大司农杜乔借观，不与，由是见忤，竟以他事诬乔而杀之。（《滇略》卷 10 第 330 页）

迤西诸郡皆近金沙江,惟是州湍流稍缓,可以淘金。（天启
《滇志》卷 3《北胜州》第 120 页）

明罗元祯《横山水洞记》：……滇故金方境,饶金银气,凿山
采金者所在雾集,山崩乃压焉。徼外蛮夷,中产珍石,采色晶莹。
石故产于井,入井以求,绳系以入,往往葬井中,亦大艰危矣。二
物者,寒不可裘,饥不可炊,俗多冒险浚求,而五谷者,一日不得
则饥寒至。利泽当前,藐不起事,惟上所率之耳。语曰："明君
贵五谷而贱金玉。"乃自古记之矣。诸公莅滇,闻以矿告,辄报
罢,而宝贡奉诏停寝;至稼穑所需,即穴重山,汇断流,发帑鸠工
不靳,功不成不止。盖视民所天,不宝玉而珍,不兼金而贵,真知
轻重哉! 昔周以农开国,周、召守家法,以《绵》遐历;周公赋《豳
风》以讽王,而却越裳氏之贡;召公芾棠以勤农,告王则曰："不
贵异物贱用物。"诸公之远识,周、召之遗矩也。……（天启《滇
志》卷 19 第 636 页）

明施武《滇中竹枝词·丽江词》^{丽江府,即古窄国地也,地寒,五谷稀少,惟良金毛布之类,方伯用贡金必索其直,}丽江水绕雪山寒,郡县羁縻异国看。千
^{从来直指公皆不按其地听之而已,人皆耳上贯环,好衣红,与西域相类}里罗岁^{地名}无贡赋,黄金有价不输官。（《御选宋金元明四朝诗·
明诗》卷 14）

己卯二月初九日,大把事复捧礼仪来致谢,酬校书之役也^{铁皮褥一,黄金四两}……其俗新正重祭天之礼,自元旦至元宵后二十日,数举
方止。每一处祭后,大把事设燕燕木公,每轮一番,其家好事者
费千余金,以有金壶八宝之献也。（《徐霞客游记·滇游日记
七》第 926 页）

姚安军民府大姚县,……西北有龙蛟江,源出铁索箐,一名
苴泡江,产金。（《明史·地理志》卷 46 第 1182 页）

云南府,……厥土赤色,可以煅金。（《肇域志》册 4 第 2323
页）

迤西土官,惟丽江最黠。其地山川险阻,五谷不产,惟产金
银。其金生于土,每雨过则令所在犁之,输之官,天然成粒,民间
匿铢两者死,然千金之家亦有饿死者。……鹤庆人无论贵贱大

小,咸丽江腹心,金多故也。(《肇域志》册 4 第 2423 页)

云南府晋宁州,……万松山,州东五里。……又西二里曰金沙山,以沙石如金而名。(《读史方舆纪要》卷 114 第 5068 页)

孟密宣抚司,……《滇略》云:孟密在腾越南千余里,其地宝井产金矿,估客云集,山高田少,米谷腾贵。(《读史方舆纪要》卷 119 第 5225 页)

金沙、浪沧产金。其岸之山产银及铜,此亦滇地所常有。不足纪。(《维西见闻纪》第 3 页)

金,滇水之产金者曰金沙江,土之产金者曰白牙厂。永平县采江金之法,土人没水取泥沙以漉之,日可得一二分,形皆三角,号曰狗头金。采土金之法,土人穴地取沙土以漉之,亦日得一二分,状如糠粃,号曰瓜子金,取利甚微,而其害甚大。水金之害,江深而水驶,或遭漂没,或遇水怪,则以性命相殉。土金之害,则破民田,坏城郭,而硐丁卒,未闻以金富也。上官慕金厂之虚名,日责州县开采,然金脉有盛衰多寡,不可豫料。欲出本以采之,则恐得不偿失;欲听民开采而稍收其税,又虑课不足额,徒为考成之累。故上官日责开采,而州县日请封闭也。其余铜、铁、铅、锡各厂,大都如是。若听民间自行开采,而薄收其税,轻定其额,则开采者众。或遇矿脉微细,则听州县之请,验明封闭,而开除税额,以免考成之累,则州县又何苦为国家塞此利孔耶?或谓滇中为五金之地,泥封谷口,可致富强,真矮人观场也。夫滇中之富,皆三十年来岁入协饷耳,逆藩发难各场,开采之官纷驰道路,而贫耗益甚,军无见粮,天兵一至,势同瓦解,此予所目击也。(《南中杂说》第 27 页)

金蛇 汉永昌太守刘安世铸黄金为蛇,以献梁冀。益州刺史种暠发其奸,不果献。冀恨暠,因以他事槛之,金蛇输官,后归杜乔,冀借观不与,竟诬杀乔。(康熙《云南通志》卷 30 第 859 页)

金之属:峨□山红石岩厂、山后厂、六竜厂、新厂。(康熙《嵋峨县志》卷 2)

《晋宁十景·金砂武库》:四海车书一统,建囊都邑都宫。诗歌未雨桑土,传邮满野螢鸿。日耀金砂舞羽,风清榛棘幽丛。小试鹰扬韬略,不须瓷厌玲珑。(康熙《晋宁州志》卷 5 第 5 页)

雍正二年十一月,云龙州知州李元英卓异,引见。奏滇省金场大旺,留心攻挖,每年可获金二三千金,可以佐助军国。诏:督抚臣复奏（先是,永平县有田二处忽产金沙,为楚、豫人寮知,闻于官。委李元英监督。遂买其田,挖采经年,获金四百余两而遂绝。至是引见,遽以为奏,而又夸言二三千,遂蒙下诏问有无。而督抚臣以多寡难预定,即永平田沙亦属偶然,不如元英所言。据实奏复。）(《滇云历年传》卷 12 第 578 页)

明施武锡《丽江词》（七绝）（无丽江府即古筰国地也,地寒,五谷稀少,惟产沙金、毛布之类,方伯用贡金必索其直,从来直指公皆不按其地听之而已。人皆耳上贯环,好衣红,与西藏相类。）丽江水绕雪山寒,郡县羁縻异国看。千里罗些（地名）无贡赋,黄金有价不输官（按此时丽江有贡赋而无黄金,今昔之异,不可不知。）(乾隆《丽江府志略》卷下《艺文·诗》第 108 页)

清余庆长《金厂行记》:乾隆丁丑冬十有二月,余以通海县令奉檄委查慢梭金厂。既望起行,经临安府,凡三日抵摸黑银厂,晤厂官王元赞,慢梭其兼管也。云:"道僻而多瘴。"邀之行,有难色。夕宿厂之西岳庙。次日,厂官以疾辞。十八日,饬行装,释舆乘竹兜马三匹,仆从、舆马夫各七人,东南行五十里,抵搭瓦铺,又五里有山涧,涧南入蒙自界。又四十里抵个旧厂,商贾辐辏,烟火繁稠,视摸黑迥胜,地产银、锡、铅,白锡质良,甲于天下。又南五十里为龙树银厂,又附近之七八里为蒙自新铜厂,以路纡,均未之去也。晤厂官王锴觞于弥陀庵,宿。天阴霾,山色不可辨,雾结冰如霰雪状。自府南来,无营汛,亦无坊店。四十里至浪旧坝,饷于火头家焉。火头者,夷民之百夫长也,其民为拇鸡。仆从炊于野,立而风餐,犒火头布一端,盐、烟各若干两。午霁而骑,山冈黄茅迷离,蚓路如隙。又三十里抵乌谷宿,茅茨高不及尺,食致菜,其犒火头如前数。二十一日,行五里村晨餐,又南下十五里,遥望两岸壁削,中涵白云,时天光皎霁,云散如丝、如帘、如风樯,来往扑马首人面。又下则悬崖万仞,无梯级,五步一曲,三步一盘。马尻未转而首已回。至阿亦铁,半步行,盖入白云深际矣。凡二十里,乃渡水,驶舟狭,三驾仆从咸济。又二里至蛮铁察,属纳更司,为土巡检治所,其民为水摆夷,沿河编竹楼居,上至元江,下至开化皆类此。天气炎蒸不可留,登而上,仆马喘息不止,行二十五里,盘旋至绝顶,回视后岭,声可响应。又五里周铁寨，其民为仆剌，宿。二十二日晨，阴雾，行五里至小箐口，芭蕉、竹苇弥满山谷，古木参天，藤萝纠缪，万籁闃寂，山泉瀺瀺，循马足鸣，一线石磴在青林罅中，如瓮洞，曳踵而首触。从者云："夏日雨水，青叶上有虫，名马黄，闻人息，随下啮人。"凡二十五里至大喇，其民为老乌铺。又三十里抵陆萨宿。二十三日，陆萨之土兵护以行，十里至火烧坡，又十五里至龙溪坡，深林无际，白日寒渐，似有阴魅逼人，宜奔走者之心慑也。又二十里至阿蔡田，又二十五里为银矿河，有金塘，其上为胡关。又二十五里为麻梨坡，抵慢梭厂官房宿。二十四日，巡视厂地，定情形五条，拟章程五条，以报委查之命。二十五日，旋至龙溪坡，对山西向有泉，至山顶下，相传为金田所在，南注为河，河经猛喇汇阿墨河，宿陆萨，越四日，回摸黑厂，则除夕也。明日为戊寅，元日入临安府，初三日乃旋通海。(《云南史料丛刊》卷12第186页)

附录：陶鸿焘《云南屏边西区岔河金厂调查报告》：省府前令矿业公司总经理陶鸿焘前往江外探查金矿，以备开发。陶氏奉命后，遵即整装就道，于四月十四日起行，至六月一日返省，约经时日五十。调查试验结果，金厂蕴藏之富，质量之纯，确有可开采之价值。乃拟具调查报告，呈请省府暂拨基金五十万元，或由官商集股，积极开发，藉以奠定本省经济建设之基础，兹将其调查报告探志如后：(A)总论：云南产金区域，素无确实调查，就私人见闻所及，约大别为南北两部矿带。北部自巴塘、阿敦子、维西、中甸，沿金沙江两岸，经丽江、鹤庆、永北、武定、禄劝、巧家、永善等县为一矿带；南部自蒙化、景东之哀牢山，沿红河西岸、把边江东岸，经墨江、元江、新平、石屏、建水、蒙自、猛丁、屏边、金河，达于越界为一矿带。此外在思、普内之澜沧江一带，间亦闻有金矿发现。每年产金总额虽无相当统计，然由各地贩金商人探询，约在一万两之谱。产金区域，从最少计，不下五千方里。以如是广大之幅员，而产金量如是之微，何也？窃考其故，不外下列原因：(一)交通梗塞，山路崎岖，蛮烟瘴雨，气候恶劣，稍一不慎，即易致疾丧命，故到江外采金者，每视为畏途。(二)

产金区域,多属土司属地。各土司每视其属为子孙万世生存之基业,深恐外人侵入,无合法保障,丧失其固有权利,故步自封,几成化外欧脱,地内蕴藏保守,至今不思开发,以利群众,殊非地不爱宝之道也。(三)在昔政府,对于办厂者多无适当之保护,不肖贪官豪绅,更从而摧残压迫之。近年国家多故,人民濒于灾祸,救死不暇,又何能集资兴办矿业?至政府方面,逐年然军经武,尚苦无从筹款,因是经济建设,国用民生,多无暇计。及开发矿产,需款较巨,更无力措施。(四)采办金矿者,多无适当组织,而采冶方法,均沿袭千年前陈法,毫不改良。政府从未提倡或过问,任听土人三三五五,于每年雨水节期山水暴发时,自由冲洗山沟内微量之砂金,或淘洗沿河岸之积砂,每日所得,仅足糊口,倘使多获,立即停业。盖采金者,每多饔飧无着、穷无生路之辈,且有一种迷信"准吃不准积",否则必遭奇祸。谚云:"穷走厂,饿当兵,背时倒灶淘砂金。"诚慨乎其言之也!然间亦有资本稍厚,开挖坑道者,则根据露头塝引(土人以石英岩及黄铁矿为金之塝引),开凿逼仄狭小之斜坑(土人谓斜坑为牛吃水之陡推),盖费少而易架厢也。此种斜坑,最深者不过二十余米达,仅容一人蛇行出入,一遇塝引中断,或逢硬碛横梗,不易施工,即全部废弃。如是采矿何能图利?更何能发达?屏边、金平一带金厂之不发达,其原因大概不外此。有此四原因,遂使天府宝库,永久埋藏,不能开发以尽地利而厚民生,实为可惜。今者,本省政府鉴于国势日急,民生日蹙,且正值厉行禁烟,影响财政收入,特于军、政费万难之中,划拨巨款,积极提倡经济建设,开发天然富源,谋根本自救之道,斯诚地不爱宝致富图强之时机也。顾兹事体大,所有关于资本应如何筹措,人才应如何造就,地质应如何调查,以及交通应如何便利,自非严密统筹,不足以策进行,而收良效。似此谋国大计,伏思我政府高瞻远瞩,必早已审慎周详矣。……(C)沿革及现状:江外金厂,开采自何年始,无史可考。惟据土人传说,大约在清乾嘉之际,有所谓毛金客、曾老矮者二人,来自湘、赣,在马店、老金山、大坪子、麻阿、芭蕉林开办金厂,获利甚厚,当日彼等开掘之坑道,以及伙房、工人住宿舍，尚有遗迹可寻。至今在江外办金厂者，莫不崇祀毛、曾二人为矿神，如个旧厂之奉祀赵老祖公也。查金平两湖会馆之碑记载，楚人于清初到猛挪开办金、银、铜厂，至乾隆三十六年，因猛挪厂务拥挤，始移至金河。金河者，沿河产金，故名。旧设行政委员，近年设县，始改为金平，原名王布田。王布田亦湘、赣人也，即开辟金河之始祖，后人因以其名而称金河，大约系清乾隆初年始。至金河办厂者，现其碑墓尚矗立于金平县城东三里余之高岗，系建立于嘉庆二年。由是而言，江外金厂，可决其必创办于清乾隆初无疑，惟最令感怀景仰者，湘、赣人不惧蛮烟瘴雨，不辞远道跋涉，走险来此荒凉深山，披荆斩棘，筚路褴褛，与大自然奋斗，以图生存，其勇迈绝伦之精神，令人钦崇无以。由新金厂南行五里至火烧坡，犒吾土司属地，登高四眺，极目可数百里，所有老金山、马店河、登干坪、铜厂、大猺山、长岭岗及金平县城对面之宝山寨、茨通坝之高峰，历历如在目前，均系前人创办之金山，遗留后人以谋生者。此等宝藏，随地皆发见金苗，宜乎应较昔日逐渐发达，揆诸实际，则早已荒凉不堪，岂今人奋斗进取之心，不逮前人欤？盖大有原因在也（见总论）。近年在江外采办金厂者，多属本地土人及一般朝不保夕之穷民，其资本既属有限（甚至毫无资金者，只须借贷一金盆，一溜床及一锄头，即可前去淘洗金砂），又复毫无组织，兼之办法不良，器械不备，何能大事扩充？更何能发达而获厚利？因之旋作旋辍，忽起忽灭，无继续能力者，十居八九。查本地土人办金厂者，多于农忙之余，冲洗山沟墒砂（俗呼冲墒尖），其次则沿金河、马店河淘洗砂金。此外，间有于高山峻岭开凿坑道，必选择墒引露头石质疏松掘取之，所开之坑道，多半狭小逼仄之陡陡，仅容一人匍匐出入，最深者不过五六十尺。如新金厂，共有坑道六十余硐，最深者多在五十尺以内，彼辈工作时，设墒引断绝，硬硖横梗，则全部放弃，别寻露头开凿槽门，如火烧坡、登杆坪、马店、老君山、宝山寨之坑道，开办较早，其情况大略如是。至于江外产金量，年约三千两之谱，金市场有铜厂街、马店街、金平街三处，均系每六日集市一次，每次金之交易，约二十两至五十两不等，姑以每市二十两计之,每街每月约交易一百两,统计三街,每年交易约共三千余百两,以之为江外产金量,或不至大差,此仅就现状而言也,设办法改进,其产量之增加,当不止此,可以想见。(D)地质概略:红河东岸地质,多属石灰岩,间有花岗岩浸入,土人每称为白马牙石,其风化者,则呼为白砂,常据以探寻锡、钨等矿。迨渡红河而达西岸,则属火成岩,与东岸相较,即显然判为二种。花岗岩,云母状花岗岩及角闪岩,遍地皆是;石灰岩,砂石,仅大徭山及金平附近发现少许建筑所需石灰,原料颇不易得。金矿产生约分两种:(一)砂金,即产生于砂砾或石砾中,常为砂粒状、片状、块状、自然金者。自然金俗呼为整金(整金读如转),如金河两岸老君山、老磨多、登干坪一带所产者是也。(二)岩金,产生于云母状花岗岩及角闪正长岩层内所挟之石英矿脉中,常与黄铁矿相伴。此种铁矿,土夫称之曰铜星,或曰金引子,又称曰山金,如雷打树、戴家寨、新金厂、登干坪一带所产之金矿是也。矿脉走向经由西北而东南,矿脉虽不大,幸相当富此,且常有连堂成奥者。江外金厂,无论砂金或岩金,俱有开采价值。金河所蕴藏者,尤较丰富。查金河发源自河头村分水岭一带高山,距金平城不过十余里,由西东流,汇归猛喇河入那发,约百数十里,沿岸所产砂金,系古代时冲积至今的一种深矿床,蕴藏甚富,成片成块之自然金,随时由河内掘获,淘值得注意之矿区也。……(《云南史料丛刊》卷 12 第 188 页)

附录:熊秉信《云南金河上游之地文与人文》:(一)绪言:金河上游处云南南部,蒙自南部,金平北部。其地人口稀少,物产丰饶,应有开发价值。惟去热带不远,素称为瘴疬之地,旅人视为畏途,裹足不前,政府亦至今未有开拓之具体计划。本年一月初,作者受建设厅命,赴蒙自、金平一带调查地质矿产,对于其地之地文与人文,曾加注意,爰将所得真象,论述于左,以作关心边疆研究者之参考。仓卒成文,疏漏之处,在所不免,尚希贤者有以正之。……(四)人文……(戊)动植物之征服:土人为开垦耕地,每于二三月间纵火烧山,或砍伐树林。现今森林区域已逐渐缩小,而仅分布于山岭带,凶猛之野兽亦已因之匿迹矣。主要之种植物为稻、玉米、草果、甘蔗、芭蕉、咖啡等。稻、甘蔗及咖啡（较少）多种于河谷带，芭蕉、草果多生于山腰带，玉米则种于山腰带及山岭带。大量之产物为稻及玉米，稻除供本地用外，多销蛮板转售个旧，玉米则仅供给本地，草果亦多销内地求售。至于动物，土人多驯养牛马，养猪鸡者亦多，狗亦为逐户必养者，野生之动物有野猪、野猫、狼、鹿、兔、蛇、野鸡、箐鸡、茶花鸡等。喜畋猎之民族为苗人及傜人。（己）矿物之采掘：区内之矿产有金、银、石墨、硫铁矿等。金矿分线金、砂金二种。线金（含金石英脉）产于花岗闪长岩、石灰岩、砂岩或页岩中，砂金则多富集于金河河床。银矿即指含银方铅矿而言，每产于石英脉中，石墨则产震旦纪石英岩中。硫铁矿亦产于石英脉中。在本区内矿产，除金矿外，其余均未开采，赖采金为业者约逾五百人，工作时期多在十一月至三四月间。……（《云南史料丛刊》卷 12 第 194 页）

金，金生于水，以沙土淘洗而得，金沙江以此得名，所谓金生丽水者是也。亦有生于山者，鹤庆有金矿，亦如银、铜，攻采而得，煅炼而成。开化产蘑菇金，永平产永金，皆足色赤金。中甸之金色最淡，贮分最低。永北滨江之区，向以淘金有课，数十年来无金，而课未除，颇为民累。前刘官村名人刘公名慥，官至河南藩司奏其事，得减课，尚存六两。至今土人每岁醵银赴省买金纳课，复有继方伯而起者，当使悉蠲之以苏民困。凡银、铜各课，就每日所出多少之数核收。至于淘金者，每日或有或无，不能必得，即得金，亦有少无多，且为质甚微，易于欺隐。若计金收课，必不敷额，以至官为赔累，故课人而不课金。每晨赴河滨淘金者，先按人抽课若干钱文，至金之有无，不计也。而淘金者以此裹足不前，惧无金而徒出课耳。（《滇南闻见录》卷下第 27 页）

金，出于北金沙江，所谓金生丽水也。淘洗得之，工费正等。惟掘于平地，得金块大小而利赢。《滇志》所称丽江金沙江出金，姚安龙蛟江出金，永宁府出金，临安安南长官司出金，金于滇出为多。叶金、条金，咸萃于滇，而累滇亦甚。前明中使借采金、采宝，并以虐滇，往往至于兆乱，亦可以鉴矣。滇南金厂三：一在永北之金沙江，一在保山上潞江，一在开化之锡板。又案《续博物志》云："生金出长傍诸山。取法，以冬或春，先于山腹掘坑，方夏水潦荡，沙泥土注之坑，秋始披而拣之。有得片块，大者重一斤或二斤，小者不下三、四两。先纳官十之八，余许归私，仍累劳效，免征赋。麸金出丽水河赕川。有罪，送淘金所，最为重役。会同川银山出银矿，私置冶，官收十之三。诺赕川有锡山出锡。"彼时滇不入宋版图，而能详之若此，则《李志》胜《范志》矣。李与范同时人，俱南渡以后。（《滇海虞衡志》第54页）

丽水之金，三代有之矣。金之课始于元，至一百八十余锭。明以银八千余两折买金一千两，曰例金。其后增耗金而减价银，后又加贡一千两，未行。复加贡三千两，巡抚沈儆炌一疏，仁人之言，其利溥哉！我朝初课金七十余两，递减至二十八两余，深仁厚泽，迥迈前古。若锡、若铅、若铁，皆有额课，余利及于民者博矣。故记金、锡、铅、铁厂。白铜附金厂四。嘉庆十五年定额课金二十八两八钱六分五厘三毫，闰加一两四钱六分二厘九毫，附次年颜料贡带解，赴户部交纳。麻姑厂，在文山西南，近越南及临安界，开化府知府理之，雍正八年开，每金床一张，月纳课金一钱三分，腊底、新正减半抽收，额课金十两零一分，闰加九钱一分。金沙江厂，在永北西南金沙江边，接宾川界，永北厅同知理之，康熙二十四年开，每金床一张，月纳课金一钱，额课金七两二钱六分，遇闰不加。麻康厂，在中甸南，其东则安南银厂，中甸厅同知理之，乾隆十九年开，每金一两，抽课金二钱，额课金十一两二钱。闰加五钱。黄草坝厂，在腾越西，又西则大盈江贲达土司地，腾越厅同知理之，嘉庆五年开，按上、中、下三号塘口抽收，上沟抽课金一钱五分，中沟抽课金八分，下沟抽课金四分，额课金三钱九分五厘三毫，闰加三分一厘九毫。（《滇南矿厂图略·金锡铅铁厂第三》第537页）

金，《后汉书·西南夷传》：滇有金银畜产之富。常璩《华阳国志》：汉益州金银畜产之富。《元史·食货志》：产金之所，在云南省，曰威楚、丽江、大理、金齿、临安、曲靖、元江、罗罗、会川、建昌、德昌、柏兴、乌撒、东川、乌蒙。（道光《云南通志稿》卷67

《通省》第4页）

叶子金，王佐《格古论》：云南叶子金，皆熟金也。其性柔而重，其色七青、八黄、九紫、十赤，以赤为足色也，足色面有椒花、凤尾及紫霞色。谷泰《博物要览》：叶子金，生云南省城者为道地，各铺户将杂色足赤金拍造叶子，有八色、九色至九五色止，无十成者，诸金中惟叶子金最下。（道光《云南通志稿》卷69《云南府》第2页）

金，《唐书·地理志》：姚州土贡麩金。《明一统志》：龙蛟江出。《楚雄县志》：出雁山，古金矿硐在焉，明初，筑城跨山之巅，硐口闭塞。（道光《云南通志稿》卷69《楚雄府》第24页）

金，《唐书·南蛮传》：丽水多麩金。樊绰《蛮书》：麩金出丽水，盛沙淘汰取之。河睒法：男女犯罪，多送丽水淘金。《元史·地理志》：金沙江出。李石《续博物志》：麩金出丽水，河睒以有罪送淘金所，最为重役。谷泰《博物要览》：金产云南丽江，浮水面如沙糖，土人以铁杓取之，铸炼而成。《天工开物》：水金多者，出云南金沙江，古名丽水，此水源出吐蕃，绕流丽江府，至于北胜州，回还五百余里，出金者有数截。（道光《云南通志稿》卷69《丽江府》第42页）

金，《韩非子》：荆南之地，丽水之中生金。注：丽水在益州永昌郡中，有金如糠，浮出于其中，金质坚重，遇水即沈，未有浮出者。金浮于水，乃其品格之异，非他金之可并也。杜预《春秋释例》：黑僰濮在永昌西南，出金。陶宏景《名医别录》：金屑生益州，采无时。陶宏景曰金之所生，处处皆有，梁、益、宁三州多有，出水沙中，作屑，谓之生金。司马彪《续汉书·郡国志》：博南南界出金。刘昭注《华阳国志》曰：西山高三十里，越之得澜沧水，有金沙，洗取融为金作^{谨案：今本《华阳国志》}“以火融之为黄金”。刘逵《蜀都赋注》：永昌有水出金，如糠在沙中。《唐书·南蛮传》：长川诸山，往往有金，或披沙得之。樊绰《蛮书》：生金，出金山及长傍诸山，藤充北金宝山，土人取法：春冬间，先于山上掘坑，深丈余，阔数十步，夏月水潦，降时添其泥土入坑，即于添土之所沙石中披拣，有得片块，大者重一勈，或至二勈，小者三两、五两，价贵于麩金数倍。

李石《续博物志》:生金,生长傍诸山。取法,以冬或春,先于山腹掘坑,方夏水潦荡,沙泥土注之,秋始披而拣之,有得片块,大者重一勌,或二勌,小者不下三四两,先纳官十分之八,余许归私。《异物志》:云南出颗块金,在山石间采之^{谨案:金有数种,敷金出丽水,一也;澜沧江金沙,二也;长傍块金,三也。块金,今不可得,想其地已沦入怒夷、孟养等界内矣。}(道光《云南通志稿》卷70《永昌府》第9页)

敷金,《东川府志》:产金沙江,土人淘滤,日不过数釐,盖敷金也。(道光《云南通志稿》卷70《东川府》第34页)

矿厂:麻康金厂,在甸东山内,距城一百二十里,开自乾隆二年,历年开采,日久,硐老山空,无人采办,厂课无着,于道光年间停止。宝兴厂,在东南山中,距城四十里,开自乾隆十七年,历年开采,日久,硐老山空,无人采办,课额无着,于咸丰四年地方变乱停止。安南厂,在东南山中,距城一百三十里,开自乾隆十六年,历年开采,日久,硐老山空,无人开采,课额无着,于咸丰四年地方变乱停止。格咱厂,在甸正北山中,距城一百六十里,开自乾隆五十年,历年开采,日久,硐老山空,无人开采,厂课无着,于嘉庆年间停止。(光绪《新修中甸厅志》卷上第14页)

潞江金厂^{在保山县地,康熙四十六年,总督贝和诺开采,额征课金二十四两五钱六分,遇闰不加,乾隆十五年封闭}、冷水箐金厂^{在腾越厅地,嘉庆六年开采,未定额,准其佽收佽解,嘉庆八年封闭}、金龙箐金厂^{在腾越厅地,嘉庆六年开采,未定额,佽收佽解,嘉庆八年封闭}、魁甸金厂^{在腾越厅地,嘉庆六年开采,未定额,佽收佽解,嘉庆十一年封闭}。(光绪《永昌府志》卷22第7页)

《蜀都赋》刘渊林注:永昌有水出金,如糠在沙中。(《滇绎》卷1第670页)

云南金矿,在昔均旺,厥后渐成弩末。永平所产,成色极足,取自土中,或小如绿豆,大如蚕豆,重至数钱者,偶一遇之,均夹有马牙石,每年所出无多。逢春岭素有金矿,龙济光承办多年,岁或二三百两,后亦渐稀,不敷工本,遂停办。惟他郎金厂,所产较多,而色甚低。金沙江沿岸,有人淘洗,岁出无多,余在仁和收买三四两,其值在二十换内外,融炼不过六七成,色亦不足。(《幻影谈》卷下第143页)

《云南路南县调查输出货物表》金类:陆良县输入铁六千一

百觔,东川县输入铜一千四百觔,共计七千五百觔,每百觔平均价一十四元。(民国《路南县志》卷1第57页)

《麻姑金厂新建西岳庙碑记》:《传》曰"天生五材,民并用之。"《书》曰"六府三事允治。"盖材府者,财用之所自出,国家之所并重要,皆天地之所生,鬼神之所造化。而职掌之西岳者,太白之精,其位在庚,当申酉之交,是为金魄,金旺在秋,故属于西,则西岳寔掌金之权,而造化夫金者,惟神是司也。今岁春,余奉公阅厂至麻姑,馆于西岳神祠,环视前后,榱题犹新,神像庄严,阶前古树二株,苍郁特甚,疑其庙之创建非一日矣。询之,众具云:是生员卢建炳新造者也。生相地于龙山之阳,因斯树而成其堂,前构山门,中后殿各三楹,东西两庑俱备,以为厂民祈祝之所,或有公务相与讲约其中焉。余闻而嘉之,召生而语之曰:宝藏兴于山货,财殖于水,而主之者神也,人有求于神,故神能庇人,神苟福于人,则人宜报神,余之心藏于斯久矣。今尔倡此义,建此祠,尔知所以报矣。神既有所依,则人亦有所据,神之福尔于兹也,上可以裕国课,下可以足民财,尔其同得我心乎。生曰:唯唯。既退,悉计其经始之年及落成之日,一切瓦石材木,人工之费,请余记其事,而美其题。余曰:可。夫神聪明正直而壹者也,惟其聪是以无所不闻,惟其明是以无所不照,惟正直而壹是以职有专掌,而人之一诚足以格之,况夫天地生财,以资民用,川岳之奇,原无尽藏,圣天子膺图于无疆,则地不爱宝,神不爱福,山泽气通,将造物之所储蓄,用锡尔民,於吾穷金气之旺,且与国运共昌,而兹庙之兴,亦将极于千万年而不朽矣。尔诸民其谨事之,遂为之颜其额,并书共事之人于石云。(民国《马关县志》卷7第44页)

落却金矿^{距县二十里,旧采今停}、鸭子箐金矿^{距县十五里,旧采今停}、下木腊金矿^{距县五十里,旧采今停}、马固金矿^{前清道咸间,开采最盛,因匪乱停采,今未开办}、马扎冲金矿^{距县五十里,今未办}、古鲁街金矿^{距县六十里,今未办}、菜子地金矿^{清光绪二十二年陈开办,历二年余,陈去后无人继续,今停未办,距县十二里}、大腻科金矿^{距县九十里,今未办}、老厂寨金矿^{距县一百里,今未办}、岩脚金矿^{距县九十里,今未办}、油房坡金矿^{距县一百四十里}、有卡金矿^{距县一百四十里}、茅草坪金矿^{距县一五里,今未办}、漫瓦金矿^{距县八十里,今未办}。

（民国《马关县志》卷10第11页）

《中甸之金矿》:迤西中甸郡治地面寥廓,以接近西藏高原,故蕴藏矿产极富,金、银、铜、铁等矿则随在皆有焉。其间以产金之地为最多,求金矿者向四山罗掘,亦不审其有无矿苗,惟乱挖乱掘之耳,然有时亦有矿接(结),就此而发得大财者亦不乏人。在宣统二年(1910)间,有郡之土人某某等掘金矿于小中甸境内之某山间,掘深二丈余,即有金矿发现,少少的金珠金片函于石缝中,便决其有大矿在下也,乃尽力挖掘,又略略见点金片函于矿脉中,复深挖之,又不见有矿结,既而深挖至十有余丈,仍无所获。领其事者,以资力告竭,欲罢手停工,然有二三不甘心于是者,复跟进而求之。一日、二日,又深入丈许,突然于泥土中掘着一坚逾于常之硬石,则刨而出之,却沉重无比,嗣竭两人之力,始将此石由洞槽内搬出,以水洗涤,而皮上却紫绿斑驳,而又似石非石,形则五张六角,以是不知其为矿为石。有一稍具知识者曰:如此坚结,如此沉重,殆为璞玉乎,盍碎其一角,则可辨认矣。遂有一力气猛者,抬起此石,向一坚而且大之山石上摔去,匎匐一声,山石则片片纷飞,此多角形之物仍尖突如故,众无奈其何,便投而弃之。时天气严寒,众不能耐,乃析薪刈草,掘坑燃火,以求温暖。此五张六角之硬石适在火旁,一好事者曰,此怪物也,以火烧之,看其变动如何。石入于火,约二三小时,烟亦消,火亦灭,查看此硬石果然变色。此好事者即举锄而敲击之,石则片片剥落,复一再敲击,随有金质现出,于是尽力去其外护石皮,乃一团黄金也。其形若何,直一人身下截,有腰、有脐、有腿、有膝,且有臁、有跗焉,高约六寸余,重至二十余斤,上则断痕宛然,有类刀切断者。众人得宝,亦不考求此物何为而具此形,其天造之欤? 地成之欤? 抑人造之欤? 都不计也;惟喜极狂极,但云挖得半节金娃娃。持入城市货售,当不易于求主,嗣为在中甸收买麝香之鹤庆巨商某所见,遂以砂金论价,权之,得三百四十余两,每金一两售十二两银。是次开挖山矿,与其事者计十有一人,每人亦分润得三十两金子之价值,一一俱由此致富,某巨商系以贱价而买获此一些金两,其获利也可知。越二年,此山之后面因雨水而石土崩塌,现出一堵半土半石之崖壁,石土中则有金点灼烁,一般土人知其间必有金矿蕴藏,遂群起而向是处挖掘,然亦立有草约,得矿则利益均沾,约攻入二三丈深,即创出金子一大团,视之形如一只大熊掌,且五趾分明,权之重十四斤四两。此一班人得此一重大宝物,不禁欢喜欲狂,盒曰:不意得此一只熊掌,亦不让于某某等之挖着半截金娃娃,共持此而入城售卖,仍为住于中甸之鹤庆某巨商所获。论中甸金矿固多而且旺,惟产出之金不是金片金瓣,纯是一粒一粒的金砂,金砂则含于矿石中,采得此种矿石,须将石研细,用水银入里,金砂即与水银熔和,可能凝聚成团,此而置于炉火上烘焙,水银则化轻气散去,金砂仍凝聚成团,是则金色灿然。云其形质,有类于一颗兔屎,故中甸所产之金,人都呼兔屎金。兔屎金之成色,实不及他处所产之瓜子金和叶子金,只能与一些江边上所产之砂金相等。其成色高者能有八成金,低者只六七成,然亦有结聚一大块,一大团者,是则能有九成,或至九二三、九五六,但不能常有也。大中甸境内有一地处,名天生桥,距中甸城二十五里,是处确有一大金矿。在前道光年间,曾有多数人在此开采,采出之金,传云应以若干万数两计;且云,是处金矿是一层泥、一层砂,取尽砂,金矿即现。金矿则是一些大粒大粒的砂石,每一大粒砂石中都函有若干粒净金,每粒亦能有一芝麻大,此种砂粒极易于熔细,故提取金子不难。且此种金质较净,成色殊高,故在当时中甸之金子颇有名。又据人云:此矿不止一层藏蓄于地下,是掘尽上面一层矿,再下掘,仍是一层泥土一层砂,砂下复有矿结。咸丰初年间,已在开采第二层,第因时世不靖,遂无人往治其事。兼之,咸丰之某一年间,中甸一带地震,有一座小土山崩垮,地面上之水流竟有更变,于是,此一大金矿便发生重大问题。因发生问题而不能解决,此一矿地遂废。按:此矿厂原系在一条小江边上,矿地是常能为水淹没。道光年间,开采此矿,以人力财力充足,能设法将水撤开,使陆地现出,故可以采矿,盖由是时之江水不大,淹没不深耳。讵意地势变更后,则另有一小河来与此一条小江合,于是江水便大,淹没便深,矿地又早已掘成一深坑,今江水流至是处,竟起漩涡,可知其深必至数丈也。江水又是在一大山峡中而流,两边之山亦相当高大,矿地是居于一座石山脚下,今且不只被水淹没,复有一最大之障碍当前。原日矿地只不过能为水淹,山岭毫无问题,一自矿厂废后,约有四五年,此一座石山下忽淌下一股悬流,可粗及抱,质而言之,直是一瀑布也。此悬流则注于江边,时时雪浪翻空,人不敢近,此又逼近于水起漩涡处,以是,一般人于此金矿徒知之而无奈之何也。今日之人都云能克服一切困难,此当不难制。又迤西木里,为土司所辖地,与鹤、丽、永北三治之边壤接近,其地面尤多与永北接壤。木里地面廖廓,广袤约在四五百里,但山岭层叠,人迹稀焉,而此带地处虽为土司所有,实则属于四川盐源也。木里之区域内,五金矿产俱富,尤以金矿称最。所产之金,大都为瓜子金或金块,其大块者能重至十数两,土人掘得,则贡之土司官,不敢作为自有也,土司官亦付以轻微之值,得者亦不敢争多论少,此惯例也。以故,木里土司藏金最富。木里又毗连西藏,所谓之土司官恒以金子运至藏地,向英人购致军火,故木里土司之武力殊强,汉人欲在其区域内采矿,则不可能。惟前五十余年,有丽江人杨某,入其境内,佐土人采矿,竟掘得一大团生金,其形直是一卧牛,其身高约四寸,长约七八寸,有头有尾,有角有蹄,无一不分明,其色诚灿然烂然,而尤类于一人工造成者,惟金质终不纯净,只等于金江一带之砂金。事为土司官所悉,竟强取而去,杨某只得到赏号二百两银。顾此一事。鹤、丽、剑三属及中甸、永北两处人多知之。余友陈受经随张汝骥至其地处,亦闻地方土人有此一说,足见天地之造化,竟有若是之奇。又由维西城北去一百六十余里,当一四无村寨处,有一纯而不杂之铁山在望。此在二三百年前,原系一座土山,只以有泥土而无草木,年年被雨淋水冲,面上浮土刷尽,便现出本像来,直是一座大铁山。曰铁山者,以整座山都由大团小团之铁矿集成也。有人测量,高约里余,山麓周围约六里余,以其荒远也,遂无人顾问耳。顶批:维西松木极多,能年产荃十数万斤,且特产一种黄木耳,出产数量亦不少,中甸则无此二物,却产贝母、冬虫草。(《云南掌故》卷13 第418 页)

《卡瓦山闻见记·公明山》:公明山,应在何地?此中英续议缅甸条约中之最大问题,亦滇缅界务之最大争执所在,世人留心边务者,多能言之。余至岗猛,……大南滚河流入,其地产金沙,故土人称为金河。李希哲命从人试淘,获金粒大如瓜子。(《滇西边区考察记》第 3 篇第 23 页)

矿产:金厂,多在苏汲河流域及抓子河流域。金沙江边多产沙金,土人有淘金渡日者,每日得金一二分,或几厘,土司课以金税,每年八十两。此带地域,系古代河床,有明代之木天王金洞,沿河两岸,有古洞百十,其洞如井,深及百尺,传说木天王有一照宝镜,取镜照之,能看见地层里藏着之金银宝物。万历、天启间天王带领工人,曾到其间,开挖金矿,取去万镒之多云。查抓子河边,有所谓"万担坪"者,系一砾岩组成之地层,藏金颇富,谚曰"打开万担坪,世上无穷人"即指此地也。然土府例严,禁止人民开挖,货弃于地,诚可惜也。(《宁蒗见闻录》第 1 篇第 40 页)

矿物类。甲金属矿物,金矿:山金、麸金、瓜子金、桂花片金。沙金、乌金产地都在抓子河流域及金沙江两岸。(《宁蒗见闻录》第 2 篇第 71 页)

金,出雁山,古金矿硐在焉。明初,筑城跨山之巅,硐口闭塞。(楚雄旧志全书"楚雄卷上"嘉庆《楚雄县志》卷 1 第 640 页)

金,出雁山。明初筑南城跨山,硐口闭塞。详《杂著·古迹》篇。(楚雄旧志全书"楚雄卷下"宣统《楚雄县志述辑》卷 4 第 1050 页)

金穴,在南城内雁山,古有金矿硐。相传明初都督袁义筑城,跨南山之上,硐口闭塞。又仓坝水经年不涸,相传明时土人放鸭坝内,食鸭破肚,有细金沙如粒,遂有卖鸭不卖肚之说。(楚雄旧志全书"楚雄卷下"宣统《楚雄县志述辑》卷 10 第 1235 页)

第十一课《金》:金产山石中或沙河内,色黄有光泽,质软体坚,永不生锈,富于延展性,可抽成金丝,打为金箔,杂以银铜可制钱币、首饰等件。距我邑七十里之金沙江,所产金沙粒小如蚊

目,土人淘之仅可度日。(楚雄旧志全书"元谋卷"光绪《元谋县乡土志》修订本卷下第397页)

沙金,县境江岸河沙内多含金质。每值水落时,淘金者用小木船盛沙置水中漾之,沙泥去净,金留船底木缝中即可捡出,复积沙金于稍大之木船,再用水荡净杂沙,入水银滚之成团,再用火烧炼成纯金,每人每日平均可淘三分有奇。(昭通旧志汇编本民国《绥江县县志》卷3第907页)

《古迹》:金厂硐在礼义乡上甲,昔年曾于此硐内采掘金矿。(昭通旧志汇编本《大关县志稿》卷3第1316页)

相关文献

明巡抚沈儆炌《请蠲贡金疏》,见天启《滇志》卷23第767页、康熙《云南通志》卷29第574页、乾隆《开化府志》卷10第26页、民国《马关县志》卷7第10页。

煤矿

仙人骨 在州东南二十里,山产煤炭,中有碎石如朴硝,人掘而粉之,以敷疮疾,立效,俗传仙人曾化于此。(万历《云南通志》卷3《楚雄府》第7页)

己卯四月十三日……是溪之东田洼间,土皆黑坟,土人芟其上层曝干供爨,盖煤坚而深入土下,此柔而浮出土上,而色则同也。(《徐霞客游记·滇游日记九》第1058页)

楚雄府,……石吠山,州东南二十里,产煤炭。(《读史方舆纪要》卷116第5136页)

木煤 出昆明山中,土人掘地数丈得之,状类樑柱榱栋,或如大树,皆条理有文,烧之火焰异于他煤,间有于煤中得铜铁佛像及砧臼诸器者,质皆柔腐易化,不知何代物也。(康熙《云南通志》卷30第585页)

木煤,产西北山中,土人掘地数仞得之,状类梁柱榱桷,或如大树,皆有条理,爇之,焰异他煤。间有于煤中得铜铁佛像及砧

曰诸物者,质皆柔腐易化,不知何代物也。(道光《昆明县志》卷10第9页)

木煤,《腾越州志》:城东南雷起,潜之田土壤皆黑,土人谓之海粪,如煤而实土,取以代薪,其地掘即坟起,数百年来,岁取之不加深,其木煤乎?(道光《云南通志稿》卷70《永昌府》第22页)

煤,鸟格旺,矣那味旺甚,布沼坝旺甚,燕子窝苗衰停办,高老庄旺,阿嫫觅旺,果充苗衰停办,他你白荒废。(《阿迷州志》册2第507页)

煤矿,产于距城七十里之帕乃龙,道光间开办,今停。煤产于距城三十里之笼乔,矿脉稍小,产额亦稀。阿了、龙戈毕、黎家庄均产煤炭。西舍克,距大铁五里,产煤,其质甚旺。煤产于距城百里之古辙,矿脉甚大,其质亦佳,现已开采。(民国《邱北县志》册3第17页)

花枝格煤矿距县十里,煤质坚硬,黑如漆,光如镜,惟地方柴薪尚多,以煤作燃料者甚少,故采煤者亦时作时辍、小马白煤矿距县五里,其情形与花枝格相同、落却煤矿距县二十里,其情形与花枝格相同。(民国《马关县志》卷10第11页)

杨永榮《大兴矿产》:煤矿,产大兴阿洒界中,出土者不少。民国三十年,罗博士紫台率有经验之技师,详细踏勘,寄省化验,质颇佳。同时有云绅争执地界,迳禀上峰,罗博士闻之,即呈请政府作为官商合办,已蒙批准在案,因铁路停修,尚未经始开采,若铁路又续修,乃吾顺利源所在也。蛮朵观间阁龙山之麓,深涧中产磺矿,昔曾开采,光绪间参将禹尧阶亦亲往督工继开,得矿质最佳。(民国《顺宁县志初稿》卷13第11页)

煤,人多不用。碍嘉四境硗瘠,此外并无贵重华美之物。(楚雄旧志全书"双柏卷"乾隆《碍嘉志》第233页)

煤矿,县东十五里,高峰哨有露天煤,无人采用。在清光绪初年,长坡小松林内尚喷出清烟一缕,经年不熄,知山腹中必有煤炭燃烧也,清季乃隐。(楚雄旧志全书"南华卷"民国《镇南县志》卷7第631页)

煤(附):煤炭有二种,一名乌金,东、南、北区如凉风台、偏石板、沙子坡等处出产甚丰,开采亦众,全城然(燃)料悉以是赖。唯近年出产多含硫磺质,令人发嚏,有碍卫生焉。一名柴炭,西溪噜、三善塘、后海子,南区乾河等随地皆产,该地农民每届冬季,择地开采,次年春深便行停止,盖恐雨水一至,遂难采办也。二者发火之性,柴煤较煤炭为低,且然(燃)烧时火烟弥漫,未若煤炭之无烟,至其火力经久,则尤较煤炭远甚矣。(昭通旧志汇编本民国《昭通县志稿》卷5第387页)

铅矿

益州郡,律高,监町山出银、铅。羊山出银、铅。(《后汉书·郡国志》第3513页)

铅^{各银场}俱出。(正德《云南志》卷4《临安府》第208页)

黑铅^{广通县}出。(正德《云南志》卷5《楚雄府》第245页)

雍正七年秋八月,总督鄂尔泰奏:"征卑浙、块泽铅课。"(《滇云历年传》卷12第605页)

卑浙(浙)倭铅厂,坐落罗平州地方。块泽倭铅厂,坐落平彝县地方。(雍正《云南通志》卷11)

凡铅厂四。有白铅,俗称倭铅,烧铅以瓦罐,炉为四墙,矿煤相和入于罐,洼其中,排炉内,仍用煤围之,以韝鼓风,每二罐或四罐称为一乔,为炉大小,视乔多寡。有黑铅,俗称底母,炉与银厂同,定例每百斤抽课十斤,充公五斤,通商十斤。通商铅每百斤仍抽课十斤,充公五斤。课铅变价充饷,公铅变价充公,以支廉食。自一两八钱二分至二两余。铅每百斤工本银:白铅自一两二钱八分至二两,黑铅自一两四钱五分至一两六钱八分四厘。每工本银一百两扣余平银一两五钱,亦充公,按年分册造报。卑浙厂,在罗平境;块泽厂,在平彝境,均平彝县知县理之,雍正七年开,今实办供省局白铅二十一万九千七百六十九斤零,课铅变解银三百九十九两九钱八分,公铅变解银一百九十九两九钱二厘,余平扣解银六十七两八钱八分六厘,通商课铅变解银一百三十五两七钱七分二厘,公铅变解银六十七两八钱八分六厘。闰加铅一万九千一百一十四斤,课公变价余平银并加办供省局。黑铅三万三千四百一十五斤,课公铅变解银六十四两五钱。者海厂,在会泽东南,铅矿出于矿山银厂,移矿就炭,至者海烧炉,因名,会泽县知县理之,乾隆二年开,办供东川局铸,以裁局停。嘉庆八年复开,代建水县普马厂办供省局白铅二十一万九千七百六十九斤,抽课、充公、加闰与卑、块二厂同,惟变价每百斤银二两,二十二年,东局复开,兼办供东局白铅一十五万六千九百七十七斤零,闰加一万三千八十斤,课公变价与省同。阿那多厂,会泽县知县理之,办供东局黑铅一万一千九百三十三斤零,每百斤抽正课铅十斤,闰加九百九十四斤零,课铅变价同白铅。妥妥厂,在寻甸西北,又西为双龙铜厂,寻甸州知州理之,乾隆十三年开,铅运省店销售,获息充饷,今实办供省局黑铅三万三千四百一十五斤零,每百斤价脚银二两一钱,遇闰加增额办省操铅二万斤。(《滇南矿厂图略》第538页)

铅,李时珍《本草纲目》:草节铅出犍为,银之精也。《天工开物》:凡产铅山穴,繁于铜、锡。其质有三种,一出银矿中,凡炼白银,初炼和银成团,再炼脱银沉底曰银矿铅,此铅云南为盛。(道光《云南通志稿》卷67《通省》第5页)

铅,《楚雄县志》:出永盛厂,取矿砂煎成,铅多银少,铅乃银之母,银乃铅之精也。(道光《云南通志稿》卷69《楚雄府》第24页)

铅,常璩《华阳国志》:堂琅县出铅。《东川府志》:白铅产者海,黑铅产阿那多。(道光《云南通志稿》卷70《东川府》第34页)

铅,《汉书·地理志》:律高东南盘町山,出铅。(道光《云南通志稿》卷70《广西直隶州》第45页)

铅,檀萃《农部琐录》:在跨兴马甸尾村,曰多宝厂。(道光《云南通志稿》卷70《武定直隶州》第48页)

狮子山厂,产铅矿,在东区,距城九十里,离大池江四里,山势高耸,业主杨姓,前曾开采兴旺,因兵燹停歇。林口铺厂,产铅矿,在东区,距城五十里,离星村大路半里,山势低平,业主杨姓,现始开采,尚未见效。……紫龙厂,产铅矿,在东区二十里,离曰博邑大路一里,山势高凸,业主清水塘赵姓,前曾采炼兴旺,后因矿洞深陷停歇。……阿慈村厂,产铅矿,在南区五十五里,离禄丰村大路半里,山势高耸,厂主李姓,前已开采见效,因不得镕炼之法停歇。(民国《路南县志》卷 1 第 45 页)

五口洞铅矿^{距县六十五里,今未办}、铅厂寨铅矿^{距县三十里,今未办。}(民国《马关县志》卷 10 第 12 页)

铅^{楚雄永盛厂,矿砂煎成,铅多银少,铅乃银之母,银乃铅之精也。别厂无出。}(楚雄旧志全书"楚雄卷上"康熙《楚雄府志》卷 1 第 193 页)

铅,出永盛厂,取矿砂煎成,铅多银少。铅乃银之母,银乃铅之精也。(楚雄旧志全书"楚雄卷上"嘉庆《楚雄县志》卷 1 第 640 页)

铅^{出州治南六十里。地名铅厂,矿少出,无时少采者。}(楚雄旧志全书"南华卷"咸丰《镇南州志》第 129 页)

铅厂,在古寄庄乡倮㑩洞村,距县一百里许。铅厂也,当清代乾隆间厂情甚旺,今观旧财神庙及厂居遗址各处石基犹存。清光绪间,有严静轩、张小坪、宋子义、唐金山、朱开礼集资采办,获铅数百斤,拟炼白银,但因炭贵,转不如卖铅,然铅价又廉,遂停。朱即本村夷民,岁就所居之牛栏倚山处,仍独自开采,不时卖铅。监因呈请彭县长给之照,有开采权。(楚雄旧志全书"南华卷"民国《镇南县志》卷 7 第 631 页)

铅,出禄劝甸尾,供省局鼓铸。每百斤价银一两五钱,选脚六钱。(楚雄旧志全书"武定卷"光绪《武定直隶州志》卷 4 第 376 页)

铅矿:产于安乐乡落柯坝,昔曾开采,将铜矿运至两合岩后阿铅厂,鼓铸成铅,后停。(昭通旧志汇编本民国《盐津县志》卷 4 第 1701 页)

水银

汞,即今水银,滇中亦有水银厂。(《滇海虞衡志》第64页)

水银,檀萃《滇海虞衡志》:汞,即今水银,滇中亦有水银厂。(道光《云南通志稿》卷67《通省》第5页)

(矿石之属十四)洗马塘水银厂,其矿甚旺,道光年冯德有开办,起家致富,世乱停。光绪初,有人复办,无效。(民国《邱北县志》册3第17页)

水银,亦产于卡洗坡之箐中,土人暗中抠取草皮矿,用土法炼冶,带至丽江及康定发售,然无人正式开办,辟为厂务者。(《宁蒗见闻录》第1篇第43页)

锑矿

锑,都比极旺。(《阿迷州志》册2第508页)

滇南边地,亦产锑矿,藩司沈幼岚方伯任内,初委新化魏方伯至广南,湘潭陈克昌笈楼到开化,同时开办。陈就府城平安厅旧署,设炉收炼,由湘南招雇炉师多名,随带应用器具,炼出生锑数十吨。余二次权开化,其炉即在府署隔壁。询知各锑产地,远近不一,有相隔四五站者,驮运维艰,又无成仓,矿洞多在山面,如吾湘所云"鸡窝矿",数日即尽,渐难继续,以至停炉。且生锑由火车出口,运费甚巨,香港生锑价值甚低,亏本不少。于是湘人杨度,学炼纯锑,呈请政府准其专利。沈约其到滇开办,杨索款十万,现交五万,以五万入股,改组宝善纯锑公司,以梁和甫入滇主办,久无成效,旋于弥腊地建筑纯锑炼炉厂屋。余归时尚未完工,曾入股本五百元,票摺顶与门生孙懋功,后未闻问。(《幻影谈》卷下第145页)

(矿石之属十四)锑矿二区在距城一百二十里之拖克普阳,

虎革厂，一百四十里之山林果树寨，民国四年，云南宝华锑矿有限公司开办，出矿尚旺，惟香港销路停滞，民国五年停办。（民国《邱北县志》册 3 第 17 页）

铁矿

越嶲郡，台登出铁。会无出铁。（《后汉书·郡国志》第 3511 页）

益州郡，滇池出铁。（《后汉书·郡国志》第 3513 页）

永昌郡，不韦出铁。（《后汉书·郡国志》第 3514 页）

越嶲郡，台登县山有碕，火烧成铁，刚利。（《华阳国志》卷 3 第 314 页）

越嶲郡，昆明县有铁。（《新唐书》卷 42 第 1083 页）

昆明县，铁石山山有碕石，火烧之成铁，为剑戟极刚利。（《太平寰宇记·剑南西道》卷 80）

产铁之所，……云南省曰中庆、大理、金齿、临安、曲靖、澂江、罗罗、建昌。（《元史·食货志》卷 94 第 2378 页）

天历元年岁课之数，铁课：云南省，一十二万四千七百一斤。（《元史·食货志》卷 94 第 2384 页）

铁矿^{州南三十五里，有山曰险陵岗，产铁矿，官立铁冶所，以赋其利。}（景泰《云南图经志书》卷 1《昆阳州》第 57 页）

铁矿^{出州治之东于索鼻山，岁输铁四万五千斤。}（景泰《云南图经志书》卷 5《邓川州》第 279 页）

铁^{安宁州出。}（正德《云南志》卷 2《云南府》第 122 页）

铁^{河西、蜪峨二县出。}（正德《云南志》卷 4《临安府》第 208 页）

铁^{定远县出。}（正德《云南志》卷 5《楚雄府》第 245 页）

铁^{新兴州出。}（正德《云南志》卷 6《澂江府》第 277 页）

铁^{出罗求场等处。}（正德《云南志》卷 6《蒙化府》第 299 页）

铁^{出陆凉、沾}益二州。（正德《云南志》卷9《曲靖府》第383页）

铁^{出南山}关。（正德《云南志》卷12《北胜州》第499页）

（兰津桥），旧在（景东）府西南，跨澜沧江上。……熔铁为柱，以铁索系南北为桥。自古称为巨险。《读史方舆纪要》卷一百十六《景东府·兰津桥》条引。（《云南古佚书钞·滇纪》第107页）

永昌军民府永平县，……又有花桥山，产铁矿。（《明史·地理志》卷46第1188页）

小东界铁厂①，坐落大姚县地方；鹅赶铁厂，坐落镇南州地方；只苴铁厂，坐落和曲州地方；马鹿塘铁厂，坐落和曲州地方；矣纳铁厂，坐落和曲州地方；河底铁厂，坐落和曲州地方；平地喷水滩铁厂，坐落和曲州地方；大麦地铁厂，坐落和曲州地方；三家铁厂，坐落和曲州地方；双龙叠水铁厂，坐落和曲州地方；白衣关铁厂，坐落易门县地方；迷末铁厂，坐落易门县地方；三山铁厂，坐落陆凉州地方；红路口锅铁厂，坐落马龙州地方；龙朋里上下铁厂，坐落石屏州地方；路南小水井铁厂，坐落石屏州地方。……阿幸铁厂，坐落腾越州地方；苴芁铁厂，坐落定远县地方；甲甸骂剌铁厂，坐落和曲州地方；鹅脯子铁厂，坐落嵋峨县地方；法泥打矿山铁厂，坐落禄丰县地方。（雍正《云南通志》卷11）

有龙朋里小水甸铁厂一处，向系临元镇经管，以备修理军器取用，嗣查明归公，拨州管理。每年额纳铁课银一百两，解司充分，均系土著百姓，轮充炉头承办。（乾隆《石屏州志》卷3第34页）

凡铁厂十有四，有闰之年，共课银二百九十两一钱五分八厘。尤闰之年，共课银二百八十一两五钱三分。石羊厂，南安州知州理之。鹅赶厂，镇南州知州理之。三山厂，陆凉州知州理之。红路口厂，马龙州知州理之。龙朋里上、下铁厂，石屏州知州理之。小水井厂，路南州知州理之。河底厂，鹤庆州知州理之。阿幸厂、沙喇箐厂、水箐厂，均腾越厅同知理之。滥泥箐厂，

----

① 各"铁厂"字下，原本有课程等详情，为双行小注，今略未辑。

碯嘉州判理之。椒子坝厂,大关同知理之。老吾山厂,易门县知县理之。猛烈乡厂,威远同知理之。(《滇南矿厂图略》第538页)

铁,《元史·食货志》:产铁之所,在云南省曰中庆、大理、金齿、临安、曲靖、澄江、罗罗、建昌。(道光《云南通志稿》卷67《通省》第5页)

铁,司马彪《后汉书·郡国志》:滇池县出铁。《一统志》:出昆明、易门二县。(道光《云南通志稿》卷69《云南府》第3页)

铁,章潢《图书编》:铁,河西、嶍峨出。《嶍峨县志》:铁,出红石岩厂、山后厂、六竜厂、新厂。《石屏州志》:有龙朋里小水甸铁厂。(道光《云南通志稿》卷69《临安府》第18页)

铁,《镇南州志》:出鹅赶厂,去城西五十里,土人用以铸锅及农器。《定远县志》:苴芄村出,可冶铸盐锅,本县官行销黑、琅二井。(道光《云南通志稿》卷69《楚雄府》第24页)

铁,章潢《图书编》:新兴州出。(道光《云南通志稿》卷69《澄江府》第27页)

铁,常璩《华阳国志》:賁古县山出银、铅、铜、铁。《一统志》:陆凉、沾益二州出。《南宁县志》、《马龙州志》:并出铁。(道光《云南通志稿》卷69《曲靖府》第38页)

铁,谢肇淛《滇略》:麽些蛮出。(道光《云南通志稿》卷69《丽江府》第42页)

铁,司马彪《续汉书·郡国志》:不韦出铁。《腾越州志》:今阿幸等处,尚有铁厂。(道光《云南通志稿》卷70《永昌府》第11页)

铁,《东川府志》:出募魁大水塘。(道光《云南通志稿》卷70《东川府》第35页)

铁,《蒙化府志》:出西山百里外,一本而分刚、柔二种,因炭远硐深,采取甚难。(道光《云南通志稿》卷70《蒙化直隶厅》第41页)

铁,《唐书·地理志》:襦州、昆明县有铁。(道光《云南通志稿》卷70《永北直隶厅》第43页)

铁,《武定府志》:出大麦地厂、鸥苴厂、矣纳厂、落地厂、赵普厂、河底厂,以上五厂[①],在和曲州境。者寡村全流厂、甲甸村只苴厂,以上二厂,在禄劝州境。《禄劝州志》:出骂喇、甲甸、遮乌箐三处。(道光《云南通志稿》卷70《武定直隶州》第47页)

阿幸铁厂在腾越厅地方,雍正六年开采,额征银五十两。道光九年收盈余银五十两、沙喇箐、水箐二铁厂在腾越厅地方,各征银四两,遇闰加收银三钱三分三厘、东山铁厂在保山县地方,额征银十五两。(光绪《永昌府志》卷22第8页)

铁,采访:产困思龙山。(光绪《续修顺宁府志》卷13第20页)

瓦子山铁矿距县六十里,现在试办。(民国《马关县志》卷10第12页)

来福村厂,产铁,在南区八十里,尚无人开采。……尾乍黑左席厂,产铁矿,在东区八十里,本村大路侧,山势高耸,前曾开采见效,因无销路停歇。(民国《路南县志》卷1第47页)

(矿石之属十四)铁,产于绿竹厂,距城百二十余里,山脉自布亚大山来,高数百仞,含质甚富,约计百斤,可炼铁六十斤。下厂名曰狼歇本城居玉堂,民国三年开办,著有成效,诚旺厂也。且属露矿,遍地捡之,不事攻凿,即可鎔化成铁,继因世乱停。……铁厂,那苴村西十一里,其质亦旺。……铁矿,距城六十里之当甸,清光绪三十一年开办,距城七十一里之得苴,清宣统元年开办,现均停止。(民国《邱北县志》册3第17页)

铁:西龙潭坡未开采;山林果树未开采。(《阿迷州志》册2第508页)

铁矿:毛铁、钢铁,产地在抓子河、利支河等处。(《宁蒗见闻录》第2篇第72页)

铁定远县苴充屯、镇南州鹅赶厂皆出,土人用以铸锅及农器,资利用焉。(楚雄旧志全书"楚雄卷上"康熙《楚雄府志》卷1第193页)

铁,卧象山产。(楚雄旧志全书"双柏卷"乾隆《碍嘉志书草本》第106页)

---

① 五厂　　按文意有六厂。

铁在铁厂,今归南安征解。(楚雄旧志全书"双柏卷"乾隆《碌嘉志》第 233 页)

藤子阱铁厂,摩遮租,衰,二十九里,距野牛厂河三十里,距海资底二十里,有矿无煆,无人兴办。麻戛铁厂,碌嘉,旺,三十五里,距麻戛河四里,距麻戛村三里。(楚雄旧志全书"双柏卷"民国《摩刍县地志》第 299 页)

铁,苴芜屯出,可冶铸盐锅。本县官行销黑琅二井,每年解课银二百四十两。(楚雄旧志全书"牟定卷"康熙《定远县志》第 36 页)

铁_{出鹅赶厂,去城西五十里,土人用以铸锅及农器,资利用焉。}(楚雄旧志全书"南华卷"康熙《镇南州志》卷 1 第 8 页)

铁_{出州治西五十里。鹅赶厂土人采以铸农器及釜。}(楚雄旧志全书"南华卷"咸丰《镇南州志》第 129 页)

鹅赶厂,在英武乡,距县九十里铁厂也。清乾隆间,产铁最旺。有萧、王、刘、鲁、李、段六姓人寻以开采。如铁厂河即旧日炼铁区域,凡老厂、锅厂、大炉上铸锅之原料,胥集于此。清光绪间,廪生周维藩、附生包德华曾集资循旧□铁质五。但付炉冶之而不分汁,事遂寝。最近□正富、段翰章等又集资开办□,工人不愿,□鹅赶厂之矿既不能办,而老厂铸锅工业又需铁孔殷,于是段翰章、段文典诸人因勘寻石冠山,亦有矿苗,遂往开采,而山主周锡麟不许他人占先,乃自行集资开办,已呈报省建设厅立案云。(楚雄旧志全书"南华卷"民国《镇南县志》卷 7 第 631 页)

铁_{出大麦地厂、鹪苴厂、矣纳厂、落拖厂、赵普河底厂,以上五厂,在和曲境内。者寡村全流厂、甲甸村只苴厂,以上二厂,在禄劝境内。}(楚雄旧志全书"武定卷"康熙《武定府志》卷 2 第 82 页)

铁,出大麦地厂、鹪苴厂、矣纳厂、(落拖厂)、赵普关河底厂,以上五厂,在武定州境。者寡村全龙厂、甲甸村只苴厂,以上二厂,在禄劝县境。(楚雄旧志全书"武定卷"光绪《武定直隶州志》卷 4 第 376 页)

第十二课《铁》:铁为金属中最有用之物,灰白色。性分三种:生铁性软,可制锅釜;钢铁性硬,可制刀枪;熟铁性软,可制铁

轨、铁片。我邑西南方之大湾山皆产之。（楚雄旧志全书"元谋卷"光绪《元谋县乡土志》修订本卷下第 397 页）

铁：铁矿各区皆有，唯二区之中铜乡，三区之板桥沟、罗汉坪等地矿区极宽，矿苗最旺，铁质尤精。清乾嘉间至为发达。矿苗皆生岩石中，凿洞挖矿有深至数里者。冶法通用头二镰炉冶出铁块，再用以铸锅铧并制各种农器。当时有锅厂四家、铧厂六七家，除铸造外，尚有生铁运川出售。咸同后，或因乱停止，或洞老炉衰无复兴办者。今日中村乡陈氏铁厂一家，县境应用锅、铧铁器，反自泸、叙运来，打铁工人百余人，仅足谋生而已。（昭通旧志汇编本民国《绥江县县志》卷 3 第 907 页）

铜矿

益州郡，俞元，怀山出铜。来唯，从陬山出铜。（《汉书》卷 28 第 1601 页）

越嶲郡，邛都，南山出铜。（《后汉书·郡国志》第 3511 页）

益州郡，俞元，装山出铜。贲古，采山出铜、锡。（《后汉书·郡国志》第 3513 页）

梁水郡，梁水县有振山，出铜。（《华阳国志》卷 4 第 453 页）

产铜之所，……云南省曰大理、澂江。（《元史·食货志》卷 94 第 2378 页）

铜，……在澂江者，至元二十二年，拨漏籍户于萨矣山煽炼，凡一十有一所。此铜谋之兴革可考者也。（《元史·食货志》卷 94 第 2380 页）

时珍曰：铜有赤铜、白铜、青铜。赤铜出川、广、云、贵诸处山中，土人穴山采矿炼取之；白铜出云南；青铜出南番。惟赤铜为用最多。（《本草纲目》卷 8）

铜矿　在州东南一百里札龙村，有山产铜矿，岁纳铜课。（景泰《云南图经志书》卷 2《路南州》第 115 页）

青绿矿^{出海东鸡足山顶岩穴中。}（景泰《云南图经志书》卷5《大理府》第262页）

铜、锡、黑铅^{皆出赵州白崖。}（景泰《云南图经志书》卷5《赵州》第274页）

铜^{出宁州}。（正德《云南志》卷4《临安府》第208页）

铜^{出路南州}。（正德《云南志》卷6《澄江府》第277页）

自然铜^{出山外里。}（正德《云南志》卷6《蒙化府》第299页）

紫铜^{出盟庄坝，色紫而赤}。（正德《云南志》卷12《北胜州》第499页）

又有铜矿十九所，铅矿四所，碌矿一所。（《滇略》卷3第234页）

铜墙，《神异经》云：西南裔外老寿山有宫，以黄铜为墙。（天启《滇志》卷32第1042页）

己卯三月二十五日……半里，有峡直东者，为铜矿厂道。东南逾冈坳者，为门槛、炉塘道，乃折而从东南。（《徐霞客游记·滇游日记八》第1034页）

己卯三月二十六日……此脊之东，水下稻场南峡中，西南水下炉塘。……其南垂纤绕而拖峡者，为炉塘所依。余初拟从间道行，至是屡询樵牧，皆言间道稍捷而多岐，中无行人，莫可询问，不若从炉塘道，稍迂而路辟，以炭驼相接，不乏行人也。其岐即从脊间分，脊西近峡南下，其中居庐甚殷，是为旧炉塘。由其北度峡上，即间道也。由其东随峡南下，炉塘道也。余乃南下坡，一里，至峡底。半里，度小桥，随涧西岸南行。其涧甚狭，中止通水道一缕，两旁时环畦如栖椊。四里，稍上，陟西崖而下，半里，始有一旁峡自西北来，南涉之。又沿西崖渐上。五里，盘西崖而逾其南嘴，乃见其峡甚深，峡底炉烟板屋，扰扰于内，东南嵌于峡口者，下厂；西北缀于峡坳者，上厂也；缘峡口之外，南向随流下者，往顺宁之大道也。余从岭上西转，见左崖有窍，卑口竖喉，其坠深黑，即挖矿之旧穴也。从其上西行二里，越下厂，抵上厂，而坑又中间之，分两岐来，一自东北，一自西北，而炉舍踞其中所出皆红铜，客商来贩者四集。……其处树箐深窅，山高路僻，幸有炭驼俱从此赴厂为指迷。（《徐霞客游记·滇游日记八》第1035页）

己卯八月初一日……右甸在永昌东一百五十里，在顺宁西一百三十里。其东北邻莽水之境，正与芦塘厂对；其西南邻鸡飞之境，正与姚关对。（《徐霞客游记·滇游日记十二》第1170页）

腾越州，……西北有明光山，有银矿、铜矿。（《明史·地理志》卷46第1189页）

给事中殷正茂言："两京铜价大高，铸钱得不偿费。宜采云南铜，运至岳州鼓铸，费工本银三十九万，可得钱六万五千万文，直银九十三万余两，足以少佐国家之急。"户部覆言："云南地僻事简，即山鼓铸为便。"乃敕巡抚以盐课银二万两为工本。未几，巡抚王昺言费多入少，乞罢铸。帝以小费不当惜，仍命行之。越数年，巡按王诤复言宜罢铸。部议："钱法壅滞者，由宣课司收税以七文当一分。奸民乘机阻挠，钱多则恶滥相欺，钱少则增直罔利，故禁愈繁而钱愈滞。自今准折听民便，不必定文数，而课税及官俸且俱用银。"乃罢云南铸钱，而从户部议。（《明史·食货志》卷81第1966页）

万历四年，……云南巡按郭庭梧言："国初京师有宝源局，各省有宝泉局，自嘉靖间省局停废，民用告匮。滇中产铜，不行鼓铸，而反以重价购海肥，非利也。"遂开局铸钱。寻命十三布政司皆开局。（《明史·食货志》卷81第1967页）

坑冶之课，金银、铜铁、铅汞、硃砂、青绿，而金银矿最为民害。……永乐间，设云南大理银冶。其不产金银者，亦屡有革罢。……天顺四年，命中官罗珪之云南。课额云南十万两有奇。……成化中，云南屡开屡停。弘治元年，始减云南二万两。……至十三年，云南巡抚李士实言："云南九银场，四场矿脉久绝，乞免其课。"报可。……（万历）二十四年，……中使四出：……云南则杨荣。皆给以关防，并偕原奏官往。……成化十七年，封闭云南路南州铜坑。……正德九年，军士周达请开云南诸银矿，因及铜、锡、青绿。诏可。遂次第开采。嘉靖、隆、万间，

因鼓铸，屡开云南诸处铜场，久之所获渐少。崇祯时，遂括古钱以供炉冶焉。（《明史·食货志》卷81 第1970 页）

宁州，……旧出卢甘石，封闭年久，州人不知。嘉靖乙卯，开局铸钱，物色得故地，取石入铜。（《肇域志》册4 第2343 页）

澄江府，……罗藏山，在府治西北，《东汉志》：装山出铜。后讹曰藏。（《肇域志》册4 第2353 页）

澄江府，……罗藏山，府北十里。《后汉志》：装山出铜。后误为藏。（《读史方舆纪要》卷115 第5111 页）

泰来山连在州南八十里，三山一向产铜矿，今废。龙宝山旧产铜矿，今则硐老山空，虽开采不过残砂而已。（康熙《路南州志》卷1 第23 页）

铜，出易得厂，久经封闭。（康熙《新平县志》卷2 第322 页）

铜，乍黑甸未开采，治城旺。（《阿迷州志》册2 第508 页）

雍正元年五月，设宝云局于云南、临安、大理、沾益四处，议定共建炉四十七座，专委总理官一员，每炉工匠二十一名，月给工食银三十六两。每炉月制钱三卯，每卯钱用铜六百斤，铅四百斤，给铸炭一千六百斤，铸钱一百四千文。此从巡抚杨名时之奏也。按：滇省历古只用钯贝，元世祖时始用钞。十三年，赛典赤以云南未谙钞法，请从民便，交会、贝子，公私通行。成宗大德九年，仍给钞与贝参用。明嘉靖三十四年，云南始铸钱，扣留盐课二万作本，铸钱三万余解户部。至万历四年，以巡抚御史言，开局鼓铸。而民间用钯如故，钱竟不行。遂以铸成之钱运至贵州兵饷，停罢铸局，时万历八年也。自此终明之世，俱用钯。细考明三百年中，凡海滨地方，悉以用钯，至近京师如辽东亦然，不独滇省也。行筹数马，世轻世重，遵制合宜，便民而止，不必泥也。本朝初年，滇省为流遗占据，孙可望亦铸印"兴朝钱"，禁民用贝，违其令者刖剮之，卒未通行。及至剪除扫荡之余，奉诏自顺治十七年开局铸钱，以利民用，于是钯贝散为妇女巾领之饰，而贸迁交易，则惟钱是用矣。但云南地广人稀，行销颇少，不十年而钱多贯佶，以是康熙九年停局不铸。迨十二年，逆贼吴三桂反，伪铸"利用钱"。逆孙世璠又铸"洪化"伪钱，而滇中之钱益杂。二十年，吴逆平，总督蔡毓荣请开鼓铸，设局于蒙自、禄丰、云南、大理等处。二十四年，又设临安一局。其时铜铅富益，工匠众多，匪鹅伊莠，竄而不咸，始立严令，苟不以千钱准银两者，以军法从事。已而，以银一两获钱三千余文矣。营兵脱帽之呼，站役去家而窜，钱多为害，竟至于斯！二十七年，总督范承勋始行奏罢，兵役再生。凡停局三四五年，而钱尚一千七八百文易银一两，则是钱未尝少也。杨抚惑于群议，遂请开局，殊不知总其事者，铸出新钱，以一新易两旧，且论其大小，有三四旧而易一新者。又或准之以权衡，则倍称其数也。官则利矣，民何赖焉？迨后设法流通粤、蜀，则又有运脚帮贴之苦累。苟其钱文足用，遵照康熙九年停罢，毋使壅积至极可矣。《传》曰："一张一弛，文武之道也。"可不务乎？（《滇云历年传》卷12 第570 页）

雍正四年秋八月，停沾益、大理两处铸钱，增云南炉四座，临安炉五座。（《滇云历年传》卷12 第586 页）

安南市钱，滇南三面，距外彝、西番、缅甸，鄙远而险阻，俱不足为两迤患，独安南之东都，逼近临安，六日而至蒙自，无险可恃。前朝于交江之上立关设防，特严铜铁之禁，良有以也。癸丑之变，伪留守以贫耗撤肘，尽敛滇中之钱，运至交江，每千文得银一两。至伪周五年，交人闭关罢市，谢曰："吾铜炮铸就，不用汝钱矣。"盖安南寡弱，短于野战而长于凭城。蕞尔小蛮，亦知捐金固圉，异日有事，不可不为之防也。(《南中杂说》第34页)

象羊厂，自楚之武陵，过辰沅，度夜郎，抵苴兰城，征人如梯石登天，星月渐低，若可扪，山矗矗，不异蚕丛。偶坦处曰坝子，即城为郡邑，耕者绕其间，田皆有泉，常涓涓，不畏旱。山产五金矿，余牧新兴，闻有汤丹、青龙等厂，劳劳未遑一睹。乾隆甲子夏五，摄路南篆，亦有厂，甫视事，即檄办秋闱，又不果往。乙丑春，路民犁城西象羊山地，得矿苗，呈请开之，远近来者数千人，得矿者十之八九，不数月，而荒巅成市，即名之曰象羊厂，余始因巡阅得其概。其山不甚深峻，方未开之先，且暮有白色象羊，散满岩谷，村人逐之，皆化为流云，山因以得名。迨甲子冬夜，有声自山起，殷殷如雌雷，渐至城内，比户疑为祟。汛官李鸣歧，常于三鼓后，率兵巡警，施枪炮，而响如故，且闻声在东，追之则西，至西亦然，奔驰逾月，迄矿见始寂。夫地不爱宝以养民，民赖此以生者，将千万指，故未出，现象羊，将出，有先声，盖山灵之所以深示其慎重也与？按，路旧有厂四十七，开自胜国，今已大半竭，余凤凰、红石、大龙、泰来数厂而已，岁共产铜不万觔，其不加封闭之故。缘产绿碔石也，石色如鹦鹉翠羽，光腻若凝脂，净者可混绿松，每千觔，获铜不及一二十觔，琢为器，价数倍，象羊独无。象羊之厂，踞山巅，群裹粮搭席栖其上，曰火房。招集工丁，曰小伙计，或称弟兄。司饮食者，为锅头。架镶木者，为厢头。开矿曰打碯子。碯有引线，老于厂者皆识之。依线打入。一人掘土，数人负出，曰背荒土。内有豆大碯子者，曰肥荒，检之，尚可炼以易油米。碯之深下者，曰井洞。平开者，曰城门洞。洞中石围土砂者，曰天生洞。洞口不甚宽广，人皆伛偻入，虑内陷，支以木，间二尺余。支木四，曰一厢。洞之远近以厢计，上有石，则无虑，厢亦不设。洞内五步一火,十步一灯,所费油铁,约居薪米之半。而编查防奸,控制得宜,则有司之责綦重矣。矿之最佳者曰绿锡礦,炼千觔则铜居其五六。次曰白锡礦、烂头锡礦。再次曰朱砂锡礦,铜居其三四。下者曰牛版筋,仅可敷炭价。若夹石硪、稠硪、哈硪,则每千斤不过获铜四五十斤,得不偿失,遇者有忧色,咸品搭于佳硪内以炼。炼矿曰扯铜,其法:硪千觔,用炭七八百觔不等。炉如夹墙,底作圆窠,铺以炭末,始加炭,硪置炭上窍,其后置风箱。前下开孔如半月,封以泥。稍上,复开一窦,火盛硪镕,则砒自此出,而铜沉于底,砒竭流,即铜成之候矣。钩去半月封泥,先掣余炭既净,用米饮泼入,设投以水,则爆炸而铜不完好。少间,铜面凝结,钳出如蟹壳,次第泼取,每炉得铜可六七饼,呼之曰元。嗟乎!何天地之生物无尽,而人之取之者亦无遗策也?至土洞深开,为积霖所陷,曰浮洞。凿者常被压陷封洞门,人亦气闭卒于内,常数人及数十人,岁所间有。可异者,后人不知其曾浮,每重开,或旁及,见尸横斜,为宝气所养,面如生。有突立向人索饮食者,遇则唾而啐之,即僵仆,名曰乾虮子。人习见之,无足怪。新厂尚无,余闻之老于汤丹者云。每厂众推老成一人为客长,立规最严,犯者受其责辱,不敢怨。常有东西异线打入共得一硪者,必争,经客长下视,定其左右,两比遵约释竞,名曰争尖子、品尖子。向非厂规素立,愚众之命祸,岂鲜也哉?(《滇南新语》第7页)

鹦鹉庵,省城东郊二十里有鹦鹉庵,建于培塿小阜上,供奉祖师,道家所谓元天上帝(按:玄天)者也。其正殿三楹、屋宇门窗、神像神座及一切旗杆什物之类,皆范铜为之。阶砌则全是楚石,以白衬黄,真美观也。俗呼为铜瓦寺,闻系沐国公所建,盖明代最重祖师云。滇省产铜,从前不供京局及各省采买鼓铸,故本地所用器皿多铜,凡昔时庙中神像,以铜铸造者甚多。乃滇人神奇其说,谓天雨铜汁所成,荒谬之言,后儒或缘以征信,殊不可解。(《滇南闻见录》卷上第11页)

私铸,东川一郡产铜甚广,不独诸大厂也,一切山箐之间,随处开挖可以获铜,东、曲两府,又俱有铅厂,收买甚便,故东、昭、曲靖之间为私铸之薮。深山密箐，人迹所罕到者，皆有私窝，虽严行禁捕，重加惩创，不能息。以致铜价日昂，钱价日贱，钱法杂滥日甚。愚意惟有广开钱局，收用游民。广开钱局则铜铅用多，民间不能收买，收用游民则习此业者咸仰食于官，不至啸聚山林，自图私利。乾隆四十一二年，于大理、永昌、曲靖、临安、广西各府州添设钱局。不三四年，以京铜紧急，不许分散，各局遂尽撤之，仅留省城、东川两旧局。试思各局执业之徒，佣力之夫，甫开从何处来，既撤又从何处往乎？其次，又莫若官铜加价，盖厂民原只图利，官价不敷工本，势必私卖重价，若官价增加，安肯冒法营私，自取重戾也。（《滇南闻见录》卷上第 25 页）

绿矿石，即铜矿中之绿色者，琢磨成器，殊可观。极大而玲珑者，置之案头，峰峦矗立，绿云环绕，颇亦不俗。（《滇南闻见录》卷下第 29 页）

揭铜，铜、银各厂，所用木炭，只是杂树，惟有揭蟹壳铜，必须用松炭，非松炭不能成。出火时又须用米泔水泼之，则宝色呈露。此皆精于打厂者体认得来，其不能遽悉也。（《滇南闻见录》卷下第 29 页）

蟹壳铜，铜自矿中炼出，倾成圆饼，质坚实，黑色为下，高者紫色，名紫板。又加烧炼几次，质愈净，铜愈高，揭成圆片，甚薄而有边，红光灿烂，掷地金声，形色似煮熟蟹壳，故名。工费价高，送至京局，易于椎碎入炉。解京之铜，每岁正额六百余万斤，紫板与蟹壳兼办，有一定分数。（《滇南闻见录》卷下第 30 页）

白铜，白铜另有一种矿砂，然必用红铜点成，故左近无红铜厂，不能开白铜厂也。闻川中多产白铜，然必携至滇中锻炼成铜，云滇中之水相宜，未知确否。（《滇南闻见录》卷下 30 页）

自来铜，铜皆以矿砂锻炼而成，又有一种自来铜，生成净铜，色紫质高。小者不过如豆如栗，大者竟有数十百斤，甚至沾益州出一铜山，如屋宇大，竟无纹理，难施锥凿，先以火烧之，然后加功凿之，历数年而始尽。据云：自来铜，厂上不可有，有则厂衰。又云：自来铜不可经火，须生锤成器，如锤成炉，则宝色倍于寻常之炉；如锤成镯，常佩之可以已遗症，体中有病，则铜之色预变黑黯,若经火者不能也。铜内有砂土夹杂,锤之易于折裂,难于光润,须加功磨洗。可悟生质之美者,不学则亦无以自成耳。(《滇南闻见录》卷下第 30 页)

五金、八石,出于滇南,而铜充鼓铸,内运京局,外应各省采买,尤系钱币巨政。《范志·金石》,以为方药所须,此不然也。铜出于滇,凡四十八厂,最著者:东则汤丹、落雪;西则芦塘、宁台。废旧开新,繁猥难数,特著攻采者之名目焉。《农部琐录》云:"厂民多忌讳,石谓之硖,土谓之荒,好谓之彻。佩金器者不入硐,有职位者不入硐。不鸣金,不燃爆,不呵殿。祀西岳金天,祀矿脉龙神,谓龙神故僰夷,畏见冠带吏也。硐谓之碏,碏石坚谓之硖硬。以火烧硖,谓之放爆火。矿一片谓之刷,矿长伏硖谓之摆。大矿谓之堂。硐防土崩,架木揝撑谓之镶,入硐尺寸若干谓之排。煎矿为扯火。配石为底子,多配谓之稀,少配(谓)之稠。木柴烧矿谓之锻,有经一、二、三锻然后入炉者谓之锻窑,毋待于锻者谓之一火成铜。满一昼夜谓之饱火,晚煎晓成谓之半火。铜面谓之油,铜渣谓之垛。一圆谓之饼,饼谓之紫版。再煎谓之蟹壳,煎不成铜谓之和尚头。收拾渣滓谓之淘荒洗垛。凡矿,锡镴为上,墨绿次之,黄金箔又次之。凡炼,白火者荒也,青火者硖也。绿火、黄火,各如其矿之色,惟红火为上,乃铜之光。火烈矿熔,其垛先出,流注如金膏,以水沃之成团,曳而弃之,垛尽而红光发,则铜存焉。乃坼炉封,融液如饧,以洴浇之成饼,铗而出之,沉于水。次第而沃之,而铗之,而沉之,尽炉或得十圆,或十余圆。自面起者径尺,余以次第递差而小,入底径数寸,盖有数存,不可强也。无俟炼者为自来铜,铜锢于山为天生铜,天生铜为铜母,不能采。凡矿之为物善变,忽有忽无为跳矿,小积为窝为鸡窠矿,人不深者为草皮矿,临水外行者为趱江矿,内行为进山矿。进山最佳,可望堂矿。矿脉微露谓之苗,细苗如线谓之引土石。夹杂谓之松荒,松荒易攻凿,其矿不长久。凡攻凿,喜硖硬,硬则久,可获大堂。凡硐畏马血,涂之则矿走。凡硐畏印封,封则引苗绝。凡矿最变,采矿盈山,未及煎炼,或化为石。僰人居土房,旁有堑墙,其色忽青碧,塭而敛之,铜液飞注,此神化之极也。凡厂之道,厥有厂主,听其治,平其争,敛金而入于金府。府一人,掌铜之出入。史一人,掌官书以治。凡胥二人,掌偩伺之事,游徽其不法者,巡其漏逸者,举其货,罚其人。以七长治厂事:一曰客长,掌宾客之事;二曰课长,长税课之事;三曰炉头,掌炉火之事;四曰锅头,掌役食之事;五曰镶头,掌镶架之事;六曰碉长.掌碉磲之事;七曰炭长,掌薪炭之事。厂徒无数,其渠曰锤手,其椎曰尖子,负土石曰背荒,其名曰砂丁,皆听治于锅头。其笞以荆曰条子,其缚以藤曰揎。其法严,其体肃。其入磲地曰下班,昼夜分为二班。其灯曰亮子。直攻、横攻、俯攻、仰攻,皆因其势。以巾束首,挂灯于其上,裸而入。入深苦闷,凿风碉以疏之。凿深出泉,穿水泄以泄之。有泉则矿盛,金水相生也。凡量矿以桶。凡矿一石,得铜八十斤为上,六十斤次之,四十斤又次之,三十斤又次之,不及十斤为下。凡铜,紫版为上,熔紫版百斤,得蟹壳八十斤,则净铜矣,以充京运。次则以运省仓,以供东川铸局。张君《杂记》云:"裹粮搭席栖其上曰火房,招集工力曰小伙计,或称弟兄。司饮食者为锅头,架镶木者为厢头。开矿曰打磲子。碛有引线,老于厂者皆识之,依线打入。一人掘土,数人出之曰背荒。土内有豆大碛子曰肥荒,捡之尚可炼以易油米。碉之深下者曰井洞,开之平者曰城门洞,洞中石围土砂者曰天生洞。洞口不甚宽广,人皆伛偻入内。虑陷,支以木,间二尺余。支木四曰一厢,洞之远近以厢计。上有石则无虑,厢亦不设。洞内五步一火,十步一灯。所费油铁,约居薪米之半。而编查防奸,按制得宜,则有司之责綦重矣。碛之最佳者曰绿锡镶,炼千斤则铜居其五六。次曰白锡镶,烂头锡镶。再次曰朱碛锡镶,铜居其三四。下者曰牛版筋,仅可敷炭价。若夹石碛、椆碛、哈碛,则每千斤不过得铜四五十斤,得不偿失,遇者有忧色,咸品搭于佳碛内以炼。炼矿曰扯铜,其法:矿千斤,用炭七八百斤不等。炉如夹墙,底作圆窠,铺以炭末,始加矿,炭置碛上,窍其后,置风箱。前下开孔如半月,封以泥。稍上,复开一孔,火盛碛熔,则砸自此出,而铜沉于底。砸竭流,则铜成之候矣。钩去半月封泥,先掣余炭,既净,用米饮泼之。设投以水,则爆炸而铜不完好。少间，铜面凝结，钳出如蟹壳，次第泼取，每炉得铜可六七饼，呼之曰元。至土洞深开，为积霖所陷，曰浮洞。凿者不得出，常闷死，或数人，多至数百，且数十，为宝气所养，面如生，有突立向人索饮食者，啐之而僵仆，名曰干虮子。每厂众推老成一人为客长，立规最严，犯者受其责辱，不敢怨。常有东、西异线打入共得一矿者，必争，经客长下视，定其左右，两比遵约释竞，名曰争尖子、品尖子。"合《录》与《记》而互明之，大略已具矣。按滇南大政，惟铜、盐关系最重，故志之特详。（《滇海虞衡志》第38页）

鍮石，铜之精者，出车里土司。（《滇海虞衡志》第46页）

凡白铜，省店每一百一十斤抽课十斤，每斤变价银三钱。凡商运四川立马河厂白铜到省出售者，按例抽课。折征银两，尽收尽解。_{原开茂密、祭牛二厂，矿砂久衰，向以抽收贩造报。嗣将二厂名目删除，据实入册，作收造报。}凡商运定远大茂岭厂课白铜到省出售者，抽课变价银与川厂同_{道光二十三年办价银四百二十两零。}大茂岭厂在定远县，在厂扯炉抽小课，每斤变价同_{是年变价银一十七两七钱。}凡商运四川立马河厂白铜到元谋县马街，每码收税银七钱，尽收尽解。凡商发川厂白铜到会泽县，领过四川宁远府税票者，每百斤收税银一两。无票者每一百一十斤抽课十斤，每斤折价银三钱_{道光二十二年分，计白铜四千八百九十九斤，收税银四十八两九钱九分。}（《滇南矿厂图略》第539页）

清_{易门县知县镇平}李德生《铜政论》：云南府属十有一邑，而易称难治。非催科、听讼、薄书、期会之难也，难在铜政。滇中各厂，铜政不皆难也，易邑独难，何哉？邑之铜厂三：香树、万宝、义都，相距各数十里或百余里，三厂炉户又绝少大有力者，非若他厂之巨商辐辏，囊橐充斥，缓急可以相恃也。炉户既不足恃，故矿贵则利在沙丁，而炉户病；矿贱则利在炉户，而沙丁病。每夏秋之交，霖雨浃旬，则利在炭户，而炉户与沙丁交病。其间时贵时贱，孰利孰害，司厂者知之，令或未及知也。知之而调剂均平之矣，而物力之或赢或诎，仍不可知也。幸而有赢无诎，令得以从容唯正之供。而炉户之积欠累累，终辗转而莫能穷诘也。一闻瓜代消息，积欠之炉户，各鸟兽散矣。新令下车，始稍稍还集。彼新令者，唯亟幸其完目前之正款，而何暇为旧令追数年之积欠哉！然此非但炉户之过，乃司厂者攘公肥私，与炉户朋比为奸之过也。易门旧设铜店于省垣，乃铜银总汇之局。司店不得其人，侵没亏短及千累万，纵邑令明烛其奸，而多年蟠踞，百计弥缝，直至卸任时，按籍以稽，已决裂不可复救矣。故司店之舞弊，更甚于司厂。三厂每岁额办铜五十八万斤，额领工本银不及三万两，即将所领全数发给三厂，尚恐不敷。而署内入不敌出，工本领出，动辄挪移，医疮剜肉，愈陷愈深。历任亏累，病正坐此，此又非司厂司店之过，而邑令之过也。余履任三载，熟闻杜藕庄、李伯珊诸公，皆实政及民，民至今讴思不辍。当时皆以铜政被议，诸公任事廉明，岂至贸贸然不察铜政之得失者，卒之狼狈若此。况驽钝如余，其何以堪抵。任后，先事防闲，临时稽察，核三厂两店之盈诎，严炉户、沙丁之规程。年来早作夜思，日不暇给，犹未知得免吏议与否。后之君子，必有举难若易，剔铜政之宿弊，而兴利于无穷者。余不敏，敢献刍荛，庶几千虑一得云尔。（道光《续修易门县志》卷 12 第 306 页）

铜，《元史·食货志》：产铜之所，在云南省曰大理、澄江^{李时珍}《本草纲目》：铜有赤铜、白铜、青铜。赤铜出川、广、云、贵诸处山中，土人穴山采矿炼取之。白铜出云南，青铜出滇番，惟赤铜为用最多。《事物绀珠》：白铜出滇南，如银。（道光《云南通志稿》卷 67《通省上》第 5 页）

铜，《汉书·地理志》：俞元怀山出铜。司马彪《后汉书·郡国志》：俞元裝山出铜^{谨案：俞元，今昆阳、易门南及新兴皆是。}（道光《云南通志稿》卷 69《云南府》第 2 页）

自然铜，《一统志》：太和县出。（道光《云南通志稿》卷 69《大理府》第 11 页）

铜，《汉书·地理志》：来唯县从蚀山出铜。《蒙自县志》：蒙自银、锡出于个旧厂，而产铜之地，惟金钗坡。（道光《云南通志稿》卷 69《临安府》第 18 页）

铜，章潢《图书编》：路南州出。（道光《云南通志稿》卷 69《澄江府》第 26 页）

铜、锡,《汉书·地理志》:贲古县北采山出锡,南乌山出锡。司马彪《续汉书·郡国志》:贲古县采山出铜、锡。《宣威州志》、《平彝县志》:并出铜。(道光《云南通志稿》卷69《曲靖府》第38页)

自然铜,旧《云南通志》:产无定,在亦不常有。(道光《云南通志稿》卷69《丽江府》第42页)

鍮石,檀萃《滇海虞衡志》:铜之精者,出车里土司。(道光《云南通志稿》卷70《普洱府》第3页)

铜、锡,常璩《华阳国志》:永昌郡出铜、锡。《一统志》:铜,腾越州出者佳。(道光《云南通志稿》卷70《永昌府》第10页)

铜,常璩《华阳国志》:堂琅县出白铜。《东川府志》:铜出汤丹、大碌两厂,自生铜出蒙姑塘边,土人随地拣取,今殊少。(道光《云南通志稿》卷70《东川府》第34页)

铜,《昭通府采访》:出大关银老山箭竹塘、镇雄长发坡、永善小岩坊。(道光《云南通志稿》卷70《昭通府》第38页)

自然铜,旧《云南通志》:有无不常。《蒙化府志》:方平如削,产于西山。(道光《云南通志稿》卷70《蒙化直隶厅》第40页)

金、铜,《一统志》:俱永宁土府出。(道光《云南通志稿》卷70《永北直隶厅》第43页)

铜,常璩《华阳国志》:梁水县有振山,出铜。(道光《云南通志稿》卷70《广西直隶州》第45页)

铜,《武定府志》:出花箐厂,在和曲州。檀萃《华竹新编》:白铜出多克,红铜出班红、阿罗。(道光《云南通志稿》卷70《武定直隶州》第47页)

矿箐铜厂在永平县地方,康熙四十四年,总督贝和诺题开,乾隆九年封闭、青阳铜厂在永平县地方,乾隆十三年采,三十八年封闭、安库山铜厂在腾越厅地方,乾隆八年开采,三十五年封闭、大象铜厂在永平县地方,乾隆三十九年开采,即于是年封闭、罗汉山铜厂在保山县地方,乾隆二十三年开采,于次年封闭,又于道光五年新开,拨归宁台厂管理、李家山铜厂在腾越厅地方,雍正十三年开采,乾隆三年封闭、肆洪铜厂在保山县地方,乾隆二十五年开采,旋即封闭、户蒜铜厂在保山县地方,额办铜一万七千八百勔,因铜老山空,嘉庆六年封闭、核桃坪铜厂在保山县地方,嘉庆十六年开、双河铜厂在保山县南靖边乡摆马,光绪九年新开。(光绪

《永昌府志》卷22 第7页）

铜，采访：产宁台山、打盹山、水泄芦塘、临江等处。……宁台厂，《大清会典事例》：顺宁府宁台山铜厂，各厂年额共课银一万八百二十五两七钱九釐有奇。王昶《云南铜政全书》：宁台厂在顺宁府顺宁县东北五百二十里，乾隆九年开采，年获铜八九万觔，后厂衰矿绝，于附近踬获水泄子厂，获铜如初。三十八年，踬获簏塘子厂，年获铜七十余万至三百余万不等。四十六年，定年额铜二百九十万斤：内紫板铜九十万斤，拨外省采买；蟹壳铜二百万觔，专供京运，除课耗公廉捐铜及一分通商外，每紫板铜百斤，价银五两一钱五分二釐。蟹壳铜照大功厂例，不抽公廉耗铜，每百斤价银六两九钱八分七釐，先系专员管理。五十一年归顺宁县管理。《案册》：嘉庆四年，因得宝坪厂旺，酌减宁台之额，每年办蟹壳铜一百四十万斤，紫板铜五十万斤，十年仍照旧额，十六年加办蟹壳铜六十万斤，计年办蟹壳铜二百六十万斤、紫板铜九十万斤。今年办额铜三百八十万斤，遇闰办铜四百一十一万六千六百六十六斤，迤西道专管委员管理厂。《新修户部则例》：宁台厂官月支银十五两。

书记三名，每名月支银二两五钱。课长四名，第名月支银一两。巡役二十二名，每名月支银一两七钱。厨役水火夫一名，月支银一两。灯油纸笔，月支银一两。脚价，宁台山运大理府，每百斤给银一两二钱。自大理至下关，每百斤给银五分二釐一毫。自下关至楚雄府，转运宝云局，每站每百斤给银一钱四毫二釐五丝。办运京铜，每站每百斤给银一钱二分九釐二毫。《案册》：运交大理下关店，计程十二站半，每百斤给运脚银一两六钱一分五厘。自下关至省，计程十二站半，每铜百斤给运脚银一两六钱一分五釐。采买委员自下关发运，每百斤给银一两三钱三釐一毫二丝五忽。附已封临江等厂，旧《云南通志》：临江等铜厂，坐落顺宁府地方，康熙四十四年，总督贝和诺题开。王昶《云南铜政全书》：乾隆五年封闭。附已封打盹山厂，王昶《云南铜政全书》：打盹山铜厂，坐落顺宁府地方，乾隆五年开采，九年另开宁台山厂，打盹山厂封闭。（光绪《续修顺宁府志》卷13 第21、30 页）

矿产，围桿山厂，产铜矿，在东区，离城四十里，距宜良大路一里，山势倾斜，无森林，乾隆时矿极兴旺，后因兵燹停歇，此山属于围桿山村公有。双塘厂，产铜矿，在东区，距城十五里，离往阿怒山大路半里，离沙河一里，山势低凹，系路美邑公山，光绪二十五年开办，无效。老旺厂，产铜矿，在东区青水塘之上，赴曰博邑大路之旁，距城二十余里，山势倾斜，业主上卜草村王、李二姓,旺于乾嘉年间,后因矿洞陷落停歇。石鼓坡厂,产铜矿,在东区,离城十里,离赴曰博邑大路半里,离巴江河三里,山势低凸,业主陶姓,开采前曾兴旺,后因矿洞陷落停歇。尖山厂,产铜矿,在东区,距城二十五里,离水塘铺大路半里,山势倾斜,业主三家村杨姓,前曾开采兴旺,因洞中多水停歇。……鸭子塘源兴厂,产铜矿,在东区,距城二十五里,离往紫云街大路二里,山势低平,业主徐姓,前曾开采兴旺,因洞深浸水停歇,宣统元年开办,已稍见效,尚未发达。大兴厂,产铜矿,在东区,距城二十里,离大村路一里,离天生桥河三里,山势倾斜,业主大阿易林村赵姓,前曾采掘兴旺,因洞深及水停歇。……小紫龙厂,产铜矿,在东区,距城二十里,曰博邑、大昌乐村之间,山势直耸,业主清水塘赵姓,宣统元年开办,尚未见效。团坡厂,产铜矿,在东区,距城二十里,离尾则大路一里,山势倾斜,业主所角邑金姓,宣统元年开办,因石岩夹硬停歇。绿卝硐厂,产铜矿,在东区二十里,往大麦地路旁红坡、石子坡之间,山势倾斜,前亦兴旺,因土落压毙砂丁甚多,停歇。羊櫊厂,产铜矿,在南区,距城二十里,离阿紫龙大路半里,山势低平,宣统二年开办,尚未见效。铜砂厂,产铜矿,在南区,离城十五里,往大麦地大路半里,前曾兴旺,因硐深陷停歇。母鸡厂,产铜矿,在南区,距城三十八里,地有森林,山势倾斜,业主小色多段姓,前曾开采兴旺,因硐深陷停歇。三道沟厂,产铜矿,在南区,距城三十三里,有森林,山势倾斜,业主段姓,前曾开办,亦因硐内水深停歇。东宝厂,产铜矿,在南区,离城三十五里,有森林,山势倾斜,前曾兴旺,因硐深停歇。宝源厂,产铜矿,在南区,离城六十五里,有城内杨姓,森林山势高斜,宣统元年开办,未见效。小老厂、小兴厂、狮子厂,均产铜矿,在南区,距城六十五里,有森林,业主小河新村徐姓,山势倾斜,前曾采炼兴旺,因兵燹停歇。锅盖厂,产铜矿,在南区六十里,有森林,山势高斜,前曾兴旺,因兵燹停歇。太来厂,产铜矿,在南区八十里,有森林,山势倾斜,前曾兴旺,因兵燹停歇,光绪三十年复开,因资本薄弱,未见效。……水尾厂,产铜矿,在南区九十里,山势高耸,尚未开采。象牙厂,产铜矿,在西区十里,离化所之大路及石桥三里,山势倾斜,前曾兴旺,因硐深陷停歇。白马厂、白厂、路则村厂三厂,俱在路则村之右方,距村二十余里,离大赤江十里许,清道光间开办,无效。……金马厂,产铜矿,在南区,距城三十八里,大山三家村后,有杨姓,森林山势高耸,业主小色多杨姓,前曾兴旺,因硐陷落停歇,现复开办,尚未见效。

(民国《路南县志》卷 1 第 44 页)

戛达铜厂距县二十里,今未开采、铜街厂铜矿距县六十里,与水铜厂相连,矿区袤数十里,清道咸之际最盛,矿工达数千人,匪变停办以后,虽屡有试办者,然卒为门外汉,所聘技师皆大言骗食者,毫无采炼知识,以是尽归失败,今无办者。查该矿为黄铜矿,每生铜百斤,可提银十两,至二十两,惟镕炼工程实较他种铜矿为烦难。(民国《马关县志》卷 10《物产志》第 11 页)

左进思《都竜铜厂记》:距县治东南行六十里,有铜厂遗址在马,山脉来自老君山,气势磅礴,矿区广袤二十余里,当有清嘉道时代,产矿甚旺,矿工达数千人,居民成市,庙宇辉煌。至咸丰丙辰,盗匪蜂起,矿工离散,厂地建筑,付之一炬,矿务遂停。观其陈蹟,犹可见当日盛概。光绪二十四年,有唐揆百、郑阳春等开办。二十三年,有赵潘凤、李达三等开办。民国二年,有胡效等开办。然均以资本微弱,无力聘请专门技师,既不识矿质良否?亦不知炼炉制作,徒见大好矿产有利可图,贸然从事,资尽则止,先后如出一辙。民国八年,知事赵荃见厂址不动,心以为欲图地方发展,非兴办此厂不可,地方绅民亦多赞同,遂成立铜矿公司,集股万元,为试办资本,举李相邦为总理,余为经理,遵章注册,划区试办,并聘剑川杨志廷为技师,杨乃赵之同乡,宣称已积四十年之经验,以为最可靠矣。讵动工以后,主张莫定,徒耗金钱,其结果不知矿,不知炉,与前数次之技师相等,各股东至此复失望,咸以为赵县长不远千里聘来人物,何以蠢若黔驴,莫明其妙。迨赵将公司股款收存一部,将去任,犹不肯交出,乃明其提倡之意,固别有作用矣。经此数次失败,地方人士遂谈虎色变,皆谓前辈技师不可复生,后此当无奈何,是岂确论耶。夫科学知识逾进而愈精,土法不如新法,乃举世所公认,谓新不如旧者,诚一孔之见也,未可以理喻。余自遭失败,心犹不灰,日搜阅科学各书,考知此矿名黄铜矿,含银质,炼法较他种铜矿为烦难,书载各节,均与旧日厂情符合,惟旧法须经九火始成铜者,新法仅须四火,较旧法已省力大半矣。且传闻旧时办矿者,每生铜百斤,可提银八两至二十两,铜值亦拾壹贰两,以铜抵工资,以银为净利。今虽工资较昂,而铜价亦高,旧有利者,今胡不利?况可采用新法煅炼,事半工倍,其利可操左券。但以后开办者资本固必求其宽裕,而具新知识之专门技师,乃最要之条件,倘轻听江湖撞骗,贸然举办,其不蹈前此覆辙,未可能也,此厂关系我邑前途甚巨,诚恐因盲人之失足来坦途之畏怯,以阻碍地方之发展,故不惜辞费而记其崖略如此。(民国《马关县志》卷 10《杂类志》第 20 页)

(矿石之属十四)铜,产于距城百三十里小弥勒,前人开办礁硐,今废。(民国《邱北县志》册 3 第 17 页)

寸开泰(腾)《云南矿产》:《周官》卝人掌金玉锡石之地,为之厉禁以守之。卝即今之矿也。开采之处古曰坑冶,明代曰场。滇人转场音而为厂,名殊而实一也。金银铜铁锡为五金,云南皆产,其见于史者,《汉书·地理志》:朱提山出银,俞元怀山出铜,律高西石空山出锡,东南瞬町山出银、铅。《续汉书·郡国志》:邛都南山出铜,台登、会无、滇池、不韦出铁,双柏出银,博南南界出金。《华阳国志·南中志》:堂螂县出银、铅、白铜;博南县山高四十里,越之得兰沧江,有金沙,以火融之为黄金;梁水县振山出铜;贲古出银、铅、铜、铁。《唐书·地理志》:姚州云南郡产麸金,昆明有铁。此其最著者也。办厂之法,大要不外乎开采、冶炼两端,然土法之规程至为烦琐,述之以供讲求焉。凡矿多产于荒邈之地,离村镇甚远,厂民穴山而入,曰礁曰硐,即古之坑。取矿而出,火炼为金,即古之冶。滇之厂,银、铜为多。其法颇详。主之者名曰管事,出资本,募工力治之。人无尊卑皆曰兄弟,亦曰小伙计。选山而壁凿之谓之打礁子,亦曰打硐,略如采煤之法。礁硐口不甚宽,必伛偻而入。虑其崩摧,楷拄以木名曰架厢,间二尺余支木四,曰一厢,洞之远近以厢计。弟兄入礁硐曰上班,昼夜均依次轮流。其中气候颇热,多裸而入。入深苦闷,则掘风洞以疏之,作风厢以扇子。掘深出泉,则穿水窦以泄之。

有泉则矿盛,水能生金也。水太多则制水车推送而出,谓之拉龙。碌硐内虽白昼,非灯火不能明,故以布束首,谓之套头,挂灯于其上,以铁为之柄,直上长尺余,于末作钩,名曰亮子。路直则鱼贯而行,谓之平推;由下而上,谓之钻天;由上而下,谓之钓井。作阶级以便陟降,谓之摆夷楼梯。矿有引线曰矿苗,亦曰矿脉,老于厂者能辨其臧否。直攻、横攻、仰攻、俯攻,各因其势,依线攻入。一人掘土凿石,数人负而出之。用锤者曰锤手,用凿者曰凿手。负土石曰背荒,名曰砂丁。土内有豆大矿子曰肥荒,检出尚可煎炼。硐之深下者曰井硐,开而平者曰城门硐。硐中石围土砂者曰天生硐。掘硐至深为积淋所陷曰浮硐。碌硐内分路攻采,谓之尖子,计其数曰把,有多至数十把者。碌硐矿旺,他人丐其余地以攻采,谓之斯尖子。斯者,析也。或有东西异线,其渠各攻一路,迨深入而两线合一,互争其矿,经客长下视,定其左右,两造遵约释争,谓之品尖子。又有抄尖截底之弊,知某碌硐有矿,从旁攻入,预邀其矿路,谓之抄尖;或从底仰攻,上达于矿路,谓之截底。此则相争无已,非有专一之权,不足以杜其弊也。碌硐石坚谓之碌硬,以火烧碌谓之放爆火。矿一片谓之刷,矿长伏碌谓之摆,大矿谓之堂。土石夹杂谓之松荒,松荒易攻凿,然矿不长久。凡攻凿宜碌硬,硬则久,可获大堂。既得矿而煎炼之名曰做火炉,亦曰下罩子。语在《铜政》中。凡厂之兴也,多以七长治其事。一曰客长,主宾客之事;二曰课长,掌税课之事;三曰炉头,掌炉火之事;四曰锅头,掌役食之事;五曰镶头,掌镶架之事;六曰硐长,掌碌硐之事;七曰炭长,掌薪炭之事。此则规程之可纪者也。厂之兴废靡常,尝有始而困瘁,继而敷腴,久之复困瘁者。人以为运气之不佳也,吾则谓工夫之未至。方今新学发明,游洋之士恒以矿产为专门之学,果能精心考究,查其苗引,辨其性质,庶探凿确有把握,资本乃不虚糜。《元史·食货志》云:山林川泽之产,若金银、珠玉、铜铁、水银、朱砂、碧甸子、铅锡、矾硝、竹木之类,皆天地自然之利,有国者所必资也,而或不能利民而反病民者,大抵皆办理不善也。《明史·食货志》:坑冶之课,金银、铜铁、铅汞、朱砂、青绿,而金银矿最为民害。永乐间,设云南大理银冶,景帝以盗矿者多,兵部尚书孙原贞请开银场。英宗天顺四年,命中官罗珪之云南。神宗万历二十四年,献矿者日至,于是无地不开,中使四出,云南则杨荣。三十三年,云南巡抚魏允贞、河南巡抚姚思仁先后上言开采之弊,均不能省。此弊在多开而不加选择也。及我朝统一寰区,以至诚赞化育,故天地降祥,云南之矿厂时出不穷。铜则本省钱法赖以鼓铸,且流通甚广。金、银、铁、锡以及倭铅、硝磺之属皆能上裕国用,下利民生。故嘉道之间,各处畅办,后以兵燹封歇。承平以来,时开时闭,弃财于地,不思自取,致令外人垂涎,夺我天府,此弊在不开而任其委弃也。近者受外界之击刺,且因生计日穷,皆思集股自办,现各属已经调查矣。大利之兴,指日可望。然杞人犹有忧者,盖民可与乐成,不可与谋始。苟非在上者极力提倡,拨款开办,以为先路之导,难免不因循观望,坐失利权。虽与隆兴公司有约,我所开采者,彼不能占。然非仅一调查足以塞责,要必实行开办,始可抵制也。况吾镇自禁烟之后,上下交困,罗掘一空。目前练军兴学,一切新政,需款甚急,舍开矿无以为功,热心实业者当不河汉斯言。(《永昌府文征·文录》卷23《民五》第2798页)

铜,产于卡洗坡箐中,而无人开发。(《宁蒗见闻录》第1篇第43页)

铜矿:紫矿、自生铜、青铜,产地在卡洗坡及利支河源附近之利支山。(《宁蒗见闻录》第2篇第71页)

铜矿,产地后河哨同发厂,矿苗已衰,矿量面积为三百里,距城一百九十里,宣统元年开办,因矿质太劣停办。铜矿,化夏哨纳广厂出产,矿苗已衰,矿界面积一百里,距城二百八十里同,光绪二十四年开办,因亏折停办。铜矿,产地为自雄哨宝善厂,矿苗已衰,矿量面积九十里,距城一百九十里,宣统元年开办,因矿劣停办。(楚雄旧志全书"楚雄卷下"民国《楚雄县地志》第十二第1374页)

铜在和曲州_{出花菁厂}。(楚雄旧志全书"武定卷"康熙《武定府志》卷2第82页)

铜,出花箐厂,在武定州境。白者出元谋多克,红者出元谋班竹村。今出汤郎大宝厂,一名狮子尾厂,在禄劝县北二百余里。开于明时,矿尽封闭。乾隆三十七年后开,地名元宝山。四十三年定额铜二千四百斤。四十五年增额三千六百斤。运交省局,每百领价银六两九钱九分。运往外省各州买,每百抽课银计按原铜十斤,通商运每百抽课十斤。禄劝县管理。又,大宝厂在州西一百二十里。乾隆三十年开,四十三年定额七千二百斤。运省局每百领价银六两。又壳地厂、狮子厂、马英山厂共定年额九千六百斤,遇闰照加。武定州管理之。(楚雄旧志全书"武定卷"光绪《武定直隶州志》卷4第376页)

第三十五课《铜》:铜亦金属矿物,生锈迟,需用甚广,可制各种器具及搀成各种合金。其最要之制品铜元、铜丝、铜板等皆是。又受击不易发火,铸造、制火药之机械尤为适宜。产于吾邑之猛令沟、罗岔村各处。(楚雄旧志全书"元谋卷"光绪《元谋县乡土志》修订本卷下第402页)

明直铜厂,乌下,旺,三十里,距三家厂江半里,当摩刍往易门之大路,距法脿街三十里,地属摩刍,而厂权系归易门。(楚雄旧志全书"双柏卷"民国《摩刍县地志》第299页)

《铜运志》:查铜务之设,名虽运达于京师而利用前民,实仍转输于海内。昭郡属寮有五。承办铜政者,陆行则有鸟道崎岖之忧,水运则多严滩险阻之患。贤师牧罔不殚心而毕宪,各大宪频加考核而督催,总期仰副一人溥惠之衷、理财之政而已。志《铜运》。考东川府汤丹等处厂办公铜斤,乾隆三年前原贮东川铜店,或委员运赴江、广发卖,或转运四川永宁、贵州威宁拨卖,各省粮道总理。乾隆三年因议停采办洋铜,将洋铜课本,陆续赴滇办运。东川府于四年承运正耗铜四百四十万斤,原走威宁。乾隆六年加运,共计铜六百三十万零一千四百四十斤。遂定分运章程,对开三百一十六万五千七百二十斤。一由厂发运寻甸至威宁铜店,转运镇雄、南广一路;一由东川分运。每年正加额铜三百一十六万五千七百二十斤。前经题请开修以吾道路,由牛栏江转运鲁甸。转运昭通之铜运,由此始也。嗣因牛栏江大

坡四十余里,滚跌损伤(运)铜马,乾隆十年详请,转改田(由)合
租江直运奎乡(今奎香)。十三年奉文,将东昭年额京铜裁减一
半,铜一百五十六号(万)二千八百六十斤。次年复办如额,改
由金沙江自小河、三江口水运对坪子,交昭通府属永善县接收转
运。十四年,钦差、九门提督舒黑德,湖广总督新柱,查勘金
(沙)江蜈蚣岭至黄草坪、老滩、节次,铜运实难,请将铜斤由厂
陆运到黄草坪,上船直运到新开滩平水处,以拉泸州也。便自小
江口起,至滥田坝一带,水运奏请停止。所有额铜仍改由鲁甸接
收,直运黄坪上船,转运泸州。自昭通至东川,计程二百九十里。
总计昭通接运东川之铜,除由东至昭虽折耗铜五千二百七十六
斤三两外,每年实接运铜额三百一十六万零四百四十三斤十二
两八钱。对分运:一运所至属之大关,交大关同知称收,转运四
川泸州装船;一运所至属之永善县,诶(俟)县称收,转运至四川
泸州装船,汇有(衍字)齐,候上宪委员由川河押运进京。昭通
运至豆沙关,应运铜一百五十六万零二百二十斤十四两四钱,题
定每铜三百斤,折耗铜十两。今改,藩宪查粮宪牌开:昭通运至
豆沙关,每铜年折耗铜三千二百九十七斤十两。较前数多五斤
十三两二钱。今依此数报销,每年实应交豆沙关铜一百五十七
万六千九百二十四斤四两四钱。倘有逾折铜,京粮宪处扣除本
府养廉赔补,其所扣逾折银,每斤照官价九分二厘一。昭通运至
黄草坪,每三百斤题定每铜三百斤折耗铜八两。每马计驮一百
六十八斤,准折铜四两四钱七分九厘九毫。今作四两四钱八分
算,查粮宪牌开:每年共准铜二千六百三十八斤三两二钱,依此
报销。昭通每年实交黄草坪铜一百五十七万七千五百八十三斤
十一两二钱。养廉内扣除逾(期)折铜价银,粮宪饬发有厂之会
泽县等处,就近照数买发。本府仍自行催脚领运,补交具报。每
应买逾折铜一百斤,再添余铜半斤以作折耗。至于铜价银,亦在
养廉总(数)内扣除。每马原驮铜一百六十八斤外,每百斤搭铜
五斤,每马共搭铜八斤。将此项搭运节省银两于清领价时具批
扣,解存粮宪库内。如遇运京之铜沉失,即在此项并铜息银内拨
买补运。每年昭通共该搭运铜十五万零四百九十七斤五两二

钱,分搭(豆沙)关、(黄草)坪二处。每处计谟搭运脚费,谟算每年谟节省银五百八十三两三钱二分七厘六毫三丝一忽七微。照黄(草)坪三站半脚费谟算,每年谟节省银三百四十两二钱七分四厘四毫五丝一忽八微二铁五城(成)。查粮宪牌开谟节省银九百二十三两六钱零五厘八丝三忽五微二成五铁七渺。今依此数批解。关、坪二处连搭应运节省每年应领银一万九千三百九十五两六钱四分三厘六毫六微,作二季分领。关、坪二处,除遇搭运节省银作二季分领,实应领银九千二百三十六两零二分一厘二毫七丝九微四忽一成八渺二漠五沙。每站每百斤给价银一钱二分九厘二毫。每驮重一百六十八斤,每站二钱一分七厘五丝六忽。昭至豆沙关计六站,每驮共谟银一两三钱一分零二厘三毫三丝六忽。每驮再去搭,节省银六分二厘零一丝六忽。谟发实银一两二钱四分三毫二丝。昭至黄(草)坪计三站半,共谟银七钱五分九厘六毫九丝六忽。每驮再去搭运八斤,节省银三分六厘一毫七丝六忽,谟发实银七钱二分三厘五毫二丝。此则昭通运铜之备览也。(昭通旧志汇编本乾隆《恩安县志稿》卷5第59页)

^{州牧}饶梦铭《镇雄州铜运节略》:威店铜觔之由镇雄运罗星渡也,起自乾隆十年(1745年)。其先则一由东川、鲁甸运至奎乡抵镇,由镇接运赴川省永宁交卸,年额运铜二百二十二万;一由黔省威宁、毕节转运永宁,嗣因毕节一路铜、铅汇出,鲁甸一路道途纡阻,挽运维难。经鲁甸别驾金公讳文祥查勘罗星渡河,可以开修运道,详请修浚。于乾隆十年正月内兴工,四月工竣,即于是年七月试运,起额运铜一百五十七万。至乾隆十九年甲戌,又加运铜一百五十七万零,年运铜三百十五万有奇。初则委运京铜之员,即由寻甸领运,直赴泸州运京交兑。因陆路夫马呼应不灵,运务迟延,乃委专员在威宁总运,运员在泸接运赴京,十余年来,旱运驼马云集,水运河道初开,并无迟惧之虞。至乾隆三十六年,征缅军兴之后,马匹稀少,前署州汪公讳丙谦始兼管威店,暂雇镇属民夫帮运。州牧白公讳秀至任,亦踵而行之。迨三十

八年梦铭接任,维时滇省盐政收关,曲靖一带禁食川盐,马无回头,愈难招雇。铜运紧急,而用夫之举难以遽停,节将民夫背运艰苦情形缕悉,剀切具禀各大宪,并请预借脚价,设法购买马匹。因奉批饬不准,旋调大关。四十年,署州周公讳翔千亦查照前禀情形具详。是冬,梦铭仍回镇任,复以购马、通盐两请。奉批,曲府盐课重大,难于准行,梦铭因公赴省,乃将镇民背运维难情由面禀各大宪,力恳设法济运,仰蒙念切民艰,于一件遵旨议奏事案内,附请滇省解交京铜六百余万觔,由寻甸、东川两路分运泸州,其中牛驼马载脚价,尚足敷用。惟自威宁州至镇雄州所属之罗星渡,计程十站,山路崎岖,近年马匹稀少,俱系雇夫背运,两夫背运一码,重一百六十觔,给脚价银二两零,往返一月,食用不敷,夫役每多逃匿,铜运稽迟,办理殊为掣肘,应请每铜一码,加增银四钱八分。计威宁一路,年运京铜三百余万觔,约需加脚价九千余两,请于加给厂民铜价内,每两扣银五分八釐零,即可如数加增,不必另筹款项等因,奉准部覆。查威宁州至罗星渡,计程十站,例用马运,每马驼铜一码,重一百六十觔,给脚银二两,历年遵办,支销在案。今该督等既称近年马匹稀少,俱系雇夫背运,一码给脚银二两,往返一月,食用不敷,请于加给铜价内,每两扣银五分八釐。是在厂民不过扣除平头之数,所损无几,而脚户得此项增给食用,即永不致办理掣肘。应如所奏,准其在于加给铜价内,每两扣银五分八釐,共给扣银九千余两增给脚户,以速铜运。但查该处旧例,原系马运,即如或因马匹稀少,加雇夫运,亦属暂时通融,未便恃有铜价扣增,遂不雇用马匹,致縻运费。应令该督抚严饬该州实力稽查,倘马匹敷用,仍照旧例办理。奉旨依议钦遵在案。时乾隆四十一年丙申阳月也。(昭通旧志汇编本乾隆《镇雄州志》第1049页)

威远司马赵希充《铜运禀稿》:敬禀者,卑职蒙委查催铜运,留心查看运道情形,民情苦乐。查镇雄一州,每年额运正带京铜三百六七十万觔,系于黔省之威宁州借地设店、发运。前此威宁马匹蕃息,足资雇用,自军兴以后,脚户星散,于三十六年改为招雇镇雄民夫背运,至今马匹未充,派夫如故。谈州幅员辽阔,山路崎岖,其中村寨远者距州城八九站不等,距威宁又有五站,人夫赴威领运,裹粮远涉已属艰苦,兼以上站铜觔到威先后多寡不一,中间等候空回更滋苦累,且前派甫毕而后派踵至,终岁奔走,废时失业。虽蒙前宪奏加运脚,而途长负重,民间津贴仍不能免。卑职伏思铜运期于迅速,力役贵乎均匀。查威宁至镇雄一路俱系威宁管辖,若改为威宁短运,镇雄就近雇夫实为妥便,或谓威宁亦有额运京铅,何能舍己耘人?卑职复细加查察,铅厂名妈姑河,距威宁城九十里,在州治之东,由威至镇里甲村寨在州治西北,向来该厂铅运,于马匹不敷之外,亦按里拨夫帮运,其东路民夫原属就近,受雇至西北一带则系远越。威城到厂领运,程途弯远,往返跋涉,亦犹镇雄人夫赴威之不便也。今以威宁铅觔就近雇用东路附厂一带民夫,转运毕节县交该令转运永宁,其西北一路民夫就近尚运京铜至镇雄交卸,两地各就其便,劳逸相均。在威宁既免长运永宁,可无顾此失彼之虞,而毕邑运永壤地相连,更无鞭长莫及之患,庶两州民夷均可节劳恤苦。再查毕节,为川黔通衢,夫马络绎,现今帮运铅觔,并无掣肘。卑职询之威宁于牧商及前情,亦手额称便,前经面禀,大人饬陈节略,谨就现在情形,愚见所及,据实禀闻。奉督部堂福(康安)批查威店铜觔,改归威宁州管运,已据镇雄州叠次禀详,批司会道查议迄今,尚未复到。兹据该署丞复,有是请其说是否可行?当此京运紧急之时,急应酌酌办理。仰云南布政司会同按察司迤东道,刻即悉心妥议,详候察夺,毋得再延。并奉抚部院刘批同前由。(昭通旧志汇编本乾隆《镇雄州志》第 1050 页)

州牧屠述濂《铜运改站禀稿》:"敬禀者,窃照铜运欲期迅速,力役先贵均匀。查威店寄设威宁州城接运,宣威州运交各厂拨发一半,年额三百一十五万数千余觔,复有带解铜五六十万觔不等。陆运十站至罗星渡,由船转运八站交兑泸店,转发京运。因威宁自军兴以后,马匹稀少,乾隆三十六年改为派雇镇雄里民背运,赴罗交卸。每铜一驮重一百六十八觔,例销脚价银二两,健者二夫,弱者三夫,道远途难,民情苦累。蒙前督宪李奏准,每驮加增脚价银四钱八分,以敷食用,然背负既重,日行不过半站,兼之镇雄城南三十里即属威宁州所管地方，各里民夫离城远者七八站，近者三四站，自镇城至威又复五站，裹粮远涉领运一次，往返动辄月余，以及四十日不等，仍不无津贴之累。兼以上游铜觔，先后多寡不一，或夫到而无铜，或铜至而无夫，守候空回，更滋苦累，办理颇形掣肘，节经士民纷控，历征条议，终无定策。卑职于上年六月十九日奉委署篆到任，正值铜运紧急，往返督催，熟察道里远近，并黔省威宁铅务情形，复思公事，不分畛域，况滇黔本属一体。于本年正月条议通禀，请将威店改交威宁州牧经管，就近雇夫，短运赴镇雄城设店，转输罗渡，以期民无远涉，铜无停延。并请该州额运京楚铅觔，亦改为短运毕节，交该令接运赴永，以期铜铅两政，均无妨碍。因未将该州铅务、道里情形，缕晰具禀，致奉前督宪李以威宁承运京铜亦关紧要，恐有顾此失彼之虞。镇城设店转输，似属有益，批行藩司巡道，逐一妥议，转行下州。卑职遵即确查详覆，徒于镇雄设店转输，而威店仍令镇夫背运，是程站虽减而夫数倍增，仍属无益。并细查威宁州莲花铅厂，又名妈姑河，在州城之东九十里，即系该州牧承运，由毕节直送四川永宁兑交铜觔，运道系在威宁州城西北，原非并道而驰，两路里甲村寨俱属该州管辖，该州铅运亦系按里派夫帮运。其东路民夫原属就近受雇至西北一路附近，镇雄民夫则系越威宁州城至厂领运，程途窵远，往返跋涉，亦由镇雄里民涉威之不便也。若以威宁铅觔就近雇用东路一带民夫，只令短运毕节，交该令转运永宁。其西北接运镇雄一路，民夫就近专运京铜赴镇，各就其便，劳逸相均。在威宁州，铅觔无烦长运永宁，既可免顾此失彼之虞，而毕邑运永，壤地相接，更无鞭长莫及之患，庶于威宁、镇雄两州民夷，均可节劳恤苦，铜铅两政，均有裨益。至该州隔越黔省，领销脚价等项章程，一并缕议详覆，转吁咨奏，自应静候司道会议，缘奉查询民情利弊，合并缕呈。奉督部堂福批查威店改交威宁州管运。上年叠据详禀，经前督部院先后批司会道议详，何以至今不复？仰云南布政司会同按察司迤东道查照前案，逐一悉心妥议详覆，查夺勿再延搁，仍候抚部院批示缴，又奉抚部院刘批同前由。（昭通旧志汇编本乾隆《镇雄州志》第1051

页）

屠述濂《铜运禀稿》:敬禀者,窃照镇雄州每年管运、宣威州承运,上游各厂京铜三百一十五万余觔,又带解铜六七十万觔不等,赴泸店兑收,因中隔黔省威宁州旱路五站,故历来在威宁州城寄设铜店,委员雇募马匹驮至罗星渡交卸,计旱程十站。复由罗星渡水运至泸兑收,计程八站,原无贻悮,迨军兴以后,威宁马匹稀少。乾隆三十六年,改为招雇镇雄民夫背运赴罗交卸,站长路险,镇雄各里民夫赴威领运一次,近者往返二十余日,远者则需月余,终年跋涉,劳苦异常,荒业废时,在所不免,虽经前署州详蒙中堂鉴恤民隐,每铜百觔奏准加给脚价银三钱,以资民夫饭食,然上游各厂铜觔运至威店,先后不一,多寡不齐,有夫到而无铜领运者,有铜到而无夫背运者,中间守候空回,更滋苦累,趱运迟滞,皆由于此。是以前署州饶梦铭、据州属绅士何发祥等,呈请威店仍委崽员催运,镇雄州城别设铜店接运赴罗,以甦民困,详蒙中堂批行司道会议详夺,尚未议覆。兹卑职于威宁镇署得阅,贵州抚宪抄寄具报滇省。戊戌年,京铜全数过黔,奏稿内有添雇夫马,加倍迅速运往滇属镇雄州境内,收明转运至泸,并有嗣后滇铜,每运应由威宁经过若干先行咨黔,即移行镇道,督察该州文武员弁,催趱滇省委员,依限趱运,以期无悮等语。卑职覆查镇雄一州,距威宁州城中隔五站,沿途悉属威宁所辖地方,镇雄民夫固不能朝发夕至。上游各厂运威铜觔,多寡迟速又难逆料,计每年额运京铜,仰蒙皇恩宪德,按铜给以脚价,而普天率土,莫非王臣,况滇黔两省,均为中堂所辖,惟期便民办公,应无分畛域,所有威店接运京铜,与其每年有累黔省镇道,文武员弁督查催趱前赴镇雄,似莫若吁恳中堂,奏请威宁铜店移咨黔省抚宪,饬交威宁州牧经管,就近招雇夫马运至镇雄交卸,镇雄州城安设铜店,催雇民夫接运至罗,转运泸店兑收,其正加运脚接站剖分,由藩司移交贵西道,转给威宁州具领办运。如此筹办,在镇雄之民得免远涉守候荒业之苦,威宁民夷亦可藉铜运脚价以资衣食,铜运迅捷,俾免迟悮之虞,是一举而三善备焉!若谓威宁州现有额运铅觔,难以协运滇铜。卑职细查威宁与毕节接壤,铅觔亦应请改交毕邑接运永宁,则铅运亦属便捷,而所借威宁力量有限矣。况威宁为川黔往来大道,素称产马之区,铜店安设该州城内,易于就近雇觅,兼且自威至镇计程五站,沿途悉属威宁所辖,民户滚运无难。卑职目击镇雄各里民夷远涉背运之苦,并恐铜运有悮例限,是以不忖冒昧,缕禀宪聪未识可否? 理合禀乞鉴核指示遵循,奉阁督部堂李批行司道,逐一妥议会详。

(昭通旧志汇编本乾隆《镇雄州志》第1052页)

迤西观察五宝《铜运禀稿》:敬禀者,窃照京铜紧急,凡有利运,便民可期,趱运迅速者,皆宜随时更酌,以仰副大人念切京运,体恤民夷之至意。九月间,职道奉委查催东路铜运,沿途体访,查得寻甸运至宣威、宣威运至贵州威宁,车马人夫,皆可随地雇募,趱运尚易。惟威宁运至罗星渡,陆路十站,山路崎岖,运道艰难,且系滇省之镇雄州知州承办,必须由州雇夫赴威领运。查该州之南界,夫役至威计程五站,其东、西、北界民人赴威则八九站、十余站不等,每码重一百六十八觔,强者两夫背一码,弱者即须三名。因该处道险站长,三人背一码者居多。该夫等自镇雄空行至威,已阅程途数日及十余日不等,间遇夫到铜少,又须守候,是以每码铜觔计,自镇雄至威宁,自威宁至罗星渡,动经月余,以年运铜三百五六十万计之,额多夫少,迟悮耽廷,势所不免,而民情亦觉畏缩。随面询威宁州于牧如何可以挽运迅速而民夷不致苦累之处。据称自威宁至镇雄计程五站,自镇雄至罗星渡亦系五站,今以镇雄远近四乡之民越境来威,费多力乏,再负重转运罗星渡十站,即该夫等毫无逗遛,而以站计日,势难迅速。卑职曾与署镇雄州屠牧商议,惟有将长运稍为酌改,各就本属地方分段运送,颇为便益。查自威宁至镇雄城南二十里,皆属威宁地方,即由卑职招雇夫马运至镇雄交卸,镇雄即自雇本地夫马接运至罗星渡。两州各役其民人无烦远涉,自必踊跃趋赴趱运,可免迟延。惟查威宁地方,有妈姑河铅厂,每年应运京铅五百余万,系由威宁募夫挽运毕节而达四川永宁,计程十一站。自厂至毕节计程四站,毕节至永宁计程七站,亦属民夫越境远涉。若将威宁铅觔止运至毕节交卸,饬令毕节县接运永宁,则威宁里民得省七站远行，即加此数站，铜运既可期接运迅速，而民力苦乐亦均，两无妨碍。所有铜铅分段改运情形及酌拨运脚店费缘由，业经镇雄州屠牧禀详，各宪职道细绎该州筹酌。铜铅改运情形，只须各就该州县本地夫马雇募领运，既不远劳民力，且可趱运迅速，所需运费不过挹兹注彼，亦无庸更筹款项，似属简便可行。是否有当？仰请宪台裁酌施行等因，奉批威店铜觔改归威宁州管运，屡据镇雄州详禀批行司道议详。昨据威远同知赵丞具禀，复经批催，今据该道亦称镇雄、威宁二州铜、铅分段酌改，各就本地夫马趱运，可期迅速等语。果于铜政有裨，自应赶紧筹办，仰云南布政司会同按察司迤西道刻即妥议章程，详候察夺，毋再迟延。（昭通旧志汇编本乾隆《镇雄州志》第 1052 页）

　　大藩伯江兰、大总宪徐嗣曾、迤东道汤雄业《会议详稿》：等因奉此，该本司会同按察司查得威宁州铜店，每年承运京铜三百十余万觔。该店从前原系专员管理，当时马匹充裕，承运之员与威宁州通融觅雇，历年办理无误。嗣因该处马匹稀少，铅运增多，威宁马匹只能运铅，不能顾及滇铜。前委员汪丙谦管理铜店，暂雇镇雄民夫背运。因威宁地界非所管辖，呼应不灵，是以将该店改归镇雄兼管。嗣据署镇雄州屠述濂具禀，威宁至镇雄五站，沿途悉属威宁所辖，请将威店改归该州管理，就近招雇夫马，将铜觔运至镇雄交卸。其威宁州承运京铅，亦短运毕节县交卸，令该县接运四川永宁，道里均匀，俱无鞭长莫及之虞。奉前院宪批司议详，均经前司先后移咨迤东道查议，嗣准署迤东道汤雄业转。据署镇雄州屠述濂详称：威店铜觔改交威宁州短运镇城，不特为镇雄里民节劳恤苦，实于京运可期迅速。因威宁有额运京铅，恐铜铅并积，不能兼顾。细与该州牧熟商，并考核铅运情形，该铅厂名妈姑河，距威宁城九十里，运道在州城之东，自厂由毕节运至永宁兑交。铜觔运道在州西北，原非与铅觔并道而驰，两路道里村寨俱属该州管辖。该厂铅运于马匹不敷之外，亦系按里派夫帮运。其东路民夫原属就近受雇，至西北一路附近，镇雄民夫则系越威宁至厂领运，程途弯远，往返跋涉，亦犹镇雄里民赴威之不便也。今若以威宁铅觔就近雇用东路附厂一带民夫，只令运短毕节,交该令转运永宁。其西北接连镇雄一路,民夫就近专运京铜赴镇,各就其便,劳逸相均。在威宁,铅觔无须长运永宁,既无顾此失彼之虞。至毕邑,系产马之区,且为云、贵、四川三省通衢,商货络绎,承运铅觔较威宁更为易集。并将威店所需运铜脚银、养廉工食等项分领报销之处,同署威宁州知州于良均移商妥议,由道移司本司等覆查威宁由镇雄至罗星渡,旱程十站,道远途长,民夫负运既难迅速,且多苦累,虽蒙前宪奏明,每百觔于例价之外加给脚价银三钱,仅充资用之需。而终年仆仆,永无休息,未免有失时荒业之叹。若威宁至镇雄五站,责成威宁州雇夫运送,由镇雄再雇民夫转运罗星渡,水次少五站之程,途民无远涉,省力实多,于镇雄诚为有益。惟威宁承运京铅额数不少,而铜觔运至镇雄交卸,计程五站,亦不为近,若遇铜铅并集,舍己耘人,势所不能。今据该署州屠述濂查详,铜觔至镇雄,系由威宁西北一路挽运,其运毕节铅觔则从东路运往,原非并道而驰,且威宁年运京铅,向雇里民,由毕节转运永宁,今只短运毕节交卸,脚力亦省,不至有顾此失彼之虞,似应俯如所请威店至镇雄五站,京铜改令威宁州承运。其黔省京楚铅觔,自毕节至永宁七站,改令毕节县承运,各就本地夫马雇运,庶民困稍甦,两省铜铅挽运更为迅速。如蒙允准,所有铜运脚价银两,并各店书巡工伙另行核拨,造册申请,咨奏再本司等。查威店铜觔责令威宁州运至镇雄州城交卸,威宁铅觔运至毕节转运永宁,实属两便。但事关两省,更定章程,相应具文会详,请祈会核,咨明贵州抚宪并行,贵州布政司查明定议,详覆,再行详请具奏。(昭通旧志汇编本乾隆《镇雄州志》第 1053 页)

福康安^{督部堂}《改站铜运奏稿》:奏为筹改铜铅转运章程,恭请圣训事,窃查云南递岁京铜周章积压,臣福康安等到滇后凛遵谕旨,举凡厂运事宜,稍有未周未妥,无不竭力殚心,咨商筹办。惟滇省镇雄州每年接运寻甸、宣威一路转交铜觔,在于黔省威宁州设店承运,直送川省泸州交卸,输挽情形,每多竭蹶。察查其故,大率以途长站远为词,而身未经临究,未能悉其条理。兹臣福康安于查阅营伍之便,亲至其地,详加查勘,不特铜运章程,必应亟为调剂,而于黔省铅运,亦有不得不为酌改者。缘威宁一州界在滇黔,向来滇省委员在威宁设店,年额转运滇铜三百一十五万有奇。该州自运黔省京铅五百余万觔,铜铅两不相妨,办理本无拮据。自乾隆三十六七年,川省军需以后,马骡稀少,供运黔铜尚形支绌,势难兼顾滇铜,是以改归镇雄州管理,自雇州民往运。该州南界虽系接壤威宁,而所辖村庄偏于西北,人夫自村至州,自州至威宁,远者十余站,近亦有八九站不等,迨赴威领铜至州,已行五站,自州至罗星渡,又有五站,运铜一次,即需逾月,其间更有铜到无夫,夫到无铜,不便空回,尤滋守候。现在该店正额之外,尚有带铜,通共不下三百七八十万,一夫背负数十觔,便需数万余夫,山路崎岖,裹粮跋涉,虽经议增脚价食用,仍属不敷,释业旷时,民多未便,此滇省铜运之亟需调剂者也。黔省妈姑铅厂,额解铅觔五百余万,在威宁东南地界,相距该州九十里,由厂起解至毕节县,计程五站半,又由毕节至四川永宁县交纳,计程六站,铅多道远,马匹不敷。按里雇夫,用昭公溥,而界连西北,与镇雄接壤之居民转须越威宁至厂,负运赴川,还往动淹旬月。毕节以往地非所辖,呼应亦属不灵,此又黔省之铅运不得不为酌改者也。挽运艰难,彼此一辙,沿途迟滞,职是之由。臣福覆查程站,体访舆情,欲无窒碍之虞,必得变通之法。随与臣刘臣李等逐细筹商,覆念铜铅均关鼓铸,滇黔何所区分?与其拘于长运转致稽迟,不若均其力役,可期迅捷。嗣后请将滇铜自威宁至镇雄州城,改归威宁州承运,而威宁运至毕节之铅觔,即令该县转运永宁,其滇铜自镇雄至罗星渡,仍责镇雄州运办。似此分别改运,在镇雄州减去五站,为力既专,輓输较易。威宁州虽两路分运铜铅,而计算程途仍止十站有零,并无增益,且于境内办理两利,不须远赴毕节雇运,可无鞭长莫及之虞,两处人夫均得就近负运,更为官民交便。至毕节系川黔门户,夫马云集,易于雇用,无虞缺少,一转移间铜铅两运,实属均有裨益。臣等与两省司道公同筹酌,众议佥同,该州县等尤为踊跃。其收发铜铅数目,各饬照例摺报,两省督抚司道查核一切运脚银两及养廉工食等项,查照章程,另行造册,咨部核办。抑臣等更有请者,镇雄州铜运全系民夫背负,与骡马驼载不同,正价不敷食用,于四十一年奏准每铜一码,计一百六十觔,加给脚价银四钱八分,今虽分令两州承运,而镇雄实无骡马可雇,山程陡峻,负运维艰,威宁州铅运向虽直送永宁,第由州运至毕节,即有此处设店,就地添雇脚力转运前进。该州本属马骡稀少之区,供运铅觔五站有余,尚虞不足,兹复运铜五站交送镇雄,添雇民夫之外,别无长策,若遽将增价裁减办理,必致掣肘。臣等再四踌躇,惟有仰恳天恩俯念京铜紧要,准将前项加增脚价,仍给两州分领,俾民力宽余,输輓益加迅速。臣等因铜铅两利往复面商,意见相合,恭折具奏,绘具图说,敬呈御览,伏乞皇上睿鉴,饬部议覆施行,谨奏。奉旨该部速议户部为遵旨束议具奏事,乾隆四十六年七月初八日准行在户部,咨所有本部堂议覆云贵总督福等。《奏筹改铜铅转运章程》一折,相应抄录原奏行文云南巡抚遵照办理,可也。计原奏一纸行在户部为遵旨速议具奏事乾隆四十六年六月十三日云贵总督福等《奏筹改铜铅转运章程》一折,奉硃批该部速议具奏。钦此!该督抚等奏滇省镇雄州每年接运寻甸、宣威一路转交铜觔在于黔省威宁州设店承运,直送川省泸州,交卸输輓,每多竭蹷。缘威宁一州界在滇黔,向来滇省委员在威设店,年额转运滇铜。该州自运黔省京铅,两不相妨,本无拮据。自乾隆三十六七年,川省军需以后,马骡稀少,供应黔铅尚形支绌,势难兼顾滇铜,是以改归镇雄州管理,自雇州民往运。该州人夫自村至州,自州至威远者十余站,近亦有八九站不等,迨赴威领铜至州,已行五站,自州运至罗星渡,又有五站,每次即需逾月,更有铜到无夫,夫到无铜,不便空回,尤滋守候。现在正额之外,尚有带解铜觔不下三百七八十万,必需数万余夫背负,山路崎岖,裹粮跋涉,虽经议增脚价,仍属不敷,失业旷时,殊多未便。至黔省妈姑厂额解铅觔,在威宁东南地界,距该州九十里,由厂起解过毕节,又由毕节至四川永宁县交纳,共计程十一站半,铅多道远,马匹不敷,即按里雇夫,而界连西北,与镇雄接壤之居民转须越威宁至厂,负运至川,动淹旬月。毕节以往地非所辖,呼应不灵,輓运艰难,彼此一辙,嗣后请将滇铜自威宁至镇雄州城,改归威宁州承运,而威宁运至毕节之铅觔,即令该县转运永宁,其滇铜自镇雄至罗星渡,仍着令镇雄州运办。在镇雄减去五站,为力既专,輓输较易,威宁州虽两路分运铜铅,而计算程途仍止十站有零,并无增益,两处人夫,均得就近负运。至毕节系川黔门户,夫马易于雇用无虞,缺少一转移,间铜铅两运,实属均有稗益等语。查铜铅关系鼓铸,滇黔两省本无区别,与其拘于长运,转至稽迟,不若均其力役,分站运送,以期迅速。该督等既详勘程站,体访舆情,于铜铅转运章程酌为通融调剂,俾两省分站转运,于官民实为有益。臣等公同酌议,应如该督等所请。滇铜自威宁至镇雄州城,改归威宁承运,而威宁运至毕节之铅觔,即令该县转运永宁,其滇铜自镇雄至罗星渡,仍责镇雄州运办。似此分别改运,輓输较易,官民均便。再该督等奏称向来铜运脚价,每铜一码,加给银四钱八分。今虽分令两州承运,而镇雄实无骡马可雇,威宁又属马骡稀少之区,负运究需雇用民夫,请将前项加增脚价仍给两州分领等语,亦应如该督等所请,俾民力宽余,輓输并加迅速矣。所有臣等酌议缘由,理合恭摺具奏。伏乞皇上训示遵行。谨奏。乾隆四十六年六月十四日奏,本日奏旨依议。钦此!(昭通旧志汇编本乾隆《镇雄州志》第 1054 页)

署州牧 冯敬典尹东《拟免镇雄州派夫运铜说》:功不可以得半而止,而理可信于事之所已。经惟不牵浮议庶事,集而民不扰。宋元祐诸君子于差役、免役两法,所见多龃龉。差役殚民力,免役竭民财,法既穷而变通之说起不过于民间筹酌力役而已,未有岁出数万金以裕民之财与力而犹病者也。镇雄岁运京铜四百万有奇,向例由威宁雇运,越州抵川之罗星渡,乃舟载交泸。嗣以马少,陆路十站改为招雇镇属民夫背运,招雇何为限以州民殆雇派并用,本一时权宜计,非可为常法也。贤有司力陈仁宪以上游五站归威宁雇运,镇民得之,而自州至罗,民之背运仍如故。说者曰:"驱镇属民运威店铜,往返艰而津贴倍去,此太甚,民已大幸,夫为民除一弊不能尽,则如无除。既善威之雇运,何以不行于下游之五站也?说者又曰:"以雇为名,与派同实,其累适相等,不知雇则权在民,官不为民计,民将却步不前;而官不能强派则权在官,民不如官限。官即按籍追呼,而民无所逃。曩闻有以运务弃其业者,未必非此语阶之厉也。"说者又曰:"威地产马,马倍于镇,更张堕运,谁任其咎,是又不然。镇之村落偏西北,运路则南距威界才数十里,岂此数十里间便同《燕越州志》胜国,洪武时,西南夷岁贡马四千匹,必非止取足。威宁一境,招募有方,邻邑马皆可代。州民足藉云非可尝试,则威宁按运,未闻派民,至今铜运源源事之已然,不徒在多马也。"说者又曰:"往年改民夫后,按铜加价。如停派加脚,应议裁。伏查加脚原案,奉部议,马匹敷用仍照旧例办理。及大宪于改站疏内陈明,马匹不足,添雇民夫之外别无长策,准将前项加脚银两仍给分领。大部并未议驳,盖抽减通省厂民此微平头,增给一州运夫,纷繁食用,以铜办铜,非别有经费,当议节省。况于昔之派尚请加定,不于今之雇反议减,以夫济马之不及,即以加脚益正脚之不敷,以此上达宪聪,应无难得请。"说者又曰:"子苴州日顿收还夫票,竟固甚善。但可行于输挽从容之日,有时全集将壅滞不可悔,此为当事谋颇近是,然民之惜其财甚于惜于力,倚法浚剥,有市侩所不为矣。不剥其赋而从其便。即使铜多无虞脚少,倘时而借资,民力而息。终岁之扰劳于一旦,度无不踊跃从速者,藉称先事之防,征发闾里,令吾民裹粮待役,仁人所不忍为也。"盖为一事而便民,多不便于司事之人,故耸言为论,沮之者甚力卒,亦毅然不之顾,亦行吾心之所安云尔,窃虑将来纷纷者欲复伸前说。俾国家无弊之法已验于威宁者,而于镇民又岁得半之功,固大可惜也。因历举众说,备陈愚见,附入志后,留以告后之官斯土者。

(昭通旧志汇编本乾隆《镇雄州志》第 1056 页)

《铜运》:每年额运京铜一百五十七万七千五百八十三斤十二两八钱,继因江险滩多,随时改定,近年额拨仅一百二十余万斤不等。一自府城陆运至黄草坪,每铜百斤给脚价银四钱五分二厘二毫,计三站半,每站合银一钱二分九厘二毫。一自黄草坪水运至雾基滩一站,雾基滩至锅圈崖一站,锅圈崖至大汉漕一站,大汉漕至新开滩一站,计四站,每铜百斤给水脚银一钱四分四厘,食米一升七合一勺零。一自新开滩运至泸州铜站交收,每铜百斤给水脚银一钱。一黄草坪、雾基、锅圈崖、大汉漕四处，每处雇留站船十五只，每只每月给盐菜银一两二钱，食米三斗。一雾基滩、锅圈崖二处，设渡船二只，每年每只给工价、盐菜银十二两六钱，食米一石五斗。一承运官：永善县知县由黄草坪运至大汉漕，自开运起至撒站止，每月支养廉银三十两。协运官：副官村县丞由大汉漕运至新开滩，自开运起至撒站止，每月支养廉银二十两。乾隆五十年，本府孙公，详定专责永善县一手承运，赴泸交收协运，养廉银奉裁。一黄草坪、雾基、锅圈崖、大汉漕、新开滩五处，每处书记一名，每名每月给工食银三两；搬夫二名，每名每月给工食银二两。凡设派人等及应否盘拨，亦有水之平险，时之迟速，随时增减者。查金沙江历来不通舟楫，原无水运。自乾隆十二年奉上谕，查开通川河道，经总督庆复、巡抚张允随檄查，于乾隆六年，兴天地自然之利，开千古闭塞之江等事案内，将东川府巧家木租山厂木筒，发运泸州、重庆售卖，并议下运铜斤，上运油米，即于是年拨大碌厂铜斤试用。七年，题请开修，委楚雄府陈克复，丽江府樊好仁随同迤东道宋寿图为总理，东昭二府为协理，带同候补人员徐雯、刘国祥等分段管修，八年工竣。遂分小江八（入）口至黄草坪为江上游，由黄草坪以下抵泸为下游，各委正副两员承办，定以额铜数目，俟江水归漕，即令开运，此水运之所由始也。至十四年，经钦差九门提督舒公赫德、湖广总督新公柱查勘，水运滩大，两厂陆运一站到象鼻岭小江口上船，到绿草滩上岸，起拨过蜈蚣滩上船，到横木滩上岸，陆运二站至对坪子滩上船，到滥田坝起拨三百步上船，直至永善之河口，转运黄草坪，因而有蜈蚣、横木等滩险峻异常，不能飞越。又，滥田坝无可开浚，三次起拨耗费人力，且沿江一带俱属披沙野夷出没之处，行者惮之，是以奏请停止上游水运，由厂陆运至黄草坪上船，直达泸州。（昭通旧志汇编本嘉庆《永善县志略》卷2第784页）

《厂课》：金沙厂银厂，……又该厂炉户煎炼碘砂，其浮而上者为冰爆，沉而下者为底母，详蒙题定准，令商民等收买炼铜运泸，其卖运渣底每百斤抽税二钱，随课批解。小岩坊铜厂，在县西北六百余里,系知县专管,每年约收课铜八千有零,今则额定每年采办铜一万九千余斤。绍感溪、梅子沱二铜厂,皆在县属副官村之(某处),每年额办铜××两,系知县兼管。乾隆五十七年,皆归本府招商督运交泸,委县丞就近给发工本,随时查催。(昭通旧志汇编本嘉庆《永善县志略》卷2第785页)

《禁革铜厂陋规碑》:云南等处承宣布政使司布政使,为遵旨速议具奏事:乾隆三十七年六月初四日,奉巡部院李宪牌,乾隆三十七年六月初四日,准户部咨议,覆(复)本部院会同督部堂条奏铜厂事宜一折。内合:沿江陋规,应严查禁革,以清积弊也。查铜厂初开,矿砂丰旺,成本有余,人皆视为利薮,因而衙门使费俱有陋规。厂员领银,亦多克扣。当时炉户获息尚多,即被侵剥,不致亏本拖欠。迨相沿至今,采办日觉艰难,所领工本正数日用,而总理转发衙门领银造册、堂号门规等费仍然照旧,需索自数两至数十两不等。厂员领银到手,复意图分润,非短发价值,即克扣平头,层层剥削,不厌不休。及至给散炉户,已多折耗,每不敷雇募砂丁之用,遂渐启透漏拖欠之端,若不亟为清厘禁革,则厂累日甚,厂弊日滋,纵使多方调济,终难望有起色。查房费门包,久奉例禁,滇省仍阳奉阴违,婪索无忌,皆由坐省长随盘踞会城,与上司家人、书吏往来,讲贯勾,串作奸,牢不可破。如厂员朱一深禀揭一案,已有明证。臣现在檄行司道,将从前一切陋规严查饬革,勒行永禁,仍将现在各属坐省长随查拿,驱逐递籍。如仍有混迹逗留,在省滋事及上司书役捺搁领批者,将失察纵容各官照例一并严参究治,以昭惩创等因。奉部议覆查,外省衙门沿习陋规,久干例禁,如有阳奉阴违,自应随时即行查办。今据该抚奉称:"滇省各铜厂发给工本(费),所有总理转发衙门领银造册,堂号门规等费自数两至数十两不等,而厂员又意图分润,短发扣平,层层剥削,致使炉户领本不敷雇募砂丁之用,渐启透漏拖欠之端,推原其故,皆由坐省长随盘踞会城,与上司家人、书吏夤缘作奸,自不可不严行禁革。饬应如所请,立请查拿递籍,如有混迹逗留及上司书役捺搁领批者,将失察纵容各官指参究治。"但查坐省长随,原奉本官差役,若竟置之不议,转得脱然事外,于情理殊未允协,应令该抚严饬州县等官,嗣后无许。仍遣长随坐省,如有复(覆)蹈故辙者,即将本官一并严参,以昭惩创等因,于乾隆三十七年五月十五日奉、本日奉旨"依议速行,钦此!咨院行司转饬钦遵办理"等因,奉此,本司遵奉院宪奉准条规,不时查察严禁,书役人等倘有藉端需索,立即从重究处。合行勒石示禁,凡承领铜斤工本转发衙门及管厂各官一体遵照,务须洁己奉公,毋许家人、书役收取陋规,层层剥削,苦索炉民。倘敢阳奉阴违,复(覆)蹈故辙,一经查察得实,官则严参追究,役则立毙杖下,决不宽贷。各宜凛遵毋违,特示。乾隆三十七年永善县知县、赐进士出身、福建长汀县人李发源奉刊。(昭通旧志汇编本嘉庆《永善县志略》卷2第795页)

州牧饶梦铭进贤人《芒部铜运歌》(七古):泸阳南蜀乌撒北,川原险巇天地窄。中权芒部仔其肩,铜驼铜艘日呼迫。六百罗星道路难,岩疆启辟念年间。着歪木果撑翟底,羊肠鸟道三坡连。梭步岭蠹镇东道,山鬼啸风望天墺。岩悬径仄阎王边,油滑石踏马蹄倒。河喧雨口硬寨停,洪涛洞底去无声。一舍岑寂岩光吐,参差龙口浪花惊。罗湾陡截河源出,班马萧萧驼运毕。掷地金声高下闻,大艘小艘鱼贯入。愁望南江百八滩,建瓴激石涛播颠。幽箐舟攒旋磨蚁,双洞瓦魁乾岩间。杨贵将军穿洞底,水趱石骨稜稜起。石下峭壁吼蛟龙,倒缆曳舟舟不止。趱上响水长腰张,下驱虎漕鱼脊梁。小鬼火眼觇门闭,鲤鱼水泡号若狂。油榨碛撞石牛战,鼍皮鲤脑飞片箭。雉雄狗乳碓邛趋,大阁小阁滩悬线。石屏孤声马蹄攒,梭边杌桓到磨盘。呜咽水鸣南洞口,罗舟百折维巉岏。背负踵接铜随下,蜀江水合金沙泄。波浪溯洄邌罗江,扁舟势捷奔泉马。菩提金鞭大石阑,鹭鸶野猪虎背湾。秤桿观音火焰迥,罗外泸江又九滩。水陆奔驰千余里,岩椒滩碛石齿齿。七盘三峡侭险巇,运道所经直如此。古来往往歌路难,况是任重霜雨间。单衣敝缕汗流水,晶曩彳亍息歇烟。驾马服牛代辛苦,悉心筹十不得五。领交越省赴程限,长官督责心酸楚。溪河盈洞更无时,其中似有鬼神司。陡涨忽落大舡止,小舡并搁竹筏支。舡筏森整俨戎伍,按站滚运捷桴鼓。隔属呼应灵不灵,霎时挥金如挥土。我苴芒部岁一过,借箸须才才若何。衙鼓未罢身先出,南北倥偬九月多。策马黔山扑山麓,泸江几葬江鱼腹。岁时伏腊饫征尘,差免覆𫗧殊碌碌。吁嗟乎!上为国家下苍生,丈夫发白愧无成。归去来兮归未得,坐听中宵风雨声。(光绪《镇雄州志》卷6第4页)

犍为铜币,光绪中,昭通掘地得古铜币十数枚,文曰"直百",幕曰"为"。陈古抑同年以一见赠。考之币一直百,乃汉昭烈时铸,为即犍为之省文也。犍为即昭通之古名。因转赠滇博物馆,备金石家参考。(《滇绎》卷1第670页)

铸钱,孙可望铸大顺钱,吴三桂铸利用钱,吴世璠铸洪化钱,今有存者。(《滇绎》卷4第726页)

物产:旧《志》采入,并无增减,惟铜厂自咸丰二年以前,各知府所办京铜俱运泸店交收,自三年起,因协饷不济,奉文停止京运,又值地方兵燹,各厂废弛,知府汪之旭、孔昭玢、苑文达、许濂等任,收买铸钱,以济民用。同治十年起,至十二年止,委员牟正昌、张新已等赴东设局,办出铜斤,通商抽课。同治十三年起,奏请札委绅商牟正昌、戴国恩、张新已、杨好谋等采办京铜,赴省局交收。光绪四年四月,奉文归复旧制,仍交知府蔡元燮接办,所出铜斤改运百色局交收。光绪七年十一月,知府蔡元燮交卸铜务,委候补道魏鼎薰接办。至八年十一月止,办出铜斤,仍运百色局交收。光绪八年十一月,魏鼎薰交卸铜务,委高正寅、牟正昌、杨好谋接办,所出铜斤,改运泸店交收,后设招商局,归署知府全楙绩采办,现又归公司局委员采办,由泸解京。(光绪《续修东川府志》卷1第11页)

永善铜矿素盛,县城在山中,其下皆矿也。距城百里许,有老洞,尚见铜根二,即为净铜,合抱如柱,斜卧洞壁,土人逐日入内刨之,得其值仅足糊口。东川尚存铜厂,设官局,朝命唐公锷生为矿务大臣,专办滇矿。所办多处,或仍土法,或用机器,均无成效。每年解运京铜二批,至户部交纳,以供鼓铸。其中流弊,不可胜述,甚至在厂,经手私售,解时或难足数,又由各处收买。自然铜,亦出东川,本质即系净铜,红色而著宝光,非如他矿含有杂质,滇工多以此制造香炉,惟大小只一式,不知仿古模范,铜质实佳。遵义蹇舒甫守东川时,以自然铜为屏,数以视余,极可宝爱。其法:大小方圆先制模,后融铜汁入模,上用黄蜡平铺满覆,倩书画高手书画于蜡面,精刻镂,其空处灌以镪水蚀之,而后将蜡洗刷净尽,加涂绿、蓝颜色,或悬为挂屏,或制木架为坐屏,真无上妙品也。雨铜,惟有观音立像,其色似雨过天青,其精气光彩,优于自然铜,并立比较,相去天渊。每座高尺余者,须值数百元。俗传观音降魔,天雨此铜,使魔无可逃避,是名雨铜,言虽无稽,而铜质之精,世所罕见。白铜出滇、蜀边界,余在仁和时,购得百余斤,雇四川铜匠在局制造各器,色虽纯白,而质极劣,非参和黄铜不能锤打,色虽不及日本白铜,而精彩过之,化学不明,至有极良原料,无由发展胜人,可叹也已!(《幻影谈》卷下第142页)

《铜运》:滇铜之运,名虽解于京师,交纳户部,其实利用前,民仍转输于海内。盖以鼓铸成钱泉货流通,使国与民并利,亦财政之要也。查滇省之铜,产自东川者唯盛,而运必由昭(通)以达于川省之泸州。其间山川险阻,几费经营,稍有短折、亏耗,即由各长官养廉(银)扣除。或硐老山空,尚议采买填补,且沿途设站护运,是以官民有时交困。岂立法之未善欤?抑由司事者之多弊耶?因志其事以警之。考东川之铜,产于汤丹、大碌各厂。乾隆初年,部议停买洋铜,将其课本付滇应办。初,东川府每年承运正耗铜肆百肆拾万斤。原走威宁,继加至陆百叁十叁万 壹千肆百肆拾斤,遂议分运章程,一由厂运寻甸至威宁转镇雄南广而下,一由东川运鲁甸交昭通,由大关一带陆运,往交泸州,此昭通铜运之始也。至十三年,改由金(沙)江自小江口水运对坪子交永善县转运。十四年,又议由厂陆运至黄草坪上船,直运到新开滩顺水以抵泸州,将小江口水运停止。后又议对半分运,一由昭(通)交大关同知收称,转运至泸(州),一由昭(通)交永善县收称,转运至泸(州),汇齐装船,俟省宪委员由川押运进京。一、昭通运至豆沙关,题定每铜叁百斤折耗铜拾两,运至黄草坪者,每铜叁百斤折耗铜捌两,倘有逾折,即由上宪扣除本府养廉〖银〗赔偿,其所扣逾折银每斤照官价玖分贰厘。至(乾隆)二十四年,以硐老山空,出铜稀少,兼四路马多,足供运力,始裁运站。每马驼(驮)铜壹百陆拾捌斤,准折铜肆两肆钱玖分零。每站铜百斤,给价银壹钱贰分玖厘,每驮壹百陆拾捌斤,给价银贰钱壹分柒厘。查当时此项驼(驮)运,皆系郡中大姓姜、张数家承办,名为铜行户,至今粮名沿之,未能更改。以上数条皆载旧《志》。查当日府署设有铜店收管,并有铜房管理文件,后因遇乱,厂废停运。至光绪十年(1884 年),简放矿务大臣,京铜另设专员,遂未隶于府,而转运事由矿务派人运达京城。再至光绪末年,由商包办驼运,即在东川销成砖条,则折耗者少矣。(昭通旧志汇编本民国《昭通志稿》卷 2 第 142 页)

《鼓铸》:鼓铸之事,滇中唯东川为盛,盖以产铜之薮,赡民之用,固宜酌盈而剂虚。昭通无是也。有之,则见于咸(丰)同(治)之间,其时以滇省多事,大局不靖,镇中弁兵日久缺饷,仓储且已告罄,军士每多饥哗。自庚申年(1860 年),郡中官吏翕议详请省院,就近收买公私铜铅,在郡治开局铸钱,以资兵食而济民困。查本郡之设炉者,初止(同只)镇府有之,继则县署、游(击)、守(备)府均各开铸征课,其制较今矿山钱尤小,初尚可观,久之钱渐薄劣,个头甚低,每银一两换钱十余千,商民交困,识者病之。嗣因饷糈稍济,军务敉平,各处始行停铸,而其钱亦销毁矣。(昭通旧志汇编本民国《昭通志稿》卷 2 第 143 页)

清倪慎《采铜炼铜记》:铸山为铜,大要有二:曰攻采,曰煎炼。凡视采铜之山,欲其如堂如覆,敦博以厚,斯耐久采。视其后,欲其崼巏而岭嵽也,无所取诸属与罜也。视其前,欲其岎咖而嶠嶷也,无所取诸峻以聏也。顾视其旁,欲其岷以岷也,无所取诸屋也。又欲其左之宫乎右也观,其泉不欲、其缩以衮也,欲其盎而过办也。形既具,胚斯凝,充于中而见乎外:如云之蒸,如霞之灿,如苦芦之鳞以比,如羊象之伏以窜,晦冥之中,光景动人。谛观山岩石穴之间,有碧色如缕,或如带,即知其为矿苗。亦有涧嗌山圻,矿砂偶露者,乃募丁开采,穴山而入,谓之礌。亦谓之硐,浅者以丈计,深者以里计。上下曲折,靡有定址,谓之行尖。

尖,本器名,状如凿,硐中所用之物。岐出,谓之棚尖,并谓之荒。石谓之甲,碎石谓之松甲,坚石谓之硬甲。左右矗而立者曰墙壁。亦有随引而攻,引即矿苗,中荒旁甲,几同复壁者,覆于上者为棚,载于下者为底,横而间者为门。大抵矿砂结聚处,必有石甲包藏之。破甲而入,坚者贵于黄绿赭蓝,脆者贵于融化细腻,俗谓之黄木香,得此,即去矿不远矣。宽大者为堂矿。宽大而凹陷者为塘矿,斯皆可以久采者也。若浮露山面,一斫即得,中实无有者,为草皮矿;稍掘即得,得亦不多者,为鸡抓矿;参差散出,如合如升,或数枚,或数十枚,谓之鸡窠矿,是皆不耐久采者也。又有形似鸡抓,屡入屡得,入之既深,乃获成堂大矿者,是为摆堂矿,亦取之不尽者也。矿或之名目不一,其佳者有黄胖、绿豆、青绿、黑绿。佳者,为白锡蜡,色白体重,边纹如簇针尖;油锡蜡,色光亮;红锡蜡,色红紫;金锡蜡,色深紫。尤佳者,火药酥,色深黑,质松脆,俗皆谓之彻矿,彻即净,厂俗讳净为彻。又有亚子矿,叠垒山腹,采之如拆砖墙,亦属佳品。盐砂矿,色青黑或带黄绿,则次矣。穿花绿石中夹矿,又其次矣。尤下者为松绿,内外纯绿,成分极低,止可为颜料之用。此攻采矿之大略也。至于炼矿之法,先须辨矿。彻矿一得,即可入炉。带土石者,必捶拣淘滤。矿汁稠者取汁稀者配之,或取白石配之;矿汁稀者取汁稠者配之,或以黄土配之,方能分汁,谓之带石。矿之易炼者,一火成铜,止用大炉煎熬。其炉长方高耸,外实中空,下宽上窄,高一丈五尺,宽九尺,底深二尺有奇。前为火门,架炭入矿之路也。红门下为小孔,谓之金门,撤取渣燥之窦也。后为风口,橐竿之所鼓也。每煅一炉,俗谓之"扯火一个"。彻矿须四十桶,用炭百钧;次矿惟倍加,糜炭五之一;下矿三倍而差,加糜炭三之一。火候停匀,昼夜一周,渣燥质轻自金门流出,即从金门中钩去灰烬。铜质沉重,融于炉底,闪烁腾沸,光彩夺目。以渍米水浇之,上凝一层,钳揭而起,用松针、糠核之类掠宕其面,淬入水中,即成紫板。或得五六饼、六七饼不等。初揭一、二饼,渣滓未净,谓之毛铜,须改煎方能纯净。自三、四揭后则皆净铜矣。其有矿经煅炼结而为团者,矿不分汁之故也。亦有本系美矿而亦结为团者,配制失法、火力不均之故也。然一火成铜之厂，寥寥无几，其余各厂并先须窑煅后始炉融。窑形如大馒首，高五六尺，小者高尺余，以柴炭间矿，泥封其外，上留火口。炉有将军炉、纱帽窑之分。将军炉上尖下圆，其形如胄；纱帽炉上方下圆，形如纱帽。并高二寻十分。高之四为其宽之度，十分宽之四为其厚之度。亦有宽一寻者，其宽与厚亦称之，余同大炉。又有蟹壳炉，上圆下方，高一丈有奇，宽半之，深尺有咫，其余亦同大炉。矿之稍易炼者，窑中煨煅二次，炉中煎炼一次，揭成黑铜，再入蟹壳炉中煎炼，即成蟹壳铜，揭、淬略如前法。其难炼者，先入大窑，一次次配青白带石，入炉一次炼成冰铜，再入小窑翻煅七八次，仍入大炉，始成净铜，揭、淬亦如前法。计得铜百斤，已用炭一千数百斤矣。此煎炼铜之大略也，又有所谓铜中撤银者，其矿坚黑如镔铁，俗谓之明矿。先以大窑煅炼，然后入炉煎成冰铜，再入小窑翻炼七八次，亦同前法。复入推炉，形如稗器，首置橐竽，尾置铜瓦，挤彻铅水，掺和底母，撤成净铜，挤出铅水，入罩炉分金。罩形如龟甲，大尺余，加大于外。亦有入窑翻煅之后即入将军炉煎炼一日，铜汁流于炉内，银汁流于窝外。复以铜入推炉，煎成黑铜，再入蟹壳炉揭成蟹壳铜，以银入罩子煎成厂银者。约计万斤之矿，用炭八九千斤，不过得铜五六百斤，厂银一二十两而已。此其煎炼稍有不同者，以其矿本不同，而矿中所出者亦不同也。煎炼又必择水火，深山寒浚之水，不可以淘洗矿砂，惟潴蓄和平者可用。淬揭以清泉，则铜色黯淡，惟用米泔，则其色红活，此汤丹厂之所由名也。窑中之火，宜于轮菌，薪木稍间以炭，取其火力之耐久也。炉中惟可用炭，杂木炭取其猛而烈也，栗炭取其匀而足也。亦有因其价之昂廉不同而酌用者，此则人事之区画计较也。惟煎揭蟹壳，必用松炭，取其极猛极烈，易于挤撤渣燥，万不可以他炭通融者也。其采取也如此，其煎炼也如此，得铜不其难哉！而有尤难者，采矿之时，俱于穿窿岖岫之中冥搜暗索，得者一，不得者十，黄金掷虚牝，或至于荡产倾家。迨煎炼之时，得铜多者，可以获什一之利，其寡者或至于不偿劳。此其难，在乎民。又各厂旧规，皆先银后铜请国帑为本者，俱无业穷民，阅时既久，故绝逃亡，贻累出纳之官赔补。此其难，又在乎官。且一厂之中，出资本者谓之锅头，司庶务者谓之管事，安置櫼木者谓之櫼头，采矿破甲者谓之锥手，出荒负矿者谓之砂丁，炼铜者谓之炉户，贸易者谓之商民。厂之大者，其人以万计，小者亦以千计，五方杂处，匪匪藏奸，植党分朋，互为恩怨，或恣为忿争，或肆为盗贼所为，弹压约束之方，又岂易易哉！凡采炼银铁诸矿之法，大略仿此。（昭通旧志汇编本民国《巧家县志稿》卷9第724页）

清^{云南布}政使王太岳《铜政上议》：窃见滇南地处荒裔，言政者必以铜政为先。然自设官置厂以来，未六十年而官民交病，进退两穷，或比之"救荒无奇策"，何也？盖今日铜政之难，其在采办者四，而在运输者一。一曰官给之价难再议加也。乾隆十九年，前巡抚爱必达以汤丹铜价实少八钱有奇奏，蒙恩许半给，则加四钱二分三厘六毫。越二年，前巡抚郭一裕请以东川铸息充补铜本，则又加四钱二分三厘六毫。越六年，前总督吴达善通筹各局加铸，再请增给铜价，则又奉特旨加银四钱。又越六年，前巡抚鄂宁遵旨陈请，则又暂加六钱，越三年始停暂加之价。于是，汤丹、大水、碌碌、茂麓等厂，遂以六两四钱为定价。而青龙山等廿余小厂，旧时定价三两八九钱、四两一二钱者，亦于乾隆二十四年前巡抚刘藻奏奉谕旨，既照汤丹旧例，每铜百斤，定以五两一钱五分有奇收买。即金钗最劣之铜，亦以四两之旧价加银六钱。朝廷之德意至为厚矣。然行之数年，辄以困敝告。岂尽人情之元厌哉？限于旧定之价过少，虽累加而莫能偿也。夫粤、蜀与滇比邻，而四川之铜以九两、十两买百斤，广西以十三两买百斤，何以云南独有节缩乎？江阴杨文定公名时抚滇，奏陈《铜厂利弊疏》云：各厂工本多寡不一，牵配合计每百斤九两二钱。其后，凡有计息、议赔，莫不以此为常率。至买铜，则定以四两以至六两。然且课铜出其中，养廉公费出其中，转运耗损出其中，捐输金江修费出其中，即其所谓六两者，实得五两一钱有奇。非惟较蜀、粤之价几减其半，即按之云南本价亦特十六七耳，皆由旧定之价过少也。然在当时莫有异辞，而今乃病其少者，何也？旧时滇铜听人取携，自康熙四十四年始请官为经理，岁有常课。既而官给工本，逋欠稍多，则又收铜归本官自售。至雍正之初，始议开鼓铸、运京局，以疏销积铜，其实岁收之铜不过八九十万。又后数年，亦不过二三百万，比于今日，十才二三，是名为归官，而厂民之私以为利者犹且八九，官价之多寡固不较也。自后讲求益详，综核益密，向之隐盗者至是而厘剔毕尽，于是厂民无复纤毫之瀛溢，而官价之不足，始无所以取偿，是其所以病也。兹硐路已深，近山林木已尽，夫工炭价，一皆数倍于前。而又益以课长之掊克，地保之科派，官役之往来供亿。于是，向之所谓本息、课运、役食、杂用以及厂次路耗并计其中，而后又有九两二钱之实值者，今则专计工本而已，几于此厂民实受价六两四钱之外，尚须贴费一两八九钱而后足。问所从出，不过移后补前，支左而右绌，他日之累，有不胜言者矣。夫铜价之不足，厂民之困惫至于如此，然而未有以加价请者，何也？诚知度支之籍制有经，非可以发棠之请数相尝试也。且虽加以六钱、四钱之价，而积困犹未遽苏也。故曰：官给之价难议加也。采办之难，此其一也。一曰取用之数不能议减也。盖滇铜之供运京外者，亦尝一二议减矣。乾隆三十二年，云南巡抚鄂宁以各厂采铜才得五百余万，不能复供诸路之买，咨请自为区画。准户部议，留是年加运之京铜及明年头纲铜以及诸路买铸。于是云南减运二百六十余万斤。后三年，云贵总督明德，又以去年获铜虽几千万，然自运供京局及留滇鼓铸外，仅余铜一百三十万斤，以偿连年积逋九百二十余万犹且不足，难复遍应八路之求，因请概停各路采买。准户部议奏，许缓补解京铜，酌停江南、江西两道采买。于是云南减买五十余万斤。后半年，前巡抚明德，又以各路委官在滇候领铜四百一十余万，以去年滇铜所余一百余万计之，四年乃可足给。此四年之中，非特截留及缺交京铜不能补运，而各省岁买滇铜二百余万，积之数载将有八九百万，愈难为计。因请裁减云南铸钱及各路买铜之数。准户部议奏，许停云南之临安、大理、顺宁、广西府并东川新设各局铸钱，又暂减陕西、广西、贵州、湖北买铜六十三万斤。于是云南得减办二百余万斤。通计前后缓减五百余万，厂民之气力乃稍舒矣。夫滇铜之始归官买也,岁供本路铸钱九万余千及运湖广、江西钱四万串,计才需用一百余万斤耳。至雍正五年,滇厂获铜三百数十万斤,始议发运镇江、汉口各一百万余,听江南、湖南、湖北受买。至雍正十年,发运广西钱六万二千余串,亦仅需铜四十余万。其明年,钦奉世宗宪皇帝谕旨,议于广西府设局开铸,岁运京钱三十四万四千六十二串计,亦止需铜一百六十六万三千余斤。乾隆二年,总督尹文端公继善,又以浙江承买洋铜逋欠滋积,京局岁需洋铜、滇铜率四百万斤,请敕江浙赴滇买铜二百万斤。云南依准部文,解运京铜之外,仍解京钱三十余万以足二百万之数。而直隶总督李卫,又以他处远买滇铜转解,孰与云南径运京局? 由是各省供京之正铜及加耗,悉归云南办解,然尚止于四百四十万也。未几,而议以停运京钱之正、耗铜,改为加运京铜一百八十九万余斤矣。又未几,而福建采买二十余万斤矣,湖北采买五十余万斤矣,浙江采买二十余万斤矣,贵州采买四十八万余斤矣。既而广西以盐易铜十六万余斤矣。既而陕西罢买川铜改买滇铜三十五万,寻又增为四十万斤矣。于是,云南岁需备铜九百余万,而后足供京外之取,而滇局鼓铸,尚不与焉。夫天地之产,常须留有余以待滋息,独滇铜率以一年之入,给一年之用,比于竭流而渔,鲜能继矣。又况一年之用,几溢于一年之入,凶年取盈之术也,皆由取给之数过多也。尝稽滇铜之产,其初之一二百万斤者不论矣,自乾隆四、五年以来,大抵岁产六七百万耳,多者八九百万耳,其最多者千有余万,至于一千二三百万止矣。今乾隆卅八年、三十九年,皆以一千二百数十万告,此滇铜极盛之时,未尝减于他日耳。然而不能给者,惟取之者多也。向时江、安、闽、浙,买滇铜以代洋铜,议者以滇铜盛衰靡常,当多为之备,仍责江浙官收商买洋铜,以冀充裕。及请滇铜径运京师,以其余溢留湖广开铸,而商办洋铜则听江浙收买铸钱。议者又以滇铜虽有余而须筹备以供京局,若遽留楚供铸,设令将来京铜有缺,所关不细。又议浙江收买洋铜亦须存贮,滇铜或缺,仍可运京接济。即近岁截留京铜,部议亦以滇铜实有缺乏情形,当即通筹酌剂,是皆以三十年之通制国用,为天下计,非独为滇计也。至于今日,而京师之运额既无可缺,而自江南、江西以外尚有浙、闽、黔、粤、秦、楚诸路开铸,纷论并举。一则曰,此民之用也,饷钱也,不可少也;再则曰,炉且停矣,待铸极矣,不可迟也。而滇之铜政骚然矣! 夫以云南之产,不能留供云南之用,而裁铸钱以畀诸路。诸路之用钱者均被其利,而产铜之云南独受其害,其产愈多,则求之益众,而责之益急。然则云南之铜何时足乎? 故曰:取用之数不能议减也。供办之难此其二也。一曰大厂之逋累积重莫苏也。谨按杨文定公奏陈《铜政利弊疏》云:运户多属夷猓,或山行野宿,中道被窃;或马牛病毙,弃铜而走;或奸民盗买,无可追偿。硐民皆五方无业之人,领本到手,往往私费,无力开采;亦有开硐无成,虚费工本;更或采铜既有,而偷卖私销;贫乏逃亡,悬项累累,名曰厂欠。由此观之,自有官厂,即有厂欠,非一日矣。然其时凡有无追之厂欠,并得乞恩贷免。故岁岁采铜数倍于前,而厂民之逋欠亦复数倍。司厂之员惧遭苛谴,少其数以报上官,而每至数年,辄有巨万之积欠,则有不可以豁除请者矣。上官以其实欠而莫能豁也,于是委曲迁就,以姑补其阙。乾隆二十三年,奏请预备汤丹等厂工本银十二万五千两,所以偿厂欠也。三十三年,逮治综理铜政及司厂之员,著赔银七万五千余两,所以厘厂欠也。三十七年,除豁免之令,而于发价时,每以百两收银一两,大约岁发七十万两可收七千余两,藉而贮之,以备逃亡,亦所以减厂欠也。至于开采之远,工费之多,官本之不足,则莫有为之计者。故不数年而厂欠又复如旧。三十七年冬,钩考厂库以稽厂欠,前后厂官赔补数万斤外,仍有民欠十三万余两。重蒙皇恩,特下指挥,俾筹利便,然后得以十一通商,而以铸息代之偿欠。今之东川局加铸是也。然加铸之息悉以偿厂欠,通商之铜又以输局供铸,至于未足之工本依然无措也。是以旧逋方去,新欠已来,两年间又不可訾算矣。自顷定议,每以岁终责取无欠结状,由所隶上司加之保结,由是连岁无厂欠之名。然工本之不足,厂民不能徒手枵腹而致采也,则为之量借油米炉炭以资工作,而责其输铜于官。以此羁縻厂民曰:尔第力采,我能尔济。厂民亦以此饵其上曰:官幸活我,我且力采以赎前负。上下相蒙,不过觊幸于万有一遇之堂矿。是虽讳避厂欠,而积其欠借不归之油米炉炭,亦复不下巨万之值,要之皆出公帑也。蚩蚩之氓,何知大义?彼其所以俯首受役,敝形体而不辞者,孳孳为利耳。至于利之莫图,而官帑之逋负且日迫其后,而厂民始无望矣。夫厂以出铜,民以厂为业,民无所望,厂何有焉?区区三五官吏之讲求于其铜政,庸有济乎!故曰:大厂之逋累积重莫苏也。采办之难此其三也。一曰小厂之收买涣散莫记也。云南矿产,其旧且大者汤丹、碌碌、大水、茂麓为最,而宁台、金钗、义都次之。新厂之大者狮子山、大功为最,而发古山、九度、万象诸厂次之。至如青龙山、日见汛、凤凰坡、红日岩、大风岭诸厂,并处僻远,矿硐深窅,常在丛山乱箐之间。而如大屯、白凹、人老、箭竹、金沙、小岩,又皆界连黔省,径路杂出,奸顽无藉,贪利细民,往往潜伏其间,盗采盗铸,选踞高岗深林,预为走路,一遇地方兵役纵迹勾捕,则纷然骸散,莫可寻追。其在厂地采矿,又皆游惰穷民,苟图谋食,既无赀力深开远入,仅就山肤寻苗而取矿。经采之处,比之鸡窝;采获之矿,谓之草皮、菜荒;虽名为采铜,实皆侥幸尝试。一引既断,又觅他引,一处不获,又易他处,往来纷藉,莫知定方。是故一厂之所而采者动有数十区,地之相去,近者数里,远者一二十里,或数十里,虽官吏之善察者固有不能周尽矣。加以此曹不领官本,无所统一,其自为计也。本出无聊,既非恒业;何所顾惜,有则取之,无则去之,便于就则取之,不便于就则去之。如是,而绳以官法,课以常科,则有散而走耳,何能縻乎?官厂者见其然也,故常莫可谁何,而惟一二客长、锡头是倚。厂民得矿,皆由客长平其多寡而输之,锡头、炉房因其矿质几锻几揭而成铜焉。每以一炉之铜,纳官二三十斤,酬客长、锡头几斤,余则听其怀携,远贾他方。核其实数,曾不及汤丹厂之百一。夫以滇南矿产之多,诸路取求之广,而惟二三大厂是资。其余小厂环布森列以几十数,而合计几十厂之铜,比之二三大厂不能半焉。则大厂安得不困?故曰:小厂之收买涣散莫纪也。采办之难此其四也。若夫转运之难又可略言矣。夫滇,僻壤也,著籍之户才四十万,其畜马牛者十一二耳。此四十万户分隶八十七郡邑,其在通途而为转运所必由者,十二三耳。由此言之,滇之马牛不过六七万,而运铜之马牛不过二三万,盖其大较矣。滇既有岁运京铜六百三十万,又益诸路之采买与滇之鼓铸,岁运铜千二百万计。马牛之所任,牛可载八十斤,马力倍之。一千余万之铜,盖非十万匹、头不办矣。然民间马牛止供田作,不能多畜以待应官。岁一受雇,可运铜三四百万,其余八九百万斤者尚须马牛七八万,而滇固已穷矣。乾隆三年廷议,广西府局发运京钱,陆用牛一万四千头,马九千匹,水用船三千只,念其雇集不易,恐更扰民,辄许停铸。是年,云南奏言,滇铜运京,事在经始,江、安、闽、浙之二百万未能一时发运。准户部议,运京许宽至明年,而江、浙诸路之铜且须后命。凡以规时审势不能强以,所必不能也。又前件议云:户部有现铜三百万,工部稍不足,可且借拨。又乾隆三十五年议云:户、工两局库有现铜四百五十万,云南尚有两年运铜,计可衔接抵局者,仍八百余万。自后,滇之发运,源源无绝,以供京局铸钱有盈无绌,其截发挂欠铜三百五十余万,均可著缓补解。此其为滇之官民计者,持论何恕;而其为国用计者,论事又何详也!今则不然。户局有铜二百五十万,合工部之铜三四百万,滇铜之发运在道,岁内均可继至者千有余万,其视往时略无所减。而议者且切切焉,有不继之忧。于是云南岁又加运旧欠铜八十万斤,通前为七百一十余万,而滇益困矣。且夫转运之法,著令固已甚详矣。初时,京铜改由滇运,起运之日,必咨经过地方,并令防卫、催稽、守风、守水、守冻,又令所在官司核实,转报咨部。其后,以运官或有买货重载、淹留迟运,兼责沿途官弁驱逐遄行、徇隐有罚。其后,又以纳铜不如本数,议请申用雍正二年采办洋铜之例,运不依限者,褫职戴罪;管运委解之上官,并夺其官,领职如故;其有盗买诸弊,本官按治如律,并责上官分赔。又改定运限:自永宁至通州限以九月,其在汉口、仪征换篓、换船,限以六十日。自守冻外,守风阻水之限不复计。除运铜入境,并由所在官弁依期申报奏闻。而滇、蜀亦复会商,以永宁、泸州搬铜打包限五十五日,其由永宁抵合江,由重庆府抵江津,并听所在镇、道稽查,委官催督。或有无故逗留,地方官弁匿不实报者,并予纠劾。其后以铜船停泊,阻塞辊漕,又议沿江道路委游击、都司押运;自仪征以下,并听巡漕御史催赶。运官虽欲饰诈迁延,固不得矣。又积疲之后,户部方日月考课。于是巡抚与布政使躬历诸厂,以求采运之宜,而责巡道周环按视,以课转运之勤怠,而察其停寄、盗匿。其自守丞以下,州、县之长与簿尉、巡检之官,往来相属,符檄交驰,弁役四出。所在官吏,日惴惴焉!救过之不暇,而厨传骚然矣。尝考乾隆二年,滇有余铜三百七十四万,故能筹洋铜之停买。十七年有积铜一千八九百余万,故能给诸路之取求。二十四年以后,有大兴、大铜二厂骤增铜四百余万,故能贴运京钱,岁无缺滞。此如水利,其积不厚,而日疏抉之,则涸可立待,势固然也。今司运之官,惧罹罪责,既皆增价雇募,然犹不免以人易畜。官司责之吏役,吏役责之乡保,里民每籍数日之粮,以应一日之役,中间科索抑派,重为民扰。喜事之吏,驱率老幼,横施鞭打,瘁民生而亏正体,非小故也。故曰转运之难,此其五也。《铜政议下》:具此五难,是以滇之铜政有"救荒无奇策"之喻。虽然荒固不可不救,而铜固不可不办、不可不运也。窃尝求前人之论议,厝注得失之所由,其有已效于昔而可试行于今日者,曰:多筹息钱以益铜价也,通计有无以限买铜也,宽考成以舒厂困也,实给工本以广开采也;预借雇值以集牛马也。云南之铜,供户、工二部,供浙、闽诸路,供本路三十郡饩饷,其为用也大矣,故铜政之要,必宽给价。给价足而后厂众集,厂众集而后开采广,广采则铜多,铜多则用裕。前巡抚爱必达《疏》云:汤丹、大小(水)等厂,开采之初,办铜无多。迨后,岁办铜六七百万及八九百万,今几三十年,课、耗、余息,不下数百万金。近年,矿砂渐薄,窝路日远,近厂柴薪伐尽,炭价倍增,聚集人多,油米益贵。每年京外鼓铸需铜一千万余斤,炉民工本不敷,岁出之铜势必日减,洋铜既难采办,滇铜倘复缺少,京外鼓铸何所取资?前巡抚刘藻以汤丹、大碌不敷工本,两经奏允加价,厂民感奋。大铜厂本年办铜六十万,大兴厂夏秋雨集停工,尚有铜三百七八十万,各厂总计共铜一千二百余万,历岁办铜之多,无逾于此。实蒙特允,初未见有不许也。今之去昔，近者十年，远者二十余年，所云碏洞远，攻采日难者，又益甚矣。而顾云发棠之请不可数尝者，何也？有铜本斯有铜息，有铸钱斯有铸息。故曰，有益下而不损上也，不可不讲也。按乾隆十八年，东川增设新局五十座，加铸钱二十二万余千，备给银铅工本之外，岁赢息银四万三千余两，九年之间，逐有积息四十余万。自是之后，云南始有公贮之钱，而铜本不足，亦稍稍知有取给也。二十二年，东川加半卯之铸，岁收息银三万七千余两，以补汤丹、大水四厂工本之不足。二十五年，以东川铸息不敷加价，又请于会城、临安两局各加铸半卯。二十八年，再请加给铜价，则又于东川新、旧局，冬季三月，旬加半卯。三十年，又以铜厂采获加多，东川铸尚少，则又请每月每旬各加铸半卯，并以加汤丹诸厂之铜价。而大理亦开钱局，岁获息八千余两，以资大兴、大铜、义都三厂之戽水采铜。先后十二年间，加铸、增局至六七而未已。滇之钱法与铜政相为表里，盖已久矣。以厂民之铜铸钱，即以铸钱之息与厂，费不他筹，泽不泛及。而此数十厂，百千万众，皆有以苏困穷而谋饱媛（暖），积其欢呼翔踊之气，铜即不增，亦断无减，于以维持铜政绵衍泉流，所谓多铸息钱以益铜本者，此也。取给之数，诚不可议减矣，诸路之所自有，与其缓急之实，不可不察也。往者江南、江西、浙江、福建、陕西、湖北、广东、广西、贵州，九路之铜皆买诸滇，沓至迭来，滇是以日不暇给。夫圣朝天下一家，其在诸路者，与在滇之备贮，固无异也。窃见去年陕西奏开宁羌矿碏，越两月余获现铜二千四百斤，仍有生砂，又可炼铜五六千斤，由此追凿深入，真脉显露，久，大可期。又湖北奏开咸丰、宣恩两县矿厂，先后炼铜已得一万五千余斤，将来获利必倍。盖见自邮报者如此。今秦楚开采皆年余矣，其获铜也少亦当有数万，而采买之滇铜如故，必核其自有之数，则此二邦者固可减买也。贵州本设二十炉，继减铸二十三卯，采买滇铜亦减十万。顷岁又减五炉，议以铜四十四万七千斤，岁为常率，而滇铜仍实买三十九万六百六十斤，至于黔铜则减七万。将以易且安者自予，而劳且费者予滇，非平情之论也，是故黔之采买亦可减也。又今年陕西奏言，局铜现有二十五万一千四百余斤,加以商运洋铜五万,当有三十余万矣;委官领买之滇铜六十二万六千二百斤且当继至,以此计之,是陕西已有铜九十余万;而又有新开之矿厂,产铜方未可量,此一路之采买,非惟可减,抑亦可停矣。又闽、浙、湖北及江南、江西,旧买洋铜每百斤价皆十七两五钱,而滇铜价止十一两,较少六两五钱,其改买宜矣。然此诸路者,其运费杂支,每铜百斤例销之,银亦且五六两,合之买价常有十六七两,其视洋铜之价,未见大有多寡,加以各种运官贴费,自一二千至五六千,则已与洋铜等价矣。以此相权,滇铜实不如洋铜之便,则此数路者并可停买也。诚使核其实用,则岁可减拨百数十万,而滇铜必日裕矣。所谓通计有无,以限买铜者,此也。厂欠之实,见杨文定公始筹厂务之年,后乃日加无已,逮其积欠已多,始以例请放免,其放免者,又特逃亡物故之民。而身有厂欠,受现价、采现铜而纳不及数者,不与焉,是故放免常少而逋欠常多。乾隆十六年,议以官发铜本,依经征盐课例,以完欠分数考课,厂官坠征之罚,止于夺俸,厂官尚得藉其实欠之数,以要一岁之收,于采固无害也。其后,以厂欠积至十三万,而督理之官,白监司以下并皆逮治追偿。寻以铜少,不能给诸路之采买,遂以借拨运京之额铜二百六十几万者,计其虚值,而议以实罚,于诸厂之官,罚金至十有四万。寻以需铜日急,严责厂官限数办铜,其限多而获少者,既(概)予削夺。或乃惧罹纠劾,多报铜斤,则又以虚出通关,按治如律,罪至于死,斯诚铜厂之厄会矣。夫大小诸厂、炉、户、砂丁之属,众至千万,所恃以调其甘苦、时其缓急者,惟厂官耳。顾且使之进退狼狈、莫所适从至于如此,铜政尚可望乎?由今计之,将欲慎核名实,规图久远,蕲以兴铜政,裨国计,则非宽厂官之考成不可,何也?近岁之法,既以岁终取其所欠结状,而所辖之上司,又复月计而季汇之。厂官不敢复多,发价必按其纳铜之多寡,一如预给之数而后给价继采,是诚可以杜厂欠也。然而采铜之费,每百斤实少一两八九钱者,顾安出乎?给之不足,则民力不支,将散而罢采。欲足给之,而欠仍无已,必不见许于上官,是又一厄也。然则今之岁有铜千百万者,何恃乎?预借之底本与所谓接济之油米,固所赖以赡厂民之匮乏，而通厂政之穷者也。谨按乾隆二十三年，预借汤丹厂工本银五万两，以五年限完。又借大水、碌碌厂工本银七万五千两，以十年限完。皆于季发铜本之外特又加借，使厂民气力宽舒，从容攻采，故能多得铜以偿夙逋也。三十六年又请借发，特奉谕旨："以从前借多扣少，厂民宽裕。今借数既少，扣数转多，且分限三年，较前加迫，恐承领之户畏难观望，日后藉口迁延，更所不免。"仰见圣明如神，坐照万里。而当时又以日久逋逃、新旧更易为虑，不敢宽期多发，仅借两月底本银七万数千两，而以四年限完。厂民本价之外，得此补助，虽其宽裕之气不及前借，而犹倚以支延且三四载，此预借底本之效也。又自三十四年、三十七年先后陈请借贮油米炭薪以资厂民，厂民乃能尽以月受铜价，雇募砂丁，而以官贷之油米资其日用，故无惰采，斯又所谓接济者之效也。今月扣之借本，消除且尽，独油米之贷，当以铜价计偿而迟久未能者，犹且仍岁加积，继此不已。万一上官不谅，而责以逋慢，坐以亏挪，则厂官何所逃罪？是又他日无穷之祸，而为今日之隐忧者也。前岁云南新开七厂，条具四事，户部议曰：炉户、砂丁类皆平民，不能自措工本，赖有预领官银资其攻采，洞硐赢绌不齐，不能绝无逃欠，若概令经放之员依数完偿，恐预留余地，惮于给发，转妨铜政，信哉！斯言可谓通达大计者矣。今诚宽厂官之考成，俾得以时贷借油米而无他日亏缺之诛，又仿二十三年预借之法，多其数而宽以岁时，则厂官无迫挟畏阻之心，而厂民有日月舒长之适，上下相乐，以毕力于矿厂，而铜政不振起，采办不加多者，未之有也。所谓宽考成以舒厂困者也。小厂之开，涣散莫纪矣。求所以统一之、整齐之者，不可不亟也。窃见乾隆二十五年，前巡抚刘藻奏言：中外鼓铸，取给汤丹、大碌者十八九，至于诸小厂奇零凑集，不过十之一二。然土中求矿，衰盛靡常，自须开采新硐，预为之计，庶几此缩彼盈，源源不匮。今各小厂旁近之地非无引苗，惟以开挖大矿类，须经年累月，厂民十百为群，通力合作，借垫之费极为繁巨。幸而获矿，炼铜输官，乃给价甚微，不惟无利可图，且不免于耗本，断难竭蹶从事。又奏云：青龙等厂，乾隆二十四年，连闰十有三月，共获铜四十八万。自二十五年二月奏旨加价,至二十六年三月初旬,亦阅十有三月,共获铜一百余万,所获余息加给铜价之外,实存银二万九千数百两,较二十四年多息银一万有奇,而各厂民亦多得价银一万二千余两。感戴圣恩,洵为惠而不费。而三十三年,前巡抚明德奏明言:云南山高脉厚,到处出产矿砂,又能经理得宜,非惟裨益铜务,而数千万谋食穷民,亦得藉以资生。由此观之,小厂非无利也,诚使加以人力,穿峡成堂,则初辟之矿,人不必深,而工不必费。又其地僻人少,林木蔚萃,采伐既便,炭亦易得,较大厂攻采之费,当有事半而功倍者,尤不可不亟图也。今厂民既皆徒手掠取,而一出于侥幸,尝试为之。而为厂官者,徒于坐守抽分之课,外此已无多求,是故,诸小厂非无矿也,货弃于地莫为惜也。又况盗卖盗铸,其为漏卮又不知几何哉!小厂之铜,岁不及汤丹、大水诸大厂之十一者,实由于此。诚于厂之近邑,招挟土著之民,联以什五之籍,又择其愿朴持重者为之长,于是假之以底本,益之以油米薪炭,则涣散之众皆有所系属,久且倚为恒业,虽驱之犹不去也。然后示以约束,董以课程,作其方振之气,厚其已集之力,使皆穿石破峡以求进山之矿,而无半途之废,虽有不成者,寡矣。若更开曲靖、广西之铸局,而以息钱加铜价,则宣威、沾益诸山之铜无复走粤,安见小厂不可转为大也?所谓实给工本,以广开采者,此也。滇之牛、马诚少矣,滇之所储备又虚矣。而部局犹以待铸为言,移牒趣运,急于星火,殆未权于缓之急实者也。铜运之在滇境者,后先踵接,依次抵沪,既以乙岁之铜,补甲岁之运,又将以乙岁之运,待丙岁之铜。而泸州之旋收旋兑者,亦略不停息,则又终无储备之日矣。夫惟宽以半岁之斯会,然后泸州有三四百万之储。储之既多,则兑者方去而运者既来,是常有余贮也。如是,凡运官之至者,皆可以时兑发,次第启行,在泸既无坐守之劳,在途亦有催督之令,运何为而迟哉?若夫筹运之法,固非可以滇少马牛自谢也。则尝窃取往籍而考之:始云南之铸钱运京也,由广西府陆运以达广南之板蜂,舟行以达粤西之白色,而后迤逦入汉,而广西、广南之间,经由十九厅州县,各以地之远近大小,雇牛递运,少者数十头,多者三五百至一千二百，并以先期给价雇募。每至夏秋，触冒瘴雾，人牛皆病，故常畏阻不前。既又官买马、牛、制车、设传，以马五百八十八匹分设七驿，又以牛三百七十八头、车三百七十八辆分设九驿，递供转运。会部议改运滇铜，乃停广西之铜，而以江、安、浙、闽及湖北、湖南、广东之额铜并停买，归滇运京。于是滇之征耗四百四十余万，悉由东川径运永宁。其后以寻甸、威宁亦可达永宁也，乃分二百二十万由寻甸转运，而东川之由昭通、镇雄以达永宁尚二百二十万。其后又以广西停铸之钱，合其正耗余铜，通计一百八十九万一千四百四十斤，并令依数解京，是为加运之铜，亦由东川、寻甸分运。至乾隆七年而昭通之盐井渡始通，则东川之运铜，半由水运以抵泸州，半由陆运以抵永宁。十年，威宁之罗星渡又通，则寻甸陆运之铜既过威宁，又可舟行以抵泸州矣。十四年金沙江以讫工告，而永善黄草坪以下之水亦堪通运，于是东川达于昭通之铜，皆分出于盐井、黄草坪之二水，与寻甸之运铜并得径抵泸州矣。然东川、昭通之马、牛亦非尽出所治，黔蜀之马与旁近郡县之牛盖常居其大半，雇募之法，先由官验马、牛，烙以火印，借以买价，每以马一匹借银七两，牛四头、一车辆借以六两。比其载运，则半给官价而扣存其半，以销前借，扣销既尽，则又借之，往来周旋，如环无端。故其受雇皆有熟户，领运皆有恒期，互保皆有常侣，经纪皆有规定。日月既久，官民相习，虽有空乏而无逋逃，亦雇运之一策也，今宣威既踵此而试行之矣。使寻甸及在威宁之司运者，皆行此法。以岁领之运价，申明上官，预借运户，多买牛马，常使供运，滇产虽乏，庶有济乎。然犹有难焉者，诸路之采买雇运常迟也。顷岁定议，滇铜每以冬夏之秒计数分拨，大小之厂，各以地之远近、铜之多寡而拨之。采买委官远至，东驰西逐，废旷时月。是以今年始议得胜、日见、白羊诸远厂之铜，皆自本厂运至下关，由大理府转发，黔、粤之买铜者鲜远涉矣。而义都、青龙诸近厂与云南府以下之厂，犹须诸路委官就往买铜，自雇自运，咸会白色，然后登舟。主客之势，呼应既难，又以农事，牛、马无暇，夏秋瘴盛，更多间阻，是故部牒数下，而云南之报出境者常虑迟也。往时，临安、路南之铜，皆运弥勒县之竹园村,以待诸路之委官买运。其后,以委官之守候历时,爰有赴厂领运之议,然其时实以云南缺铜,不能以时给买,非运贮竹园村之失也。诚使减诸路之采买,而尽运迤西诸厂之铜,贮之云南府,以知府综其发运。又运临安、路南之铜尽贮之竹园村,以收发责之巡检。如是,则诸路委官至辄买运去耳,岂复有奔走旷废之时哉! 若更依仿运钱之制,以诸路陆运之价,分发缘路郡县,各募运户,借以官本,多买马、牛,按站接运,比于置邮。夏秋尽撤马、牛,归农停运,则人马无瘴疠之忧,委官有安闲之乐。于其暇时,又分寻甸运铜之半,由广西、广南达于白色,并如运钱之旧,即运京之铜亦且加速,一举而三善备焉矣! 惟择其可采而纳焉! (昭通旧志汇编本民国《巧家县志稿》卷9第727页)

清云贵总督钱塘吴振棫《厂述四首》:"华楹具百戏,雕俎罗八珍。指使诸僮奴,佩服丽且珍。问官所职掌,曰铁锡铜银。朝上一纸书,暮领十万缗。会稽足课额,可以娱佳宾。勿谓官豪华,视昔官已贫。颇闻有某某,凭陵居要津。巨僚日相狎,小吏不敢嗔。积金北斗高,歌舞难具陈。歌舞岂不欢,势事如转轮。朝廷固宽大,国法亦以伸。事过三十年,残魄含酸辛。官今当黾勉,富贵天所命(叶眉、辛切)。鸠厄与漏脯,智者终逡巡。哀哉铜上下,乃有饿死人";"滇厂四十八,宝路区瘠肥。媪神岂爱宝,苗脉有盛衰。攻采矧云久,造物亦告疲。宁台与汤丹(铜厂之最大者),今亦异曩时。比资乌坡铜(滇铜不足,以蜀之乌坡厂铜济之,厂在夷地),锤凿逮穷夷。小厂益衰竭,征课檄如驰。何从获硬碪(碪谓之曹,磕石坚为碪,硬碪则久,可获大矿),间或得草皮(浮浅而少者曰草皮矿)。鸡窝不满万(此谚语,鸡窝矿,出铜之少者),饿鞘亦奚为(饿鞘,有苗无矿)。长茭入龙窟,水泄费不赀(洞有积水,百计涸之,谓之拉龙,费曰泄)。年年告缺额,呵遣安敢辞。我闻古铜官,坊冶各有司。方今吏事繁,难理如乱丝。况复界厂政,最殿较铢锱。既耕复使织,戋戋安所施。谁能剂亏盈,法美用意微。上赡九府供,下给家室私。官私两不病,治术其庶哉";"管事平其争,厥长凡有七(客长主官事,课长主纳课,炉头主炉火,锅头主役食,厢头主厢架,碹长主碹硐,炭长主薪米),锤手与砂丁,是皆长所帅。有犯则杖之,如奉令甲乙。背荒何劳劳(开硐负土也),昼夜戒无佚。帕首传

相关文献（皆据李小缘《云南书目》第410页转录）

《铜政考》，八十卷，清余庆长撰，《滇蛮志略》"庆长号息园，安陆举人，乾隆二十余年间，官通海、太和等县知县，后擢维西通判。"（据道光《云南通志》卷192）

《云南铜政全书》，五十卷，清王昶撰。"是编乃乾隆52年，昶官云南布政使时，总督富纲、巡抚谭尚忠命之纂辑。分为八门，每门中又各有其类，门为大纲，类为条例，一切案例，皆以类编纂。凡奏疏部议，分门纂录，各从其类，有前后援引重出叠见，则芟其繁复，取便观览，但为节芟，不改易其文。自卷1至卷7为第一门：收买抽课；卷8至卷11为第二门：厂地；卷12至卷26为第三门：京铜；卷27至卷30为第四门：钱法；卷31至卷44为第五门：采买；卷45至卷46为第六门：厂欠；卷47至卷48为第七门：考成；而以卷49至卷50为第八门：志余终焉。钞存藩署未梓。"（据道光《云南通志》卷192）今已失。

《云南铜志》，八卷，清戴瑞征撰。是编分厂地上下二卷，京运一卷，陆运一卷，局铸上下二卷，采买一卷，志余一卷。

《铜政便览》，八卷，缺名，清刻本，六册。分六门：卷一、卷二厂地，胪列厂之坐落、经费、程站，附以开采年代、课价、经管、考成；卷三京运，自（运员）限期以至"滩次"凡22条；卷四陆运，详载□行道路，店卡支销凡15条；卷五、卷六局铸，凡炉座增减、铸钱多寡、搭放兵饷、铸息赢绌，靡不备载；卷七采买，前7条始（采买）例限，终报销（运脚），后10条详记各省采买铜数；卷八杂款，凡动放工本、抽收税课以及接济水泄之需，官房工食之费，纤悉备具。铜政为滇中要务，咸丰军兴，各署册籍焚毁净尽，幸是编仅存，叙次详晰，后来办理得有所依据。不著名氏，当是嘉道间布政司幕中人所撰。原止钞本，光绪十三年夏，路南知州陈先溶购得于市，布政使曾纪凤刊存藩署。

《与云南李参政论铜务书》，清李绂，《穆堂初稿》42/4后。

《论厂务书》，清倪蜕，《滇系·职官》二，第 3 册 74—76 页。

《厂课》，《滇系·赋产》四，第 5 册 12—14 页。

《陈言开采疏》，明陈用宾，《滇系·赋产》四，第 5 册 78—81 页。

《重铜运以杜弊累疏》，清严烺，《滇系·赋产》四，第 5 册 81—84 页。

《滇省办运京铜则例》，《道光年刊》1 册，《文殿阁书目》1：35。

《运铜纪程二卷》（未刊），清黎恂，《黎氏家集》，光绪间于日本使署精刊，据孙殿起《丛书目录拾遗》。

锡矿

益州郡，律高，西石空山出锡。贲古，北采山出锡，南乌山出锡。（《汉书》卷 28 第 1601 页）

益州郡，律高，石室山出锡。贲古，采山出铜、锡。（《后汉书·郡国志》第 3513 页）

律高县西有石空山，出锡。（《华阳国志》卷 4 第 457 页）

诺睒川有锡山，出锡。（《续博物志》卷 7）

锡^{蒙自县个}_{旧村出}。（正德《云南志》卷 4《临安府》第 208 页）

锡则临安者最佳，上者为芭蕉叶，扣之声如铜铁，其白如银，作器殊良。出市者杂以铅，遂顿减价。（《滇略》卷 3 第 234 页）

己卯八月初五日……乃南步公馆，即锡铅驿也^{按旧志作"习谦"。}_{主人谓出锡与铁，}作"锡铅"。（《徐霞客游记·滇游日记十二》第 1174 页）

锡厂，铜、银各厂最畏雨水，雨水过多，硐硐积水，难以施工，柴炭亦难得，炉罩亦难支。惟锡厂宜水，锡矿须大水淘洗也。故夏秋大雨时行，各厂平常之候，正锡厂旺盛之时。天旱则锡厂荒矣，朱砂厂亦然。（《滇南闻见录》卷下第 30 页）

锡箔，锡从蒙自县贩来，邑人第能为箔，售于元谋马街。

（楚雄旧志全书"楚雄卷上"嘉庆《楚雄县志》卷1第640页）

铅、铁所出地方多，惟蒙自之锡名于天下，即唐贡所称镴也。其厂名曰个旧。个旧之锡，响锡也，锡不杂铅自响也。木邦土司亦出响锡。滇南倭铅厂二，铁厂二十，锡厂一。（《滇海虞衡志》第53页）

锡厂一。个旧厂，在蒙自猛梭寨，蒙自县知县理之，康熙四十六年开，每锡百斤，抽课十斤，每百斤例价银四两三分六厘一毫，额锡价银四千两，布政司发给商票，每课锡九十斤为一块，二十四块为一合，每合纳课银四两五钱，税银三两五钱七分八厘，额课税银三千一百八十六两。（《滇南矿厂图略》第538页）

锡，李时珍《本草纲目》：锡出云南、衡州。《天工开物》：凡锡，中国遍出西南郡邑，东北寡生，今大理、楚雄即产锡甚盛，道远难致也。^{曹昭《格古论》：薄锡出云南最软，宜镶盏盛。花锡亦出云南，大花者高，小花者次之。}（道光《云南通志稿》卷67《通省》第5页）

锡箔，《楚雄县志》：锡从蒙自贩来，邑人第能为箔，售于元谋马街。（道光《云南通志稿》卷69《楚雄府》第24页）

锡，《汉书·地理志》：律高西石空山，出锡^{谨案：《后汉书·郡国志》作石宝（室）山。}（道光《云南通志稿》卷70《广西直隶州》第45页）

自余至滇，先后二十余年，惟睹个旧锡矿独旺，盖锡为五金之贼，铅为五金之母，锡和他矿不相容，立见炸裂，惟铅能和诸矿，故锡矿盛，他矿自衰。各国锡质，南洋新嘉坡所产最佳，制亦精。次推个锡，矿质如黑沙，有浮在土上者，有开窿深取者，厂户素用土法，开炉镕炼，制成长方块，重五十斤内外，纯白起金色，而有竹叶花影者为佳。向由蛮河运出香港，近始由铁路装运，价值高时，能岁入一千余万。二十九年冬，雷春一元澍任个旧同知，倡官商合股公司，集股六十万，官商各半，以余门生杨宝瑛秀峰为个旧总经理，杜子学为驻蒙经理，香港设庄，仍用土法，收买各零厂砂锡，又由港购运洋纱入口，出入得价，余利颇丰，三年结算，赢红利倍蓰。时有贵阳人王根虞，初捐通判，到省加捐府道，以知新学自称，煽惑官商公司扩充股本二百万，改用机器，其利当数倍，礼和洋行德人，从旁怂恿尤力，以一百万元许为包办机器。初，李仲帅尚犹豫，而沈幼岚方伯，独利得回扣五万元，首先赞成，雷春一心弗善，而面莫敢违，适丁忧回籍，遂告脱离。于是，王根虞为个旧官商公司总经理，即建筑公司，费数万，规模阔大，科员数十人，分科办事，派兵守卫。王即亲赴南洋新加坡以内产锡之地调查，又购定极大机器，加买悬空炼桥，值二十余万，往返数月，并延聘外国炼师二名同来，薪水月各四五百元，其实机器未到，无事可办。余曾亲往一阅，知其必败，而官商入股殊踊跃，有欲举余为副之说，余谢所知曰：余方退股，而可任职耶？余向有股三千元，即托省城总公司兴顺和代为出售，督署人多争购，卒为熊范舆所得，余获抽回原本。又历数月，其机器始有到者，迄完全运齐，又经数月。礼和洋行以王假作解人，不知各件机器必有附属修整机械一副在内，遂将此附属之件抽除，迨炼师凑合机器时，有少长者，须用锯者，检查并无此项附属机械，竟不能合，始知被欺，乃电沪上另买，值五万元，又久之始到。而后开炉，因机器过大，通合个旧各厂所有矿，不敷三月炼完，而机器既开，未可一日停炼，乃集历年土法已弃之矿渣翻炼，所得亦微。而各厂商之矿，成色各有不同，一入机炉，数家合并，优劣不分，各厂皆云不便，仍各自用土法。至悬空铁桥，专由矿硐运矿到炉，而个旧数十百厂，并非一处，远近不同，费二十余万，竟废弃无用。通计股本二百万，所购机器已去一百二十余万，建筑公司连年开支局用，余资无几，周转不灵，遂尔停滞，全股化为乌有。后闻王竟卷款潜逃，尚可自作富家翁矣。官股以合肥、信阳为多，荫伯亦八千元；商股以李、马、周氏为多，惟丁氏晚年，家计匪裕，所入股本，已成画饼，时为叹息耳。尝过贵州之清溪县，望见山上多高房巨屋，问是昔年铁厂，其中机器尚存，废朽已久。国人于科学尚在幼稚，毫无经验，即工程师亦无之，纯欲聘用外人，其技精者，亦难屈为我用，乃以耳食之徒，一知半解，轻举妄动，覆辙相寻，岂不大可怪耶？个旧改组之初，余以痛言其弊，人微言轻，听者藐藐，风气所趋，不务求实，竞好虚张，一至于此。庚子拳匪之变，各省多受影响，云南省城，则因法人私运枪弹数箱入省,经南关厘局查出,扣存局内。法总领事方苏雅闻报,即亲率数十人入局,强舁入城,初藏使馆,夜又移匿教堂地窖,人民汹汹。时,陈小圃、王仲瑜办五城团练,余已卸库厅,委署永善,尚未行,仲瑜久馆盐署,兼藩署钱赋,招余商酌办法,余曰:枪械既为所夺,无从交涉,如必欲言,先须设法取得所匿枪械,有人担任,不难得手。仲瑜又恐生出枝节,余遂赴永善。旋闻省城人民日益愤激,又有匪徒从而挑拨,致有攻毁教堂之事,当即格杀二人,其风始息。方领事逃云,损失原不甚多,教堂张大其事,大起国际交涉,动率赔偿数十万,政府饬云南督抚在滇议结。迄二十八年,魏午帅任内,方领事回滇,经洋务局磋商数月,赔费减至二十余万,魏有允意,时值乡试,抚院李仲帅监临在闱,寄书属从缓。及试毕出闱,仲帅罗致英人弥理居间调停,弥极力斡旋,赔款卒减至十二万。案结后,弥向仲帅要求,包办云南、曲靖、东川、昭通、澂江、临安、楚雄七府矿务,以为酬劳,已经政府及有正式公司开办者,不在其内,滇中担任保护,其费由开矿之公司出,并拟草约二十条。仲帅不能却,为之更正数条,遂与签字,七府人民多未与闻。弥携草约至漾贡,售与英商,得价二十余万,英商随转售,得四十余万。越二年,始有外人入滇调查草约所属七府矿务,滇人群起反对,云:七府矿产,为全滇命脉,且范围太广,多在深山穷僻,民多蛮夷野人,兵力有限,团保不任保护。外人就便游历数处而返。于是,滇人倡议各府自行集股开办。余权澂江时,有绅士李增,邀其同志沿滇越铁路所经各处,查获铜、铅、银、铁、煤矿十数区,绘图贴说见示。余为照绘一份备案,惟无老成而有经验之人出而任事,集腋尤难,终无一处开办。"(《幻影谈》卷下第 143 页)

锡矿:产地有中慕容、安家坪、白果湾等处,俱未开采,尚等专家化炼(验)。(昭通旧志汇编本民国《盐津县志》卷 4 第 1701 页)

硝矿

硝,产于苴宁之山麓。(楚雄旧志全书"元谋卷"康熙《元谋县志》卷2第58页)

硝,在禄劝县二龙山。年办二千五百斤,统计木桶费、脚价银九十一两。皮硝,在禄劝县上下坝,雍正六年,总督鄂尔泰题报,年征溢额归公银二十两。又,山卑撒喇乌亦是年题报,年征溢额归公银三两。(楚雄旧志全书"武定卷"光绪《武定直隶州志》卷4第376页)

硝,用陈土泡水滤净,置火锅熬成,遇火即燃,配以木炭、硫磺,即成粗料火药。(楚雄旧志全书"楚雄卷下"民国《楚雄县乡土志》卷下第1362页)

第十三课《硝》:我邑虽无金属矿物,然硝石一种各处均有之。其色白,其味凉,其性强且烈,杂以木炭、硫磺合成细粉,即为火药。第十四课《硝之分类》:皮硝、火硝之别由所含元素之不同:含窒素者为皮硝,含盐素者为火硝。故硝成块状,皮硝则薄,吾邑二者皆有之。盐属,亦矿物之一分也。(楚雄旧志全书"元谋卷"光绪《元谋县乡土志》修订本卷下第397页)

焰硝,旧《云南通志》:出易门,今无。(道光《云南通志稿》卷69《云南府》第3页)

硝,檀萃《华竹新编》:出苴宁。(又)《农部琐录》:一曰硝井,在县之南乡上下坝;一曰曲卑撒喇乌,出矿甚微。(道光《云南通志稿》卷70《武定直隶州》第49页)

硝,布沼坝、煤炭沟洞硝苗旺,中和营苗衰停办,大马者同上。(《阿迷州志》册2第508页)

银矿

黄金重一斤,直钱万。朱提银重八两为一流,直一千五百八十。他银一流直千。是为银货二品。(《汉书》卷24 第1178页)

犍为郡,朱提山出银。(《汉书》卷28 第1599页)

益州郡,律高,东南監町山出银、铅。贲古,西羊山出银、铅。(《汉书》卷28 第1601页)

朱提郡堂螂县,因山名也。出银、铅、白铜、杂药,有堂螂附子。(《华阳国志》卷4 第416页)

益州郡,律高,監町山出银、铅。羊山出银、铅。双柏,出银。(《后汉书·郡国志》第3513页)

犍为属国,朱提山出银、铜。(《后汉书·郡国志》第3516页)

(朱提)旧有银窟数处,诸葛亮书云:"汉嘉金,朱提银,采之不足以自食。"《续汉书·郡国志》注引。云南旧有银窟数十。刘禅时岁常纳贡。亡破以来,时往采取,银化为铜,不复中用。《太平御览》卷八百十三《珍宝部》十二引。案:此条与上条疑出自一条,引者各节录一段。今以次第无从查考,仍录为二。(《云南古佚书钞·南中八郡志》第9页)

银,会同川银山出。(《云南志补注》卷7 第106页)

会同川银山出银矿,私置冶,官收十之三。(《续博物志》卷7)

至元二十七年五月,戊午,尚书省遣人行视云南银洞,获银四千四十八两。奏立银场官,秩从七品。(《元史·世祖本纪》卷16 第336页)

产银之所,……云南省曰威楚、大理、金齿、临安、元江。(《元史·食货志》卷94 第2378页)

天历元年岁课之数,银课:云南省,七百三十五锭三十四两

三钱。(《元史·食货志》卷 94 第 2384 页)

正统十二年五月,壬辰,减云南楚雄府碍嘉县岁办银六十两。从本县知县覃瑞奏请也。(《明实录·英宗实录》卷 154 第 3007 页)

正统十二年五月,壬寅,命云南金齿司输银一万五千两及银盌、钞罗、绢布诸物于腾冲,备有功官军赏赐。从参赞军务兵部左侍郎侯琎奏请也。(《明实录·英宗实录》卷 154 第 3011 页)

天顺二年,仍令开云南、福建、浙江银矿。……四年,奏准云南都布按三司及卫所府州县,凡杂犯死罪并徒流罪囚审无力者,俱发新与等场弃矿夫,采办银课。……五年,令云南、福建、浙江开办银课,止于本坑采矿煎办,若矿脉微细,煎办不及额数者,具实奏闻,区处不许科补。……成化十七年,又令封闭云南路南州铜场,免征铜课,其私犯铜货出境,本身处死,全家发烟瘴地面充军。十九年,添设云南布政司参议一员,同按察司金事管理银课。二十年,诏各处开办银课地方民力不堪者,量为减免。(《大明会典》卷 32)

银矿^{出大理新兴、白崖、五山头、梁王山等场,但矿脉或旺或微,旺则课完,微则俱金,拨军民夫丁乾陪,号曰矿夫。}(正德《云南志》卷 3《大理府》第 168 页)

银村^{建水州判山、蒙自县判山、蜗峨县宝岩俱出。}(正德《云南志》卷 4《临安府》第 208 页)

银^{出南安州表罗场,有洞曰新洞、曰水车洞、曰尖山洞。矿色有青、绿、红、黑,煎炼成汁之时,上浮者为红铜,名曰海壳;下沉者为银,楚雄县那来里亦有场,曰广运。}(正德《云南志》卷 5《楚雄府》第 245 页)

表罗山^{在州西南四十里,中产银矿。}(万历《云南通志》卷 3《楚雄府》第 5 页)

何镗《游点苍山记》:……余辖诸银场,而银场诸硐半在迤西,遂以督课行部……。(万历《云南通志》卷 14 第 31 页)

《羁縻差发》:车里宣慰使司^{额征金五十两}、车里靖安宣慰使司、木邦军民宣慰使司^{额征银一千四百两}、孟养宣慰使司^{额征银七百五十两}、缅甸宣慰使司、八百大甸宣慰使司、老挝宣慰使司、猛密安抚司、孟定府^{额征银六百两}、孟艮府^{额征金一十六两六钱六分}、南甸宣抚司^{额征银一百两}、干崖宣抚司^{额征银一百两}、陇川宣抚司^{额征银四百两}、威远州^{额征银四百两}、湾甸州额征银^{一百五十两}、镇康州^{额征银一百两}、大候州^{额征银二百两}、钮兀长官司^{额征马四匹}折银一十两、芒市长官司^{额征银}一百两、八寨长官司、孟琏长官司^{额征银}二百两、瓦甸长官司、茶山长官司、麻里长官司、摩沙勒长官司、大古刺宣慰使司、底马撤宣慰使司。（万历《云南通志》卷16第2页）

银，一也，产于梁王山者白莹而有茶花黄点，扑之有声玲玲然；产于细花、明光诸场者，微有铅者，扑之其声黯然。……银则穴地数十丈，取矿石炼之，其所产最甚者，莫如磨乃场。滇银矿共二十有三所，置场委官，以征其课，岁约二万缗，然脉有盛衰，课随盈缩。……按《禹贡》梁州贡铁、银、镂，《汉书·地理》注：银出朱提，属宁州部，其来久矣。（《滇略》卷3第234页）

（孟琏）所部内有莫乃场矿，世专其利，以致殷富（《滇略》卷9第324页）

孟琏长官司，……部内有莫乃场，出矿，世专其利，以致殷富。……其差发额银二百两。（天启《滇志》卷30第992页）

己卯正月二十二日……于是从千户营溪南转入南坞，一里余，至新厂^{皆淘沙煎银者}。（《徐霞客游记·滇游日记六》第943页）

己卯正月二十三日……仍一里余，下至南衙。……二里，是为北衙。有神庙当北衙之南，门东向，其后大脊之上，骈崖蠹夹，有小水出其中。庙之北有公馆，市舍夹道，甚盛。折而东，共半里，而市舍始尽，盖与南衙迥隔矣。二衙俱银矿之厂，独以衙称者，想其地为盛也。（《徐霞客游记·滇游日记六》第946页）

己卯二月初一日，木公命大把事以家集黑香白镪^{十两}来馈。下午，设宴解脱林东堂，下藉以松毛，以楚雄诸生许姓者陪宴，仍侑以杯缎^{银杯二只，绿}_{绉纱二匹}。大肴八十品，罗列甚遥，不能辨其孰为异味也。抵暮乃散。复以卓席馈许生，为分犒诸役。初二日……昨陪宴许君来，以白镪易所侑绿绉纱去。（《徐霞客游记·滇游日记七》第957页）

己卯四月二十七日……有村庐接丛于江之西岸，而矿炉满布之，是为南香甸。……南香甸，余疑为"兰香"之讹，盖其甸在北，不应以南称也。……此中有"明光六厂"之名，而明光在甸北三十里，实无厂也，惟烧炭运砖，以供此厂之鼓炼。此厂在甸中,而出矿之穴在东峰最高处,过雅乌北岭,即望而见之,皆采挖之厂,而非鼓炼之厂也。东峰之东北有石洞厂,与西北之阿幸,东南之灰窑,共为六厂云。诸厂中惟此厂居庐最盛。然阿幸之矿,紫块如丹砂;此中诸厂之矿,皆黄散如沙泥,似不若阿幸者之重也。(《徐霞客游记·滇游日记九》第1085页)

己卯四月二十八日……其上有矿穴当峰之顶,茅舍缘之,自雅乌北岭遥望,以为南香甸也,至而后知为朝阳出矿之洞。然今为雾障,即咫尺东山,一无所睹,而此洞直以意想定之而已。……是山之西北,有矿西临南香甸者,四朝阳洞;是山之东南,有矿东临是峡者,曰阳桥。阳桥之矿,亦多挑运就煎炼于南香,则知南香乃众矿所聚也。随峡北望,其内山回墅辟,有厂亦炉烟勃勃,是为石洞厂。所云石洞者,大厂之脉,至是分环:西下者,自南香东界而南至阳桥,下从峡中,又东度一峰,突为"虎砂"而包其内。东下者,亦南走而东环之,至东岭而西转,穹为江东山北境,绕为"龙砂"而包其外。(《徐霞客游记·滇游日记九》第1087页)

己卯四月二十九日……两支之中,北逊成坞,而灰窑厂临其上焉。是厂亦六厂之一,所出矿重于他处,昔封之而今复开,则不及他处矣。(《徐霞客游记·滇游日记九》第1090页)

纳楼茶甸长官司,……北有羚羊洞,产银矿。(《明史·地理志》卷46第1177页)

楚雄府广通县,……又有卧象山,东南有卧狮山,俱产银矿。(《明史·地理志》卷46第1180页)

楚雄府南安州,……又西南有表罗山,产银。(《明史·地理志》卷46第1181页)

永昌军民府腾越州,……西北有明光山,有银矿、铜矿。(《明史·地理志》卷46第1189页)

正统元年,免麓川平缅军民宣慰司所欠差发银二千五百两。以任发奏其地为木邦所侵,百姓希少,无从办纳。部执不可,帝特蠲之。(《明史·云南土司》卷314第8115页)

金之属:银出方丈厂、明直厂,久经封闭。(康熙《新平县

志》卷 2 第 322 页）

沅江、武定之间有鲁葵山，方千里……过此则银场在焉，富甲于江浙。（《滇游记》第 9 页）

广西府，山中多金银矿，故民物富，虽十广南府不及也。（《滇游记》第 10 页）

楚雄府南安州，……表罗山，在州西南九十里，产银矿，一名老场，滇诸银场此称最。（《肇域志》册 4 第 2352 页）

永昌军民府腾越州，……西北二百二十里曰明光山，上有银、铜二矿。（《肇域志》册 4 第 2390 页）

临安府蒙自县，……长桥海志云：县西南二十里之水曰西溪，有二所，一出银矿，一出锡矿云。（《读史方舆纪要》卷 115 第 5105 页）

纳楼茶甸长官司，……通曲山，……羚羊洞，在司北，中产矿炼银。……志云：司旧有矿场三，曰中场，曰鹅黄，曰摩柯。今皆封闭。（《读史方舆纪要》卷 115 第 5108 页）

元江军民府因远罗必甸长官司，……因远山，……又有九龙山，在府西北三百里，产矿，名鱼凫场。（《读史方舆纪要》卷 115 第 5124 页）

楚雄府广通县，……回蹬山，……西十里为罗苴甸山，一邑物产，此出大半。稍东为卧象山，地名罗苴村。其东南又有卧狮山，相对拱峙。山麓俱产银矿。（《读史方舆纪要》卷 116 第 5130 页）

楚雄府南安州，……表罗山，州西南四十里，中产银矿，俗名老场，滇中银场以此为最。（《读史方舆纪要》卷 116 第 5135 页）

永昌军民府腾越州，……高黎共山，……明光山，在州西北一百二十里，上有银矿、铜矿。（《读史方舆纪要》卷 118 第 5194 页）

芒市御夷长官司，……《通考》：……其地川原旷远，田土肥美，又饶银矿，最称殷富。（《读史方舆纪要》卷 119 第 5227 页）

康熙元年壬寅五月，吴三桂报定元江府新编钱粮，并加云南盐课银十万九千六十三两 顺治十七年，题定盐课银十四万六千一百九两三钱，是合前明原额三万八千五百二十八两九钱七分在内之总数

也。今此云加课银十万九千六十三两，是于前明原额之外直加此数也。其散数则题准黑井盐课银九万六千两，琅井盐课银九千六百两，景东井盐课银三百二十两。以上遇闰加课银八千八百

二十六两六钱六分零，不除小建。白井盐课银二万八千五百六十两，安宁井盐课银一千九百八十四两，云龙五井盐课银四千七百六十三两九钱，阿陋、猴井盐课银二千九百二十三两二钱，弥

沙井盐课银四百两，只旧、草溪井盐课银二百六十三两四钱六分。以上遇闰加课银三千二百四十两七钱八分零，扣除小建。是较万历六年云南岁办盐课几及四倍矣。……三年甲辰，吴三桂题准黑井增收税银三千两，备城工用，遇闰加银二百五十两。(《滇云历年传》卷10第523页)

康熙二十八年己巳，巡抚石琳改正《赋役全书》，条议民屯数事以闻，下部议疏称："《全书》上关国课，下系民生，奉旨令详察细阅，有无应行更改增删，明白确议具奏。……其亟应议减删除者有八焉：……一、黑井、白井盐课过重。查黑井额课银二万六千六百余两，白井一万五百余两，琅井二千四百余两，此办课旧额也。自投诚伪总兵史文开报：黑井课银九万六千两，每斤征银一分六厘；白井二万八千五百六十两，每斤征银八厘；琅井课九千六百两，每斤征银六厘。此乃明末乱时横加，较原额不啻数倍。今请以黑、白二井照琅井每斤征银六厘为率，于《全书》更定。……一、元江府新增银米过浮。元江旧置土府，山谷崎岖，田土免丈，每年认办米一千九百三十石二斗一升零，地亩银二百二十四两一钱九分零，附徵征花斑竹差发银六百二十一两一钱七分零，商税银三十五两二钱。自改建流府，编为六里，吴逆以驻防艰运，遂令暂为设法，于额粮之外新增米四千七十石二斗一升零，田钱地沟银五千五百五十三两二钱三分六厘，茶山税银一千六百四两八钱，普洱无耗秋米一千八十四石，浪妈等六寨地租银二百八十两。元江荒残愈甚，缘此数倍浮粮。今请除原额外，其新增银米俱减半征收，应于《全书》改正。一、通海县夷粮及南安州附征裁并碍嘉县条编宜减。通海六寨田地五十七顷七十二亩零，额征粮一百六石五斗九升三合，每石科银三两七钱六分零，较该县民赋实重二倍，夷民难堪。今请照新定民例科则征收，以昭画一。又碍嘉县原额田四十八顷八十八亩三分零，共征秋米一百三石五斗六升四合零，每石编银四两二钱四分零，较全滇偏重。既归南安府附征，应照该州每粮一石编银一两四分零，俱于《全书》内改定。一、丽江府所辖江外中甸等处地方，被蒙番侵占，其认纳米一百四石六斗八升零，麦四百五十八石五斗一升零，已于康熙十年奏准豁免。其江内喇普地方，吴逆反时割送蒙番，该秋粮二百石，编银六十六两四钱三分，久经无征，向系土官赔补，相应援免，于《全书》内删除。一、建水州无艺之征。缘明时设驻临元参将，将日用等物派给夷民，计岁派村寨年例银九十二两，及子花、槟榔、核桃、松子、木耳、干笋、麻子油、月柴，每年变时价银二百三十四两四钱一分零，又派马料八十石一斗，高粱二石，俱系私派横征。吴逆剿查暴除，投诚知府范应旭呈报邀功，遂编入额，岂可因仍踵弊？今请删除禁革。一、无征矿课宜豁免。查新平明置矿场、易门旧老场铜厂，开采年久、矿绝无征，官民赔累，先援诏上请，部议未允。但矿场非同田地，有耕有获，钱粮易办，此乃全凭造化，一年无难必。今若不行删除，恐致派累粮民未便，请将明置、老场等课一并豁免。以上各款，参酌敬陈，恭候圣裁垂久。至石羊等场课银，苗矿有无，难期永远，未应刻入《全书》，照旧逐年将抽收之课造册报销可也。"(《滇云历年传》卷11第543页)

康熙四十八年己丑，布政使刘荫枢捐赀大修六河、海口先是，云南六河、海口岁修经费银八百两，动支正项钱粮，即不免于掊克，亦或得半上工。(《滇云历年传》卷11第559页)

雍正二年六月，新增归公商税银五千九百两，又增归公税银六千一百两云南税课，自明万历六年所上之数，只课钞一万三千七百六十四两一钱五分五厘，米、麦九百四十四石四斗八升八合五勺，海贝五千七百六十九索。至本朝，通省实征商税门摊酒、醋、铅、铁、海贝易银、麻布等项各色课银一万四千八百一两三钱五分七厘零，故与前时之数相上下也。自经收官取羡，而监临官举肥，于是溢额税规生矣。至是，布政司李卫尽按而归之公焉，则税额充于前几倍矣。(《滇云历年传》卷12第577页)

雍正三年乙巳，开古学银场。(《滇云历年传》卷12第579页)

雍正九年,孟连夷酋刀派夷纳募乃场银,总督鄂尔泰据奏。奉旨半收,以昭柔远至意……募乃银场,旺盛三十余年,故汉人络绎而往焉。先是,署总督张文焕遣辕下官去,意有所在。刀酋设等限而见之,且席之地,如待下属礼。又缚数人于前斩之,以示威。各与以酒,各给银一饼,曰:"好归,毋再来也。"差归陈状,文焕遂不复言募乃矣。至是,愿纳募乃厂银六百两,鄂尔泰奏之,奉旨:"孟连地处极边,贡纳厂银六百两为数太多,着减半收,以昭柔远至意。(《滇云历年传》卷12 第616页)

石羊银厂①,坐落安州地方;个旧银银厂,坐落蒙自县地方;永盛银厂,坐落楚雄县地方;土革喇银厂,坐落南安州地方;马龙银厂,坐落剑川州地方;蒲草塘银厂,坐落鹤庆府地方;沙涧银厂,坐落邓川州地方;黄龙银厂,坐落开化府地方;泚革银厂,坐落河西县地方;方丈银厂,坐落新平县地方;惠隆银厂,坐落大姚县地方;金龙银厂,坐落云南县地方;马腊底银厂,坐落开化府县地方;古学银厂,坐落中甸地方;黄泥坡银厂,坐落建水州地方;募迺银厂,坐落永昌府辖孟连地方。(雍正《云南通志》卷11)

黑猓猡,聘礼用牛一条,银或六两、十二两。……腊歌,婚无媒妁,无论贫富,礼银俱以六两为定数,有不足即不许。(乾隆《开化府志》卷9 第7页、14页)

通都阛阓,有银扑乎,则白昼而攫矣。族居大姓,有银扑乎,则苑山而据矣。瘴疠蛇虺之窟,人迹不至,造物之所库也。千百年一发其藏,盖有数焉。弩者足茧万山,或遇或不遇,而流人冒死而不返者,以宝藏为桓司马之椁耳。不著其地,乌知其险阻艰难?故记《银厂》。临安府属:摸黑厂,在建水猛梭寨。建水县知县理之,乾隆七年开,每银一两,抽课银一钱五分,撒散三分,额课银五十一两余。个旧厂,在蒙自南,近越南界,蒙自县知县理之,康熙四十六年开,每银一两,抽课银一钱五分,撒散三分,额课银二千三百六两余。子厂:龙树厂,底息银七十余两,无定额。东川府属:棉花地厂,在巧家西北金沙江外,接四川界,东川府知府理之,乾隆五十九年开,每银一两,抽课银一钱五分,撒散三分,额课银五千一百六两余。金牛厂,在会泽西南,会泽县知县理之,乾隆六十年开,每银一两,抽课银一钱五分,撒散三分,

---

① 各"银厂"字下,原本有课程等详情,为双行小注,今略未辑。

额课银二百八十九两余。昭通府属:乐马厂,在鲁甸南八十里龙头山西,近牛栏江。鲁甸厅通判理之,乾隆七年开,每银一两,抽课银一钱五分,撒散三分,额课银六千三百五十三两余银罩冰膜出铜,见上。金沙厂,在永善西南,近金沙江,永善县知县理之,南即乐马厂,乾隆七年开,每银一两,抽课银一钱五分,撒散三分,额课银一千一百九十九两余。铜厂坡厂,在镇雄西三百余里牛街西南,介长发坡老彝良铜铅厂之中,镇雄州知州理之,乾隆五十九年开,每银一两,抽课银一钱五分,撒散三分,额课银一千一百一十九两余。丽江府属:回龙厂,在丽江西,近澜沧江,又外即怒江,丽江府知府理之,乾隆四十一年开,每银一两,抽课银一钱五分,撒散三分,额课银三千八百九十四两余。安南厂,即古学旧厂,在中甸东南,中甸厅同知理之,乾隆十六年开,每银一两,抽课银一钱五分,撒散三分,额课银二千五百二十二两余。永昌府属:三道沟厂,在永平境,永平县知县理之,乾隆七年开,每朱砂百斤抽课十斤,照市变价,额课四十两。顺宁府属:涌金厂,即立思基旧厂,在顺宁西南,顺宁县知县理之,乾隆四十六年开,每银一两,抽课银一钱五分,撒散三分,额课银五百六十四两。楚雄府属:永盛厂,在楚雄九台山南。楚雄府知府理之,康熙四十六年开,每矿三桶抽课一桶,煎炼煋色,定值变价起解,额课银二百一十七两余。子厂:新隆厂,每银一两,抽课银一钱八分,抵补缺额。土革喇厂,在碌嘉州判东,南安州知州理之,康熙四十四年开,每银一两,抽课银一钱八分,额课银二十两余。石羊厂,在碌嘉州判西,南安州知州理之,康熙二十四年开,每银一两,抽正课二钱;又,铀渣煎炼,每银一两,抽课一钱,额课银五两余。马龙厂,在南安西南竹园塘,楚雄府知府理之,康熙四十六年开,每矿一石,抽课二斗二升;矿土十箕,抽课二箕二合。煎验煋分,定值变价起解,额课银五百一十六两余。以上十五厂,嘉庆十六年定年额课银二万四千一百一十四两三钱。大理府属:白羊厂,在云龙境,云龙州知州理之,乾隆三十八年开,每银一两,抽课银一钱五分,撒散三分。元江州属:太和厂,在新平西南,新平县知县理之,嘉庆十七年开。每银一两,抽课银一钱五分,撒散三分。东川府属:角麟厂,在会泽东,近威宁州界,会泽县知县理之,乾隆六十年开,每银一两,抽课银一钱五分,撒散三分。以上三厂,年解课银计五六百两,无定额。顺宁府属土司银厂:悉宜厂,在耿马境,耿马土司理之,乾隆四十八年开,岁课银八百两,闰加六十六两余。子厂:永北厅东升厂,在浪蕖土舍地方,永北厅同知理之,道光十一年开,每银一两,抽课银一钱三分五厘,以铜银兼出,十五年咨部,归入得宝坪铜厂。东川府矿山厂,在会泽东者海铅厂北,其西即角麟厂,东川府知府理之,嘉庆二十四年开,每钱一千文抽课钱一百八十文,易银起解,道光十五年咨部,拨补棉华地缺额。元江白达母厂,在新平地方,新平县知县理之,道光十二年开,每银一两,抽课银一钱五分,撒散三分,道光十五年咨部,归入太和厂。兴隆厂,在镇沅境,镇沅厅同知理之,道光十七年试开,每银一两,抽课一钱三分五厘。白马厂,在鹤庆境,鹤庆州知州理之,嘉庆二十年试开,每银一两,抽课一钱四分四厘,兴裕厂,在文山境,文山县知县理之,道光二十一年试开,每银一两,抽课银一钱。鸿兴厂,在南安境,委员理之,道光二十四年试开,每银一两,抽课银一钱五分,撒散三分。以上七厂,尽收尽解,抵补各厂缺额。(《滇南矿厂图略·银厂第二》第535页)

金部:州旧有一碗水银厂,因办课缺额赔累,奉文封闭。(乾隆《石屏州志》卷3第34页)

厂饼,厂中所产银,成分不一,由炉入罩,皆成圆饼,如铜锡然。乐马厂银质高,倾成定,面有龙纹凸起者,为最高足纹。(《滇南闻见录》卷下第29页)

耳坠,丽夷、僬人男子穿耳,悬大银球如合桃者四五枚,或砗磲之类以饰观。想其耳垂不知何以能胜此重任也。(《滇南闻见录》卷下第47页)

银,亦上币,军国之巨政也。中国银币,尽出于滇,次则岭粤花银,来自洋舶,他无出也。昔滇银盛时,内则昭通之乐马,外则永昌之募龙,岁出银不赀,故南中富足,且利及天下。大吏不达时政。禁银厂以事铜厂,自是银耗铜充,每银二十四铢至准铜钱二千五六百,远处且准至三千、四千,官民交受其困。银厂之礁硐丁众名称,大概同铜厂。至于炼银,则用推炉,照子为稍异,然银成总由底母倭铅,固其常也。有此厂铅宜而彼厂不宜,降而下之。至有点乌泥、青苔而成者。由此参悟,而知神仙黄白之说。未尝不可信。同一石也,得底母点之即成银。西番估舶,市中国倭铅归,以药草煮之,即成花银,转贩于中国,此非明著大效呼?滇南银厂十有六。(《滇海虞衡志》第 50 页)

银,《元史·食货志》:产银之所,在云南省曰威楚、大理、金齿、临安、元江李时珍《本草纲目》:闽浙、荆湖、饶信、广、滇、贵州、交趾诸处山中皆产银,有矿中炼出者,有沙土中炼出者。其生银,俗称银笋、银牙者也。又外国四种:新罗银、波斯银、林邑银、云南银,并精好。《天工开物》:凡银中国所出,浙江、福建、江西、湖广、贵州、河南、四川、甘肃八省所生,不敌云南之半,故开矿煎银,惟滇中可永行也,凡云南银矿,楚雄、大理、永昌为最盛,曲靖、姚安次之,镇沅又次之。(道光《云南通志稿》卷 67《通省》第 5 页)

银砾、铅粉、黄丹,《一统志》:俱昆明县出。(道光《云南通志稿》卷 69《云南府》第 3 页)

银,《蒙自县志》:蒙自银、锡,出于个旧厂,而产铜之地,惟金钗坡。前《志》称其地势环抱如带,发源极长,聚天地之精华,结而为银,为铜,为锡,分之虽有多名,而总统于个旧谨案:唯即今蒙自。汉来。(道光《云南通志稿》卷 69《临安府》第 18 页)

银,司马彪《续汉书·郡国志》:双柏出银谨案:双柏今南安州。《南安州志》:出石羊、表罗二厂。表罗,今废,另开马龙厂。《楚雄县志》:出永盛厂。《广通县志》:原罗川金鸡山,开广运厂,后矿脉无迹,封闭年久。(道光《云南通志稿》卷 69《楚雄府》第 24 页)

银、铅,《汉书·地理志》:贲古县,西羊山出银、铅。《宣威州志》:出银、铅。(道光《云南通志稿》卷 69《曲靖府》第 37 页)

银、铜、铅,《思茅厅采访》:俱出白马、乾沟、蛮丹等山厂,以地近边徼,永禁开采。(道光《云南通志稿》卷 70《普洱府》第 3 页)

银,陶宏景《名医别录》:银屑,生永昌,采无时。陶宏景曰:银之所出处,亦与金同,但是生土中也。炼饵法亦似金。永昌属益州,今属宁州。《腾越州志》:滇省五金之地,旧时明光、阿幸等处皆开采,惟银、铜有,金则无也。(道光《云南通志稿》卷 70《永昌府》第 10 页)

银,常璩《华阳国志》:堂琅县出银。《东川府志》:坑久闭。(道光《云南通志稿》卷70《东川府》第34页)

银,《汉书·地理志》:朱提山出银。《汉书·食货志》:朱提银,重八两为一流,直一千五百八十,它银一流直千。《南中志》:旧有银窟数处。《昭通府采访》:出鲁甸乐马厂、镇雄州铜厂坡、永善县金沙厂。(道光《云南通志稿》卷70《昭通府》第38页)

银,《汉书·地理志》:律高,东南盘町山出银。刘逵《蜀都赋注》:兴古,盘町山出银。(道光《云南通志稿》卷70《广西直隶州》第45页)

银,檀萃《农部琐录》:土色,马江外狮子尾厂,凤氏所开也。又银厂箐与富民界,又龙凤洞在普渡河边,不开久矣。(道光《云南通志稿》卷70《武定直隶州》第47页)

银,《新平县志》:出太和厂。(道光《云南通志稿》卷70《元江直隶州》第54页)

银,采访:产涌金厂、悉宜厂。……矿厂附。涌金厂,《案册》:涌金银厂,坐落顺宁县地方谨案:在郡城西南阿度吾里四甲地。嘉庆五年开采,出银一两,抽课一钱五分,撒散三分,尽收尽解。《会典事例》:嘉庆六年,奏准云南涌金等银矿拨补乐马、永盛二厂缺额,一并报销。又,今按云南新旧各厂、涌金厂等,每年额课银六万二千五百八十九两九钱五分。《新修户部则例》:云南各银厂、涌金等十五厂,以二万四千一百一十四两零作为每年抽收总额,如有亏短著落经管厂员及该管上司分别赔补,遇有赢余,尽数报解。《案册》:顺宁县经管涌金厂,道光九年分报解课银二百九十八两一钱九分八厘谨案:涌金厂原为立思基银厂,正旺时,有管宁台厂员曹湛潜于上台,遂封闭。己亥明年,有潜山熊生至合江楚川三省,走厂者谋于白石生,改名涌金山,闻于上台请开,而曹力阻之。辛丑,曹兼管顺宁厂,甫开,而矿亦不旺。悉宜厂,《案册》:悉宜银厂,坐落耿马土司地方在大黑山。乾隆四十八年,总督富纲奏开。《会典事例》:乾隆四十九年,奏准云南顺宁府属悉宜银厂,照募洒厂之例。今耿马土司就近管理,年纳课银,令顺宁府管解完纳。又,今按云南新旧各厂、耿马土司所属悉宜厂等,每年额课银六万二千五百八十九两九钱五分。《新修户部则例》:云南顺宁府属耿马地方悉宜厂,年额课银八百两,遇闰加增,系耿马土司集丁开挖,按年纳课。又,云南各银厂、悉宜厂,准其侭收侭解。《案册》:耿马土司经管悉宜厂,道光九年分报解课银八百两。附已封募遒厂,《大清会典事例》:雍正六年,题准开采云南永昌府属募遒厂,旧《云南通志》:募遒银厂,坐落孟连地方,原系孟连土司刀派鼎自行抽收,雍正七年,该土司自认纳银六百两,总督鄂尔泰题报,奉旨以本年为始,减半收解,昭示柔远,年该课银三百两。《案册》:嘉庆十五年封闭。(光绪《续修顺宁府志》卷13第21、28页)

《境内银币、镍币、铜币历年行使之价格如何》:本境内自前清末叶,即已行使银币及铜币。在此期间,每银币一圆兑铜币一百二十枚,或一百三十枚不等。又自民元起至十年止,银币价格仍不减于前,由十一年至二十年,银币价格遂有江河日下之势,每银币一元兑铜币数目,则由一百二十枚递减至八十枚。镍币则由十三年行使,每镍币一枚兑铜币十枚,镍币十枚兑银币一元,惟银币、镍币现在已居少数,市面通用多系纸币,每纸币一元,仅换铜币三十枚,现铜币亦较前为少也。(《阿迷州志》册2第501页)

银,白花草未开采,妈达荒废,得难荒废。(《阿迷州志》册2第507页)

三道沟银厂^{在永平县属,乾隆四十二年开采,照例抽课,道光九年分报解课银四两八钱七分六厘}、募遒银厂^{在永昌府辖孟连地方,雍正六年开采,系土司刀派鼎自行抽收,解课银六百两,总督鄂尔泰奏准减半收解,嘉庆十五年封闭}、茂隆银厂^{在永昌府属侭地方,乾隆四十二年开采,每银一两抽课银九分,以一半给侭酋长,硐老山空,嘉庆五年封闭}、邦发银厂^{在永昌府地方,嘉庆五年开采,嘉庆二十年封闭}。(光绪《永昌府志》卷22第7页)

《蜀都赋》刘渊林注:兴古盘町山出银。(《滇绎》卷1第670页)

大兑成厂,产银矿,在东区,距城一百二十里许,嘉、道年间,开采兴旺,民国初年,县民集股开办,未获大效,近日停歇。小兑成厂,产银矿,距大兑成五里许,嘉、道年间兴旺,后因硐老山空

停歇。(民国《路南县志》卷1第47页)

菊花山银矿^{距县十里,曾经试采,未见效,今停}、南当厂银矿^{距县七十里,旧采有效,今未办}、水洞厂银矿^{距县六十里,旧采最旺,匪乱停后,至今未办}。(民国《马关县志》卷10第11页)

鄂尔泰《陈孟连银厂及怒夷输诚折》:雍正八年四月二十日,云贵广西总督臣鄂尔泰奏,为土司纳课、野夷输诚事。窃云南孟连土司地方,逼迫永昌,其俗慓悍好劫,自古不通中国。本朝开滇以后,该土司仍不服提调,未经授职,每年止上差发银四十八两,交永昌府转解。此外一切公事,即奉牌谕,亦并不遵照。历久相安,业视为成例。昨岁,臣檄该府清查边界。据该土司刀派鼎申称:"孟连一隅,极处边末,内屏中夏,外捍野夷。山高箐密,民无恒产,惟赖募乃银厂以为用度。故自前明以来,世世相承,未曾贡赋。今圣天子在御,万国来朝。且孟连地方数年以来,仰赖皇上洪福,安享太平,年年丰稔。愿自雍正七年为始,每年纳厂课银六百两,以充兵饷"等情。臣查,边远酋长,惟应律以恭顺,原不必科其钱粮。但土夷重财即所以重礼,若无些须上纳,转难以示羁縻。随经批准,令其按年交解。兹于雍正八年三月初五日,据布政司验报,孟连土司刀派鼎所认纳,为数觉多,可量减否。七年分厂课银六百两,业经解司兑收。除应会疏报明外,合先奏明。又鹤庆府属维西,边外有怒江。三道过江,十余日路,有野夷一种名怒子,劫杀抢掠,久居化外。新设维西通判陈权,约束抚绥,颇有条理,怒子等群生感激相率来。维将麂皮二十张、山驴皮十张、麻布三十帉、黄蜡八十斤,烦通事禀请,愿将此土产作赋,永远隶属圣朝。该通判加以劝谕,令将土产带回,而众怒子各交颈环叩,誓愿将前项土产著为年例,以表倾心。情甚恳切,该通判始准收存,薄示奖赏,具报前来。臣查,怒子内向,愿年纳土产,事虽微细,意颇谆诚。随经批司,准其交纳。该通判变价交司存公,并于奏销钱粮文尾叙明。其每年交纳之时,准赏给盐三百斤,以为犒劳。业已存案讫合,并奏闻。伏乞圣主睿鉴。臣谨奏。(《永昌府文征·文录》卷10《清一》第2383页)

　　再开矿一节,木王亦称该处银矿甚旺,二百年前,有旱地摆夷到彼办理,业已大旺,以夥伴不和,闹事封闭,我等民人,不采取之法,矿至今依照闭塞,求多遣汉人往彼开办等语。委员详查各江地土,一似五金俱产者,惟以地广人稀,粮食难觅,不能骤拟举办,俟道途平治,商旅往来,人民富庶时,或官为提倡,或招商办理,由建定之官,审度情形,禀请开办,方无遗误,故此次未经议及,合并声明。(《怒俅边隘详情》第163页)

　　银厂,在浪渠坝之东南白牛厂村山麓,明末清初曾有人开办,月出万两。在此发财者不少,其人传说银厂之洞,深入山腹,一日,锤手在洞中挖凿,发现一只白牛,头角支体毕露,全体尽是白银,重不能舁,乃告于办产管事,增加工人数千名,挤入洞帮助锤手,拉出白银牛,可是牛之尾陷入岩内,用尽群力,无法拉出,大众欢悦喧嚷,在洞里扡凿牛之岩石,加宽地面,以便抬出洞外,不料架险之木,被工人一移动,其推柱不稳,轰然崩倒,压死了千数人,所以该银厂叫做白牛厂云。(《宁蒗见闻录》第1篇第41页)

　　银矿:苍银、白银、夹铜银,产地在滇渠坝之东南白牛厂村山麓,又在卡洗坡箐中。(《宁蒗见闻录》第2篇第71页)

　　银矿^{楚雄县永盛厂,南安}。(楚雄旧志全书"楚雄卷上"康熙《楚雄府志》卷1第193页)

　　银,出永盛厂,前属县管理,后归府。(楚雄旧志全书"楚雄卷上"嘉庆《楚雄县志》卷1第640页)

　　银矿,产地为碧鸡哨兴隆厂,矿苗已衰,矿界面积为五百里,距城二百四十里,嘉庆年间开办,道光年停。银矿,产地后河哨永胜厂,矿苗已衰,矿界面积一百二十二里,距城二百四十里。雍正年间开办,咸丰年停办。银矿,产地后河哨黄草厂,矿苗已衰,矿界面积为二百里,距城二百八十里,光绪四年开采,因亏折停办。银矿,罗摩哨天苍厂出产,矿苗已衰,矿界面积为二百里,距城二百二十里。光绪三年开办,因亏折停办。(楚雄旧志全书"楚雄卷下"民国《楚雄县地志》第十二目第1374页)

银矿:石羊、表罗二厂。表罗今废,另开马龙厂。(楚雄旧志全书"双柏卷"康熙《南安州志》卷1第13页)

银,石羊厂产。(楚雄旧志全书"双柏卷"乾隆《碌嘉志书草本》第106页)

银碛在石羊厂,其课今归南安征解。(楚雄旧志全书"双柏卷"乾隆《碌嘉志》第233页)

《矿产》:考摩刍矿产,清道光以前,其产地之多,矿苗之旺,甲于全滇。彼马龙、石羊两厂,各集至二万余人。其外,各厂亦各集有七八千人,野牛厂则时在万人以上。而石羊、马龙自清咸丰之季,乃因回民与临人不睦,构怨兴兵,肇祸全滇。当昔之名碛旺硐,尽皆倒塌水淹,厂务由是萧条,其余各厂人民亦皆避贼逃难之未暇,矿产之事,未遑计及。于是全邑各厂竟皆衰而不复振矣。今若有深明矿学之人,集得巨资兴工开办马龙、石羊二厂,或可比昔时之兴旺,尚未可知。至《碌嘉铁厂,此时已为兴时,每年计出十万余勋,故该处年办公益事件,其款多由铁厂抽用。"摩刍县矿产表,民国十年填报(注:原为表,现按类别、所在地、矿苗衰旺、面积、里数、附记依次录入):石羊银厂,表下,衰,三十八里,距礼社江五里,距县城二百四十里,咸同匪乱即已停办,现仅有人在此淘操以度日者。马龙银厂,表上,衰,五十里,距马龙河七里,距厂街三里,距县城八十里,咸同变乱停止,现淘操亦无人矣。添官银厂,妥上之力丫庄,衰,三十里,距野牛厂河二十里,距大平地村五里,咸同间停办。排沙银厂,妥上之把租庄,衰,二十五里,距礼社江五里,距把租村十里,咸同停办,现厂已无人烟矣。新银厂,鲁止,衰,三十五里,距马龙河一里,距鲁止村二十里,同治末停办,今不复有人矣。白马银厂,麻海,衰,二十五里,东至野牛厂河二十五里,西至马龙河二十里,距笑山村三里,距麻海街十八里,咸同停办,已是硐老山空。野牛银厂,雨上,衰,三十五里,距野牛厂河十五里,距雨龙街四十里,同治末停办,于民国初年地方绅首集资开办,折本而歇。(楚雄旧志全书"双柏卷"民国《摩刍县地志》第298页)

治南二百里白象厂七村河,治西北五十里会隆厂。诸山中间有之,然其银有不常得,亦细甚,不堪开硐攻采。土人多藉以诱人,官亦有为所惑者。(楚雄旧

志全书"南华卷"咸丰《镇南州志》第 129 页）

银隶武定府，清军同知代征，有无不常。（楚雄旧志全书"武定卷"康熙《武定府志》卷 2 第 82 页）

银，银厂有数处：土色马江外狮子尾厂为最，凤氏所开也，凤氏既革，乃归官办。尝以中使监之，有太监府在焉。上有西岳庙，祀金神也。次则银厂箐，在城东南，与富民交界。次则龙凤洞，在普渡河边，其不开者久矣。往年张某开狮厂之水泄洞，自认银课若干，然不能及额，甚受累，厂事渐零落。而厂民朱某尤窭甚，逼岁暮，他硐长各归家，朱某无聊赖，惟栖硐而已。春初某日，硐丁报得矿，未及旬已年万。官闻，欲专硐而有之，某即挟所获，委硐而去。去后硐仍空。越年，里人开银箐厂，颇得矿，然煎之金石不能分。廿人炼银必以铅配乃成，谓之底子。遍求铅试之，终不就。说者谓凤氏采银所用底子出之狮山北，今为夷寨所踞，不能取，恐未必然也。是时，有谢乱子者，采药焉厂，得利不赀。其后，郑西亭亦然，较谢乱子略减。故远方迂怪之士，莫不扼腕抵掌。然学者牛毛，成者麟角，道士避民闻而甘心，没齿不返，希二子之风也。（楚雄旧志全书"武定卷"光绪《武定直隶州志》卷 4 第 375 页）

金之属：铜，一白铜，出多克。一红铜，出班洪；一出阿罗。俱以矿脉微细，不足工本未开。（楚雄旧志全书"元谋卷"康熙《元谋县志》卷 2 第 58 页）

《矿厂》：昭通境内，向无五金之矿，其银则产自乐马厂，属于鲁甸；产自金沙厂，属于永善。皆乾隆七年开采。又，产自铜厂坡，属于镇雄，嘉庆五年开采。《会典事例》：乾隆四十二年，奏准昭通府金沙厂照例抽课，尽收尽解。又，云南乐马、金沙各厂每年额课银陆万贰千伍百捌拾玖两玖钱伍分为抽收总额，如有亏短，着经管厂员及该管上司分别赔补；如有盈余，尽数报解。案册：道光九年，乐马厂报解课银肆千陆百柒十叁两捌钱零，金沙厂报解课银陆百捌拾陆两玖钱零。铜厂坡报解课银壹千壹百壹拾玖两叁钱玖分零。以上数厂，皆由府宰课报解，后委专官管理，则府署遂无责任矣。（昭通旧志汇编本民国《昭通志稿》卷 2

第 143 页）

《厂课》：金沙厂银厂，在县西南六十里，新旧礁硐三十余口，向系委员管理，每年额收课银五千（两）有奇，即由厂员经解巡道衙门。于乾隆三十八年，详归本县知县专管。（昭通旧志汇编本嘉庆《永善县志略》卷2第785页）

银：产一区银厂坝，采冶法同前。（清）乾隆年间出银极旺，因遭事变废置，产地属私人所有后，竟无续办者。（昭通旧志汇编本《绥江县县志》卷3第907页）

银矿：安乐乡银厂坝已开，未成，或因银矿铅（《天工开物》云。原注）系方铅矿，含银之成份少，提炼所费不堪。（昭通旧志汇编本民国《盐津县志》卷4第1701页）

（三）石类

省会邻近有一座山，产绿松石，但是，没有大汗的允许，这种矿同样也是不准开采的。（《马可波罗游记》卷2第47章《云南省》第142页）

仙人晒丹石，大理府云龙州旧州南七里，有石高二丈，周二十丈，其顶甚平，每雨过，有赤斑如丹砂，拭之愈明。（《增订南诏野史》卷下第53页）

金鸡石，云龙州顺荡山石窟中，有白石形如鸡，相传昔有石龙欲飞，闻石鸡鸣，遁入岩中。今岩下有石龙露其半体，鳞甲爪尾皆具。（《增订南诏野史》卷下第53页）

石观音像，云龙州雒马井温泉北燕子窠绝顶，有石观音像，右手拄杖南，天然如刻画。（《增订南诏野史》卷下第53页）

余憩足交水，闻曲靖东南有石堡温泉胜，遂由海子西而南。……东北上山，从石片中行，土倾峡坠，崩嵌纷错，石骨竞露如裂瓣，从之倾折取道。石多幻质，色正黑如着墨，片片英山绝品。（《徐霞客游记·盘江考》第821页、822页）

戊寅十月二十五日……所谓石城也，透北门而出，其石更分

枝族萼。石皆青质黑章,廉利棱削,与他山迥异。(《徐霞客游记·滇游日记四》第846页)

戊寅十月二十九日……下饭于寺。乃同寺僧出寺门东行三十步,观棋盘石。石一方横卧岭头,中界棋盘纹,纵横各十九道。其北卧石上,楷书"玉案晴岚"四大字,乃碧潭陈贤所题。南有二石平庋,中夹为穴,下坠甚深,僧指为仙洞,昔有牧子坠羊其中,遂以石填塞之。……其石色青绿者,则腻而实;黄白者,则粗而刚。其崖间中嵌青绿色者两层,如带围,各高丈余,故凿者依而穴之。其板有方有长,方者大径五六尺,长者长径二三丈,皆薄一二寸,其平如锯,无纤毫凹凸,真良材也。(《徐霞客游记·滇游日记四》第861页)

戊寅十一月初三日……石在亭前池中,高八尺,阔半之,玲珑透漏,不瘦不肥,前后俱无斧凿痕,太湖之绝品也。云三年前从螺山绝顶觅得,以八十余人昇至。其石浮卧顶上,不经摧凿而下,真神物之有待者。余昔以避雨山顶,遍卧石隙,乌睹有此类哉!(《徐霞客游记·滇游日记四》第864页)

己卯二月十二日……前多巨石嶙峋,如芙蓉簇萼,其色青殷,而质廉利,不似北来之石,色赭而质厉也。(《徐霞客游记·滇游日记七》第971页)

己卯五月二十四日……又入五六丈,两崖石色有垂溜成白者,以火烛之,以手摩之,石不润而燥,纹甚细而晶。土人言,二月间石发润而纹愈皎苗,谓之"开花",洞名"石花"以此。石花名颇佳,而志称为芭蕉,不如方言之妙也。(《徐霞客游记·滇游日记十》第1111页)

临安府石屏州,……东有菜玉山,产石似玉。(《明史·地理志》卷46第1175页)

袈裟石,释曰:石同切玉,方可丈许,色青苍如古溜刮铁痕。其纹则袈裟水田宛具,谓金襕之布。映日涵辉,其青质白理,似线痕之攒其片者。均之条相分明,虽晦明风雨,久难斑剥,良足异矣。在铜瓦殿之坡右次,四翳藤萝,蒙茸紫翠,幽冲别胜,义不可思,谓尊者晒衣于此石。夫尊者入定而捧,何事于晒?以雅迹

而堕俗想,诞甚凿甚。(《鸡足山志》卷4 第 171 页)

　　高奣映《袈裟石》(七绝):一从听法点顽头,便许人称石比丘。故遣袈裟苔处绣,无心祖道付真流。(《鸡足山志》卷13 第 581 页)

　　石之属:砺石、青石、火石、石山。(康熙《嵩峨县志》卷2)

　　香花山^{在州西南,形如诰轴,多黑石,极光润,每夏秋之交,毋论晴阴,石光闪烁,俨如隆冬雪霁,八景谓"环山雪霁",即此。}(康熙《路南州志》卷1 第 22 页)

　　清正^学张端亮《石林歌^{和韵}》(七律):天空一派云根补,旷望稜稜呈色五。何代星精堕大荒,芙蓉乱插山之坞。斗削巉岩箭括通,千枝玉笋难为数。拟从东海策神鞭,更遣五丁施绣斧。八阵驱来岭上屯,纵横布置开门户。连城缥缈列旌旗,隐伏犀军镇寰宇。抗步才登岌嶭峰,侧身转向清虚府。药室璇房合异区,烟光为练霞为组。手扪嵌窦赤脂凝,霹雳濡人迸滴乳。左垂华盖右垂缨,高者扬幢低覆釜。小邱徐闻笙间镛,大则填然搞钲鼓。坚刚自是老炉锤,屹立何曾混尘土。铁骑群驱林麓奔,虬龙倒曳山腰妩。或驰魍象走妖魑,或布金沙堆粹瑀。风嘘邃谷斗雷霆,雾匝虚崖藏豹虎。朝望朝暾羲驭腾,夕望夕阴凉月吐。纷披瑶草绣苍苔,香馥丛兰破翠雨。遥知太极剖鸿濛,别辟乾坤恣仰俯。丹灶岂无大药成,仙掌凭将茎露取。采芝此地老轩皇,刊木当年劳夏禹。况有清泉复道流,倒注银河深莫睹。汲来冰雪沁我肠,泠泠为涤烦嚣苦。何人示我还丹期,我欲从之栖元圃。渺渺仙踪不可求,为问崆峒谁是主?载将笔墨纪胜游,惜无丽句增诗谱。狂呼斗酒问青天,二客从予皆起舞。极目苍茫万壑阴,一声长啸空千古。(康熙《路南州志》卷4 第 26 页)

　　清正^学李汝相《石林歌》(七律):何处飞来怪石丛,盘根窦窍郁玲珑。森森稜稜铁骑列,千门万户曲涧通。崖窟层层锁玉关,羊肠鸟道苦难攀。恍疑紫云天上落,五丁把住留人间。危磴高峰真鬼斧,球琳琅玗奚足数。中有一线清泉流,老藤穿壁苔痕古。(康熙《路南州志》卷4 第 27 页)

　　清徐炜麒《石林歌》(七律):何时峭壁天空补,搔首问天离

尺五。落雁峰高入翠微，李园僻在山之坞。玉笋干霄不易登，金
茎承露谁能数。嵯峨青嶂倚云边，窈窕丹台开鬼斧。旌旗摇曳
立天门，刀剑森严拥万户。只从嵌窦构巢居，不向丘隅夸栋宇。
旁峙疏櫺共绮窗，中环阆阁并瑶府。我云境寂可投簪，孰谓谷幽
人佩组。层层僵窜自锁烟，累累棋枰尝悬乳。鸟迹径穿擘巨灵，
鸿濛窍凿垂铛釜。远而望之类鲸钟，近而叩之似鼍鼓。玲珑百
仞长莓苔，复道千重渺尘土。来往惟有白云亲，低昂乍见青山
妩。上若镂刻以琼琚，下若琢磨以璠玙。想多隐豹及潜龙，疑有
饥蛟兼馁虎。翠屏石上波涛生，殊壑空中烟岚吐。寒暑不知春
徂秋，晦明历尽风和雨。下有泉似钴鉧潭，漱流洗耳随携取。天
埏窥之比甕深，河源尾闾无从睹。清且涟兮出涧泉，或者疏凿勤
神禹。青袍布袜历丹丘，信步巉岩忘所苦。薄暮探幽似锦城，平
明纪胜如元圃。丘樊原无车马喧，剩有烟霞可作主。此时安得
丹青人，收入摩诘辋川谱。览胜有情还有兴，载酒问奇当歌舞。
壁上无惭黄绢题，磨崖镌句留今古。（康熙《路南州志》卷 4 第
28 页）

清^{候选}知县金瑛^{广宁}人《石林》（五律）：幽林何太僻，万石凿深宫。径
转疑无路，山鸣似有钟。古苔缘雨滑，邃窟倩云对，半点尘难到，
惟余谷里风。（康熙《路南州志》卷 4 第 34 页）

石属：玛瑙^{出保山玛瑙山巅，有红白色相间者曰缠丝玛瑙，有红如胭脂者曰红玛瑙，}_{有色白如玉面光润者曰白玛瑙，有紫色者曰紫璞玛瑙。土人取之，其体}
^{极坚，然脆而易}_{碎，制之甚难}、土玛瑙^{出保山金鸡村，其}_{色淡红而坚不足}、墨玉石^{出保山法宝山后，其}_{色光润，黑白相间}、青石^{可为}_{碑碣}、
紫石^{二石各山}_{中皆有之}、云母石^{出腾}_{越州}、宝砂石^{出腾越，治宝}_{、玛瑙用之}。（康熙《永昌府志》卷 10
第 6 页）

滇南三石^{屏南山出紫石，不刚不柔，颇发墨，可为}_{砚材，与大理点苍石、武定狮山石并称}。（乾隆《石屏州志》卷 8
第 13 页）

其石，则象塘石^{一名芙蓉石}_{出古勇关外}、南甸河石^{其质软}_{而润}、青石^{可为}_{碑碣}、紫石^{无山}_{不有}、
云母石。而诸宝石则已沦于关外焉。（乾隆《腾越州志》卷 3 第
28 页）

清^{郡人云}州学正孙祚衍《瓦角村见奇石》（五古）：补天在何年？娲皇

泌鼎液。苍苍西南流,倚山矗奇石。上耸势加攀,下垂势如掷。古松挂其巅,危鸟巢其隙。白云任去来,变幻分青碧。崎径透山腹,幽隘不盈尺。每来曳杖游,苔滑岩前展。下视水潺潺,纷飞散珠璧。静对古佛坐,永朝复永夕。弹琴响空霄,点首皆成迹。若将袖中藏,俗眼自相隔。辗转不忍去,长啸一声划。(乾隆《续修蒙化直隶厅志》卷6第190页)

清岁贡周莲华郡人《咏石箭》(五古):李广石疑虎,兹独箭是石。共说征南中,利镞遗斯迹。五月渡泸江,七纵期平逆。逆以天威平,贯革讵所益。何以历沧桑,亭亭留重译?拟将月为弧,引满试一射。(乾隆《续修蒙化直隶厅志》卷6第4页)

清潍县令张端亮郡人《盟石》(七古):道旁石立蹲痴虎,镆铘截入霜痕古。细奴霸气震诸酋,誓等海山推戴主。我来凭吊夕阳前,故垒双城锁断烟。一自盟寒千载去,至今惟有石头坚。(乾隆《续修蒙化直隶厅志》卷6第4页)

昆球石,油绿色,微透,闻产于水中,绝少,价亦不贱。绿松石,绿松产于藏中,淡绿色,有铁线痕,大者难得,丽江与藏毗连,往年间有估客携至者,近竟无有。闻小儿佩之可免惊风之患。灯下视之,光映四壁。湖广新出一种松石,色呆,远不及藏松,且无铁线。青金石,亦出藏中,本甚少,近更难得。金钢钻,黯白色,形如鼠粪,质最坚,价颇贵,惟羚羊角可击而碎之。闪石,黯白色,如蚕豆大,向日转侧,有白光闪动,却不甚贵重。玛瑙、碑碟、绿石、白石、黑石之类,皆为所产,皆不甚值钱。凡珍异之物,总不产于内地,即金银各厂,亦只盛于边徼,而中原绝少,天地生物之意,当不在宝贵之列也。白沙阶石,丽江白沙喇嘛庙内,有一阶石,长约丈许,宽一尺五六寸,青色,面有纹,具金沙江形,河身曲折,支派分流,无不逼肖。(《滇南闻见录》卷下第28页)

滇省多山,产石,郡县城郭悉以巨石叠成,中灌桐油石灰,坚固愈城砖什佰倍。(《云南风土记》第49页)

石之属,无他异。(道光《新平县志》卷6第21页)

石属:玛瑙出保山玛瑙山巅,有红白二色,又有红白相间者。其体极坚,治之甚难,然脆而易碎、青石、紫石二石各山中皆有,可为

碑碣、围棋。（光绪《永昌府志》卷22第5页）

矿物：紫石 药名，赤石脂，出富乡鹅毛村北山谷中。掘地尺许即得之，为层块，长方状，大如拳，色紫红。前人用以代硃，历久如新。冒水硐附近亦产，然不如该村之广且佳。铅花 出宝乡冒水硐、大湾箐、油榨地一带，用以绘瓷器之花卉，有菱角、硃明、白花、黑花、金钱花等名，邑所产者黑花为多，土人不知采取，每岁，为东昭人采去者甚多。玛璃石 出宝乡马料河上流，矢马伴河亦有之，大如鹅鸭卵，皮淡褐色，纹理黑白相间，质甚坚，县人恒采至县，以易玉器。大碌化 即酸铜，研为末，以涂垩簷窗屏户等，苍翠夺目，且耐潮湿风雨，火熔之成釉。黎县瓦器之绿色者即涂此，出宝源、泰末等厂，每觔值银元五六角，销售亦易。明金磺 出宝乡大湾箐一带，系肥料之一种。土人用以粪田，可除水湿。青方石、花冈石。（民国《路南县志》卷1第48页）

前知州 蒋元楷《石林歌》详古迹（七律）：参差突兀畴能补，缥缈常飞云色五。万状离奇眼底生，巨灵擘作芙蓉坞。瑶室璇房宛转通，纵横四达纷难数。铁笔凌空天削成，开凿无容修月斧。龙蛇窟仰云根穿，峡坼支撑若门户。嵌窦虚张结绮疏，月夜娟娟明玉宇。岩洞黝黑莫敢窥，秾阴神物蟠水府。探奇历险学猱升，赛裳荤确翠如组。图开人阵隐旌旗，叱起群羊能跪乳。重重楼阁自玲珑，仿佛趋跄鸣佩瑀。伏流清冷寒于冰，奇峭干霄无尺土。苍皮驳落转光泽，石痕皱裂偏多妩。白日还疑山魈藏，惊看怪石如蹲虎。左掌右攫鸟道缠，岭岈对面相吞吐。遥岑日入压黄云，崖前迸落山花雨。振衣天末忽苍茫，徘徊四顾群峰俯。罗列儿孙说本奇，嶷嶷竞秀将何取。剜厓岁月手频扪，数行蝌蚪文同禹。当年避世迹犹存，结构依稀不可睹。凌嵩蹑华亦常事，梯云跻胜全忘苦。李实冬鲜是幻成，翻思缩地通崑圃。松风余韵水潺湲，清音谁复调琴谱。眼前屹立指难屈，米颠膜拜我狂舞。心欤幽赏发长歌，假以文章大块主。乃知造化钟神秀，群玉峰头留太古。（民国《路南县志》卷9第4页）

石林，在城东三十五里李子箐，怪石丛立，如千队万骑，奔腾飞舞：又若五花八门，分断不紊。石皆青色，上有危岩，下有伏流。相传昔人于冬夜见石上有李二株，红实累累，次早寻之，不复见，故俗呼李子箐。（民国《路南县志》卷10第2页）

菊花石，石质细腻，有黄色白纹、灰色白纹二种，纹似菊花，故名。产于一区汉人屯北山口，可琢磨之，以供玩具，作印章亦

佳。(民国《嵩明县志》卷 16 第 244 页)

矿物类。乙非金属矿物：磺矿、硝矿、石棉、乌砂、石英、石灰、菊石、翠英石、葡萄石、鹹磠。(《宁蒗见闻录》第 2 篇第 72 页)

焦石，树枝木叶，浸渍水中，久而坚秀可玩。(楚雄旧志全书"禄丰卷下"康熙《琅盐井志》卷 1 第 1047 页)

石之属：狮山石^{有花纹，可作图章器皿，但不坚润。}石燕^{出夸兴山土中，天将雨，辄闻飞羽声。}砺石^{出金沙江边，巡按王维有记。}(楚雄旧志全书"武定卷"康熙《武定府志》卷 2 第 83 页)

石属：砺石^{出金沙江边，巡按刘维有记，见艺文。}狮山石^{有花纹，可作图章器具，但不坚润。}石燕^{出湾兴。天将雨，辄闻飞声，又名岩羊。}(楚雄旧志全书"武定卷"光绪《武定直隶州志》卷 4 第 377 页)

石品：楚石、绿凸石，^{上二类，文雄乡有之。}赭^{距城三五里松毛地、大箐均有之。}(楚雄旧志全书"南华卷"民国《镇南县志》卷 7 第 635 页)

绿色石珠，在图乐乡青龙洞内产，居民常于晴天拾作嵌镶饰品。水晶石，礼义乡及图乐乡上甲均产，石形作六方不完全^{规则}晶体，全身透明，俗呼星宿屎，实则石宿石也。石英石，县境沿河一带皆有。(昭通旧志汇编本《大关县志稿》卷 3 第 1319 页)

催生石

催生石，亦出西陲山下，色翠而间以白，作酒器，饮之，云能治产难，然不甚验。(《滇略》卷 3 第 235 页)

催升石，深青色，极可观。然多杂以淡白色，少有纯青者。间有金星，可混青金，质甚松脆，不值钱。(《滇南闻见录》卷下第 29 页)

催生石，《永昌府志》：作杯饮酒，可治产难。(道光《云南通志稿》卷 70《永昌府》第 27 页)

大理石

太和点苍山，……山本青石，山腰多白石，穴之腻如切肪，白质墨章，片琢为屏，有山川云物之状。世传点苍山石，好事者并争致之。唐李德裕平泉庄醒酒石即此产也。（嘉靖《大理府志》卷2第57页）

点苍石^{出点苍山，其色青白}相间，有山水纹。（景泰《云南图经志书》卷5《大理府》第262页）

点苍石^{出点苍山，白质青文，有山}水草木状，人多琢以为屏。（正德《云南志》卷3《大理府》第168页）

都御史蒋宗鲁《奏罢屏石疏》：成造紧用生活急缺物料事。臣准工部咨，照依御用监题奉钦依事理，行令有司等官，依式照数采取解用，内开大理石五十块：见方七尺五块，六尺五块，五尺十块，四尺十五块，三尺十五块等因，案行按察司巡安金沧道，分委大理卫指挥周（陈）文、周之冕、太和县知县蒋大顺督并石匠杨景时等照数采取。据太和县文一等里耆民段嘉琏、董济等连名，告为乞怜，急救边民，以安地方事。内称："嘉靖十八九年，曾奉勘合取大屏石，难寻崖嶮，压伤人众。及至大路，行未百里，大半损缺。重复采补，沿途丢弃。所解石块，二年之外方得到京至。三十七年，取石六块，见方三尺五寸，议令尺寸总其四围，自本年六月二十二日入山采取，至十一月初二日，始运至普淜地名小孤山，因重丢弃在彼。且自大理至小孤山止有三百余里，自六月至十一月，共计五月余日，以半年之期，止行三百里之程，未免有违钦限。徒劳无功，敢昧死告乞，转达奏请量减数目、尺寸，庶工力易办，载运易行，边民得全蚁命，驿传不致重困。"等因。又据石匠杨景时等告称："原降尺寸高大，石料难寻，且产于万丈悬崖，难以措手。纵使多方设法采获前石，又虑崖迳崎岖，势难扛运，军民蚁命难存。伏乞转达。"等因。俱批行布政司会议。该掌印左参政侯一元，会同二司掌印按察使范之箴、署都指挥佥事魏俊，为照钦取前项大石内六七尺者，体质高阔，既难采取，又难发运，盖云南地方僻在万里，舟楫不通，鸟道羊肠，迂曲嵼窄，与中州道路平坦者大不相同。据耆民段嘉璋等、石匠杨景时所告，先年采取三尺石块，自大理苍山起至沙桥驿，陆运只有五程，劳费已逾四月，供给不前，所过骚扰，军民啼泣。今复取六七尺者，其难尤有十倍，况值上年兵荒，民遭饥窘，流离困苦，实不堪命。似应议处合无会题请免量减尺寸，庶得上副钦限，下全民命等因。通详巡抚蒋宗鲁、巡抚孙用会提议照锡贡方物，为臣子者均当效忠；民瘼艰难，凡守土者尤宜审度。我皇上如天之仁，丕冒海隅，爱养元元，无所不至，臣等敢不仰体圣心？况前项屏石，岁不常取者乎？臣等奉命以来，夙夜兢兢，不遑宁处，催督该道有司等官，亲宿山场，仰尊（遵）式取进用。匠作耆民人等，俱称产石处所，先年采竭山洞坍塞，崖壁悬陡，三四尺者设法可获，其五六尺者体质高厚，势难采运。且道路距京万有余里，峻岭陡箐，石磴穿云，盘旋崎岖，百步九折，竖抬则石高而人低，横抬则路窄而石大，虽有良策，委无所施。今以大理产石，苍山抵滇省，仅十三程耳，尚不能运至，何由得达于京师？是以官民忧荒，计无所出。节经司道议拟，要将采获三尺四尺者先行进用，五尺者一面设法采取，六七尺者既十分难采，或量减尺寸，或准停免，以苏民艰，实出于军民迫切之至情，万非得已而敢冒罪上闻也。如皇上轸念万里遐荒夷徼民瘼，敕下该部再如（加）查议行，臣等钦遵施行，边方幸甚。（万历《云南通志》卷14第36页）

文石，出点苍山之北麓，白质黑章，腻若截肪，琢为屏障。其最佳者，苍素分明，山川远近，云树晦暖，若天生图画，不迳而走，四方好事者争购之。相传李德裕平泉庄醒酒石即此也，然膺作者亦复不少，其作人物、驴马以媚俗眼者，皆馋鼎耳。大内鼎建，不时采取，颇为民累。嘉靖辛酉，诏取四尺以上至七尺者五十，巡抚蒋宗鲁奏罢之。万历癸巳，诏取凤凰石百余，皆择石中有花草鸾鹤形者名之，然仅三四尺而止。闽邓原岳《点苍山石歌》："点苍山头日吐云，紫光白气长氤氲。却产奇石作屏障，终朝开采徒纷纷。频年贡入长安道,浓淡之间山色好。君王便作画图看,岂识闾阎刳肝脑。朝凿暮解苦不休,诏书昨下仍苛求。前运后运相结束,道傍叹息声啾啾。耳目之玩岂少此,十夫供役九夫死。从来尤物是祸胎,吁嗟乎,当初作俑者谁子?"(《滇略》卷3第235页)

（嘉靖）四十年,诏取点苍屏石五十方于大理,巡抚都御史蒋宗鲁奏罢之。(《滇略》卷7第276页)

明张佳胤《三石篇》:大滇以西三巨石,错殊荆榛对孤驿。文彩天开海岳图,面面晶光盈十尺。吁嗟此石生点苍,云谁置之古路傍?停车顾盼日将晏,仆夫语罢泣数行。往年天子新明堂,厥材万国争梯航。燕山之石白胜玉,何求此物劳要荒?守臣当日功名亟,檄书夜飞人屏息。程途初不计山溪,男妇征佣无汉僰。鞭石难寻渤海神,凿山谁是金牛力?那许终朝尺寸移,积尸道上纷如织。中兴令主尧舜资,一苇圣德超茅茨^{皇上曾有"一苇可居"之谕}。天门万里竟不知,几使黔南无孑遗。君不见,旅獒古训老臣策,蒟酱虽甘亦何益?三石谽谺风雨深,千载行人增叹惜。(天启《滇志》卷26第889页)

醒酒石,大理石屏,有山川云物之状,唐李赞皇以为醒酒石。近李贞伯《送人入滇》诗云:"相思莫遣石屏赠,留刻南中德政碑。"可谓德业相劝矣。(天启《滇志》卷33第1070页)

点苍山五台峰,怪石是产,巧出灵陶,文有云树人骑,是斫屏障。(《滇程记》)

己卯正月二十日,晨起,欲录寺中古碑,寒甚,留俟下山录,遂置行具寺中^{寺中地俱大理石所铺}。(《徐霞客游记·滇游日记六》第938页)

己卯三月十四日,观石于寺南石工家。何君与余各以百钱市一小方。何君所取者,有峰峦点缀之妙;余取其黑白明辨而已。因与何君遍游寺殿。是寺在第十峰之下,唐开元中建,名崇圣。寺前三塔鼎立,而中塔最高,形方,累十二层,故今名为三塔。……佛座后有巨石二方,嵌中楹间,各方七尺,厚寸许。北一方为远山阔水之势,其波流潆折,极变化之妙,有半舟疲尾烟汀间。南一方为高峰叠障之观,其氤氲浅深,各臻神化。此二石与清真寺碑跌枯梅,为苍石之最古者清真寺在南门内,二门有碑屏一座,其北跌有梅一株,倒撇垂跌间。石色黯淡,而枝痕飞白,虽无花而有笔意。新石之妙,莫如张顺宁所寄大空山楼间诸石,中有极其神妙更逾于旧者。故知造物之愈出愈奇,从此丹青一家,皆为俗笔,而画苑可废矣张石大径二尺,约五十块,块块皆奇,俱绝妙著色山水,危峰断壑,飞瀑随云,雪崖映水,层叠远近,笔笔灵异,云皆能活,水如有声,不特五色灿然而已。……十五日……过寺东石户村,止余环堵数十围,而人户俱流徙已尽,以取石之役,不堪其累也寺南北俱有石工数十家,今惟南户尚存。取石之处,由无为寺而上,乃点苍之第八峰也,凿去上层,乃得佳者。(《徐霞客游记·滇游日记八》第1017页)

点苍山,其下多文石,三塔寺后产者乃佳,余皆白石而已。(《滇游记》第4页)

点苍石出苍山麓,白质黑文,间有山水草木之状,好事者制为屏玩。(康熙《云南通志》卷12《大理府》第227页)

醒酒石滇大理石屏有山川云物之状,唐李德裕以为醒酒石。近李贞伯《送人人》诗云:"相思莫遗石屏赠,留刻南中德政碑。"可谓德业相劝矣。(康熙《云南通志》卷30第883页)

大理石,榆石,点苍山所出也。凿顽石,深入里余,竭民力而取之,以逼真入画者为佳,然佳者卒不概见也。康熙十二年,予尝入逆藩便坐,见一石屏,高六尺,宽四尺余,山水木石,与元人名笔无异,或曰此黔宁旧物云。嗟乎!此种怪物,原非寻常可遇,而士大夫必欲困民力以取之,小者既不可用,大者又不能佳,而痴重可厌,非人力可挽,奈何劳民伤财,以购此难得而无用之物欤!(《南中杂说》第42页)

楚石,大理苍山产白石,不知何故名楚石按亦作礎石。天生山水、树木、人物、鸟兽之形,淡墨色,间杂以微红、淡绿。视楚南紫色石中天生黄色山水人物者,雅俗迥别。然通身完善,不假些微补缀者,亦难得。(《滇南闻见录》卷下第29页)

楚石,出大理点苍山,解之为屏及桌面,有山水物象如画,宝贵闻于内地。高督为十品:层峦叠障、积雨初霁、群山杰立、雪意未晴、雪峰千仞、岩岫半微、水石云月、云山有迳、浅绛微黄、孤屿平湖,各系以诗,然其景不止此,或高公所得仅此耳。楚石似若可喜，及读张佳印《三石篇》，为祸地方，曷有极郁？尝于禄劝学宫，见所砌长石板，旭日初照，作柏叶纹，使匠作油发必大显。但其粗脆易剥，不如楚石白润坚致，故不中屏材耳。间有解木，中间亦作种种物象者，可知天地间何所不有。诸洞物象，皆成自天然，而窑变大士，蛤藏佛象，其小焉者也。（《滇海虞衡志》第47页）

点苍石，《珍玩考》：大理府点苍石，点苍山出。其石白质黑文，有山水草木状，人多琢以为屏。《一统志》：出点苍山。唐李德裕平泉庄醒酒石，即此产也。刘崑《南中杂说》：榆石，点苍山所出也。凿顽石，深入里余，竭民力而取之，以逼真入画者为佳，然佳者卒不概见也。康熙十二年，予常入逆藩，便坐见一石，屏高六尺，宽四尺余，山水木石，与元人笔墨无异。或曰此黔宁旧物云。陈鼎《滇黔纪游》：苍山下多文石，三塔寺后产者乃佳，余皆白石而已。檀萃《滇海虞衡志》：解为屏及棹面，有山水物象。高督为十品：层峦叠嶂、积雨初霁、群山杰立、雪意未晴、雪峰千仞、岩岫半微、水石云月、云山有径、浅绛微黄、孤屿平湖。各系以诗，然景不止此。读张佳印诗，为祸地方，曷有极耶？（道光《云南通志稿》卷69《大理府》第11页）

大理石，今人言石之有文者辄曰大理石，沿滇石之名也，东西各国同。此滇物之通行全球者。（《滇绎》卷4第740页）

大理石，又名礎石，出点苍山，其佳者有彩色、淡墨山水二种，天然成画，须良工能知画意，选其纹理而后加以琢磨。余在下关年余，尝往拣择，仅得一块，横二尺零，高一尺七八，著色写意山水，有白云红树之胜，白底纯洁，以为希世之宝。旋省，方伯裕祥闻而借阅，余即题七绝一首赠之。陈伯屏方伯丁忧，去滇时，属为物色，旋转托大理府幕张子和代为选购，经年，得十六块，用马四匹驮运至省，迭次托人寄湘，无肯承认。适魏午帅调督两江，去滇，即以为赠。拟另为陈代购，以奔走南防，未遑及此。及二次历滇，贩运至省者多，余选得方圆小幅淡墨山水八块，以木框装作四条。回家后，穆儿悬挂上房，七年春，被匪骚扰，遂遭破坏，亦尤物也。（《幻影谈》卷下第137页）

飞石

飞石，出永昌。《南园漫录》云："霁虹桥废后，舟渡危险，又畏岩上飞石下击，为上有猿鹿野兽，抛踏而下。近有一商，改道宿其上，见将晓，石自江中飞上于雾中甚多，不由兽类。"据此，则石自有飞而上下者。凡神物所蟠处，多有此异。恶人来犯，往往飞石击之。川江有数处，舟过无声，不即石下击船，以为猿猴，《水经注》亦云。乃今思之，皆神物之为也。（《滇海虞衡志》第48页）

飞石，檀萃《滇海虞衡志》：出永昌。《南园漫录》云：霁虹桥废后，舟渡危险，又畏岩上飞石下击，为上有猿鹿野兽，抛踏而下。近有一商，改道宿其上，见将晓，石自江中飞上于雾中甚多，不由兽类。据此，则石自有飞而上下者。凡神物所蟠处，多有此异。恶人来犯，往往飞石击之。（道光《云南通志稿》卷70《永昌府》第17页）

花石

花石，旧《云南通志》：出通海。（道光《云南通志稿》卷69《临安府》第19页）

火山石

己卯四月二十一日……山顶之石，色赭赤而质轻浮，状如蜂房，为浮沫结成者，虽大至合抱，而两指可携，然其质仍坚，真劫灰之余也。（《徐霞客游记·滇游日记九》第1070页）

《集鹰山石考》：集鹰山，又名打鹰山，在腾越城西二十里。山石轻浮，状如峰巢，大至合抱，而二指可撮。此山崩火出，石被烹炼成此形也。考《明史·五行志》：万历五年七月辛巳，腾越地大震。初历廿余次,次日复震,山崩水溢,坏庙庑仓舍千余间,民居圮者十之七,压死军民甚众。徐霞客游打鹰山慈云寺,为崇祯十二年四月二十一日。《游记》据土人言,三十年前其上皆大木巨树,蒙蔽无隙,中有龙潭四,深莫能测,足声至则波涌而起,人莫敢近。后有牧羊者至,一雷而震毙羊五六百,牧者数人。连日夜火,大树深篁,燎无孑遗,而潭亦成陆。今山下有出水之穴,俱从山根分逗。云云。所言不无神怪,然述火山崩爆之状固历历在目。夫既属三十年前事,则集鹰之崩震必为万历五年无疑。省、府、州、厅《志》皆失载,特为考记之如此。(光绪二十五年己亥八月)(光绪二十五年己亥八月)(《永昌府文征·文录》卷30《民十二》第3069页)

焦石

焦石,《琅盐井志》:树枝木叶浸渍水中,久而坚秀可玩。(道光《云南通志稿》卷69《楚雄府》第25页)

空青

空青,今名大青、曾青,滇中以为颜料。贡大青,出姚安。(《滇海虞衡志》第64页)

空青,檀萃《滇海虞衡志》:今名大青、曾青,滇中以为颜料。贡大青,出姚安。(道光《云南通志稿》卷69《楚雄府》第24页)

《蜀都赋》刘渊林注:牂牁有白曹山,出丹青、曾青、空青也。《本草经》云,皆出越嶲郡。(《滇绎》卷1第670页)

砺石

砺石 出金沙江边,巡按刘维有记。(楚雄旧志全书"武定卷"康熙《武定府志》

卷2第83页）

刘维《砺石图书记》：黑水之支流曰金沙江，产美石，其名曰砺石。粗曰砺，细曰砥，砥柔砺刚。又，砥砺通砺，兼粗细，而石可用磨也。盖其为物，色如新墨，莹然坚腻，以之试金，能辨好恶，《书》所谓"若金用，汝作砺"者也。贾人贩金必佩之，凡贸迁之徒得之，而后免于市欺，以此为世所珍。然体重难携，江路险远，聚而货之者绝少，缙绅先生未有以之为图书文具之用也。辛巳春，奏事者还自都，以吴门人所集印薮送览，考其文，自秦汉以下以及近代，其印若玉，若铜，若宝石、玛瑙皆有，惟独无砺。今时士大夫所用，多以牙、角、铜、银，砺尤未之见，岂以其重且远，莫可易致，遂未有制而用之者欤？余来滇，驻节武定最久，武定之邑曰元谋，去金沙江颇近，属其尹胡允平，命土人采之，得一百六十余枚，大者如掌，小者如指如饼，硁硁珂爱，命工部而镌之，古雅无尚，宛然玉质，他物所刻者不能及。藩伯陶晴宇，庄阳山、宪长魏瀛江，宪副马具泉、胡襟寰、辛静山、郑一齐，佥宪胡公泉，参戎马石材，都阃江金城、赵心葵、杨顺亭时来顾，出而观之，敬各献数枚，诸公信，皆刻之。则文房有砺，玩自九泽刘子为献如也。昔齐安小几得怪石，东坡先生以饼易之，盛以铜盆，注以清水，寄以供佛印。后再得之，为参寥子供，因作供文二篇，世传之为奇事。余之以此献诸公，疑有类于怪石供，未可知也。夫佛印，方外士也，坡公此供，其意亦游于方之外，诸公一时名贤，奉天子命，计安万里之滇，而余幸联事末，以此为献，殆有侈于怪石之者矣？虽然，世之语诸贵者曰玉与金，玉为石之冠冕，君子将以此比德，贵之固宜。金者，生民日用之不可无，顾好之令人行妨，积之令人丛怨，天下之当远者，莫金若也。彼砺者，固可拟玉，自金以下，不得与之论贵贱。乃日为贾人市子腰悬袖带，甄别其真伪浓淡之金，砺之为用，亦云小矣。岂若刻为图书，贮之美笥，蘸之朱塞，加之文采云锦之笺，方其闲而无事也。与古书名画、华香佳砚、玄德君、楮先生、管城子辈优游，共适于静室精舍、明窗洁几之间，藏识见于不试，永为清品者之为得哉！而吾辈爱之，得其意推之，以砥砺名节，琢磨身心。砺之贞玄，纯粹可宝可爱，而妨行丛怨之物，不使加乎其身，其受益于砺也，又多

且大，而未易以言语名状者矣。（楚雄旧志全书“武定卷”康熙《武定府志》卷4第200页）

石之属：砺石，出金沙江。（楚雄旧志全书“元谋卷”康熙《元谋县志》卷2第59页）

砺石，旧《云南通志》：出金沙江。檀萃《农部琐录》：色如新墨，莹然坚腻，以之试金，能辨好恶，贾人贩金必佩之。万历间，江陵刘维使滇，按部至武定，采得百六十余枚，大者如掌，小者如指如饼，硁硁可爱，镌为图章，古雅无尚，宛然玉质，以贻同官，而为之记刘维《砺石图书记》：黑水之支流曰金沙江，产美石，其名曰砺石。粗曰砺，细曰砥，砥柔砺刚。又，砥砺通砺，兼粗细，而石可用磨也。盖其为物，色如新墨，莹肰坚腻，以之试金，能辨好恶。《书》所谓“若金用，汝作砺”者也。贾人贩金必佩之，凡贸迁之徒得之，而后免于市欺，以此为世所珍。肰体重难携，江路险远，聚而货之者绝少，缙绅先生未有以之为图书文具之用也。辛巳春，奏事者还自都，以吴门人所集印数送览，考其文，自秦汉以下以及近代，其印若玉，若银，若铜，若宝石、玛瑙皆有，惟独无砺。今时士大夫所用，多以牙、角、铜、银，砺尤未之见，岂以其重且远，莫可易致，遂未有制而用之者欤？余来滇，驻节武定最久，武定之邑曰元谋，去金沙江颇近，属其尹胡允平，命土人采之，得一百六十余枚，大者如掌，小者如指如饼，硁硁可爱，命工剖而镌之，古雅无尚，宛肰玉质，他物所刻者不能及。藩伯陶晴宇，庄阳山、宪长魏瀛江，宪副马具泉、胡襟寰、辛静山、郑一斋，佥宪胡公泉，参戎马石材，都阃江金城、赵心葵、杨顺亭时来过，出而观之，敬各献数枚，诸公信，皆刻之。则文房有砺，玩自九泽刘子为献始也。昔齐安小儿得怪石，东坡先生以饼易之，盛以铜盆，注以清水，寄以供佛印。后再得之，为参寥子供，因作供文二篇，世传之为奇事。余之以此献诸公，疑有类于怪石供，未可知也。夫佛印，方□□□，坡公此供，其意亦游于方之外，诸公一时名贤，奉天子命，计安万里之滇，而余幸联事末，以此为献，殆有侈于怪石之供者矣。虽然，世之语贵者曰玉与金，玉为石之冠冕，君子将以此比德，贵之固宜。金者，生民日用之不可无，顾好之令人妨行，积之令人丛怨，天下之当远者，莫金若也。彼砺者，固可拟玉，自金以下，不得与之论贵贱。近日为贾人市子腰悬袖带，甄别其真伪浓淡之金，砺之为用，亦云小矣。岂若刻为图书，贮之美笥，蘸之朱塞，加之文綵云锦之笺，方其闲而无事也。与古书名画、华香佳砚、元德君、楮先生、管城子辈优游，共适于静室精舍、明窗洁几之间，藏识见于不试，永为清品者之为得哉！而吾辈爱之，得其意推之，以砥砺名节，琢磨身心。如砺之贞廉，纯粹可宝可爱，而妨行丛怨之物，不使加乎其身，其受益于砺也，又多且大，而未易以言语名状者矣。（道光《云南通志稿》卷70《武定直隶州》第48页）

临安石

临安石质，亦有佳者，色灰白，中含黑影，多成梅树、竹枝形，坚润细腻而有光。府城文庙成于国初矿盛财赋丰盈之日，规模宏阔，工料精致，甲于各省。正殿屏门下，坊长四五丈，厚尺余，即此石,无丝毫裂痕,俨如磨光漆成,乍见不知其为石也。殿中一香案,长一丈,阔五尺,四象足,是此石琢成。阶前两石柱,雕空盘龙。(《幻影谈》卷下第 138 页)

龙脑石

龙脑石,《一统志》:出狮子山,有花纹,质微脆。《武定府志》:狮山石可作图章器皿,但不坚润。(道光《云南通志稿》卷 70《武定直隶州》第 49 页)

芦甘石、土青

临安府宁州,……东有水角甸山,产芦甘石。(《明史·地理志》卷 46 第 1176 页)

临安府宁州,……木角甸山,在州东百三十里,地名備乐村。产芦甘石。旧封闭,嘉靖中开局铸钱,取以入铜,自是复启。(《读史方舆纪要》卷 115 第 5100 页)

芦甘石、土青^{按《通志》本州物产,首载此二种,今无芦甘石。}(康熙《新兴州志》卷 5 第 30 页)

芦甘石、土青,《澄江府志》:《通志》新兴州物产,首载此二种。芦甘石,今无。(道光《云南通志稿》卷 69《澄江府》第 27 页)

墨石

墨者胜徽墨。^{通海县出,高}(正德《云南志》卷 4《临安府》第 208 页)

苏易简曰:鸡足山古松心烧烟为墨最佳。今大理土人取松烟、胶,和入丹砂,杂以脑麝、硫黄为之,虽不及歙墨之良,较之他处稍胜。然歙墨用油烟,非古法也。曹子建诗云:"墨出青松烟。"《仇池笔记》:真松煤造烟,自有龙麝气。则滇犹有古之遗法耶?但持以作字,一点如漆,不能不逊新安耳。(《滇略》卷3第236页)

墨,苏易简《墨谱》:鸡足山古松心烧烟为墨最佳。旧《云南通志》:出太和。《大理府志》:榆墨通行^{杨慎《烟丸歌》:鸡足烟丸古松心,龙眠惜之如惜金。元霜逼分玉兔窟,}碧髓近挺青蛉岑。茅犀截角光自照,柏麝却脐香太侵。鸿崖归人故多幻,鹤驭明朝那可寻。莫辞为我浣霞襟。(道光《云南通志稿》卷69《大理府》第11页)

墨石^{乾隆年间,出段家营山,最受雕琢,光华}如漆,照见人物,至今犹采作碑碣器具。(光绪《呈贡县志》卷5第2页)

南甸河石

南甸河石,《腾越州志》:其质软而润。(道光《云南通志稿》卷70《永昌府》第17页)

青石

青石、石碌^{定远县}出。(正德《云南志》卷5《楚雄府》第245页)

青崖山^{在州治东十五里,产}青石,如列翠屏。(万历《云南通志》卷3《鹤庆府》

花马石、青石,旧《云南通志》:俱出丽江。(道光《云南通志稿》卷69《丽江府》第42页)

青石、紫石,《永昌府志》:二石各山中皆有,可为碑碣。(道光《云南通志稿》卷70《永昌府》第17页)

青石、紫石^{二石各山中皆}有,可为碑碣。(光绪《永昌府志》卷22第5页)

石硫磺

天生黄，产于邓川州山石问，疑即方书所云石硫黄也。制而食之，不过数厘，可以助气壮筋骨，然性极燥烈，服之令人发躁伤胃，乃金石之药，非可轻易尝试也。（《滇南闻见录》卷下第37页）

石硫磺，滇中各处出，而惟浪穹之天生黄，其值比金。（《滇海虞衡志》第44页）

石硫磺，檀萃《滇海虞衡志》：石硫磺，滇中各出，惟浪穹之天生黄，其价比金。（道光《云南通志稿》卷69《大理府》第15页）

天生黄，出治东九气台，平地起石岩，石空如蟹壳，上建真武阁。岩下出温泉，有热气九股上蒸，凝结为磺，最异者四面冷水，温泉独沸其中，此乃阴中之阳，故性不燥烈，气味甘温无毒。其色黄间白，亦有凝如燕窝蜂片、牛角丝者，种类各殊，尚补命门真火，并且治脾胃虚寒、胸腹胀满、久患寒泄、阴痿精乏、腰膝冷痹、中风喘嗽，以及妇人子宫虚冷、绝孕十年无子等症，久服轻身不老，乃天生之宝，为世所重，可证者九气台居民，向无不产之妇。檀萃《滇滇虞衡志》：天生磺，浪穹出，其价比金。邑人赵时俊《天生磺记》（略）……。（光绪《浪穹县志略》卷2第17页）

天生硫，磺出浪穹，有温泉流经县署前，而磺即结于石板下，岁岁取之，所收无几。惟作伪者，预以他物散于泉流石缝，经年扫取，亦称天生黄。（《幻影谈》卷下第137页）

明金磺 出宝乡大湾箐一带，系肥料之一种。土人用以粪田，可除水湿。（民国《路南县志》卷1第48页）

石青、石绿

石绿^{禄丰、罗次}二县出。（正德《云南志》卷2《云南府》第122页）

青绿矿^{出太和县海足山巅，}^{其穴深七尺余。}（正德《云南志》卷3《大理府》第168页）

熠硝、石绿门。^{俱出易}（康熙《云南通志》卷12《云南府》第226页）

石青^{出宁州、阿迷、}^{嶍峨、新平。}（康熙《云南通志》卷12《临安府》第226页）

寨子山等厂石绿矿课，白龙厂石青矿课。（雍正《云南通志》卷11）

铜绿，即绿矿也。以煎铜不及锡镴，琢为器皿，值兼金。靡之为颜料，名之曰大绿，亦贵，物在得所用耳。出罗次、武定、禄丰诸厂。（《滇海虞衡志》第44页）

石青、石绿俱出定远。白龙、寨子有石绿、石青课。（《滇海虞衡志》第64页）

铜绿，檀萃《滇海虞衡志》：即绿矿也，以煎铜不及锡镴，琢为器皿，值兼金，靡之为颜料，名之曰大绿，亦贵物，出罗次、武定、禄丰诸厂。（道光《云南通志稿》卷69《云南府》第2页）

石绿，旧《云南通志》：出易门，有无不时。（道光《云南通志稿》卷69《云南府》第3页）

石青，旧《云南通志》：出宁州、阿迷、嶍峨^{杜绾《云林石谱》：石青，惟}滇中者佳，货石青者有天青、大青、西夷、回回青、佛头青，而回回青尤贵。（道光《云南通志稿》卷69《临安府》第19页）

石青、石绿，章潢《图书编》：出定远。檀萃《滇海虞衡志》：俱出定远，有课。（道光《云南通志稿》卷69《楚雄府》第25页）

石绿，《一统志》：土名铜绿，出罗平、沾益二州。（道光《云南通志稿》卷69《曲靖府》38页）

石青，《一统志》：出普洱。旧《云南通志》：出白龙厂。（道

光《云南通志稿》卷70《普洱府》第3页)

《广志》：遂久县缥碧石有青绿。《南中志》注，李调元校本。（《滇绎》卷2第676页）

石燕、石蟹

石燕^{出夸兴山土中，天将}雨，辄闻飞羽声。（楚雄旧志全书"武定卷"康熙《武定府志》卷2第83页）

石燕、石蟹，到处有之，可涂疮。马龙州出石燕，有文。大曰雄，小曰雌。绿券部亦然。土人言天将雨，燕随风起舞满天，风止落地，仍为石。（《滇海虞衡志》第45页）

石燕，檀萃《农部琐录》：出跨兴山土中，宛然燕也，将雨，辄闻飞羽声。磨而傅注之，可已毒烧，而喷以苦酒能走趋，盖亦石豭之流也。（道光《云南通志稿》卷70《武定直隶州》第49页）

图章石

图章石，出金沙江及狮山。（《滇海虞衡志》第46页）

五色花石

五色花石^{弥雄山出，状如玛}瑙，可作器皿。（正德《云南志》卷2《云南府》第122页）

五色花石^{出嵩明弥雄山，大如豆，五色错杂，取渍}盆中作玩。旧《志》云可为器皿，误矣。（康熙《云南通志》卷12《云南府》第226页）

五色花石，旧《云南通志》：出嵩明弥雄山，大如豆，五色错杂，取渍盆中作玩。旧《志》云可为器皿，误。（道光《云南通志

稿》卷 69《云南府》第 3 页）

响石

响石出。^{楚雄县}（正德《云南志》卷 5《楚雄府》第 245 页）

楚雄府,响石出文殊山,声清越,可为磬。（雍正《云南通志》卷 27）

响石,出楚雄。（《滇海虞衡志》第 64 页）

响石,章潢《图书编》:响石,出楚雄。旧《云南通志》:出文殊山,声清越,可为磬。檀萃《滇海虞衡志》:出楚雄白龙寨。《大姚县志》:旧志载响石,竟属乌有。（道光《云南通志稿》卷 69《楚雄府》第 24 页）

象塘石

象塘石,《腾越州志》:一名芙蓉石,出古勇关外。（道光《云南通志稿》卷 70《永昌府》第 17 页）

砚石

砚山,在城南三十里,尖峰插天,产文石,可作砚。（雍正《云南通志》卷 3）

曲靖军民府负金山,在府南一十五里,山皆青黑石,可琢为砚。又有石穴,状若马蹄,水深尺余,谓为砚池。郡中童子初学书,必投贝其中,然后汲以研墨。（《肇域志》册 4 第 2367 页）

杨慎《酬左三鹤铜雀砚之赠》（五律）:凤凹元玉汁,龟凸紫琳腴。铭存建安字,工掩未央模。飞盖怜琼藻,分香记锦麻。怀人更怀古,燕寝隔龙圩。（乾隆《续修蒙化直隶厅志》卷 6 第 7

页）

清检讨何朗州人《紫石砚赋并序》释名云砚者，研也，研墨使和濡也。盖自书契以来，於是乎有砚。砚之明德远矣，铜雀台毁则有瓦砚，桑维翰磨穿则有铁砚。砚之用寖广矣，而石砚为最著。隋唐以前，岭表羁附端、歙之石，未攻为砚，砚材取之中土，故当时砚评，以青州石为第一，绛州者次之。唐宋以还，端、歙二溪之石盛行，端州晚出，品目尤重。自端、歙石出，而青、绛二砚徒存古器，不见宝于文房矣。端石，产粤东高要，北岩为上，石屋次之，西坑又次之，后磨差劣，北岩以有鸲目者为贵，而眼又有死活之别；歙石，产新安龙尾溪罗纹者最重，眉子者次之，刷丝者又次之。近日，沅溪亦产石砚，材取之江中，温润可爱，但滑腻而不发墨，若齐齿端、歙，何不揣本而齐末也。滇石屏有紫石砚，色紫而润，似马肝也，产于山巅，类北岩也，刨取深坑，仿西坑也，而又体具四德：虽寒不冰，火之精也；呵而致润，水之德也；色似马肝，仁之和也；润而发墨，义之制也。四德既备，方将度端越歙，岂仅夸青凌绛而已哉？猗钟山之突兀兮，势嶆崪而挺特。表巨镇於南荒兮，振地维於坤极。韫玉石之赤縹兮，耀至美于文德。裁至宝於文房兮，信雕镂而中则。或规圆而矩方兮，悉因材而赋质。缘策勋於吟坛兮，始俾侯於即墨。尝淋漓於麝煤兮，岂点�之能黑。虽日黔而不缁兮，识坚贞之定力。偶拂拭而愈鲜兮，光晶莹而益艳。暂研丹而调黄兮，非所尚之常色。彼置涸与排藩兮，岂陈设之恒域。尔乃温润天产，端凝性成，堪比德於圭璧，岂齐语夫硁硁。象文澜之蹴起兮，中心均以不平。彷顺理而成章兮，四隅妥而难倾。若夫刚能落烟，滑不留颖，研蕙露兮漆光，染剡藤兮髹影。龙香馥馥，识竟体之皆芳；蟾滴涓涓，讶当心之毕冷。服田力穑，勤笔畊於文园；碧潭观鱼，用汲古於修绠。及至简牍杂还，兔管棼陈，磨麝螺兮转转，匙犀液兮频频，初□露兮泥泥，渐墨浪兮鳞鳞。智永掬腮而起舞，张颠脱帽而露巾。手书空以瞪目，指齿肚以蹙颦。濡翰墨兮滴沥，识肝胆兮输困，摇笔如飞纸上之烟云，舒卷拨墨，疑雨行间之蛇蚓屈伸。仿兔起而鹘落，宛龙见而云屯。彼畸香与赚馥，犹横扫夫千人。更有骚人琢句，文士抽思，未曾展素，先尔研缁，把半笏而平摇，俨余怀之杼轴，着双指而圆转，似我意之敲推。腹稿未终，储数升之浓瀋；心裁甫就，染千缕之银丝。追章琢句，好语虽凭毛颖写；惨澹经营，苦心惟有石生知。及乎花飞六出，学富三冬，毫虽呵而仍冻，笔如铁而懒慵，映雪而寒光瑟缩，挑灯而冷焰频冲。磨礲玉带之生，温温良璧；切劘虚中之子，霭霭春松。盖秉离明之正气，而火德所独钟。迨乎日烈吟窗，暑生净几，无雨而烟润琴书，得风而凉生衣履。中书既焦秃之君,蔡伦乏韦剑之纸。砚因呵以致润,渗湿浸浸;天将雨而先潮,流汗泚泚。虽因人而成能,实先天而同轨。却嫌箦火因膏油以自煎,翻笑方诸映月光而缳水。为禀习坎之精,而赋天一之美也,而且鄙俗眼之鸺目,眄不留青。象仁德於马肝,色惟生紫,琉璃作匣,映萧后之赤心,玟瑁为床,覆鄂君之丹被。吟余三百,彤管传静女之诗;注罢五千,紫气来函关之李。质缘润而见珍,色因和而可喜,别有廉隅隐起,棱角威然,不学摩床之智,岂效转丸之便。体劲如金固,靡刚而不克;心平似砥纵,日研而难穿。此固义裁之制,而秋肃之端也。百长备举,四德俱扬。允流辉於简册,长见珍於文房。端石方之而黯黯,歙溪对之而茫茫。与管城而并重,偕罗文而齐芳。楮素欣沾余润好,汗青端偕墨花香。(乾隆《石屏州志》卷6第79页)

砚材石,出石屏州。石屏之砚,遍于滇塾。(原注:剑川岩厂石亦可为砚,胜于石屏。)(《滇海虞衡志》第46页)

龚树筠《咏砚》:摩挲鸡眼细推寻,石剥微凹聚墨深。抚弄流连长太息,消磨多少古人心。(昭通旧志汇编本五《大关县志》卷16第1564页)

钟乳石

钟乳,石之津液。前所志诸洞之奇,皆其凝结而成者,色白如乳,故云。(《滇海虞衡志》第44页)

紫石

紫石_{石屏州出}可为砚,俱(正德《云南志》卷4《临安府》第209页)

汤乾山_{在府城北三十里,产紫石。}(万历《云南通志》卷3《鹤庆府》第34页)

临安府石屏州,……乾阳山,……菜玉山,在州东十五里,产石似玉。又州南二十五里,有钟秀山,产紫石,可为砚。山高三百余丈,绵亘百余里。其西北又有宝山,产石如圆珠。(《读史方舆纪要》卷 115 第 5096 页)

紫石,《一统志》:出石屏,可作砚。(道光《云南通志稿》卷 69《临安府》第 19 页)

矿物:紫石 药名,赤石脂,出富乡鹅毛村北山谷中。掘地尺许即得之,为层块,长方状,大如拳,色紫红。前人用以代硃,历久如新。冒水硐附近亦产,然不如该村之广而佳。(民国《路南县志》卷 1 第 47 页)

二十五、物货之属

综述

大堡河……溉田甚多，通滇池，居民以小舟载薪人滇，抵府城贩卖。（景泰《云南图经志书》卷1《晋宁州》第47页）

毛褐、毡、茶出阳宗县。（正德《云南志》卷6《澄江府》第277页）

毡、茶、蜡、麻布俱产府境。（正德《云南志》卷7《广西府》第339页）

盐、铁、麝香、琥珀。（正德《云南志》卷11《丽江府》第475页）

乌木、苏木、紫檀、黄薑、槟榔、椤檖花、莎罗布、井口布。（正德《云南志》卷11《元江府》第488页）

物货之属十五：纸毂皮为之，出城西大小二纸房，其洗壳用药师井水者颇细腻，谓之清抄，久藏不蠹。其有用米粉抄者易漫漶腐蠹，官中薄籍，尤非所宜，乃奏本纸亦用之，取其鲜白，而知字画脱落反以取罪、墨用松烟胶，和入丹砂脑麝藤黄者佳，盖古者唯以松烟为墨，曹植诗云：墨出青松烟。仇池笔记：真松煤远烟，自有龙麝气，近世重徽墨，率用油烟，非古法也。又苏易简云：鸡足山古松心，烧烟为墨最佳、笔诸郡皆取给于此大理造者胜，故永昌、红布用红花青染、乌绫包首煮以橡栗，与髪同色，故妇饰贵之、雕漆器古造精致，今不逮、赤藤出缅甸，有元徽之诗：友亲过浐别，车马到江回，唯有红藤杖，相随万里来。韩愈《和虞部卢汀酬翰林钱徽赤藤杖歌》：赤藤为杖世(未)窥，台郎始携自滇池，滇王扫宫避使者，跪进再拜语嘔咿。绳桥拄过兔倾堕，性命造次蒙扶持。途经百国皆莫识，君臣聚观逐庭麾。共传滇神出水献，赤龙拔须血淋漓。又云羲和操火鞭，暝到西极睡所遗。几重包裹自题署，不以珍怪夸荒夷。归来奉赠同舍子，浮光照手欲把凝。空堂昼眠倚牖户，飞电著壁搜蛟螭。南宫清深禁闼密，唱和有类吹埙箎。妍辞丽句不可继，见寄聊且慰分司。又裴夷直《南诏朱藤杖》诗：六节南藤色似朱，拄行阶砌胜人扶。会须将人深山去，倚看云泉作老夫、皂、麂皮鞾、臕脂〔大理造得法〕、铅粉〔出云南县者最佳〕、席〔其草出赵州东晋湖〕、毡〔细柔者宜雨行山宿，元年（平）显诗：卷雾远来天万里，压风高卧日三竿〕、贝〔出南海，甲虫也。贸易用贝而不用钱，俗以小贝四枚为一手，四手为一缗，五缗为一弄，与银同用，视银尤为简便〕、矿〔各属皆有，太和独无。中硐，青矿硐，豪猪硐，梅子箐硐，井硐，十一硐，阿井五山头中硐，磨刀石硐，青碌矿硐，白石硐，以上出邓川州；白塔场硐，出宾川州；梁五山细花硐，出云南县；核桃园硐，出越州〕、点苍石〔出苍山，语见山川下。〕

扬士云曰：按省郡旧志，皆洪武末年所修，不载点苍石，景泰丙（甲）戌修一统志始载之。夫《禹贡》所载，惟服食器用，而耳目之役不与焉。梁州璆铁银镂磬，雍州球琳琅玕，咸器用也；点苍山细玩尔，工匠之伐凿终岁，血指人力之传送，何曰息肩，君子不以养人者害人，况非养人者乎？不作无益害有益，功乃成；不贵异物贱用物，民乃足。巡按陈公察议封闭，民亦有利哉！按《河图括地象》、《太平寰宇记》皆谓：南中，蜀之苑囿。则物产之饶，著自古昔。陆贾《南中行纪》、唐蒙《博物记》、嵇含《南方草木状》载记既侈，然犹不免互为有无。盖人据所见，不无疏漏，段成式作广动植，乃谓朱提以南无鸠鹊，盖其诬矣。郡属水土利宜大都相类，惟太和物华差蕃，云龙止产董棕一物，缙绅大夫制以为带，称美丽云。（嘉靖《大理府志》卷2第78页）

物货之属十三：火麻、纻麻、绵布、麻布、绵绸、土锦、乌绫、草席、乳片、蜂蜜、锡蜡、砂糖、铜铁。（万历《云南通志》卷2《云南府》第14页）

货物之属十三：纸、墨、笔、席、毡、矿、红布、胭脂、铅粉、雕漆器、乌绫帕、麂皮靴、点苍石〔给舍杨士云曰：按省、郡旧《志》，皆洪武末年所修，不载点苍石。景泰丙戌，修《一统志》始载之。夫《禹贡》所载，惟服食器用，而耳目之役不与焉。梁州璆、铁、银、镂、咨、磬，雍州球琳、琅玕，咸器用也。点苍石，细玩尔，工匠之伐凿，终岁血指，人力之传送，何曰息肩？君子不以养人者害人，况非养人者乎？不作无益害有益，功乃成；不贵异物贱用物，民乃足。巡按陈公察议请封闭，民亦有利焉。〕（万历《云南通志》卷2《大理府》第33页）

物货之属二十八：磁器、蓝靛、黄蜡、白蜡、苏木、纸、麂皮、毡、衫、象眼布、莎罗布、青布、白布、瓦草、紫石、土砵、青丝、石青、胆矾、炉甘石、白土、青土、土馒头、土饼、墨、火麻、攀枝花、绵花。（万历《云南通志》卷2《临安府》第55页）

货之属十四：靛、纸、蜡、胶、青布、桐花布、绵绸、竹布、紫梗、麂皮、料棋、料丝灯、伯夷纱、缥甀布。（万历《云南通志》卷2

《永昌府》第67页）

　　货之属九：毡、麝香、火麻、百夷锦、洗塔、铜器、鹅毛褥、攀枝花、绵布。（万历《云南通志》卷3《楚雄府》第8页）

　　货之属八：铁、毡、蜜、蜡、酥油、乳线、麂皮、狐皮。（万历《云南通志》卷3《曲靖府》第15页）

　　食货之属十二：茶、蜜、酥油、乳线、纸、蜡、布、毡、斜纹、毛袷、蒲席、火麻。（万历《云南通志》卷3《澄江府》第23页）

　　物货之属十三：铁、石黄、石青、纸、靛、皮、蜜、绵花、布、构皮、竹麻、丝、油。（万历《云南通志》卷3《蒙化府》第28页）

　　物货之属十八：井口布、火麻、布、黄蜡、蜜、麻、椒、青油、毡条、袜、衫、帽、蒲剑、刀、马蹄盐、弹子盐、铅、银矿。（万历《云南通志》卷3《鹤庆府》第37页）

　　物货之属十六：金、麝香、盐、木槵子、降香、花椒、大青、黄蜡、蜂蜜、牛皮、麂皮、翠皮、木罗布、狐狸皮、貂鼠皮、麻布。（万历《云南通志》卷3《姚安府》第46页）

　　货之属三：毡、茶、麻布。（万历《云南通志》卷3《广西府》第52页）

　　货之属四：绵布、火麻、纻麻、土蚕茧。（万历《云南通志》卷4《寻甸府》第4页）

　　货之属六：毡、铁、盐、蜡、麝、铅。（万历《云南通志》卷4《武定府》第9页）

　　货之属十：贝、靛、纸、构皮、绵花、红曲、茶、梭罗布、羊肚被、牙刀。（万历《云南通志》卷4《景东府》第12页）

　　货之属七：盐、槟榔、椤欓花、攀枝花、土锦、莎萝布、井口布。（万历《云南通志》卷4《元江府》第15页）

　　货之属三：盐、土紬、羊毛毡。（万历《云南通志》卷4《丽江府》第19页）

　　货之属二：黄蜡、麻布。（万历《云南通志》卷4《广南府》第21页）

　　物货之属六：鹅毛被、绵花、锦、纸、靛、黄蜡。（万历《云南通志》卷4《顺宁州》第24页）

食货之属四：盐梅膏、苦酒、曲、麻布。（万历《云南通志》卷4《永宁府》第28页）

食货之属二：莎罗皮、土盐。（万历《云南通志》卷4《镇沅府》第30页）

金货之属十四：铜、铁、丝、蜡、麻、土锦、土紬、毛带、紫榆、筋花绢、麝香、降真香、柏香、樟木香。（万历《云南通志》卷4《北胜州》第33页）

货之属四：沙罗布、绵花、土布、羊肚被。（万历《云南通志》卷4《新化州》第35页）

物货之属五①：绵花、羊肚被、莎罗布。（万历《云南通志》卷4《者乐甸长官司》第37页）

物货有火麻、纻麻、绵布、绵紬、乌帕、草席、蜂蜜、蜡、饧糖。（天启《滇志》卷3《云南府》第113页）

物货有纸、笔、墨、扇、席产赵州者佳可与苏席埒。又有感通之茗、邓川之毡及洱海之红布、胭脂、铅粉、雕漆器物、麂皮袜。若夫点苍石，白质而玄文，日月、云林、山川、鸟兽之形，善画者不能图，疑若地下有匠心者为之。给舍杨士云曰："按省郡旧《志》，皆洪武末年所修，不载点苍石，景泰丙戌修《一统志》，始载之。夫《禹贡》所载，惟服食器用，而耳目之役不与焉。梁州璆、铁、银、镂、砮、磬，雍州球琳、琅玕，咸器用也。点苍石，细玩耳，工匠之伐凿终岁，血脂人力之传送，何日息肩？君子不以养人者害人，况非养人者乎！不作无益害有益，功乃成；不贵异物贱用物，民乃定。巡按陈公察识请封闭，民亦有利哉！"（天启《滇志》卷3《大理府》第114页）

物货有苏木、瓦器、黄白蜡、靛、纸、纹布、莎罗布、乌帕、紫石、土硃、青碌、胆矾、炉甘石、绵花五色。又有攀枝花即木棉，似绵而柔，更奇温、紫梗可为口脂。（天启《滇志》卷3《临安府》第115页）

物货中为靛、纸、胶、蜡、桐花布、竹布、紫梗、料棋、料丝灯

---

① 五　　按文意为三。

、伯夷纱、缥氍、象柄、书刀、牙章、竹麻、红藤之外,皆常有者。(天启《滇志》卷3《永昌府》第116页)

货之属,毡、麝香、火麻、百夷锦、洗塔、铜器、鹅毛褥、攀枝花、绵布。又有白碱,产定边县,用为浴药,泽肌肤。(天启《滇志》卷3《楚雄府》第116页)

又至纸、蜡、毡布、蒲席、书刀,贵贱不同,过用均也。是为澄江之产。(天启《滇志》卷3《澄江府》第117页)

物货之铁、石黄、雄黄、石青、纸、楮皮、丝、油,皆小异于西而大胜于东。(天启《滇志》卷3《蒙化府》第117页)

物货曰井口布,曰剑,曰刀,曰铅,曰银。(天启《滇志》卷3《鹤庆府》第117页)

货有盐,有麝与蜡,有木槵子、降真香、翡翠、虎豹熊狐之革、木罗之布。(天启《滇志》卷3《姚安府》第118页)

货殖之利三,皆他郡土宜所咸有者,其名不具录,惟函胄、刀盾、战马,胜于他郡。(天启《滇志》卷3《广西府》第118页)

其他竹木、虫鱼、药物,同。至于盐铁、丹铜,以充食货。罗婆鞍,制轻妙而坚致,剜木为镫,状如木履,其前可当矢刃,辔缰皆革为之,缰之上又长三尺余,驰则以策,絷则以维。(天启《滇志》卷3《武定府》第118页)

物货之靛与纸,以供本地绰绰然,省城亦亟称。景东青纸,青出于蓝,宜其多也。又云梭罗,云羊肚布,询之知者,云皆木绵为之,柔密,亦可备方物之一种。(天启《滇志》卷3《景东府》第119页)

土绵之外,有椤㭴、攀枝二花。椤㭴,罕见也。有土锦。玉,有犀玉,玉之燕石耳。井口布、白褐,皆土官之切用者。紫槟榔,结实时封其园,以犬血污其树,土人云不尔,则为仙人采,唯空树而已,贾贩出之,供全滇用,而实縻全滇无量无益之费。(天启《滇志》卷3《元江府》第119页)

货有绒氍,有唵叭香,有摩些盔刀,有古宗白金^{每一金可当
常用之五}、有花马石^{斑斓类
花马}。又有青石,可为白入火炮之,投以细茶乳酪诸品,

百沸为汤,而石无坏。(天启《滇志》卷3《丽江府》第119页)

物货之类,称线花锦、鹅毛被,如此耳。(天启《滇志》卷3《顺宁府》第120页)

州中有丝,多蜡,多麝香。滇藁以西,有土绅,有土锦,有筋花绢,有毛带。其他,三棱乌木、鹤、锦鸡,虽常有,亦共珍者。(天启《滇志》卷3《北胜州》第120页)

食货:盐^{详见盐法}、油、花椒、蜜、烟叶、蜡、布、毡、金、银、铜、铁、锡、铅。(康熙《云南通志》卷12《通省》第226页)

食货:布、铁^{出西山百里外,一本而分刚柔二种,因炭远硐深,采取甚难}、纸、土碗、烟叶、油、氆、靛、楮、蜜、蜡、石黄、乳扇、酥油。(康熙《蒙化府志》卷1第42页)

食货:靛、油、花椒、蜜、蜡、布、烟叶、秧草、蓆。(康熙《新兴州志》卷5第36页)

货:草纸。(康熙《富民县志》第27页)

食货:油、花椒、蜜、蜡、烟叶、铜、铁、铅、抹猛果^{树高丈余,叶大如掌,熟于夏月,味甘}、槟榔^{一名仁频树,高数丈,旁无附枝,正月作房,从叶中出,一房百余实,大如核桃,剖干和芦子、石灰嚼之,色红味甘}、荔枝^{仅数本,味酸肉薄}、普洱茶^{出普洱山,性温味香,异于他产}、降真香、麒麟竭^{本高数丈,叶类樱桃,脂流树中,凝红如血,今为木血竭,又有白竭,今无}、苏木、鳞蛇胆^{有黄黑二种,长丈余,具四足,能食鹿,春夏在山,秋冬在水。土人取食之,其胆治牙痛,解诸毒,黄为上,黑次之}。(康熙《元江府志》卷1第666页)

货之属:青布、红布、绿布、漂白布、烟叶、密(蜜)、蜡、纸^{甚粗,仅作冥镪用}。(河阳县)货:蒲席、竹器。(新兴州)货:靛、烟叶、秧草席、蜡、芦甘石、土青。^{按通志载:本州物产,首载以二种,芦甘石,今无}(路南州)货:大麻。(康熙《澄江府志》卷10第8页)

食货:油、花椒、密(蜜)、烟、蜡、毡、铜、麝香、纸、五加皮。(康熙《平彝县志》卷3第96页)

货物:布^{出保山,有细密者}、缥毯布^{出保山,即厚毡布,坚厚缜密,可类绵绸}、百彝纱、碁^{出保山,质坚色润}、靛^{出腾越}、纸^{出保山,制法得之大理,但稍粗弱}、绛头^{出保山,染皂用之}、氆器^{出保山}、麂皮^{出腾越}、紫梗^{出保山}、漆、土锦^{出土司}、硫磺、赶檀香、降香、蜡^{有黄白二种}、料丝^{出保山,今失传}。(康熙《永昌府志》卷10第3页)

食货:布、蜜、油、烟、雨伞、縠皮。(康熙《顺宁府志》卷1第32页)

食货:盐详载盐法、油有菜油、苏子、麻子、脂麻、胡麻、桐油、芦花子油数种、酒有烧酒、白酒、黄酒数种、花椒、蔫叶、小粉、蜂蜜、蜡有黄蜡、白蜡、栗蜡三种、布、毡姚安者佳、金、银、铜、铁、锡、铜、水银滇产五金,其来旧矣,第时出时竭,亦难专指定在,兹附于食货之后。(雍正《云南通志》卷27《通省》第2页)

食货:淡豆豉治伤风,并治弩伤、红沙糖、熠硝多出城中。(雍正《阿迷州志》卷21第256页)

货物:草纸、刚炭。(雍正《富民县志》卷上第30页)

货物:青靛、楮皮、黄蜡、毡衫、莎罗布、白布、火蔴、绵花、紫土、攀枝花、纸、白土、瓦器、黄酒、石灰、莫黑茶、藕粉、白糖、槟榔、芦子、芝蔴。(雍正《建水州志》卷2第10页)

食货之属:纸毡、麻布、蜡、薑黄、松明、烟叶、乳饼、松花、蕨粉、蜜酥。(乾隆《弥勒州志》卷23第118页)

食货:烟叶、蜜、黄蜡、纸、藕粉、石砚。(乾隆《石屏州志》卷3第37页)

货布、纸、毡、棕、蛋、香油、菜油、黄蜡、白蜡、狐皮、棉花、羊毛、石灰、槟榔、芦子、芝蔴、火蔴、蜂蜜、豆粉、蕨粉、饴糖。(乾隆《陆凉州志》卷2第30页)

食货属:酒黄白烧三种、汤颠茶、烟、豆粉、蒟蒻俗名鬼药、糖、蜜、树头菜、竹酱、杨梅酱、飞蛾蛋、水珠菜、香油、椒、螺蛋、蜡、香降香、蜜、檀、松香、石花菜、海菜、靛、松明、布、伞、筛、石磺、瓦器。(乾隆《赵州志》卷3第57页)

食货:靛、油、花椒、蜂蜜、六诏烟叶、八寨青布出永平、草菓出永平、玀夷锦、山车布、梭蘿布、侬人布花锦首巾、棉花、蔴布、树皮、攀枝花。(乾隆《开化府志》卷4第34页)

食货类:花椒、竹笋、蜂蜜、攀枝花、毡衫、土纸、紫土、火蔴、黄蜡。(乾隆《东川府志》卷18第5页)

食货:烟叶、蜜、黄腊、雪茶雪山中石上生,心空,味苦性寒,下行、纸粗厚,包物最坚固、麻布、漆、琵琶猪、豆粉、麦馒首、莜糕。按:氆氇、旄牛缨、葡萄出中甸,黄连出怒人界,旧《通志》俱载入丽产,疑误。至金生丽水、铜产白骡,一传自古,一创自今。今丽境江畔无淘金者,原刺宝有公用金四两,后折入公件纳银,乾隆二年,奉文查减公件,其累始降。白骡即吉尾,产铜低醜,已详准封闭,二次并识此,以别见闻之异。(乾隆《丽江府志略》卷下第41页)

货之属十:金、铁、毡、布、油^{有菜子、麻子、芝麻、苏子、桐子、}_{芦花子数种,以菜子油为上}、酒^{有烧酒、}_{黄酒、白}_{酒数}、花椒、淡巴菰、蜂蜜、蜡^{有黄蜡、白蜡、}_{栗蜡三种。}(道光《昆明县志》卷2第1页)

《论货之属》:五金皆滇产,而矿厂惟他郡县有之,昆明特其聚处耳。独金、铁之利,历载之前史及《一统志》,然今之出者亦寡。至县所食盐,半取之安宁,考《汉书·地理志》边然^{安宁于汉}_{为连然县}有盐官,其所由来旧矣。滇缎,质厚而麤,不能行远。他女红只棉布,即绸绫,亦仅官渡人能织之,岂非蚕桑之利未溥乎。县城凡大商贾,多江西湖广客,其领当帖设质库者,山右人居其大半,迩年来始有三四土著人为之,故县之产非贫也。人性皆驽缓而惮习劳,又不能居奇赢,权子母有工于营运之才。凡山泽所产,皆为外间人以心计擭之,赢滕而来,捆载以去,嗟乎!旧《通志》:太华茶,色味俱似松萝,而性较寒。《徐霞客游记》:里仁村石城隙土宜茶,味迥出他处。檀萃《滇海虞衡志》:崖蜜产于滇,山民因崖累石为窠以招蜂而蜂聚,其蜜甚白。(道光《昆明县志》卷2第10页)

货属:春花布、花土布、白土布、麻布、毛氆、丝、麻、蜜、蜡、绵纸、烟叶、山羊头、薑黄、黄草。(道光《广南府志》卷3第4页)

货之属:青布、红布、绿布、漂白布、烟叶、纸^{甚粗小,仅}_{作冥镪用}、蜜、腊。(道光《澄江府志》卷10第8页)

食货:油,有菜油、苏子、胡麻、黑子、芦花子油数种。酒,有烧酒、白酒、水酒。花椒、蔦叶、小粉、蜂蜜、黄蜡、布、毡、铁。(咸丰《南宁县志》卷4第10页)

食货属:酒^{有烧酒、黄酒、白酒,}_{皆用糯米酿之}、菸^{出潞}_{江边}、芦子、布、抓绒、土锦^{出土}_{司地。}(光绪《永昌府志》卷22第6页)

日用暨金石杂物之属①：茶、布、糖、蜂蜜、酒、油、芦子、蜡、铁、铜、银、毡、芦笙、刀、蛮弩、楛矢。谨案：顺宁尚有白纸、草纸、蓝靛、绛头烟、雨伞、孔雀羽、棉花、绵毡、猡锦、豹皮、乌梅、小茴、花椒、松香、赶槟香、土降香、茜草、蜜饯、蕨粉、兜铃粉、豌豆粉等物。（光绪《续修顺宁府志》卷13第19页）

巧匠，王士桢《陇蜀遗闻》："李君实云，錾剔银铜雕钿诸器，滇南者最佳。"盖唐时阁罗凤犯蜀，俘其巧匠三十六行以归，故至今擅之。（《滇绎》卷4第728页）

货物，酒有谷酒、高粱酒、大麦酒、玉麦酒、白酒数种、醋有酒醋、米醋、枣醋数种、油有菜油、芝麻油、落花生油、大麻子油、葛油、桐油数种、烛有牛油烛、清油烛二种、酱皆可制造、酱油、豆腐以水浸黄豆使回软，磨细出浆，用布滤去渣滓，入釜中煮沸，用石膏水点浆即成豆腐。注于水缸者曰水豆腐，取其精华之浮于皮面者曰豆腐皮，搀以蔬菜者曰菜豆花，贮久而变味者和以香料盐酒浸之曰卤腐、豆豉、红曲、乳饼以羊乳为之、滇中产者数县，以宜良为最、蜂蜜村居及山居人家每育蜂，砌墙垣或屋墙成方窝，外蔽木板，凿小孔为门，以便出入，间有用木櫃作窝，置于篱落间者，蜜成时取其蜜滤之之为净蜜，取蜂房育之为蜜蜂，蜜蜂之体小而色黑，满被细毛，口作管状，口有毒刺，以蜡制六角形小房成蜂窝若干，共居其中，内有雌蜂一，雄蜂约二十，工蜂无数，雌蜂统御群蜂曰蜂王，体较大，雄蜂无所事事，工蜂不雄不雌，忠勤工作，一无怠息，护王营巢，巡逻采蜜，皆此辈为之。一窝中不能有二雌蜂，有则必分率群蜂飞出，寻巢以居，以土酒之乃落窠，以盖收之置蜂窝内，复制成窝而酿蜜焉。按《说文》：蜜蜂，甘怡也。《韵集》：蜜蜂，采取百花甘液所作也、蜜饯橡有桃乾、栗乾、冬瓜、香小枣、山楂数种、蜡粟有黄蜡、白蜡、蜡粟蜡三种、糖有白糖、饴糖、南糖、灶糖、兰花糖、米花糖数种、糕有沙糕、荞糕、芙蓉糕、玉带糕、云片糕、松花糕、鸡蛋糕、西洋糕数种、饼有红饼、白饼二种，内分洗沙、白糖、火腿、桂麫、饵块饼以米蒸熟舂揉成榨之成缕，耿家营者佳、米线细软圆长、馒头、粽子、藕粉、荞丝、米粉、麦粉、豆粉、索粉、蒲席、草席、土纸、白纸、皂礬、菸叶、火柴西城外发达村设立集义公司，制造火柴、火药、布锦《滇海虞衡志》：宜良布似贝锦，可为被面、坐褥、椅垫之用、牛黄李时珍《本草纲目》陶宏景曰：牛黄多出梁州、益州山中间有之，俗呼慶子，形如小鹿，身有虎豹之文，毛深厚，中空如葱，脐有香，为人所迫，即自投高岩，举爪剔出其香，就縶自死，犹拱四足保其脐，知其珍也，麝香为药材上品、米花团取冻米曝乾置釜中，以沙炒成饱，外皮染红黄各色，和糖捏之滚作团，大小不一，小则如豆，大有圆如益者，名曰米花团，每至新年，人家买作供献品。（民国《宜良县志》卷4第38页）

食货十七类：靛、桐油、菜油、花椒、八角、草菓、烟叶、蜂蜜、棉花、沙糖、烧酒、白酒、花锦首巾。（民国《马关县志》卷10第10页）

《谈谈六七十年前昆明人之生活》：……在前此的六十年，

---

① 属下各物货，原本皆有注释，详见各物货名下。

岁星在己丑,为光绪十五年(1889 年),余已有十一岁,于社会情况已有所悉,今尚能回忆一切,政(正)不妨详细写出,以见是时人民的生活易度。即行于街头的人,亦无一愁眉苦眼者,有则是遭遇大不幸的事。今可先谈是时的米粮价值。上米一斗值银一两一二钱(一两等于大洋一元四角,每两银可易铜钱一千六七百文,每斗米重华权一百二十八斤),猪肉一斤(指市斤,下同)值七十至八十文,猪油一斤值九十至一百文,羊肉一斤值四十至五十文,牛内一斤值二十五至三十文,菜油一斤值六十至七十文。桐油最贱,只值二十多文一斤。灰面值二十五六文一斤,盐与糖亦是二十多文一斤,栗炭卖五六百文一百斤,松炭卖四五百文一百斤,松柴卖百七八十文一百斤,松球卖百五六十文一百斤。若盐豆腐、包豆腐、臭豆腐等,都是卖五文钱两大块。其他食物与一切蔬菜,价值之低廉自不待言。以如此的低廉物价而计,一人一月的伙食,其费用之少,自可想见。所以是时的包饭吃者,每餐两菜一汤,一月两次牙祭,包金只须五钱银或四钱五分银,而且是明包三人之饭,暗则是四个人吃。若每人每月的包金为六七钱银,就可能日有一荤菜。此则是关于吃的方面,事虽是从略而言,然亦足以概括生活上衣、食、住三事中的一件大事。若云穿着,更年费不多。杭花缎、杭宁绸不及四钱银一尺,川花缎、川宁绸不及三钱银一尺,绸与绉不及二钱银一尺。广布四钱银一匹,长二丈七八,重二十三四两,缀一件长衫尚有余。他如洋扣布,只五六分银一尺,制一件长衫,连缝工亦不到一两银。至于绒呢等料,亦不太贵。皮袍、皮褂每件亦不过十数两银,且是灰鼠狐皮。头戴之物,一顶缀小帽只值三钱多银,若是布小帽,值不够铜钱二百文。五六钱银即可买一双皮底缎鞋,在爱惜穿着者,可穿半年。若为布鞋,又只值三四百文。棉花亦只三几百文一斤。若夏布、若葛布等,好者不过两许银一匹。一个人的身上,一年穿不滥(烂)几件衣服,每年以二十两银添制衣服,是单袷皮棉,色色俱全。所以云穿着一项,亦年费不多。至云住宅,更不难寻攸居。是时亦无人修盖洋楼大厦,群众所居者,都是些三间四耳及一些四合头的房子,而且是些朴而不华,宽窄适当,洽合于一般平民住在的房屋。房价亦不贵,即买一所四合头的新屋,只不过五六两银。云月租,到三两五六钱为止。有楼者最高不过丈八,是则价值稍高。若居于背街上的旧平房,每间的月租只是二三百文钱。是时城内城外的人口,仅有十三四万,因而闲空房屋甚多,随在皆见有招租帖斜贴于巷口街头。所以人们的住处不难求。……(《云南掌故》卷4第88页)

《谈谈七十年前昆明之所有行业》:云南省城……其实地上之景象若何,远者余未克目睹,能目击者,惟光绪十年后之一切景象耳。兹从略写出,以征是时之社会系由颓败而得到进展也。当光绪十年(1884年),省垣人民犹不及十万,至光绪十五年(1889年)后,始超过十万,逮至光绪二十年前后,始言省垣有十四五万丁口。一省会地处之烟户上,只不过如是,所有的工商业务,自可以想像。今就是时之市场而言,云繁盛则不能,云到供求两字尚无甚缺陷,似可以云事事物物都足以供一般人民之要求也。此从何取证?可于是时所有行业上证之。往昔昆明人有言:"生易(意,下同)有七十二行,行行出状元。"然就曩日之社会观察,是又不止七十二行,而有三百五六十行也。时有此若干行道可做,因而富者与贫者都能各有生路可求,各能营谋各之衣食。人不受到饥寒,当然能安静度日。余言是时在市面上营业者有三百五六十行,兹可依次而详述之。时有缨帽铺,有靴鞋铺,是做绒缎布等靴鞋者;有皮鞋铺,是专做钉靴、水鞋及代人上皮底者;有绸缎铺、布铺、棉线铺、丝线铺;有绳带铺,此则售卖头绳、裹脚、褶裤带、鸡肠带等;有脂粉铺;有翠花铺,是专制妇女们头上所插之一切翠花与额上所戴之翠勒等物者;有纸绒花铺、棉絮铺、丝绦铺;又有银首饰铺,金首饰铺,此则兼卖金条、金页(叶);有旧号铺,是专卖故衣,然不是十分陈旧之物,而是经人穿著过数次,能有六七成或八九成新者,此旧号铺又兼卖绫罗绸缎;新号铺则有三种:一种是专卖绸缎制成之女袄、褂、裙、裤,男袍、褂、衫、裤、腰带等,此却是新制成者,而亦兼卖次色绸缎。一种是售卖匹头,如哔叽、羽毛、小呢、洋布等,又卖蚊帐及装殓死人所用之衾被、湖绵等物,此亦兼卖次色绸缎。又一种是售卖羽

1227

毛、哔叽、绒呢、布疋等，而又专门代客制作一切铺垫、帷幔等项物事。此三种同称为新号铺；有皮草铺，是专制各种皮桶，然以狐皮桶为主，而亦兼制皮裤等；有衣领铺，是专制皮、绒、缎等硬领，供一般官员及士庶等著袍褂时之所用者；有京纱帕铺，纱帕是妇女们用以包头者，纱帕惟昆明属之官渡村人能制，然不及北京来者；有滇缎铺，按滇缎系滇中特产，坚结处实胜于一切绸缎，省城只有周滇缎家一家铺面售卖此物，而亦惟官渡村人能织。此与王衣领家同是独门生易；有红花染房，是以染朱红布为主，而亦兼染茶红、玉绿、春花等色布匹。是时染出之一切色布，不特鲜艳夺目，且历久而色不变，似往昔之染工较强于今日；有靛染房，是专以土靛染青蓝布者，其染出之色，在漂亮上固弱于他省，然亦耐洗也。右（上）述二十余行，是关于一般男女老幼之穿着、装饰、佩带、垫盖上之一切事物，而有关于食用方面之一切物事，又当分述于下。有关于食用方面之行业：有米粮店，米粮店之主要事体，是代客行销来路米粮，而己面又同时的囤积销售；有杂粮店，其性质和行为亦与米粮店同；有面铺，是专售灰面和切面者；有磨面房，是一方面替人磨面，一方面在制面出卖；有米线房，是专制米线而出售与人者；有糕饼铺、饺面馆、包子铺；有酒席馆、炒菜馆、蒸肉馆、牛肉馆、羊肉馆、烧鸭馆、甜浆馆、素饭馆、素酒馆；有甜食馆，此则有两种：一是卖蒸糕、藕粉、炒面者；一卖汤圆者。又有不开铺面而支摊于路口以卖甜酒鸡蛋、甜酒饵块者；有米线摊，是卖豆花、羊血、酱米线及螺蛳者；有松、瓜子摊，此则卖的小吃食甚多，而究以松子、瓜子、花生、炒豆为主也；有木瓜凉粉摊，所卖之食品亦是不少也；有红糖行；有冰、白糖、蜂蜜行；有茶叶行；有烟叶行；有素菜行、清油行、干果行，所称之干果行，却不是行销元眼、荔枝、枣子等物之地处，而是代客行销松、瓜子、板栗、花生、酸饺（角）、噓噓果之地处；有盐店、酱店、酒房，有火腿铺，有豆腐铺，有油肉铺，此则是既支有肉案以卖油、肉，而又炼熟猪油来卖；有牛肉架子，往昔卖牛肉者是不支案桌，是挂于木架上卖，今仍本之；有猪肉案、羊肉案，同时又有背背箩、担挑子而卖猪肉者。羊肉担子尤属不少；有酱菜铺，此则兼卖干果、蜜食、素菜及一切相料;有干果铺,亦曰京果铺,此亦不以干果为主,而转以海味、干菜为主也;有酒铺,是专卖各种酒者;有茶馆,是支桌凳供人坐而品茗以消时日者,此则亦有几种区别:有以泉水、茶叶取胜于人者,是一般讲究喝茶之人,方步入于此。又有说评书于座右者,有念小说书者,更有打围鼓于其间者,则称为乱弹茶铺;有茶叶铺,是专卖茶叶者;有烟换芦茶铺,此则茶叶、烟叶、烟丝、槟榔俱卖,而又兑换银钱,昆明人则名为烟欢铺;有芙蓉铺,是卖生鸦片烟;熟烟铺,是将鸦片煮熟而零售与人;有潮烟庄,潮烟是由广东潮州运来,上色者为金兰烟,味颇香浓。是时人士多注重吸水烟。此两物行销极广,凡烟欢铺都有此卖;有黄烟铺,黄烟是用本地烟叶制成的一种切烟,一般年老人多喜吸此;有药材行;有汤药铺、丸药铺、膏药铺、草药铺、草药摊;又在是时,有许多食品是不开设铺面,只设肆而卖,如油饼,昆明人曰火烧,如锅魁,如卤牛肉及一切卤味等俱是如此;又有不设肆,但陈列其物于街之两旁而卖者,如大鱼、小鱼、泥鳅、黄鳝、鸡、鸭、鸽、鸡蛋、鸭蛋、鸽蛋、乳饼、乳扇等类及一切蔬菜,各种豆腐等类;又有所谓菜床者,是聚集二三十种蔬菜和韭菜、芫荽、葱等,列成一个大摊子,居于街之两廊屋檐下而售卖。至于村人以挑箩担菜入市售卖,此当然排列其菜担于街之两旁;是时又有许多食品,是人肩担子穿街过巷而售卖者,此如索粉、挂面、火腿、窠寝鱼、鸡、鸡蛋、酱油、麸醋、臭豆腐、盐豆腐、包豆腐、豆芽等与卖黄烟、生姜者,盖是时卖姜者,多是新兴(今玉溪)、江川人,故与黄烟同卖;又有肩担子而卖丁丁糖、兰花糖及其他一切糖食,一切油炸甜食与甜稀饭、烧饵块、稀豆粉、豆腐脑、酱米线、菠凉粉、米凉粉、饺面担、腌菜担、松花糕、煎泡糕、盐卤豌豆、腌萝卜和腌橄榄;更有不挑担子而用背萝背着售卖者,如饵块、糍粑、米面粑粑。若是菠麦粑粑,仍担着来卖。若太平糕、米酥糕、菠饴、麻花、米花糖等,则端头盘子来卖。若鸭杂碎、鸡血、猪羊血等,则以器具提着来卖;又如村妇入城来卖之物,如煮荸荠、焖豌豆、山铃果、麻(蚂)蚱、豆豉与一切菜鲊,及一般夷妇等所卖的杨梅、山梅子、火把果、米饭果、山樱桃、山槟榔、千针万线草等,此俱是既背背而又手提,惟村妇卖谷花鱼则用木桶担卖;村妇在冬、腊、正、二月间,则专背豌豆尖入城售卖,三四月间专背蚕豆角入城售卖,六七月间则背、挑包谷入城售卖。此三种物品,在当令时似城中的任何一条街上、一条巷内,无不有二三人或四五人,无不高声大叫的在喊着卖,此足征其出产丰富;村妇在过了农忙后,则又寻此物事来卖,如新铁豆、包谷花,或煮些苦刺花、马樱花,或洽(掐)些荠菜、鹅肠菜,捞些河虾来卖,亦是一些生财之道;有住近于山者,则入山采菌、采蕨入城售卖。凡入城时,门户则交付与一看家狗,回时,则喂猪、喂马、喂牛、喂鸡鸭,可谓勤劳不辍。因而城中的人,对于一切食物上得到充足的供助。云到瓜菜,在是时,一年四季可能有百多种产物,大量的是青菜、白菜、南瓜、白、红、黄三种萝卜,此则不是肩挑马驮,直然用牛车拉来卖,其出产之盛可以想见;云到果实,亦在数十种,而产量最大者,惟桃与梨,若花红、李子、杏子、苹婆与夫莲藕、菱角等,出数究不十分多也;此外复有许多食物及一切小口食,或属于糕饼类,或属于糖食类,或属于瓜果(类),或属于蔬菜类,甚多甚多,尤不堪枚举也。故是时的居家户,无论其所居之地处是在街前,是在巷底,凡一般老幼之口头上及早晚两餐之汤菜上,都可坐于家中,听候一切肩挑背负之小商贩经过门前,不必走往市上取求。如油、肉、小菜、豆腐、鸡蛋、酱油、麸醋、米线、饺面、糕饼、糖食、水果、松、瓜子等,是随时俱有人在叫卖,就是香油,亦有油担子到来。更如逢年过节时,端阳则有来卖粽叶者,中秋则有来卖栗子、毛豆者,过年则有卖米花团、了花、米干者。予取予求,真便利非常。兹所举者,已逾一百个行业,而犹未作细密分晰(析)之也。在制造一切应用物件与售卖一切应用物件上,其行业尤多。此则有银钱行、煎销铺、金箔铺、锡匠铺。锡匠铺是一面制造锡器,而又一面售卖锡器;红铜铺是制造开水壶、煮锅、面盆、茶炊等物,而又一面在售卖此一些物件者;黄铜器铺是专卖铜灯、铜蜡台、铜供座、铜香炉和磬、锣、咤(镲)、钵、号筒等者;有白铜器铺,是卖帐钩、脸盆、手炉、水烟袋、旱烟袋斗以及笔架笔套、压字条等;又有一种特殊之铜匠铺,是专制烟枪井栏、烟灯火口、烟斗斗脚等事者;又有一种刬匠铺,主要是在刬烟签及其他铜铁器具;有铁匠铺,是一面支炉打铁,一面售卖铁器,如锄头、斧子、钉耙、镰刀、菜刀等;有钉铁铺,是卖铁钉、马掌、铁条、铁链者;有铁锅铺,则卖铁锅、火盆、犁头及一切铸铁器具;有铸佛铺,是专铸神佛像及一切博古铜器;又另有一种铜器铺,是专铸铜钟、铜镜、铜铃、马镫及一切用铜熔铸之器;有玉石行,是专售玉石者;玉器铺,是专售一切佩带之珠玉物件及珊瑚、琥珀、玛瑙、玭硒等类所制之物品;有车玉铺,是代人琢磨玉手镯、玉戒指及簪子、耳环等类品物者;有雕玉行,此一行道的人是雕镌小型玉器,如雕小孩们帽上之五老三星,妇人们勒上之八宝蝙蝠;有象牙行,是专卖象牙;有象牙铺,是专卖一切象牙器具。在吹烟时代,象牙铺的生易最好,以牙烟盒、牙口底、牙烟袋杆、牙神手最能行销也;有雕牙行,此专雕一切象牙器具上花纹,图章上狮子,或烟盒上之狮虎或云蝠;有钟表铺、眼镜铺,此二者俱是代人修整及配件,而无货品出售者;有乌铜铺,是专制乌铜墨盒及一切乌铜用品;有镜庄铺,是卖镜铺、镜框及大小手镜等;有托盘、捧盒铺、皮箱铺;工匠铺则有五种:一制桌、椅、床、凳者,此则直名为木匠铺。一是专制匾对者,名为匾对铺。一是做镂花木器,如做祖先堂、神龛、佛座、灵盒及各种座子者,称为细花木匠铺。一是做木箱、木匣,如洋烟箱、点心匣、皮箱、木框等类事物者,名箱板铺;一是支车床旋杆(擀)面椎、磬锤、栏杆柱等类者,名旋匠铺;此外又有水车铺、牛车铺;有篾匠铺,是专编篱笆、笼箱及竹椅、竹凳者;有轿子铺,是专造轿子,卖竹轿杠者;有针铺、羊皮金铺;有灯笼铺、旗伞铺、油布铺、油纸铺、颜料铺;有油漆铺,此则是专卖油与漆者;有书铺、碑帖铺、佛经铺;有墨庄,是专制墨者;有笔铺,而又有湖南人提包裹卖笔墨者;有白纸行,有纸张铺;有土纸行,而又有背背土纸售卖者;有弓箭铺;有骑鞍铺、驮鞍铺,此二者一是制造骑鞍及一切精致辔镫,一是卖驮马之鞍缠、笼头、铃铛等;有黄丝行、棉花行、磁器行,此而有磁器铺、磁碗担子及租碗铺;有细瓦盆铺,是卖宁州窑货者;有瓦盆铺及瓦盆挑子,是卖粗瓦器者;有油蜡铺、纸马铺、锡纸黄钱铺、锡箔铺、料香铺,此而有料香担子、干党香担子;有棺材馆、灵花铺、红轿行,此三者是婚丧上所需用者也;有麻油房、香油榨房、蜜食房、蒸笼箩筛铺;有牛羊皮行、麂皮铺、熟皮铺、牛角器铺、牛胶铺、皮条皮线铺;有印花布铺,是以青蓝布,用石灰和他种物料,印些花纹于其上,如垫单、被面、小孩衣服等类物品而售卖者;有京货铺、广杂货铺;有川丝杂铺,是卖丝绵辫子、丝绵带子及一切丝棉织品者;有川杂货铺,是卖梳篦、刀剪、钮子、料珠等类物品者,此而有货郎担、有提筐售卖川杂之小货郎,是皆贩卖此等等类类之川杂货也;有明角灯铺、马尾鬃铺、乐器铺、雀笼铺、石碑铺、喜盐铺、金花铺、斗笠铺、绳索铺;有炭铺,是专卖栗炭而兼代人称柴炭者;有名为小铺者,是卖点干炭、松毛、柴把、明子、土碗、篾筷、扫把、草刷、白泥、土碱等类物事者;有砖瓦铺、石灰铺;有石匠铺,此是卖石柱礅、石花礅、阶沿石及石条、石板与一切石块者;有石膏铺,此则由往昔石膏之销路极宽,故有专卖者;有直木行,是专卖梁柱楼板者;有煤炭铺、松香铺、火炉铺、火炮铺、戥称铺、烟枪铺、烟头铺、大麹酒铺、黄酒铺;有南货铺,此是卖虾瓜、虾酱、卤腐、糟蛋、南枣、紫菜等物者;有毡帽铺,毡帽有多种,而以猪嘴毡帽、下力人所戴之碗毡帽为最时行。捍(擀)毡帽者,是马街子一带之人;有佛冠铺,此专售佛冠、僧道帽、法衣、袈裟等;又有一种铺户是售卖甑子、锅甑盖及灶上所用之一切物件,时无以名其行,但称之为甑子铺;此外有些物品,是不开铺设肆,只在居家制作售卖,如太面筋家、欧皮蛋家、何小鼓家、倪吹鸡家、李花脸家、烧围棋子之解家、卖黑药之某家、造神麹之某家、制半夏之某家、卖冻豆豉之某家,及卖粉膘、香糟、酒醋之某某等家,此俱是独立性之一些营业;又有若干同是在家以油、糖、蜜、面抽出之各种小口食,以竹、木、铜、铁、绸、棉、纸、泥等原料制出之各种应有物品及儿童们玩具,而自行出售于市面者,实甚多甚多;又有陈设摊子于黄河心早街上售卖者,亦是行业广众,兹略举其生易最盛之数种而言,如卖小孩鞋帽、盖头者,卖绣花枕顶、背带、绷带等类者,卖挑花袖头、围腰头及挑花襦裤、飘带等类者,卖针和线者,卖各色尺寸者,卖麻布麻线者,其他亦不必烦(繁)述也;在城内之大街小巷上,又有许多的京货客提着包裹,到大小门户叫卖者,货色是脂粉、香皂、珠花绣货之类;又有广货客端盘提包而走往各街各巷之大小人户叫卖者,此则有几种人,有单卖肉桂者,有卖参丸药者,有卖妇女们所用之物者;有不上门叫卖,而只在街前售卖者,是卖算盘、尺子、天秤、戥子及一些不属于妇女们所用之物者;湖南客只提笔墨包而走入门户,江西客只担磁器而走入门户,南货客则非大公馆、大行店不走入,川货客之穿街过巷而售卖货物者则多矣;生易大者是货郎担,生易小者是摇丁当、提纸匣而卖通草花、绒花者及摇丁当而卖棉绳、棉带、铜簪料珠者;若陈嘉定雕竹器于市,烧酒房之陶器于市,肩灯草席过街,肩油纸伞、携蚊刷扇子过街而卖者,犹为中等生易也。云南外县出产之货物,有运进省来卖者,在一些特别产物上,只有大理石屏、通海酱油及通海黄烟和山楂糕、蜜梅子几种。又新兴裹脚、河西土布、澄江藕粉,此多是肩挑手提而卖。能设肆而售货者,只有通海酱油、大理石屏两种。而卖大理石者,尚兼搭着他种山货来卖。若武定方面,只有大劁(骟)鸡和麻布、麻绳、底线及一些药品。元谋则出产干果多矣。富民惟产鸡㙡。昆明城内当秋末冬初时,富民人之来卖腌鸡㙡者,日游于市者数十,亦云出产多矣。若木耳、香菌、梨窝、白生等物,是产于楚雄一带,进省则入素菜行,而无人游卖于市。至云昆明所属之远乡近村,村人于农事之余,取地面上之一些有生物,制而为器,售卖与城中人者,不知凡几。兹略举数种而言,如卖筲箕、甑笸、簸箕、筛子、提篮、烘笼、木瓢、饭勺、甑盖、草兜、篾围、草扇、草席、草绳、草鞋、棕索、棕刷、木凳、木椅、麻线、麻绳、高粱条帚、茅草条帚、竹条帚等类物品者。又有卖化香、皂角、降香、青皮香(杀苍蝇蚊子者)、木香子(杀臭虫者)等类物品者。是皆乡下人以农事余力,而向山中取求砍伐,或加上些手工力,携入城中,售与一般有所需要者。此而更有些村夫村妇,或栽种些花草,或往山间采摘些花木,如山茶花、山杜鹃花、芒种花、波罗花、马樱花、鸡冠花、木瓜花、良姜花、百合花、夜来香、木香花、桃花、梅花、梨花、菊花等,担之入城,作插瓶花卖。又有村妇提筐而卖红阳茶、粉团花、玫瑰花、素馨花、金银花等,以供城中妇女簪戴。此则是略举而言之者也。若详举而言,不无太繁。虽然右(上)述一切,即系其纲要,亦在一百五十有余行业矣。云凭技术而营业于市者,有写字铺,主要是代人书寿屏、寿对、喜联、挽联、贺对、街招等事,因而及于写春挥、写粉牌与一切细小字笔;有铁笔铺,是代人篆刻图章者;有画馆,是擅山水、人物、花卉、瓴毛之画笔而为人画屏幅、扇面及一切物者;有传真馆,是为人描写真容者;有画匠铺,是图写神佛像者;有内科医馆,有外科医馆,有寄水取牙医馆,有牛马兽医馆,有卦馆、相馆;有选择合婚、地理、命理、阴阳生、掌礼生;有攒裱铺、刻字铺、租书铺、剃头铺、裁缝铺,斯则有一方面代人缝纫,一方面又自制汗衣、汗裤等出卖,是名为成衣铺;有裱纸盒者,有裱糊顶棚者、裱锡纸者、裱元宝者、刷金裱幅者、裹烛心者、做冥衣者、做冥钱纸包袱者;有刷书匠、彩画匠、油漆匠、彩扎匠、上高匠、吹鼓手、大索行、漆材者、画写棺材头者;有厨子,有治素席者;有饽饽匠,有补锅匠、补碗匠,有塑匠,有绣花匠;有抄纸房、染纸房;有泥水匠、木匠,斯为建造房屋者;有雕刻匠,斯为雕刻檐柱窗格者;又有小炉匠,是代人捶打铁器者;有补锡家私者;有劁(骟)鸡者、劁(骟)狗者;有机房,是织布者;(有)碾房,是代人碾米者;有轿行,是备肩舆供人乘坐者;有磨刀剪者,有嵌烟斗风眼者,有凿蒙斗纸卖者、到烟签卖者;又有携灵雀勘书算命者,持紫竹算命者;有在茶馆内说评书、念小说书、唱小曲、唱板凳戏者;有瞽目人拉胡琴过街为人算命,或背洋琴过街到人家户唱曲者;有唱灯影戏、木偶戏及猴戏者;有当街卖拳者;有当端公、师娘及祷告师者。此种种类类,是皆凭技能、气力而博取钱义者也。此外,还有些七大八小的营业,如棉絮被褥摊、旧衣服旧鞋帽摊、小古董摊。更有收买烟灰渣者,有收买旧衣败絮、破铜滥(烂)铁、旧书画者。有卖亮花洋发竹者。有以松木刨成薄片,蘸硫磺于尖,名为发竹;以麦秸劈开,蘸硫磺于尖,名麦秸发竹;以黄花叶梗,揉以火药,名曰火草,同出售于市者。更有造铅粉、磨石粉、披灯心、晒荷叶而卖者。此一举又有九十余种,而尚有些不及备述者,是则可云有三百六十行也。是时社会上之行业,有如此之多,却不是商业繁荣、工业兴旺,是工商两界都属于散漫也。余笔此者,是写出往昔社会上之一切形色表现,亦可为研究社会学者之一助。(《云南掌故》卷4第99页)

《昆明地方之巨大物品》:昆明之风俗习惯,原与内地各省无大差异,但特别地处又无有焉,虽然中国各省之风俗,亦各有各之特别,于一切事物上,亦各有各之特色,而云南又何独不然。兹所述者,乃昆明人常用物品,其型式之大有足令人惊异者。此无非风俗系之,习惯尚之,故用此物品者,不惟不觉其笨,转以为事非如此不得当,物非如此不适用也。嘻!若此者是为昆明人所御事物上之一种特色。昆明人喜往茶社内消遣时日,凡是铺户内之掌柜、窗下读书之士子及一般无事业做之闲散人,都喜于两餐后结伴入茶馆坐谈。本来花钱不多,茶水又便,既足以畅叙情怀,又足以听各行人口头传播之新闻。一碗茶由浓而喝至淡,由淡而变成白水,只一味的斜坐凳上,由日中而坐至日西,经数小时之久,卖茶人仍是笑脸相承。有此大好处,孰不乐坐于其间,左一碗右一碗的痛喝。凡一茶馆内,在中午后及日落黄昏时,无不座满佳客。座客多,生易(意)好,一个整日,其茶水之需用,又岂一二桶清泉即足了事哉!彼开茶馆者,自以事体为主,要于业务上有益,只有将其开水壶加大,使供足以济求,而博取座客等之欢心也。云茶馆内之开水壶,究有若何之高?若何之大?视其形状实为惊目,即用唇舌而描叙其形,亦足使闻者诧异也。壶系铜制,重约三四十斤,连壶柄高近四尺,内能容水二担。壶柄以铁链拴系而套于梁柱上,取开水只去其壶嘴上木塞,水自喷射而出,浅则以旁锅内热水舀取加添。此偌大水壶实为他省所无,即昆明地方事物上之一种特色。有一种油纸伞亦大极矣,昆明之街头饮食,以豆花米线、羊血米线为最行销,卖是行物事者,不张铺面,不搭棚子,但以一油纸伞覆罩。伞之圆径,大者至一丈一二,小者亦在八九尺。伞下支锅灶、列台案、横条凳,容纳坐客可至十人八人。伞柄直是一根细木桩,下插于一大石礅之凿孔内。此何为而如是,图便利耳。早张晚撤,直一举手之劳,收拾返家,一肩担尽,看之固笨,然从实际讲来,比较支棚搭厂,则轻省多矣。故不能谓昆明人制作太笨,乃各有各的道理也。除此,更有二三物事亦大至无比,而又无丝毫道理之可言者。如昆明之正觉寺,在正月十五日,所燃之烛,俗名之为大蜡烛。又如宜良县城,五月十三日所迎之大香,真不知何所取义也。昆明之正觉寺,在近昆池边之鱼街子,每年正月十五日必办会。届期在附近之二三村寨,必各献大蜡烛一对以供佛。烛以二三寸粗之木条作柱,上裹以棉花,加以灯心而作烛心,浇上油蜡,复盖以朱色而成烛,烛粗逾于人手四围,圆径可能至七八寸,其长处及丈。燃时,光焰发出,直有二三尺高。配以粗若人臂、长逾六尺之大香列于殿内,一则香云霭霭,一则火势熊熊,真梵王宫中之大观也。然此种大观,非正觉寺不能有也。论正觉寺之殿宇,本来高大,屋顶至地约及三丈,宽深亦与高相称,故陈列如此巨大之香烛于其间,而不须忧虑有意外事发生也。不然,如此高大之烛插于架上,自趾至巅高至丈余,殿宇有不兆焚如者哉。闻浇此一对大烛,需油百斤、蜡二十斤、银朱一斤,始能造成。若在今日,相信村人必无此项财力也,即有此财力,亦无从获致此一些材料也。宜良人所迎之大香,亦粗逾尺而长逾丈,外壳用篾编扎而加以纸糊,内实香末数挑,插于大木架上,以八人抬之,游街一转,然后抬往关帝庙内。香则不止一柱,为三柱,为四柱,为五六柱,无一定则,是看街众和乡众之发心,挂出之功德,能做若干支香,故无一定之数也。香抬入庙后,则安放于殿上,有人随时查伺之。此香燃五日始尽,较正觉之大蜡烛多延二日,盖正觉寺之烛燃三日即见跋(拔)也。此种大烛大香,如以取义,问于其所献之人,亦只能以"历来若是"相答。嘻!此所谓特别风俗也。又若做大斋醮,必扎纸马,遍身彩色,名为章马。章马者谓其驮表章上天,故尔有此嘉名也。马背驮大元宝两个,此则全用银色锡纸粘成,高可逾尺,长近二尺,视之真不啻以白镪造成。此明知其为纸锞,而亦足以使一般有银钱癖者,望而发生艳羡。此则由云南产锡丰富,故能制造大张锡箔纸粘成此大元宝也,所谓之表章,则放在大元宝上,此一物事,非外省人所能办到。昆明人讲究发大丧,是扩大其出殡时之仪式也。凡发大丧者,必有三五具最大之纸扎物,如接引佛像、开路神像、引路神像,俱是高至丈余,名曰大圣贤。有时办龙华斋,其纸扎之大圣贤尤大莫与伦。往见有高至二丈以外者,真纸人纸马中巨作也。他如过新年,宜良人所卖之大米花团,其特制者大如五斗箩,球径在二尺五六,而售卖于市者,其球径亦可能达到一尺外也。更如中秋月饼、婚嫁时之喜饼,都是每件重三斤,圆面径尺,名曰大饽饽。然此二物尚有可说,一则圆如滚盘之珠,外而滑泽可爱,且红黄白三色相间,既可以食,更足供人欣赏,昆明人重之,亦有由也。至若大饽饽,则是供人大咀也,不得谓为大而不当。昆明之特别品物如是,其然之欤,否之欤,只不过习尚相成尔。(《云南掌故》卷9第278页)

《大理月街与鹤庆松桂会》:大理月街、鹤庆松桂会,二者俱为滇西商业上最大之集合场,且能引助一般商业家之极大兴味。月街以岁三月举行,松桂会以八月举行,俱以半月为期,此缘二三百年来之积习也。月街以运售土杂货物为主,松桂以贩卖骡马为主,亦定例也。当前清光绪中叶,为月街最盛时,传云:是时可上至二三万人,来客众,尝有无从伫足之患。余于光绪乙未年(1895年)随侍往丽江,路经大理,值赶月街期,竟得瞻其盛。月街于太和城西之空旷地处而集市,又设肆架棚,或摆摊席地而售卖各种货物。时际承平,道途安靖,大小商贩都挟其所有,自远而来,以谋交易。远者如维西、中甸、腾越、龙陵、景东、顺宁、缅宁等处,近者如丽江、永北、宾川、三姚之众,与夫省垣商家,无不乘时而往焉。所以然者,缘赶月街时,不只售卖货物云易,即欲购致多数之货,亦不难也。且购致若干担或若干斤,亦属易于办到之事,若云采买或销售二三驮货物,直不成问题。其商情如此,足见其市场之大也。在赶街时,其市场上,售货者有如蜂屯,购货者不啻蚁聚。且五方之人咸集,千里之客骈至,举眼望去,自是五光十色。缘迤西方面民族复杂,入市来购买或贩卖货物者,藏人、缅人、古宗、怒子、山头、卡瓦、摆夷、民家、摩些、粟娑(倮倮)、朵些、崩龙、僰裔子、苗人、蛮子俱有焉。其言其行各异,其衣其帽各殊,吾人在此大市场中,可云大开眼界。更有卷毛钩鼻者流,深目文身者辈,尤不知来自何地,究为何种民族也。论滇边民族,极其复杂,然须步入其地处,始得领略其仪状彩色,乃不意是年得于此大市场上,见到彼种种色色之民族,是集其大成者也,不曰幸乎?至云市场上陈列之货物,约在千种,期间以远方山货为最多,内地土货,然亦不少也。其最夥者则为药材,若黄连、贝母、秦归、大黄、茯苓、厚朴、秦艽、白芷、天冬、半夏等,真不知各有若干百担陈之于市也。其次,若麝香、熊胆、鹿角、虫草等类贵重品物,亦殊不少焉。山货中如熊掌、鹿筋、虎骨、豹皮及能作衣裘之猞猁皮、狐皮、羊皮、獭皮,以及作其他用途之獾皮、狼皮、狗皮、岩羊皮等。至若食品中,在市售卖之香茹、梨窝、木耳、虎掌菌暨其他菌属,与各种笋干、各种干菜、干果、酱菜、蜜食等,莫不充斥于市。更如中甸之酥油,剑川之乳扇及木马扎,顺宁之茶叶、鸡㙡、鹿衔草膏、鸡血藤膏,鹤庆之棉纸,则盈眼满目。此外如腾越之珠宝玉器,西藏人所卖之一切货品,无不是陈摊列肆,随在都有所见焉。右(上)述滇西各处之土产货物,已有若是之多,而外来之货,若广布,若洋纱,若棉花,若川、广、苏、杭等省之绸缎绫罗,外洋之绒呢、哔叽、羽毛及一切的丝织品、棉织品、毛织品及闽、广海味、川烟、潮烟、笔、墨、纸张、书籍、字画,暨一切洋、广、川土杂货,真无一不有,无一不备。闻有好事者,调查是年摊贩,大小共有一千二百有余,且云,尚较前三四年略有减色。以此论之,足见当时民间之富足也,不然,商贩等挟此货物来,又付之与谁。且闻是年有粤东某客,运二十座鱼骨磨花枝木镜台盒,一百把枝木手镜,于三日内如数销尽;又一粤商办五十板红绿羽毛、三十板红绿哔叽,亦于三四日内售讫;更有昆明人办允香斋黑芥两驮,到后未及一日,即一斤不存。此种胜事,入民国后,直无人梦到。如民国三年(1914 年),余又至大理,亦值月街,入市场视之,其景象则大异于乙未年矣。以言苏、杭、川、广杂货,市场上只稀疏陈列;以言绫罗绸缎,则不似往昔之在在充斥;以言山货,数少而价高;以言皮草,则货少而质劣。再看市面上之熙来攘往者,似只有昔之一半数也。斯一场贸易也,可云由旺变而为衰。然自民十(1921年)以还,迤西商业益复江河日下,又岂能呈现当年之景象哉!夫时世由人造成,迩来之不景气象,亦人造成之,非时世自成之也。松桂会惟骡马是肆,闻在清代光绪年间,会场上可有骡马一二万匹,盖是时之交通线上全赖马力。即以西迤一方而言,有走鹤、丽、剑者,有走维西、中甸者,有走宾琚(居)、牛井者,有走永北、华坪者,有走顺宁、缅宁、景东者,有走腾越、八幕(莫)、永昌者,有走龙陵、芒市、遮放者,有往来于乔后、喇鸡、云龙、白井者,有下省坝者,每一路多则至千匹,少亦有四五百匹,以是年耗牲畜实属不少耳。而滇东、滇南两路,耗用马力尤多。东昭一带虽出产骡马,但产数弱而取用繁,竟供不济求;而且西路之夷疆马匹既筋力强健,而又价值低廉,以是迤东、迤南之马户亦多向松桂会上征购良材。行销处既若是之广,有马者自不愿其常久伏枥。脱货求财,原是边鄙野人之惯能,而况一年只此一会,孰不乐就此而求受主耶!每年八月间,松桂会一开,便有马牵来,如是则黄膘、乌骓、青骢、枣骝、白骡、黑骡、灰驴、花驴,真不知各有若干数也。时惟见其若雾聚,若云屯,或嘶风,或秣草,或龙骧,或兔走,或腾跃于市场,或夹逼于人丛,总之,此数里之场合内,随在皆见此牵马来,彼牵马去也。且藉此机会,一班(般)物主亦多欲彰露己之所畜,迥别驽骀,图展骥足,寓于众人之目,于是而兼有赛马之会焉。会由群众集成,订以时日,比赛时有评定,有奖励,当上选者得银牌,得花红。马首膺其所获,马之身价自高,人之兴致益勃,在市求售,自不难致燕丹来问价也。松桂坝在鹤庆南端,距城仅五十里,坝内村乡稠密,烟户众多,而又土地平衍,水草丰足,故可聚集骡马一二万匹于是处,更能停留盈万累千客侣于是处也。据是处人云:"会在光绪十五六年(1889、1890年)间,恒上骡马至二三万匹,售出者可超过半数。自入民国后,会场便渐渐减色矣!"其言若是,似足以信。按:松桂坝内之村庄,在从前因每年有此一盛会,而年有此无数之人马莅止,乃无不高大其门楼住宅,扩其槽厩,囤集草豆及来客所需之食物用具,届时赁之售之,靡不厚获其利焉。会场自以贩卖骡马为主,其他货件仅略有之也。惟售小吃食及卖酒饭者，会场上直不下五六百人，缘售受骡马者人逾万数也。近则交通线上多不用骡马之力，此一松桂会当然冷落矣！（《云南掌故》卷12第378页）

《蒙化之特殊品物》：蒙化有几种生物、植物、食物都为他处所无者，是为一些特殊物品也。距蒙化城不远之小里泽地方，在百年前，有一株二人合抱之大桑树，生于村前之一大水塘边，更斜偏于塘上，所结之桑椹，长逾二寸，大如人指，熟时，色黄红而不黑，味甜如蜜，实异种也。然结桑椹时，厅丞衙门、游击衙门、经历衙门必派人至是架梯搭架而摘取之，更有一班具有势力之衿绅，亦相率派人到村，向头人等索取。于是，村中人竟受尽桑树之累，有忿恨于怀者，遂以麝香将树麝死，斯而绝种。南涧距蒙城约百里，原置有一分防巡检司在是。南涧地面多山，春二三月间，多杜鹃花，开遍于青山上，紫、红、黄、白、望之如锦绣铺张，他处实无此一种美景也。其中有两种，一淡蜜黄色，一翠蓝色者尤雅丽极。然此两种多生于山之高处，而亦有人不避险阻，掘取来作盆景，亦足以贵也。南涧山间又有两种奇鸟：一则大如喜鹊，状亦相似，惟身上毛羽则艳丽极，红嘴红脚，且有一簇金色凤毛在额上，头绿嗉白，胸腹上毛则作淡黄色，背上毛片色褐而界以白纹，翅上翎毛则黑白相兼，尾上翎毛青翠过于鹦鹉，诚美丽极矣。春分后，即常栖于树间，随时高声长鸣，其声音则清亮极，听去分明是"凤凰不如我"五字。至秋分后，鸣声即渐次改变，身上毛羽亦渐渐地脱落。至霜降后，身上则篷篷然，口中则唱出"得过且过"四字。立春后，毛彩又齐，复高唱"凤凰不如我"五字。此真是一种奇鸟也，人亦不识其名，只以"得过且过"四字名之。又有一种鸟，形类于鸠，色则与绿斑鸠差似。此鸟出必雌雄相逐，双飞而双宿。春分后，恒出而双栖于高树上，雄唱于前，雌和于后，前者是唱"背背笼"三字，后者是唱"卖蕨菜"三字，字音极其清楚，毫不含糊。然叫至白露节，即噤不发声，亦是一种奇鸟也。蒙化特产一种小蛤蚧，连头带尾，全体长仅二寸余，而亦无长及四五寸者。此种生物是产于一些溪涧中，土人捉得，剖其腹，去其肠杂，曝干而售于市，价亦不甚贵。售以斤计，每斤约有百余条,以之泡酒,饮下颇能补肾。此物在蒙化城亦不难致,似一时云购致三五斤,都可以能,是出产亦不少也。蒙化之蜜套橄榄最有名,而他处亦不能制,不特无偌大之生橄榄,且无人擅此一手艺也。其次,蜜天冬与冬瓜亦美好过于他处,此由蒙化地方所产之天冬格外肥大甜嫩,心又不苦,其原质已如此美好,复用最好之蜜饯出,故能压盖群流。冬瓜入口,却无渣无瓤,以蜜饯出,故入口一嚼,完全融化。而且蒙化之蜜是白极甜极,故饯出物品来,能一白如雪,食之能爽人心脾。蒙化罗丘之烟叶,在迤西方面堪称第一,以色质香味俱足以餍于一般喜口吸烟叶之人也。罗丘烟色黄而红,亦有类于金堂烟之色,质则柔软细润,且有油气,叶上筋纹尚较什邡烟为细,味则香而甜,亦差似弥勒十八寨之烟叶。以之作成烟卷而吸,较普通的吕宋烟为强,惟惜出产数量不多耳。(《云南掌故》卷 13 第 424 页)

《昆明早年制作之香肥皂》:在六七十年前,滇中人士,极其简朴,于梳洗上,只不过用块鹅油胰子以求清洁,盖是时,以一切香皂犹未有人造出也。若北京之引见胰、四川之香肥皂,俱嫌其价贵而不乐用。鹅油胰子,是将若干个猪胰子切碎,入于石臼内,舂成膏脂,乃加上土碱、麦面、豆粉及一些香料末,如甘松、山奈等,斯而以人力将此一切质料揉至极融极腻,便乘其滋润时,分作若干小团,陆续就其模型,按成一长寸半、宽一寸、厚五分之一块灰黄色略有香味的肥皂。然望去,实似一块糕,而用来洗脸洗头,亦颇能去垢腻。至论此种物件,是与糖食糕饼等实无丝毫的连合性,而卖鹅油胰子者,又惟糕饼铺是任,在他种行业上,又绝不制造此物来卖,此真不能解释其理由。(《云南掌故》卷 16 第 531 页)

货之品:铜器、翡翠羽、孔雀羽、狐狸皮、麝香、毡。(楚雄旧志全书"楚雄卷上"隆庆《楚雄府志》卷 2 第 36 页)

器用类:铜器、铁器、篾器、陶器、砖瓦器、木石器、索绦器。……杂物类:酒、油^{有菜子、蓝子、瓶子、麻}_{子、核桃、芝麻六种}、草菸、蜜、蜡^{有黄}_白、漆、桑叶、棕叶、笋叶、草纸^{出哨}_地、锡纸^{城内有锤锡}_{箔作冥楮者}、火草布、楚布^{宣统元年以前学织}_{者少,年出布万余}

匹。元年以后学织者多，年出布三万余匹^{宣统元年约出丝五百余斤。二年约出丝二千余斤。此去丝布二项，其发达有未可限量者}、丝余斤、花线^{有五色}、蓝靛草^{近来遍种}、茜草^{出山上，浇烛用}'。（楚雄旧志全书"楚雄卷下"宣统《楚雄县志述辑》卷4 第1051、1052页）

第四十课《物产》：利源必资于地，山珍海错，物产无穷。楚邑既鲜矿盐之利，又不讲土宜之法。所产五谷树木处，不过梨窝、笋、菌、薄荷、排草、核桃、草纸、石膏、土药，细微淡薄之物而已，毫无上品出名大宗。现今讲种桑麻，遍植土宜树木，生之者众，自然致富可必焉。（楚雄旧志全书"楚雄卷下"民国《楚雄县乡土志》卷中第1351页）

货之属：油、蜜、蜡、甘蔗、米糖、烟叶、草纸、炭、石灰、酒、粗麻布、粗竹器、粗木器、粗瓷器。（楚雄旧志全书"双柏卷"乾隆《碌嘉志》第232页）

蜂蜜、黄蜡、油、粗麻布、土纸。（楚雄旧志全书"南华卷"咸丰《镇南州志》第129页）

杂物之属：蜜、黄蜡、笋叶。（楚雄旧志全书"南华卷"光绪《镇南州志略》卷4 第358页）

杂物之属：蜜、黄蜡、草纸、草菇、笋叶、蔗糖^{出阿雄乡，色赤黄，十枚一束，味极甘}。论曰：按镇南物产，初无珍异可称，但抽象言之，如菌品之虎掌菌，笋品之凤竹笋，毛属之果子狸，鳞属之细鳞鱼，不啻山珍海味也。至若工业铁锅，销路最广，而月琴之制抱月斋，亦为特色。又若窑业，凡酒壶茶罐之微物，本邑邻村胥资利用，岂非瓦缶胜金玉者耶？夫今之世界，农工商战争之世界也，然所恃者必富有资源，倘物产贫瘠，一切仰给于他人，则不足以自给，更遑言自立、自治哉。兹吾邑果追求实业，庶穷州可变而富，亦可复也，窃不禁馨香以祝之。（楚雄旧志全书"南华卷"民国《镇南县志》卷7 第636页）

麸金、麝香二物，见《唐书·地理志》。氈，见《滇载》。丝，近年始出。麻布。盐，白井属州志北。木楒子，圆净可为珠。木罗布，即橦布也，橦木皮可为布，见《通志》。（楚雄旧志全书"姚安卷上"道光《姚州志》卷1 第241页）

杂物之属,增补十一种:葫芦笙,夷人吹以踏歌者。竹笛,亦夷人自制。口琴,亦夷人制之。按余庆远《闻见录》云:"竹片为之,长四寸,阔三分,刳虚之而中存一线之篾为弦,首尾横处皆存弦,首联于横,尾视横齐处长一分,刳下其横处而弦寄于其间,如是者三。具弦粗细等而下,以左手大指、食指排持三片之头,张口而置其正中,于口间以右手食指、中指、无名指搏上、中、下片之弦之尾长处,错落而弹,嘘气大小以定七均之高下。"今州属夷人所制亦然,呼为"响篾"。棕簑,土人取棕皮织之。响草簑,夷人取山棕叶织成,里似网目,表如鸟羽,行则有声。笋叶笠,夷人取笋壳为之。席,州北武都卫人皆以织席为生。黄蜡,产四山中。茜草,土人取以染毡。紫草,土人炙以染烛,亦可为丹膊之料,有以掘贩为业者。雀舌茶,出州西四十里凤山,土人亦间有采之者,味虽回甘,性却大寒。(楚雄旧志全书"姚安卷上"光绪《姚州志》卷3第567页)

食货:盐详载"盐政"有团盐、锅盐二种、水酒、白酒、蜂蜜、蜡、烟叶、花椒、秦椒、盐梅、花布、麻布。(楚雄旧志全书"大姚卷上"乾隆《白盐井志》卷3第487页)

杂物之属,新增十六种:黄蜡、紫草树根之皮,用以染烛、松明松脂所凝之木,易然,井人用以为炬、菻叶、蜂蜜、水酒、白酒、葫芦笙、竹笛、口琴、椶簑、响草蓑、笋叶笠、席、茜草土人取以染毡、雀舌茶。(楚雄旧志全书"大姚卷上"光绪《续修白盐井志》卷3第663页)

杂产之属:木棉、洋棉、洋烟、草烟、酸角、䕔(西)果、西瓜子、甘蔗、花松、芋薯。(楚雄旧志全书"元谋卷"光绪《元谋县乡土志》初稿本第335页)

动物制造:惟牛羊等皮尚能制造皮绳之属,余不能制。植物制造:甘蔗制造糖,膏粮(高粱)制造酒,棉花制造棉絮,草烟制造丝烟,湾(豌)豆、芋薯制造条粉,花松制造香油,余不能制。矿物制造:火硝制造火炮及火药,盐井则煎熬以行销本境。(楚雄旧志全书"元谋卷"光绪《元谋县乡土志》初稿本第336页)

工艺植物:有麻麻、苎二种,有甘蔗,有烟草分蓝花烟、柳叶烟二种,有芸苔

等。(楚雄旧志全书"禄丰卷下"民国《广通县地志》第1420页)

货物:出口货以铁器为大宗,其余药类之茯苓、防风。食类之酒、酱、蜂蜜、香菌,以及竹器、陶器、麻线均能出口。米虽销黑、琅二井,尚属本境,不为出口。其与姚州,不过与豆麦交换而已。入口货以棉布为大宗,来自滇广、新兴,其余麻布、毛毡,来自白井。沙糖、花生、红瓜子,来自元谋。香油来自姚州、镇南。草烟、铜器,来自会理州。茶叶来自茶山。统计出口诸货,尚不足抵御入口杂货。而棉布一项,实受巨大之亏损矣。(楚雄旧志全书"牟定卷"民国《牟定乡土地理志初稿》第362页)

食货类:花(椒)树、蜂蜜、毡衫、土纸、火麻、苎麻、黄蜡。(昭通旧志汇编本乾隆《恩安县志稿》卷3第37页)

食货类:香蕈、木耳、花椒、茜草、蜂蜜、黄蜡、甘蔗^{有红白二种,又有名建南}、土纸、竹笋、落花生、麻、棉、油^{有菜子、桐子、椿子、鸦片烟子、芝麻、南花子数种}。(昭通旧志汇编本嘉庆《永善县志略》卷1第752页)

食货之属:有烧酒,苞谷酿成。腌菜,青菜腌成,名曰干版菜,行销远近。饴糖,苞谷熬成。粉条,饭豆制成。麸醋,麦麸制成,有生、熟二种。酱油,豆酱制成。豆酱,黄豆制成。挂面,挂干晒之。豆豉,黄豆制成。凉粉,木瓜子洗成。腊肉,腊月腌之,味极香美。清油,蓝花子、菜子、烟子榨成,又称香油。麻油,其味较香。梨膏,黄梨熬成,止咳化痰。鱼面肠,生鱼腹中,形如宽面,鲜腴肥美,远近珍之。谢文翘有诗云:"引杯看剑兴淋漓,觅有别肠佐酒卮。鲜洁形疑调玉屑,清腴味胜脍银丝。豹胎熊掌珍都逊,马墨牛黄病亦奇。寸断几回仍软动,加餐尺蠹慰相思。"树花,生树上及阴湿之地,长尺许,可凉食,入席味清香。竹笋,产北二区,香嫩异常。石菜花,生岩石上,可入席用。水烟,丝细色赤,销售外区。兰花菸,近时栽种颇多,销行远近。蜂蜜,蜂子做成。黄蜡,蜂所制成。白蜡,虫树上白屑取以熬成。(昭通旧志汇编本民国《昭通志稿》卷9第268页)

食货:苎布、土纸、菜子、落花生、蕨粉^{产荒山中,春时采其根锤,和水淘浆,滤入木槽,澄粉为食,年饥则竞取之}、菜油、火麻油、烧酒、白酒、咂酒、花椒、烟叶、蜂蜜、桐油^{燃灯,不可}

食、黄蜡、铜^{产长}_{发坡}、煤、石灰。（光绪《镇雄州志》卷5第55页）

（一）食货类

茶

名山县出茶。有山曰蒙山，联延数十里，在县西南。按《十道志》："《尚书》所谓'蔡、蒙旅平'者，蒙山也，在雅州。"凡蜀茶尽出此。《太平御览》卷八百六十七《饮食》二十五引。（《云南古佚书钞·云南行记》第23页）

茶出银生城界诸山，散收无采造法。蒙舍蛮以椒姜桂和烹而饮之。（《云南志补注》卷7第103页）

平夷县，……山出茶、蜜。（《华阳国志》卷4第387页）

宴会则贵人上坐，其次列坐于下，以逮至贱。先以沽茶及蒌叶、槟榔啖之^{沽茶者，山中茶叶，春夏间采煮之，实于竹筒内，封以竹箬，过一二岁取食之，味极佳，然不可用水煎饮。}（钱古训《百夷传》①第71页）

滇中茶叶，气味〔甘、苦，性微寒〕。主治下气消食，去痰除热，解烦渴，并解大头瘟、天行时症。此茶之巨功，人每以其近而忽之。（《滇南本草》第708页范本）

滇苦无茗，非其地不产也，土人不得采取制造之方，即成而不知烹瀹之节，犹无茗也。（《滇略》卷3第235页）

---

① 《百夷传》，明钱古训撰，江应樑校注，云南人民出版社1980年出版。又，景泰《云南图经志书》卷十有李思聪《百夷传》，两书内容有出入，征引时，为便于区分，书名前署明作者。

戊寅十月二十五日……先是从里仁村望此山,峰顶耸石一丛,不及晋宁将军峰之伟杰,及抵其处而阖辟曲折,层沓玲珑,幻化莫测,钟秀独异,信乎灵境之不可以外象求也。盖是峰西倚大山,此其一支东窜,峰顶中坳,石骨内露,不比他山之以表暴见奇者;第其上无飞流涵莹之波,中鲜剪棘梯崖之道,不免为兔狐所窟耳。老罗罗言:"此石隙土最宜茶,茶味迥出他处。今阮氏已买得之,将造庵结庐,招净侣以开胜壤。岂君即其人耶?"(《徐霞客游记·滇游日记四》第847页)

己卯正月十五日……弘辨诸长老邀过西楼观灯。灯乃闽中纱围者,佐以柑皮小灯,或挂树间,或浮水面,皆有荧荧明星意,惟走马纸灯,则圈而不章也。楼下采青松毛铺藉为茵席,去卓跌坐,前各设盒果注茶为玩,初清茶,中盐茶,次蜜茶。本堂诸静侣环坐满室,而外客与十方诸僧不与焉。余因忆昔年三里龙灯,一静一闹;粤西、滇南,方之异也。(《徐霞客游记·滇游日记六》第936页)

《试茶》(六绝):采得雨前数叶,剪来却此炎歊。自负一瓢可乐,谁云滴水难消?(《担当诗文全集·橛庵草》卷6第274页)

《题试茶图》(七绝):不去花前学举觞,必先谷雨采旗枪。世人慎勿轻茶童,万事无如水味长。(《担当诗文全集·橛庵草》卷7第322页)

《茶法》:番人嗜乳酪,不得茶,则因以病。故唐、宋以来,行以茶易马法,用制羌、戎,而明制尤密。有官茶,有商茶,皆贮边易马。官茶间征课钞,商茶输课略如盐制。初,太祖令商人于产茶地买茶,纳钱请引。引茶百斤,输钱二百,不及引曰畸零,别置由帖给之。无由、引及茶引相离者,人得告捕。置茶局批验所,称较茶引不相当,即为私茶。凡犯私茶者,与私盐同罪。私茶出境,与关隘不讥者,并论死。后又定茶引一道,输钱千,照茶百斤;茶由一道,输钱六百,照茶六十斤。既,又令纳钞,每引由一道,纳钞一贯。洪武初,定令:凡卖茶之地,令宣课司三十取一。……弘治十六年取回御史,以督理马政都御史杨一清兼理之。一清复议开中,言:"召商买茶,官贸其三之一,每岁茶五六十万斤,可得马万匹。"帝从所请。正德九年,一清又建议,商人不愿领价者,以半与商,令自卖。遂著为例永行焉。一清又言金牌信符之制当复,且请复设巡茶御史兼理马政。乃复遣御史,而金牌以久废,卒不能复。后武宗宠番僧,许西域人例外带私茶。自是茶法遂坏。……明初严禁私贩,久而奸弊日生。洎乎末造,商人正引之外,多给赏由票,使得私行。番人上驷尽入奸商,茶司所市者乃其中下也。番得茶,叛服自由,而将吏又以私马窜番马,冒支上茶。茶法、马政、边防于是俱坏矣。……自苏、常、镇、徽、广德及浙江、河南、广西、贵州皆征钞,云南则征银。(《明史·食货志》卷80 第1947 页)

丽江军民府,……境内夷麽㱔、古宗,或负险立寨,相仇杀以为常。《志草》。与蜀松、维如羝相角。松州赏番茶有杂木叶者,番人怒而掷之,安知滇徼外之茶,彼无仰给乎?闻丽江每有调遣,辄以防虏为辞,输饷代兵以为常。(《肇域志》册4 第2382页)

无尽《传衣寺同大错和尚制茶》(七古):掇取溪岚莺嘴芽,火中生熟调丹砂。日声捣落三更月,空外云英片片赊。陆羽在时钟此好,重灭梁鸿已灭灶。谁能日啖沟中水,舌上莲花从不到。予今行脚遇赵州,门前之水向西流。不重此茶重此水,欲觅阳羡当何求?(《鸡足山志》卷12 第495 页)

茶子丛生单叶子可作油。(康熙《云南通志》卷12《曲靖府》第226 页)

《云南志》:太华山在云南府西,产茶,色味俱似松萝,名曰太华茶。普洱山在车里军民宣慰司北,其上产茶,性温味香,名曰普洱茶。孟通山在湾甸州境,产细茶,味最胜,名曰湾甸茶。《大理府志》:感通寺在点苍山圣应峰麓,旧名荡山,又名上山,有三十六院,皆产茶,树高一丈,性味不减阳羡,名曰感通茶。《滇行纪略》:城外石马井水无异惠泉,感通寺茶不下天池伏龙,特此中人不善焙制尔。(《御定佩文斋广群芳谱》卷18《茶谱》)

雍正七年,己酉,总督鄂尔泰奏设总茶店于思茅,以通判司

其事 ^{六大山产茶}，向系商民在彼地坐放收发，各贩于普洱上纳税课转行，由来久矣。至是，以商民盘剥生事，议设总茶店，以笼其利权。于是通判朱绣上议，将新旧商民悉行驱逐，逗留复人者俱枷责押回。其茶，令茶户尽数运至总店，领给价值，私相买卖者罪之。稽查严密，民甚难堪。又商贩先价后茶，通融得济。官民交易，缓急不通。且茶山之于思茅，自数十里至千余里不止，近者且有交收守候之苦，人役使费繁多。轻戥重秤，又所难免。然则百斤之价，得半而止矣。若夫远户，经月往来，小货零星无几，加以如前弊孔，能不空手而归？小民生生之计，只有此茶。不以为资，又以为累。何况文官责之以贡茶，武官挟之以生息，则截其根，赭其山，是亦事之出于莫可如何者也。(《滇云历年传》卷12第602页)

清^{迤东道摄}_{东川府}廖英《改蒙姑坡新路添建茶亭记》：蜀道最险，而接壤于滇者为尤甚，攒蹙累积，横贯大路，攀援而登，箕踞而遨，彳亍喘吁，人马交病，或百里，或数十里，足不得停，渺无歇息之所。滇之东川，东川之巧家，巧家之蒙姑，更峻且遥者也。前通府治，后绕金江，为入川要道，而进巧必由之地，坡历众山奥处，穷日之力，仅仅克举。所以往来其途者，习知蜀道通滇，其道僻；滇道通蜀，其道冲。方当圣化遐敷，何僻不冲，所谓半肩行李，几队马牛，不啻日倍徒其勤瘁，岂非奉扬仁风之所必恤哉？前守阅厂过此，议别通道以避之。远览旁搜，访得捷径，鸠工半载，程近二十，蚕丛鸟道，易就康庄，人心大便。又请于适中之地，建设茶亭，使长途偶愒，以白云为藩篱，以碧山为屏风，俭而且固，亦诗人劳止小休之义也。将择无碍之土，给为永业，以垂后焉。抑闻之巧家连属江外，迩年为铜运割附，运已附存，其生野夷，性每多剽掠，远虑者常以披沙秋忧，乃咽喉实在蒙姑。兹既遵王化，道路亦复荡平，彼丑类闻风，敢不帖然欤！予摄东川三月，民即以工告成，是固不缓民事之一端也，且边境绸缪，有足为先事备者。因不辞，而为之记。(乾隆《东川府志》卷20第13页)

刘德绪《南涧茶房》(七绝)：绿萝隐隐见村烟，万仞山腰一径悬。过客不须愁道渴，煮茶僧在白云边。(乾隆《续修蒙化直隶厅志》卷6第17页)

茶，樊绰《蛮书》：出银生城界诸山，散收无采造法，蒙舍蛮以椒姜桂和烹而饮之。(道光《云南通志稿》卷69《楚雄府》第23页)

茶，章潢《图书编》：旧阳宗县出。(道光《云南通志稿》卷

69《澄江府》第 27 页)

茶,《顺宁府志》:味淡而微香。(道光《云南通志稿》卷 69《顺宁府》第 31 页)

茶子,旧《云南通志》:丛生单叶,子可作油。(道光《云南通志稿》卷 69《曲靖府》第 38 页)

《伯麟图说》:黑窝泥性绌,采茶卖茶其业也。(道光《云南通志稿》卷 183 第 39 页)

茶,旧《志》:味淡而微香及思普各大茶山远甚,又其次者祇销行西藏、古宗等。谨案:郡属土司地产茶甚广,种类亦不一,其香味不(光绪《续修顺宁府志》卷 13 第 19 页)

《云南路南县调查输出货物表》茶:普洱县输入一千八百六十觔,思茅县输入四百八十觔,共计二千三百四十觔。每百觔平均价三十元。(民国《路南县志》卷 1 第 56 页)

茶,向本植鲜属茶者,惟邵甸之甸尾村,昔有寺僧种茶数十株,后僧圆寂,其徒不能继其业,今仅存十余株。芳春时,村人采取烹食,味颇佳,倘能扩而充之,兼得焙制之法,不难媲美景谷。(民国《嵩明县志》卷 16 第 241 页)

《棉茶》:茶叶一项,惟花甲区产,有所出无多,不能供给全县,多由广南属购□。(民国《富州县志》第十四第 87 页)

棉茶:维邑处寒带,棉茶之利,近未普及,迩来奔子栏区已普种棉花,年收数千觔,各区亦有试种者,对于棉业将来可望发达也。茶叶,历经政府提倡,民间亦未实行试种,查我邑夷人嗜茶如早晚饭,年销春茶千余驮,溢出金钱不菲,再不切实推行,其害不知伊于胡底也。(民国《维西县志》卷 2 第 39 页)

黄炳堃《采茶曲》(十二首,七绝):正月采茶庆新年,莺啼燕语报檐前。嬉游士女归来晚,火树银花又暮天。二月采茶百花开,仙娥亲送阮郎来。桃花迷满天台路,悔不当初莫要回。三月采花天气新,洛阳桥边多丽人。银鞍公子碧纱女,不怕如来会笑人。五月采茶过端阳,婆娑鼓舞寒汀江。沿江号哭曹家女,留得芳名万古香。六月采花荷花生,姑苏台上美人行。吴营花草看无尽,一曲莲歌水殿清。七月采茶乞巧时,与郎私誓两心知。生生世世为夫妇,天上人间会有期。八月采茶正中秋,彩鸾今夜下琼楼。人间觅得文箫婿,不畏风寒冷露遭。九月彩茶正叶香,南山群女立平岗。高歌一曲茶山去,游子不归空断肠。十月采茶正小春,茶开数点报良辰。江南驿使传来信,只见春归不见人。冬月采茶动管灰,宫闺刺绣意徘徊。新诗流出御沟去,千里因缘一叶媒。腊月采茶雪作花,瑶台琼玉照槎枒。神仙也有团圆乐,子鹤妻梅共一家。(《永昌府文征·诗录》卷40《清十三》第1510页)

茶叶:茶,常绿灌木,盐津全县皆产。每年春夏之交,各处市集乡人运茶入市,盈筐累袋,竞列争售,约计每年售出达三万斤,具见不少茶。宜植熟土,向阳山坡隙地俱无不可,最忌为旁树所阴,一有所阴即将枯萎。在昔,津属各乡盛称产茶,民(国)元(年)以来,匪乱频仍,山原高地居民远徙,土地荒芜,茶树因而枯萎者不知凡几。今后民生安定,恢复茶业宜仿顺宁采植方法,获利必丰。第一,要防止表土流失,栽植宜作横列或斜行。坡度较大之地,开沟宜密,易泄大雨,铺盖草料以护表土。第二,整理茶树于移植二三年后,春间摘其顶芽,冬初修剪其旁枝,使匀齐圆矮。十年分区施行台刈,从土面将老树刈去,使根部另发新枝。第三,采茶须待新叶放散四五片时,只取一芽两叶为标准,至少须留两叶(除最下之小叶外),使将来由叶腋发生新定芽,产量愈丰。(昭通旧志汇编本民国《盐津县志》卷4第1696页)

《宜良之琐屑志》:宜良县,古匡邑也,余随侍于斯,几近四载,其四鄙之内,足迹殆遍焉。以论宜良地土,实较嵩明、晋宁、呈贡宽广而肥沃。如在老岱坡头眺望,真百里平畴,大赤江流绕于其间,尤觉陆地宽舒,水利遍及也。顾其境内,又约可分为三大部分:一接近县城之大坝,长逾五十里,宽约二十里;一汤池坝,纵横俱在十余里;一北羊街坝,则较小焉。以县之粮额考之,当不下三十万亩良田也。平均丰歉,每亩以产米二京石五斗计,年可产米七十五万京石,则可供三十六万人全年之食用,亦云出产米粮之丰盛也。宜良粮石,清代额征仅为二千八百余石,条粮并计,全县人民年仅纳六千余两于官厅,即有附加,亦不过二千余两。但是,州县官征粮赋,都是加三、加四而征收。是则人民亦须交纳一万二三千两银于官厅也。宜良人口,在光绪中叶,全县已超过一十五万,以所纳之粮赋,平均于所有之人数上,每人实合纳八九分银耳。宜良境内,大都是平畴广陌,当无山谷丘林(陵),即有之,亦未见其有若何之幽深、若何之佳妙也。虽然,城之附近亦有一岩泉寺焉,聊可称为名胜处尔。寺在一高山之近巅处,殿宇亭阁都傍岩而结。岩有泉,泉沿岩下注,入于涧中,随绕殿台亭阁而流入一圆池内,池满则流溢于山下。泉水清而且甜,以之作饮,清胃而沁膈,故游人多喜就岩下烹茶。寺前有亭,翼然于圆池上,若凭栏远眺,可极目于数十里外。是处既具有此泉流,有此岩阿,而更有林曲,有涧池,复松柏菁葱,槐榆掩映,修篁夹路,繁花满山,春色秋光俱足以快心悦目,自是邑之风景地也。去宜良县城约十五六里,有宝洪寺,寺在江头村后之一山上,山以寺名,曰宝洪寺山。山间种满茶树,高几丈者,百年以上物也。然以高及于人者为多,足见茶树之不易长成;且不可迁动,移根必死,古人取茶茗为聘定物,即以其不可迁移也。山间所产之茶即名宝洪茶,在五六十年前,年仅产茶数十担,至多亦不上百担。惟是茶树在山,能自生香气,若在日落时,尤清芬幽馥,人于是时徒步登山,大觉头脑清快,余于此亦试尝过。山上有一大佛刹,即宝洪寺也。寺肇基于元至正间(1341～1370年),而今之殿宇仍为明代建筑物也。寺之殿宇亦甚宏深,但檐牙古朴,此则能表出四五百年之庙宇形色。檐前且悬有清初名人匾额,尤征其在往昔亦称名胜。距城五里许,有村曰桃花村,村前有热水池,方约二丈,深在二三尺,水颇温和,磺气亦淡,堪以浴体。惟四无遮栏,呈露于风日下,而又塘底泥污,极其不洁,故无人就此沐浴。惟闻地方父老云:往昔实有墙垣,且有小亭居水中央,以兵燹而毁坏。去城东十余里,有村曰骆家营,村后有土山,山中产一种空心石,邑人名之曰古怪石。石质细铁,作黝色,然亦有作青绿色者。石壳厚仅二三分,中则全空,亦无何物藏蓄。大而形长者,可磨出一口,作插花具;小者可磨作砚水壶,或作饮器,殊为别致。此亦矿物中一特殊品,而他处则无也。去

1251

宜良城七十余里,与嵩明交界处,有夷人寨曰小姑姑,寨前有大水池,池边水深二三尺,池心当倍深于边际。池水清澈,可以见底。池上围绕无数杂树,树间群鸟啁啾,多系他处所无之鸟。中有一种,极似香港地处儿童辈所喂之五色雀,此则形体较大,头有凤毛,诚美观极。寨中人呼此为净池鸟,凡树叶落入水内,此鸟即飞下衔取而去,此由性好清洁,不乐有一点渣滓入目也,土人不解其故,遂称为神物。寨中人又以池无一叶漂浮,便称此池为神池,且云池中有神,不可以衣物入池洗濯,犯则有急风暴雨,由池心而起,能伤害附近一带之种植物,有行客经过,寨中人必出而郑重嘱咐。余往是处,寨中人亦曾出而戒之,自未便轻试其所忌也。城北有法明寺,志载:为唐代天竺僧摩伽陀所建。寺宇极其崇宏,然是明代改修者。殿之西廊有长大匾额二块,一为孙可望所献,一为刘文秀所献,俱长丈二三,白底黑字,镶有黑色框边,亦不类于近今之制作物。文庙泮池内种植之莲,为一种金边白莲,香味极浓,花则大如盘。在庙外者,其花虽白,花瓣边上便无一黄线圈围也。(《云南掌故》卷10 第317 页)

《芦茶铺》:在百数十年前,中国西南各省的人民,可云不能脱尽边地夷族人的习尚,在云南省内,能从昆明人的嗜好上看出。往昔的昆明人,都喜于饭后咀嚼槟榔与芦子,而且要和着点熟石灰来嚼,如是而能使嘴唇皮上现出红色。故尔,昔时的芦茶铺,在柜台的一端,都放着一罐熟石灰供人取用。称为芦茶铺者,是以芦子、槟榔、茶叶为主要货物,若草纸、烟叶等,都为附属货物。芦茶行的生易(意)颇大,所以此一行业中的人,在得胜桥外,曾建有一芦茶会馆。逮至光绪末叶,日嚼槟榔、芦子的人渐少,其营业遂衰。但是,茶叶之销行转盛,此亦算市风上有一小变动。惟是在云南边地上,今尚有几种夷族人,仍是离不开槟榔、芦子,一样的和着熟石灰来嚼。(《云南掌故》卷15 第507页)

《解茶贡》:清室在同、光以前,长城内仅有十八行省,而各个行省的督抚,在地位上也就等于真正封建时代的分封诸侯。诸侯讲朝贡于天下,督抚亦讲进贡于皇帝。此十八行省中,当然各省有各省的产出,而又各省有各省的特殊出产,或属于衣着,或归于食用,或入于药饵者。只要此省所产之某一种什物,或某一种食品,在实质上及功用上,强胜于他省所产;或此一种品物,仅为此省所用,而为他省所无,都可以入贡。云南则以普洱茶为最有名,果也色香两全。虽然,普洱茶固称名贵,但泡出茶来,入于云南人之口,无非道一声"味道不错",好似仍认为不及外省之水仙、龙井。夫"人离乡贱,货离乡贵",是千古名言,普洱茶一输到他省,泡在茶壶内,便能发生出一种特别的香味来,可以说能隔座闻香,然此尚是一些平常的普茶。若是雨前毛尖,那就更能芳香沁齿了。因此,云南的普洱茶,有人贡于朝的价值。论云南贡茶入帝廷,是自康熙朝开始。康熙某年有旨,饬云南督抚"派员,支库款,采买普洱茶五担运送到京,供内廷作饮。"自此,遂成定例,按年进贡一次。逮至嘉庆年间,则改为年贡十担,但除正贡外,尚有若干担副贡。副贡不入内廷,是送给内务府中大小官员及六部堂官。此一件事,在光绪朝以前,究不知作何办法。在光绪年间,贡茶是由宝森茶庄领款派人到普洱一带茶山上拣选采办,自是一些最好最嫩之茶。茶运到省,则由宝森茶庄聘请工匠,将茶复蒸,乘茶叶回软时,做成些大方砖茶、小方砖茶,俱印出团寿字花纹,是则不仅整齐,而亦美观。此外,又做些极其圆整、极其光滑之大七子圆、小五子圆茶,一一包装整齐妥当,然后送交督抚衙门。此则照例派员查验点收,随即装箱,准备派人解贡。普洱茶,是奉旨呈进之贡,然除普洱茶外,尚附有十个八个云南出产之大茯苓,而每个都是重在七八斤或十斤上下者。又附有宝森茶庄所制之茶膏若干匣。此则装以黄缎匣子,匣绘龙纹,是为贡呈于帝廷之物。分送内务府中官员及六部堂官者,却用红缎匣子装贮。然赠送于一般当道者之茶膏,总数当不下五百匣,实超过贡入内廷之件数在五倍以上。本来云南茶膏,较他省熬煎者为佳,如遇一切喉症,噙半块于口中,不过三小时,病即消除,所以在北京的人,对于云南茶膏,十分宝贵。贡入帝廷之茶叶,原系十担,则装成二十箱。然有内务府及六部衙门与夫都察院等之分送,故于正贡外,而更具二十箱,及搭上些鹿筋、熊掌、冬虫草、黄木耳等，为外官应酬内官之物，于是起运时，直有五几十只箱子。解运此项贡物入京，督辕派戈什哈二、承差二，抚署亦如是。运输路线，由云南遵驿路而行，经迤东方面之沾益、平彝（富源）而入贵州境，过湖南，经湖北、河南，入直隶省而达北京，沿路上均由地方官派兵勇差役护送，当然沿途顺利。并且在一切箱子上，都插有奉旨进贡的黄旗，谁敢来惹。贡物运到北京，系落于京提塘处，立即呈递奏折。上阅折奏，批"交内务府存储"，此而才将所有正贡送交内务府；分送各衙门之物品，亦分别致送，事始完毕。一行人仍乘驿而还滇。此是定例，年年俱有此一次，然亦耗费不大，约为几千两银耳。（《云南掌故》卷18 第601页）

陆漾《腾冲种茶浅说》序：腾冲山多田少，气候土壤均宜茶。旧惟蒲窝茶区及寺僧、农夫零星栽植，产数甚微。民国元年，封绅佩藩任小猛统巡检司，购猛库茶种植之窜龙村，于是龙江始有新茶。十二年，佩藩封翁子少藩陆续添种，附近各村起而效之。虽土法采制，然茶之品质与顺宁茶无异。盖猛库大种较蒲窝旧种为良也。少藩克绍箕裘，欲以全县荒山垦辟植茶，一以惠地方，一以光先绪。民国二十八年，余为中国茶业公司寿总经理及张公西林、缪公云台主办云南茶叶技术人员训练所，率全体学生至宜良茶区实习。二十九年春初，得少藩手函，并寄示劝告众种茶书，又接李印老电，欲送腾冲学生来。余电告茶训学生已毕业。旋又来函，嘱竭力设法。去夏印老抵省就云贵监察使任，未几，少藩亦由省来宜厂参观，倾谈数日，与留宜之一部同学研究种制，朝夕不倦，足见好学深思，志在复兴中国茶业之殷也。中秋之翌日，偕谒印老于西山。印老以腾冲少出口货，非有大量外销茶，不足以抵补花纱进口之漏卮，坚约予赴腾教导学生，并欲长久计划，造成中国一大茶区。余谓印老为旧农部长官，提倡固当，印老乃函电中茶公司，商准借调来腾。抵腾以来，步行各乡调查，始知腾冲雨量较多，植棉较难，茶则得天独厚，惜产量太少耳。于是少藩就龙、蒲两乡集款数万元，办猛库茶种百驮，运腾布种，复预备大规模之采制。父作之而子述之，可谓勇于任事之

1254

实行家矣。加以邱石麟县长复热心扶助,毅然拨地税款创办茶校茶园。一时风起云涌,各乡镇、各设治区学生争来投考,甄录额满,尚纷纷要求入校,数逾百人。同时,各地绅商组织植茶公司。似此踊跃,固由印老登高一呼,万山响应之力,而追溯本源,未始非由于佩藩封翁艰难缔造之力也。昔英人在印、锡植茶,经三十年之经营,始克成功。今佩藩封翁开创茶区于二十年前,少藩能承先人之业,继续推行。近更编《种茶浅说》一书,欲余审定,披阅之下,觉浅显明了,切合腾冲实际情形。如各乡镇、各设治区人手一编,如法推广。乘此腾八公路将通,运输便捷之际,迎头赶上,岁制数万担外销茶,由仰光出口,则腾冲整个农村庶几富饶矣。余本嗜茶,得读此书,欣喜无量,乃泚笔序之如此。(《永昌府文征·文录》卷28《民十》第2979页)

《班洪风土记·茶酒》:班洪寨旁有茶树,他寨亦间种之,惟无多。土人品茗,味甚浓,余至土人家,以煮罐浓茶进,苦不能下口,劝饮,又不便却,而不能进一杯也。……(《滇西边区考察记》第1篇第28页)

宝洪茶

宝洪茶 产北区宝洪山附近一带,其宜良、路南各有分界,茶树至高者三尺许,夏中采枝移莳,一二年间即可采叶,清明节采者为上品,至谷雨后采者稍次,性微寒,而味清香,可除湿热,兼能宽中润肠,藏之愈久愈佳,回民最嗜,路属所产年约万余斤,上品价每斤约五角余。(民国《路南县志》卷1第52页)

感通茶

感通茶 产于感通寺,其味胜于他处所出者。(景泰《云南图经志书》卷5《大理府》第262页)

感通茶 感通寺出,味胜他产。(正德《云南志》卷3《大理府》第168页)

点苍感通寺之产过之,值亦不廉。(《滇略》卷3第235页)

己卯三月十三日,与何君同赴斋别房,因遍探诸院。时山鹃花盛开,各院无不灿然。中庭院外,乔松修竹,间以茶树。树皆高三四丈,绝与桂相似,时方采摘,无不架梯升树者。茶味颇佳,炒而复曝,不免黝黑。已入正殿,山门亦宏敞。殿前有石亭,中立我太祖高皇帝赐僧无极归云南诗十八章,前后有御跋。此僧自云南入朝,以白马、茶树献,高皇帝临轩见之,而马嘶花开,遂蒙厚眷。(《徐霞客游记·滇游日记八》第1015页)

感通茶,感通寺出,味胜他处产者。(《明一统志》卷86)

感通茶^{出太和感}_{通寺}。(康熙《云南通志》卷12《大理府》第227页)

感通寺在大理府城西,产茶。(《滇南杂记》第52页)

茶,旧《云南通志》:出太和感通寺。《大理府志》:感通三塔皆有,但性劣不及普茶。《徐霞客游记》:感通寺茶树,皆高三四尺,绝与桂相似,味颇佳,炒而复曝,不免黝黑。(道光《云南通志稿》卷69《大理府》第10页)

谷茶

《都宪程公平蛮录》:……成化十九年二月三日,曩罕弄等逾大小南子山,令其孙思混等诣公献谷茶,且云来日谕营听谕。谷茶,叶如建茶,以盐水和蜜渍之,蛮人以为珍味。……(《椒邱文集》卷20)

南甸、干崖、陇川,所谓三宣也。(干崖)其田一岁两收,婚姻以谷茶、鸡卵为聘,客至亦以为供。(《滇略》卷9第324页)

孩儿茶

己卯三月初四日……其村氓惯走缅甸,皆多彝货,以孩儿茶点水飨客,茶色若胭脂而无味。(《徐霞客游记·滇游日记八》第999页)

孟通茶

其孟通山所产细茶,名湾甸茶,谷雨前采者为佳。(景泰《云南图经志书》卷6《湾甸州》第347页)

境内有孟通山所产细茶,名茶湾甸茶,谷雨前采者为佳。(正德《云南志》卷14《湾甸州》第595页)

境内有孟通山所产细茶,名茶湾甸茶,谷雨前采者为佳。(万历《云南通志》卷4《湾甸州》第46页)

有孟通山所产细茶,胜于中国。(《滇略》卷9第324页)

湾甸御夷州,……高黎共山,……孟通山,在司境。产茶,名湾甸茶,味殊胜。(《读史方舆纪要》卷119第5223页)

茶,《一统志》:出湾甸州孟通山。章潢《图书编》:湾甸境内孟通山产细茶,名湾甸茶,谷雨前采者尤佳。《腾越州志》:团茶色黑,远不及普洱,出滇滩关外小茶山境。(道光《云南通志稿》卷70《永昌府》第9页)

普洱茶

士庶所用,皆普茶也,蒸而成团,瀹作草气,差胜饮水耳。(《滇略》卷3第235页)

普耳茶出普耳山,性温味香,异于他产。(康熙《云南通志》卷12《元江府》第227页)

明郎中滕槟水昌《百花寺》(七律):石涧东风百种花,百花深处见僧家。凤溪绕屋分晴霭,鹭岭当窗落绮霞。深院雨余留鹤迹,小园日夕散蜂衙。前村后寨皆蒲蛮,竟向新春摘茗芽。(康熙《云南通志》卷29第824页)

普洱茶出普洱山,性温味香,异于他产。(康熙《元江府志》卷1第666页)

普洱产茶,旧颇为民害,今已尽行革除矣。(《滇南杂记》第

51 页)

　　滇茶,滇茶有数种,盛行者曰木邦、曰普洱。木邦叶粗味涩,亦作团,冒普茗名以愚外贩,因其地相近也,而味自劣。普茶珍品,则有毛尖、芽茶、女儿之号。毛尖即雨前所采者,不作团,味淡香如荷,新色嫩绿可爱。芽茶较毛尖稍壮,采治成团,以二两、四两为率,滇人重之。女儿茶亦芽茶之类,取于谷雨后,以一斤至十斤为一团。皆夷女采治,货银以积为奁资,故名。制抚例用三者充岁贡,其余粗普叶皆散卖滇中。最粗者熬膏成饼,摹印备馈遗。而岁贡中亦有女儿茶膏。并进蕊珠茶,茶为禄丰山产,形如甘露子,差小,非叶,特茶树之萌苗耳,可却热疾。又茶产顺宁府玉皇庙内,一旗一枪,色莹碧,不殊杭之龙井,惟香过烈,转觉不适口,性又极寒,味近苦,无龙井中和之气矣。若迤西之浪穹、剑川、丽江诸边地,则采槐柳之寄生以代茶,然惟迤西人甘之。(《滇南新语》第 26 页)

　　团茶,产于普洱府属之思茅地方,茶山极广,夷人管业。采摘烘焙,制成团饼,贩卖客商,官为收课。每年土贡有团有膏,思茅同知承办,团饼大小不一,总以坚重者为细品,轻松者叶粗味薄。其茶能消食理气,去积滞,散风寒,最为有益之物。煎熬饮之,味极浓厚,较他茶为独胜。(《滇南闻见录》卷下第 36 页)

　　普茶,名重于天下,此滇之所以为产而资利赖者也。出普洱所属六茶山:一曰攸乐,二曰革登,三曰倚邦,四曰莽枝,五曰蛮耑,六曰慢撒,周八百里,入山作茶者数十万人。茶客收买,运于各处,每盈路,可谓大钱粮矣。尝疑普茶不知显自何时,宋自南渡后,于桂林之静江军,以茶易西蕃之马,是谓滇南无茶也。故范公志桂林,自以司马政,而不言西蕃之有茶。顷检李石《续博物志》云:"茶出银生诸山,采无时,杂椒、姜烹而饮之。"普洱古属银生府,则西蕃之用普茶,已自唐时。宋人不知,犹于桂林以茶易马,宜滇马之不出也。李石于当时无所见闻,而其为志,记及曾慥端伯诸人。端伯当宋绍兴间,犹为吾远祖檀倬墓志,则尚存也。其志记滇中事颇多,足补史缺云。茶山有茶王树,较五茶山独大,本武侯遗种,至今夷民祀之。倚邦、蛮耑茶味较盛。又顺宁有太平茶,细润似碧螺春,能径三瀹,犹有味也。大理有感通寺茶,省城有太华寺茶,然出不多,不能如普洱之盛。(《滇海虞衡志》第 269 页)

茶,檀萃《滇海虞衡志》:普茶,名重于天下,出普洱所属六茶山:一曰攸乐,二曰革登,三曰倚邦,四曰莽枝,五曰蛮嵩,六曰慢撒,周八百里,入山作茶者数十万人。茶客收买,运于各处。普茶不知显于何时?宋自南渡后,于桂林之静江军,以茶易西番之马,是谓滇南无茶也。顷检李石《续博物志》云:茶出银生诸山,采无时,杂椒、姜烹而饮之。普洱古属银生府,则西番之用普茶,已自唐时。宋人不知,犹于桂林以茶易马,宜滇马之不出也。李石志记滇中事颇多,足补史缺云。茶山有茶王树,较五茶山独大,本武侯遗种,至今夷民祀之。倚邦、蛮嵩茶味较胜。《思茅厅采访》:茶有六山:倚邦、架布、嶍崆、蛮砖、革登、易武。气味随土性而异,生于赤土或土中杂石者最佳,消食散寒解毒。二月间开采,蕊极细而白,谓之毛尖。采而蒸之,揉为茶饼,其叶少放而犹嫩者,名芽茶。采于三四月者,名小满茶。采于六七月者,名谷花茶。大而圆者,名紧团茶。小而圆者,名女儿茶。其入商贩之手,而外细内粗者,名改造茶。将揉时,预择其内之劲黄而不卷者,名金月天。其固结而不解者,名疙瘩茶,味极厚难得。种茶之家,芟锄备至,旁生草木,则味劣难售,或与他物同器,即染其气而不堪饮

郎中仪征阮福《普洱茶记》:普洱茶,名遍天下,味最醲,京师尤重之。福来滇,稽之云南通志,亦未得其详,但云产攸乐、革登、倚邦、莽枝、蛮嵩、慢撒六茶山,而倚邦、蛮嵩者味最胜。福考普洱府,古为西南夷极边地,历代未经内附。檀萃《滇海虞衡志》云:尝疑普洱茶,不知显自何时?宋范成大言南渡后,于桂林之静江军以茶易西番之马,是谓滇南无茶也。李石《续博物志》称:"茶出银生诸山,采无时,杂椒、姜烹而饮之。"普洱古属银生府,则西番之用普茶,已自唐时。宋人不知,犹于桂林以茶易马,宜滇马之不出也。李石,亦宋人也。本朝顺治十六年平云南,那酋归附,旋叛伏诛,编隶元江通判,以所属普洱等处六大茶山纳地设普洱府,并设分防思茅同知,驻思茅。思茅离府治一百二十里,所谓普洱茶者,非普洱府界内所产,盖产于府属之思茅厅界也。厅治有茶山六处:曰倚邦,曰架布,曰嶍崆,曰蛮砖,曰革登,曰易武,与《通志》所载之名互异。福又检贡茶案册,知每年进贡之茶例,于布政司库铜息项下动支银一千两,由思茅厅领去,转发采办,并置办收茶锡瓶、缎匣、木箱等费。其茶在思茅本地收取鲜茶时,须以四觔鲜茶,方能折成一觔干茶。每年备贡者:五觔重团茶、三觔重团茶、一觔重团茶、四两重团茶、一两五钱重团茶,又瓶盛芽茶、蕊茶,匣盛茶膏,共八色。思茅同知领银承办。《思茅志稿》云:其治革登山有茶王树,较众茶树高大,土人当采茶时,先具酒醴礼祭于此。又云:茶产六山,气味随土性而异,生于赤土或土中杂石者最佳,消食散寒解毒,于二月间采,蕊极细而白,谓之毛尖,以作贡,贡后,方许民间贩卖。采而蒸之,揉为团饼,其叶之少放而犹嫩者,名芽茶。采于三四月者,名小满茶。采于六七月者,名谷花茶。大而圆者,名紧团茶。小而圆者,名女儿茶,女儿茶为妇女所采于雨前,得之,即四两重团茶也。其入商贩之手,

而外细内粗者，名改造茶。将揉时，预择其内之劲黄而不卷者，名金月天。其固结而不解者，名纥搭茶，味极厚难得。种茶之家，芟锄备至，旁生草木，则味劣难售，或与他物同器，即染其气而不堪饮矣。（道光《云南通志稿》卷70《普洱府》第1页）

茶，产普洱府边外六大茶山。其树似紫薇，无皮，曲拳而高，叶尖而长，花白色，结实圆匀如栟榈子，似丁香，根如胡桃，土人以茶果种之，数年，新株长成，叶极茂密，老树则叶稀多瘤，如云物状，大者制为瓶甚古雅，细者如栲，栲可为杖。茶味优劣，别之以山，首数蛮磚，次倚邦，次易武，次莽芝，其地有茶王树，大数围，土人岁以牲醴祭之，次漫撒，次攸乐，最下则平川产者，名坝子茶，此六大茶山之所产也，其余小山甚多，而以蛮松产者为上，大约茶性所宜，总以产红土带砂石之□者，多清芬耳。茶之嫩老，则又别之以时：二月采者为芽茶，即白毛尖；三四月采者为小满茶；六七月采者为穀花茶，熬膏外则蒸而为饼，有方有圆，圆团者为筒子茶，为大团茶；小至四两者为五子圆，拣茶时，其叶黄者名金晻蝶，捲者名疙瘩茶。每岁除采办贡茶外，商贸货之远方。按思茅厅每岁承办贡茶例，于藩库铜息项下支银一千两，转发采办，并置办收茶锡瓶、缎匣、木箱等费，每年备贡者：五觔重团茶，三觔重团茶，一觔重团茶，四两重团茶，一两五钱重团茶，又瓶承芽茶、蕊茶，匣盛茶膏，共八色。樊绰《蛮书》："茶出银生城界诸山，散收，无采造法，蒙舍蛮以椒姜桂和烹而饮之。"阮福以普洱古属银生府，按银生，今属楚雄府，唐蒙氏立银生节度，威远归其管辖，因威远属银生，界近车里，而谓普洱亦属银生，则非也。案六茶山，《通志》云：攸乐、革登、倚邦、莽枝、蛮耑、慢撒。而阮福《普洱茶考》及《思茅采访》则云：倚邦、架布、嶍崆、蛮磚、革登、易武，与《通志》互异。（道光《普洱府志》卷8第5页）

普洱茶，亦滇产之大宗也，元江、思茅、他郎皆有茶山。茶味浓厚，过于建茶，能去油腻、消食，惟山口有高下优劣之分，名目各异。初皆散茶，拣后，用布袋揉成数两一饼，或团如月形，或方块，蒸黏压紧，以笋箨裹之，其最佳者，制如馒头，形色味皆胜，所出无多，价亦数倍，多为外人购去，即在滇省，殊不易得。其入滇普通行销者最低，迤西庄、四川庄较优。（《幻影谈》卷下第142

页）

顺宁茶

乾隆三十三年十二月初三日,抵南甸,已接总督印任事。是晚,抚军以顺宁、普洱茶见饷。顺宁茶味薄而清,甘香溢齿,云南茶以此为最。普洱茶味沈刻,土人蒸以为团,可疗疾,非清供所宜。(《滇行日录》第211页)

太华茶

昆明之泰华,其雷声初动者,色香不下松萝,但揉不匀细耳。(《滇略》卷3第235页)

戊寅十月二十五日……老罗罗言:"此石隙土最宜茶,茶味迥出他处。今阮氏已买得之,将造庵结庐,招净侣以开胜壤。岂君即其人耶?"余不应去。(《徐霞客游记·滇游日记四》第847页)

戊寅十一月初八日……侍者进茶,乃太华之精者。茶冽而兰幽,一时清供,得未曾有。(《徐霞客游记·滇游日记四》第869页)

己卯八月十四日……宿于高简槽,店主老人梅姓,颇能慰客,特煎太华茶饮予。(《徐霞客游记·滇游日记十二》第1187页)

太华茶^{出太华山,色味俱似松萝。}(康熙《云南通志》卷12《云南府》第226页)

太华茶^{出太华山,色味俱似松萝,而性较寒。}(雍正《云南通志》卷27)

太华茶,旧《云南通志》:出太华山,色味俱似松萝,而性较寒。《徐霞客游记》:里仁村石城隙土宜茶,味迥出他处。(道光《云南通志稿》卷69《云南府》第2页)

太平茶

顺宁为滇省僻远之地,在万山之中,他省人鲜知之者。……郁密山,在郡城西南三十里外,……太平寺,迄今百余年来,善果叠成,规模清整,花木繁秀,为顺郡禅林第一,寺旁多别院,亦皆静雅。其岩谷间,偶产有茶,即名太平茶,味淡而微香,较普洱茶质稍细,色亦清,邻郡多觅购者,每岁所产只数十斤,不可多得。僧房之左有清泉一股,石上横流,潺湲可听,凿池贮水,汲烹新茗,尤助清香。(《顺宁杂著》第 54 页)

乌爹泥

乌爹泥,李时珍《本草纲目》:出南蕃、瓜哇、暹罗诸国,今云南、老挝暮云场地方造之。云是细茶末入竹筒中,坚塞两头,埋污泥沟中,日久取出,捣汁熬制而成。其块小而润泽者为上,块大而焦枯者次之。(道光《云南通志稿》卷70《普洱府》第 7 页)

雪茶

雪茶,阿墩子、奔子栏盛夏雪融如草,叶白色,生地无根,土人采售,谓之雪茶。汁色绿,味苦性寒,能解烦渴,然多饮则腹泻,盖积雪寒气所成者。(《维西见闻录》第 13 页)

雪茶,《丽江府志》:生雪山中石上,心空味苦,性寒下行。余庆远《维西闻见录》:阿墩子、奔子阑皆有,盛夏雪融如草,叶白色,生地无根,土人采售,谓之雪茶。汁色绿,味苦性寒,能解烦渴,然多饮则腹泄,盖积雪寒气所成者。(道光《云南通志稿》卷69《丽江府》第 41 页)

雪茶,《巧家厅采访》:产向化里。(道光《云南通志稿》卷70《东川府》第 37 页)

酒

汉律,三人以上无故群饮酒,罚金四两。(《汉书》卷4第110页注引文颖曰)

后元年春三月,诏曰:"……以口量地,其于古犹有余,而食之甚不足者,其咎安在?无乃百姓之从事于末以害农者蕃,为酒醪以靡谷者多,六畜之食焉者众与?细大之义,吾未能得其中。……"(《汉书》卷4第128页)

酒醋课:元之有酒醋课,自太宗始。其后皆著定额,为国赋之一焉,利之所入亦厚矣。……酒课:云南行省,贝二十万一千一百一十七索。(《元史·食货志》卷94第2394页)

这里的酒不是用葡萄酿制的,而是用小麦和米,掺以香料酿制的,实在是上等的饮品。(《马可波罗游记》卷2第47章《云南省》第143页)

他们用其他谷物,加入香料,酿制成酒,清香可口。(《马可波罗游记》卷2第48章《哈剌章大省和省会大理》第145页)

他们的酒用米酿制,掺进多种香料,是一种上等的酒品。(《马可波罗游记》卷2第50章《卡丹丹省和永昌市》第148页)

神曲,味甘,性平。宽中,扶脾胃以进饮食,消隔宿停留胃内之食,止泻。气虚者,能令出汗。(《滇南本草》第622页务本)

戊寅十月初八日……是日,州幕傅良友来拜,且馈橲醴。(《徐霞客游记·滇游日记四》第831页)

建武十九年,遣武威将军刘尚等发广汉、犍为、蜀郡兵及朱提彝,合一万三千人击之,渡泸水,路由越嶲。太守任贵疑尚既定乱,威法必行,己不得自放纵,多酿毒酒,欲先以劳军,因袭击尚。尚觉,分兵掩贵,诛之,然后引大兵入滇。群蛮闻大兵至,皆弃垒奔走。二十年,尚等连与栋蚕等大战数月,滇王退兵昆明,尚追至不韦,斩栋蚕首,掳生口、马、牛、羊甚众,群蛮悉平。(《滇考》卷上第30页)

额征酒课:银九两,遇闰加增银七钱五分,例于本县酒户征收起解。税契原无额,遇有投税者,年终汇解。(楚雄旧志全书"禄丰卷上"康熙《禄丰县志》卷2第24页)

蛮人嗜酒,不解蒸熬,江西人入其寨而蒸熬之,所谓烧锅也。蛮人聚而酤之,然收酒债,利甚重,盘剥于蛮。张明经忠,蛮族之贤者也,惜之,控于大吏,请示禁,且以语予。予曰:"酒之溺人,周公作诰,秦、汉禁群饮,必待于赐酺,饮势若可以稍衰矣,而民间之群饮仍自如也。盖其性之所趋,虽以圣人言之疼切,朝廷之厉禁,莫得而维挽之。烧锅之禁早矣,卒不能禁,徒使吏役济其私,致酒价渐增,以重困于民。凡为美睹听之言者,非治道之正也。不正其本而禁其末,又岂能行? 长吏整躬率物,贤士大夫相与导扬而劝谕之,转其酒性,饮势得以稍衰,乃可有济。且事有失一而得一者,不可不知也。昔昭烈、魏武严禁酒,不使糜费五谷,以足民耳。滇处万山,歉则外谷不能入,丰则内谷不能出,谷贱伤农,农伤亦非地方之福。运至本省及近厂,已苦脚费之多,况出滇境哉? 计一石之米,重百二十斤,熬为美酒,不过数十斤,运之至轻,行之又远,不致以余粟病吾农,亦军国之大计。绍兴距滇万里,且以其酒来牟利于滇,滇有烧锅,犹哓哓共思禁之,谷无所转移,不过运省运厂,脚费之盈绌相当,不能大赢。济之以蒸熬,纵不能如绍兴之远行,即在滇境互相流通,终亦在于赢数,此亦计之得者也。"张君以为然,兹因志酒而论及之。(《滇海虞衡志》第95页)

酒有米酒、麦酒、花酒、红酒、高粱酒、名甘酒,出地名力石者味佳。(楚雄旧志全书"牟定卷"道光《定远县志》第244页)

酒,有烧酒、白酒、水酒。(咸丰《南宁县志》卷4第10页)

酒,旧《通志》:有烧酒、白酒数种。采访:顺宁之酒多用玉麦酿之。(光绪《续修顺宁府志》卷13第20页)

酒 其原料分四种:一为稻,一为小麦,一为膏粱,一为玉蜀黍,而膏粱所制者尤美,价亦昂。(民国《路南县志》卷1第53页)

《酿榨》:境内业酿榨者,有酿酒、熬糖、榨油等。《酿酒》:业酿酒者,各区皆有之,而以白龙乡为最盛,酒户至百户以上,邵甸次之。质料以邵甸、杨林为优,而杨林之肥酒,且能畅销省内外。酿酒原料为荞、稗子、大麦、包谷,间有用稻谷者,特最少数。其酿法:先将原料浸于清冷之水,去其灰土杂质,乃捞入甑蒸之约三四小时,取出复浸于清冷水中,挥起再入甑内蒸之,蒸至膨胀绽破为度,散晾于楼板上,或簸箕内,俟其温度降至与人体温度等,撒以酒麹,反复搅拌均匀,即移盛于器中使醱酵,约二三日,又移于甕内,灌水复使醱酵,醱酵至二三日,加盖密封甕口,约经数日成醪,即可取出甑之甑上,覆以锡锅,使冷水长流于锡锅之上,使锡锅常成冷体,甑内酒汽上昇,遇冷锡锅则凝结为液体,由锡锅(名蒸溜器)嘴流出,注于容器中而为酒矣。(民国《嵩明县志》卷14 第228页)

《酿酒》:酿酒可分两类。甜酒用糯米,居民皆能自酿;白酒用苞谷、膏(高)粱、食谷、大麦为酿料。清代有大醩同"糟",以下遇醩通写为"糟"房八十户,小糟房不及计。民(国)十四年后,地方多故,灾歉频仍,因停酿六七年。至二十四年始,开酿十余家,用锡锅煮者为大糟房,铁锅煮者为小糟房。每一酢需粮八斗余,可取纯酒九十斤,尚不敷本境销售,每年川酒运入者不下二万斤。(昭通旧志汇编本《绥江县县志》卷3 第907页)

白酒(甜白酒)

白酒,即北方所谓水酒也。酿成,不加水,和糟温热出售,味颇酽,嫌其太甜。家君在署中自造,酿成加水,名为副酒,停瓮数日,漉净糟粒,煮熟饮之,清辣甘美。未煮者为白酒,已煮者为熟酒,此家乡风味也。(《滇南闻见录》卷下第34页)

白酒煮鸡蛋,亦浙客为之,滇人士效之,今遂以为俗。每岁腊中,人家各酿白酒,开年客至,必供白酒煮鸡蛋满碗,乃为亲密。此风不知可开自先生?又添滇之一酒案。顷检《范志》,则白酒煮鸡蛋,即老酒冬鲊之遗风也。(《滇海虞衡志》第89页)

白酒糯米为甜酒,俗呼白酒,案即稻醴也。《内则》有稻醴、黍醴、粱醴。哀十一年《左传》:"进稻醴",《释文》云:"以稻米

为醴酒。"（《滇游续笔》第 466 页）

丁香酒

丁香酒，云南产丁香，亦以酿酒，性烈兴阳。岭表人尝言："舶客以重值延越姝，诸姝谢不敢住。一姝恃其能也，往就之。与欢终日，稍衰，即呷丁香酒而复兴，姝大败坏，从此不能待客。"记之以见此酒不宜轻染唇也。蛮中花椒油，性烈亦同。（《滇海虞衡志》第 92 页）

高粱酒

高粱酒，出元谋。其地旺，高粱以为酒，如北方之干烧。（《滇海虞衡志》第 91 页）

高粱，檀萃《华竹新编》：元谋高粱有二种，其黏者为酒露，可敌汾酒，名甲滇南，古者梁州以产梁得名，元谋其独钟梁州之盛气矣。（道光《云南通志稿》卷 70《武定直隶州》第 47 页）

第三十八课《高粱酿酒法》：置高粱于锅内，以火热之如煮饭，待其煮熟，取出以酒药和之。酒药者，米面与蓼草所成之物也。和匀装入缸内，在温度高至八十度时，二星期后取出，装于甑内，甑上覆以锡锅，令冷水注入不断，中部通二孔，将瓢形锡管从甑内放出如蒸饭，然（后）加以火，使甑内蒸气上升，一冷而坠落瓢内，由管流出即成酒矣。通常高粱百觔得纯酒百分之三十。（楚雄旧志全书"元谋卷"光绪《元谋县乡土志》修订本卷下第403 页）

古刺酒

古刺酒，出缅甸。古刺在缅甸外，其水贮之器，数十年不干，曰古刺水。取此水以酿酒，可以久留，故曰古刺。《范志》误以为古辣，且以为宾、横间墟名，殆非也。前明外番，尝有古刺贡水,古剌与暹罗皆在缅甸外,而缅甸常畏之。暹罗人善酿酒,以烧酒再重烧,入珍宝异香。每坛以檀香十数斤,熏黑如漆,入酒封埋,绝去烧气,二三年取出之,能去积病,且杀虫蛊。明汪颖常见二人饮此酒,打下活蛊,长二寸许,谓之鱼蛊云。粤人喜食鱼生,当是鱼脍成蛊也。(《滇海虞衡志》第92页)

古剌酒,檀萃《滇海虞衡志》:出缅甸。古剌在缅甸外,其水贮之器,数十年不干,曰古剌水。取此水以酿酒,可以久留,故曰古剌。《范志》误以为古辣,且以为宾、横间墟名,殆非也。前明外蕃,尝有古剌贡水,古剌与暹罗皆在缅甸外,而缅甸常畏之。暹罗人善酿酒,以烧酒再重烧,入珍宝异香,每罇以檀香十数勱,熏黑如漆,入酒封埋,绝去烧气,二三年取出之,能去积病,且杀虫蛊。明汪颖尝见二人饮此酒,打下活蛊,长二寸许,谓之鱼蛊云。粤人喜食鱼生,当是鱼脍成蛊也。(道光《云南通志稿》卷70《永昌府》第9页)

花桐酒

花桐酒,出武定花桐村,村之地势极高,张、王二姓同居,颇似武陵桃园村人。工酿酒,行于四远,曰花桐酒。予尝宿其村,下则为勒品,又下为张波罗,又下为元谋,以至金沙江。计其高,应数十里上。(《滇海虞衡志》第90页)

井水酒

吴井^{在城东三里菊花村,其}水独重,味甚甘冽。(康熙《云南通志》卷6第107页)

赛瑞露者,所拟于滇厨而为之也。古者酒归官酿,故曰官酒。阮嗣宗之就步兵厨,王无功之就某监者,为其吏善酿,多美酒耳。《范志》之瑞露厨酒,官酒也。大酉命酒,重在于水泉必香。帅厨酒佳,由于署内有所井、库井,泉皆清冽,汲酿故佳。今酒不归官酿,有事用酒,上官取之于下,下官要之于民,故曰要酒,则美恶不能择矣。若使官自为之,岂不可以美见?今滇城无此二井,而城外吴井,井泉清冽,官民取之以瀹茶。若以酿酒,当亦与瑞露并赛争先,故悬拟其名,以待滇之好事者争为之,毋使石湖专美于粤也。(《滇海虞衡志》第93页)

酒,旧《云南通志》:有烧酒、白酒、黄酒数种^{檀萃《滇海虞衡志》:孙潜村居五华,知滇之吴井水似苦邪,因以绍兴之酿法为之,以饷大吏及交好,真绍兴酒也。}(道光《云南通志稿》卷67《通省》第2页)

老酒

老酒,滇南士大夫家亦藏之。时因予病,诸生出以相饷。予昔在罗博,饮老酒甘之,遂以病,盖李时珍云:"老酒腊月酿造,可经数十年,和血养气,暖胃辟寒。"岭南人藏之以备女眷房帏之用,不轻以饮人,人亦不乐饮之者,较白酒力尤微,而发痰动火倍盛。《范志》云:"老酒,以麦麹酿酒,密封藏之可数年,土人家尤贵重。每岁腊中,家家造鲊,便可为卒岁计。有贵客则设老酒冬鲊以示勤,婚娶亦以老酒为厚礼。"滇南人不知鲊法,予居滇,命侍儿为之,随作随食。以烧酒下之,更爽快。客来供鲊,俱不敢尝,惟桐城吴四至,则啖之立尽也。(《滇海虞衡志》第89页)

力石酒

力石酒,出定远,亦高粱(通粱)烧。名力石者言其酒力之大,重如石也。(原注:按鹤庆亦出酒,其味较汾酒尤醇厚。)(《滇海虞衡志》第91页)

力石酒,檀萃《滇海虞衡志》:出定远,亦高粱烧。名力石者,言其酒力之大,重如石也。(道光《云南通志稿》卷69《楚雄府》第23页)

《定远之力石酒》:今之牟定县,即往昔之定远县。定远之力石酒,为滇中大有名色之一种美酒,此酒不自近百数十年来有名,在二三百年前即驰名于省内。论力古酒之醇酽,在迤西人言,仅能与鹤庆酒媲美;在省城及在威楚一带之人言,则曰:鹤庆酒须时日积久,其味始醇,不似力石酒于出锅后即能有此醇酽也。然此说实近于偏,可畅论之,以见力石酒之醇酽非无故而成也。力石为村名,然有大、小力石两村,俱在定远境内琅井河流之旁,两村距离不远,只不过三几华里。在清代之光绪、宣统年间,大力石村之居民实有百余户,小力石则只有七八十户,此俱不事耕种,统以烤酒为业。大力石上距琅井约逾二十华里,下至黑井却不及二十里,琅井与黑井同为定远属地,故大、小力石实为定远境内之两小村落耳。酒以高粱酒为第一,谷子酒次之,大麦酒更次,若包谷酒,不特不酽不醇,且有酸味,故一般饮客多不取重。力石酒纯用高粱制造,其原料已强,故较富民之谷子酒、鹤庆之大麦酒尤佳。而富民之谷子酒年出之数量不多,鹤庆距省又远,故居于威楚一带及居于省垣之一般饮客,于举杯时,无不首屈一指而称赞力石。力石酒之烤法与他处之烤法亦不大差别,惟此著有声色之力石酒,是要在此两村内烤出,方能酽醇,若移往他处,纵如法烤制,即不酽不醇而味薄,可云与他处所酿者相若。此何以故?盖由得不到此一段河流内之水也。大力石距小力石,前已言明,相距仅三几华里,此段河流自等,于是村中之烤酒者,非取用此段河流内之水不可,若取大力石村以上或小力石村以下的水来烤,烤出之酒,味即差矣。此则不知此段河流之两旁岸上究函有何种矿质,能使烤出之酒得到如斯酽醇也。虽然,此仅是其中之一个因由。其次,大、小力石两村之人是世代烤酒以营生活,传云,自清初村人即创此业,是则为历有三几百年之世业,故尔家家户户饶于资财,即有参差,亦相去不远。此在远年间,其情状若何,境外之人多不甚了然。惟在光绪年间,据副(附)近于此者言,是时,即属一中等门户,藏酒亦能至五六十瓮,每瓮能贮四五百斤,诚大瓮也。此些大瓮俱埋于地下,都一一装满,陆续取出售卖,减少随即加添。酒是不间断的烤着,瓮内的老卤不竭,有此一种及前云之一种原因,所以力石酒之醇酽能高于一切。至云行销出外之数量,每年大、小两村实有万余担之酒售出,亦云巨矣。惟在民国之某一年间,是处遭受匪祸甚巨,屋庐被焚尽,酒瓮为匪破坏,村人资财损失殆尽。逮至匪乱平息,村人始行踅回而理料旧业,搭草房以居,购新瓮而贮酒。复以资力薄弱,日出之数大不似往昔充足,且老瓮坛坏尽,老卤毫无,造酒时仅能仗藉一段河流,故造出之酒有逊于前也。……(《云南掌故》卷10第326页)

《班洪风土记·茶酒》:……土人不娴煮酒,运而至者亦少,故寻常不饮酒,余未一遇以酒款待,闻丧庆日酒为厚品云。在孟定、耿马、猛角、猛董市上,有自班洪来贸者,余钱狂饮,呼啸而去。(《滇西边区考察记》第1篇第28页)

葡萄酒

大宛左右以蒲陶为酒,富人藏酒至万余石,久者至数十岁不败。俗嗜酒,马嗜目宿。(《汉书》卷96第3894页)

葡萄,《本经》上品。《释名》:蒲桃,古字。草龙珠,时珍曰:葡萄,《汉书》作蒲桃,可以造酒入醋,饮之则陶然而醉,故有是名。其圆者名草龙珠,长者名马乳葡萄,白者名水晶葡萄,黑者名紫葡萄。《汉书》言张骞使西域还,始得此种,而《神农本草》已有葡萄,则汉前陇西旧有,但未入关耳。《集解》:……蜀中有绿葡萄,熟时色绿。云南所出者大如枣,味尤长。(《本草纲目》卷33)

桑椹酒、山查酒、葡萄酒。滇产葡萄佳,不知酿酒,而中甸接西藏,藏人多居之,酒盖自彼处来也。(《滇海虞衡志》第91页)

葡萄酒,檀萃《滇海虞衡志》:滇产葡萄,不知酿酒,中甸地接西藏,藏人多居之,酒盖自彼来也。(道光《云南通志稿》卷69《丽江府》第41页)

烧酒

时珍曰:烧酒,非古法也,自元时始创。其法:用浓酒和糟入甑蒸,令气上,用器承取滴露,凡酸坏之酒皆可蒸烧。近时惟以糯米,或粳米,或黍,或秫,或大麦,蒸熟和曲酿瓮中,七日,以甑蒸取,其清如水,味极浓烈,盖酒露也。颖曰:暹罗酒,以烧酒复烧二次,入珍宝异香,其坛每个以檀香十数斤,烧烟熏令如漆,然后入酒蜡封,埋土中二三年,绝去烧气,取出用之。会有人携至舶,能饮三四杯即醉,价值数倍也。有积病,饮一二杯即愈,且杀虫。予亲见二人饮此,打下活虫,长二寸许,谓之鱼蛊云。(《本草纲目》卷25)

烧酒,荍稗烧不可饮,惟谷子酒可饮。民间皆饮烧酒,价不甚贵。最高者楚雄力石酒及鹤庆酒,味酽气猛,稍饮一口,气瀊于胸,逆行至喉间。余本不能饮,此酒尤不敢向迩也。(《滇南闻见录》卷下第34页)

绍兴酒

绍兴酒,每坛不过十二三斤,须白金五六两,路远难运,脚价颇重,而业此者获利亦甚大。酒则愈于他省所贩者,色清而味醇,虽多饮无伤,盖路远运久,非高品不能胜也。本地有仿绍兴酒,佳者竟可乱真。其法始于五华山长孙君名见龙者,性嗜饮,设帐时,肇造斯酒如绍兴法,然米性、水性俱不同,味固不如真者之醇。迨后浙人在滇者,每造此酒为业,获重利。孙君系浙之潮州人,学问深醇,为名进士,教授生徒,造就成才者甚众。尝集先儒语录,以己意参订为《五华大全》,诠理明正,采摭简当,至今滇之人士奉为金针也。(《滇南闻见录》卷下第34页)

按《范志》谓:“性不能饮而知酒。顷予仕于朝,历贵游家,总未尝得名酒。使燕,饮金兰酒而甘之。及来桂林,又饮帅司公厨之瑞兰,乃尽其妙。”因《志酒》,然所志者,仅瑞露、古辣、老酒,但三耳。予性爱饮,又谪居,不复能择佳酒。有载而来问字者即饮之,然喜饮烧刀酒,于黄酒虽馈送盈于阶砌,不复开,转以送人。盖烧酒名酒露,元初始入中国,中国人无处不饮乎烧酒,见黄酒反攒眉。吴、越爱黄酒,江右尚水白生酒。黄酒,今绍兴酒也。滇南之有绍兴酒,自孙潜村始。绍兴酒,古箬下酒也。取若邪溪水酿之,以箬封坛口而泥之。虑其远行,或难久贮,炒石灰半盏入之,故绍酒有灰而他酒无灰。今医书古方制药,辄曰用无灰酒,是知绍兴已遍行天下,故方书以其有灰,戒之曰用无灰酒也。坛面酒甚佳,饮之辄破腹,由灰气浮于面耳。孙潜村居五华,知滇之吴井水似若邪,因以绍兴之酿法为之,真绍兴酒也。以饷大吏及交好,每售辄数十坛,获大利,余则日与其徒乐饮酒。至今六七十年。云南省绍兴酒,由孙先生创之也。先生居滇南,开出文章、理学大风气,而豪饮之风,亦由以开,且留酒法于滇南,使小子后生时奉先生之遗瓮,其即鲁国夫子瓮乎?往时官场为豪举,酒之自绍兴来者,每坛十斤,值四五六金。近来滇作渐佳,可敌绍作,故绍来渐少,值亦渐低,则先生之余爱也。(《滇海虞衡志》第86页)

树头酒

产树类棕,高五六丈,结实大如掌,土人以曲纳罐中,而以索悬其罐于实下,划其实取汁流于罐以为酒,名曰树头酒。或不用曲,惟取其汁熬为白糖。其叶即贝叶,写缅书用之。(景泰《云南图经志书》卷6《缅甸宣慰使司》第345页)

树头酒 树类棕,高五六丈,结实大如掌,土人以曲纳罐中,而以索悬其罐于实下,划其实取汁流于罐以为酒,名曰树头酒。或不用曲,惟取其汁熬为白糖。其叶即贝叶,写缅书用之。(正德《云南志》卷14《缅甸宣慰使司》第578页)

树头酒 树类棕,高五六丈,结实大如掌,土人以曲纳罐中,而以索悬其罐于实下,划其实取汁流于罐以为酒,名曰树头酒。或不用曲,惟取其汁熬为白糖。其叶即贝叶,写缅书之。(万历《云南通志》卷4《缅甸宣慰使司》第39页)

树头酒,缅出。其树类棕榈,高五六尺,结实大如掌。缅人纳曲罂中,悬之实下,划实使汁入罂,久则成酒。其叶即贝叶也,古以写经,今缅以书字。(《滇略》卷3第228页)

树头酒,《南史》云:南海有顿逊国,有酒树,似安石榴,采其花汁停瓮中数日,成酒甘美。旧《志》云:树头酒,树类棕,高五六丈,结实大如李。土人以曲纳罐中,以索悬罐于实下,倒其实取汁流于罐以为酒,名曰树头酒。或不用曲,惟取其汁熬为白糖。其叶即贝,写缅书用之。谭用之诗云:"昔年南去得吴槟,顿逊杯前共好春。"《南州见物志》亦载其事。今缅甸军民宣慰司有此。(天启《滇志》卷32第1046页)

其产,……树类棕,高五六丈,结实如掌。土人以曲纳罐中,以索悬罐于实下,划实取汁,流于罐以为酒,名曰树头酒。或不用曲,惟取汁熬为白糖。其叶即贝叶,写缅书用之。(康熙《云南通志》卷27《缅甸宣慰使司》第526页)

树头酒 《南史》云:南海顿逊国有酒,树似安柘榴,采其花汁停甕中数日,成酒甘美。旧《志》云:树头酒,树类棕,高五六丈,结实大如李。土人以曲纳罐中,以索悬罐于实下,倒其实取汁流于罐以为酒,名曰树头酒。或不用曲,惟取汁熬为白糖。其叶即贝,写缅书用之。谭用之诗云:"昔年南去得吴嫔,顿逊栖前共好春。"《南州见物志》亦载其事。今缅甸军民宣慰司有此。(康熙《云南通志》卷30第874页)

树头酒,出缅甸,树类棕,高五六丈,结实大如掌。土人以麹纳罐中,而以索悬其罐,承于实下,划实流汁,入罐成酒,名树头酒。如不用麹,但取其汁,熬为白糖。(《滇海虞衡志》第95页)

树头酒,《思茅厅采访》:形类草果而甚大,外有皮包裹,中有核如瓠,色黑,或有圆有方,以及三稜、四稜者不等,剖之而酒出焉。土人谓之天酒,遇佳客至,以之相待,味甚甘美。其核坚硬异常,可镂作饮器。(道光《云南通志稿》卷70《普洱府》第5页)

树头酒,乐史《太平寰宇记》:缅甸在滇南,有树类棕,高五六丈,结实如椰子。土人以罐盛麹悬于实下,划其实汁流罐中以成酒,名树头酒。或不用麹,惟取汁熬为白糖。其树即贝树也,缅人取其叶写书。(道光《云南通志稿》卷70《永昌府》第23页)

洋酒

洋酒,开化人善为之。盛以琉璃瓶,宛然洋酒也。近孙君汉辅亦作之滇邸。(《滇海虞衡志》第94页)

洋酒,檀萃《滇海虞衡志》:开化人善为之。盛以瑠璃瓶,宛然洋酒也。(道光《云南通志稿》卷70《开化府》第33页)

咂鲁麻(钩藤酒)

诸私造咳鲁麻酒者,同私酒法,杖七十,徒二年,财产一半没官,有首告者,于没官物内一半给赏。(《元史·刑法志》卷104第2649页)

酒或以杯,或用筒。筒以蕨楷,或用鹅翎管连贯,各长丈余,漆之而饰以金,假若一酿酒,则渍以水一满瓮,插筒于中,立标以验其盏数,人各以次举筒咂之。咂酒一盏,仍渍水一盏,传之次客,味甚佳,至淡,水方止,俗呼为咂酒。(钱古训《百夷传》第74页)

元梁王长史王庭《咂酒》(七律):封拆黄泥日月遥,绕瓶活火谩围烧。枯筒未试香先透,熟水频添味转饶。冷暖既随人异态,缩盈还与海同潮。其中春色知多少,便是渊明也折腰。(景泰《云南图经志书》卷7第370页)

杨升庵《滇南月节词》:十月滇南栖暖屋,明窗巧钉迎东旭,咂鲁麻酒也香春瓮熟,歌一曲,酥花乳线浮杯绿。蜀锦吴绫熏夜馥,洞房窈窕悬灯宿,扫雪烹茶人似玉,风弄竹,霜天晓角寒生粟。(《增订南诏野史》卷下第74页)

钩藤,藤也,可以酿酒。土人渍米麦于罂,熟而着藤其中,内注沸汤,下燃微火,主客执藤以吸。按:钩藤即千金藤,主治霍乱及天行瘴气,善解诸毒,其功似与槟榔同也。(《滇略》卷3第228页)

饮酒之法:杂荞秫曲稗于巨瓮,渍令微热,客至,则燃火其下,以小竹或篾插瓮中,主客环坐,吸而饮之,曰咂鲁麻。程本立诗:"金杯哈喇吉,银筒速鲁麻。江楼日日醉,忘却在天涯。"(《滇略》卷4第241页)

己卯三月初四日……还饭于铁甲场居民家。置二樽于架上,下煨以火,插藤于中而递吸之,屡添而味不减。(《徐霞客游记·滇游日记八》第999页)

太和县，……钩藤亦出苍山，以之酿酒，名咂鲁麻。(《滇游记》第8页)

元梁王长史王廷《咂酒》(七律)：封折黄泥岁月遥，绕瓶活火谩为烧。枯筒未试香先透，熟水频添味转饶。冷暖既随人异态，缩盈还与海同潮。其中春色知多少，任是渊明也折腰。(乾隆《丽江府志略》卷下《艺文·诗》第110页)

夷俗：以杂粮酿酒，凡宴宾客，先设架置酒县于上，贮以凉水，插竿于内，客至，主人先咂，以示先尝之意，客次之，咂时盛水，候咂毕而注于县，视水之盈缩，以验所饮之多寡，不及则请再行，寒月置火于县下，取其热也。(乾隆《开化府志》卷9第4页)

元梁王长史王廷《咂酒》：封折黄泥岁月遥，绕瓶活火谩为烧。枯筒未试香先透，熟水频添味转饶。冷暖既随人异态，缩盈还与海同潮。其中春色知多少，任是渊明也折腰。(乾隆《开化府志》卷10第102页)

咂酒 俗以青粱、大麦酿酒。凡宴待宾客，先设架置酒坛于上，贮以凉水，插竿于内。客至，主人先咂，以示先尝之意，客次之。咂时，盛水候咂毕而注于坛，视水之盈缩，以验所饮之多寡，不及则请再行。冬月置火于坛下，取其热也。(乾隆《石屏州志》卷8第16页)

咂酒，夷人酿酒，带糟盛于瓦盆，置地炉上温之，盆内插芦管数枝。凡亲友会集，男女杂沓，旁各执一管，吸酒饮之，谓之咂酒。(《滇南闻见录》卷上第26页)

咂鲁麻，陈鼎《滇黔纪游》：钩藤，亦出苍山，以之酿酒，名咂鲁麻。(道光《云南通志稿》卷69《大理府》第10页)

咂酒，《丽江府志》：元梁王长史王廷《咂酒》：封折黄泥岁月遥，绕瓶活火谩为烧。出丽江枯筒未试香先透，熟水频添味转饶。冷暖既随人异态，缩盈还与海同潮。其中春色知多少，任是渊明也折腰。(道光《云南通志稿》卷69《丽江府》第41页)

咂酒，《镇雄州志》：陆次云《峒黟纤志》：咂酒，一名钩藤酒，以米杂草子为之，不火酿成，不荛不酢，以藤吸取，多有以镇雄出鼻饮者，谓由鼻人喉更有异趣。(道光《云南通志稿》卷70《昭通府》第38页)

苗人之踩山：上年冬季，选一高而稍平之山场，竖数丈高之木杆于其处作标识，而资号台，当事者酿咂缸酒数缸，翌年春初，陈呃缸酒于场,苗男女皆新其装饰,多自远方来,如归市然。自初一日起,来者曰众,累百盈千,肩摩踵接,诚盛会也。早飧既罢,山场已开,众苗女遥立场外,作羞涩不前态,有苗男子以油脂涂于长绳,两人拉其端而围之,故作欲污女衣之状,诸苗女乃被迫入场,或三或五,相聚而立,任凭苗男选择,中意时,撑一伞以覆照之,此则一小群苗女已为其占有,独与歌唱,他人不得参加。苗男唱胜则苗女赠与指环,得意洋洋,又鼓勇而之他群大唱特唱,曾见一苗男所得指环,两手无着处,谓是善歌者也。远宾至场,必先款以呃缸酒,呃缸酒者,用玉麦^{玉蜀黍}为原料,焙香磨碎,复煮之使软,和麹入缸,封之,数月而酿成,插四五尺长之细竹管于糟内,曲其端而呃其汁,汁减则增之以水,至日昃早无酒味,吸饮者犹呃唇舐舌,似津津有余味,以领主者盛意。……(民国《马关县志》卷2第28页)

烟

野烟,一名烟草、〖小烟草〗。味辛、麻,性温。有大毒。治热毒疔疮,痈疽搭背,无名肿毒,一切热毒〖恶〗疮;或吃牛、马、驴、骡死肉中此恶毒,惟用此〖药〗可救。(补注)吃此药后,令人烦乱,不省人事,发迷一二时后,出汗方醒,不必著惊,盖此药性之恶〖烈〗也。〖虚弱之人忌服〗。(《滇南本草》第515页务本)

野烟即菸,处处皆种为业。滇南多野生者,园圃中亦自生,叶黏人衣,辛气射鼻。《滇本草》:味辛麻,性温,有大毒。治疗疮、瘰疽发背已见死症,煎服或酒合为丸,名青龙丸,又名气死名医草。服之令人烦,不知人事,发晕,走动一二时辰后出汗,发背未出头者即出头。此药之恶烈也。昔时谓吸多烟者,或吐黄水而死。殆皆野生,录此以志其原。(《植物名实图考》毒草卷23第588页)

菸,菸亦作菸,俗作烟,本名淡巴孤,夷地草也。初移植于闽,今则遍天下皆尚之。滇省各郡,无处不植菸,而宁州八寨多而且佳。又曲靖五墀文昌宫前有几行地,所产有兰花香,最为著名。种蔫之法:畦町欲高,行勒欲疏,辟深沟,贮浅水,使得滋润而不沾湿,则叶茂盛。种蔫之地,半占农田。卖蔫之家,倍多米铺,不独滇省为然也。(《滇南闻见录》卷下42页)

蔫叶初种留根,次年仍发,可三四年。(楚雄旧志全书"年定卷"道光《定远县志》第244页)

第二十一课《烟》:亦草本,叶长大,有油粘手,即烟毒也,花略似茄,取叶露干发汗,初吸麻晕,久吸难废,遍种遍吸,不吸者少。又有团叶一种,可制丝烟。(楚雄旧志全书"楚雄卷下"民国《楚雄县乡土志》卷下第1357页)

蓝花烟,花蓝色,叶圆厚。大烟,叶长,与川烟类。皆种于园圃者也。(昭通旧志汇编本民国《昭通志稿》卷9第260页)

《菸叶》:吾国菸草种于明代,由吕宋传入,今各省多种之。然以含毒质尼古丁甚富,吸之即放辣味,能令人麻醉,有害卫生。但因富于油质,能放香味,且能解疲劳,故人多嗜之。昭于菸草出产甚微,人民吸食向用川产。种之者有大烟、蓝花烟二种。民元以还,因滇币价格低落,税率加重,川烟腾贵,每斤价三角者渐涨至三元上下。适昭农种者乘机获利倍蓰,于是争效栽植,出产渐丰,农界、工界销行最盛。昭于川烟漏卮,藉此抵制,不无小补。唯惜种植之法未能精求,发酵露晒之方鲜有加意,复以过贪厚利,每株留叶过繁,致烟之质不充,色味香气均较川烟有逊色焉。(昭通旧志汇编本民国《昭通县志稿》卷5第384页)

《云南路南县调查输出货物表》烟:河阳县输入黄菸一万二千五百觔,广东省输入广菸二千八百觔,四川省输入川菸四百觔,共计一万五千七百觔。每百觔平均价二十六元。(民国《路南县志》卷1第56页)

《菸叶》:境内菸叶,仅有旱菸,分为琵琶、柳叶二类。种菸草之地,约一百余亩,而以二区之东屯、大小铺、本纳克、狗街等处为多。每年约可收获一十六万五千余斤,出口年约五万余斤,多运销于省垣。(民国《嵩明县志》卷16第241页)

烟叶:土人嗜烟叶如嗜饭,一年之种不敷一家之用,渐有川

烟叶运来,仅供汉人食之,为数无多。(民国《维西县志》卷2第39页)

《思茅西南方面之倮黑山》:……又在种烟时代,山中之倮黑与卡佤都喜种烟于山地上,所种之烟成分极高,故倮黑烟土不仅有名于迤南,亦驰誉于省城。惟是,倮黑山里之烟土,每年出产数甚巨,此则不自运出销售,是专待内地人入山购致。以是,一般喜走夷方做生易的人,当出烟之季,则办些边地夷人所需之什物,如棉麻织品、铜铁器具,与夫油、盐、糖、茶等,驮运入山,掉换烟土而出。此一出一入,实获利不菲,故人多乐为之。此是倮黑山中人与内地人民,在未经改土归流,未置官设治时,往来通商交易之大致情形。……(《云南掌故》卷14第472页)

《班洪风土记·烟草》:秋收后,或种雅片,多输出,嗜雅片者甚少。然烟草叶产额较多,碎之,纳于烟斗吸焉。烟杆制与内地同,惟其斗特大而异状不一,男妇老幼,几于人执一杆,随身佩之。见三龄童且在乃祖怀中争吸,可见其普遍也。(《滇西边区考察记》第1篇第28页)

盐

益州郡,连然,有盐官。(《汉书》卷28第1601页)

宁北城,……又西至傍弥潜城,有盐井。(《云南志补注》卷6第84页)

银生城,……又威远城、奉逸城、利润城,内有盐井一百来所。(《云南志补注》卷6第89页)

其盐出处甚多,煎煮则少。安宁城中皆石盐井,深八十尺。城外又有四井,劝百姓自煎。……升麻、通海已来,诸爨蛮皆食安宁井盐,唯有觅赕城内郎井盐洁白味美,惟南诏一家所食取足外,辄移灶缄闭其井。泸南有美盐井,河赕、白崖、云南已来供食。昆明城有大盐池,比陷吐蕃。蕃中不解煮法,以咸池水沃柴上,以火焚柴成炭,即于炭上掠取盐也。贞元十年春,南诏收昆明城。今盐池属南诏,蛮官煮之,如汉法也。东蛮、磨些蛮诸蕃部落共食龙佉河水,中有盐井两所。剑寻东南有傍弥潜井、沙追井,西北有若耶井、讳溺井。剑川有细诺邓井。丽水城有罗苴井。长傍诸山皆有盐井,当土诸蛮自食,无榷税。蛮法煮盐,咸有法令。颗盐每颗约一两二两,有交易即以颗计之。(《云南志补注》卷7第101页)

晋宁郡,连然县有盐泉,南中共仰之。(《华阳国志》卷4第399页)

南广郡,南广县有盐官。(《华阳国志》卷4第423页)

云南郡,蜻蛉县有盐官。(《华阳国志》卷4第447页)

昆明^{有盐}_{有铁}。(《新唐书》卷42第1083页)

览睑井,产盐最鲜白,惟王得食,取足辄灭灶。昆明城诸井皆产盐,不征,群蛮食之。(《新唐书》卷222第6269页)

大中时,李琢为安南经略使,苛墨自私,以斗盐易一牛,夷人不堪,结南诏将段酋迁陷安南都护府,号"白衣没命军"。(《新唐书》卷222第6282页)

昆明县,盐井:今按取盐,先积薪以火烧之,以水洗灰即成黑盐,炼之又白,此邑川陆有盐铁之利,尤为邦邑之繁会,昔为氏豪所据,蜀将张嶷杀其豪帅,遂擅盐铁之利。(《太平寰宇记·剑南西道》卷80)

元至元十年,其盐井摩沙酋罗罗将㱔鹿、茹库内附。十四年,立盐井管民千户。十七年,改为闰盐州,以㱔鹿部为普乐州,俱隶德平路。二十七年,并普乐、闰盐二州为闰盐县,立柏兴府,隶罗罗宣慰司。领县二:闰盐^{下,倚郭。夷名为贺头甸。}_{以县境有盐井,故名。}(《元史·地理志》卷61第1475页)

洪武十五年十一月,丙午,置云南盐课提举司所属盐课司,凡兰州盐井等处,岁办大引盐一万七千八百七十引有奇。(《明实录·太祖实录》卷150第1页)

洪武十五年十二月,丙申,户部奏定安宁盐井中盐法:凡募商人于云南、临安二府输米三石,乌撒、乌蒙二府输米二石八斗,沾益州、东川府输米三石五斗,曲靖府输米二石八斗,普安府输米一石八斗者,皆给安宁盐二百斤。(《明实录·太祖实录》卷150 第 7 页)

正统十二年十一月,癸卯,并云南剑川州桥后盐井盐课于弥沙盐井盐课司管办。从布政使何楚英奏请也。(《明实录·英宗实录》卷 160 第 5 页)

正统十二年十一月,癸丑,户部奏明年各处户口食盐价直,宜如减例征收。……云南、贵州、广西米钞并征,俱存留支用。……从之。(《明实录·英宗实录》卷 160 第 7 页)

正统十三年五月,癸卯,定云南腾冲指挥司中纳盐粮则例。时调发官军,招抚征勤贼子思机发,命户部右侍郎焦宏预备粮储。宏等议腾冲官仓积粮数少,乞召盐商纳粮,两淮并四川上流九井、云南安宁井盐,每引纳米四斗;两浙并四川仙泉井盐,每引三斗五升;云南五井,乞引六斗;黑、白二井,每引五斗。从之。(《明实录·英宗实录》卷 166 第 5 页)

正统十四年六月,乙卯,云南永平县并千户所言:云南五井盐,俱被金齿诸处豪右中纳,每引时直米二三石,止输五六斗。今永平军民愿每引纳银三两,于金齿仓交收籴米。从之。(《明实录·英宗实录》卷 179 第 3 页)

正统十四年六月,壬戌,命召商于湖广清浪、贵州兴隆二卫中纳盐粮。……云南黑、白二井盐,每引米一石五斗;安宁井盐,每引一石二斗。(《明实录·英宗实录》卷 179 第 6 页)

盐卤_{出于大界}等四井内、安宁盐井_{其井有四:曰大井,在盐课司;曰考才井,在提举司;曰石}井,在善政坊;曰大界井,即阿宁取地土得之者。其泉皆卤煮以为盐,今置司课之。(景泰《云南图经志书》卷 1《安宁州》第 53 页)

交易用盐_{土人懋迁有无,惟以盐块行使,不用海肥。}(景泰《云南图经志书》卷 2《武定府》第 144 页)

盐井_{其井有六,皆在波弄山之上下。土人掘地为坑,深三尺许,以薪纳其中焚之,俟成炭,取井中之卤浇于上。次日,视炭与灰则皆为盐矣。其色黑白相杂而味颇苦,俗呼之曰鸡粪盐,交易用之。}(景泰《云南图经志书》卷 3《镇沅府》第 200 页)

黑盐_{煮黑、琅等井之卤泉为之,每块重二两,军民交易皆用之}、黑盐井_{其井有四:曰黑井,在定远县宝泉乡;曰阿陋井、曰猴井,在广通县舍资}

村。皆出卤泉，煮以为盐，今置司课之。（景泰《云南图经志书》卷4《楚雄府》第206页）

白盐产于白盐井，军民交易皆用之、白盐井距州之北一百二十里新江里，产白盐。土人相传，本百羊井也。蒙氏时，洞庭爱女牧百羊于此，有羝舐土，驱之不去，因尝其土，味咸，遂掘而得卤泉，大小一十六眼，后立庙其上。今置盐课提举司以收其税。永乐间，井卤乱渗，课亏民难，时毗陵吴润为姚安知府，闻黑盐井亦有此害，乃并辞奏允而闭其渗，民甚感悦。教授张通述民词为《闭井谣》："白井黑井多渗卤，柴薪如桂盐如土。鹾丁偿课鬻儿孙，平民代纳情难吐。姚安太守才且贤，质诸元戎与藩府。一封书奏九重天，九重遣使询民苦。大井仍开小井封，灶户欢呼商贾舞。大夫得志能尔为，芳名会见流千古。（景泰《云南图经志书》卷4《姚州》第230页）

盐卤出于诸邓等五井内、五井盐井一曰诸邓井，在提举司之左；二曰大井，在司西南十五里；三曰山井，在司西南二十五里；四曰师井，则去司百里；五曰顺荡井，则又去司八十里。其泉皆卤，煮以为盐，今置司课之。（景泰《云南图经志书》卷5《邓川州》第279页）

五井盐井一曰诸邓井，在提举司之左；二曰大井，在司西南十五里；三曰山井，在司西南二十五里；四曰师井，则去司百里；五曰顺荡井，则又去司百八十里。其泉皆卤，煮以为盐，今置司课之。（景泰《云南图经志书》卷5《邓川州》281页）

马蹄盐以弥沙、桥后二井之卤水造之、弥沙盐井在州西南一百五十里弥沙浪乡，出卤泉，煮为盐块，形如马蹄，今置司课之、桥后井去州西南一百四十里亦有卤泉，煮以为盐，附于弥沙井课之。（景泰《云南图经志书》卷5《剑川州》第307页）

盐块土人煮卤为之，大者重一斤十两，小者重一斤，交易皆用之、盐井有六处：曰二欠井，在汤甸村；曰上日欠井；曰下日欠井；曰罗摩井；曰温泉井；曰伍井。俱在雪盘山西南。其卤皆咸，煮为盐，纳课。（景泰《云南图经志书》卷5《兰州》第319页）

其莫蒙寨有河水，汲而浇于炭火上炼之，则成细盐，凡交易无秤斗，止以篾萝计多寡而量之。（景泰《云南图经志书》卷6《威远州》第348页）

盐出五井。（正德《云南志》卷3《大理府》第168页）

盐定远、广通二县俱出。（正德《云南志》卷5《楚雄府》第245页）

盐井在波弄山。（正德《云南志》卷8《镇沅府》第352页）

盐府城北一百二十里有白盐井。（正德《云南志》卷9《姚安府》第407页）

马蹄盐剑川州出。（正德《云南志》卷10《鹤庆府》第426页）

盐本府元谋县出。（正德《云南志》卷10《武定府》第445页）

盐山间有井。（正德《云南志》卷11《元江府》第488页）

盐盐，境内莫蒙寨有河水，汲而浇于炭火上炼之则成细盐，凡交易无秤斗，止以小篾箩计多寡而量之。（正德《云南志》卷14《威远州》第593页）

览睑井，产盐最鲜白，惟王得食，取足辄灭灶。昆明城诸井皆产盐，不征，群蛮食之。（正德《云南志》卷37《诸夷传二》第638页）

盐井，滇中共四十处，惟楚雄府姚州之白井，楚雄县之黑井、琅井为佳。蒙氏时洞庭龙女牧羊于此，羊忽入地，掘之盐水出，故名白羊井。今称白井，若黑、琅二井，因黑牛与狼舐地知盐，故名，以狼为琅，取音同也。（《增订南诏野史》卷下第40页）

安宁民食马蹄盐，盐产象池井。今州治西古阿宁地，有盐课提举司，辖盐井四，列于司治之东西。（《滇程记》）

安宁州六亭而达禄嶲，即禄脿驿也。食釜盐。盐产黑井，筥盛首戴。任戴者皆黑爨，老者一人任华人壮者二人之事，壮者任一牛之力。《云南名胜志》卷一《云南府志胜·安宁州》引。（《云南古佚书钞·滇纪》第106页）

香水河，源出府北黎武村观音塘，与白盐井提举司观音山箐水合，流入金沙江、土桥河，源自白井香水河，分派东流入金沙江。（万历《云南通志》卷3《姚安府》第45页）

石羊，即白盐井。昔洞庭爱女牧羊于此，有羝舐土，因得卤泉。（万历《云南通志》卷3《姚安府》第46页）

近郡之夷，名猡猡、僰夷、散摩都，强悍好斗。交易用盐米，一日一小市，五日一大市。（万历《云南通志》卷3《姚安府》第46页）

盐盐，境内莫蒙寨有河水，汲而浇于炭火上炼之、则成细盐，凡交易无秤斗，止以小篾箩计多寡而量之。（万历《云南通志》卷4《威远州》第45页）

羝羊化石，提举司东一里许，昔蒙氏时，洞庭君爱女于此牧羊，有羝餂土，驱之不去，掘地，遂得卤泉，名曰白羊井，人即其地立圣母祠。及开桥头井，得石羊，云即餂土之羝，后归于圣母祠，其井即白盐井也。（万历《云南通志》卷17《姚安府》第13页）

滇水皆以海名而味不咸，盐皆自井中出也。楚雄有黑井、白石泉井、岩泉井、东井、琅井、阿陋井、猴井。姚安有白羊井、白石谷井、观音井、旧井、桥井、界井、中井、灰井、尾井、阿拜小井。大理有诺邓井、大井、山井、天耳井、师井、顺荡井、石门井、洛马井、石缝井、河边井、天生井,安宁州有大井、石井、河中井、大界井、新井。鹤庆有弥沙井、桥后井。武定有只旧井、草起井。其余小井无数,皆熬波成盐,迤西者圆如瓜,迤东者如岩石。惟顺荡自岩穴涌出,有池盛之,熬作碟形,最洁白无滓。此泉初出甚盛,日百余斛,所司遣官验视,土人惧其增课也,以木石壅其源令缓,既去泉流遂微矣。又威远州莫蒙寨有河,汲而浇诸火上,即成盐。(《滇略》卷3第235页)

威远州,……其境内莫蒙寨有河,汲其水浇炭火上炼之,即成细盐。交易无秤斗,止以小蔑箩计多寡而量之。(《滇略》卷9第324页)

羝羊石,在姚安东一里许。昔蒙氏时,洞庭君爱女于此牧羊,有羝餂土,驱之不去,掘地,遂得卤泉,又名白羊井,人即其地立圣母祠。及开桥头井,得石羊,云即餂土之羝,后归于圣母祠,其井即白盐井也。(《滇略》卷10第330页)

明施武《滇中竹枝词·煮盐词》^{滇中盐井四,唯黑、白二井课税甚多,余不及焉}使君不及郁林廉,旧例迓巡新例添。白井争如黑井好,一斤水煮半斤盐。(《御选宋金元明四朝诗·明诗》卷14)

戊寅十月二十五日……茶埠有舟,随流十里,往柴厂载盐渡滇池。……七里,有村庐倚堤,北下临川,堤间有亭有碑,即所谓柴厂也;按旧碑谓之汉厂,莫土官盐肆在焉。(《徐霞客游记·滇游日记四》第848页)

戊寅十月二十六日……有巨井在门左,其上累木横架为梁,栏上置辘轳以汲,乃盐井也。其水咸苦而浑浊殊甚。有监者,一日两汲而煎焉^{安宁一州,每日夜煎盐千五百斤。城内盐井四,城外盐井二十四。每井大者煎六十斤,小者煎四十斤,皆以桶担汲而煎于家。}(《徐霞客游记·滇游日记四》第851页)

己卯二月十七日……遇一僧,即石宝山之主僧也,欲留余还观钟山,且言:"从此西四十里,过蕨食坪,即通杨村、兰州,由兰州出五盐井,径从云龙州抵永昌。甚便。"(《徐霞客游记·滇游日记七》第988页)

己卯八月十三日,与妙乐同寓,候骑不至。薄暮乃来,遂与妙乐各定一骑,带行囊,期明日行。驼骑者,俱从白盐井驼盐而至。可竟达鸡足,甚便。时余欲从蒙化往天姥岩,恐不能待,止雇至蒙化城止。(《徐霞客游记·滇游日记十二》第 1184 页)

云南府安宁州,西有呀嵚山,有煎盐水,设盐课提举司,辖盐井四。天启三年改设于琅井,此司遂废。(《明史·地理志》卷 46 第 1172 页)

楚雄府广通县,……东有盐仓山,旧产盐。又东北有阿陋雄山,有阿陋井、猴井,俱产盐。(《明史·地理志》卷 46 第 1180 页)

楚雄府定远县,……又有黑盐井,设提举于此。又有琅井提举司,本置于安宁州,天启三年移此,有黑井、琅井二巡检司。(《明史·地理志》卷 46 第 1181 页)

姚安军民府大姚县,……南有白盐井提举司,辖盐井九。又有白盐井巡检司。(《明史·地理志》卷 46 第 1182 页)

景东府,……南有土井,产盐。(《明史·地理志》卷 46 第 1183 页)

镇沅府,……西有波弄山,山上下有盐井六。(《明史·地理志》卷 46 第 1183 页)

大理府浪穹县,……有五盐井提举司,洪武十六年置,万历四十二年废。(《明史·地理志》卷 46 第 1184 页)

大理府云龙州,……西北有诺邓等盐井,东南有大井等盐井,旧俱辖于五井提举司,后改属州。东北有顺荡井,又有上五井,东有师井。(《明史·地理志》卷 46 第 1185 页)

鹤庆军民府剑川州,……西南有弥沙井盐课司,又有弥沙井巡检司。(《明史·地理志》卷 46 第 1186 页)

《盐法》:煮海之利,历代皆官领之。……洪武初,诸产盐地次第设官。……盐课提举司七:曰广东,曰海北,曰四川,曰云南,云南提举司凡四:曰黑盐井、白盐井、安宁盐井、五井。……云南黑盐井辖盐课司三,白盐井、安宁盐井各辖盐课司一,五井辖盐课司七。洪武时,岁办大引盐万七千八百余引。弘治时,各井多寡不一。万历时与洪武同。盐行境内,岁入太仓盐课银三万五千余两。成祖时,尝设交阯提举司,其后交阯失,乃罢。……成祖即位,以北京诸卫粮乏,悉停天下中盐,专于京卫开中。惟云南金齿卫、楚雄府、四川盐井卫,陕西甘州卫,开中如故。(《明史·食货志》卷80第1931页)

威远州,……境内有河,汲水練炭上即成盐。无秤斗,以篓计多寡量之。(《明史·云南土司》卷314第8105页)

楚雄府薇溪山,……其麓有夜合树,树下有卤水,元至正间,设官开井,煎盐输课,今废。……广通县,元时有盐井,建盐司于此,又名盐仓山,今废。……定远县,旧有黑盐井^{县东七十里,《滇志》仍存}。(《肇域志》册4第2348页)

镇沅府,……城西曰波弄山。盐井有六,皆出波弄山上下。土人掘地为坑,深三尺许,纳薪其中焚之,俟成炭,取井中之卤浇于上,次日视炭与灰,皆为盐荚。其色黑白相杂,而味颇苦,俗呼白鸡粪盐。(《肇域志》册4第2363页)

武定府,俗尚强悍,难治。松皮覆屋,簑甗蔽身,交易用盐。(《肇域志》册4第2377页)

安宁州,……呀嶀山,在州西北五里,州之主山也,山有煎盐水。《汉志》:"连然有盐官。"《华阳国志》:"连然县有盐泉,南中所共仰。"《滇程记》:"安宁民食马蹄盐,盐产象池井。"今州治西古阿宁地有盐课提举司,辖盐井四,列于司治之东西。……盐井,在州治西。志云:安宁提举司有大井、石井、河中井、大界井、新井。其新井旧无,今有,故止称四井。禄脿驿,州西五十五里,兼置巡司于此,亦曰禄嶭,地食釜盐,产黑井中。(《读史方舆纪要》卷114第5070页)

楚雄府,……土壤肥饶,盐井之利,商民走集,称为大郡。……广通县东山,在县治东,势若鱼跃。又东三里曰高登山,元时有盐井,建盐司于此。今废,亦名盐仓山。……阿陋井,在舍资村中,又有猴井,俱产盐。置盐课大使,属黑盐井提举司。志云:县产盐之井凡四十七区,俱环盐课司四旁,或以人名,或以地名,今多湮没,总以奇兴大井为名。……黄连池……志云:近城有浪溪,产盐泉。黑盐井,县东七十里,有釜盐,有提举司。其产盐之井曰复隆井,旧名岩泉。又有大井、东井,凡三井。其东又有琅井,亦产盐。元李源道《记》云:"滇池西走六驿有郡曰威楚,东北五舍沿浪山入长谷,有鹾井取雄于一方。井西里许有山曰万春,墙立壁峙,束龙江之水,踞虎岭之麓,为最胜处。"又环黑井上者曰金榜山,近琅井者曰笔架山,今为黑盐井及琅井两盐课提举司。又有黑盐井、琅井二巡司。志云:琅井提举司本名安宁,在云南府安宁州治西。天启三年移置于县界,改曰琅井。(《读史方舆纪要》卷116第5127、5129、5130、5132页)

姚安军民府,……白盐井,府北百二十里。本大姚县地,有盐课提举司。旁有九井,曰观音,曰旧,曰界,曰中,曰灰,曰尾,曰白石谷,曰阿拜,曰小,皆产盐,为公私之利。(《读史方舆纪要》卷116第5140页)

武定军民府,……只旧盐井,志云:距州百六十里。又草起盐井,距州二百里。俱产盐,以为民利。(《读史方舆纪要》卷116第5145页)

景东府,……笕泉,在府北卫城内……又府有土井,产盐。(《读史方舆纪要》卷116第5149页)

镇沅府,……波弄山,在府治西,山势起伏,形如波浪。山之上下有盐井六所。土人掘地为坑,深三尺许,纳薪其中焚之,俟成灰,取井中之滷浇灰上,明日皆化为盐,盐色黑白相杂而味苦,俗呼为白鸡粪盐,用以交易。(《读史方舆纪要》卷116第5150页)

大理府凤羽废县,……五盐井,在县西北三百里,即唐天宝中何履光收复之地。明朝洪武十六年建五井盐课提举司于此。志云:五井,一曰洛马井,一曰石缝井,一曰河边井,一曰石门井,一曰山井,俱在县界及云龙州之境。亦曰上五井,兼置巡司于此。(《读史方舆纪要》卷117第5165页)

大理府云龙州,……诺邓井,州西北三十五里,盐井也。置盐课大使于此,所辖又有石门一井。又大井,在州东南三十五里,产盐。所辖又有山井及天耳井。又师井,在州西北百三十里。顺荡井,在州西北二百五十里。俱有盐课大使。旧属五井提举司,万历末废提举司改属州。其井新旧互异,仍与浪穹境内洛马盐课使统为五井云。(《读史方舆纪要》卷117第5168页)

鹤庆军民府剑川州,……弥沙盐井,在州西南百五十里弥沙乡。

有盐课司大使,辖产盐井二,曰大井、小井。(《读史方舆纪要》卷 117
第 5173 页)

惟威远莫蒙寨有河,汲水炼炭上可为细盐。(《云南蛮司
志》第 77 页)

盐,天地生人必为计养生之具。滇中无煮海之利,则必出井
盐以济之。其井之大者:曰黑井、白井、琅井、阿陋井、罗马井,此
其大凡也。环井而居者曰灶户,入山而柴者曰柴商。使司盐政
者,但于出盐之处给以官引,行盐之处,验引发卖,而其价之低
昂,则听商民之自便。行盐既多,盐课自足,何致上有缺额之忧,
下有淡食之苦哉?逆藩专利,把持盐法,灶户不得卖,百姓不得
买,遂为两迤之大害,愿当事者平心以处之。(《南中杂说》第 25
页)

云南盐产九井,行盐十六府五十六州县,石屏食琅井盐。近
奉分巡清军驿传,盐法道宋公之儒,严禁按板、抱母等井,不许无
课私盐,兴贩入屏。(康熙《石屏州志》卷 13 第 284 页)

《盐法课程附》:天下之大利,鹾政其一也。然地有不齐,利
弊亦因之大异,如燕、齐素称府,海、淮、浙一水可达四方,故国用
之经,军兴之赋,恒仰给焉。滇之卤泉味薄,日夜鬻熬,糜薪棘无
算,况负载崎岖,动经数百里,车牛之费,均取办于食口,课本即
重,价至十倍中州,而山谷穷民,遂有经月不嗛者,岂所产不足供
所用哉?夫酌平中之价,蠲亏销之额,厉散食之禁,听商自运,而
勤恤灶穷,今已次第举行矣,然调剂之方,必期通久无弊,谨盐筴
者尚其加之意乎,作《盐法志》。本朝黑、白、琅、云龙、安宁、阿
陋、只旧、弥沙、景东九井,原额征共银拾陆万捌千捌百零玖两叁
钱陆分,康熙二十一年总督蔡毓荣、巡抚王继文题准,免黑井每
月课银贰千两,共实征课银拾肆万肆千捌百零玖两叁钱陆分。
查黑井盐课额内,康熙二十六年具题黔省普安等处,改食川盐,
归入川额,征收银伍千柒百陆拾两,复于康熙二十九年内奉部文
普安等处向食滇盐,每年所征课银伍千柒百余两,改食川盐每年
所征课银止贰百肆拾余两,应照旧例普安等处仍食滇盐,照额征
课。奉有俞旨:课银照旧例,仍征壹拾肆万肆千捌百玖两叁钱陆

分,遇闰照加,小尽照各井全书扣除。黑盐井,提举司提举一员,盐课司大使一员,大井、东井、复井。该井岁办课银拾贰万两,康熙二十一年题准豁除加煎每月课银贰千两,实征课银玖万陆千两。查该井课额内因奉部文普安等处仍食滇盐,照额征课,奉有俞旨:课银照旧额,仍征玖万陆千两,遇闰照加,小尽不除,岁额公费银肆百捌拾两,灶丁编公费岁该银肆拾叁两陆钱,商税岁该银壹百叁拾壹两叁钱伍分。窝卤岁该银柒拾贰两,附征窝卤银壹拾捌两。附征新增省店盐税银叁千柒百伍拾两,有闰加银叁百壹拾贰两伍钱。查普安等处月销滇盐叁万斤,该税银壹拾捌两柒钱伍分,以一年计之,共销盐叁拾陆万斤,该税银贰百贰拾伍两,既普安等处改食川盐税银。题准改川办纳。嗣奉部文普安等处仍食滇盐,按额征课,奉有俞旨:税银照旧额,仍征叁千柒百伍拾两,遇闰加银叁百壹拾贰两伍钱。白井,提举司提举一员,盐课司大使一员,观音小石井、旧井、乔井、界井、灰尾井。该井岁办课银贰万捌千伍百陆拾两,遇闰照加,小尽扣除,岁额公费银肆百玖拾两贰分玖釐,岁额商税门摊银壹百贰拾两,有闰加银拾两,岁额革菜门摊银贰拾肆两。查黑、白二井盐课过重,盐斤难销,实因滇省人民稀少,盐斤日壅,而课额渐逋,以致行盐地方各官屡受参罚,前已造入《全书》。题请减额陆万玖千叁百两,未蒙除减。琅井,提举司提举一员,吏目一员,琅井。该井岁办课银玖千陆百两,遇闰照加,小尽不除,岁额公费银叁百壹拾两玖钱壹分壹釐肆毫,商税岁该银叁拾柒两陆钱,盐行岁该课银陆两,米行岁该课银捌两,酒行岁该课银伍两,原编协济安宁井公费银捌拾玖两伍钱,窝卤公费岁该银玖拾两贰钱。云龙井,大使四员,雒马井_{系云龙州经征}、诺邓井、石门井、大井、天耳井、山井、师井、顺荡井。该井岁办课银肆千柒百陆拾叁两柒钱,遇闰照加,小尽扣除,岁额公费银叁百贰拾柒两贰钱壹分贰釐陆毫。安宁井_{安宁州知州经征},洪源井、石井、鹅井、大界井、新河井。该井岁办课银壹千玖百捌拾两,遇闰照加,小尽扣除。阿陋井,盐课司大使一员,阿陋井、猴井、奇兴井、袁信井、袁朝凤井、吧喇井、罗木井、纳甸井。

该井岁办课银贰千玖百贰拾叁两贰钱,遇闰照加,小尽扣除,岁该公费银肆拾柒两玖分叁釐。只草二井,康熙十年八月内奉旨封闭,该井岁办课银贰百陆拾贰两肆钱陆分^{系黑井商人代纳}。弥沙井,盐课司大使一员,本井、桥后小井。该井岁办课银肆百两,遇闰照加,小尽扣除。景东井^{系景东府掌印同知经征},大井、小井。该井岁办课银叁百贰拾两,遇闰照加,小尽不除^{明黑、白、安五井,共五万三百二十四两七钱二分三釐二毫},遇闰加征本季一个月。弥沙、只旧、草溪,共四百五十八两九钱五分零,遇闰加征本季一个月。黑盐井提举司,天启三年改琅井为提举司,移安宁提举、吏目二员驻剳,裁大使一员,将原属黑井课银无闰年该二千四百一十八两六分七釐,改归征收。黑井、白石泉井、征岩泉井,今名复隆、琅井、阿陋、猴井、河东井、奇兴井,岁办课银除琅井外,实征二万八千四百五十五两二钱三分有零,遇闰加征本季一个月。白盐井提举司:旧井、乔井、界井、中井、灰井、尾井、白石谷井、阿拜小井、观音井,岁办课银原额并新增兵饷,共一万五百八十七两一钱五分零,遇闰加征本季一个月。万历四十二年裁革提举、吏目,其盐课归云龙州印官征解,缴提举司印信。诺邓井、大井、山井、师井、顺荡井、石门井、雒马井、石缝井、河边井、天耳井、少金泉井,岁办课银四千六十八两六钱六釐二毫,遇闰加征本季一个月。安宁盐课提举司,天启三年改为琅井提举司,移提举、吏目至琅井驻剳,征课并归附原属黑井课银,无闰二千四百一十八两六分七釐。大井、石井、河中井、大界井、新井,岁办课银连闰附并旧额共七千二百一十三两七钱三分七釐零,遇闰加征本季一个月。弥沙井盐课司,弥沙井、桥后井,岁办课银二百一十六两九钱九分四釐,遇闰加征本季一个月。武定、只草二井,岁办课银二百四十一两九钱六分零,遇闰加征本季一个月。(康熙《云南通志》卷 11 第 220 页)

羝羊石^{在姚安东一里许。昔蒙氏时,有女于此牧羊,一羝餂土,驱之不去,掘地,遂得卤泉,名曰白羊井,人即其地立圣母祠。及开桥头井,得石羊,云即餂土之羝,后归于圣母祠,其井即白盐井也。}(康熙《云南通志》卷 30 第 861 页)

清^{督宪}蒋陈锡《严禁派散烟户盐碑》:为严禁派散烟户,以肃盐政,以安民生事。照得滇省盐价最贵,本部院深怀悯恻,抚都院剔弊釐奸,再三调剂,俾全省俱食白色纯盐。从前百姓买盐一斤,只得半斤好盐,半斤是土。自抚都院莅任以来,首行仁政,严禁不许搀和沙土,利益于民生者大矣。但目今为民病者,惟有州县等官派散烟户之弊,不可不力除也。滇省额盐,就民间买食之数,完课有余,何至计口授盐,勒令受领,穷民朝夕营生,柴米不给,未尝盐味而纳课者有之。府州县派散烟户,有明有暗,或立盐快,或责成里甲头人,排门算口,硬派领盐,赤贫之人跪而求免者有之,盐为益人之物,何至如此? 更有屡经院司道通行示禁,而巧立名色,派盐如故。但开官店贸易,仍是计口放盐,如一家十口,不许只买九口食盐,甚至旧欠未完,新盐又至,积日累月,卖儿鬻女者有之,派盐之害至于此极。合行严禁为此示,仰府州

1289

县官吏军民人等知悉，嗣后有仍行派散烟户，或阳奉阴违者，许尔百姓赴辕首告官，即参拏吏即杖毙，法在必行，毋贻后悔也，特示。知州黄德巽勒碑州署头门。（康熙《罗平州志》卷 3 第 19 页）

《详请准食土盐》：云南布政使司兼驿传盐法道事，佟为钦奉恩诏事。康熙四十二年一月十七日，奉总督云贵部院巴批，据本司道呈详，据新平县详复，新平一县食盐，仍请宪台始终造福地方，俯赐转达赏照，勒石旧制，仍准照食土盐，帮解安井额课，则新平汉彝老幼，永戴高厚隆恩于无既矣等因申详到司。据此，该本司复查看得新平一邑，逼近鲁魁，地势辽阔。彝人历食镇沅、威远所产按板、抱母等井土盐案。于康熙二十七年内，经前署道孔金事署道，毕参议详查，始行议令，帮解安井课银，准其勒石，永食土盐在案。故历年奏销册内原未定有新平县官，考成部内亦从未经驳查。迨至康熙四十一年十一月内，前道李参议，因各属土盐充斥，详议责令该县金商运销安井官盐，诚杜绝私贩之善策也。无何领销未久，势不能行。无怪乎该县有援恩诏内开，不便于民具详，赏准仍食土盐之请也。奉宪批查，本司前以安井额盐，原无额缺，旧制宜乎便民，谬议免其运食安井官盐，准令遵照勒石旧案，仍食抱母土盐，每年额帮安井价，请令该县刊刻小票，填注行销地方及斤两数目，定以巡察私纵夹带之条。详奉宪批檄驳，再加从长安议，复经本司详议，新平运食安盐，固有驮运难销之苦，而于安井课额，亦终未有加增之益。所为鲁人长府，不若仍旧贯之为便也。是以具详，仍照前详，准令永食抱母土盐，倘至疏纵，应如前道详，允镇沅等府之例罚惩。详奉宪驳，本司遵行新平县详查去后，复据该县详称，据四民彝倮等具诉，照食土盐，汉彝安堵，恳祈转达等情。该县议以新平一县食盐咨请部示，则顺宁、云州食土盐而帮课，元江食土盐而不帮课，势必一并咨请，事有异同。及千驳诘总以官盐驮运艰苦，价重难行，彝民嗟怨。欣逢恩诏普颁，士民环处，泣诉官盐不便于民，始行详请。今奉宪行，从长安议，不得不再为新民冒昧请命，伏乞始终造福地方，备情转达，当照勒碑旧制，仍准食土盐，帮课安井等因，申详前来。查滇中九井，虽无抱母井达部之案，然新平历食此井土盐,似应俯顺舆情,况彝性犬羊,亦无瞻顾不安之意。在大部自无久不定有考成之县,一旦行查,遽为咨请,恐反致,概为驳查纷更,案牍其不于此起者几希矣。相应仍照本司前议,准令新平一县,仍食抱母土盐,每年额帮安井课银六十两,遇关照加。仍令该县刊刻小票,给发商民,遇关津隘口,验票盘查。官盐土盐,自有分别。至官吏疏纵,应如前道所详,照例罚惩。倘该县土盐充斥于行销官盐之州县地方,盘获至一百斤者,即将该县纵放职名详报,听候宪台酌量示罚,以备赈济。如果所获过多,与事犯不一,审实之后,详请参究。仍按季取其不考。纵放土盐斤两,充斥行销官盐地方印章各结报查,至前道李参议所议行销安井官盐之处,其中原无损益,相应停止,无庸复议。是否允协,本司未敢擅便,今再详请俯赐批示遵行等因,奉批仰候抚都院批示缴奉此允。于康熙四十二年十一月十六日奉巡抚云南都察院加六级石批据,本司详同前事缘由奉批据舆情屡称,仍食土盐为便,如详行仰即严饬,加意巡查。倘敢充斥官盐地方,该道即开裁职名揭参,余照行,仍候督部院批示,缴奉此为此牌,仰该县官吏遵奉牌内宪批事理,新平一县,准照旧制,仍食抱母土盐,通示晓谕,勿违!(康熙《新平县志》卷4第353页)

雍正元年,夏四月,复开草溪、只旧二井,隶阿陋井大使督煎

康熙十年,以此井所出盐斤味劣,食之者民易生病,是以请闭。而和、禄诸处专食黑井盐,至是已五十余年。和曲州知州范溥力请复开,院司从之。然遗利之裕课无多,而黔首之巵杌在望,故知前规之有见也。(《滇云历年传》卷12第570页)

雍正三年,乙巳,正月,开元江猛野土井,并开普洱磨黑井猛野井二区,磨黑井七区,向来开煎,俱听夷人自便,无有课款。今始官煎,每百斤卖价银一两六钱,然除去役食、器具、薪本等费,解收课项,两处之井九区,其约盐价五百余两而已。瘠民肥役,似可仍于旧贯者也。(《滇云历年传》卷12第579页)

迤西率多盐井,煎熬成块。(《滇南杂记》第51页)

黑盐井,大井、东井、桥井、新井、复井、沙井,为井六,黑盐其总名也。东、沙二井在溪河中,东井有天然石矶障上流,又增以坝,俗名曰猪嘴,四时无泛淡之虑,且河涨井益咸,大异他井之视霖雨若仇也;沙井则夏秋没洪波,临涸所煮卤甚微,例作余盐。大、桥、新、复四井俱穿自山根,与东、沙二井迥异,深各五六丈,

架木如梯而下及，泉各一二眼，积溢过眼，泉即滞不涌。然咸泉必依淡水以生，复井淡泉居咸泉之上，仰塞犹滴，必益盛别倾之。大漏则咸解，水混盈，觅补每不易。隔咸泉数武开淡井者，惟大、新二井有，然昼夜并汲，互相盈缩。而在河岸下之桥井与东、沙，俱无淡泉，盖邻于河也。汲咸用皮袋，去淡恃桔槔。咸泉覆以屋，汲贮于槽，所司秤量而出，灶户领以煮。掘地为灶，约坎深四尺，长逾丈余后，稍昂，坎内沿以石墙，高过坎三四寸，宽可六七寸，外绕小石渠，坎前开火窦一以爨。墙内平坎处，前层齿齿安废锅片，架重六七十觔大锅五，后层坎内直间以墙，高如坎，排大锅四或六。侭后安大锅二，高出前锅五六寸。各锅相次之隙，小则掩以泥，大则以小桶子锅周匝实之。先注卤于前层各锅内，煮干三四分，则转注后层，而前层复上新卤。迨转至极后锅内，以杓扬试，水盐已相半。锅或沸，以竹枝钳生豕油蘸之，即止。尾二锅盐先结，边实中虚，名曰盐垤。取出，安骑墙各锅内，火足则中边皆实，而盐成矣，余锅大小剩微卤耳。其成盐各锅，始俱染以清油，乃登灶受卤。及盐成，坚如石，犹锤凿始盌脱。每脱曰一平，大锯解之，作五六十觔块，乃秤而加印记，载以归省局。其灶八日一易，灶丁和坎渠各残泥入卤复煮，故色多黝，但不宜久积，久则臭虫穴以处，解之，常流血。此外有狮子、灯台、柿饼、沙包、砖块等盐，皆他产之象形以得名者。（《滇南新语》第 6 页）

滴水箐，箐在复井南二十里，无井，两山如复墙，诚一线天也。中有石壁削立，壁间小孔，卤水浸凝。其下有洞，洞上置沟，土人汲水仰泼壁上，随流下沟即咸，度入灶内，煎之成盐，年获三四万觔，夏秋雨多，即停煎矣。（《滇南新语》第 7 页）

盐政，滇处天末，幅员辽阔，而民户日增，食盐岁需三千六百余万。滇产盐者九井，岁止三千五百余万，尚不敷九十余万觔，沿边诸处，每有淡食之苦。自制军庆公福、抚军张公允随，奏请运买川盐一百万，以济昭通、东川两府，又请运买粤盐二百万，以济广西、广南两府，于是盐颇充溢，而各州县均有壅销之患焉。各灶户煎盐，从前柴木甚近，迩来日伐日远，柴价昂而盐本因之亦贵，灶户煎办拮据，难以养生，屡有拖欠逃逸之弊。余任黑井提举司时,制军硕公色,檄余会同盐道张公惟寅,确商重定通省盐觔章程。余因力陈灶户艰苦,必得加添薪本,脚户加价,以杜盗卖,而裕公务,并陈明采买余盐之弊。盖九井中,惟黑井产盐最丰,白井次之。白井不患无卤而柴难,黑井不患无柴而卤少。缘从前较煎之官,过为苛细,涓滴不留余步,至加煎额盐一千零九十万,广往额一倍。然盐增而用薪亦增,薪益艰,灶户亏惫,不能自办,仰给薪本于上,价又仍旧额,是驱灶户以逋逃也。查历年卷案,可为各灶稍苏其力者,惟免采买余盐一策。前提举孙必荣,以灶户薪本不足,乃假采买余盐,以暗益薪本。其盐出沙露井,历未报明入额。井在河中,夏秋水涨卤解,必冬涸井露,方汲煎,各灶领卤及薪本,每盐百觔,银二两,较成本多银一两一钱,各灶欣然,既有卤可补额盐,复获银可助薪本,煎至次年三月,井没始停。岁可获盐四十余万,名曰余盐,究非余也。余查实议详,与其明卖余盐,暗加薪本,不若免买余盐,明加薪本,年年报解,毋庸假借,以蹈欺隐。上官许之。惟每年所加之薪项无出,余复历陈各州县行销盐觔,每百觔可获羡余若干,若少分润,以苏灶力,似亦急公惠下之义。各宪嘉许,即饬余定之。余何敢避嫌怨?乃于州县羡余中,通计可获银五六万余两,拟扣存四万两,一增灶户之薪本,一加脚户之运价,其余存剩银两,仍留为各州县运销店费,庶灶户脚夫获实用,而各州县亦未至拮据也。入于章程中,恭蒙奏允。而黑井之煎办,至今有余力焉。(《滇南新语》第19页)

　　盐井,滇民食盐,各有界限。黑井供云南、楚雄、曲靖三府,安丰井、琅井、阿陋井、安宁州安井供澄江、临安、开化三府,按板井、抱母井供元江、普洱、镇沅三府,白井供大理、永昌、鹤庆、蒙化四府,云龙州井供顺宁府,兼供永昌。丽江井、五井、弥沙井供丽江府、剑川州二处。维西、中甸食口外沙盐。景东府食本地沙井盐。东川、昭通二府食川盐。广西、广南二府食粤盐。俱不敢紊,越界者,以私论。然人畜食盐,其性各与水土相习,如浪穹素食云龙井盐,后改白井,则民食之胀,牛羊食之辄病死,民屡诉,未许复,咸私买云龙井盐,官知之,亦不禁也。余定章程,曾请改

浪穹仍食云龙以便民，醝使以白井盐多，少一县食盐，则盐无销处，未允行。(《滇南新语》第20页)

盐店，在城盐店，在南门外普济寺。于寺左后设立盐仓，年给僧人租银五十六两，以为岁修费。查州盐额，销云龙五井盐六十二万觔有零，岁无常额，以月之大小建核数，遇闰加增。界头盐店，州北百二十里，界头街设店，亦租民房堆盐，年给租银二十四两。运盐之法，冬春俱从保山县之上江入马面关至界，店故设此，亦有径运至州店，以道里盈缩脚价云。永昌过店，在永昌南门外，夏秋淫雨，马面关路险难行，即从云龙运盐至永，于过店收贮，再行拨运至州，其店亦租赁民房，年出租银二十四两。(乾隆《腾越州志》卷4第22页)

盐井，滇盐产于地中，穴地为井，汲卤煎盐，盐井俱在迤西南一带。普洱府属之威远地方，竟于淡水河内探得卤穴，甃成盐井。闻以马之喜饮验之，盖马性喜咸，故滇中之马日啖盐少许。倘遇雨水连绵，河流泛涨，溢入井中，可以提而去之，卤复咸。卤水不时有咸淡之分，犹禾稼之有丰歉也。闻卤淡有移补之法，偷取别井好卤倾于井内，则能引之使咸，而被取之井反至于淡。故好卤之井，防守甚严，其理殊不可解也。(《滇南闻见录》卷上16页)

盐，滇中盐井甚多，盐皆不甚白净，而黑井者为尤黑，非盐本色，杂以泥土故也。曲靖行黑井盐，余于寻甸时，尝取盐重熬，得净盐七成，色白如雪，三成皆黑臭污泥。每斤黑盐课价三分，又有解费，添平钱，价平贱须卖五十五六文，加以转运狼籍，零折耗折，官称稍亏，斤两且不足。且东、昭食川盐，极净而洁。曲靖密迩东、昭，独行黑盐，故民间多食私，不肯买黑盐。承办之员，往往堕销赔累，较他郡为难办。黑、白井盐如锅形，重六七十斤。他如丽江、景东、镇沅、抱母各井盐，块皆圆小，只数斤。又开化、广南毗连粤西，行粤盐，以铜易之。滇、粤两省间，年派员轮运。至永昌外野人山中，及临安边外沙人地，皆有沙盐，颗细而净。(《滇南闻见录》卷下第32页)

盐，附于《志金石》部后者，从《本草》例以盐入石部也。滇南大政,惟铜与盐,盐皆井盐,设提举司三。其不归提举者归州、县官。黑井、白井井各五,琅井一。黑盐归省店,行二十一州县,商贩销;白、琅盐,行二十六州县,官督销,统归三提举;云龙井八,行八州县;安宁井五,行三州县,归州牧征;阿陋井十一,行二府县,归大使征;景东井四,行五处,归厅征;弥沙井二,行二处,大使征;只旧、草溪各一,行二处,阿陋大使兼管。按版四,恩耕七,抱母九,香盐十一,丽江七,磨黑七,猛野二,乌得四,或由州、县官与大使,或听民自销上课,此其大较也。考雍正间额,煎盐二千七百二十八万七千四百余斤,正课银二十七万八千余两,盈余银共四万七千七百余两,如是而已。后来公私交迫,总归盐铜,加煎加销,至余于倍。盐政大坏,民力不堪,奸民乘之而起,围城捆官,剐眼投火,总以盐为借口。此有盐地方所以愈不可为也。窃维滇南辽阔,其幅员可以包乎江、浙两省,而地丁钱粮,曾不及大府之一。江、浙山郡甚多,亦如滇南,而赋役悬殊者,则不均之故也。地方官无漕粮出办,不得不假盐课以转动之,大吏又视行盐之区为利薮,官累日深,民怨滋起,职是之故。夫滇之兵米,仅足养兵,犹且不支,盐课银以支兵饷与官俸,犹且不足,岁仰于各省协济,银累巨万。疲内郡以济边方,几成为瓯脱无用之地。惟开滇时,田赋甚轻,数百年来,相习以为固然,一旦清厘,其势有不能行。况于盐务,略一加煎加派,群呼并起,祸几不测。方今正额且不能销,所加化为乌有。愈贪者愈贫,由计之不审也。惟是因仍原额,与之休息,尚可以支撑,故详志诸井,使有所考焉。井神,龙也。雍正二年,封灵源普泽龙王。白井盐,甚白,名人头盐,团盐也,经女手始成。黑井盐,亦黑,为锅盐,或模成砖,名砖盐,以馈送。宁洱有盐,红而甘甜,殆饴盐也。生于戎地,即戎盐也。故崖盐生于山崖,戎盐生于土中,伞子盐生于井,石盐生于石,木盐生于树,蓬盐生于草。今出口外行数千里,有古长城,非秦筑之长城也。城壁生盐如水晶,甚甘,即水晶盐也。皆石气之所散见,古人入盐于石部,以此。(《滇海虞衡志》第65页)

盐狮,云龙煮盐,其形作狮子者品最大。州牧王君^凤文见惠数

十枚,余谓即《左传》之形盐也。(《滇游续笔》第466页)

《云南井盐记》:云南盐出于各井,井中卤煎成盐,某某井行销某州县,有定额。乾隆以前,盐由官办,官以此为利。运盐至某县,某县分派四乡,四乡又分派各庄,无论能销不能销,照数缴价,与钱粮无异,因而书役、乡保又加钱价,民不堪其苦。嘉庆初,革除此弊,听贩夫买之,某井销于某县,一切官不经手,惟在井收课。民困苏矣,而又常销不足额。四川井私及邻井无课之私充斥,以致额课亏短,官缘为奸,患不在民而在官矣。余于道光六年莅滇,即将弊蠹之员参劾数员,风气顿转,特用参将曾胜^{即十二年带贵州兵赴楚、粤剿平八排徭,升广东提督者}署东路曲靖协副将,开通迤东云贵两地销路^{曾胜不受私规,文官亦同之不受。}又令各井毋以无课之私占有课之地;又饬盐道秉公管束井官。上下清洁,是以销如额矣。又一二年,不但足额,而且溢额,每年约多课十万矣。先是,云南屡有边事,自嘉庆初至道光初,总督带兵出省剿平者十二次,奏案可稽,劳师縻饷,损兵伤生,颇不安静。自余奏以此溢课,请一半归公饷,一半留备边事之用,奉旨将奖之后,各边岂无蠢动?然旋办旋平。原摺内云:"边徼广袤,夷保纷居,蛮触相争,事所常有。且恐内夷自衅,牵动外夷,惟在边员及早相机查办,所费或不过多。若空手从事,迟误养衅,耗费转巨。"等语。至今十年,边务如腾越野夷出山抢掠,普洱、车里土司争乱,牵连缅甸、越南边乱等事,总督皆未带兵出省,惟沿边镇道府厅得此财力,遵令办理,徙薪曲突,皆就安平 其余小衅,旋起旋定,保全生命,更不胜数,余摺内之言,今皆验矣。(《挈经室集》第458页)

清徐昭受^{郡人}《盐法议》:天地有自然之美利,而国本系焉,民用给焉,不在国,不在民,此其所以弊也。酌以均平,故源流不匮,斥其侵蚀,故上下能通。滇省产盐,计十六处,所行销有额数,诚国课攸关,不得不责成于官办。向例官运官销,未有不便,然正课日致亏缺,而民间致按照烟户,计口售盐,又短秤加课,盐额难销,官追日急,壅大利,成积弊,起奸者微,而效尤者甚也。今之贪染私漏之状已彰矣,从前不法事俯蒙禁革,改定民运民销,不限地远近,法立于公为利,斯溥盐法之良无踰于此,其大体固若是也。夫本计之图不嫌于纤悉,防制之意必及于隐微,以今听民自便,贩商赴井,运盐纳课后,官给以引。凡过历关隘,有所查验,截角以相会计,其杜私甚密。然关之胥吏及州县巡役,非尽良者,附井之巡役与灶户夥,州县之巡役与贩商夥,尝以商无漏课为歉,若有之,彼得以勒取肥润,岂肯报获?况夫黠徒计利,各有所溺,如使贩商与灶户通同,可漏一引之课,持所赢馀,分之弱半,以加倍于灶户。灶户利其多于定价也,无不乐售者,而贩商得强半之利,又公纳一引之课,并怀挟旧引,混淆耳目,巡禁有觉,啗以馀贿,是后便坦然售其所私,而无从加察。入市肆,则价稍减于课盐,而愚民趋买者若鹜矣。为总计其所顿置漏课一引,利犹得半也。使累而积之,给引之盐,又安得而尽销其额乎?是宜于各井,仍通计灶户名数,详查每户盐灶多少,一日夜各出若许,盐户为一册,别立一公所,盐成则入其处,按户楚交,有不如册数,便可详究如其数,官为封锢,贩商至,欲销某户盐,则号某户亲至,发卖价费,不与井官经手,第就收其课,给以引而已。至贩商则执引于所运盐,既行销后,即现在地方,便合呈缴,毋许怀挟旧引,以致私萌。又所定给灶户薪本,已勒成价。安宁井,附近省会且转运所便之地,多贩商省运费,故争趋其近者,所出盐日不能给,灶户乘势增长,此虽细故,然令而不行,何以示后?自今不按定例,随意增减者,以违官论。他如奸狯之徒,出其馀诈瞒官,置私处于灶册数目之外,私用增灶煎余盐,仍夥贩商如前弊,此亦足以滋溃。窃谓小人之心,即见微利无有不谋者,禁其转相谋,不若使之转相制也。绝增灶之弊,莫如即于灶户中,或十日转派一人,使之按户稽察,有弊者首于官,如无弊令出一呈结,官得其弊,罪与作私者等。十日后又易一人,周则复始,人人知戒而良善畏法者,在其中虽有狡狯之民,无所缘以孤行其诈,然如是而涖井之有司,非其人不得也。又收课之处书役等,各有工食,其所假名为解费、心红种种者,恐以留加课之端,而贩商有所不利,及州县署中所用盐发官价,止民间之半,其下籍之,多取于贩商,而为惠于亲党,月至数倍,亦贩商之难堪者,请就酌裁。

若夫地势之不齐,调剂之各善,非所敢知,然诚使居者安其业,商者食其力,胥役奉其公,有司畏其职,各相首分而无违心。至是以较国课必无不足,课既足而章程始可通久,斯利在国,利在民夫,然后为天下之大利,理势宜然也,此藏富于国,而逮惠于民之一道也。谨议。(道光《晋宁州志》卷12第38页)

盐,《后汉书·西南夷传》:滇有盐池田渔之饶。常璩《华阳国志》:汉益州盐池田渔之饶。^{陶宏景《名医别录》:有东海盐、北海盐、南海盐、河东盐池、梁益盐井、西羌山盐、胡中树盐,色类不同。}李时珍《本草纲目》:盐品甚多,海盐取海卤煎炼而成,井盐取井卤煎炼而成,今四川、云南所出是也。(道光《云南通志稿》卷67《通省》第2页)

盐,《汉书·地理志》:连然有盐官。常璩《华阳国志》:连然县有盐泉,南中共仰之。樊绰《蛮书》:安宁城中皆石盐井,深八十尺,城外又有四井,劝百姓自煎。升麻、通海已来,诸爨蛮皆食安宁井盐。(道光《云南通志稿》卷69《云南府》第2页)

盐,常璩《华阳国志》:青蛉县有盐官。《一统志》:盐,浪穹县出^{谨案:青蛉县,今云龙州浪穹县北境是。}(道光《云南通志稿》卷69《大理府》第10页)

盐,《唐书·南蛮传》:览睑井产盐,最鲜白,惟王得食,取足辄灭灶。樊绰《蛮书》:览睒城内郎井盐,洁白味美,惟南诏一家所食,取足外辄移灶,缄闭其井。泸南有美井盐,河睒、白崖、云南已来供食^{谨案:览睒,即今定远县,唐姚州泸南县,即今白盐井所属地。}《一统志》:黑盐,定远县出。黑井、琅井、广通县阿陋井、猴井,俱产盐,色黑。姚安府盐,白盐井出。《琅盐井志》:卤止一井,煎之必三昼夜始成,其色青白,其质坚良。(道光《云南通志稿》卷69《楚雄府》第23页)

盐,《明一统志》:雪盘山有盐井。(道光《云南通志稿》卷69《丽江府》第41页)

盐,王鸿绪《明史稿》:威远境内有河,汲水炼炭上即成盐,无秤斗,以篓计多寡量之。檀萃《滇海虞衡志》:宁洱有盐,红而甘,殆饴盐也。盖生于戎地,人即谓之为戎盐也。(道光《云南通志稿》卷70《普洱府》第1页)

盐,《景东厅志》:出磨外、磨腊、大井、小井、圈铁五井。(道

光《云南通志稿》卷70《景东直隶厅》第39页）

盐，《唐书·地理志》：嶲州、昆明县有盐。《唐书·南蛮传》：昆明城诸井皆产盐，不征，群蛮食之。樊绰《蛮书》：昆明城有大盐池，比陷吐蕃，蕃中不解煮法，以鹹池水沃柴上，以火焚柴成炭，即于炭上掠取盐也。贞元十年春，南诏收昆明城，今盐池属南诏蛮官煮之，如汉法也。《一统志》：永宁土府出^{谨案：昆明县，今}四川盐源县，地连今永北厅。（道光《云南通志稿》卷70《永北直隶厅》第43页）

盐，《武定府志》：一出和曲州境内草溪井，一出元谋县境内只旧井。（道光《云南通志稿》卷70《武定直隶州》第47页）

盐，《镇沅州采访》：出恩耕井、按板、茂庆、大二等井。（道光《云南通志稿》卷70《镇沅直隶州》第56页）

盐法：中甸并无行销引盐，亦无盐井，汉夷兵民，尽食沙盐，向系阿墩子，夷人自巴塘、擦哈地方，贩买发卖，历年已久，兵民称便，未尝变易。（光绪《新修中甸厅志》卷上第14页）

因闻距虏困数站之普猛地方出产沙盐，当派军功陆云鹤、通事徐玉保，率领兵夫数人，另雇木王人四名，随同前往查勘，饬由狄满下江会合。（《怒俅边隘详情》第148页）

云南井盐，仅足自给。黑井属广通，白井属姚州，琅井属云龙，石膏井属普洱，皆凿井取卤水，入大铁锅熬干成盐，画分四块，以骡马驮运，分销各处。井地远隔，流弊甚多。雨水稍多，道路泥淖之深，陷及马腹，运道弗修，交通不便，从未有注意筹及者。余在善后局时，屡次提议，上下无不赞成，曾拟章程详院，通饬遵办，仅成东大路，自省至平彝而已，因晋京驿路，官差络绎，有力者触目惊心，其余概未之及。石膏井有盐根，似水晶，色微黄而已，余友胡桐琴任提举时，赠余十数斤。（《幻影谈》卷下第142页）

《安宁之盐场坝》：安宁县在明清两代为州治，然在明朝，亦有一个时间称之为府治，入民国后，始改而为县。其在有明一代，地以产盐著。尝置提举而管其盐务。时城之西门内，开有一红盐井，井出卤水颇旺，其煎味亦不薄于楚雄郡内各井，而且有子井七八,故年可产盐三几百万斤。安宁地近省垣,运载称便,复有水程通昆阳、晋宁、呈贡,以是安宁盐之销路殊畅。吴藩叛清,清兵四面围攻省垣,安宁、罗次、富民一带,俱有大兵驻在,安宁盐井因之而废,而红盐井更为大兵破坏,战事平息,盐务竟不能恢复。至雍正时,始重整企业,而往昔灶家又十有七八俱居于贫苦境地,乃就其易于修复之井而汲水煎之。子井七八眼俱深至七八丈,甚而有深至十丈者,但此些子井所出之卤水,都有淡水渗入,致煎味淡薄。已而又凿一天宝井,卤水较好。然此一些盐井年产盐斤,终不能超过一百万。乾隆间乃撤提举而置一盐场大使,既而又裁大使,并盐务于州牧。然在嘉、道、咸、同之际,年尚可能产盐七八十万斤。降至光绪年间,井卤愈为淡水所浸,煎味日形淡薄,于是年只产盐三四十万,或不足三十万。此而与往昔之产量相较,其差率直十与一之比也。其制盐法,系汲井卤泼于地面,借日光晒其湿土而结硝,如此者三四次或五六次,始行用锄铲取地面凝有硝质之泥土,贮于木桶中,复取卤水而泡其桶内之硝土,使由桶底罅眼中点滴而下,遂用滴下之水而煎盐。每煎一锅,须经三日或两日半之火力,其盐始成,真劳苦备至矣!泼卤之地名曰盐田,而各有界限,其总名曰盐场坝,在昔时州牧署之左,东城垣之际,惟地近螳螂川,常生水患焉。(《云南掌故》卷 10 第 304 页)

《黑元永井之特殊情况》:云南为产盐省分,三迤均有盐出。惟(此字衍)迤东方面,在数百年前亦有几个地方能产盐,只产量不大耳。所以由大关前去之老鸹滩而名为盐井渡,此即有盐产出之一明证。惟在近百年来,迤东方面竟无丝毫盐出矣!所以然者,盖有川盐销人,已勿须作不忝不鲜之求也。在迤南方面,却有不少的大小盐井焉,然多在普洱、镇沅附近一带,如石膏、按板、益香等井是。此一些盐井年产之盐,亦足供普洱、思茅、车里、澜沧、镇沅、他郎、元江一带之人民食用,其数量当然不微薄也。至云迤西方面,其产盐之处则多矣,就其井名而言,曰白井,曰乔后,曰喇鸡,曰云龙,曰阿陋,曰元兴,曰永济,曰黑井,曰琅井,又近省之安宁,有盐井曰红盐,是皆大井也。且有些井上又各函有三五个或七八个子井者,中以云龙井、黑井为最显著。迤西盐井,又以楚雄郡内为最多,原日,白井则属于大姚;阿陋、元兴、永济是属于广通;黑井、琅井属定远(即今之牟定);红盐井属安宁。其间以红盐井、琅井开辟最早,黑井次之。红盐井与琅井在数百年前产盐最旺,因而各置有一提举司。在清代康熙时,吴藩叛变,清遣蔡毓荣、穆占、赵良栋等征滇,红盐井遭到破坏,于是产量大减,乃废提举司而置一盐场大使。在此一时际,定远治内已有黑井之开辟,且产盐较琅井为旺,煎味又好,其销路当然畅旺,此而移琅井提举于黑井,是为黑井提举司,琅井则置一盐场大使,曰琅井大使,此为康熙末叶事。又过若干年后,琅井盐之出产数量竟年减一年,且煎味渐次变涩,销路上便生问题,黑井盐便有供求不相济之概况,斯而广通治内始有猴井之开辟。初仅开出一井,即后来之元兴井,既而又在此井之近处开出一井来,即后来之永济井。斯而俱不以猴井名之,一则名为元兴,一则名为永济,复简称为元永井,猴井两字便成一古名词。元永井旺后,年中产量不仅较琅井为强,而亦强过黑井,于是琅井盐之一切销路,什之七八为元永所占,元永井既若是之发达,旁者当然艳羡,斯而广通治内又有阿陋井之开辟。阿陋成立后,其制出之盐虽有逊于黑、元、永之所产,而较琅盐则强,且不苦不涩,只味稍淡薄耳,以是能与元永井盐角立。在此一时,大府乃奏明于朝,将元兴、永济、阿陋三井统隶于黑井提举下,复移琅井大使而为黑井大使,仍以黑井提举辖之,然此为百余年前事也。楚雄郡内之盐井,在过去之百年前后,论井口大小,出产之旺,销路之广,当首屈一指曰元永井(惟在实际上,元兴实占三之二,永济仅能占三之一也),次白井,次黑井,次阿陋。若琅井之产量与销路,或云:"此较二三百年前,今只保留得百分之二十或百分之十五耳,其唯一之销路,是运往宣威方面腌火腿也。"云到楚雄郡内各井之盐质、盐味,则以黑井盐为最佳,色较一切井盐为白,且饶有宝色,质亦较一切盐为细,晰之,复粒粒坚结。味咸能回甘,咸极而不苦,用制肴馔,能调和口味,用以制各种咸菜、酱菜,能久而不坏,亦不变味。往昔昆明之黑芥,系全用黑盐制作。故人口甘芳,依此一切而订其品格,实居上流也。所以然者,以有故也,将说明于后。楚雄郡内之各个盐井,大都是以卤煎盐,掘矿泡水而煎者较少,若琅井、黑井、阿陋都只有卤而无矿,惟元、永两井则是掘矿泡水而煎,矿色灰白,煎味极厚。矿硐原在一大山下,山高逾百丈,横压地面近十里,山形则分成五支而窜下,元兴井硐则占尽山之左畔三支,右二支则为永济所占。此元、永两井所在之地处,在形势上是如此也,今始足以言元兴井矿硐内之情形:元兴井之矿硐范围极大,硐门几等于一小城门,可以骑骡马走入。下面类坦途,行入三几里,路即向下而行,又行约及千步,即至一深阔俱近十丈、高约数丈之一大奥堂。而此系人工作成,非成之于天然者,此处亦可称为硐底,以掘取盐矿即在当前也。掘矿处直似一堵岩壁当前,前人则将此一崖壁分作上、中、下三层,望去俨如三层洋楼,每层又辟出六岔,质言之,即是六个槽硐。三层共有十八岔,一般矿丁则由各岔内进攻,得矿则用人背出。大奥堂内地殊低洼,因而恒有水积,深一、二、三、四尺不定。水为咸水,然不是硐中产出之卤水,是一种由淡水变成之咸水。盖此座矿山上有一大股溪水,向山下淌流,在经过石土松处,自有不少的淡水渗漏到下面的矿硐内,水是由盐矿内浸出,因而变成咸水,积于坑洼内,此一坑洼处便成为一个大咸水池。灶家遂汲取此种咸水以泡矿,故元兴井之煎味较他井为浓厚。元兴井上规则,凡由太硐内取出之盐矿与咸水,一出硐后,即按丁分配,例如一丁分百斤,五丁则有五百斤。元兴井有二百一十七丁半,而丁即股也,二百一十七丁半易而言之,即二百一十七股又零有半股也。此不名曰股而名曰丁者,考其原由,是当时开辟盐井时,一班工作者,概由地方上人户各出一人或出二三人来共治其事,此则有登记,其事治成,系若干人之出力。逮至井务发达,值有利可分时,遂以各出之丁口为各家占有之股分。其原由如此,故不名为股而名之为丁,积久,凡有关于矿硐上之一切大小事件,亦无一不以丁分配。在百余年间,井情正旺,灶家占有之丁数即多少不一,有只占一丁半丁者,有占三五丁者,甚有占至十丁以上者,盖由丁可以货,亦犹股票之能转移也。大抵丁数占得多，不止日有盐出，且能日有大量之盐出，出盐多，获利厚，是定而不移之事。斯不特元兴井是如此，而永济井亦是如此，又不独元永进，而黑井、阿陋井亦未尝不崇重于丁，计丁而煮盐，计丁而接受一切的摊派。此诚为黑、元、永、阿陋、琅井之一种传统规例。云永济方面之丁，其数未经考及，但知其丁有三种区别：一以百之六十定其成分；一以六十作七五折而定其成分；一以百之七五作七八折而定其成分；其间情绪复杂，殊不易言，总之是一种极不公平之事。黑井方面，丁数较元兴为多，盖由黑井之井口多至成十，井各有名，黑井系此一些井之总名，井各有丁，合计当不下五百，其丁数亦云多矣。阿陋之丁，大是难言，新加之丁，一丁算一丁，旧有之丁，一丁算半丁，不知当日之主持此事者是据何理由，此亦是旁枝侧叶事，不合深究，今仍言元永井之煮盐事：元兴井取硐中咸水泡矿煮盐，其溶化过矿质之水，每百斤即能煎出四十两盐，此种浓厚之煎味，可云达到极度。且水一落锅，略一滚动，即能起沙，故尔在四小时内即能筑就二百五六十斤重之一锅盐。此惟元兴井能之，他井则不能，即永济井亦有所不能。如云黑井是纯用卤水煎盐，水由一些吊井中取出，取水于井，系架绞车于井口上，系两个大革囊于轴间，绞时则一上一下，亦甚便利。惟井有深浅，水有枯旺，煎味上复有差别。有百斤水能煮十四两盐者，有煮十三两者，甚有煮十一二两者，此等煎味，与元兴方面相较，直三与一之比也。因而黑井方面每煮一锅重二百四五十斤之盐，须煎至八小时，甚至九小时或十小时，此则较元兴为费工费柴。但是卤水经此八九小时之煎熬，其间之精华悉尽，味亦熬醇，故尔黑盐之质味实较元永井盐为佳，若较阿陋盐，则强多高多尔！又云：元永井之盐矿，实取不尽而用不穷，仿佛是此一座大山，除去表面上护住约有十数丈厚的一层石土，内里即完全是盐矿，可以云，内里藏蓄之矿，当不下几千百亿斤也。又云：硐中之咸水，虽不能云如溪涧之水，滔流不息，然已有蓄满成池之在望，且无一时一刻之干涸。井上之资源是如此充足，故元永井上每年产出之盐，能倍于黑井，数倍于阿井。且在光绪朝之某一年间，元永井上曾出盐三千五百余万斤,与黑井最旺之某一年产盐至一千六百余万斤之纪录相较,竟超过一倍有余,可以云是一惊人之产量也。论理,一个盐井年中能有此巨大之产量,虽为元、永两井之所共有者,而永井亦只点三之一也。无如人心似海,难云满足,因而发生出一种异事来:先是,元兴井上,群往硐中取咸水,系以木桶背出,此于来往上不无窒碍,于时间上不无宕延,乃改而用大竹筒吸引,是则硐中之水便形不足。时众已审明,硐中咸水是由山水流渗入硐内,变而为咸,故不妨将流水截住,渗漏入硐者必多,此而将硐中咸水尽量引出,用以煮盐,则出盐愈多,此的是一引淡为咸之妙法。协商定后,遂将山水闸住,果然硐中咸水旺盛。以是,元兴井之产盐竟超过永济三四倍。讵知此座大山中多崆峒(空洞),往昔之溪水仅由山槽经过,水不停蓄,自无压力。一经闸住,便停而不流,斯而水有压力。此在情势上,闸住之水只有由一些罅隙处漏入矿硐内之一条去路,除此,无非注入于崆峒(空洞)内,是则水之压力大矣。未及二年,大约一切崆峒(空洞)注满,山腹内之盐矿自无不浸酥,酥则无力支持上面压榨,于是渐往下矬。一日,山顶上有一大片山地竟突然陷落,山水亦因之而注下。是时,矿硐中人却无所知觉,仍挖掘不停,次日方知有是事,而硐中又无甚影响,竟未将人完全撤出。第三日,始有天崩地塌之一声,硐里的一大个棚顶竟往下坠落,此则水石泥矿混合而下。水之体量,在泻下时,不知有若干千百个立方丈。水在硐内不能容积,便由硐槽内渗出,然又是受尽压逼之水,喷射力自是不小。喷涌而出时,真硐门有多大,涌出之水便有多粗,其势极凶,直将硐口对面之一大排铺户冲倒。淌入一河内,将河内之鱼完全腌死,以函有之盐质重也。猛水漏出,约在两日,至第三日,其势始杀。又过十数日,硐里蓄积之水似已将次淌完,斯而硐口上则只有一小股水淌着,而仍是咸水也。顾此一番之剧烈运动,在不知其然者,以为必要压死多人,实不然其说。缘棚顶不是整个的骤然落下,是先有几处垮塌,后始大片落下,故一些矿丁能于奔逃,然亦是一件幸事。上面棚顶落下,从前的一大奥堂、一咸水池,当然被其塞满填实,以云清除,实大不易云。井又不能停办,只得设法在此大洞之旁另辟一硐,达到原日取矿处,此目的固然达到,而出盐便不及往昔之旺矣。云与永济井争胜负,无非在三两着打结棋上,此而度过二十余年,乃有一平浪之设置。一平浪,距元永井四十华里,元永井上盐水是砌一暗沟引来,然经四十里路之淌流,水中函有之硝便多走散,以是煎出之盐,大不及往昔元永井上之所产出。盖硝为盐水中要素,然硝有甜硝、半苦硝、纯苦硝之分,黑、元、永井之盐水为含甜硝者,琅井、阿陋井则是含半苦硝,若为纯苦硝,人则不能食。盐水中又须含有碘,无碘者亦不堪食,今日一平浪之盐,碘亦不够成份,故群众以一平浪盐为味薄、质不佳。广通境内尚有一草溪井,草溪是一片长大草坝之总名,坝内村寨甚多,尤有不少的盐井,井遂以草溪两字而名。井卤甚旺,质含半苦硝,但毫无碘,自不合入于食料,是处人则取井卤煎盐而食,却受害甚大,据一般人云:草溪坝内人民一至成年后,十有八九项下即生瘿疣,都大如拱拳,甚有二三并见者,故草溪盐不能行销于外。其人民走出,见者即决其为草溪人。近日,草溪人却利用其卤而煮硝,运至省垣,售与一般硝皮革者。距元永井约有三十华里之一地处,有地曰横山,此地亦有卤出,卤则从一岩上涓涓下注,岩系两块巨石,一上一下,似一狮子大张嘴,上则出卤,下则石上有一凹承之,人则取此而煎盐,盐成,入于白开水内,即有鸡汤味。顾此虽昼夜涓涓不息,然只是一细股下流,故年中出盐只万余斤耳。近井处有一回人村寨,烟户约近二百家,即以此盐腌牛干巴卖,质味香美极。此俱为李少元君详语于我者。(《云南掌故》卷10第320页)

《境内历年食盐之价格若何》:自民元至十年,阿迷所食之盐有三种:一磨黑盐,一琅白井盐,一交盐。在此期间,磨盐每斤价银壹角伍仙,琅盐每斤价银壹角贰仙,交盐每斤价银捌仙,概以现金交易。其销数以磨盐为最,交盐次之,琅盐又次之,稍有涨落,仅二三仙之数。又自十一年至十六年,磨盐每斤增至贰角伍仙,琅盐每斤增至贰角贰仙,交盐每斤增至壹角伍仙,多以纸币交易,其销数涨落,仍如上。又自十七年至二十年,磨盐每斤由壹元递增至贰元,及贰元肆角不等,琅盐每斤由捌角递增至壹元及贰元不等,交盐每斤由伍角递增至壹元及壹元伍角不等,纯以纸币交易,此历年食盐之价格也。(《阿迷州志》册2第502页)

寸开泰(腾)《云南盐议》:自夙沙氏煮海为盐,而民无淡食之虑。其见于经者,《尚书·禹贡》:青州贡盐绨。《洪范五行》:水曰润下,作咸。《周礼·九贡·注》:物贡鱼盐。而云南之产盐见于史者,《汉书·地理志》及《华阳国志·南中志》:越巂郡定莋县出盐,蜻蛉县有盐官,益州连然县有盐官。《后汉书·西南夷传》:郑纯为永昌太守,与哀牢人约,邑豪岁输盐一斛。《新唐书·南蛮传》:南诏览睑盐最鲜白。此其大略也。盐之所产不同。解州之盐,风水所结;宁夏之盐,刮地得之;淮浙之盐熬波;闽粤之盐积卤;云南之盐则汲井。井各有灶,灶各有丁。其章程治之以盐法道,而统于督抚。分设官司以提举之,曰提举。立征榷之法,名曰盐课,以官司之,曰大使。提举之司三:曰黑盐井、白盐井、琅盐井,其官曰提举。盐课之司九:曰黑盐井、白盐井、安丰井、阿陋井、香盐井、按版井、弥沙井、大井、丽江井,其官曰大使。白盐井大使、安丰井大使皆隶于白盐井提举司。黑盐井大使兼管草溪井,皆隶于黑盐井提举司。抱母井大使兼管香盐井,统名抱香井盐课司,而隶于威远厅。按版井坐落镇沅州,盐课司大使即隶于州。弥沙井坐落丽江府剑川州境,盐课司大使即隶于府。大井坐落大理府云龙州境,盐课司大使即隶于府。丽江井坐落丽江府丽江县境,盐课司大使兼管老拇井,即隶于府。其未设盐课司之安宁井,则隶于云南府。只旧井则隶于武定州,恩耕井则隶于镇沅州,景东井则隶于景东厅,磨黑、木城、安乐三井及石膏箐井皆隶于普洱府。凡隶于府、厅、州者,其课即由所隶之府、厅、州督征。此先年之章程也。后井虽有小异,而大概不过如是。井之灶丁有额,而散为灶户则无额,有一户而兼领二三丁、四五丁者。井中所出之卤,官吏按丁分授,且给以买薪之银,谓之薪本,灶户受而煎之。始则由卤定盐之额,由盐定课之额,继则通计各井应煎之盐、应解之课,分令各灶按户纳盐。官司雇觅脚力运注各厅、州、县，令地方官售卖，谓之行销。而解其售卖之银于盐道。行销各有其地，挽越者即为私盐。其法自元明以来，由疏而密，由略而详。然皆以盐为官物，官煎之而官卖之也。虽间有坐井丁书违例私卖，尚不至大为民害。自提举某在本井挽和炭土，诡称余盐，几倍正额，主者善之。于是销盐之地以余盐之多寡为殿最，反置额盐于不问。始则计口授食，继则按户分摊。始则先课后盐，继则无盐有课。考赵州师范《滇系》有云：雍正间额煎盐二千七百二十八万七千四百余斤，正课银二十七万八千余两，盈余四万七千七百余两，如斯而已。其后加煎加销，几至倍蓰，盐政大坏，民力不堪。至嘉庆二年，遂有聚众抗官之举。四年，经巡抚初彭龄奏准盐务归民，由井收课，继其后者守之勿易，民乃得安。近因海私入口，原额且不能畅销，所加化为乌有，故复议归官卖。然官卖未必能周遍，而细民之食盐者不能皆与官交易，势必有富商大贾出而包揽之，辗转周折，公家之得利甚微而百姓之受制不少。查各处边岸进口之路，大多虽设有缉私营，而防广兵单，不敷分布，且官盐运至各司地往往因道远不能接济，又官盐价贵而味淡，海盐价贱而味咸，夷民避重就轻，自非勉以大义极力持揸，不易禁绝。顾氏炎武《日知录》有曰："松江李雯论盐之产于场，犹五谷之生于地，宜就场定课，一税之后不问其所之。天下皆私盐，则天下皆公盐也。"此论凿凿可行，但积重难返，亦惟有因地制宜，随时变通，期有济于公，无扰于民，则得矣。欲其尽化畛域，乌可哉。（《永昌府文征·文录》卷23《民五》第2799页）

《班洪风土记·食盐》：地不产盐，自孟定、耿马市易之，亦自冒黑、石膏等井运来者，价昂而土人贫于资，得盐不易，故多淡食。或谓班洪生食，然余所至土人家，都有火塘，询之土人，亦曰：今已无生食者。（《滇西边区考察记》第1篇第29页）

盐 黑井、琅井、阿陋、猴井所产，俱系商人运赴迤东云、曲、临、澄各府发卖。楚属百姓，反食姚安府白井团盐。近井愚民间有食黑、琅盐者，俱以私盐获罪。山中夷僳，无力买食白盐，甘茹淡。地虽产盐，土著之人，不获食盐之利，良可悲也。（楚雄旧志全书"楚雄卷上"康熙《楚雄府志》卷1第193页）

黑井提举 沈懋价山阴《黑盐井盐课提举司题名记》：国家设官分职，各有攸司。司主守也，主言其行止，得以自主，他官不得干预守言。其出纳必须循守本官，不得旁贷，司之为义，至严且重。而提举司之名，汉唐未见。宋淳化中，设转运司使，理常平仓事，令转运司举长史所部官专领之。熙宁遣使提领，此提举所自始也。宋元迄明，以田赋属州县，以盐课属提举，国朝因之，其来尚矣。滇提举三，黑盐井其一也。滇产九井，黑盐井为最大，出盐多，办课重，故为井官难，而黑盐井官尤难。额盐不敷，惟提举是问；额课不足，惟提举是问。临之以督抚，辖之以司道，清廉以饰躬，苦节以从政，善已，然而难为上也；私谒不杜于居官，馈赠不绝于往例，善已，然而难为下也。盐与课非一时一日所能办，则不得不急，急则刻，刻则下民之怨生；盐与课非一手一足所能措，则不得不缓，缓则阿，阿则公家之赋堕；上与下稍不如指，则殿最随其后，此其所以难也。士君子之进退，务使身之所处，各尽其分之当然，而于吾力之能为者，亦不留余以自处而已矣。兵农礼乐，各有勤施，后世之实，我自顾理烦治，剧何事堪质诸夙夜，则虽事事可报朝廷，而尚惧斯位之难称焉。矧斯职也乎，位民之上，处人之下，亢则虑民情之不上达也，随则患殊恩之不下究也。夤缘久而仕路通，朋比成而吏道杂，彼落落难合，岳岳怀方，抚字心劳，催科政拙者，吾知其覆餗遗讥也必矣。嗟乎！郅都垂苍鹰之号，宁成有束湿之名，竟不闻所师者何氏？黄霸课最于颍川，鱼公化流于中牟，又不知所读者何书？自非破觚以为圆，斲雕以为朴，吾未见其可也。未期有济于世，先求无疚于心，与其问蚩妍于鉴，无宁别是非于人，前事之不忘，后事之师也。故事载于志中，淑问传于遗老。明初，井原设盐运司如两淮，后裁去，设提举司，有正有副，有吏目，有大使三：一本井盐课司大使；一阿陋猴井盐课司大使；一琅井盐课司大使。琅井天启三年置琅盐井提举大使，裁阿陋猴井，仍旧井吏目。国朝康熙三年裁，现设盐课提举司，属本井盐课司，阿陋猴井盐课司。有明一代，官不一人，贤者、否者，磨灭罔据，我朝己亥（1659 年）开滇，官斯土者，例得备书姓氏里居闻见，必其甚也，贪某也，廉某也，虐民奉上某也。

因时制宜,公道自在人心,是非殆于一念。戒之哉! 戒之哉! 斯记之作,或亦触目警心之一助也。(楚雄旧志全书"楚雄卷上"康熙《楚雄府志》卷9第481页)

盐法:本县旧食黑井盐,原额支盐一万八千八百六十四觔,因地瘠民贫,无商承领,虚设土商庄商,诚县令备脚价发运到店,各乡小贩,往官店贩卖,听民便买。但县治界在四井之间:东安宁,北黑琅,西阿陋,发运经过,夹带私盐,此官商之并苦者也。盐课分款解道,库银二千三十七两三钱一分二厘。本县年额解商税银三十两五钱三分六厘六毫,遇闰加增银二两五钱四分五厘。一切经过货物,例不抽税,止于本县市肆铺户,照行征收起解。(楚雄旧志全书"禄丰卷上"康熙《禄丰县志》卷2第24页)

盐^{味咸倍于八井}。(楚雄旧志全书"禄丰卷上"康熙《黑盐井志》卷1第600页)

盐卤,只一井,而煎之必三昼夜始成,其色白,其质坚良。发建水六州县食之。(楚雄旧志全书"禄丰卷下"康熙《琅盐井志》卷1第1047页)

盐,黑琅二井出,其色黑,行销迤东。明时听县地方买食,民间便之。今例,食白井课盐,定民无与焉! (楚雄旧志全书"牟定卷"康熙《定远县志》第36页)

食货:盐,琅盐、黑盐。(楚雄旧志全书"牟定卷"道光《定远县志》第244页)

《盐场》:黑盐井在治东七十里,两山壁立,怒涛中通,卤水出河西岸。提举署亦在西岸,大使署在河东岸。年额煎销盐一十二百万斤,课厘税捐四千余万两。琅盐井在治东四十里,层峦四塞,中夹一河,两岸均出卤水。委员署在北岸,年额煎盐九十六万斤,课厘税捐三万余两。区区定远,既饶矿产,亦擅盐利,滇南财赋称巨擘矣。(楚雄旧志全书"牟定卷"民国《牟定乡土地理志初稿》第361页)

论曰:滇之大,利在铜与盐。二者非邑之所不产也。自汉迄元,盐皆产大姚,至设盐官,而利归于井邑,且困于樵采矣! 出铜之区,无不开采,山空硐老,仅"晖东"一厂,亦寄辖于定远。将来英华既竭,褰裳去之,游民易聚难散,则所以为利者,民其何利焉?况迩来黔蜀游民,寄籍日多,老箐深山,开辟殆遍。虽物产之饶胜于往昔,而山童水涸,生齿日蕃,其何以遂其生计,而安其身也?然则守土者筹划措置,又自今以始矣。(楚雄旧志全书"大姚卷上"道光《大姚县志》卷6第175页)

《盐赋》:梁南旧产盐、䴙,而《禹贡》未载者,岂以边地荒远,尚多蕴蓄耶!及考《汉书·地理志》载:越嶲郡蜻蛉县出盐,有盐官。则知白井之开已久,特至唐而辟,至前明而课始增耳。本朝生齿渐繁,地不爱宝,岁煎至七百余万,行销至二十二府州县,其利赖固已颉颃于十九井。所恃承流宣化者,因时势、酌人情而调剂之,于以足民裕国,则利泽所及,讵有穷哉。志"盐赋"而"井口"、"卤额"、"课程"及安丰井盐务均以附焉。旧志问:凿井始自何年?人多以唐天宝间对。其实非始于唐也。井与姚相去百里许,欲稽井之巅末,未有能外于姚者。观张柬之奏《省罢姚州疏》谓:姚州本古哀牢旧国,荒郊绝域,不与中国通。前汉开夜郎、邛、筰而哀牢不附,至光武年始请内属,置永昌郡,以统理之,取其盐布毡䴙之税以利中土,及蜀汉时,诸葛武侯五月渡泸,亦收其金银盐布以益军储。是盐之为利见于两汉者已彰彰矣。夫"哀牢旧国",舍白井别无产盐之地。如以为井开于唐,则汉时之盐又于何而得之?独是白井舐羊石载在滇志,而洞庭郡女遗迹又纪以蒙氏之时。蒙氏据滇于唐时,后人即此以为开井之始,而不知盐之见于汉者即白井所出。盖此地旧有盐井,特未扩充,厥后郡女牧羝,始知卤非仅一处,故又凿界井,获石羊而卤泉益旺,国课渐充,人民愈众,乃有庙祀之典。且《通志》记白井于汉属益州,蜀汉为牂州,是井眼之开于汉无疑矣。(楚雄旧志全书"大姚卷上"乾隆《白盐井志》卷2第439页)

《盐类附记》:团盐 乾隆十九年,经盐道刘定为每团八斤,每十五团重折秤一百斤,虽稍有低昂,大约不出此数。 香盐 有红青二种,其味果香。 锅边盐 味微苦,最坚实。 盐锭 以炉火化盐为汁而成。 筒子盐 盐沙虽粗而体极重。 盐管 热卤滴成,可以消瘿。 盐卤 炙肉作酱,犹妙于点腐。 盐山 出灶两旁,或锅漏成,如玉笋森列,峰峦参差。 盐梅 孔窍玲珑,如太湖石,可作盆景,坚可耐久。 取黄梅,用卤煮数日,其色如墨,以蜂蜜调梅水,其味极佳,夏月饮之,可以解暑。 (楚雄旧志全书"大姚卷上"乾隆《白

盐井志》卷 2 第 441 页）

提举郭存庄《白盐井颂三章章八句》（四言）：茫茫髳州，山水融结。几世几年，蒸此膏泽。灵象锁川，神龙据沈。造化为工，今古不竭。汉唐初通，于今倍隆。增以石谷，益以安丰。五金同德，百谷同功。调羹裕课，转运不空。醴泉献赋，甘露书祥。何如兹井，雪汁汪洋。烹成太极，利赖殷昌。褒封远逮，庙祀无疆。（楚雄旧志全书"大姚卷上"乾隆《白盐井志》卷 4 第 525 页）

胡蔚武陵《团盐谣》：屋瓦鱼鳞翠烟起，居民穴火熬井水。湿淫热炙不敢辞，辛苦终年事于此。团盐搏成圆月样，赋额毕输禁私藏。穷民鬻私直多，官家捕得加笞掠。斧斤旦旦纷樵人，豫章伐尽锄荆榛。正余征盐八百万白井岁征正余额盐几八百万斤，不关井卤惟关薪。尽道团盐白于雪，那知团盐红若血。长官焦劳灶丁恐，但奉章程莫他说。吁嗟乎，夙沙之利诚古今，牢盆钛趾谁搜寻。安得夸父千百之逐日，杖掷去四野，遍地成薪林。（楚雄旧志全书"大姚卷上"乾隆《白盐井志》卷 4 第 528 页）

清提学吴应枚《咏锅盐》（七绝）：井卤煎熬抵海沙，釜形半破或如瓜。年来蹉政清如水，无复心惊普洱茶二患今除。（楚雄旧志全书"大姚卷上"乾隆《白盐井志》卷 4 第 533 页）

白井居山涧中，绝少田原，粟米皆资邻境贸迁，惟盐筴之利，上供国为经费之用，下使民无淡食之虞。至于飞潜动植，莫不备具。兹照旧志所载，并即耳闻目睹，采而增辑之。盐之属：旧志十种：团盐，杨升庵《南诏野史》：滇中盐井共四十处，惟楚雄府姚州之白井，楚雄县之黑井、琅井为佳。香盐，有红、青二色，其味最香。锅边盐，味微苦，最坚实。筒子盐，盐沙稍粗而体极重。盐管，热卤滴成，可以消瘿。盐锭，以炉火化盐为汁而成。盐汁，煎卤成盐所沥之汁，以之炙肉，有别味，俗呼为头盐水。盐山，出灶两旁，或锅漏成，如玉笋森列，峰峦参差，孔窍玲珑若太湖石，可作盆景，坚能耐久。盐卤，炙肉作酱，妙于点腐。盐梅，取黄梅用卤煮数日，其色如墨。以蜂蜜调梅水，其味极佳，夏月饮之，可以解暑。（楚雄旧志全书"大姚卷上"光绪《续修白盐井志》卷 3

第 658 页）

《境内各种矿产表》：盐丰为产盐之地，白井一隅，有盐井数十眼，可取滴以煎盐，年均产食盐六万余斤。其他矿物，如铜硝之属，在前本有开采者，降至今，则封闭已惟。虽有三台厂、树皮厂、小兴厂各产地之名，然陵谷变迁，已不知矿穴之所在矣。（楚雄旧志全书"大姚卷下"民国二十一年《盐丰县志》第 1654 页）

咸之属：盐因逆藩据滇，黑井奸商包课，令并食黑盐额盐遂闭塞。<small>出小井，旧系百姓自备工本煎销纳课，即行本境，民赖其利。</small>（楚雄旧志全书"元谋卷"康熙《元谋县志》卷 2 第 58 页）

咸之属：盐一出和曲州境内草溪井，一出元谋县境内只旧井。旧系百姓自备工本，煎销额盐四万九千九百九十二斤，缴纳课银二百六十二两四钱六分，遇润加盐四千一百六十六斤，加银二十一两八钱二分一厘六毫六丝，民赖其利。因逆藩据滇，黑井奸商包纳课价，令食黑井额盐。康熙二十八年（1689 年），知府王清贤因详察全书，造册具详，题咨在案，详请照旧煎销，以利民用，实父母斯民者之责也。（楚雄旧志全书"武定卷"康熙《武定府志》卷 2 第 83 页）

咸属：盐一出只旧，在州属，距省三百六十里；一出草溪，坐落元谋县，距省三百五十里。康熙元年题定额课每年三百六十两。又十年题准二井俱归黑井办课，随裁。雍正元年复开。五年覆准二井每年升课二千四百八十三两。又乾隆十六年定只旧煎盐五万二千一百斤，草溪煎盐二十一万一千七百二斤。草溪销于蒙自县，只旧销于阿陋井。又嘉庆五年因阿陋大使夐远，将只旧井改归元谋县经理之。（楚雄旧志全书"武定卷"光绪《武定直隶州志》卷 4 第 376 页）

货属：盐县辖有阿陋井、猴井，所产俱系商人运赴迤东发卖。广通人民食姚安府白井团盐，近井愚民间有食阿陋井、猴井盐者，俱以私盐获罪。山中彝倮无力买食团盐，其茹淡。地虽产盐，土著之人不获食盐之利，可悯也。（楚雄旧志全书"禄丰卷上"康熙《广通县志》卷 1 第 389 页）

热泉在以勒。老夷云：昔时其地煎盐，有夷状人抱一雄鸡，索易盐百斤。盐者云：不须汝鸡。其人啮指，血滴水中，乃闪身入锅，锅与俱人，水成热泉。（光绪《镇雄州志》卷1第35页）

《盐法》：《夏书》青州贡盐絺，周官盐人掌盐政，自管子煮海而国富强，刘晏设官而用饶足，盐之为利大矣哉！据《华阳国志》南广县有盐官，滇之连然亦有盐官，历来皆榷其税。昭（通）在昔隶于犍为，尽食川盐，唯山路险阻，不若舟楫之便利，往往有缺乏之虞。自国家立法，案（同按）地销引，查滇边所销之盐，皆配自犍（为盐）厂，由灶煎灶售，商运商销，于是，偏僻之民始鲜淡食之虑也。《大清会典事例》：四川盐行（供）云南东川、昭通、曲靖府属之沾益、南宁（今曲靖）、平彝（今富源）三县。《文献通考》：乾隆九年（1744年）户部议准，以滇省东川等处盐斤不敷民食，经滇督奉请，改拨川盐接济。由犍为各厂折增陆引一千八百七十五张，自（盐）厂顺流运至宜宾，换截引纸。水小之时，督商运至盐井渡。若届大水，仍听由筠连、高、珙等县换截引纸运至川滇口岸，令滇省人民商贩接运、发卖。其换截之引，由川移滇。查察其应征课银，川省水引一纸，征税银三两四钱五厘，入滇陆引一张折征税银二钱七分二厘，按引照征。《会典事例》：乾隆十六年部准，昭通、东川二府逼近金沙江，开运京铜，且系新辟之地，驮脚裹足不前，必须驮回川盐接济，应将前销南宁等处之川盐二百四十余万斤截留东（川）昭（通）二府，其南宁等处仍销滇盐。又，册载：（乾隆）二十八、（二十）九两年，东（川）昭（通）二府民食不敷，加增川引盐一百六十四万二千二百余斤。后因咸（丰）同（治年）间变乱，井灶废弛，路途阻塞，岸引积滞。自光绪初年，四川设局整理盐政，改为官督商销，滇边大小（口）岸始一律招商承办，“大滇边”销引一千张。计八千斤为一引，合五十包，每包局砝一百六十斤。系东（川）昭（通）二府、宣威一州。“小滇边”仅镇雄一州，销引五百张。由是川盐始源源而来。查滇省于此项税课前未抽收原因：川省每岁协济滇饷银三十五万（两），即以此款抵之。但自民国（以）来改行滇盐，多不便于民，一因价昂且味苦涩，是以不能畅销，而人民之食蜀盐如故也。（昭通旧志汇编本民国《昭通志稿》卷2第141页）

《盐政沿革》:查巧家盐产均在江边,其已收效者即汪家坪一处。清道光间即已开发,当时以制盐方法简单,灶户稀少,地方官虽已抽捐缴库,然公私方面均未有若何之利也。及入民国后,或招商包办,或收归官办,迭经变更。包办则有碍通案,委办则极感困难。近因逐渐改进,产额已增,虽一隅之利,然民生利赖所关亦巨。考《云南盐务辑要续编》、《民国盐政史·云南分史稿》其记载井产经过言之綦详,特撮要记之,以见地方经济之一斑云。《云南盐政辑要续编》之记载:汪家坪盐井,产于县属地方,在前清时即有土著人民,每当江水平落之时,自由煎卖。历由巧家地方官抽收盐租,解缴清藩库,作充省案公用,并未报部有案。光复后,迭经委员调查,收回盐务官署直接管理,始由地方团体认额解缴课款。嗣因盐政统一,整理场产井灶,以此等自由包办之土井,既无专负责任之人,有碍盐务通案,复经运署分所先后委派华洋各员,亲历该井切实调查,预备收回官办,扩充煎销税额。当此调查期间,仍暂准商人认课包办。曾就查报盐额,概计应征税收,饬其量加课款,准予继续包办。乃原办者即请辞退,另招者又难得人,是以函会转呈议准,分派场税委员,随带缉私长巡,前往组织局所接收试办。已于八年一月到井开办,招集灶户,提修盐田,晒卤煎盐,定价销售,照章征税、发薪,实行报告稽核。汪家坪土井,从前包收盐课,本无辑兵之设置,近因委员设局煎销,故特设缉私盐巡一排,额定大排长一名、盐巡二十名,驻于井场,查禁灶私。《民国盐政史·云南分史稿》之记载:开自道光年间,向为土著人民自由煎卖,经地方官抽收盐租解缴藩库,但未报部有案。至清光绪十九年,由土人私开,认解包课七百五十两。至民国元年,改征一千零七十元,解交财司。三年,收归运署管理,所收包课,解交分所。至八年一月,由署委员开办,至十一年二月改为包办。委办期间之实销盐数(以担为单位):民国八年三〇〇〇·〇五,民国九年四一三一·九五,民国十年四〇二四·六六,民国十一年二二七·五五。包办期间之实销盐数(以担为单位):民国十一年一九六四·二八,民国十二年二一三〇·九五,民国十三年二一四二·八五,民国十四年二一四二．八五,民国十五年三五三三．九一,民国十六年三七〇二．三八,民国十七年二六〇九．五二,民国十八年二七四四．〇四。汪家坪盐场近年改进略情:(甲)盐务之重要改革:汪家坪盐场自二十二年收回官办,分设稽核、行政两机关。税局设局长,司稽核、秤放、收税之责;场务所设主任,掌盐务行政职权。自二十七年六月份起奉令归并,盖为事权统一,节省经费,以谋改进之旨耳。(乙)盐产:民国二十五年规定产额九千担,实产盐八千七百余担以至九千七百余担之间。民国二十八年起奉令改为七千五百余担,实产七千七百余担。(丙)税收:民国二十五年每担征收新滇币九元一角,年收约七万二千余元以至八万七千余元。民国二十八年,改行国币帐,每担奉令征收四元七角五分。(昭通旧志汇编本民国《巧家县志稿》卷7第701页)

《云南路南县调查输出货物表》盐:盐兴县输入一十二万六千五百觔,盐丰县输入四万九千三百觔,共计一十七万五千八百觔。每百觔平均价八元七角。(民国《路南县志》卷1第57页)

汉武帝元封二年,滇王常羌归附中原王朝,改滇为益州郡,在今安宁始置连然县,设置盐官管理盐政。唐代,安宁以产盐著称,安宁城中有"深八十尺"的大井,城外又有4井。明代,安宁的盐井主要有4口,据杨慎《连然新井记》载:"今其遗四井,曰大界,曰洪源,曰河中,曰石井也。"嘉靖二十八年(1549年),又开一新井。清代,在昆明地区只有安宁产盐。历史悠久,自两汉开始至元、明,安宁产盐都有名。明有盐井5口,清初年只有洪源和新河井出盐,中叶至清末,达8口(即洪源井、肖家井、新河井、双龙井、石井、大界井、崔家井、鹅井)。……安宁盐主要产地在盐场坝,因靠近螳螂川,江水渗溶地下石盐而成卤。采煎自西汉以来,一直用土法:"将滤下较浓的卤汁,移注铁锅中,承锅之灶斜坡式(列五六口,前为火门,后竖烟囱,前灶燃火,火焰循余灶以出烟囱,故诸灶皆热,且沸且煮且加卤,由前锅循序移注后锅,且不时拨动,历一昼夜而盐巴结晶,即将诸锅之盐,合并盛于近烟囱一端尾锅中烘烤,令其干燥候冷,倾锅除之,约重百斤。)……唐代盐井，除安宁外还有多处，但产量不高，且"煎食则少"。而安宁井盐产量较高，据《南诏德化碑》称：安宁井盐的销售远不止今寻甸、通海一带，北到今贵州，南到今越南。尤其盐块还是南诏的货币。樊《志》卷七说："颗盐约一两二两，有交易即以颗计之。"《续博物志》卷七："蛮法煮盐成团为颗。质则以颗计之。"据《徐霞客游记》推算，洪武十五年（1382 年）安宁盐产量是 54 万斤，占当年全省岁办盐的三分之一。……清产量，前期不高，中期较高，清末锐减。《新纂云南通志》卷一百四十九"盐务考三"记："雍正间，安宁井额煎盐四十二万八千四百九十二斤，原额盐三十万四千斤，余盐七万四千四百九十六斤。乾隆初年，安宁井额煎盐九十四万四千四百九十六斤。嘉庆初年，安宁新洪井煎销盐二百八十四万六千七百四十斤。道光年间，安宁井额盐七十万八千七百九十九斤。清末，安宁井额盐共二十五万一百八十三斤。……所以清代安宁的盐课相当重。"乾隆五年，奏准安宁州地方有洪源井一区，每年可煎盐二十一万六千斤。获价银五千三十二两八钱。内除煎盐薪本役食外，余银五百八十三两一钱。从中可知，时产盐大约可以获利 13% 左右。盐业一直是安宁的支柱产业。民国后每况愈下，清末，产盐 25 万斤左右，民国时，仅 15 万斤。……元代，盐课的征额较高，全国每年盐课钞为 7661000 余锭银，安宁是全国 12 个盐课重额征缴地之一。据《云南府志》卷八"赋役五"记载，清初，安宁州新河井一年可煎盐 36 万斤，额征盐课银 1980 两，遇闰月加煎盐 3 万斤，加课银 165 两，每百斤合课银 0.55 两。至雍正间，安宁州征课银 752 两，每百斤合课银 0.41 两。清中叶产量提高，课银也上升到 3997 两。道光盐课大使李蕊言："滇之盐井有八，其课之重曰墨盐井、曰白盐井、曰琅盐井、曰安宁井。安宁盐最古，溯自前汉，迄今已二千余年，然卤淡盐劣，工本倍费，虽销行五州县，而灶户赔累不堪，计其不得不论者：一曰卤淡，二曰薪远，三曰难煎，四曰费繁。""自明以来，膺盐差者回京倒有上献，朝廷虽有察觉，亦难力除积弊。"盐政归地方办，积弊更多。……据《滇系》艺文志载，安宁井向系官煎官卖，今则归之道管，工食盐费,均在盐上作法。盐民不得不起来反抗。据光绪《姚州志》盐祸中记:"乾嘉间,滇中以官盐苦民,民疾之。嘉庆二年二月二十四日,迤西诸州县一时民变,各赴衙门呼闹,缚官亲、门丁、市役及本乡之为害者,百般凌辱,竟有抉眼折足者。……"嘉庆五年(1800 年),云南盐课常亏,朝廷不得不作让步,修改盐法。"嘉庆五年奏准云南各井盐厅,改为灶煎灶卖,民运民销,不拘井口、地界、卖价、听众民便,于本省之云南……等一十七府厅州属行销。"但维持不久,又废驰。清末团练费、路费、炼费筹款等,使盐户更感困难。导致盐业衰落。(《安宁县志》)

相关文献

土典史进士藩之父浪穹人王芝成《云南盐法议》,见《滇系·艺文八之十六》第 24 页、光绪《续修顺宁府志稿》卷 32《艺文志二·议》第 5 页。

李继朝《石羊赋》,见楚雄旧志全书"大姚卷上"乾隆《白盐井志》卷 4《艺文》第 517 页。

贡生陈廷佐《石羊赋》,见楚雄旧志全书"大姚卷上"乾隆《白盐井志》卷 4《艺文》第 520 页。

《乾隆元年裁滇省盐价盈余以平盐价》、《又禁烟户盐》、《乾隆四年免云南各盐井归公之项》,见楚雄旧志全书"大姚卷上"光绪《续修白盐井志》卷 8《艺文》第 784 页。

云南巡抚爱必达《盐政奏议》,见楚雄旧志全书"大姚卷上"光绪《续修白盐井志》卷 8《艺文》第 787 页。

云南巡抚图疏《题请开黑白琅三井廪增议》,见楚雄旧志全书"大姚卷上"光绪《续修白盐井志》卷 8《艺文》第 789 页。

康熙四十三年提举郑山《请复直隶盐井等事》,见楚雄旧志全书"大姚卷上"光绪《续修白盐井志》卷 8《艺文》第 790 页。

云南藩宪刘坛《前事批词》,见楚雄旧志全书"大姚卷上"光绪《续修白盐井志》卷 8《艺文》第 791 页。

云南盐道李蕊《前事咨司会议》,见楚雄旧志全书"大姚卷上"光绪《续修白盐井志》卷8《艺文》第793页。

云南藩宪李华之《前事》,见楚雄旧志全书"大姚卷上"光绪《续修白盐井志》卷8《艺文》第794页。

云南盐宪刘业长《详明收买余盐末议事》,见楚雄旧志全书"大姚卷上"光绪《续修白盐井志》卷8《艺文》第800页。

提举郭存庄《请试行收买余盐以济灶民事》、《前事》,见楚雄旧志全书"大姚卷上"光绪《续修白盐井志》卷8《艺文》第802页、803页。

(二)物货类

鞍甲

蛮甲,惟大理国最工。甲胄皆用象皮,胸背各一大片如龟壳,坚厚与铁等。又联缀小皮片为披膊护项之属,制如中国铁甲,叶皆朱之。兜鍪及甲身内外,悉朱地间黄黑,漆作百花虫兽之纹,如世所用犀毗器,极工妙。又以小白贝累累络甲缝及装兜鍪,疑犹传古贝胄朱绶遗制云。(《桂海虞衡志·器》)

《桂海虞衡志》云:"蛮甲,惟大理国最工。甲胄皆用象皮,胸背各一大片如龟壳,坚厚与铁等。又联缀小皮片为披膊护项之属,制如中国铁甲,叶皆朱之。兜鍪及甲身内外,悉朱地间黄黑,漆作百花虫兽之文,如世所用犀毗器,极工妙。又以小白贝累累络甲缝及装兜鍪,疑犹传古贝胄朱绶遗制云。"(《滇略》卷3第236页)

多槐铺,逾山有架衣庄,产坚甲。(天启《滇志》卷4第170页)

鞍辔鞍桥极适体用,漆辔用皮线不等,镫以木为之,处处得劲,凡善驰骤者多爱之。(乾隆《东川府志》卷18第

6 页)

红漆辔,用牛皮制成碎条,编成辔,涂以朱漆,两环用铁线穿定,马行,嚼动有声。(昭通日志汇编本乾隆《恩安县志稿》卷 3 第 37 页)

蛮甲,《范志》云:"大理国最工,用象皮,胸背各一片如龟壳,坚厚与铁等。联缀小皮片披膊护项,皆朱之,间贲黑漆,作百花虫兽纹,极工妙。又以小贝络甲缝及装兜鍪,犹贝胄朱綖遗制。"予尝上幸丘山岩,其藏旧甲亦然。(《滇海虞衡志》第 107 页)

蛮鞍,《范志》云:鞍不用鞯,空垂两木镫,刻小孔藏足趾,避棘刺。今犹然。(《滇海虞衡志》第 108 页)

甲,《宋史·外国·大理传》:熙宁九年,贡犀皮甲。范成大《桂海虞衡志》:蛮甲,惟大理国最工,甲胄皆用象皮,胸背各一大片如龟壳,坚与铁等。联缀小皮片披膊护项,络甲缝及装兜鍪,犹贝胄朱綖遗意。(道光《云南通志稿》卷 67《通省》第 6 页)

鞍辔,《宋史·外国·大理传》:熙宁九年,南诏贡鞍辔。范成大《桂海虞衡志》:蛮鞍不用鞯,空垂两木镫,刻小孔藏足指,避棘刺。今犹然。(道光《云南通志稿》卷 67《通省》第 6 页)

鞍辔,《东川府志》:鞍桥极适体用,漆辔用皮线不等,镫以木为之,处处劲利,凡善驰骤者多爱之。(道光《云南通志稿》卷 70《东川府》第 35 页)

红漆辔,用牛皮割成碎条,编而成辔,涂以朱漆,两环用铁线穿定,马行,嚼动有声。(昭通旧志汇编本民国《昭通志稿》卷 9 第 268 页)

贝

(王莽时)大贝四寸八分以上,二枚为一朋,直二百一十六。壮贝三寸六分以上,二枚为一朋,直五十。幺贝二寸四分以上,二枚为一朋,直三十。小贝寸二分以上,二枚为一朋,直十。不盈寸二分,漏度不得为朋,率枚直钱三。是为贝货五品。(《汉书》卷 24 下第 1178 页)

望蛮外喻部落,在永昌西北。……妇人亦跣足,以青布为衫裳。联贯珂贝巴齿真珠,斜络其身数十道。(《云南志补注》卷 4 第 61 页)

女人一切不施粉黛。贵者以绫锦为裙襦,其上仍披锦方幅为饰。两股辫其发为髻,髻上及耳,多缀真珠、金贝、瑟瑟、琥珀。(《云南志补注》卷 8 第 115 页)

望苴蛮者,以缯帛及贝市易。贝者大若指,十六枚为一觅。(《新唐书》卷 222 上第 6270 页)

市井谓之街子,午前聚集,抵暮而罢。交易用贝子,俗呼为贝,以一为庄,四庄为手,四手为苗,五苗为索。(《云南志略·诸夷风俗》第 88 页)

居民也同样用贝壳作为货币,不过,这种贝壳不是本地出产,而是从印度进口的。(《马可波罗游记》卷 2 第 49 章《哈剌章省的边远地区》第 146 页)

至元十三年正月,丁亥,云南行省赛典赤,以改定云南诸路名号来上。又言云南贸易与中州不同,钞法实所未谙,莫若以交会、贝子公私通行,庶为民便。并从之。(《元史·世祖本纪》卷 9 第 177 页)

至元十九年九月,己巳,定云南税赋用金为则,以贝子折纳,每金一钱值贝子二十索。罢云南宣慰司。……乙亥,遣使括云南所产金,以孛罗为打金洞达鲁花赤。(《元史·世祖本纪》卷 12 第 246 页)

大德五年五月,丙寅,诏云南行省自愿征八百媳妇者二千人,人给贝子六十索。(《元史·成宗本纪》卷 20 第 435 页)

大德七年五月,己丑,诏云南行省整饬钱粮。(《元史·成宗本纪》卷 21 第 451 页)

大德九年十一月,丁未,以钞万锭给云南行省,命与贝参用,其贝非出本土者同伪钞论。(《元史·成宗本纪》卷 21 第 466

页)

惠民药局:云南行省,真贝一万一千五百索。(《元史·食货志》卷 96 第 2468 页)

诸云南行使贝法,官司商贾辄以他贝入境者,禁之。(《元史·刑法志》卷 104 第 2650 页)

云南民以贝代钱,是时初行钞法,民不便之,赛典赤为闻于朝,许仍其俗。(《元史·赛典赤赡思丁传》卷 125 第 3065 页)

大德元年,改同金枢密院事,寻出为云南行中书省左丞。……始至官,储贝二百七十万索、白银百锭,比四年,得贝一千七十万索、金百锭、银三千锭。(《元史·刘正传》卷 176 第 4107 页)

海𧵍,俗作贝,音巴。时珍曰:贝字象形。其中两点象其齿刖,其下两点象其垂尾。古者货币为宝龟,用为交易,以二为朋。今独云南用之,呼为海𧵍。以一为庄,四庄为手,四手为苗,五苗为索。(《本草纲目》卷 46)

洪武二十八年九月,乙未,上谕户部尚书郁新曰:"岷王之国云南粮饷不敷,其王国岁与米六百石,金银则贮之王府,钱钞海𧵍之物,则送布政司收之以备用。"(《明实录·太祖实录》卷 241 第 1 页)

永乐元年春正月,戊子,命汝南王有勋居云南大理,赐钞二万锭,海𧵍十万索,锦布五百疋,禄米岁二千石,俭岁千石。(《明实录·太宗实录》卷 16 第 2 页)

永乐九年六月,丁未,云南溪处甸长官司土官自恩言:本司岁纳海𧵍七万九千八百索,非本土所产,每岁于临安府买纳,乞准钞银为便。户部以洪武中定额,难准新输。上曰:"取有于无,适以厉民,此有司之过也。况彼远夷,尤当宽恤,岂宜拘旧额,其除之。"(《明实录·太宗实录》卷 116 第 3 页)

正统二年十月,辛未,行在户部奏:云南系极边之地,官员俸除折钞外,宜给与海𧵍、布绢、缎匹等物。今南京库有海𧵍数多,若本司缺支,宜令具奏差人开支。从之。(《明实录·英宗实录》卷 35 第 6 页)

正统六年十一月,甲午,诏曰:云南所辖拖欠岁办差发金银米钞、海贮、马牛、紬布,俱自正统五年十二月以前,尽行蠲免。其各处拖欠药材及供用厨料诸物,自正统四年十二月以前者,尽行蠲免。(《明实录·英宗实录》卷85第2页)

正统十年十月,辛丑,户部奏:云南岁征税粮数少,都指挥等官俸粮本色支米外,折色支海贮,今宜减米一石,添折色一石。旧时,每石折海贮七十索,今米价腾涌,宜增三十束。从之。(《明实录·英宗实录》卷134第1页)

正统十四年六月,己未,重定云南文武官俸粮例。先是因征进麓川,撙节粮储,三司官每月支米一石,各卫指挥以下依品级减支,余皆折钞并海贮。至是以麓川既平,户部定拟:三司堂上官每月支米三石五斗,军官指挥月支三石,正副千户卫镇抚百户二石五斗,试百户所镇抚二石,文职官四品二石,五品至七品一石五斗,八品至杂职一石。旧米一石,折海贮一百索,拨以时直,有损于官,今宜折六十索。从之。(《明实录·英宗实录》卷179第4页)

正统十二年,左布政使阙,军民数万人颂铨,参赞军务侍郎侯琎等亦疏请,铨遂得擢。土官十余部,岁当贡马输差发银及海贮,八府民岁当输食盐米钞,至景泰初,皆积逋不能偿。铨等为言除之。(《明史·贾铨传》卷159第4337页)

出南海,甲虫也。贸易用贝而不用钱,俗以小贝四枚为一贝手,四手为一缗,五缗为一卉,与银同用,视银尤为简便。(嘉靖《大理府志》卷2第79页)

独贸易用贝而不用钱,似乖同轨。然上古之制,以贝为货,许氏《说文》曰:古者货贝而宝龟,至周而有泉,至秦乃废贝行泉。《汉书》曰:王莽时大贝四十(寸)八分已上,二枚为一朋,直二百一六。牡贝三寸六分以上,一朋直五十。公贝二寸四分以上,一朋直三十。小贝寸二分以上,一朋直十。不盈寸二分,不得为朋,每枚直钱三,是为货贝。由是观之,汉时钱贝并行,秦亦不能尽废之也。《货殖传》:贝五种,大贝、牡贝、公贝、小贝、不成贝。不成者不用,唯大贝直钱多,余三种皆今所用也。晋郭璞《贝赞》云:先民有作,龟贝为货,贵以文采,贾以大小,简易则资,犯不过。盖用钱则有检选,用贝则枚数而已。五尺童子,适市而不欺者其以此耶？故曰：简易则资也。秦灭六国，惟楚公子庄蹻王滇，故楚独存。秦虽使常頞于滇中略五尺道，然未尝属秦，故货贝之在南中独不变者，岂秦法未尝入滇耶？于此亦可以考世矣。嘉靖乙未，滇人掘玉案山，得大黄布□，制如罄折，衡重三钱，考之泉，盖王莽时铸也。□则汉世之泉，固尝行于滇矣。然泉不若贝之简易不欺，故泉不永而贝至今以为货。今俗以卉数贝，书作卉，《说文》：三十并也。其法正与古合，亦犹礼之为礼，稽之为战，世咸以为俗书，而不知为古文也，转作索，缘唐以后钱亦以索数也，《职林》云：参军之俸，月百八索，名曰念珠曹，是其证也。夫礼有从宜，事不害义，君子取之。然则任理民之责，易今返古，去其所大敝可也。（嘉靖《大理府志》卷2第83页）

爨蛮风俗：……其在临安西南五百里外者，名斡泥蛮，巢居山林，治生甚俭，家积贝以一百二十索为一窖，藏之地中，将死，则嘱其子曰："我平生藏贝若干，汝可取几处，余者勿动，我来生用之。"（万历《云南通志》卷16第7页）

（北胜州）嘉靖四十年，大饥，斗米贝六十索。（万历《云南通志》卷17第20页）

海内贸易，皆用银钱，而滇中独用贝。贝又用小者，产于闽、广，近则老挝等海中，不远数千里而捆致之，俗名曰䝯。其用以一枚为一妆，四妆为一手，四手为一缗，亦谓之苗，五缗为一卉，卉即索也。一索仅值银六厘耳。而市小物，可得数十种，故与民便之。按上古之制，以贝为货，合用贝玉。许氏《说文》曰："古者货贝而宝龟，周而有泉，至秦废贝行钱。"《汉书》曰：王莽时，"大贝四寸八分以上，二枚为一朋，直二百十六。壮贝三寸六分以上，二枚为一朋，直五十。幺贝二寸四分以上，二枚为一朋，直三十。小贝寸二分以上，二枚为一朋，直十。不盈寸二分，不得为朋，每枚直钱三。是为贝货五品。"以是观之，汉时钱、贝并行，贝贵而钱贱也。《货殖传》曰贝五种："大贝、牡贝、公贝、小贝、不成贝。"今之所用者皆小贝及不成贝耳，且无选择，无完缺，累累数之，入手即行，故尤便于夷猡村氓，无机械变诈者。郭璞《贝赞》云:"先民有作,龟贝为货,贵以文采,贾以小大,简则易资,犯而不过。"今之用者,文采小大,人俱不论已。秦灭六国时,庄蹻王滇自若,虽使常頞通道,颇置吏焉,然竟未尝奉秦朔也。故废贝行泉之令,独格于滇,至今不改耳。卉,《说文》云:"三十并也",则古以六十枚为一卉,今以八十,后转为索。盖唐以后数钱亦以索。《职林》云:"参军之俸,月百八索,名曰念珠曹。"是其证也。但其数多,既不胜荷挈,而又易于破坏,缘其直甚轻,故亦不惜耳,输税于官,与银互入,而收之者又转易银以入帑,稍为不便云。(《滇略》卷4 第239页)

贝,俗名肥,本南海甲虫,滇人皆用之以代银。其数以一颗为一妆,四妆为一手,四手为一苗,五苗为一索,九索折银一钱。凡市井贸易皆用之,甚便。《续录》云:夷以为饰,故曰妆。夷屈大拇指数之,故曰手。总以穿之,故曰索。积卖海贝者,谓之收荒。以二十索为一结,每结除去若干手,谓之数钱。白金以五两为一锭,每锭除去三钱,谓之街市。(《肇域志》册4 第2420页)

贸易用贝,俗谓之肥。以一为妆,四妆为手,四手为苗,五苗为索,索盖八十贝也。(《肇域志》册4 第2426页)

雍正元年五月,设宝云局于云南、临安、大理、沾益四处。议定共建炉四十七座,专委总理官一员。每炉工匠二十一名,月给工食银三十六两。每炉月制钱三卯,每卯钱用铜六百斤,铅四百斤,给铸炭一千六百斤,铸钱一百四千文。此从巡抚杨名时之奏也。

按:滇省历古只用肥贝。元世祖时始用钞。十三年,赛典赤以云南未谙钞法,请从民便,交会、贝子公私通行。成宗大德九年,仍给钞与贝参用。明嘉靖三十四年,云南始铸钱,扣留盐课二万作本,铸钱三万余解户部。至万历四年,以巡抚御史言,开局鼓铸,而民间用肥如故,钱竟不行。遂以铸成之钱运充贵州兵铜,停罢铸局。时方历八年也。自此终明之世,俱用肥。细考明三百年中,凡海滨地方,悉以用肥。至近京师如辽东亦然,不独滇省也。行筹数马,世轻世重,遵制合宜,便民而止,不必泥也。本朝初年,滇省为流遗占据,孙可望亦铸伪"兴朝钱",禁民用肥,违其令者削之,卒未通行。及至剪除扫荡之余,奉诏自顺治十七年开局铸钱,以利民用,于是肥贝散于妇女巾领之饰,而贸迁交易,则惟钱是用矣。但云南地广人稀,行销颇少,不十年而钱多贯朽。以是康熙九年停局不铸。迨十二年逆贼吴三桂反,伪铸"利用钱"。逆孙世璠又铸"洪化"伪钱,而滇中之钱益杂。二十年吴逆平,总督蔡毓荣请开鼓铸,设局于蒙自、禄丰、云南、大理等处。二十四年,又设临安一局。其时铜铅富益,工匠众多,匪鹅伊莪,窥而不咸。始立严令,苟不以钱准银两者,以军法从事。已而,以银一两获钱三千余文矣。营兵脱帽之呼,站役去家而窘,钱多为害,二十七年,总督范承勋始行奏罢,兵役再生。凡停局三十四五年,而钱尚一千七八百文易银一两,则是钱未尝少也。杨抚惑于群言,遂请开局,殊不知总其事者,铸出新钱,以一新易两旧,且论其大小,有三四旧而易一新者。又或准之以权衡,则倍称其数也。官则利矣,民何赖焉?迨后设法流通粤、蜀,则又有运脚帮贴之苦累。

苟其钱文足用,遵照康熙九年停罢,毋使壅贱至极可矣。《传》曰:"一张一弛,文武之道也。"可不务乎!(《滇云历年传》卷12 第570页)

粮道张允随具言:"……云南,古不毛地,贝盈千索,便为富家。以银而论,未及百金。而至今犹称富民曰'有贶',则其地可知矣。窃以百姓之穷,莫穷于滇。土地之瘠,莫瘠于滇。徭役之重,莫重于滇。……"(《滇云历年传》卷12 第587页)

风俗:市中贸市,昔多用贝,俗称曰肥。至明启、祯间贵银,肥遂滞不行。国朝钱法流通,民称便益,久不用肥。(康熙《易门县志》第69页)

交易昔多用贝,名曰肥,一枚曰庄,四庄曰手,二十手曰索,二十索曰袋,五袋即一百索,每百索值银一两。明嘉靖、隆庆间,两经鼓铸,彝俗格不能行。天启六年,因科臣潘士闻建言,巡抚闵洪学力行之,钱法始通见闵洪学奏疏。明末,每银一两敌贝三五百索。顺治四年,至七百索而废。(康熙《新兴州志》卷5 第36页)

滇中用贝,今已渐少,而近边夷妇尝蓄之,以为首饰,俗曰肥。其用以一枚为一粧,四粧为一首,四首为一缗,亦谓之苗,五缗为一卉,卉即索也。一索值银六厘,而市小物可得数十种,故夷民便之。按金、泉、刀、贝,古所通用、合用。贝,许氏《说文》曰:"古者货贝而宝龟,至周而有泉,秦乃废贝行泉。"《汉书》:"王莽时,有大贝、小贝之名,谓之货贝。"《货殖传》曰贝五种:"大贝、牝贝、公贝、小贝、不成贝。"滇之所用皆小贝、不成贝耳。秦变法时,庄蹻王滇,未必奉行。侵寻至南诏,段、高犹仍用旧俗,明时尝盛行也。(乾隆《腾越州志》卷11 第9页)

贝谓之肥,有大如拇者。(乾隆《石屏州志》卷3 第34页)

贸易用贝 谢肇淛云:海内贸易,皆用银钱,滇独用贝,产闽粤间,俗名曰肥。一枚为庄,四庄为一手,四手为一缗,一作苗,五缗为一卉,卉即索也。《说文》云:三十并也。古以六十枚为一卉,数钱亦以索。今久不用贝,俗呼人家稍裕者,仍曰家有肥儿。(乾隆《石屏州志》卷8 第13页)

介虫,龟为长。《范志》不著龟而著贝,滇南旧用贝,谓之海肥。肥者贝之薄而颗也,本出金江,后则市于海南。一贝曰庄,五庄曰手,四手曰苗,五苗曰索,以索贯之,则八十贝。一索之贝,准钱二百四十。故胜国以前文契及碑志,尚称海𧵅若干索。《南园漫录》云:云南用𧵅不用钱。𧵅即古贝,今士大夫以为夷俗,不亦异乎?(《滇海虞衡志》第 179 页)

贝,《海药》云:贝子云南极多,用为钱货易。(《滇游续笔》第 466 页)

贝,李珣《本草》:云南极多,用为钱货交易。李时珍《本草纲目》:贝字象形,其中二点象其齿刺,其下二点象其垂尾,古者货贝而宝龟,用为交易,以二为朋。今云南用之,呼为海𧵅,以一为庄,四庄为手,四手为苗,五苗为索。(道光《云南通志稿》卷 68《通省》第 32 页)

贝,《石屏州志》:贝,谓之𧵅,有大如拇者,《稗史类编》:云南用海贝,小者以贸易,以一为庄,以四为手,二十则为索。索者,其数至是可贯也。一索。檀萃《滇海虞衡志》:本出金江,后则市于海南,一贝曰庄,五庄曰手,四手曰苗,五苗曰索,以索贯之,则八十贝。一索之贝,准钱二百四十。故胜国以前文契及碑志,尚称海𧵅若干索。《南园漫录》云:云南用𧵅不用钱。𧵅即古贝,今士大夫以为夷俗,不亦异乎。(道光《云南通志稿》卷 69《临安府》第 19 页)

贝,檀萃《农部琐录》:出金沙江。(道光《云南通志稿》卷 70《武定直隶州》第 49 页)

古者,中国货币皆用贝。《说文》:古者货贝而宝龟。周而有泉,至秦废贝行钱,故贝部五十九文从之。《云南史记》:本土不用钱,交易以缯帛,云某物色直若干幂。然不如用贝之多。《元史·本纪》:云南税用金,以贝子折纳,每金一钱,直贝子二十索。成宗大德九年,钞贝并用,贝用本土者。《赡思丁传》:滇用钞不便,请仍用贝。明初平显诗:"颗金螺贝"。万历四年,反以重价购海贝,非利,乃专铸钱。石屏有《土主庙碑》云:"贝若干卅"。俗作𧵁、𧵅,皆非。《滇系》:"贝一索值六厘。"谢在杭《滇略》更详言之。(《滇绎》卷 3 第 704 页)

贝蠡

贝蠡之大者,可容数升,南蛮吹之以节乐。今之梵乐用吹和

铜钹,释氏所谓法螺。赤土国吹螺以迎隋使,是也。梁武之乐,有童子伎,倚歌梵贝。(天启《滇志》卷32 第1048 页)

贝螺 贝蠡之大者,可容数升,南蛮吹以节乐。今之梵乐用吹和铜钹,释氏所谓法螺。赤土国吹螺以迎隋使,是也。梁武之乐,有童子伎,倚歌梵贝。(康熙《云南通志》卷30 第875 页)

贝叶

树头酒,缅出,其树类棕榈。……其叶即贝叶也。古以写经,今缅以书字。(《滇略》卷3 第228 页)

戊午八月二十日……因再为石门游,三里,度昨所过险处,至则容成方持贝叶出迎。(《徐霞客游记·游庐山日记》第3页)

贝叶,出缅甸。叶似棕榈,可写书,故缅有贝叶书。西番之贝叶经文,皆此类也。实可为酒,名树头酒。(《滇海虞衡志》第120 页)

草器

关于植物者:草屦 分谷草屦、山草屦两种 、草索 系山草制成者 、草席 分谷草席、蒲草席两种 、蒿荐、草帽编 用麦杆编制,迩来式样较前改良,购者颇多,年可销售万余顶,亦此方大宗出品也。又有用牛筋草制造者,质尤坚韧而细白,逾于麦杆,惟价较昂。(民国《路南县志》卷1 第53 页)

《云南路南县调查输出货物表》草帽:输出昆明县八百四十顶,蒙自县三百六十顶,共计一千二百顶,每顶平均一角零。草鞋:输出昆明县草鞋,共计三万八千七百双,每双平均五厘。(民国《路南县志》卷1 第55 页)

婆罗叶篾帽,往昔之乡间妇女,上街入城,必头戴一顶婆罗叶之篾帽,既能遮日,而又可搪雨。何曰婆罗叶?是婆罗花之叶。以此种叶夹于两层细篾丝中间,复加上一层薄油纸,然后编

成一斗笠,故能搪雨蔽日,而价仅值百余文钱。(《云南掌故》卷 15 第 507 页)

草鞋,往昔一般劳力的人,都是赤着双足而套上草鞋。草鞋则较今人所制者为细铗。而且有线耳草鞋、麻草鞋之等等光滑品物,故尔,有多数人喜著之。(《云南掌故》卷 15 第 507 页)

刀器、剑器

铎鞘,状如刀戟残刃。积年埋在高土中,亦有孔穴,傍透朱笴,出丽水。装以金穹铁筯,所指无不洞也,南诏尤所宝重。以名字呼者有六:一曰禄婆摩求,二曰亏云孚,三曰铎靻,四曰铎摩那,五曰同铎^{案:惟有五名疑阙其一。}昔时越析诏於赠有天降铎鞘,后部落破败,盛罗皮得之。今南诏蛮王出军,手中双执者是也。贞元十年,使清平官尹辅酋入朝,献其一。郁刀,次于铎鞘。造法:用毒药虫鱼之类,又淬以白马血,经十数年乃用,中人肌即死。俗秘其法,粗问得其由。(《云南志补注》卷 7 第 111 页)

南诏剑,使人用剑,不问贵贱,剑不离身。造剑法:锻生铁,取进汁,如是者数次,烹炼之。剑成即以犀装头,饰以金碧。浪人诏能铸剑,尤精利,诸部落悉不如,谓之浪剑。南诏所佩剑,已传六七代也。(《云南志补注》卷 7 第 113 页)

(袁)滋还,复遣清平官尹辅酋等七人谢天子,献铎鞘、浪剑、郁刃、生金、瑟瑟、牛黄、虎珀、甗、纺丝、象、犀、越睒统伦马。铎鞘者,状如残刃,有孔傍达,出丽水,饰以金,所击无不洞,夷人尤宝,月以血祭之。郁刃,铸时以毒药并冶,取迎耀如星者,凡十年乃成,淬以马血,以金犀饰镡首,伤人即死。浪人所铸,故亦名浪剑,王所佩者,传七世矣。(《新唐书》卷 222 上第 6275 页)

《桂海虞衡志》云:云南刀,即大理所作。铁青黑,沈沈不錎,南人最贵之。以象皮为鞘,朱之,上亦画犀毗花文。一鞘两室,各函一刀。靶以皮条缠束,贵人以金银丝。今大理无刀,惟鹤庆刀剑,驰誉四方。其法取古宗铁,濯以鹤川水,利可剚犀,柔者可以绕腹。然古宗铁不易得,贸之四远者,皆凡铁耳。而以金银装饰取媚,无当于用也。书刀则新兴、安宁者良。(《滇略》卷3第236页)

铎鞘、郁刃,异牟寻遣清平官尹辅酋等七人谢天子,献铎鞘、浪剑、郁刃。铎鞘,状如残刃,有孔傍达,出丽水,饰以金,所击无不洞,夷人尤宝,月以血祭之。郁刃,铸时以毒药并冶,取迎跃如星者,凡十年乃成,淬以马血,以金犀饰镡首,伤人即死,浪人所铸,故亦名浪剑。俗谓天降,非人铸。刀剑皆以柔铁为茎干,不可绝用钢,纯钢不折则缺。(天启《滇志》卷32第1048页)

铎鞘者,状如残辩,有孔旁达,出丽水,饰以金,所击无不洞,夷人宝重,月以血祭之。(《滇考》卷上第105页)

铎鞘、郁刃 异牟寻遣清平官尹辅酋等七人谢天子,献铎鞘、郁刃。铎鞘,状如残刃,有孔傍达,出丽水,饰以金,所击无不洞,彝人尤宝,月以血祭之。郁刃,铸时以毒药并冶,取迎耀如星者,凡十年乃成,淬以马血,以金犀饰铎刃,伤人即死。浪人所铸,故一名浪剑。俗谓天降,非人铸。刀剑皆以柔铁为茎干,不可纯用钢,纯钢不折则缺。

(康熙《云南通志》卷30第860页)

铎鞘,状如残月,有孔旁达,出丽水,饰以金,所击无不洞,夷人宝之,月以血祭。唐异牟寻曾遣使献此。吴君云:"余于陇川夷家见之。"(乾隆《腾越州志》卷11第11页)

插刀 出火红,薄面而利,其地产铁最佳,土夷善于炼用,故锋芒过他处。(乾隆《东川府志》卷18第6页)

容刀,出于武定,用禄劝铁就郡城铸之。每刀碯一"朱氏",盖朱氏铸为工。其鞘则装于省城,可比京刀,但略宽耳。(《滇海虞衡志》第100页)

云南刀,《范志》云:大理所作,铁青黑,沉之不韬。象皮为鞘,鞘两室,各插一刀。靶缠皮条,贵人以金银丝。(《滇海虞衡志》第108页)

峒刀,《范志》云:峒刀,一鞘二刀,同云南。(《滇海虞衡志》第108页)

刀,《宋史·外国·大理传》:熙宁九年,大理国贡刀剑。范成大《桂海虞衡志》:云南刀,大理所作,铁青黑,沈之不陷,象皮为鞘,鞘两室,各插一刀,靶缠皮条,贵人以金银丝。(道光《云

南通志稿》卷67《通省》第6页）

郁刃浪剑，《唐书·南蛮传》：郁刃，铸时以毒药并冶，取迎跃如星者，凡十年乃成，淬以马血，以金犀饰铗首，伤人即死，浪人所铸，故亦曰浪剑。樊绰《蛮书》：郁刃，次于铗鞘，造法：用毒药虫鱼之类，又淬以白马血，经十数年乃用，中人肌即死，秘其法，粗问得其由。（又）南诏剑，使人用剑，不问贵贱，剑不离身。造剑法：锻生铁，取进汁，如是者数次，烹炼之，剑成即以犀装头，饰以金碧。浪人诏能铸剑，尤精利，诸部落悉不如，谓之浪剑。（道光《云南通志稿》卷69《大理府》第12页）

插刀，《东川府志》：出火红，薄面而利，其地产铁最佳，土夷善于炼用，故锋芒过他处。（道光《云南通志稿》卷70《东川府》第35页）

容刀，檀萃《滇海虞衡志》：出于武定，用禄劝铁就郡城铸之，每刀碉一"朱氏"，盖朱氏铸为工。其鞘则装于省城，可比京刀，但略宽耳。（道光《云南通志稿》卷70《武定直隶州》第49页）

刀，采访：以府所属土司地作者为佳。（光绪《续修顺宁府志》卷13第21页）

灯具

明曹学佺《明诗次集一百九·元夕观料丝灯》料丝滇出，以金齿者胜，询之土人云：以玛璃、紫石英诸药品捣为屑，煮腐如粉，然必市北方天花菜点之方凝，即缫为线织如绢状，上绘山水人物诸色，极晶莹可爱，流传京师，价亦珍贵，以煮料成丝为之，故名料丝。西涯阁老以为缭丝，盖传者之误耳。样出滇南迥不同，分明天巧属良工。并刀细剪吴江碧，宫锦新呈蜀地红。半席分光叼我近，清宵真会几家通。徒闻海外多奇购，谁识侯门独擅功。（《石仓历代诗选》卷475）

永昌人善造料丝，初由镇守内使有之，珍秘殊甚，永昌人试效为之，及成，反精于彼，又长大数倍。其法以紫石英、赭石合饶瓷诸料，煅之于烈火中，抽其丝，织以成片，加之彩绘，以为灯屏，

故曰料丝。李文正公以为缭丝,误矣。(《滇略》卷3第235页)

料丝灯,出永昌。言取药料煎熬,抽丝,织之为灯,故曰料丝。其药料则紫石英、钝磁、赭石之属,不一类也。始出于钱能,以此进上,不使外人烧造。能去,始习为之,顾更精,长大几二三倍,价甚昂。烧造者死,其子传其法,人竞烧之。江西人以贩于京师,料丝灯遂多,价减半。及官取之,价益贱,为之者遂不能精矣,宦游者罔不取之。李东阳误以为缭丝,失其义矣。今永昌尚有缭丝灯,大抵穿烧珠而成者。问之彼地诸生,质以南园所录,则茫然不知也。(《滇海虞衡志》第120页)

气煞风灯,又甚俚,滇匠善为之。收之不过盈拱,撑之遂成巨灯,而价廉,能禁大风,灯烛不灭。言风威不能逞,对之而气煞也。名虽俚而义亦长矣。(《滇海虞衡志》第121页)

气煞风灯,檀萃《滇海虞衡志》:名俚甚,滇匠善为之。收之不过盈拱,撑之遂成巨灯,价廉,能禁大风,灯烛不灭。言风威不能逞,而气煞也。(道光《云南通志稿》卷67《通省》第9页)

料丝灯,檀萃《滇海虞衡志》:出永昌。言取药料煎熬,抽丝,织之为灯,故曰料丝。其药料则紫石英、钝磁、赭石之类,不一也。始出于钱能,以此进上,不使外人烧造。能去,始习为之,顾更精,长大几二三倍,价甚昂。烧造者死,其子传其法,人竞烧之。江西人以贩于京师,料丝灯遂多,价减半。及官取之,价益贱,为之者遂不能精矣。李东阳误以为缭丝,殊失其义。今永昌尚有料丝灯,大抵穿烧珠而成者。问之彼地诸生,质以南园所录,则茫然不知也。(道光《云南通志稿》卷70《永昌府》第18页)

《孔明灯》:孔明灯,是一种具有科学兴味之玩意物。灯系用一篾条,扎成一圆圈为灯底,又用细篾条数根扎于圈上,架成一个凸顶,用红纸糊之,便似一有类于球形之纸灯罩。中空处,则置一枝松香烛,燃则有烟,烟为纸罩护住,即发生上冲气力,此而以人端住,就灯罩下而燃之以草,草烟上冲灯罩,灯即乘势而上升,此则看罩内火力之强弱,强者,可能上冲至五六十丈,弱者,亦能至三四十丈。但内里之烛与外护之翼,总得要大小轻重相称,否则即不易于升起。灯在天空中,红而且亮,有似一颗赤色大星。其耐久处,可得到十多分钟,烛尽则烟消,烟消则灯罩坠落。此种玩意,昔则多有人制作,今则无人有此闲情逸兴来玩弄此也。而且一切材料,都不易于购置,故尔归于消灭。(《云南掌故》卷15 第505页)

《明角灯》:明角灯一物,亦昆明特有物品也。擅此业者,系将羊角解锯成薄片,烫熨至软而拓展其质,使如一层纸薄,然后附于模型上,再烫再熨,使成一半边瓜形或成一半球形,以二合一,又烫又熨,将其缝合扰,更烫熨至无一丝痕迹存在,而成一瓜形灯罩,或一圆球形灯罩。复以胶朱绘上一些花纹,或绘一喜字及两蝙蝠,乃置于锡座上,燃烛于内,大能透亮,名为风灯。一般官吏坐夜堂审案,即赖于此,亦可照人行动于有风处,更有制成一较为美观之瓜形灯罩,悬以木架,饰以垂须而成为挂灯者。按此种明角灯,透亮处固有逊于玻璃灯,然望去颇为堂皇富丽,但是不无有些官僚气派,然此一物品,在近三四十年来,已绝迹于昆明城市矣。擅此技术者,或亦死尽。(《云南掌故》卷16 第523页)

靛

青篮^{蔓生于山岗之上,采以为靛,其色尤青。}(景泰《云南图经志书》卷2《路南州》第115页)

蓝靛^{其地所产者}染布色重。(景泰《云南图经志书》卷4《顺宁府》第241页)

青蓝^{蔓生于山冈之上,采以为靛,其色尤青。《路南州志》}(正德《云南志》卷6《澄江府》第277页)

蓝靛^{府境所产者}染布色重。(正德《云南志》卷6《顺宁府》第367页)

靛,《云南府志》:出宜良。(道光《云南通志稿》卷69《云南府》第3页)

靛,旧《云南通志》:出太和。(道光《云南通志稿》卷69《大理府》第12页)

靛,《一统志》:出新兴州。(道光《云南通志稿》卷69《澄江府》第27页)

靛,《腾越州志》:北练、曲石、瓦甸、界头一带均有。(道光《云南通志稿》卷70《永昌府》第19页)

《云南路南县调查输出货物表》颜料:法国输入各种精制颜料八十六觔,蒙自县输入靛青一千八百五十四觔,共计一千九百四十觔。每百觔平均价三十二元。(民国《路南县志》卷1第57页)

猓人,……多以种靛为业。(民国《邱北县志》册2第19页)

靛,东乡冲革所制靛,足供邑内染青蓝之用。(民国《邱北县志》册3第18页)

《染绩》:纪元前,染业各乡均有,颜料多寻属所产植物靛,故今仅操染业者,惟杨林有之(今第五区)。自滇越铁路通车以来,洋靛输入日多,其色鲜丽,蓝靛比之不上,淘汰无栽种也。其法:以大水缸盛清水,和靛料加生石灰少许,使其还原成溶液,将白布先洗过浸入,逾时取出,置空中,使其变化,则色始鲜,如此反覆之,次数愈多,则色质愈深也。绩麻多系手工,惟一区有之,如罾网等品。(民国《嵩明县志》卷14第225页)

第二十一课附:地方素不种蓝,蓝叶之汁可染布,今亦讲求学种。(楚雄旧志全书"楚雄卷下"民国《楚雄县乡土志》卷下第1357页)

《色染》:染房旧有十余家。各种颜色小部分用颜料,大部分用靛青,靛青以屏属龙华寺产者为最佳,光泽鲜明,耐久不变,名为土靛。自民初以来洋靛充入,土靛竟被打倒,迩来用土靛者不过十分之一,种靛户自然减退也。(昭通旧志汇编本民国《绥江县县志》卷3第907页)

《特产植物》:盐津植物特产之可推广,而裨民生经济,兹详志于如后。蓝靛:蓝,一年生草,茎高二尺许,叶尖长,色绿,为制靛原料之一种。县属各乡半山以上地(带)皆产,唯落雁出产最多。在清代曾每年产量达八千桶,每桶重三百斤,泡为出产大宗。民国十年后,洋靛日见充斥,土靛被其抵制,种者顿少,近年仅产靛六百桶,销售于川南筠、高、庆、宜各城镇,亦颇畅行。应亟谋改进,以保此土产。种法:原来,择耕地深厚者,用锄拖转铲碎令平,或于附近荒山之处,将荒草和土铲削人地拌和使用。在春分、清明间,将去年秋季储蓄蓝茎用锄贯土,随插于中,取锄筑实,须纵稀横密相间成行,且沃以粪或油枯等肥料。及草长即于薅除净尽,务常使无草并施以粪壅为佳,分上下两季采取。制法:掘地为高中低三池,递次相连,涂以三合土,务坚密不渗透为要。各于池底洞一孔,实以活塞,可以去取。待蓝叶到三伏后,头季摘取贮高池,灌水泡之,俟叶腐水浓,去塞放于中池,加石灰打转,及灰质下澄(沉),又去塞放出,滤以筛或布后流人低池,即淀为靛,此为头季靛。俟至霜降前,将复生之蓝叶与茎一并割取,摘叶留茎,叶仍贮于高池,如前制造,此为二季靛。茎则束为把,窖藏于土坑,勿令霜雪侵及,以免腐坏,留为来春蓝种。头季每蓝叶一千二百斤制靛三百斤,二季蓝叶与茎只须八百斤,可制靛三百斤。每蓝叶一千二百斤,须加石灰二百斤,方能盛(成)靛。(昭通旧志汇编本民国《盐津县志》卷4第1695页)

毒槊

毒槊,南蛮有毒槊,无刃,状如朽铁,中人无血而死。言从天而下,入地丈余,祭地方撅得之。(天启《滇志》卷32第1048页)

毒槊 南蛮有毒槊,无刃,状如朽铁,中人无血立死。言从天而下,入地丈余,祭地方撅得之。(康熙《云南通志》卷30第860页)

飞标

飞标:川广云贵诸夷,飞枪取人于数十步外,每发无不中命,曰梭标。按《文选注》:篾竹大如戟稈,实中劲强,交趾人以为矛。梭标,当作篾。(天启《滇志》卷 32 第 1046 页)

飞标 川广云南诸彝,飞枪取人于数十步外,每发无不中命,曰梭标。按《文选注》:篾竹大如戟稈,实劲强,交趾人以为矛。梭标,当作篾。(康熙《云南通志》卷 30 第 875 页)

飞标,缅中马兵,惯用标枪,每马带数十根于左右,能击人于数十步外,中之辄伤,又名梭标。《文选注》:篾竹大如戟稈,实劲强,交趾人以为矛。交、缅兵器其相同耶? 缅中呼中国箭括亦曰飞标,标应作篾。(乾隆《腾越州志》卷 11 第 19 页)

长标 长丈二,以栗茶、白蜡木为之,今亦不多见。(乾隆《东川府志》卷 18 第 6 页)

飞标,《腾越州志》:缅中马兵,惯用标枪,每马带数十根于左右,能击人于数十步外,中之辄伤,又名梭标。(道光《云南通志稿》卷 70《永昌府》第 18 页)

长标,《东川府志》:长一丈二尺,以栗茶、白腊木为之,用则倒掷最准,今亦不多见。(道光《云南通志稿》卷 70《东川府》第 35 页)

粉笔

石版、粉笔,均能造制。(昭通旧志汇编本民国《昭通志稿》卷 9 第 268 页)

火柴

《云南路南县调查输出货物表》火柴:昆明县输入十三箱,

宜良县输入二十三箱，共计三十六箱。每箱平均价六元。（民国《路南县志》卷1第56页）

《发火器》：在七八十年前，云南人所用之发火器，纯以火镰擦击火石而取火。其法系用一种野生之黄花茎叶，晒干搓软，乃以火硝入少许硫磺，共同而揉之，揉至绒，复晒至极干而后用，是则名为火草。用时捺火草于火石上，以火镰擦击火石，火星冒出，即能将火草引燃。若神台上燃有香，或熏笼内燃有炭者，则用发烛引火。发烛有两种：一为麦秸发烛；一为木片发烛。发烛，即古之所谓桦烛者。此两物俱于尖上蘸有硫磺，见火即燃。火柴，在光绪五六年后，滇中始有此物发现。初输入来之英国火柴，其形色十分美好，柴丝不是用木制造，是以线蘸巴蜡而成一约长一寸之柴枝。枝上蘸有一极其匀圆之药珠头。柴枝以一花样铁盒装贮，盒底上凸出一片细细点子，摸之刺手，以珠头在盒底上一擦，珠头即燃，但有声响，自是一种响火也。嗣后，又另有一种英国火柴输入，柴枝装贮于圆形花纸盒内；柴枝系用木造成，却枝枝匀圆。珠头分红、黄、绿、春花四色，极其美观。盒之头底两面，俱上有砂粒而染成蓝色，以珠头擦于沙上，亦是一响而出火。逮至光绪十五年（1889年）后，始有方匣火柴运入滇来。于是火镰遂无人取用，而发烛仍是盛行，近始云无。（《云南掌故》卷15第511页）

鸡鸣枕

鸡鸣枕　诸葛亮入南中，从征者冬暮思归，乃各与一砖曰："卧枕此，即抵家。"从之，果然。不用命者，终莫能归。又尝用炊釜自随，不炊自熟，以防不时之需。

（康熙《云南通志》卷30第860页）

箭弩

枪箭，多用斑竹，出蒙舍白崖诏南山谷。心实圆紧柔细，极

力屈之不折,诸所出皆不及之。(《云南志补注》卷7第113页)

地弩,穴地置数弩,张弦控矢,缚羊弩下,线系弩机,绊于羊身,虎豹至,下爪攫羊,线动,机发矢,悉中虎豹胸,行不数武,皆毙。(《维西见闻纪》第16页)

药矢,弩所用也,矢及镞皆削竹而成,扎篾为翎,镞沾水裹药,药采乌头曝而研末者,猎中禽兽,入皮肤,飞者昏而坠,走者麻木而僵。(《维西见闻纪》第16页)

弩弓箭壶 弓箭制极轻便,壶极雅,其上雕花塗漆,价极贵,每壶约值三金,其箭亦发辄必中 、柴弓箭 随地取用,不论木性,削之粗成形象,左腕用木板一块作抵,任意扯放,可及百步外,最准。拔沙夷出,必挽于臂,渔猎抢劫,恃此为长技。(乾隆《东川府志》卷18第6页)

竹弓,《范志》云:以篁竹为之,筋胶一如角弓,而揭箭不力。(《滇海虞衡志》第106页)

蛮弩,《范志》云:西南诸番(通蕃),造作略同,硬木为弓,桩甚短,似中国射猪弩差大耳。按蒙细奴逻初居垅圩图山,常执木弓药矢,遇禽兽辄射之,鲜不获者,今摩察犹然。蛮弩盖其遗制也。(《滇海虞衡志》第106页)

楛矢,乐史《太平寰宇记》:诸濮之域,皆出楛矢。(道光《云南通志稿》卷67《通省》第6页)

蛮弩,檀萃《滇海虞衡志》:《范志》云西南诸蕃,造作略同,硬木为弓,椿甚短,似中国射猎弩差大耳。按蒙细奴逻初居垅圩图山,常执木弓药矢,遇禽兽辄射之,鲜不获者,今摩察犹然。蛮弩盖其遗制也。(道光《云南通志稿》卷67《通省》第6页)

地弩,余庆远《维西闻见录》:穴地置数弩,张弦控矢,缚羊弩下,线系弩机,绊于羊身,虎豹至,下爪攫羊,线动机发,矢悉中虎豹胸,行不数武,皆毙。(道光《云南通志稿》卷69《丽江府》第44页)

药矢,余庆远《维西闻见录》:弩所用也,矢及镞皆削竹而成,扎篾为翎,镞沾水裹药,药采乌头曝而研末者,猎中禽兽,入皮肤,飞者昏而坠,走者麻木而僵。(道光《云南通志稿》卷69《丽江府》第44页)

弩弓箭壶,《东川府志》:弓箭制极轻便,壶极雅,其上雕花涂漆,价极贵,每壶约值三金,其箭发辄中。(道光《云南通志稿》卷70《东川府》第35页)

柴弓箭,《东川府志》:随地取用,不论木性,削之粗成形象,左腕用木板一块作抵,任意扯放,可及百步外。披沙夷出,必挽于臂,盖恃此为长技。(道光《云南通志稿》卷70《东川府》第35页)

枪箭,樊绰《蛮书》:枪箭多用斑竹,出蒙舍白崖诏南山谷,心实圆紧柔细,极力屈之不折,诸所出皆不及之。(道光《云南通志稿》卷70《蒙化直隶厅》第40页)

蛮弩(弩)、楛(楉)矢,采访:濮人常执木弓药矢,射禽兽多中。(光绪《续修顺宁府志》卷13第21页)

口琴

口琴,竹片为之,长四寸,阔三分。刳虚之,而中存一线之篾为弦,首尾横处皆存,弦首联于横,尾视横齐处长一分,刳下其横处,而弦寄于其间,如是者三具,弦粗细等而下,以左手大指、食指排持三片之头,张口而置其正中于口间,以右手食指、中指、无名指搏上中下片之弦之尾长处,错落而弹,嘘气大小,以定七均之高下。古宗、麽些、那马、西番皆以筒佩之,弹以应歌曲,弹者身舞足蹈,而与歌合节。(《维西见闻纪》第16页)

口琴,剖竹成篾,取近青长三寸三分,宽五分,厚一分,中开如笙之管,中簧约阔二分,簧之前筍相错处,状三尖犬牙,刮尖极薄,近尖处厚如故。约后三分,渐凹薄,至离相连处三四分复厚。两头各凿一孔,前孔穿麻线如缳,以左手无名指、小指挽之,大、食二指捏穿处,如执柄,横侧贴腮近唇,以气鼓簧牙。其后孔用线长七八寸,尾作结。穿之,线过结阻,以右手之食、中二指挽线,徐徐牵顿之,鼓顿有度,其簧闪颤成声。民家及夷妇女多习之,且和以歌。又一种宽仅半,两端瘦削,中作一牙簧,无孔线,三片并用,而音各异。以左手前三指平执而吹,以右手前三指参差搔其末,亦咿喔可听,似有宫商。此惟二别逻及兰州之夷女盛吹之。(《滇南新语》第10页)

口琴,剖竹成箦,取近青长三寸三分,宽五分,厚一分,中开如笙之管,中簧(阔)约二分,簧之前笋相错处,状三尖大牙,刮尖极薄,近尖处厚如纸。约后三分,渐凹薄,至离相连处三四分复厚。两头各凿一孔,前孔穿麻线如缳,以左手无名指、小指挽之,大、食二指捏穿处,如执柄,横侧贴腮近唇,以气鼓簧牙。其后孔用线长七八寸,尾作结。穿之,线过结阻,以右手之食、中二指挽线头,徐牵动之,鼓顿有度,其簧闪颤成声。民家及夷妇女多习之,且和以歌。又一种宽仅半,两端瘦削,作一牙簧,无孔线,三片并用,而音各异。以左手前三指平执而吹,以右手前三指参差搔其末,亦咿唔可听,似有宫商。此惟二别逻及兰州之女盛吹之。(《滇海虞衡志》第109页)

口琴,檀萃《滇海虞衡志》:口琴,剖竹成箦,取近青长三寸三分,宽五分,厚一分,中开如笙之管,中簧(阔)约二分,簧之前笋相错处,壮(状)三尖大牙,刮尖极薄,近尖处厚如纸。约后三分,渐凹薄,至离相连处三四分复厚。两头各凿一孔,前孔穿麻线如镮,以左手无名指、小指挽之,大、食二指捏穿处,如执柄,横侧贴腮近唇,以气鼓簧牙。其后孔用线长七八寸,尾作结。穿之,线过结阻,以右手之食、中二指挽线头,徐牵动之,鼓顿有度,其簧闪颤成声。民家及彝妇女多习之,且和以歌。又一种宽仅半,两端瘦削,作一牙簧,无孔线,三片并用,而音各异。以左手前三指平执而吹,右手前三指参差搔其末,亦咿唔可听,似有宫商。此惟二别逻及兰州之女盛吹之。(道光《云南通志稿》卷67《通省》第8页)

口琴,余庆远《维西闻见录》:竹片为之,长四寸,阔三分。刳虚之,而中存一线之箦为弦,首尾横处皆存,弦首联于横,尾视横齐处长一分,刳下其横处,而弦寄于其间,如是者三具,弦粗细等而下,以左手大指、食指排持三片之头,张口而置其正中于口间,以右手食指、中指、无名指搏上中下片之弦之尾长处,错落而弹,嘘气大小,以定七均之高下。古宗、麽些、那马、西蕃皆以铜佩之,弹以应歌曲,弹者身舞足蹈,而与歌合节。(道光《云南通志稿》卷69《丽江府》第43页)

器用之属:口琴、月琴^{州人杨氏世习其业,所造皆有美音,市之者甚众}。(楚雄旧志全书"南华卷"光绪《镇南州志略》卷4第357页)

蜡

黄腊^{以蜂蜜之查泽为之}。(景泰《云南图经志书》卷3《广南府》第191页)

蜜蜡,黄色,有深浅两种。深者鹅黄色,浅者近白,总以匀净为佳。(《滇南闻见录》卷下第29页)

白蜡,川、滇之重货也。虽与黄蜡同出于虫,而白蜡之成,究因乎树。既以崖蜜与蔗霜归入《志果》,而黄蜡附之以白蜡,归入《志木》,俾种木者知其可蜡,其利普矣。盖白蜡,虫蜡也,宋、元以来始有之。其先惟用黄蜡,本出于越嶲。夷人传此法,其后川、滇及东南诸郡俱种之,白蜡遍行于天下,而黄蜡之用遂微,犹棉花大盛于中原,而桑麻之用反绌也。明汪机、李时珍说之颇详,而未搜其源头及于越嶲,越嶲界连川、滇,其言白蜡各处俱出,以川、滇独胜,则其开利所自始耳。其法:于立夏后,取蜡虫子箬裹,裹或五六包,缀于蜡树枝。苞大如芡,其内虫子如细蚁凡数百。芒种后,子尽出,食汁吐涎,凝于细枝,如绵之缠,如霜之裹,满树尽成瑶枝,皆白蜡也。处暑后刮而熬之成饼,坚如石膏,而明彻胜于黄蜡。其树,汪机以为即冬青树,李时珍以为树似冬青,今江乡谓之山蜡树,以别于水蜡树。水蜡树,批枝插之无不活,几如插柳,绕池墙陂堰尽插之,总呼蜡树,亦不知其树之可放蜡。雍正间,有蜡客至曹家堰放蜡,予时尚幼,见其施放,如上所云,亦不见其虫出,但讶树枝白肿为蜡凝,亦不见蜡,刮有虫存。但冬春间,枝结小包,如桑螵蛸,即蜡种也。客云:"蜡种,采之不能过五日，过则虫出成空壳。”李云芒种后虫出，然出在前，此芒种后乃见蜡形耳。此客种之一两年，不复来，至今乡人仍不知蜡树可放蜡，所需白蜡，仍仰于川、滇，其值颇昂。若使尽知放蜡，亦一地方好出办。且水蜡旺于山蜡，往行黔中，山坳间皆水蜡，以其旺故也。水蜡成拱，从七八尺上斫其木，栟生竞挺，修枝长条，皆蜡生之地也。生而刮之，而树益茂，不似漆割易枯也。或曰槠树，可以放蜡。故志白蜡肇始于川、滇，江乡现多蜡树，宜放蜡以为民生利用之资也。又疑冬青、槠树，本不带蜡名，惟水蜡树直谓之蜡树，无他名，则蜡乃其本名也。家乡多此树，不知放蜡，但植以为篱落护堤埂，其材无所用，不及于杨。盖用在于放蜡，每一巨树，岁收蜡数斤。性宜近水沙淤之地。数年即成巨树，树老可至百年。计自山蹊塘堰、平原池泽，远暨洲边江岸，尽种此树，放蜡所出，必百倍于川、滇。今潜山人颇知树植之利，而蜡树盖少，故僦乡之有树而放之。树花如簪匙，结小荚，落地亦生，莫如插枝更易长。夫种蜡与种棉，其法皆传自外域，至今为天下大利。故事有兴于数千载之后，而利益倍过古人者，不可不知也。（《滇海虞衡志》第279页）

蜡，旧《云南通志》：有黄蜡、白蜡、栗蜡三种李时珍《本草纲目》：唐宋以前所用白蜡，皆蜜蜡也。此虫白蜡，则自元以来人始知之，今则为日用物矣。四川、湖广、滇南、闽岭、吴越、东南诸郡皆有之，以川、滇、衡、永产者为胜。蜡树枝叶，状类冬青，四时不凋，五月开白花成丛，结实累累，大如蔓荆，子生青熟紫，冬青树子则红色也。其虫大如虮虱，芒种后则延缘树枝，食汁吐涎，黏于嫩茎，化为白脂，乃结成蜡状如凝霜，处暑后则剥取，谓之蜡渣。若过白露，即黏住难刮矣。其渣炼化滤净，或甑中蒸化，沥下器中，待凝成块，即为蜡也。其虫嫩时白色作蜡，及老则赤黑色，乃结苞于树枝，初若黍米大，入春渐长大如鸡头。子紫赤色，累累抱枝，宛如树之结实也，盖虫将遗卵作房，正如雀瓮螵蛸之类。今俗呼为蜡种，亦曰蜡子，子内皆白卵如细虮，一苞数百，次年立夏日摘下，以箬叶包之，分系诸树。芒种后苞拆卵化虫，乃延出叶底，复上树作蜡也，树下要洁净，防蚁食其虫。又有水蜡树，叶微似榆，亦可放虫生蜡。甜槠树，亦可产蜡。檀萃《滇海虞衡志》：白蜡，川滇之重货也。本出于越嶲，夷人传此法，其后川、滇及东南诸郡俱种之，白蜡遍行天下，而黄蜡之用遂微。其树，汪机以为即冬青树，李时珍以为树似冬青，今江乡谓之山蜡树，以别于水蜡树。水蜡树，批枝插之无不活，几如插柳，绕池塘陂堰尽插之，总呼蜡树。往行黔中，山坳间皆水蜡，以其旺故也。水蜡成拱，从七八尺上斫其木，栟生竞挺，修枝长条，皆蜡生之地也。生而刮之，而树益茂，不似漆割易枯也。或曰槠树，亦可放蜡。（道光《云南通志稿》卷67《通省》第3页）

蜡，章潢《图书编》：出广西府。《广西府志》：产本府邱北尤良。（道光《云南通志稿》卷70《广西直隶州》第46页）

蜡，旧《通志》：有黄蜡一种。（光绪《续修顺宁府志》卷13

第 20 页）

嵩明，……嵩明城南二十里，有李秀才家，墙四围，树冬青，直如巨竹，四时浓翠不凋。余下乡，道入而询焉。李曰："此虫子树也，但吾之树此，取其长青，未养虫也。"余问养虫法，曰："常闻东、昭人言，每岁芒种前，于树权处系以束草，放虫种一二粒，不数日，虫破壳而去，遍于全树枝干。其初小，不见形，久之，微露小点，又久之，形若胡麻，至明年芒种前，大如玉黍，绛红色，即为成熟。按树摘收，裹以皮纸，十两一包，不分晴雨昼夜，挑送四川嘉定等处，有庄收买，迟则虫出不见，仅存空壳而已。东川、昭通所产极多，其利最厚。每岁虫挑所过州县，城门通宵不闭。嘉定等处，收买虫子，放上蜡树，亦如虫树法，其初如微霜，渐如雪，收割时，如檐垂冰箸。入锅煮化，盛以大小碗钵，即为白蜡，中外销行，其利尤厚。按蜡树与虫树同，惟虫树叶微圆，蜡树叶微椭，秋深结子，色绛黑。然川地蜡树不能放虫，滇池虫树又不成蜡，此亦土宜物产之变也。"余谓李生曰："若有虫树百余析，何不试放虫子？"李云："无从觅种。"予允代为谋之，惟须劝导邑民家家种植。属李俟冬青子成熟，取而干之，淘以水，搓去其皮，存其核，春至，用肥沃细土播种，周岁，树秧长尺余，即可分栽。时余已年满去任，随带其种二升至省，交体仁堂绅士择地播种。厥后，凡余所至，皆力劝民间种植。明年夏，专足至东川府购得虫种一包，送交李生如法试行，每年渐能收虫，价百两内外，其价最高之年，每包值一两二三钱，次七八钱，最贱亦得五钱。树之壮盛者，每树可收十余包，低小者，亦可数包，惟三四十年之老树，反不如壮盛者所收之丰。闻东川有一乡民家，所植虫树数株，极盛茂，一树收过百余包，人传以为仅见。旋余署永善，其地所产甚富，举办团练，即取虫税济之。初放时，最忌大风，成熟时，忌鸟雀，虫蜡皆然。吾湘各属，亦间出白蜡，未知其法如何？此农业中用力少而成功多者，安得有心人推行尽利也。……"

（《幻影谈》下卷第 119 页）

虫蜡，盐津每年三四月之虫会，从前热闹异常。由川西嘉定、犍为等处往来东昭一带，购运虫子，络绎不绝，赶站急运，以防孵化,商贾劳工,利倍平时。《滇海虞衡志》谓:白蜡,川滇之重货也。其树,汪机以为即冬青树,李时珍以为树似冬青,今谓之山蜡树。又水蜡树,批枝插之无不活,几如插柳,绕池塘坡堰尽插之,总乎蜡树。《本草纲目》云:"蜡虫大如虮虱,芒种后则延缘树枝,食汁吐涎,粘于嫩茎,化为白脂,乃结成蜡状如凝霜。处暑后则剥取,谓之蜡渣。若过白露,即粘住难刮矣。其渣炼化滤净,或甑中蒸化,滤下器中,待凝成块,即白蜡也。其虫嫩时白色作蜡,及老则赤黑色,乃结苞于树枝,初若黍米大,入春渐长大如鸡头,子紫赤色,累累抱枝如树之结实也。盖虫将遗卵作房,正如雀瓮螵蛸之类。今呼为蜡种,亦曰蜡子。子内皆白卵如细虮,一苞数百,次年立夏日摘下,以箬叶包之,分系诸树。芒种后苞折卵化虫,乃延出叶底,复上树作蜡也。树下要清洁,防蚁食其虫。水蜡树,叶微似榆,亦可放虫生蜡。又甜楮树,亦可产蜡。"盐津之虫蜡树有二种,一名插蜡树,一名爆蚤树,因入火烧之遂爆响如炸蚤也。以上所述盐津特产,仅举其利早显著者。若夫亟待提倡之美烟、桐油、漆树、薏仁、樱桃、花生等,宜推广种植,不胜枚举,是在从事生产实业者,随时地事物致意努力焉。
(昭通旧志汇编本民国《盐津县志》卷4 第 1697 页)

狼笐

狼笐用六七尺长竹子,一头削极细,约二尺许,如线箒,桐油煎过使用,刀箭不能入,刺物甚利,夷人用以猎兽。(乾隆《东川府志》卷18 第 6 页)

狼笐,《东川府志》:用六七尺长竹,一头削极细,约二尺许,如线帚,桐油煎过,用刀箭不能入,刺物甚利,夷人用以猎兽。(道光《云南通志稿》卷70《东川府》第 35 页)

芦笙

芦笙吟《稗史》：宋乾德中，牂牁人贡，诏见，询问地理风俗，令作本国歌舞。一人吹瓢笙，名曰水曲，即今芦笙也。予在大理见之，尝作芦笙吟五解，其辞云："芦笙吟，芦笙吟，可怜一寸匏，能括四海音。芦笙吟，芦笙吟，可怜一节芦，能通四海心。昔我闻芦笙，乃在盘江河，河边跳月歌，令人元鬓幡。今我闻芦笙，乃在开南桥，短歌和长谣，从夕至侵朝。悲亦不在声，欢亦不在声，昔声与今声，不是两芦笙。"（康熙《云南通志》卷 30 第 882 页）

芦笙、口琴，倮乐器，其音凄以怨，有曲调名"打草杆"，男妇皆能歌之，盖取扑灭丑类之意。（《滇南杂记》第 52 页）

芦笙，《范志》谓之胡卢笙。喜庆吹芦笙，唱跌脚歌，迎春亦集于县廷。（《滇海虞衡志》第 109 页）

芦笙，檀萃《滇海虞衡志》：芦笙，《范志》谓之葫芦笙，喜庆吹芦笙，唱跌脚歌，迎春亦集于县廷 杨慎《升庵外集》：宋乾德中，牂牁人贡，召见，令作本国歌舞，一人吹瓢笙，名曰水曲，即今芦笙也。予在大理见之。（道光《云南通志稿》卷 67《通省》第 8 页）

芦笙，采访：濮人有喜庆，吹芦笙，唱跌脚歌。（光绪《续修顺宁府志》卷 13 第 21 页）

芦笙，宋乾德中，牂牁人贡，召见，令作本国歌舞。一人吹瓢笙，名曰水曲。《丹铅总录》云：即今之芦笙也。据齐人以芦为孔吹之。颇叶宫商。陆次云《峒溪纤志》云："葫芦笙大如盂，长二尺，止六管，此六律起，六同未备之制也。以依歌曲，韵颇悠扬，古穆淡荡，可于此求元音之始。"则又推崇太过矣。（《滇绎》卷 3 第 701 页）

宋乾德中，牂牁人贡，诏见，询问地理风俗，令作本国歌舞，一人吹瓢笙，名曰水曲，即今芦笙也。杨升庵尝作《芦笙吟五解》：芦笙吟，芦笙吟，可怜一片匏，能括四海音。芦笙吟，芦笙吟，可怜一寸芦，能通四海心。昔我闻芦笙，乃在盘江河，河边跳月歌，令人元鬓幡。今我闻芦笙，乃在开南桥，短歌和长谣，从夕至侵朝。悲亦不在声，欢亦不在声，昔声与今声，不是两芦笙。（民国《邱北县志》册 9 第 1 页）

竹笙，（先）民遗制。截竹为筒，五管攒成，中长外短，底用

一曲管,以口吹气,手按起伏有声,土人婚丧,用以戏舞为乐。(昭通旧志汇编本乾隆《恩安县志稿》卷3第37页)

竹笙,截五竹筒攒成,中长外短,底用一曲管以口吹手按,起伏有声。土人婚丧用以戏舞为乐。(昭通旧志汇编本民国《昭通志稿》卷9第268页)

睒弓

野桑木,永昌已西诸山谷有之,生于石上。及时月择可为弓材者,先截其上,然后中割之,两向屈令至地,候木性定,断取为弓。不施筋漆,而劲利过于筋弓。蛮中谓之睒弓者是也。(《云南志补注》卷7第105页)

永昌之西,野桑生石上,其林上屈两向而下植,取以为弓,不筋漆而利,名曰睒弓。(《新唐书》卷222上第6269页)

野桑生石上,其材上屈两向而下植,取以为弓,不筋漆而利,名曰睒弓。(正德《云南志》卷37第637页)

唐咸亨中,永昌之西,野桑生石上,其材上屈西向而下直,南诏取以为弓,不筋漆而利,名曰睒弓。今鹤庆产岩桑,倮倮取以为弓,发矢千步,其遗种也。(《滇略》卷3第232页)

野桑,《南诏传》云:永昌之西,野桑生石上,其材上向两屈而下直,取以为弓,不筋漆而利,名曰睒弓。(天启《滇志》卷32第1046页)

野桑《南诏传》云:永昌之西,野桑生石上,其材上向两屈而下直,取以为弓,不筋漆而利,名曰睒弓。(康熙《云南通志》卷30第874页)

《云南方舆纪要序》:……石桑之弓,出鹤庆、永宁二府境。黑水之矢,爨夷居黑水内,善造毒矢,著肤立死。……(《读史方舆纪要》卷113第5026页)

《唐书》载睒弓,谓"永昌之西,野桑生石上,其材上屈两向而下直,取以为弓,不胶漆而自利,名曰睒(原注:同眠)弓。"皆此类也。(《滇海虞衡志》第106页)

瞑弓，《唐书·南蛮传》：永昌之西，野桑生石上，其材上屈两向而下植，取以为弓，不筋漆而利，名曰瞑弓。樊绰《蛮书》：野桑木，永昌巴（已）西诸山谷有之，生于石上。及时月择可为弓材者，先截其上，然后中割之，两向屈令至地，候木性定，断取为弓。不施筋漆，而劲利过于筋弓。蛮中谓之瞑弓者是也。谨案：瞑弓，即瞑弓，字误。（道光《云南通志稿》卷70《永昌府》第18页）

明子

明子，将斧凿伤松树，任其脂流注，越数日，斫取尺许，劈为细枝，以之代灯，火甚旺，名曰明子。居家者类如此，铺家买卖亦然，甚且考场中作文，左手执明子，右手写字，以至文卷油污灰黑，不堪入目。每有大松树乏人照管，竟被凿取，树以枯焦。伤生理，戕物性，失民用，此种人身后当永堕阿鼻地狱。（《滇南闻见录》卷下第48页）

木器

木夹，唐西南夷多用木夹。徐云虔使南诏，南诏待之甚厚，授以木夹遣还。宋宣和间，高泰运赍木夹书于边将以求贡。其制用两漆板夹文书而刻字其上，以为信。五岭、邕、管之间皆然。今夷人交易，尚用木刻，多在神前咒誓，故不敢叛也。（《滇略》卷4第244页）

木刻，夷人不识字，无契纸，如有交易，以木刻取信。随取木两块相仿者，刻痕于上，各执一块，有事则取以相证，若古人合符之意。又土司用木刻号召夷人，或传号令，订期约村寨递传，速于置邮，顷刻不敢违。（《滇南闻见录》卷下第47页）

板屋，东、昭两郡多板片屋，以木锯成薄片，纵横乱盖，惧风

飘散,压以石块,每有小雨即通身渗漏如注。余曾于店中受此累,不知居家者何以能安之也。(《滇南闻见录》卷下第47页)

木枷 江阴陈鼎《滇黔纪游》载:滇爨负货物,顶戴木枷。相传武侯设此,以别汉夷贵贱,非也,殆便负戴耳。(乾隆《石屏州志》卷8第16页)

木撒 形如木豆,细脚阔面,可容数升,以马缨木为之,漆涂其内外,最雅洁。又木杓,可兜匄许柄,雕刻亦善,二物常聚一处。木调羹之,柄雕龙凤,头加漆,轻而且固。(乾隆《东川府志》卷18第6页)

木撒,《东川府志》:形如木豆,细脚阔面,可容数升,以马缨木为之,漆涂其内外,最雅洁。又木杓,可盛匄许柄,雕刻亦善,二物常聚一处。(道光《云南通志稿》卷70《东川府》第36页)

木调羹,《东川府志》:白杨木为之,柄雕龙凤,头加漆,轻而且固。(道光《云南通志稿》卷70《东川府》第36页)

木夹,南中用木夹,唐末最多。何光远《鉴戒录》所载高骈时南诏屏迹矣,然时飞一木夹,其中惟夸兵革、犀象,欲借锦、绵之江,饮马濯足而已。高骈命胡记室曾以檄破之,仍判回木夹。据此,可以想见木夹中之滇文。(《滇绎》卷2第696页)

木撒,以刺楸木为之,两扇合成,口圆脚尖,似木鼓形,夷人用以盛饮食,配以木杓。(昭通旧志汇编本乾隆《恩安县志稿》卷3第37页)

木撒,以刺楸木为之,两扇合成,口圆脚尖。夷(彝)人用盛饮食,自谓不失先民遗制。(昭通旧志汇编本民国《昭通志稿》卷9第268页)

四筒鼓,形长,削木为之,两头蒙以皮。乡人丧礼用之,以为跳舞。(昭通旧志汇编本民国《昭通志稿》卷9第268页)

牛角杯

牛角酒具 大头塞定,开尖头,用木盖旋,上有绾索,加之以漆,光润可喜,远行携带最便,或用羊角为之。(乾隆《东川府志》卷18第6页)

牛角酒具,《东川府志》:大头塞定,开尖头,用木盖旋,上有

绾索,加之以漆,光润可喜,远行携带最便,或用羊角为之。(道光《云南通志稿》卷70《东川府》第36页)

角酒杯,土人以牛角雕斫,贮酒,用漆涂面,上制顶盖,以绳绾之,系于身畔,或羊角凿刻为杯。三五成群,不食菜果,而以援叙,终日终夜,卒无酒病。(昭通旧志汇编本乾隆《恩安县志稿》卷3第37页)

角杯,土人以牛角雕斫,贮酒,用漆涂面,上制顶盖,以绳绾之,系于身畔。又有以牛角、竹筒雕刻成者,三五成群,饮以终日终夜。(昭通旧志汇编本民国《昭通志稿》卷9第268页)

皮器

馄饨,即《元史》所载革囊也。不去毛而亟剥羖皮,扎三足,一足嘘气其中,令饱胀,扎之,骑以渡水,本蒙古渡水之法,曰皮馄饨,元世祖至其宗,革囊渡江,夷人仿而习之,至今沿其制。皮炉,以全羖羝皮为之,腹际为孔,入竹筒二三寸,缝合之,人足跴皮后足,手提皮头,自上至下按之,则筒中之风息吹而出,以扇火,爨及冶皆用之。古宗旅宿野处,炊带叶之柴而烟少者,恃此器也。(《维西见闻纪》第15页)

皮甲 用猪皮漆过,细叶攒凑如甲,中铁叶砌搭而成,不但能御刀枪箭弩,虽鸟枪不能径透,似昔年籐甲之遗,今少见。(乾隆《东川府志》卷18第6页)

猾皮,出禄劝、武定,匠制而货之。以白羊皮为之,称白猾子。以黑羔皮为之,称黑猾子。(《滇海虞衡志》第112页)

馄饨,余庆远《维西闻见录》:即《元史》所载革囊也。不去毛而亟剥羖皮,扎三足,一足嘘气其中,令饱胀,扎之,骑以渡水,本蒙古渡水之法,曰皮馄饨。元世祖至其宗,革囊渡江,夷人仿而习之,至今沿其制。(道光《云南通志稿》卷69《丽江府》第44页)

皮炉,余庆远《维西闻见录》:以全羖羝皮为之,腹际为孔,入竹筒二三寸缝合之,人足跴皮后足,手提皮头,自上至下按之,则筒中之风息吹而出，以扇火爨及冶皆用之。古宗旅宿野处，炊带叶之柴而烟少者，恃此器也。（道光《云南通志稿》卷69《丽江府》第44页）谨案：皮炉，即《玉篇》所谓韛韦囊。可以吹火，亦作橐囊、鞴囊。皮炉，其俗称也。

麂皮，《腾越州志》：出关外。（道光《云南通志稿》卷70《永昌府》第19页）

皮甲，《东川府志》：用猪皮漆过，细叶攒凑如甲，中铁叶砌搭而成，不但能御刀枪箭弩，虽鸟枪不能经透，似昔年藤甲之遗，今少见。（道光《云南通志稿》卷70《东川府》第35页）

皮革之属，新增七种：越毡，乐史《太平寰宇记》：姚州产越毡。《蜀记》云：云南越琲，氄麣也谨案：即今羊毛毡也。羊皮，夷人四季服之。麂皮，夷人多制为裲袆之服。狐皮、豹皮，取之既难，所产无多。羊毛，取以作毡。麖毛，人多用实鞍鞯，以其轻松。（楚雄旧志全书"大姚卷上"光绪《续修白盐井志》卷3第659页）

皮革之属，故实一种：越毡，乐史《太平寰宇记》："姚州产越毡。"《蜀记》云："云南越琲，氄麣也。"雨按：即今羊毛毡也。州北铁索箐所产最多。增补六种：羊皮，夷人四季服之。麂皮，夷人多制为裲袆之服。豹皮，取之既难，所产无多。狐皮，所产亦少。羊毛，夷人取以作毡。麖毛，人多用实鞍鞯，取其轻松。（楚雄旧志全书"姚安卷上"光绪《姚州志》卷3第560页）

皮兜肚，制马牛皮为之，并割成皮带等。现时几为大宗。（昭通旧志汇编本民国《昭通志稿》卷9第268页）

皮货：有狐皮、羊皮二种。狐皮商家名之曰野牲，盖别于羊皮而言者也。制为袍褂，轻软适体，侯家富人争购之，以故销行远道。然名目繁多，价值差等。一曰狐头，系以狐头皮制成。二曰阆草，系以狐肩颈制成。三曰脊子，系以狐脊背制成。四曰金银犬，系以狐项及胸腹制成。五曰狐嗉，系以狐额下毛制成。六曰颠倒腿，系以狐四肢制成。数者之中，狐嗉最贵，狐头皮、颠倒腿最下。至于羊皮，仅分大毛、二毛、羔子三种，出产较狐皮为丰，推销亦广，但价值较狐皮远甚矣。（昭通旧志汇编本民国《昭通县志稿》卷5第388页）

《云南路南县调查输出货物表》皮革类:输出昆明县牛皮一百二十三张,马皮六十四张,兽皮八十六张,羊皮四百八十七张,共计七百六十张。每张平均二元五毛。(民国《路南县志》卷1第 55 页)

《皮草铺》:往昔昆明的皮草铺甚多,拼逗(斗)皮子的工人名毛毛匠,而习此种手艺者,亦有不少的人。是时谷米价贱,生活低微,做此手艺的人,每月亦只博得工资三几两银。老板等以其工资低微,便着其制造些易于行销之物,以博利益。乃用黑白两色的直毛羊皮,来逗(斗)三五岁儿童穿的小皮马褂,更逗(斗)出一个黑色的团寿字见于胸前,且攒有五个黑蝙蝠,背后亦然,袖上还有花纹。此一马褂,才卖七八钱银,可云物美价廉。(《云南掌故》卷 15 第 510 页)

《麂皮铺》:云南原多麂子,所以麂皮易得。往昔顺城街有不少的麂皮铺,麂皮可以硝软,用来制兜肚,制坎肩。坎肩下段周围有袋,曰'满腰转',一件满腰转,约值二三两银,其制作虽不甚精致,然亦不十分粗恶,着于身上颇暖。耐久处,起码以三十年计,故一般奔走于外之劳力家极喜著之,因而麂皮满腰转之销行极广。若麂皮兜肚,更有多人取用。此在数十年前,可云随在皆见有人着麂皮坎肩,系麂皮兜肚。今寻着麂皮坎肩之人,亦似求天明后晨星,只有三点两点耳。(《云南掌故》卷 16 第 529 页)

工业:永宁工业,极其幼稚,虽然自绩其麻,自织其布,其缝其衣裙,不待外求,而所出的产量极其有限,间有铜工、铁工、陶器工,能自给自足外,还没有人提倡制造,许多商品,发售与邻封各县。唯有皮匠村之皮鞋业,可以说略有规模。该村的男男女女,专门缝皮鞋为业,并制皮口袋,以及皮马鞭、马鞦、马缰绳,发售于木裡、九龙各县,事业很发达。统计该村所制的皮鞋,每年不下二万双。其鞋样虽简陋,而牢固可靠,古宗、西番各族,都来永宁皮匠村订做皮鞋、皮靴等物。(《宁蒗见闻录》第 3 篇第 296 页)

菩萨蛮

菩萨蛮 ^{唐诗有菩萨蛮，不知其义。按《小说》开元中，南诏入贡，危髻金冠，缨络被体，故号菩萨蛮，因以制曲。佛戒律云：香油涂身，华鬘被首。今曲名鬘作蛮，非}也。（康熙《云南通志》卷 30 第 881 页）

漆器

僰夷：民间器皿，多以陶冶，孟艮等处，则有漆器甚精。其酋用金银、玙瑛、琉璃等器，其下亦以金银为之。（天启《滇志》卷 30 第 997 页）

乳漆棹 ^{形如退光花纹极细密，似瘿木纹更圆朗。东川漆本佳，其匠亦良，当年夷目尚此，故留馀器，今无。}（乾隆《东川府志》卷 18 第 6 页）

漆，《顺宁府志》：出云州。（道光《云南通志稿》卷 69《顺宁府》第 31 页）

漆，旧《云南通志》：出丽江。（道光《云南通志稿》卷 69《丽江府》第 42 页）

漆，《腾越州志》：界头出。（道光《云南通志稿》卷 70《永昌府》第 19 页）

乳漆桌，《东川府志》：形如退光花纹极细密，似瘿木纹更圆朗。东川漆本佳，其匠亦良，当年夷目尚此，故留遗器，今无。（道光《云南通志稿》卷 70《东川府》第 35 页）

棋子

又以玛瑙合紫石粉而煅之，以成棋子，莹润细腻，甲于天下。（《滇略》卷 3 第 235 页）

己卯七月初七日，雨，与元康为橘中之乐。棋子出云南，以永昌者为上，而久未见敌手。元康为此中巨擘，能以双先让。余遂对垒者竟日。（《徐霞客游记·滇游日记十一》第 1137 页）

永昌府，井中出围棋子，光润如玉琢，胜会城出者。（《滇游记》第 11 页）

永昌棋子，滇南皆作棋子，而以永昌为第一，盖水土之别云。烧棋之法：以黑铅七十斤、紫英石三十斤、硝百二十斤为一料，可得棋子三十副，然费工本已三十六七两矣。其色以白如蛋，青黑如鸦，青者为上。若鹅黄鸭绿，中外洞明者，虽执途人而赠之不受也。烧棋之人，以郡庠生李德章为第一，世传火色，不以授人。余在永昌日，曾以重价得之，出以与郡大夫较，皆不能出余上也。庚申冬日，为叛兵所掠，惜哉！今滇中游客，出银五钱，便市棋三百六十，宁复有佳物乎？（《南中杂说》第 43 页）

碁，陈鼎《滇黔纪游》：永昌出围碁子，光润如玉琢，胜会城出者。《一统志》：永昌之碁甲于天下。制法：以玛瑙石合紫英石研为粉，加以铅硝，投以药料合煅之，用长铁蘸其汁，滴以成碁，有鸦色深黑者最坚，次碧绿者稍脆，又蜡色、杂色及黑白俱有，花者其下也。刘崑《南中杂说》：滇南皆作碁子，而以永昌为第一，盖水土之别云。烧碁之法：以黑铅七十勺、紫英石三十勺、硝百二十勺为一料，可得碁子三十副，然费工本已三十六七两矣。其色以白如蛋，青黑如鸦，青者为上。若鹅黄鸭绿，中外洞明者，虽执涂之人而赠之不受也。烧碁之人，以郡庠生李德章为第一，世传火色，不以授人也。余在永昌日，曾以重价得之，出以与郡大夫较，皆不能出余右也。庚申冬日，为叛兵所掠，惜哉！今滇中游客，出银五钱，便市碁三百六十，岂复有佳物乎？（道光《云南通志稿》卷 70《永昌府》第 16 页）

永棋，周栎园《闽小记》："云间潘君仲能以纸制奕子，状为滇式，色莹亦然，且敲之有声。"按：围棋之兴久矣，而棋子则独推永棋，永棋者永昌所作，即栎园所称滇式。闻今日永昌亦罕制者。余在京日，见他省人购永棋，价不贶。（《滇绎》卷 3 第 729 页）

石属:围棋。(光绪《永昌府志》卷 22 第 5 页)

永棋,永昌之棋,甲于天下。其制法:以玛瑙石合紫瑛石研为粉,加以铅硝,投以药料,合而煅之,用长铁蘸其汁,滴以成棋,有牙色深黑者最坚,次碧绿者稍脆,又腊色、杂色及黑白皆有,花者其下也。(光绪《永昌府志》卷 26 第 10 页)

《永昌围棋子》:围棋子,以云南永昌(保山)子为最好,然要在嘉、道年间烧出者,方足以为贵。盖是时之烧出者,取黑子照于日下,在透光上,则作秧绿色;且也,无论存放至若干年,复不经人手弄,俱不起霉,不裂碎。此一自永昌汉、回相残,保山城厢大乱后,能烧制棋者,什有九死去,配料之法失传。第至光绪年间,即有人烧出棋子来,若取黑子照于日下,透光上,只能作淡绿色,复带着点淡蓝色。昆明有一解家,原住在五福巷内,亦能烧制围棋子,照之,亦是现蓝绿色,且一经搁置而无人弄,其黑子无不一一破碎。此不仅是火色有关,实是配料不如法也。真正之老永子,今在昆明市,恐无二十副,有者,无不宝之。日本人固重围棋,然制之棋子,则逊云南之永子多也。(《云南掌故》卷 16 第 532 页)

宋天池《说永昌围棋子》:永昌府属所产物品,惟围棋子最著名,世有"永子"之称,为消闲娱乐高尚之品,故略论围棋之历史焉。昔陶唐氏生子丹朱不肖,帝乃内圣外王,聪睿过人,故作围棋以教子。共三百六十一着,以象周天三百六十度,中子一着,譬如北辰,众星朝拱。各星棋子,黑白各半。子圆形以象天星,棋盘方以象地,如天星之照临土宇。着变之时星罗棋布,有如众星满天,各循轨度出没,能消昼永。换奕之时,如星今晚出没,翌晚仍然出没。其黑白对奕之时,各寻着分落子,以相围绕,有如行兵布阵以相围困然,以被围取子多寡分输赢,而无尽,将对奕棋子被围取尽之处。此帝尧之所以能揖让天下也。然永子制造,经久耐用,式样停匀。其黑子于亮处照视,透现绿光。黑白二种均似玉,所以为人珍玩,故特论之。(《永昌府文征·文录》卷 28《民十》第 2995 页)

琴经

丞相亮征孟获入滇,滇人未知琴,亮居南,常操之。土人有愿学者,乃为著《琴经》一卷,述琴之始及七弦十三徽之音意,于是滇人始识鼓琴。又从征者冬暮思归,各与一砖,曰:"卧枕此,即抵家。"从之,果然。不用命者,终莫能归,因号鸡鸣枕。又尝用炊釜自随,不炊自熟,以防不时之需。(《滇略》卷10 第330页)

琴经 诸葛亮南征,尝抚琴,滇人有愿学者,乃著《琴经》一卷,述琴之始及七弦十三徽之音意,于是滇人始知琴。(康熙《云南通志》卷30 第860页)

燃油

《云南路南县调查输出货物表》油类:美国输入水火油一千八百五十觚,昆明县输入牛烛九百一十斤,共计二千七百六十觚。每百觚价一十七元。(民国《路南县志》卷1 第56页)

人髅器物

人髅饮器,赵襄子漆智伯之头以为饮器,想亦用其髅耳。古宗之制,不谋而与古合者,此器也。人髅四片,有理无隙,相合不散,古宗漆之而盛于囊,佩于身,谓可却鬼,盛汤水献佛,非此不为敬。其饮茶酒,必取而酌之,如瓢捧而饮。阿墩子以上,古宗死,剥肉食雕,剥工售此器。阿墩子以下,于尸弃之水,置之木者,肉溃而取之。城外兰经寺红教喇嘛,皆麼些也,无此器,四宝喇嘛界以三具献佛。(《维西见闻纪》第14页)

人髅鼗,法以二人髅骨漆而合之,以人肱骨为柄,胫骨带筋

漆联之,为两旁耳,作佛事,则如播鼗式,持而摇,黄教喇嘛皆有之,西藏红教喇嘛亦有之。(《维西见闻纪》第14页)

人骨茄,黄、红教喇嘛人各一筩,以人髈胉骨为之,吹以逐鬼,作佛事亦吹之,声如觱篥而凄商过之,闻之令人悲而栗。剥古宗尸而得,及取于水木间溃尸者,皆不贵,贵修而肥者,窍深大而其音肆;贵华人者,骨薄而润,而其音清;尤贵修而肥之华人者,其音肆而清;尤贵生刲修而肥之华人者,音肆而清,而有生气,而应愈遥。西藏贼曰"夹霸",华人为商于其地,劫其货,生刲其二髈胉,黄教喇嘛辄以数十金购之,盖华人胉髈骨,其所贵者虽不备,价亦十数倍也。(《维西见闻纪》第14页)

石灰

石灰,取青石成块,堆积窑中,下砌火门,以烈火烧之至透红,候冷取出,用时取灰块以水洒之,勃勃有声,气热甚,旋分解化为粉末,用以垩壁糊瓦,填石涂缝,或为肥料之需,然灰块风亦能化之使末,邑中青石皆可煅灰,而以汤池保郎村产者为最。(民国《宜良县志》卷4第35页)

第三十九课《石灰、硝》:取石之净白,堆窑内燃薪烧煅至火熄,则石炼透而性燥,一经泼水,爆发成灰,则色雪白配蓝色则青,以之刚墙砌石,久愈坚固。若配胶泥沙土,则为三合土,硬如钢铁矣。(楚雄旧志全书"楚雄卷下"民国《楚雄县乡土志》卷下第1362页)

石器

楚石器物,惟屏与桌面及小几,而制作甚精。高制府十咏未能尽也。间多有鸟兽人物形,皆因质地,墨涂火炙,以油发其光,即似生成,不可辨矣。王守槐庭树为予言:"外边所传至佳,非真佳也。某从家君居太和久，得楚石一方，真天然绝胜，举世无双者，藏之不敢以示人，恐见夺。"因出之示吾。方六尺，高三尺，山水人物，妙丽得未曾有。予讶之，曰："卿覆败之余，百物俱尽，何犹保此？"曰："拟归献之王氏宗祠，令后世子孙知吾父子不虚在云南走一遭耳。"大理攻楚石者几百家，皆资以养活，未可尽以为累民。楚石屏闻于天下，而滇之玉器，行于江、浙、岭表，此外无闻。滇中豪僧，以楚石磒地拜赞，王藩使以楚石令刘璠写八分磒壁，意虽佳而亦俗矣。（《滇海虞衡志》第 102）

缅佛，石作，新出于滇，滇匠刻之以更缅贡。盖缅贡之有玉佛，非玉佛也，固琢石为之者也，滇山亦多此石。土司进贡，重在驯象，玉佛、金塔，不过借以陪陈。故其制作颇陋，不及滇匠雕琢之工。滇匠审其实石也，与滇山石同，潜取滇石，照其元像尺寸，另雕一尊为更易，豪光焕发，惊动天人，巧夺神工，殆过如肪之质，自是滇石又俨以缅佛传名矣。乃叹物本无常，用之则贵。刻玉徒为虚饰，雕珉转以腾光，则神灵之所寄也。缅柔而诈，是时困于暹罗，欲假面内赐封，以威诸蛮，而惮于自发。故意遣其丑类，往来炫耀于江边。顺宁守全保诇得其情，使耿马土司为之招纳，尔时唯耿马黑山厂旺，资力有余，送往迎来，差无竭蹶，禀闻见恙，迁延久之，始为达忧，而柔远之恩数倍加，竟至逾于格外。一切因依附会，莫不气象轩昂，全守首建招来大功，独以向隅泣死。"玉作弹棋局，中心最不平"，殆类此矣。缅得入贡之利，年年而来，数见不鲜，且以滋内地之糜费，因琢滇石代其制，且定岁数，限其来云。《范志》谓：南杂蛮俗，器多诡异，外蛮兵甲，边镇所宜知。故《志器》先军装。（《滇海虞衡志》第 103 页）

工艺制造品附，关于矿物者：砚石、石碑、石缸、石棹。（民国《路南县志》卷 1 第 53 页）

松毛

松毛，官府莅任及新年佳节，约保必办松毛送署中铺地，香润洁净,可代毡席。迎春祭祀,则办松棚。即民间吉凶事迎神赛会,亦必铺松毛于地,可想见松树之多也。(《滇南闻见录》卷下第 47 页)

炭

木炭,荒僻之地,木植以难运废弃。至附近铜厂、盐井之处,又以柴炭难继为虞。盖煎铜、煮盐,皆须用炭,皆仰藉于山木。先则就近取之,便而且贱,年久用多,渐远渐难,炭贵则铜、盐不得不贵。此在司事之员及本地方官,认真设法晓谕居民及灶户、厂民,不时种植培养,庶可接济于无穷耳。(《滇南闻见录》卷下第 47 页)

柴炭附:境内柴薪,全年出口约六万余斤,以邵甸方面为多,最低价额每百斤约二元余,最高价额每百斤约四元余。木炭:全年出口约七万余斤,最低价额每百斤约洋十余元,最高价额每百斤约三十元。(民国《嵩明县志》卷 16 第 240 页)

木属……薪炭(附):昭之然(燃)料颇称便利富饶,除用石煤及柴煤外,柴薪之用及出产亦颇广。如山茅草一种,治革者全赖以秋(熏)皮子。松木、松毛及不成材之荆棘,多用以佐炊爨,其余尚有以麻栗木、青杠木先入土窑烧成木炭,以为烤饼、鼓铸,及为御寒之用者,出产较柴薪尤饶。地方财政收入曾有木炭一项,年收二千余元,其出产丰富可概见矣。(昭通旧志汇编本民国《昭通县志稿》卷 5 第 381 页)

陶瓦器

爨夷,其在禄丰、罗次、元谋者,男戴黑布帽,窄袖白衫,白布扁帽桶裙,好楼居,釜甑俱以陶瓦,釜深中而宽边,状类箬笠。(天启《滇志》卷 30 第 997 页)

僰夷,在剑川者,言语侏离,所居瘴疠,棺如马槽,以板为之,以农业、陶冶是务。(天启《滇志》卷30第997页)

己卯四月十三日……有庐舍当坡塍间,曰土锅村,村皆烧土为锅者。(《徐霞客游记·滇游日记九》第1058页)

筒瓦,盖房不用片屋,民间全用筒瓦,以多大风故也。一经渗漏,圬墁甚难,当大雨时行之候,房屋鲜有不漏者。土墼,范土作砖,不经窑火,名曰墼,凡房屋墙壁皆用之,加以垩黝,或用白纸糊裱,便成美室,亦颇坚固经久。间有火砖筑墙者,只墙之下半数尺而已。(《滇南闻见录》卷下第47页)

瓦器,《云南府志》:出宜良。(道光《云南通志稿》卷69《云南府》第3页)

《陶业》合土、窑场、火法、出品:陶业,烧砖瓦为多,一区有梁溪乡之东村、土白厂、麦冲等处,二区有青龙街、妖精坝等处,四区有梨丛乡之大成村、清泉乡之茂禾村、三龙乡之对龙、积德乡之鹧鸪村等处,五区有矣纳寨,七区有周家营、凤邑村等处。至烧碗罐等器,仅猪街及积足矣村二处。……(民国《嵩明县志》卷14第226页)

《云南路南县调查输出货物表》瓦器:陆良县输入瓦器八十二担,黎县输入五十九担,广西县输入五十五担,共计一百九十六担,每担平均价一元四角。陶器系土器。(民国《路南县志》卷1第57页)

(制造之属六)砖瓦、石灰,桥头、水寨、戛勒皆制砖瓦,花桂、五家寨、当古制石灰。陶器,西乡、曰者乡陶业发达,制作精良,销行甚夥。(民国《邱北县志》册3第18页)

覆屋,各省专用坂瓦,滇中兼用筒瓦。楚郡亦兼筒瓦。相传滇中多风,明初特敕许用。(楚雄旧志全书"楚雄卷上"康熙《楚雄府志》卷1第196页)

陶器坛、罐、瓮之属出州南十五里河洞村,村人皆习此业,搏埴精良,缸、坛、罐、瓮之属,无不具备。邻近诸邑皆取资焉。(楚雄旧志全书"南华卷"光绪《镇南州志略》卷4第357页)

第三十六课《陶土制器法》:苴林之陶土为制器之原料。其制法:选纯洁陶土,调以水,令软硬适用。取而置于轳轳上转之,即成厚薄均匀之圆筒形,用以造各种陶器。入窑中烧之,即成坚固物体。(楚雄旧志全书"元谋卷"光绪《元谋县乡土志》修订本卷下第 403 页)

陶业:治东一百二十里之碗厂,操业二十余家,工料较良,以碗壶为多。邻近碗厂之竹园村,操业七八家,专制土锅,形圆体薄,不入窑,燎以松,业即坚致。其土质胶粘,色赤黄,内夹金沙,遍布数十里。治南十五里之罗旗屯,操业三十余家,器以缸罈为良。治西二十五里之伍家窑,操业五家,复制炉瓶罈罐、花砖色瓦、屋脊鳌兽等类。以上陶业,泥质均良,而土锅泥尤占特色,倘能改制他器,亦美利也。(楚雄旧志全书"牟定卷"民国《牟定乡土地理志初稿》第 362 页)

藤器

云南出藤,其色如朱。小者以为马策,大者可为拄杖。《太平御览》卷九百九十五《百卉》二引。(《云南古佚书钞·云南行记》第 26 页)

藤蘬生永昌、河赕。缘彼处无竹根,以藤渍经数月,色光赤,彼土尚之。(《云南志补注》卷 7 第 105 页)

韩愈《滇池赤藤杖歌》:赤藤为杖世未窥,台郎始携自滇池。滇王扫宫避使者,跪进再拜语嘔咿。绳桥挂过免倾堕,性命造次蒙扶持。途经百国皆莫识,君臣聚观逐旌麾。共传滇神出水献,赤龙拔须血淋漓。又云羲和操火鞭,暝到西极睡所遗。几重包裹自题署,不以珍怪夸荒夷。归来奉赠同舍子,浮光照手欲把疑。空堂昼眠倚牖户,飞电著壁搜蛟螭。南宫清深禁闱密,唱和有类吹埙箎。妍辞丽句不可继,见寄聊且遇分司。(万历《云南通志》卷 14 第 11 页)

唐裴夷直《南诏赤(朱)藤杖》诗:六节南藤色似朱,拄行阶砌胜人扶。会须将入深山去,倚看云泉作老夫。(万历《云南通志》卷 14 第 11 页)

赤藤,产缅甸。朱色,可为杖。缅妇篾之以为腰饰。唐白居易诗:"友亲过浐别,车马到江回。惟有红藤杖,相随万里来。"韩愈《和虞部卢汀酬翰林钱徽赤藤杖歌》:"赤藤为杖世未窥,台郎始携自滇池。滇王扫宫避使者,跪进再拜语嗢咿。绳桥挂过兔倾堕,性命造次蒙扶持。途经百国皆莫识,君臣聚观逐旌麾。共传滇神出水献,赤龙拔须血淋漓。又云羲和操火鞭,暝到西极睡所遗。几重包裹自题署,不以珍怪夸荒夷。归来奉赠同舍子,浮光照手欲把疑。空堂昼眠倚牖户,飞电著壁搜蛟螭。南宫清深禁闱密,唱和有类吹埙篪。妍词丽句不可继,见寄聊且遗分司。"又裴夷直《南诏朱藤杖》诗:"六节南藤色似朱,拄行阶砌胜人扶。会须将入深山去,倚看云泉作老夫。"(《滇略》卷3第230页)

唐白乐天《红藤杖》诗云:南诏红藤杖,西江白首人。时时携步月,处处把寻春。劲健孤茎直,疏圆六节匀。火山生处远,泸水洗来新。粗细才盈手,高低仅过身。天边望乡客,何日拄归秦?(天启《滇志》卷33第1064页)

洪武三十三年,改腾冲守御千户所隶金齿司。正统十四年,升为腾冲军民指挥司,与金齿并。嘉靖二年,复置州,隶永昌府,改指挥使司为腾冲卫,州名腾越^{在府城南三百六十里,以地多藤,元名藤州}。(《徐霞客游记·永昌志略》第1161页)

永昌即金齿卫。金齿者,土夷漆其齿也。诸葛孔明征孟获,破藤甲军,今其夷人漆藤缠身,尚有藤甲之遗。(《肇域志》册4第2424页)

红藤杖 唐白乐天《红藤杖》诗云:南诏红藤杖,西江白首人。时时携步月,处处把寻春。劲健孤茎直,疏圆六节匀。火山生处远,泸水洗来新。粗细才盈手,高低仅过身。天边望乡客,何日拄归秦。(康熙《云南通志》卷30第880页)

藤墩,沙人编藤为墩,可坐。(雍正《师宗州志》卷上第38页)

红藤,户、腊撒间有之。腾越本以藤州名。红藤取为杖,不甚贵。唐白乐天有《红藤杖》诗。(乾隆《腾越州志》卷11第11页)

《红藤杖》^{此白傅贬江州时也,将此杖到江州,又将}（此杖上忠州,故有二诗。唐时重此杖）:南诏红藤杖,西江白首人。时时携步月,处处把寻春。劲健孤茎直,疏圆六节匀。火山生处远,泸水洗来新。粗细才盈手,高低仅过身。天边望乡客,何日拄归秦?^{火山即火焰山,}_{在今铜壁关外。}《朱藤杖紫骢马吟》:拄上山之上,骑下山之下。江州去日朱藤杖,忠州归日紫骢马。天生二物济我穷,我生合是栖栖者。(乾隆《腾越州志》卷13 第25页)

裴夷直《南诏赤藤杖》^{此杖出}_{腾越}:六节南藤色似朱,拄行阶砌胜人扶。会须将入深山去,倚看云泉作老夫。(乾隆《腾越州志》卷13 第26页)

韩文公《和虞部卢四^汀酬翰林钱七^徽赤藤杖歌》:赤藤为杖世未窥,台郎始携自滇池。滇王扫宫避使者,跪进再拜语呕咿。绳桥拄过免倾堕,性命造次蒙扶持。途经百国皆莫识,君臣聚观逐旌麾。共传滇神出水献,赤龙拔须血淋漓。又云羲和操火鞭,瞑到西极睡所遗。几重包裹自题署,不以珍怪夸荒夷。归来捧赠同舍子,浮光照手欲把疑。空堂昼眠倚牖户,飞电著壁搜蛟螭。南宫清深禁闱密,唱和有类吹埙篪。妍词丽句不可继,见寄聊且慰分司。(乾隆《腾越州志》卷13 第26页)

红藤篾,夷姬以为带束腰,出南甸。(《滇海虞衡志》第116页)

赤藤杖,唐时贡之,今不重。屡问迤西诸生索之,亦眙目不知所谓赤藤杖,不知昌黎当日何费许词? 使今日来索于诸生,不亦眙目相对耶?(《滇海虞衡志》第117页)

赤藤,白傅《蛮子朝》诗云:"清平官持赤藤杖",韩吏部《赤藤杖歌》云:"赤藤为杖世未窥,台郎始携自滇池。"又云:"共传滇神出水献,赤龙拔须血淋漓。"余来滇,访藤所生处,无一人知者,噫!(《滇游续笔》第468页)

赤藤杖,檀萃《滇海虞衡志》:赤藤杖,唐时贡之,今不重,屡问迤西诸生索之,亦眙目不知。桂馥《札樸》:白傅《蛮子朝歌》云:清平官持赤藤杖。韩吏部《赤藤杖》云云。余来滇,访所生处,无一人知者,噫!^{唐韩愈《赤藤杖》:赤藤为杖世未窥,台郎始携自滇池。滇王扫}_{宫避使者,跪进再拜语呕咿。绳桥拄过免倾堕,性命造次蒙扶}

持。途经百国皆莫识,君臣聚观逐旌麾。共传滇神出水献,赤龙拔须血淋漓。又云羲和操火鞭,眼到西极睡所遗。几重包裹自题署,不以珍怪夸荒夷。归来捧赠同舍子,浮光照手欲把疑。空堂昼眠倚牖户,飞电著壁搜蛟螭。南宫清深禁闻密,唱和有类吹埙篪。妍词丽句不可继,见寄聊且慰分司。唐白居易《红藤杖》:南诏红藤杖,西江白首人。时时携步月,处处把寻春。劲健孤茎直,疏圆六节匀。火山生处远,泸水洗来新。粗细才盈手,高低仅société身。天边望乡客,何日拄归春。唐裴夷直《南诏赤藤杖》:六节南诏(藤)色似朱,拄行阶砌胜人扶。会须将入西山去,倚看云泉作老夫。(道光《云南通志稿》卷67《通省》第9页)

藤蒻,樊绰《蛮书》:生永昌、河赕。缘彼处无竹根,以藤渍经数月,色光赤,彼土尚之。(道光《云南通志稿》卷70《永昌府》第26页)

红藤,《一统志》:南甸司出,蛮妇用之饰腰。《腾越州志》:户腊撒间有之,腾越本以藤名州,红藤取为杖,不甚贵。(道光《云南通志稿》卷70《永昌府》第26页)

花斑藤,旧《云南通志》:出高黎贡山,外色斑,中实可为杖。(道光《云南通志稿》卷70《永昌府》第26页)

藤墩,《广西府志》:出邱北。《师宗州志》:沙人编藤为墩,可坐。藤席,《广西府志》:出邱北。(道光《云南通志稿》卷70《广西直隶州》第46页)

藤、女罗、薜荔。^{以上}藤属(光绪《永昌府志》卷22第3页)

竹之属,附葛藤,产北二区大山,蔓生,色黄,又称黄藤,细者作圈,粗者引重。紫金藤等。(昭通旧志汇编本民国《昭通志稿》卷9第263页)

赤藤杖,杖为滇名产,唐人重之,盖与邛竹杖并美也。考韩昌黎、元微之俱有诗,裴夷直亦有绝句,题云"南诏朱藤杖"。(《滇绎》卷2第692页)

狃,……剖藤作器谓之藤簎。按:樊绰《蛮书》,藤蒜生永昌、河赕,彼处无竹,以藤渍用之。则字当作蒜。(《滇绎》卷4第738页)

铜器

会城东郭有金牛寺,寺外八角亭,中有铜牛一,重数万斤,以镇水怪。盖此地缘溪,每春夏霪雨,东北万山之水,奔流如驶,往

往冲圮民居,故范牛以镇。明末孙贼僭号,取牛铸钱。国朝水发,屡坏庐舍,今已复铸,水患减矣。(《滇游记》第3页)

崇圣寺,……铜钟二,各重十万斤,南诏建极十三年造,乃唐咸通年也。(《滇游记》第4页)

镰锅,行者腰系铜器,就水采薪煮饭,谓之镰锅。案《通典》:僚俗"铸铜为器,大口宽腹,名曰铜爨。既薄且轻,易于熟食"是也。(《滇游续笔》第466页)

铜器,滇省产铜,民间铜器最多,虽小户必有茶壶、水罐之类。曾于丽江见河干担水者用铜水桶,颇觉富丽。(《滇南闻见录》卷下第45页)

铜缸,乾隆三十七、八年,宜良县民人于土中掘得一铜缸,可容三石,厚半寸许,两旁有提扣,口有边,宽寸余,周围有花纹,款识古朴,色泽斑驳,不知何代时物。为上僚所攫取,余于晋谒时得见之。(《滇南闻见录》卷下第46页)

铜牛,省城东郊外沿河有金牛寺,寺门外八角亭中,有铜牛一座,重不下万斤。牛首向水上流,盖夏秋霪雨连绵,东北众山之水奔注于河,坏民田庐,故范牛以镇之。明季孙贼僭逆,毁牛铸钱,水患洊至。国朝重铸,则庆安澜矣。(《滇南闻见录》卷下第46页)

凡铜器、玉器,滇为美,故特先之。余以类纪,见《范志》差详,而漏者多矣。白铜面盆,惟滇制最天下,皆江宁匠造之。自四牌坊以上,皆其居肆。夫铜出滇,滇匠不能为大锣、小锣,必买自江苏。江宁匠自滇带白铜下,又不能为面盆如滇之佳,水土之故也。白铜别器皿甚多,虽佳,亦不为独绝,而独绝者唯面盆,所以为海内贵。红铜面盆甚薄,制亦粗,然热水店以供市洗面,日擦之,赤如金,亦可爱。(《滇海虞衡志》第98页)

锣锅,制自各厂与省城。时走私禁严,私铜不得出厂,假运锣锅以出之。然铜不通商,厂日以衰,始禁锣锅,后亦不禁也。其制如小盆,卷口,旁有耳,耳缀环,上有盖,能作二三人食。客旅便之,窭丐亦背以行,曰背锣锅。(《滇海虞衡志》第99页)

铜独盛于滇南,故铜器具为多,大者至于为铜屋,今太和宫铜瓦寺是也。其费铜不知几巨万？玉皇阁像皆铜铸，其费铜又不知几巨万？推之他处，铜瓦、铜像，又不知其几？金牛、铜牛皆以铜，大小神庙大钟、小磬、大小香炉，无不以铜。大香炉高五六尺，三足如鼎，花纹极细，虽新制亦斑剥陆离有古色。上或架香亭，亭亭远峙，玲珑通明。计一香炉，费且数万斤，推之通省，又不知费几巨万？制造之精而古，殆难遍举。来游者见到处皆然，亦以为数见不鲜而易之。使当宣和博古时，不知几许张皇矣。铜炉制各异，而色俱古。无论士庶家，必烧铜炉。烧至数年，起野鸡斑，则夏鼎商彝比费矣。此出人力而妙得天然者也。(《滇海虞衡志》第99页)

白铜面盆，檀萃《滇海虞衡志》：滇制为天下最，皆江宁匠造之，自三牌坊以上，皆其居肆。(道光《云南通志稿》卷69《云南府》第3页)

《白铜制品》：云南以产铜称著，所产之鸡血铜极佳。以鸡血铜和以其他金属对成白铜，不惟色白如银，而且有宝色。白铜之用途，第一是打洗脸盆；其次用以制水烟袋及蚊帐钩。其他的用途虽广，究不若打面盆、造烟袋、作帐钩之使用，在数量上较多于使用在其他用器上也。在光绪朝以前，云南人最讲究用白铜洗脸盆。一个大洗脸盆，重至二三斤，一经擦洗出来，又白又亮，真也逗人爱。据前辈人言，在乾隆、嘉庆、道光年间，白铜脸盆大销行于当代之社会上。凡是中等以上的人家嫁女，礼柬上都写有白铜面盆一圆。本来这宗物事，既适用而又好看，价值又不高，最大最好者，不过二几两银，谁也乐于购置。铜脸盆只要随时擦洗而不碰坏，总可用到一百几十年。所谓父传子，子传孙，以至于曾孙、元孙，以较他种质料之盆，则强多矣。今犹见一些旧户人家，拎出祖先辈遗留下来之白铜盆来使用，虽不是希有之物，而亦是难得而可贵者也。惟是白铜面盆，以云美丽轻便，自不若洋磁盆，云光亮滑泽，则强洋磁盆多矣。(《云南掌故》卷16第527页)

《云南铜器》：云南矿厂，金、银、铜、锡、铁五宝俱旺，而尤以铜、锡两种称最。往昔入于人户，举铜器一项而言，如大小铜壶、大小铜锅、铜盆、铜罐、铜盘、铜勺、铜炊锅、铜撮箕、铜炖锅、铜火盆,以及铜灯台、铜香炉等,无不杂见于庭堂厅厨,果也似个出铜的地方。惟自洋磁、洋铁器具输入后,一切铜器,竟渺无所存,入于目者,惟一些洋磁、洋铁的器具耳。(《云南掌故》卷16第528页)

铜鼓

铜鼓,《老学庵笔记》曰:予初见梁《欧阳頠传》称,頠在岭南,多致铜鼓,献奉珍异。又云:铜鼓,累代所无,及予在宣抚司,见西南夷所谓铜鼓者皆精铜,极薄而坚,文缕亦颇精,叩之冬冬如鼓,不作铜声。秘阁下古器库亦有二枚。此鼓,南蛮至今用之于战阵祭享,初非古物,不足为秘府之藏,然自梁时,已珍贵之矣。(天启《滇志》卷32第1048页)

铜鼓,《岭表录异》云:贞元中骠国进乐,有铜鼓。咸通末,龚州刺史张直方因葺城池,掘得一铜鼓,舍于延庆寺,以代木鱼。(天启《滇志》卷33第1087页)

鸣蛤,僖宗朝林蔼守高州,乡野牧童闻田中蛤鸣,欲进捕之,一蛤跃入穴中,掘而取之,得一铜鼓,其上隐起,多铸蛙龟之状,岂鸣蛤乃铜鼓之精耶!(天启《滇志》卷33第1087页)

铜鼓 骠国进乐,有铜鼓。咸通末龚州刺史张直方因葺城池,掘得一铜鼓,舍于延庆寺以代木鱼。僖宗朝,林蔼守高州,乡野牧童闻田中蛤鸣,欲进捕之,一蛤跃入穴中,掘而取之,得一铜鼓,其上隐起,多铸蛙龟之状,岂鸣蛤乃铜鼓之精耶!(康熙《云南通志》卷30第861页)

铜鼓 《老学庵笔记》曰:予初见梁《欧阳頠传》称,頠在岭南,多致铜鼓,献奉珍异。又云:铜鼓,累代所无,及予在宣抚司,见西南彝所谓铜鼓者皆精铜,极薄而坚,文缕亦颇精,叩之鼕鼕如鼓,不作铜声,秘阁下古器库亦有二枚。此鼓,南蛮至今用之于战阵祭祀,初非古物,不足为秘府之藏,然自梁时,已珍贵之矣。(康熙《云南通志》卷30第875页)

铜鼓,不特新铜器多,并有旧铜器在土中,刨出者如铜鼓,围圆约三四尺,高数寸,面薄边厚,边有乳数枚,叩之似锣声,想系军中钲鼓也。腹可容斗许,仰之可以煮饭,一物两用,其制甚善。人皆谓诸葛武侯南征时物,亦无考据。(《滇南闻见录》卷下第46页)

铜鼓,粤人以为伏波,滇人以为诸葛,而实蛮之自铸也。会

集击之，声闻百里以传信。(《滇海虞衡志》第108页)

铜鼓，形如坐墩，中空无底，面多花纹，无款识，云南、四川、广东多有。康熙中，或得一面，吾乡赵秋谷赞善为赋《诸葛铜鼓歌》，读其诗，皆相传臆度之词，无武侯实据。《后汉书·马援传》：于交趾得骆越铜鼓。《林邑记》：日南卢客浦通铜鼓、外越。铜鼓即骆越也，有铜鼓，因得名。马援取其鼓以铸铜马。虞喜《志林》：建武二十四年，南康献铜鼓，有铭。此又在诸葛之前矣。《晋书·食货志》：广州夷人宝贵铜鼓。又，《载记》云：赫连勃勃铸铜为大鼓，以黄金饰之。《大周正乐》云：铜鼓，铸铜为之，虚其一面，覆而击其上，南蛮、扶南、南天竺类皆如此，岭南豪家有，大者广尺余。《陈书·欧阳頠传》云：兰钦"南征夷僚"，"献大铜鼓，累代所无"。《岭表录异》云：蛮夷之乐，有铜鼓焉，形如腰鼓，而一头有面，圆一尺许，面与身连，全用铜铸。其身遍有虫鱼花草之状，通体均匀，厚二分以来。炉铸之妙，实为奇巧。击之响亮，不下鸣鼍。南蛮酋首之家，皆有此鼓也。《唐书》云：东谢蛮宴集则击铜鼓以为乐，有功劳者以铜鼓赏之。《玉海》云：乾德四年，南蛮进铜鼓。景德元年，象州贡铜鼓，高一尺八寸，阔二尺五寸，旁有四耳衔环，镂人、骑、花、蛤，椎之有声。又《岭表录异》云：僖宗时，高州乡野牧儿闻田中蛤鸣，欲捕之，蛤跃入穴中，掘取得一铜鼓，其上隐起，多铸蛙黾之状。据传记所载，蛮夷各有铜鼓，无一语及诸葛者，不审赞善何自云尔也朱氏(彝尊)《铜鼓跋》云：伏波将军平交趾，诸葛丞相渡泸，始铸铜为鼓。蜀则凡鼓悉称孔明所遗，苗民得此，雄视一方。馥案：铜鼓皆蛮夷自铸，诸葛无此举。伏波毁其鼓以铸铜马，未闻铸鼓。翁郡伯元圻云：铜鼓一人击，一人以瓦器从后面收其音而纵送之，其音有吉凶之别，蛮夷皆能审辨，吉者争买，凶者弃而不顾矣。(《滇游续笔》第472页)

铜鼓，桂馥《札樸》：铜鼓，形如坐墩，中空无底，面多花纹，无款识，云南、四川、广东多有。翁郡伯元圻云：铜鼓一人击，一人以瓦器从后面收其音而纵送之，其音有吉凶之别，蛮夷皆能审辨，吉者争买，凶者弃而不顾矣檀萃《滇海虞衡志》：铜鼓，粤人以为伏波，滇人以为诸葛，而实蛮之自铸也，会集击之，声闻百里以传信。桂馥《札樸》：康熙中，或得一面，吾乡赵秋谷赞善为赋《诸葛铜鼓歌》，其诗皆相传臆度之词，无武侯实据。《后汉书·马援传》：于交趾得骆越铜鼓。《林邑记》：日南卢客浦通铜鼓、外越。铜鼓即骆越也，有铜鼓，因得名。马援取其鼓以铸铜马。虞喜《志林》：建武二十四年，南康献铜鼓，有铭。此又在诸葛之前矣。《晋书·食货志》：广州夷人宝贵铜鼓。又，《载记》云：赫连勃勃铸铜为大鼓，以黄金饰之。《大周乐正》云：铜鼓，铸铜为之，虚其一面，覆而击其上，南蛮、南天竺类皆如此，岭南豪家有，大者广尺余。《陈书·欧阳頠传》云：兰钦“南征夷僚”，“献大铜鼓，累代所无”。《岭表录异》云：蛮夷之乐，有铜鼓焉，形如腰鼓，而一头有面，圆一尺许，面与身连，全用铜铸。其身遍有虫鱼花草之状，通体均匀，厚二分以来。炉铸之妙，实为奇巧。击之响亮，不下鸣鼍。南蛮酋首之家，皆有此鼓也。《唐书》云：东谢蛮宴集则击铜鼓以为乐，有功劳者以铜鼓赏之。《玉海》云：乾德四年，南蛮进铜鼓。景德元年，象州贡铜鼓，高一尺八寸，阔二尺五寸，旁有四耳衔环，镂人、骑、花、蛤，椎之有声。又《岭表录异》云：僖宗时，高州乡野牧儿闻田中蛤鸣，欲捕之，蛤跃入穴中，掘取得一铜鼓，其上隐起，多铸蛙黾之状。据传记所载，蛮夷各有铜鼓，无一语及诸葛者，不审赞善何自云尔也。又，朱氏彝尊《铜鼓跋》云：伏波将军平交趾，诸葛丞相渡泸，始铸铜为鼓。蜀则凡鼓悉称孔明所遗，苗民得此，雄视一方。馥案：铜鼓皆蛮夷自铸，诸葛无此举。伏波毁其鼓以铸铜马，未闻铸鼓。广南知府董国华《铜鼓铭并序》：道光十年冬，广南木贵寨汉民秦士凤鉏地得铜鼓，围径四尺五寸，高尺有一寸，质理黝泐，土色殷敫，云雷交旋绕之，中央为菱花形，光荧可鑑，内外乳自三十六至七十二，皆合古钟鼎制，旁纽四，可维輓，叩之，隆隆然声四震，表里黯蚀，无款识可考，盖入土千年物也。其寨猓民以钱一万易鼓，邻寨闻之，争购不得，讼于官。予案律：官私地内，得埋藏古器异常之物者应入官。因断令秦士凤还猓民钱，杖争者，而舁鼓于郡城隍庙中。是岁，旸雨时若，年谷顺成，民大和会，而此鼓适出焉。太守德薄，不克承其，殆神降嘉祉，以贶是邦耶！妥庙考伐，为阖郡民夷，报飨祈福，爰系之铭，俾垂永久，曰：於赫灵鼓，厥范维铜。雲云靁回，制昉汉东。葛侯南征，天威震雄。余烈在民，名犹假公。特磨宋道，今涵圣风。何年冶此，沦精地中。宝气涌见，属时休隆。以妥神社，永迓熙丰。千春万秋，渊渊逢逢。（道光《云南通志稿》卷67《通省》第6页）

铜鼓，近年滇中铜鼓出土最多，余所见者数鼓，或曰得之昭通，或曰得之马边，或曰得之普洱，近又见滇督得之黔省播州者，大抵形质相似。考之《世本》：“巫咸作铜鼓。”巫咸者屈平称之，岂即《尚书》之乂王家者耶？抑即《吕览》之作筮者耶？《勿躬篇》粤、蜀、交州之间，铜鼓尤著，不止滇与黔也，特巫咸所作不可见，粤、蜀、交州出土者亦不得见，今但就滇、黔数鼓观之，高尺许，经围六、七尺不等，重十斤以上，声极精壮，苔绿斑翠，花纹巧妙，鼓脐隆起如球，有四耳如蜍。陆次云《峒溪纖志》：“铜鼓多伏波及武侯所制。”考《游梁杂记》，诸葛鼓乃铜铸者，形如今楂斗之倒置，面有四水兽，四周有细花纹，置水上击之，声更巨。《边防记》：“马湖之夷，岁暮百十为群，击铜鼓。”汉西南夷叛服不常，诸葛武侯征之，置铜鼓，埋镇诸山。《戎州志》：铜鼓似覆盘，相传孔明铸，直数十镒，次者数镒。《蛮司志》：万历元年，川抚曾省吾平九丝城都蛮，获铜鼓九十三面，择有声者六十四以献。疏略云：都蛮称鼓有声者为上，易牛千头；次者七八百头。藏至二三面者，即得雄视一方。每出劫，击鼓高山，诸蛮顷刻云集。臣等细观，奇文相错，可辨者雕螭刻鹭，间缀虾蟆，其数四。父老云，诸葛制以镇蛮,鼓去则蛮运终,理或然也。《益部谈资》:诸葛鼓乃铜铸,重二十余斤,广一尺七寸,高一尺八寸,乃孔明擒孟获时所制。昔伐九丝城,得十余面,今在成都府库中,一名錞于鼓。冯大木廷槐、赵秋谷执信之诗,朱竹垞彝尊之跋,张介侯澍之《武侯集》,皆主诸葛铸鼓之说。顾以一地之鼓,多至百十,推之各地,当有千万,武侯造如许鼓,果足信否?或曰此伏波铜鼓也。范成大《桂海虞衡志》、朱辅《溪蛮丛笑》皆有此说。考《后汉书·马援传》,援于交阯得骆越铜鼓,铸为马。《水经注》引《林邑记》亦同。伏波毁鼓,非铸鼓者,然正可见古铜鼓之多,不知伏波毁几许始足铸马耳。秦汉之间,滇、粤、蜀、黔,旁及交州,风气大同,骆越之制,先见正史,各地风行,必不可以数计。虞喜《志林》:"建武二十四年,南郡男子献铜鼓,背有铭。"章怀太子《后汉书注》引裴渊《广州记》:"土人铸鼓,悬庭招客。客来贺,豪富以金钗叩之,留赠主人。"《桂海虞衡志》又云:"铜鼓,古蛮人所用,南边土中时有掘得者。"《交州志》:"僚子好饮,击铜鼓。鼓初成,置庭中,招同类,来者盈门。女子以金银钗击之,即赠主人。"盖边风如此。且其用如刁斗,昼烹饪,夜击鸣,用者广,斯铸者众,故西南诸省出土之铜鼓,往往不绝。不惟在诸葛先,且在伏波先,盖皆二千余年物矣。童仲华振藻据谢蕴山《铜鼓考》作校补,最精。滇图书馆有铜鼓,铸十二辰及十二物,左行,铜鼓文字,此为仅见。(《滇绎》卷1第666页)

铁器

铁章,大小方圆不一,大不径寸,厚二分,刻古宗字佛经,头目土官则刻地衔,上用木柄,长寸余,大与章齐,中为孔,系组而佩之,刻于古宗,而麽些、那马、巴苴皆有之,上及下色用赤,下奉上色用黑。通曰信子。(《维西见闻纪》第16页)

铁柱,丽江西北金沙江之浒,有铁柱屹立,土人以为诸葛武侯南征纪功之迹。按《唐书》姚、巂道讨击使唐九征,率兵击吐蕃,房以铁絙梁漾、濞二水,通西洱,筑城守之。九征毁絙夷城,破之,建铁柱于滇地以勒功。丽江与吐蕃壤接,树于交界之所,以威房人。书曰滇地,别之于吐蕃境也。按此,则铁柱是唐时物,非武侯所树可知。(《滇南闻见录》卷下第46页)

绿矿器具尤奇,有得之天然生成,有出于人力因势点缀者。尝见一瓶,高尺余,深称之,苍郁碧绿,作翡翠鹦鹉色,贮水久不坏,而值不高,不过一二金。其供文房之设者颇多,尤古雅也。(《滇海虞衡志》第100页)

蛮冶,挟羊皮囊与冶事数件,沿寨卖冶。冶时掘一小窟,置炭其中,上加以铁,以皮囊鼓之。炭炽铁熔,取而锤之,即成什件,何其简便。(《滇海虞衡志》第110页)

铁柱,铁柱在弥渡之西,高七尺五寸,径二尺八寸,有文曰:"维建极十三年岁次壬辰四月庚子朔十四日癸丑建立"。土人建庙,塑男女二像,号称"驰灵景帝大黑天神"。案:南诏佑世隆伪谥景庄,故称景帝。世以此柱为诸葛武侯造,滇人傅会多类此。(《滇游续笔》第463页)

铁章,余庆远《维西闻见录》:大小方圆不一,大不径寸,厚二分,刻古宗字佛经,头目土官则刻地衔,上用木柄,长寸余,大与章齐,中为孔,系组而佩之。刻于古宗,而麽些、那马、巴苴皆有之,上及下色用赤,下奉上色用黑。通曰信子。(道光《云南通志稿》卷69《丽江府》第43页)

铁剪刀,用马掌铁打成,锋利经久,虽至细微之丝缕纤维,均能断之,为妇女界剪裁、刺绣必需之品。每年运销邻近省县,为数甚巨。(昭通旧志汇编本民国《昭通县志稿》卷5第388页)

李国仲(腾)《李氏世业农用铁器碑记》:明正统间,兵部尚书王公骥、兵部侍郎侯公琎、工部侍郎杨公宁修筑腾越城,并新建文武衙署。所造城洞及铁门、门臼、点板并一切铁器,皆我祖督工铸造。城工告竣之日,特给我祖印照,以后凡腾越城乡及各土司地之农器,只准我李姓支炉开铸,永久世袭为业,其他之人鼓铸,须距离李姓开炉之外三十里云云。历代以来,不无冒替鼓铸之人,皆经呈请地方官出示捕拿禁止。年前亦有在干崖司地偷铸者,经厅主韦公勋承根据原案给示严禁。此关吾宗世业也,特记之以告后世。光绪十八年岁次壬辰十二月,腾越厅学廪膳生李国仲记。石刻(《永昌府文征·文录》卷21《民三》第2757页)

箫

乾隆三十三年十二月初一日,往见戴、颜两君。入城,芭蕉犹绿,山茶作花甚盛。初二日,颜君招饮,闻玉屏有人家以工制箫,擅名气,特清绝,问之,无夙制者,乃罢。(《滇行日录》第203页)

熊夹

熊夹,熊力大,而勇于自见。有木椿,辄拔之,必出乃喜。栗粟因多伐巨木,劈其半,撞木椿插于开处,群熊游而见,争骑巨木,力拔椿脱,牡则夹肾囊,牝亦夹臀肉,鲜克免者。(《维西见闻纪》第15页)

熊夹,余庆远《维西闻见录》:熊力大,而勇于自用。见有木椿,辄拔之,必出乃喜。栗粟因多伐巨木,劈其半,以木椿插于开处,群熊见之,争骑巨木,力拔椿出,牡则夹肾囊,牝亦夹臀肉,鲜克免者。(道光《云南通志稿》卷69《丽江府》第44页)

雨伞

雨伞,《腾越州志》:界头出。(道光《云南通志稿》卷70《永昌府》第18页)

羊骨卜

羊骨卜,夷人食羖,于髀骨皆焚香而悬之佛堂门,存为卜。其卜也,炉焚柴香,再拜取骨置炉上,祝以所谋,炙灼阅时,反骨,裂文直者吉,丫叉文明而有理者次之,乱者凶。《辽史》载契丹以羊骨灼占,谓之羊卜。《徐沙邨集》蒙古炙羊骨卜,曰跋焦。维西夷人卜法,习自番僧也,而同于契丹、蒙古。(《维西见闻纪》第15页)

猿栅

猿栅,于麓掘龛,深五六寸,宽尺许,置果,外插木楞为栅,空容猿手,猿至,窥果,遂手探龛握果,而拳不能出,辄狂啸,人闻声从之,猿益惊惶,不忍舍果,而为人所获。(《维西见闻纪》第15页)

猿栅,余庆远《维西闻见录》:猿栅,于麓掘龛,深五六寸,宽尺许,置果,外插木楞为栅,空容猿手,猿至,窥果,遂手探龛握果,而拳不能出,辄狂啸,人闻声从之,猿益惊惶,不忍舍果,而为人所获。(道光《云南通志稿》卷69《丽江府》第44页)

玉器

玉器物名类最多。玉自南金沙江来,大理玉匠治之,省城玉匠治之,大则玉如意,或长一尺、二尺,次则圭、璧、璋、琮,其他仙佛古形像无不具,一切盘、碗、杯、彝、文玩尤佳。玉扳指、玉手圈,官吏无不带之。女钏同男,或一手双钏以为荣。而玉烟袋、嘴则遍街,虽微贱吃烟,亦口衔玉嘴。至于耳坠、帽花之细,又不足论者。其滥于用器如此。尝记吉六孔修为余言,其罢官闲居,亏空大,不能偿,因煮玉。时重玉器,充贡物,得弥补亏空至五六千金之多,而因得脱然去。盖吉君少游京师,得其法,因出其书以示予,欲相传。予谢"今老矣,不能为也。"乃悟金曰雕、玉曰琢,良工不示人以璞,圣人已言之矣。吉公借此以脱累,正如唐若山在润州,炉火成,补亏空,上遗表,泛金山寺而仙去,谁能拘之哉?(《滇海虞衡志》第 101 页)

纸

青纸^{其色胜于别郡所出。}(景泰《云南图经志书》卷 4《景东府》第 236 页)

青纸^{其色胜于别郡所出。}(正德《云南志》卷 7《景东府》第 314 页)

纸出大理,蒸竹及榖皮为之。其水必用药师井者良,腻而不燥,谓之清抄,可以久藏,但差狭小耳。其用米粉抄者,鲜白有余,而善腐蠹,字画易脱,若华亭粉笺。然其制稍长,滇无束纸,以此代之。(《滇略》卷 3 第 236 页)

纸曰沧纸,坚白稍次叶榆,售殖无虚日。(天启《滇志》卷 3《北胜州》第 120 页)

己卯六月十九日,抄书书馆,闪知愿以竹纸湖笔馈,以此地无,纸笔俱不堪书也。(《徐霞客游记·滇游日记十》第 1129 页)

观音箐,……大理有一种棉纸如象大,专以摹榻用,因名为观音纸。(《滇南闻见录》卷上第 9 页)

绵纸,滇中产绵纸,厚薄不一,厚者极佳,光洁紧细,又甚坚致,不似竹纸之松脆。凡衙门中所用俱绵纸也。一切竹纸、笺纸,皆自外省贩至。薄绵纸写字可洗净,善手洗之,一无痕迹。州县书吏往往用极薄绵纸,字亦轻细,有讹错便可洗改,省得换纸另写。恐奸胥亦用此舞弊,不可不防。(《滇南闻见录》卷下

第 46 页)

纸出大理,而禄劝亦出,然不及黔来之多且佳,故省城用黔纸。(《滇海虞衡志》第 119 页)

纸,旧《云南通志》:有清水、粉纸二色。(道光《云南通志稿》卷 69《大理府》第 11 页)

纸,《澄江府志》:甚粗小,仅作冥锭用。(道光《云南通志稿》卷 69《澄江府》第 27 页)

纸,《丽江府志》:粗厚,包物最坚固。(道光《云南通志稿》卷 69《丽江府》第 42 页)

纸,《腾越州志》:出小西练,有双抄纸,较为坚实。(道光《云南通志稿》卷 70《永昌府》第 18 页)

纸,旧《云南通志》:景东出青纸。《景东厅志》:出大白纸。(道光《云南通志稿》卷 70《景东直隶厅》第 39 页)

纸品:草纸 出州南阿雄乡、锡纸 州人习以为业专供祷祠之用。(楚雄旧志全书"南华卷"光绪《镇南州志略》卷 4 第 357 页)

《云南路南县调查输出货物表》纸料:四川省输入精装纸七百八十觔,曲靖县输入粗制纸一千三百二十觔,共计二千一百觔,每百觔平均二十三元。(民国《路南县志》卷 1 第 56 页)

《棉纸》:棉纸,系用楮树的枝叶及其树皮制造,不是用竹制造。云贵两省楮树极多,故此两省制造细料纸,都以楮树为原料,随命名为棉纸。此一种纸,能行销于各省,以他省无此种纸产出也。江浙方面,虽有一种桃花纸,亦有类于滇黔之棉纸,但色质终差,尤不适于印刷上用。滇黔之棉纸,是一产于滇西鹤庆,一产于黔南兴义,而每年出产之数量殊巨,各能有二三千驮运出。棉纸之种类殊多,最美好者,为米浆大书纸、米浆大票;次则有大岔料、大申文、次等书纸;又次,便为普通岔料申文。其最小最薄者,名为清水纸,此为小孩们写影本所用者。清水纸固小固薄,然较一九五六、五七年间,市面售卖之岔料纸犹强。所谓之米浆大书纸、米浆大票、提庄大申文,实细腻白净、厚实宽大。今捡云南官印局第一次印出之《滇系》、岑修《滇志》来看,即见是时之纸张美好也。噫!今之棉纸恶劣,推求其故,是由文教上

以不取用此项纸张,其精美处故节节退化也。(《云南掌故》卷16 第 532 页)

土纸,北二区产。(昭通旧志汇编本民国《昭通志稿》卷 9 第 268 页)

《造纸》:绥境竹山最广,除制器、建屋、采笋外,概用以造纸,故造纸业甚为发达。全县纸厂约二百余家,平均每家二槽,每槽可出纸万刀。分黄筋、细川连、府川连各种。细川连销本境及永、雷、昭各县,府川连专供印刷,销川属叙、渝各埠,为我邑出产大宗。民国以来,兵匪频仍,厂居高山僻地,时被侵害,加以生活高昂,税捐繁重,纸厂半停业也。造具及造法:谷雨前后半月,遍砍出林嫩笋泡入水塘中,用石灰浸滓,是为办料,经百日后捞出,用清水洗净,为洗料,洗后另泡入清水池中,为清料,再经月余捞起。如造生料黄筋者,至此竹料已熟,即用石碾捣腐成泥状,为碾料,放入大石缸中,用清水长流灌透,为入槽,再以竹扒搅极匀细如稠浆状,为滑槽,隔夜即可制纸。制时,用细篾漆丝编成横帘,夹以长方木筐为床子,制时用床入水,竹浆由床上跑过,压叠木板上即为纸张。如是层叠便成多张湿纸,再榨干水分,即可揭拨成张,贴土制焙笼上,中用火烘,立即干燥成纸。如制白细川连等纸,则由清水塘中捞出,尚须漂碱三日,用大锅煮三日夜,为煮料。煮熟捣滥(烂)又以清水漂之,漂后用人工择其粗渣,为择料。择尽后始碾成泥浆,制法同前,比生料价值为三与一比云。(昭通旧志汇编本《绥江县县志》卷 3 第 906 页)

朱提浮酒瓶

朱提浮酒瓶,唐太宗宴回纥于秘殿,设朱提浮酒瓶,受百斛,回纥数千人饮之,尚不能尽。(天启《滇志》卷32 第 1049 页)

朱提浮酒瓶_{唐太宗宴回纥于秘殿,设朱提浮酒瓶受百斛,回纥数千人饮之,尚不能尽。}(康熙《云南通志》卷30 第 876 页)

朱提浮酒瓶,唐太宗宴回纥于秘殿,设此。其瓶可受百斛

酒,数千人饮之不能尽。今缅中不闻有此。(乾隆《腾越州志》卷11 第24页)

竹器

白人,男女首戴次工,制如中原渔人之蒲笠,差大,编竹为之,覆以黑毡。(《云南志略·诸夷风俗》第86页)

黑铺,……畜山羊,作竹器,一切床几樏杌,备极精巧。(《增订南诏野史》卷下第29页)

僰夷风俗:……官民皆用笋壳为帽,以金玉等宝为高顶如宝塔状,上悬小金铃,遍插翠花翎毛之类,后垂红缨。(万历《云南通志》卷16 第5页)

竹笔,麽些、古宗皆有字,用楮墨而无笔,以竹为锥,长三寸余,膏煎其颖,令坚锐,以大指、食指掐而书之。(《维西见闻纪》第16页)

竹箸,楚雄竹箸极细而圆,染斑痕,两端镶象牙,极雅致。然太轻滑,举菜不甚便,随意置诸几案,更可滚落于地,宴客用之恐易于失礼。(《滇南闻见录》卷下第46页)

竹笔,余庆元《维西闻见录》:麽些、古宗皆有字,用楮墨而无笔,以竹为锥,长三寸余,膏煎其颖,令坚锐,以大指、食指掐而书之。(道光《云南通志稿》卷69《丽江府》第43页)

紫梗

紫梗^{可以为}胭脂。(景泰《云南图经志书》卷3《元江府》第196页)

紫梗^{可为胭}脂。(正德《云南志》卷11《元江府》第488页)

己卯八月初一日……三里,有墟茅三四在冈头,是为枯柯新街。又东一里,有一树立冈头,大合抱,其本挺直,其枝盘绕,有胶淋漓于本上,是为紫梗树,其胶即紫梗也,初出小孔中,亦桃胶之类,而虫蚁附集于外,故多秽杂云。(《徐霞客游记·滇游日记十二》第1167页)

紫胶,熬茜草汁成饼,径寸五分,中为孔,系绳,同铁章佩之皮囊,纸缄绳结之间,烘胶涂之,而印以铁章,人莫能解拆。(《维西见闻纪》第16页)

紫胶,余庆远《维西闻见录》:熬茜草汁成饼,径寸五分,中为孔,系绳,同铁章佩之皮囊,纸缄绳结之间,烘胶涂之,印以铁章,人莫能解拆。(道光《云南通志稿》卷69《丽江府》第43页)

《班洪风土记·紫胶》:大青树上,亦产紫胶。别有紫胶树,高不过三四丈,有虫满枝叶,其分泌裹枝,如白蜡然,即紫胶也。土人取以售,闻总管家,年得数千斤贸于缅甸。班洪出口货,以鸦片、紫胶为最著。(《滇西边区考察记》第1篇第42页)

氍毹

氍毹:施之大床前小榻上,级以登床。云南百夷有之,曰坐墩,缉毛为之。(天启《滇志》卷32第1046页)

氍毹施之大床前小榻上,级以登床。云南皆有之,曰坐墩,缉麻为之。(康熙《云南通志》卷30第875页)

(三)服饰类

哀牢,……土地沃美,宜五谷、蚕桑。知染采文绣,罽毲帛叠、兰干细布,织成文章如绫锦。有梧桐木华,绩以为布,幅广五尺,洁白不受垢污。先以覆亡人,然后服之。(《后汉书》卷86第2849页)

苏子瞻,学士,蜀人也。尝于渭井监得西南夷人所卖蛮布弓衣,其文织成梅圣俞《春雪诗》。此诗在圣俞集中未为绝唱,盖其名重天下,一篇一咏,传落夷狄,而异域之人贵重之如此耳。子瞻以余尤知圣俞者得之,因以见遗。余家旧蓄琴一张,乃宝历三年雷会所斫,距今二百五十年矣。其声清越,如击金石,遂以此布更为琴囊。二物真余家之宝玩也。(《六一诗话》)

子瞻尝于淯井监得夷人所卖蛮布弓衣,其文织成梅圣俞《春雪诗》一首:"朔风三日暗吹沙,蛟龙卷起喷成花。花飞万里夺晓月,白石烂堆愁女娲。大明广庭踏朝贺,雉尾不扫粘官靴。宫中才人承圣颜,奉筋称寿呼南山。三公免责百姓喜,斗酒十千谁复悭。"此诗在圣俞集中未为绝唱,盖其名重天下,一篇一咏,传落夷狄,而异域之人贵重之如此耳。子瞻以余尤知圣俞者得之,因以见遗。余家旧畜琴一张,乃宝历三年雷会所断,距今二百五十年矣。其声清越,如击金石,遂以此布更为琴囊。二物真余家之宝玩也。出《六一诗话》。(《蜀中广记》卷103)

梅圣俞《春雪诗》,《归田录》载:苏子瞻尝于淯井监得夷人所卖蛮布弓衣,其文织成梅圣俞《春雪诗》,盖其名重传于炎徼。(《六艺之一录》卷107)

布属:绵布、火麻、紵麻、土蚕茧。(嘉靖《寻甸府志》卷上第31页)

僰夷风俗:……妇女种艺、纺绩、养蚕、织锦,有织大布者,机阔八尺,口诵佛号,乃掷一梭。(万历《云南通志》卷16第6页)

僰夷风俗:……欧阳文忠公《归田录》载云:家藏西南夷人所卖蛮布弓衣,其文织成梅圣俞《春雪诗》,真宝玩也。此物即古剌锦也。(万历《云南通志》卷16第6页)

布以永昌之细布为佳,有千扣者。其次有桐花布、竹布、井口布、火麻布、莎罗布、象眼布,而洱海红花膏染成最艳,谓之洱红。永昌善造青,谓之金齿青,其直独倍他所。《南中志》云:"有阑干细布,阑干,僚言纻也。织成文如绫绵。"华峤《后汉书》云:"哀牢夷之染彩紬布,织成文章如绫绵。有梧木华,绩以为布,幅广五尺,洁白不受垢污。先以覆亡人而后服之。"今西洋布岂其遗种耶?(《滇略》卷3第235页)

景东、蒙化之间,夷民能织斑丝,盖迹土蚕之茧织成。紫白相间,如记所称吉贝者。刘禹锡诗"蛮衣斑斓布",其谓是耶?然幅狭而短,不堪作衣耳。(《滇略》卷3第236页)

蛮锦琴囊,苏子瞻尝于滍井监得西南夷人所卖蛮布弓衣,其文织成梅圣俞《春雪》诗云:"朔风三日暗吹沙,蛟龙卷起喷成花。花飞万里夺晓月,白石栏堆愁女娲。大明广庭踏朝贺,雉尾不扫粘官靴。宫中才人承圣颜,捧觞称寿呼南山。三公免责百姓喜,斗酒十千谁复悭?"子瞻以欧阳公尤知圣俞者,因以遗之。欧公家旧畜琴一张,乃宝历三年雷会所断距,其声清越,如击金石,遂以此布为琴囊。二物,欧公谓"真余家宝玩"云。(天启《滇志》卷32第1047页)

己卯四月十六日……自汉龙而出,为东南路,通木邦,出邦洋布。(《徐霞客游记·滇游日记九》第1061页)

蛮锦琴囊 苏子瞻尝于滍井监得西南彝人所卖蛮布弓衣,其纹织成梅圣俞《春雪》诗云:"朔风三日暗吹沙,蛟龙卷起喷成花。花飞万里夺晓月,白石栏堆愁女娲。大明广庭踏朝贺,雉尾不扫粘官靴。宫中才人承圣颜,捧觞称寿呼南山。三公免责百姓喜,斗酒十千谁复悭。"子瞻以欧阳公尤知圣俞者,因以遗之。欧公家旧畜琴一张,乃宝历三年雷会所断距,其声清越,如击金石,遂以此布为琴囊。二物,欧公谓"真余家宝玩"云。(康熙《云南通志》卷30第876页)

宋苏子瞻,尝于滍井监得西南夷人所买(卖)蛮布弓衣,其纹织成梅圣愈(俞)《春雪》诗云:"朔风三日晴(暗)吹沙,蛟龙卷起喷成花。花飞万里夺晓月,白石烂堆愁女娲。天明广庭踏朝贺,雉尾不扫粘官靴。宫中才人承圣颜,捧觞称寿呼南山。三公免责百姓喜,斗酒十千谁复悭。"子瞻以欧阳永叔尤知圣愈(俞)者,因以遗之。欧公家旧蓄琴一张,乃宝历三年雷会所断,其声清越,如击金石,以此布为琴囊。二物欧公谓"真余家世宝"云。(乾隆《腾越州志》卷11第21页)

蛮织,随处立植木,挂所经于木端,女盘坐于地而织之。如息,则取植及所经藏于室中,不似汉织之大占地也。(《滇海虞衡志》第111页)

蛮纺,用一小胡卢如铎状,悬以小铅锤,且行且援而缕就,不似汉纺之繁难,而汉妇亦有能之者。(《滇海虞衡志》第111页)

清邑举人杨元升《上邑侯杜藕庄重兴易邑女红请免织户徭役

启》：窃惟民之利赖足食，更冀丰衣。俗之善经，男耕必兼女织。故布丝缕贮之归典枲，详其制于周官，锦绣纂徂之害女红，申其戒于汉诏。严不毛之罚夫，布兼出二十五家，课同巷之功，月要增为四十五日。药不龟手，澼絖列《庄子·内篇》；卉可织文，吉贝见岛夷古注。至赵宋而棉入中国，用较丝麻为多。迨我朝而布遍遐陬，业与农桑并重。圣祖仁皇帝木棉有赋，永符《月令》之规。宫保方制军耕织刊图，堪被《豳风》之缺。文稽诸经、史、子、集而有准，泽被乎士、农、工、商而不穷，利何溥哉，俗可封也。唯易邑地处偏末，人安朴愚。长堤柳垂千丝，空飞残絮；烟寺钟敲五夜，谁捣寒砧。睹戴胜降桑，甘效拙鸠久假；任蟋蟀鸣壁，难教懒妇频惊。前邑侯高公讳铨，捐廉以广衣被；故乡贡王君名玮，率作以开财源，蚕则绩而蟹有匡，处处恩铭挟纩；障是纺而蝥恤纬，家家幸免结鹑。赖引掖之多方，逐鼓舞于不倦。乃以代疱失策，卒致成绩就湮。四十年来，难收纺织之效，百余里内，几叹杼轴之空。兹幸福曜莅临，甘棠垂荫。恤单寒以励学校，士喜披云；裁冗役而重农桑，人欢献曝。无襦方歌夫五袴，报章不假乎七襄。某等仰体兹怀，遍询舆论，聿寻坠绪，再引新机。集同志以经营，事拟分茧责效，招远人而劝课，理合授廛给资。美利虽望之穷檐，成俗实归之循牧。伏乞树风境外，涣号邑中，加意抚绥，立成激劝，流氓皆任散处，妇女咸禁游规。凡属寄籍教织之家，不在入甲当差之数。俾课功于晨夕，用志不纷，冀奏效于初终，致力惟一。将见粟布易事，货无弃地之伤；纺读同声，家有断机之教。勤则骏业启利，拟积流成川之无穷；思则善心生俗，知抱布贸丝之可耻。永享丰利，力返敦庞，斯沾被较深于解推，感恩宜同于覆载矣。（道光《续修易门县志》卷 12 第 300 页）

布，桂馥《札樸》：汉时蛮夷以布为赋。《说文》：賨，南蛮赋也。幏，南郡蛮夷賨布是也。今摆夷所织，品目甚多，纹理精好，粗者如罽，细者如锦，羊毛所绩，不亚羽纱。檀萃《滇海虞衡志》：猓猓锦、猓猓布，《汉书》言哀牢宜蚕桑，知染采文绣，罽旄、帛叠、阑干细布，织成文章如绫锦。有梧桐木华，绩以为布，幅广五尺，洁白不受垢。今云猓猓帛、猓猓布，皆其类，今昔异名耳 ^{檀萃}

《滇海虞衡志》：蛮方（纺），用一小葫芦如铎状，悬以小铅锤，且行且捻而缕就，不似汉纺之繁难，而汉妇亦有能之者。蛮织，随处立植木，挂所经于木端，女盘坐于地而织之，如息，则取植及所经藏于室中，不似汉织之大占地也。（道光《云南通志稿》卷67《通省》第4页）

绵绢采帛，常璩《华阳国志》：皆永昌郡出。（道光《云南通志稿》卷70《永昌府》第19页）

文绣，《后汉书·西南夷传》：哀牢知染采文绣。常璩《华阳国志》：永昌郡出。（道光《云南通志稿》卷70《永昌府》第19页）

兰干细布，《后汉书·西南夷传》：哀牢有兰干细布。常璩《华阳国志》：永昌郡有兰干细布。兰干，僚言纻也，织成文如绫锦。（道光《云南通志稿》卷70《永昌府》第19页）

布，《一统志》：出娑罗布，又羊肚布，织文如羊肚。《景东厅志》：有徐姑河布，又火麻布。（又）景东不蓄桑麻，民间耕种之外，大家小户，男女皆以纺织为生。每至街期，买卖布疋者十居四五，本地销售不尽，大都贩卖于江外诸夷及思茅山中。（道光《云南通志稿》卷70《景东直隶厅》第40页）

白窝泥，《他郎厅志》：性情淳朴，男勤稼穑，女事纺绩，虽出山入市，跬步之间，口衔烟袋，背负竹笼，或盛货盛柴，左手以圆木小槌安以铁锥，怀内竹筒装裹绵条，右手掀裙，将铁锥于右腿肉上擦撺，左手高伸使绵于铁锥上团团旋转，堆垛成纱，谓之撺线。（道光《云南通志稿》卷183《种人》第38页）

《开化府志》：白㑩鸡，朴直小心，不能受屈，种旱稻、杂粮、绵花等物，居瘴地，衣服自为织染。（道光《云南通志稿》卷183《种人》第42页）

《丽江府志》：刺毛，居澜沧江边，喜近水，语类㑩些，性如麽些，戴白帽，穿白衣，自言武侯征南不杀刺毛一人，闻其没，遥为服孝，遂沿成俗，柔懦畏法，织麻布，种田地，以供食赋。（道光《云南通志稿》卷185《种人》第22页）

《伯麟图说》：洒摩，性驯谨，善种麻，沤且绩之，负以入市，有农而士者，尤彬彬矣，楚雄府属有之。（道光《云南通志稿》卷185《种人》第25页）

1380

桑麻属:桑、柘、苧麻、大麻、棉花出土司地、攀枝花。(光绪《永昌府志》卷22第1页)

布,采访:顺宁之布各里皆有,右甸出者稍次多,外来之布甚少。谨案:顺宁近年出布甚(光绪《续修顺宁府志》卷13第20页)

布 昔日阆县日用布疋,全行仰给于通海、河西、玉溪等县。自民国四年创设染织工厂后,当事人热心改进,所制之布,几与外来者并美,故境内人民,咸乐购买,年约销三千余疋,殆路南一大利源也,惟所用洋纱,仍购自舶来,殊为缺憾。(民国《路南县志》卷1第53页)

按:氆氇为西藏织斌,哔叽为欧洲毛织物,丝缎为江浙川织物,鬼子呢、鬼子皮、灯草绒均为意英两国棉织物,惟最厚实,生丝绸为印度织物,毛布为本县毛织物,金丝缎、银丝缎为印度织物,亦有自苏州、杭州织造者,大布为滇川鄂三省织物,麻布为本县织物。(民国《中甸县志稿》卷下《风俗》第51页)

尹家令《腾冲宜麻说》:当今世界,一实业竞争世界也,尽人所知,亦尽人所言。腾冲实业而卒不见有成功者何也? 是皆求诸远,忽诸近,重其难,轻其易,不察土地之宜与时势之利耳。吾腾实业局设立二十余年矣。种桑养蚕无效,提倡小春无功,皆前人经验不宜者,强欲求之,乌乎可。余游缅甸、上海各埠,各外国输来布疋缎绢各物,多麻造成,有缎绵,光彩夺目,花纹灿烂,较吾国丝缎绢售价四五倍十倍者,争购之。余谓腾地宜麻,无论冷热地方,火麻、苎麻之类,到处皆是,易种易生。明光各地绩成粗细底线,到缅甸售卖,每年不下数百驮。惟但知绩线,不知制造纺织,是以其用不广,种者亦少。若能由实业局或公处提款开办,先派聪颖子弟往江西、湖南学习制麻、纺麻、织造夏布苎布之类。迨学成归腾,提倡广种,教练纺织,必然容易成功。近者易者,求之既得,即可以所得之法、所获之利,续选子弟熟习英文者,更送往印度学习制造新纺织法。以印度近而用费简,到印度学,不啻到英伦学也。然必学之精,方准回腾教授倡办。但学外国制造纺织,需用机器颜料,所费必巨,或由实业局以所得夏布苎布之利,提酬倡办;或由地方殷富集股合办,临时筹划可也。并通令地方人民,凡有隙地,分火麻、苎麻二种,普通种植,刈其麻售于实业局;或由局用人四处公平购买,均定现金交易,人必乐从。然麻既为腾地所宜，一经倡办，只要有利，种之易而数目多，即选派各练子弟到局学习，回家推广，不数年而全腾皆麻，全腾皆利。且可推行各县各省，何患实业之不兴哉。由此而论，似以实业公款提倡开办电灯、汽车，只图空饰糜费，为人消货，不求实在者，相较为易且近，为利甚厚且久矣。既曰实业，不以其款兴办实业，是常有空业名也，奚取哉。迄今腾地宜麻，麻为各国重用，人皆知之，知之而不能制造纺织，无益也，知之而能制造纺织，吾腾之麻方成有用，方能兴利，方能广种，方不辜负腾地之宜麻也。（民国十年）（《永昌府文征·文录》卷 27《民九》第 2955 页）

枲之品：白夷锦、火麻布、鹅毛褥、攀枝花、洗塔。（楚雄旧志全书"楚雄卷上"隆庆《楚雄府志》卷 2 第 35 页）

枲品：摆夷布^{比永昌织者较粗，摆夷自用}、火麻布^{极粗，仅可为囊橐}。（楚雄旧志全书"楚雄卷上"康熙《楚雄府志》卷 1 第 193 页）

蒲蛮，山居火种，妇人织火麻布为生。（楚雄旧志全书"楚雄卷上"康熙《楚雄府志》卷 1 第 197 页）

枲类：麻、麻线、麻线口袋。（楚雄旧志全书"楚雄卷下"宣统《楚雄县志述辑》卷 4 第 1048 页）

第二十一课《麻》：麻草本也，杆细叶团，面绿背粉^{叶缘锯齿形，面绿背粉，花碎}，花碎^{细绿色，现}，绿黄色，子亦细小，去杆外皮，以内皮抽丝分精粗，织葛布。（楚雄旧志全书"楚雄卷下"民国《楚雄县乡土志》卷下第 1357 页）

枲品，麻布^{极粗，仅可为囊橐}。（楚雄旧志全书"南华卷"康熙《镇南州志》卷 1 第 14 页）

枱品：麻布^{出南乡，极粗，为囊橐}、麻线、苧麻线。（楚雄旧志全书"南华卷"光绪《镇南州志略》卷 4 第 355 页）

布缕之属：故实一种，梭罗布，乐史《太平寰宇记》：姚州有橦木，皮可为布。《姚安府志》：即梭罗布。旧《云南通志》：即橦布也。檀萃《滇海虞衡志》李石云："骠国诸蛮不蚕，细织莎壳絮服之，谓莎罗龙缎。"^{雨按：今无。}增补六种：麻布，夷人织以自衣。又北界所产尤多,有贸迁于他境者。火草布,火草叶似苤苴,表青里白,丛生如盘。其用以引燧者,暴干,去表存里。夷人则生取之,缉其里为线,织时用麻线为经,此线为纬,名曰火草布。其轻暖鲜洁,较胜于净麻者。鞋底线、细麻线、麻绳、山草绳,皆夷人为之。(楚雄旧志全书"姚安卷上"光绪《姚州志》卷3第560页)

工艺:纺织,《太平寰宇记》:姚州有橦木,皮可为布。《姚安府志》:即梭罗布。旧《云南通志》:即橦布也。橦木,皮可为布今无:《甘志》注:《甘志》:麻布,夷人织以自衣,又北界所产尤多,有贸迁于他境者。火草布,火草叶似苤苴,表青里白,丛生如盘。其用以引燧者,暴干去表存里,夷人则生取之,缉其里为线,织时用麻线为经,此线为纬,名曰火草布,其轻暖鲜洁,较胜于净麻者。鞋底线、细麻线、麻绳、山草绳皆夷人为之。甘仲贤《乡土科书》:姚州旧无纺绵织布之业,光绪二十二年,州举人甘季贤,商之州伯黄星岩,创辅仁堂织局,募机匠,招里人学织,艰难万状,期年就绪。州南石硖口、新兴邑,城东让训坊各立分局,学成者六七十人。后州伯梁瑞知筹款二千金,踵立宏仁织局,迄今又六年矣,反日形缩力,岂真风气所限耶?抑经理未得良法耳?又,四山产麻甚多,州北县华山夷民缉织为布,岁不下数万疋。近城三江口居民,运绵布入山,以一易十,贩往楚雄售卖,获利者多。州南山夷,则缉绞鞋底线,常有采买运至通海者。夷民所织麻布,粗拙疏陋,仅供农服。若有人经理,仿川省缉织之法,制成帐料、衣料,获得当加十倍。刘德修《县志资料采访程式》:光绪二十七年,州牧梁正麟提拔提寺产创办学堂,筹有专款二千两,开办宏仁织局后,交实业所接办织布工厂,历任经理未得其人,侵渔亏折后即废歇。民国七年,腾越道尹由人龙捐赏三千元开办平民织布工厂,相继十年后亦废驰。又,四十年前,并无纺织,县民衣被,均赖川湖布疋,昔人有云:谋衣艰于谋食。诚非虚言。自甘孝廉提倡纺织迄今,纱线虽仰给外来,然比户机声相闻,出品亦有精良者,又邑绅马驷良提倡种蓝,亦著成效,出布均能靛染,但自洋靛输入,蓝即停种。又近来纱价奇昂,织染半多停业。(楚雄旧志全书"姚安卷下"民国《姚安县志》卷46第1683页)

布之属：麻布、麻毯、羊毛毯。（楚雄旧志全书"大姚卷上"道光《大姚县志》卷6第175页）

丝缕之属：新增八种。缲丝，旧不浴蚕，今已有之。丝线，五色俱备，近属有来贸之者。麻布，夷人织以为衣，有贸迁于他境者。火草布，火草叶似苤苢，表青里白，丛生如盘。其用以引燧者，暴干去表存里，为布者缉其里以为线，用麻线为经，此线为纬，名曰火草布。轻暖鲜洁，较胜于净麻者。鞋底线、细麻线、麻绳、山草绳，皆夷人为之。（楚雄旧志全书"大姚卷上"光绪《续修白盐井志》卷3第659页）

其布帛器物，多资外来，惟梭罗布、棉线、龙修席、蓝靛，惟本地为佳。（楚雄旧志全书"元谋卷"乾隆《华竹新编》卷2第228页）

布属：梭罗布、棉线^{均出元谋县}。（楚雄旧志全书"武定卷"光绪《武定直隶州志》卷4第375页）

枲属：为苎麻，为火麻^{布粗仅堪囊橐}，为摆彝布^{极粗，摆自用}。（楚雄旧志全书"禄丰卷上"康熙《广通县志》卷1第390页）

枲属：有大麻，即火麻，可榨油。葛麻，即圆麻，叶茎皆圆形。竹麻。以上三者，皮皆可绩线制布。（昭通旧志汇编本民国《昭通志稿》卷9第260页）

方物之属：有褐布，土人以羊毛为线织成布幅，裁缝衣服被袴，坚致牢实。麻布，以火麻为线，乾夷自织，依其本色不染皂，极细密，可缝衣、被、袴等物。土布，以纱织成，子眼精密。……此外如挑花布、紫花布、印花布、抽花布、织花布各种，现皆能织矣。（昭通旧志汇编本民国《昭通志稿》卷9第268页）

苎麻：苎麻，本县各乡皆产，艺者亦众。因乡间妇女农事之暇，即用麻绩以织布，为暑天必需之衣帐材料；或绹以作鞋、袋、绳、线等，无论贫富均各相习成风。盖麻为多年生草，一种之后，屡刈层发。其种时麻根与麻子俱能茍殖，茎高三四尺，叶圆尖端，边有锯齿状，背色白，皮有青黄二种，青者品质较佳。皮之纤维坚韧柔滑，夏秋剥取沤浸水中，俟绿质浸透，用铁刀刮去表皮即成为白色之麻。当民国三十三年，云南建设厅派员赴四川隆昌、荣昌考察苧麻品种及栽培、绩织等法，令萧显铭为委员，就本县设立棉麻试验场，三十四年五月一日呈报成立，惜半年即裁撤。（昭通旧志汇编本民国《盐津县志》卷4第1696页）

偲夷布

百夷纱^{百夷撚线，汉人织布，坚厚缜密，可以御寒。}（正德《云南志》卷13《金齿军民指挥使司》第540页）

偲夷布，汉时蛮夷以布为赋。《说文》："賨，南蛮赋也。""幏，南郡蛮夷賨布"是也。今摆夷所织，品目甚多，纹理精好，粗者如罽，细者如锦，羊毛所绩，不亚羽纱。《后汉书·西南夷传》：哀牢夷"知染采文绣，罽氀帛叠、兰干细布，织成文章如绫锦。"（《滇游续笔》第466页）

偲彝布，《广通县志》：极粗，偲彝自用。（道光《云南通志稿》卷69《楚雄府》第25页）

偲夷布，《腾越州志》：猛连大董者共土司地方，偲夷布有斜纹者，有五色者。（道光《云南通志稿》卷70《永昌府》第20页）

帛叠

缥氍^{即白氍布也，坚厚缜密，颇类丝紬，土人无贵贱皆服之。}（景泰《云南图经志书》卷6《金齿军民指挥使司》第326页）

缥氍^{即白氍布，坚厚缜密，颇类丝紬。}（正德《云南志》卷13《金齿军民指挥使司》第540页）

氍者，织羊毛为之，其细如绒，坚厚如毡，染成五色，谓之缥氍，永昌、丽江人能为之。其在广西者曰氆氇，本一种也。（《滇

略》卷 3 第 235 页）

氎缥，即白氎，而坚厚缜密类丝绵，出永昌。（《滇海虞衡志》第 115 页）

白氎布，出缅甸、干崖各土司。（《滇海虞衡志》第 116 页）

帛叠，《后汉书·西南夷传》：哀牢帛叠。常璩《华阳国志》：永昌郡有帛叠。章怀太子《后汉书注》外国传曰：诸薄国女子，织作白氎花布。《唐书·南蛮传》：异牟寻谢天子氎纺丝。《明一统志》：金齿有缥氎，即白氎，坚厚缜密，颇类丝䌷。《一统志》：白氎布，干崖出。（道光《云南通志稿》卷 70《永昌府》第 19 页）

蚕桑

越嶲郡，特好蚕桑，宜黍、稷、麻、稻、粱。《太平御览》卷七百九十一《四夷部》十二引。（《云南古佚书钞·永昌郡传》第 18 页）

蛮地无桑，悉养柘蚕绕树，村邑人家柘林多者数顷，耸干数丈。二月初蚕已生，三月中茧出。抽丝法稍异中土。精者为纺丝绫，亦织为锦及绢。其纺丝入朱紫以为上服。锦文颇有密致奇采。蛮及家口悉不许为衣服。其绢极麄，原细入色，制如衾被，庶贱男女，许以披之。亦有刺绣。蛮王并清平官礼衣悉服锦绣，皆上缀波罗皮。俗不解织绫罗。自大和三年蛮贼寇西川，虏掠巧儿及女工非少，如今悉解织绫罗也。（《云南志补注》卷 7 第 100 页）

自银生城、柘南城、寻传、祁鲜已西，蕃蛮种并不养蚕，唯收娑罗树子，破其壳，其中白如柳絮。纫为丝，织为方幅，裁之为笼段。男子妇女通服之。骠国、弥臣、弥诺，悉皆披娑罗笼段。（《云南志补注》卷 7 第 101 页）

白人，唐太和中，蒙氏取邛、戎、嶲三州，遂入成都，掠子女工技数万人南归，云南有纂组文绣自此始。（《云南志略·诸夷风俗》第 86 页）

自曲、靖州至滇池，人水耕，食蚕以柘，蚕生阅二旬而茧，织锦缣精致。大和、祁鲜而西，人不蚕，剖波罗树实，状若絮，纽缕而幅之。（《新唐书》卷222上第6269页）

入成都，止西郛十日，慰赉居人，市不扰肆。将还，乃掠子女、工技数万引而南，人惧自杀者不胜计。……南诏自是工文织，与中国埒。（《新唐书》卷222中第6282页）

《郡志》：境内甚热，四时皆蚕，以其丝染五色，织土锦充贡。（正德《云南志》卷14《干崖宣抚司》第591页）

僰夷风俗：……地多桑柘，四时皆蚕。（万历《云南通志》卷16第6页）

蚕桑，《后汉书·西南夷传》：永昌郡宜蚕桑。常璩《华阳国志》：蚕桑，皆永昌郡出。（道光《云南通志稿》卷70《永昌府》第19页）

《蚕桑》：蚕桑事业，富属稀少，因地处极边，交通梗阻，于蚕之饲养、桑之栽植，未甚发明，且气候冷热不均，无法调和，是以蚕种不□，蚕业不兴，良有故也。（民国《富州县志》第十二第78页）

滇缎

临安府，通海县出紬与布，斜文线织，极勷著。（《滇游记》第10页）

通海缎，机房在省城，想始于通海也。今谓之滇缎。丝粗硬似麻，不和顺，惟单料者差可用。（《滇南闻见录》卷下第42页）

通海缎，出通海县，予上滇犹得衣之，今无矣，不堪命故也。古称滇善蚕，出丝绵，后绝迹，殆即通海缎原有忽无之故乎？（《滇海虞衡志》第113页）

通海缎，《通海县续志》：本以绵线织为斜文，后省城以丝为之，虽谓之通海缎，其实邑不产丝也。檀萃《滇海虞衡志》：通海缎出通海县，予上滇犹得衣之，今无矣，不堪命故也。古称滇善

蚕,出丝绵,后绝迹,殆即通海缎原有忽无之故乎。(道光《云南通志稿》卷69《临安府》第19页)

《滇缎》:在往昔之云南,手工业之出品不多。以昆明而论,产出特殊品物,只有数事,最出色著名者,厥为滇缎。滇缎系以生丝作纬,熟丝作经,织法有类于编布,故不能提花。其质有似山东绸,望之不甚光滑,复不细腻,但坚结甚。制衣有元青、宝蓝、银灰、枣红四色,俱能入水而色不变。若针成一件单袍,可穿二十年,也能织艳五彩、淡五彩被面。余有一被面,由十八岁盖至四十五岁,亦只旧而不滥(烂),尚可改作垫褥,真坚结已极之一种丝织品也。此惟官渡村人能织,而售卖者,亦只周滇缎家一家铺子售卖。然在民国初年,即停织停售矣。官渡村人,亦能织妇人们包头纱帕,但色泽不佳,质料稀薄,大有逊于北京来者。(《云南掌故》卷16第523页)

《毡帽与缎帽》:往昔昆明境内及附近于昆明一带之城乡中人,在年龄稍长者,无不喜戴一顶烟毡帽。烟毡帽有粗细两种,细者系由一些号家从陕西运来,凡开帽铺者,无不趸此来卖。趸来时,则以青缎缘一近寸宽边,复加上一条青辫,始行售出,每顶约卖一两五六钱银。此帽可作各样形式,作猪嘴形,作畚箕形,作鱼鸭床形俱可。戴于头上甚暖,能五六年不变色。乡人以其适用而又耐久,复不伤经济,故尔乐用。粗的一种,是城西沙地马街所捍(当作擀)者,则色质俱差,其价却贱,每顶仅值五几钱银,然亦有人购用。沙地马街,又有捍(擀)一种蛋壳形之毡帽,此则有黑者,有白者,是一般赶马者、挑鸡鸭入城来卖者及乡间放牛、放羊儿童等所戴,每顶只值钱多银。然亦有一种颜色鲜明、质料细腻者,仍是外来货,则缘以缎边,帽顶盖以云头,每顶则值五六钱银。总之,是时的缎子,无论为南京缎,为川缎,价都不贵。南京缎仅值四钱二三分银一尺,川缎仅值二钱七八分一尺。所以帽铺上,能以缎子作此使用,作此配制,并且帽铺上做一切帽子,概以缎制,绝不用布。戴帽子者,亦无不戴缎帽,绝不戴布帽,布帽谓为素帽,要有孝服之人方戴。(《云南掌故》卷16第524页)

兜罗锦

兜罗锦，出金齿木邦甸。（《云南古佚书钞·南诏通纪》第99页）

《南诏通纪》云：兜罗绵，出金齿木邦甸。（《滇略》卷3第236页）

兜罗绵，出缅甸。按此绵屡为佛书所称，而未有行至内地者，至今未之见也，想亦木棉之类。其茸轻软，故以比似佛手。（《滇海虞衡志》第116页）

耳坠

丽夷、㑩人男子穿耳，悬大银球如合桃者四五枚，或砗磲之类以饰观。想其耳垂不知何以能胜此重任也。（《滇南闻见录》卷下第47页）

洱红

布以永昌之细布为佳，有千扣者。其次有桐花布、竹布、井口布、火麻布、莎罗布、象眼布，而洱海红花膏染成最艳，谓之洱红。（《滇略》卷3第235页）

云南县俗名小云南，土产细布，名洱海红，以雪水染色，更鲜艳。（《滇南杂记》第52页）

洱红，出洱海，布也。女子、小儿多服之，银红而艳。（《滇海虞衡志》第113页）

洱红，檀萃《滇海虞衡志》：洱红出洱海，布也，女子、小儿多服之，银红而艳。旧《云南通志》：红布，出云南县。（道光《云南

通志稿》卷69《大理府》第12页）

凤钗

凤钗以银皮剪制，与汉人钗同，夷妇多能之。其式亦仿累丝，近视较粗。（乾隆《东川府志》卷18 第 6 页）

凤钗，《东川府志》：以银皮剪制，与汉人钗同，夷妇多能之。其式亦仿累丝，较粗。（道光《云南通志稿》卷70《东川府》第37 页）

黄练

黄练，《云南府志》：出嵩明。（道光《云南通志稿》卷69《云南府》第3 页）

楷，《蒙化府志》：俗名黄练。（道光《云南通志稿》卷70《蒙化直隶厅》第42 页）

火草布

又有火草布，草叶三四寸，蹋地而生。叶背有绵，取其端而抽之，成丝，织以为布，宽七寸许。以为可以为燧取火，故曰火草。然不知何所出也。《滇略》卷三《产略》引。（《云南古佚书钞·南诏通纪》第99 页）

又有火草布，草叶三四寸，蹋地而生。叶背有棉，取其端而抽之，成丝，织以为布，宽七寸许。可以为燧取火，故曰火草。然不知其何所出也。（《滇略》卷3 第236 页）

罗婺，……衣火草布。其草得于山中，绩而织之，粗恶而坚緻，或市之省城为囊橐，以盛米麦。（康熙《云南通志》卷27 第

529 页）

火草布，以火草为经纬织就，裁为被最暖，但不宜遇火。（乾隆《东川府志》卷 18 第 6 页）

罗婺，……其地产火草，缋而为布，理粗质坚，衣服之余，或贸于市。（《皇清职贡图》卷 7《武定等府》）

麦岔蛮，……地产火草，可织为布。（《皇清职贡图》卷 7《武定府》）

罗婺，亦称罗武，又称罗午。男子髻束高顶，戴笠披毡，衣火草布，即火麻也。麻生山中，缉而织之，粗恶坚致。或为囊橐，以盛米麦。（《滇海虞衡志》第 317 页）

火草，《古今图书集成》：云南府火草，土人缉以为衣。（道光《云南通志稿》卷 69《云南府》第 6 页）

火草布，《东川府志》：以火草为经纬织就，裁为被最暖，但不宜近火。（道光《云南通志稿》卷 70《东川府》第 36 页）

罗婺，……衣火草布。其草得于山中，缉而织之，粗恶而坚致。或市为囊橐，以盛米麦。旧《通志》。（道光《续修易门县志》卷 7 第 159 页）

锦帕大帽

锦帕大帽，古者，女子出门，必拥蔽其面。后世宫人骑马，多着幂䍦，全身障之，犹是古意。又首有围帽，谓之席帽，垂丝网之，饰以珠翠。至炀帝，去席帽，戴皂罗巾帼，而以席帽油御雨云。唐永徽中，皆用帷帽，施裙到颈，渐为浅露。开元初，宫人着胡帽，靓妆露面，古制尽矣。今山西蒲州妇人出，以锦帕覆面，至老不去，云南省城亦然。大理妇女戴次上大帽，亦古意之遗也。（天启《滇志》卷 32 第 1043 页）

麻布

黄麻之，^{其州村陇皆艺}可绩为布。（景泰《云南图经志书》卷2《路南州》第115页）

戊寅九月初七日……西北随坡平下，其路甚坦，而种麻满坡南，盖其下亦有坞西通者。（《徐霞客游记·滇游日记三》第785页）

定西岭在白崖西北，……可种桑麻百万顷也。（《滇游记》第8页）

麻布，^{乾夷自织，极细，}_{裁为衣，不染垢}。（乾隆《东川府志》卷18第6页）

麻布，以火麻为线，乾夷自织，依其本色不染皂，极细密，可缝衣、被、裤等物。（昭通旧志汇编本乾隆《恩安县志稿》卷3第37页）

夷服，夷人衣服纯用麻，最存古意，系自织。幅只五六寸宽，制服甚短小，不足御寒，冬时向火度日。间有穿长麻袍者，名为楚霸（按此藏语），是夷人之大服也。（《滇南闻见录》卷下第42页）

峨昌，……地产麻葛，输税。（《皇清职贡图》卷7《大理等府》）

麻布，出广西州。（《滇海虞衡志》第114页）

俐米，威远有之。性朴，最嗜酒，好畜羊豕，男子耕种，多善弩猎，射得鸟雀，即生啖之。妇女种麻织布，男衣麻布短衣裤，女衣麻布长衣，俱跣足。婚丧悉如汉民。每年秋后，宰牲祀神，吹笙跳舞而歌，谓之祭庄家。（道光《普洱府志》卷18第28页）

麻布，《镇南州志》：极粗，仅可为囊橐。（道光《云南通志稿》卷69《楚雄府》第25页）

麻布，《东川府志》：乾夷自织，极细，裁为衣，不染垢。（道光《云南通志稿》卷70《东川府》第36页）

麻布,章潢《图书编》:产广西府。檀萃《滇海虞衡志》:出广西州。(道光《云南通志稿》卷70《广西直隶州》第45页)

麻布,以火麻为线,干夷(彝)自织,依其本色不染皂,极细密,可缝衣、被、裤物。(昭通旧志汇编本民国《昭通志稿》卷9第268页)

蛮靴

唐人诗[1]:"柘枝舞罢忽成悲,便脱蛮靴入绛帷。"案:蛮靴,蛮夷舞者所著。韦皋作《南诏奉圣乐》,其舞人服画皮靴是也。《说文》:蹋,舞履也。或从革。《周礼·春官》鞮鞻氏注云:"鞻读如屦也。鞮屦,四夷舞者所扉也。今时倡蹋鼓沓行者自有扉。"馥谓蛮靴,鞮鞻之类也。今云南人以麂皮作半截靴,开其前面,既著而后结之,即蛮靴遗制。(《滇游续笔》第466页)

毛髻网

毛髻网,西乡学庄多织之,以马尾编成,妇人用以套髻。(昭通旧志汇编本民国《昭通志稿》卷9第268页)

棉花

戊寅十月十二日,唐州尊馈新制长褶棉被,余入谢。(《徐霞客游记·滇游日记四》第831页)

---

[1] 此诗,四库全书文渊阁本《御定全唐诗》卷四百八十九收入在唐舒元舆《赠李翱》诗中,全文为:"湘江舞罢忽成悲,便脱蛮靴出绛帷。谁是蔡邕琴酒客,魏公怀旧嫁文姬。"与此处文字有异。

棉花，《一统志》：出罗平州。（道光《云南通志稿》卷69《曲靖府》第38页）

大树棉花，《思茅厅采访》：树高大，其花洁白，与产于中土者无二，夷人谓之暹花。（道光《云南通志稿》卷70《普洱府》第5页）

棉花、红花，旧《云南通志》：蒙化出。（道光《云南通志稿》卷70《蒙化直隶厅》第41页）

喇乌，《新平县志》：性多狡诈，不耕田，种棉花，采芦捕猎生理。（道光《云南通志稿》卷185第11页）

《棉花之情形若何》：阿迷土质气候，均宜种棉，因拘守成法，不知改良，往往枝叶肥大，花果稀疏，遂至无人种棉，惟北区布沼因种蔗关系，不得不种棉以为蔗田地脚，故每年种棉尚得贰万余千斤。现建设局倡种木棉，亦未成效，茶因土质不宜，虽再三劝导，仍无人种植。（《阿迷州志》册2第514页）

棉花，产地：县属沿江一带皆产之，尤以九区之棉纱湾、六城坝，十区之拖姑，一区之上、下兴场等地为最多。种类：本县所产棉花纯系草棉，高约二三尺。产量：本县产棉量，年约一万数千斤。质料：本县所产之棉，纤维极细长，用以缝夹衣或铺被褥，虽经十余年皆轻暖如故，较之东京棉及川棉有过之无不及。（昭通旧志汇编本民国《巧家县志稿》卷6第675页）

草棉：棉业，盐津向来不甚讲求。而滨江气候夏季温高，易达三十二度以上，阳光充足，春季不甚干燥，秋季晴多，最适宜于种棉。近来农业推广所倡种美棉，县训所调训棉业一班，授以种棉技术，而不种者如故。据棉麻试验场萧显铭试种美棉结果，以民国三十三年歉收情形统计，株行距均为二尺五寸，每亩植九百六十株，其中每株实收棉铃十六至三十五者占二成；十三铃至十六铃者占一成；十铃至十二铃者占二成；六铃至九铃者占四成；四铃至五铃者占一成。平均每株约十铃，每铃以花衣三分计，每亩可收十五至二十斤花衣，即净棉花也。丰收之年当不止此。劝种则因地致（制）宜，不必强试于高寒之地矣。（昭通旧志汇编本民国《盐津县志》卷4第1695页）

《棉茶》：富州种棉甚少，乡间纺织多用洋纱，购自两粤，曾由省□木棉种，多不适宜。（民国《富州县志》第十四第86页）

《班洪风土记·种棉》：山坡棉田，杂草不除，高三四尺，枝叶稀疏，实小如核桃，余过其境，时已裂实，见土人挂布袋于肩，拾絮以归。余询土人种棉之法，曰：多系木本，既植之后，年收一次，春间锄土刈草，任其荣实，按时收成，不多劳力，亦无肥料，而家家有棉田，以足一家人衣为度。种棉多在距离较远之地，有二三十里以外者，盖其近处为谷田，而棉田年仅数至，故植于远山中。（《滇西边区考察记》第1篇第35页）

《裸黑山旅行记·湖南老人》：二十四日，闻有湖南老人住巴比寨，以开办募乃银厂落籍于此，乃偕河殿生兄往访。……指询此寨，其人亦曰哈卜马，舍旁种蓝绽数亩，余在拉巴寨见蓝绽缸，询知裸黑自种棉花纺线织布染色，今知蓝绽亦自种也。……（《滇西边区考察记》第5篇第8页）

《豁免大西练销售棉布厘金碑》：位于县城西面三十公里的顺江街（现属固东公社）供销社北京市部的走廊上，系清代腾越州大西厘局和该地商民于光绪元年（1874年）所立，碑高一米，宽零点五米，无座，顶部呈半圆形。碑文内容是说腾冲大西练地方销售的棉布，"均系乡民妇女日夜绩纺"而成，在本地销售，"得利无几，难资度日"，如"再加揣厘，其何以堪"为"疏民困"，故"将本地销售布疋厘金全行豁免"，但"如贩运出关，仍遵定章纳厘、请票"。碑文为楷书，正文共九行，计一百七十八字，每行的字数不一。正文末并刊上级批文"查该处布疋皆妇女日夜辛勤，以供衣食，所征厘务，概行豁免"二十四字。此碑为了解清代晚期腾冲境内棉纺织手工业生产及其内外销售的税收政策等情况，提供了可信的实物资料。（《腾冲县文物志》初稿第98页）

氆氇

藏氆氇,自中甸来,藏人多居其地。(《滇海虞衡志》第112页)

氆氇,旧《云南通志》:出丽江江外。《丽江府志》:出中甸。(道光《云南通志稿》卷69《丽江府》第42页)

按氆氇,为西藏织绒。(民国《中甸县志稿》卷下《风俗》第51页)

羢(绒)

抓绒,出迤西,似内地织绒而成板,且重,不如织绒之似细毛而轻也。其牛绒则似织绒,但毛粗。(《滇海虞衡志》第116页)

抓羢,檀萃《滇海虞衡志》:抓羢,出迤西,似内地织羢而成板,且重,不如织羢之似细毛而轻也。(道光《云南通志稿》卷67《通省》第9页)

牛羢,檀萃《滇海虞衡志》:牛羢,似织羢,但毛粗。(道光《云南通志稿》卷67《通省》第9页)

立羢,《东川府志》:羊毛织成,似西羢,毛长二寸,细润可爱,但无红色者。(道光《云南通志稿》卷70《东川府》第36页)

簟,以牛毛织之,粗有花纹。(昭通旧志汇编本民国《昭通志稿》卷9第268页)

莎罗布

骠国诸蛮,并不养蚕,收娑罗木子,破其壳,中如柳絮,细织为幅服之,谓娑罗笼段。(《续博物志》卷7)

以绵花纺织为布,阔仅八寸,土人呼为莎罗布,岁以输官。(景泰《云南图经志书》卷3《马龙他郎甸长官司》第203页)

莎罗布^{大姚县}出。(正德《云南志》卷9《姚安府》第407页)

莎罗布^{以绵花为之,阔仅}八寸,岁输于官。(正德《云南志》卷12《新化州》第511页)

缥人,妇女以白布裹头,衣短衫,露其腹,以红藤缠之。莎罗布为裙,两接,上短下长。男女同耕。(《滇略》卷9第320页)

娑罗笼段,《博物志》云:骠国诸蛮,并不养蚕,收娑罗木子,破其壳,中如柳絮,细织为幅服之,谓之娑罗笼段。(天启《滇志》卷32第1046页)

莎罗布,大姚县出。(《明一统志》卷87《姚安军民府》)

莎罗布,以绵花为之,阔仅八寸,岁输于官。(《明一统志》卷87《新化州》)

莎罗布^{出建}水。(康熙《云南通志》卷12《临安府》第226页)

娑罗缎^{《博物志》云:骠国并不养蚕,收娑罗木子,破其}壳,中柔白如柳絮,细织服之,曰娑罗笼缎。(康熙《云南通志》卷30第874页)

土产:莎罗布即麻布,彝妇自织,粗疏不适用。(楚雄旧志全书"大姚卷上"康熙《大姚县志》第18页)

莎罗布,出建水。(雍正《云南通志》卷27)

土产:莎罗布,出建水。(《大清一统志》卷371《临安府》)

莎罗布,出大姚县与新化州。李石云:骠国诸蛮不蚕,细织娑壳絮服之,谓娑罗龙缎。莎萝出武定,而俗惰,女不纺织,故布出他郡邑。(《滇海虞衡志》第114页)

妙罗罗者,……服梭罗布。(《滇海虞衡志》第316页)

莎罗布,《一统志》:出建水。(道光《云南通志稿》卷69《临安府》第19页)

梭罗布,乐史《太平寰宇记》:姚州有橦木,皮可为布。《姚安府志》:即梭萝布。旧《云南通志》:即橦布也,橦木皮可为布。檀萃《滇海虞衡志》:莎罗布,出大姚县。李石云:骠国诸蛮不蚕,细织莎壳絮服之,谓莎罗龙缎^{谨案:即橦华}_{布,详永昌}。(道光《云南通志稿》

卷 69《楚雄府》第 25 页）

莎罗布，章潢《图书编》：马龙他郎甸长官司出，以棉花为之，阔仅八寸，岁输于官。（道光《云南通志稿》卷 70《元江直隶州》第 54 页）

莎罗布，《一统志》：镇沅府出。（道光《云南通志稿》卷 70《镇沅直隶州》第 56 页）

树皮褥

腾越，彝妇纫叶为衣，飘飘欲仙。叶似野栗，甚大而柔，故耐缝纫，且可却雨也。（《滇游记》第 10 页）

树皮褥 用栗树皮鎚软，以布作衬，绕有丝连如杜仲状，用以絮褥，亦可。（乾隆《东川府志》卷 18 第 6 页）

树皮褥，《东川府志》：用栗树皮鎚软，以布作衬，缝有丝连如杜仲，加以絮作褥佳。（道光《云南通志稿》卷 70《东川府》第 36 页）

丝织品

又遣人负丝幕至城南，云："欲张陈蜀王厅，以居骠信。"（《云南古佚书钞·咸通解围录》第 34 页）

丝麻，《唐书·南蛮传》：自夜郎、滇池以西，有丝麻。（道光《云南通志稿》卷 67《通省》第 4 页）

《云南路南县调查输出货物表》丝织物：江苏省输入绸缎纱罗三十九觔，四川省输入七十六觔，昆明县输入帽鞋三十一觔，共计一百四十六觔。每百觔平均价六百五十元。（民国《路南县志》卷 1 第 57 页）

梭布

梭布,各郡俱有,幅甚窄,不适用,通行者湖、广客布。惟永昌布宽阔而紧细,愈于客布。(《滇南闻见录》卷下第42页)

塘头布

塘头布^{出晋宁塘头,}_{极细密。}(康熙《云南通志》卷12《云南府》第226页)

塘头布,旧《云南通志》:出晋宁塘头,极细密。(道光《云南通志稿》卷69《云南府》第3页)

桐华布

有梧桐木华,绩以为布,幅广五尺,洁白不受垢污。先以覆亡人,然后服之。(《后汉书》卷86第2849页)

永昌郡,……有梧桐木,其华柔如丝,民绩以为布,幅广五尺以还,洁白不受污,俗名曰桐华布。以覆亡人,然后服之及卖与人。(《华阳国志》卷4第430页)

云南郡,……亦出(桐)花布。(《华阳国志》卷4第442页)

桐花^{绩为布,洁}_{白不受垢。}(正德《云南志》卷13《金齿军民指挥使司》第540页)

华峤《后汉书》云:“哀牢夷之染彩紬布,织成文章如绫锦。有梧木华,绩以为布,幅广五尺,洁白不受垢污。先以覆亡人,而后服之。”今西洋布岂其遗种耶?(《滇略》卷3第235页)

桐花布^{《华阳国志》言宁州有梧桐花,可绩为}_{布。《通雅》谓即木棉花,常璩误记。}(康熙《云南通志》卷12《永

1399

昌府》第 227 页)

僰僰锦、僰僰布。《汉书》言哀牢"宜蚕桑,知染采文绣、罽
㲯、帛叠、兰干细布,织成文章如绫锦。有梧桐木华,绩以为布,
幅广五尺,洁白不受垢。"今云罗罗帛与布,皆其类,今昔异名
耳。幅五尺者,滇南不见,止今洋上所来之哔叽耳。(《滇海虞
衡志》第 112 页)

永昌布,厚而褐色。《明一统志》又载永昌细布,桐花织为
布,洁白不受垢。桐同橦,即攀枝花,木棉也。是前明犹有织此
花为布者,说详《志花》。(《滇海虞衡志》第 115 页)

华布,常璩《华阳国志》:云南郡出华布,_{谨案:疑即桐}俟考。(道光《云南通志
稿》卷69《大理府》第 12 页)

桐花布,杜预《春秋释例》:黑僰濮在永昌西南,其境出桐花
布。《后汉书·西南夷传》:哀牢有梧桐木华,织以为布,幅广五
尺,洁白不受污,先以覆亡人,然后服之。常璩《华阳国志》:永
昌郡有梧桐木,其华柔如丝,民绩以为布,幅广五尺,洁白不受
污,俗名曰桐华布,以覆亡人,然后服之及卖与人。刘逵《蜀都
赋注》:橦华者,树名。橦,其花柔毳,可绩为布,出永昌。(道光
《云南通志稿》卷70《永昌府》第 19 页)

《蜀都赋》刘渊林注:橦华者,树名。橦,其花柔毳,可绩为
布也,出永昌。(《滇绎》卷1 第 670 页)

土锦

土锦_{以木绵花纺成绵线,染为五采,织以花纹,土人以之为衣。}(景泰《云南图经志书》卷3《元江
府》第 196 页)

土锦。(正德《云南志》卷11《元江府》第 488 页)

土锦,出元江。(《滇海虞衡志》第 115 页)

挞绒

永昌挞绒，棉纱作经，用棉花织就，随织随挞，故名。形如铺雪，白净可爱，作袍褂里，胜于羊绒，他处无有也。（《滇南闻见录》卷下第42页）

乌帕

乌帕^{出昆明}。（康熙《云南通志》卷12《云南府》第226页）

乌帕，《一统志》：昆明县出。（道光《云南通志稿》卷69《云南府》第3页）

苗锦

苗锦^{夷妇以线经布，其上刺织色样花绣，}_{视之极秀丽古雅，夷人衣帽皆用之。}（乾隆《东川府志》卷18第6页）

五色锦，王鸿绪《明史稿》：干崖四时皆蚕，以锦贡。毛奇龄《蛮司合志》：干崖丝织五色土锦，充贡。《腾越州志》：干崖锦，僵夷妇有手巧者能为花卉禽兽之形，织成锦缎，有极细致者。（道光《云南通志稿》卷70《永昌府》第20页）

苗锦，《东川府志》：夷妇以线经布，其上刺织五色花绣，秀丽古雅，夷人衣帽皆用之。（道光《云南通志稿》卷70《东川府》第37页）

苗妇勤劳，要为人类第一，其所负劳作之责甚多，自朝至暮无稍息。夫妻子女之服装，皆苗妇种麻绩线，自纺自织，自裁自缝。最难者，其绩麻时间，乃利用负柴负水，或赶街之行路时间，

以及夜间为之,不耗费正当时间也,绘绣花纹,甚为古雅,非他族所能为。(民国《马关县志》卷2第26页)

斜纹布

斜纹布,古名象纱,产临安。以东粤产象,亦有斜纹故名。(天启《滇志》卷32第1046页)

纹布^{出通海}。(康熙《云南通志》卷12《临安府》第226页)

斜纹布^{古名象纱,产临安通县以东。粤产象,亦有斜纹,故名。}(康熙《云南通志》卷30第874页)

胭脂

胭脂,旧《云南通志》:出云南县。(道光《云南通志稿》卷69《大理府》第12页)

羊毛布(线)

爨夷,在姚安者擅土布、羊毛之利。(天启《滇志》卷30第996页)

立毯^{羊毛织成似西毯,毛长二寸,细润可爱,但无红色者}、羊毛布^{以羊毛织就,最结实,土人用为褐衣}、羊毛线^{用羊毛打就,如蔴线粗,染成五色,极牢固。}(乾隆《东川府志》卷18第6页)

羊毛布,禄劝亦有之,不如他处。(《滇海虞衡志》第111页)

毛褐,出旧阳宗县。(《滇海虞衡志》第114页)

羊毛布,《东川府志》:以羊毛织成,最结实,土人用为褐衣。(道光《云南通志稿》卷70《东川府》第36页)

羊毛线,《东川府志》:用羊毛打就,如麻线粗,染成五色,极牢固。(道光《云南通志稿》卷70《东川府》第37页)

羊毛布,檀萃《农部琐录》:各马蛮所织者,幅阔六寸,善工染之,可敌洋中羽毛布。(道光《云南通志稿》卷70《武定直隶州》第50页)

褐布,土人以羊毛为线,织成布幅,裁缝衣服被袴,坚实牢致。(昭通旧志汇编本乾隆《恩安县志稿》卷3第37页)

褐布,土人以羊毛为线,织成布幅,裁缝衣服被袴,坚致牢实。(昭通旧志汇编本民国《昭通志稿》卷9第268页)

宜良布

宜良布,出宜良县,似贝锦,为被面、坐褥、椅垫。(《滇海虞衡志》第113页)

宜良布,檀萃《滇海虞衡志》:出宜良县,似贝锦,为被面、坐褥、椅垫。(道光《云南通志稿》卷69《云南府》第3页)

毡

蛮毡,出西南诸蕃,以大理者为最,蛮人昼披夜卧,无贵贱,人有一番。(《桂海虞衡志·志器》)

毡^{出陆凉、沾益二州。}(正德《云南志》卷9《曲靖府》第383页)

毡^{废石旧县出。}(正德《云南志》卷10《武定府》第445页)

毡。(正德《云南志》卷11《丽江府》第475页)

毡则诸郡皆为之,而邓川最良,然亦粗甚。《桂海虞衡志》云:蛮毡"以大理者为最,蛮人昼披夜卧,无贵贱,人有一番。"(《滇略》卷3第235页)

毡服^{明东川贡市有毡衣四百领,本为著名土产,细润绵软,厚薄适均,可当寒衣。}(乾隆《东川府志》卷18第

6 页）

毡，各郡产毡，而东川最佳，紧细光洁，与呢相彷佛，旧色亦鲜明。量房屋之大小，制成地毡，铺满一室，华美殊甚。惟是质甚沉重，大者不能携之远也。（《滇南闻见录》卷下第 47 页）

毡，滇各处俱出，以夷人养羊者多如陕西也。毯亦出，然不甚多。（《滇海虞衡志》第 111 页）

毡，范成大《桂海虞衡志》：蛮毡，出西南诸蕃，以大理者为最，蛮人昼披夜卧，无贵贱，人有一毡闒。《宋史·外国·大理传》：熙宁九年，贡毡闒。政和七年，贡细毡。檀萃《滇海虞衡志》：毡，滇各处俱出，以夷人养羊者多如陕西也。毯亦出，然不甚多。（道光《云南通志稿》卷 67《通省》第 4 页）

毡，章潢《图书编》：细密为天下最，安宁出。（道光《云南通志稿》卷 69《云南府》第 3 页）

越毡，乐史《太平寰宇记》：姚州产越毡。《蜀记》云：云南越毹毛，闒也。（道光《云南通志稿》卷 69《楚雄府》第 25 页）

毛毹毡，章潢《图书编》：旧阳宗县出。（道光《云南通志稿》卷 69《澄江府》第 27 页）

毡，《后汉书·西南夷传》：哀牢有闒毯。常璩《华阳国志》：永昌郡有闒旄。《腾越州志》：毡，以羊毛为之，地无缅草，不能染也。（道光《云南通志稿》卷 70《永昌府》第 20 页）

毡服，《东川府志》：明东川贡市有毡衣四百领，本为著名土产，细润绵软，厚薄适均，可当寒衣。（道光《云南通志稿》卷 70《东川府》第 36 页）

毡，檀萃《滇海虞衡志》：毡，滇各处俱出，以夷人养羊者多如陕西也。采访：顺宁之毡，以平河为佳。（光绪《续修顺宁府志》卷 13 第 20 页）

毡，夷人白羊毛毡、黑羊毛毡。（楚雄旧志全书"牟定卷"道光《定远县志》第 244 页）

毡席，《太平寰宇记》：姚州产越毡，《蜀记》云：云南越毹毛，闒也。《甘志》：即今羊毛毡也，州北铁索箐所产最多。《滇系》：毡，姚安者佳。采访：怀远乡之小邑村李姓，精制毡工艺者，无虑百数十人,常为四山及邻县畜羊者招致,弹制毡罽,花纹染色亦尚不恶。《甘志》:州北武都卫人,皆以织席为生。甘仲贤《乡土科书》:武都卫人专习织屦,龙岗卫人多习织席。(楚雄旧志全书"姚安卷下"民国《姚安县志》卷46第1683页)

毡,以羊毛织之,画染成红、蓝、胭脂等花色。……毡衫,乡人以羊毛自织,紧密坚牢,不能透雨。(昭通旧志汇编本民国《昭通志稿》卷9第268页)

(四)贸 易 类

崇魔蛮,去安南管内林西原十二日程。溪洞而居,俗养牛马。比年与汉博易。自大中八年经略使苛暴,令人将盐往林西原博牛马,每一头匹只许盐一斗。因此隔绝,不将牛马来。(《云南志补注》卷4第66页)

银生城在扑赕之南,……又南有婆罗门、波斯、阇婆、勃泥、昆仑数种外道。交易之处,多诸珍宝,以黄金、麝香为贵货。(《云南志补注》卷6第89页)

《南夷志》曰:南诏有婆罗门、波斯、阇婆、渤泥、崑崒数种外道。交易之处,多诸珍宝,以黄金、麝香为贵货。(《太平御览》卷981)

僰夷风俗:……交易五日一集,旦则妇人为市,日中男子为市,以毡布、盐茶互相贸易。(万历《云南通志》卷16第6页)

己卯正月二十五日……又北二里,有房如官舍而整,是为七和之查税所_{商货出入者,俱税于此。七和者,丽江之地名,有九和、十和诸称。}……郡署踞其南,东向临玉河_{丽江诸宅多东向,以受木气也。}后幕山顶而上,所谓黄峰也,俗又称为天生寨。木氏居此二千载,宫室之丽,拟于王者。盖大兵临则俯首受绁,师返则夜郎自雄,故世代无大兵燹,且产矿独盛,宜其富冠诸土郡云。(《徐霞客游记·滇游日记六》第952页、954页)

己卯三月十五日,是日为街子之始。盖榆城有观音街子之聚,设于城西演武场中,其来甚久。自此日始,抵十九日而散,十三省物无不至,滇中诸彝物亦无不至,闻数年来道路多阻,亦减大半矣。……十六日……观场中诸物,多药,多毡布及铜器木具而已,无足观者。……十七日……观永昌贾人宝石、琥珀及翠生石诸物,亦无佳者。(《徐霞客游记·滇游日记八》第 1019 页、1020 页)

己卯四月二十五日……乃滇滩关道,已茅塞不通。惟茶山野人间从此出入,负茶、蜡、红藤、飞松、黑鱼,与松山、固栋诸土人交易盐布。中国亦间有出者,以多为所掠,不甚往也。其关昔有守者,以不能安居,多遁去不处,今关废而田芜,寂为狐兔之穴矣。(《徐霞客游记·滇游日记九》第 1080 页)

张自明《杂类志》:夫事有不能归于正宗,名有不能列于正体者,古人所以有《杂类》之记也。杂中之文有重要,杂中之事有根据,聚而类之,以使其文其事之有归宿也。吾邑续修县志以来,幾经笔削,亦已纲举目张而成书矣,零金碎玉,有美必彰;异事散文,有征必记,阅斯志者,幸勿视杂类为无足重轻,是杂类亦志中切要之编,拾遗补阙,可忽乎哉? 志杂类。……《商业》:马关地僻民稀,生活简易,所谓商业者,亦不过日中为市,以粟易布而已,未似通都大埠之万商辐辏,百货云屯也。兹择稍为成行者,略录一二,以备采访焉。旧日,以杉木、柏木、棺材板为大宗,其木料产于县属之南区,毗连越南边界,各地集中于县城,运往各县及省会销售,县城居民之恃此为生十之六七,近已山空木竭,此项营业之存在者,不过百分之七八,所有消灭之势,县城生活影响不小。外货输入,以洋纱、煤油为大宗,洋布疋及丝杂货为次位,但无商业统计,不能知其确实价值,县城商店虽有十数家,要皆资本微弱,满国币万元者未之闻见,肩挑背负,小本营生则甚多。自滇越铁路通车,县西南与越南接界之河口,遂为滇省商货出入之总口,该地市面亦因之遂渐繁昌,商店资本有达国币数十万者。自民国以来,社会法团,莫不应时产生,县商会且在政令督促之下,故已早日成立,惟以商业寥落,民智锢闭,十余年来之商会虽有若无,于商务之进展、商人之利益,未见有若何之策畫也。近来道路不靖，商旅困难，一般人民加入商会者颇形众多，力谋团结，以御盗匪，固有关于商务也，然亦不过团保式之结合，非纯为商业者之结合，故于商业上之深远策畫，根本兴革，仍无重要表见，此亦为当地之情势所限，未易为力者矣。（民国《马关县志》卷10第1页）

《工业》：马关地僻民穷，必勤四体，而后始能生活。工业固所尚矣，然吾之所谓工者，亦不过斩茅营屋、绩麻织布之类，非有奇技滛巧、机制电动之谓也，就可以谋生者节录之。土布，多女工为之，旧日为丢梭机，今改用扯索机，较为省力，但足踏、手扯、目注，所谓五官并用，其工甚苦，每人每日平均可出布二疋，布重自十六两、二十两，全县约有织机八百架，年约产土布二十万疋，除本县自用外，有输往越南销售者。土纸，以竹为原料，工简纸粗，不能供文房之用，但揩抹包物，并为冥财焚化，亦不可少者也。旧日天然竹林甚丰富，所产土纸，除本县用外，多有输往他县者，近年天然竹林斩伐将尽，又不加人工种植，是以材料缺乏，纸价高昂，幾不足供本县之用矣。旷山甚多，竹林不难培植，吾民曷速起而图之其，勿使此项工业之灭绝为幸也！竹笠，圆边而尖顶，对径二尺左右，乃行路者不可少之物，以其可以避雨遮日也，妇人孺子可为之，用篾编成，集于厂家，厚涂桐油，乃成卖品，输往越南者年约三万顶。（民国《马关县志》卷10第4页）

《工艺》：中甸工业落伍，现虽有木工、石工、窑工、垩工、铜工、铁工、缝工、织工、纸工、陶工，但欲建筑壮丽之殿宇房舍，必延请丽、剑工程师，喇嘛又喜造大铜佛，而欲造铜佛，又必延请昌都技师，甚至铁镀铜鼎锁钥用具，亦须自丽江、鹤庆、定乡、稻城各县运来。织工仅能织毛布与麻布，虽猓玀族所织之毛布能织成各种花纹，较藏族所织毛布美观，然出品甚少，仅足自给，麻布出品虽多，然摩些、力些、苗子及藏族之一部分，多着麻布，故仍无运销出境者。纸工亦仅能造草纸及缮写藏文之树皮纸。陶工能制摇壶，谓之摇具，专以盛酥油茶。近亦能旋木碗，然出品无多，仅能供本县人民揉糌粑之用。（民国《中甸县志稿》卷下《职业》第55页）

《商业》：中甸为滇康藏三省区商业交通要道，凡由云南运出康藏之茶、糖、布、线、粉丝、辣椒，并由康藏输入云南之山货药材皮毛，及氆氇裁绒等类，均以中甸为交易场所，故在清末民初，商贾辐辏，商品云集，县城东外本寨有大商店五十余家，归化寺左侧之白腊谷（译音）复有大堆店三十余所，形成一巨商堡垒，每年货财出入最少亦在七百万元以上，嗣因迭遭匪乱，白腊谷堆店变成焦土，东外商店亦大受损失，而匪势日炽，不遑宁处，爰将旧城废弃，另筑新城，圈本寨而纳诸城中，乃复被乡匪两次破城，大肆烧杀，土人亦乘机而起，日以抢劫杀戮为事。同时滇康藏三省区，均因政治改革关系，盗匪如林。于是曩者之繁荣商场，顿成商旅裹足之荒地，来往商旅。皆绕道维西，最近三数年以来，滇康藏三省区地方秩序较为安定，中甸商务又渐恢复。然统计每岁财货出入总数，最多不上五十万元，大约外商占五分之三，本县占五分之二。统计本县商人，每年可得赢利三万余元，平均各族民众，每人可得一元。至县属各民族中，藏人最富有冒险性质，汉回次之。其贸易区域为西康、西藏、印度、云南、川边，亦间有至港沪津汉各大商埠者。中甸商业调查表：岁输出数：贝母200斤，4000元；虫草100斤，2500元；茯苓1000斤，1000元；秦归1000斤，1000元；川芎300斤，300元；秦艽300斤，300元；鹿茸2具，500元；麝香100个，1000元；木耳200斤，200元；金50两，25000元；酥油10000斤，40000元；羊皮5000张，5000元；熊胆10个，100元；豹皮2张，40元；麂皮100张，200元；狐皮60张，420元；山驴皮10张，60元；岩羊皮20张，40元；狼皮15张，60元；獭皮5张，200元；牛皮200张，2000元；麻布100卷，600元；辣椒10000斤，10000元；菸叶10000斤，4500元。合计：99020元。岁输入数：紧茶100石，10000元；散茶30石，3000元；糖10000斤，3000元；官盐20000斤，8000元；沙盐35000斤，14000元；布5000件，30000元；纸200捆，1000元；粉丝500斤，500元；氆氇100卷，5000元；铁器10000斤，3000元；卷香50驮，25000元；哈达一驮，1000元。合计：103500元。按：上表岁输出数所列各项，系本县每年出产、运输出境售卖者。岁输入数所列各项，系本县每年需要，自境外运入者，入出两抵，每年实入超新币肆千余元，其由康藏输入而转运内地者，约知母、贝母、虫草三项，共一万余斤，黄金一百余两。又由内地输出，而转运康藏者，约茶叶一百余驮，糖三百余余驮，粉丝五十余驮。（民国《中甸县志稿》卷下《职业》第 55 页）

（五）贡 赋 类

每夷供贡南夷府，入牛、金、旃、马，动以万计，皆预作尝毒致校尉官属，其供郡县亦然，南人以为饶。（《华阳国志》卷 4 第 363 页）

华阳、黑水惟梁州。……贡璆、铁、银、镂、砮、磬，熊、罴、狐、狸、织皮。（《汉书》卷 28 第 1531 页）

云南王蒙异牟寻以清平官尹辅酋十七人，奉表谢恩，进纳吐蕃赞普钟印一面。并献铎鞘、浪川剑、生金、瑟瑟、牛黄、琥珀、白氎、纺丝、象牙、犀角、越赕马、统备甲马，并甲文金，皆方土所贵之物也。（《云南志补注》卷 10 第 137 页）

嘉州犍为郡，……土贡：麸金、紫葛、麝香。（《新唐书》卷 42 第 1081 页）

嶲州越嶲郡，……土贡：蜀马、丝布、花布、麸金、麝香、刀靶。昆明县，有盐，有铁。（《新唐书》卷 42《地理志》第 1083 页）

戎州南溪郡，……土贡：葛繐、荔枝煎。（《新唐书》卷 42 第 1085 页）

姚州云南郡，……土贡：麸金、麝香。（《新唐书》卷 42 第 1086 页）

昆州，……土贡：牛黄。（《新唐书》卷 43 第 1140 页）

大理国，即唐南诏也。熙宁九年，遣使贡金装碧玕山、毡罽、刀剑、犀皮甲鞍辔。自后不常来，亦不领于鸿胪。……政和七年二月，至京师，贡马三百八十四及麝香、牛黄、细毡、碧玕山诸

1409

物。……绍兴三年十月,广西奏,大理国求入贡及售马,诏却之,不欲以虚名劳民也。朱胜非奏曰:"昔年大理入贡,言者深指其妄,黄璘由是获罪。"帝曰:"遐方异域,何由得实,但雠当其马价,则马方至,用益骑兵,不为无补也。"六年七月,广西经略安抚司奏,大理复遣使奉表贡象、马,诏经略司护送行在,优礼答之。九月,翰林学士朱震上言,乞谕广西帅臣,凡市马当择谨厚者任之,毋遣好功喜事之人,以启边衅。异时南北路通,则渐减广西市马之数,庶几消患于未然。诏从之。(《宋史》卷488第14072页)

占城国,在中国之西南,东至海,西至云南,南至真腊国,北至驩州界。……土地所出:笺沉香、槟榔、乌楠木、苏木、白藤、黄蜡、吉贝花布、丝绞布、白氎布、藤簟、贝多叶罩、金银铁锭等物。五谷无麦,有杭米、粟、豆、麻子。官给种一斛,计租百斛。果实有莲、甘蔗、蕉子、椰子。鸟兽多孔雀、犀牛。畜产多黄牛、水牛而无驴,亦有山牛,不任耕耤,但杀以祭鬼,将杀,令巫祝之曰"阿罗和及拔",译云"早教他托生"。民获犀、象皆输于王。国人多乘象或软布兜,或于交州市马,颇食山羊、水兕之肉。……地不产茶,亦不知醖酿之法,止饮椰子酒,兼食槟榔。……其国前代罕与中国通。周显德中,其王释利因德漫遣其臣莆诃散贡方物,有云龙形通犀带、菩萨石。又有蔷薇水洒衣经岁香不歇,猛火油得水愈炽,皆贮以瑠璃瓶。建隆二年,其王释利因陁盘遣使莆诃散来朝。表章书于贝多叶,以香木函盛之。贡犀角、象牙、龙脑、香药、孔雀四、大食瓶二十。使回,锡赉有差,以器币优赐其王。三年,又贡象牙二十二株、乳香千斤。乾德四年,其王悉利因陁盘遣使因陁玢李帝婆罗贡驯象、牸犀、象牙、白氎、哥缦、越诺,王妻波良仆瑠,男占谋律秀琼等各贡香药。……至道元年正月,其王遣使来贡,奉表言:"前进奉使李良莆回,伏蒙圣慈赐臣细马二疋、旗五面、银装剑五口、银缠枪五条、弓弩各五张及箭等,戴恩感懼,稽首,稽首!……今特遣专使李波珠、副使诃散、判官李磨勿等进奉犀角十株,象牙三十株,玳瑁十斤,龙脑二斤,沉香百斤,夹笺黄熟香九十斤,檀香百六十斤,山得鸡二万四千三百雙,胡椒二百斤,簟席五。前件物固非珍奇,惟表诚恳。"……上览表,遣使诣广州询问,愿还者悉付波珠。使还,复赐白马二,遂为常制。咸平二年,其王杨普俱毗茶逸施离遣使朱陈尧、副使蒲萨陀婆、判官黎姑伦以犀象、玳瑁、香药来贡,赐尧等冠带衣褥有差。景德元年,又遣使来贡。诏以良马、介胄、戎器等赐之。……天禧二年,其王尸嘿排摩慄遣使罗皮帝加以象牙七十二株、犀角八十六株、玳瑁千片、乳香五十斤、丁香花八十斤、荳蔻六十五斤、沉香百斤、笺香二百斤、别笺一剂六十八斤、茴香百斤、槟榔千五百斤来贡。罗皮帝加言国人诣广州,或风漂船至石塘,即累岁不达矣。三年,使还,诏赐尸嘿排摩慄银四千七百两并戎器鞍马。(《宋史》卷 489 第 14077 页)

黔州、涪州徼外有西南夷部,汉牂牁部,唐南宁州、牂牁、昆明、东谢、南谢、西赵、充州诸蛮也。其地东北直黔、涪,西北接嘉、叙,东连荆楚,南出宜、桂。俗椎髻、左衽,或编发,随畜牧迁徙亡常,喜险阻,善战斗。部族共一姓,虽各有君长,而风俗略同。宋初以来,有龙蕃、方蕃、张蕃、石蕃、罗蕃者,号"五姓蕃",皆常奉职贡,受爵命。……熙宁六年,龙蕃、罗蕃、方蕃、石蕃八百九十人入觐,贡丹砂、氊、马,赐袍带钱帛有差,其后,比岁继来。诸蕃部族数十,独五姓最著,程氏、韦氏皆比附五姓,故号"西南七蕃"云。(《宋史》卷 496 第 14241 页)

蜀建兴三年,诸葛亮征南。……于是悉收豪杰以为官属,出其金银、丹漆、牛马,以给军国之用。终亮之世,夷不复反。(《云南志略》第 69 页)

至元十九年九月,丁卯,安南国进贡犀兕、金银器、香药等物。(《元史·世祖本纪》卷 12 第 246 页)

元贞元年二月,戊子,思州田曷剌不花、云南夷卜木、四川洞主查闾王、金齿带梅混冬等来见。缅甸阿剌扎高微班的来献舍利、宝玩。三月乙巳朔,安南世子陈日燇遣使上表慰国哀,又上书谢宽贷恩,并献方物。(《元史·成宗本纪》卷 18 第 391 页)

大德十年冬十月,丁卯,安南国遣黎亢宗来贡方物。(《元史·成宗本纪》卷 21 第 471 页)

洪武十五年春正月，壬午，元曲靖宣慰司征行元帅张麟、行省平章刘辉、枢密院同知怯烈诙、傅尉高仁、廉访司副使孛罗海牙，中庆、澄江、武定三路达鲁花赤劏麻，及嵩明、晋宁、昆阳、安宁、新兴、路南、建水七州达鲁花赤，昆明、富民、宜良、邵甸、河阳、阳宗六县达鲁花赤等官，诣征南左副将军永昌侯蓝玉、右副将军西平侯沐英降，献金银铜印七十四、金符七，马一万二千五百六十四。（《明实录·太祖实录》卷141第2页）

洪武十六年六月，辛丑，武定府女知府商胜、叔阿额来朝贡马，诏赐胜锦二匹，阿额锦一匹，及袭衣钞锭。……秋七月，壬子，故元云南行省右丞五补台及廉访司佥事柴也先来朝进马。……辛未，云南仁德府土酋阿孔等贡马及方物，人赐锦一匹、钞五锭。（《明实录·太祖实录》卷155第3页）

洪武十六年八月，庚子，寻甸土官安阳等来朝，贡马三十五匹及虎皮毡衫等物，诏赐衣服锦绮钞锭。九月，戊午，乌撒知府实卜及东川乌蒙芒部普安仁德、曲靖普定等府知府俱献马。乙丑，云南沾益州土官安索叔、安磁等贡马，及罗罗刀甲、毡衫、虎皮。诏赐安磁纱帽、金带、绮罗衣各一袭，锦一匹，织金文绮五匹，帛二匹，钞三十三锭。从人把事等赐有差。（《明实录·太祖实录》卷156第3页）

正统十四年八月，己巳，云南寻甸军民府土官知府沙仲等，遣把事李节并四川泸州江安县土民冯贵等贡。赐钞有差。（《明实录·英宗实录》卷181第13页）

正统十四年九月，丙申，云南楚雄县土官舍人杨芳……等来朝贡马及方物。赐钞綵币表里有差。（《明实录·英宗实录》卷183第14页）

正统十四年冬十月，辛未，云南孟艮府故土官知府舍人庆马辣，遣头目孟赛等来朝贡马及银器方物。赐宴并綵币表里等物有差。（《明实录·英宗实录》卷184第20页）

（政和）七年，南诏遣进奉使天驷爽彦贲李紫琮、副使坦绰李伯祥来朝，贡马三百八十匹，及麝香、牛黄、细毡、碧玕山诸物。诏册其王段正严为大理国王。《滇略》卷七《事略》文。（《云南古

佚书钞·南诏通纪》第97页)

怒人，……射猎或采黄连为生，鲜及中寿。妇人披发，红藤勒首。每年贡麂皮二十张、山驴皮十张、黄蜡八十觔、麻布三十度，以代赋税。(《增订南诏野史》卷下第35页)

高昇太有功段氏，为国人所立。……波斯、昆仑诸国来贡大理者，皆先谒相国焉。(《滇载记》第8页)

贡象道路：上路，由永昌过蒲缥，经屋床山，箐险路狭，马不得并行，过山即怒江，过江即僰夷界也。江外高黎共山，路亦颇险，山巅夷人立栅为砦。此栅，三代谓之徼外也。过腾冲卫，西南行至南甸、干崖、陇川三宣抚司。陇川有诸葛孔明寄箭山。陇川之外皆是平地，一望数千里，绝无山溪。陇川十日至猛密，二日至宝井，又十日至缅甸，又十日至洞吾，又十日至摆古，见今莽酋居住之地。下路，由景东历赭乐甸，行一日至镇沅府，又行二日始达车里宣慰司之界，行二日至车里之普耳。此处产茶，一山耸秀，名光山，有车里一头目居之，蜀汉孔明营垒在焉。又行二日至一大川原，轮广可千里，其中养象。其山为孔明寄箭处，又有孔明碑，苔渤不辨字矣！又行四日，始至车里宣慰司，在九龙山之下，临大江，亦名九龙江，即黑水之末流也。由车里西南行八日至八百媳妇宣慰司，此地寺塔极多，一村一寺，每寺一塔，村以万计，塔亦以万计，号慈国，其酋恶杀，不喜争。敌人侵之，不得已，一举兵得所仇而罢。由此，又西南行一月至老挝宣慰司，其酋一代止生一子承袭，绝不生女。西行十五六日至西洋海岸，乃摆古莽酋之地。(万历《云南通志》卷16第3页)

汤四方献令曰：正南产里^{即今车里}、百濮，以象齿、矩狗为献。孔氏曰：矩狗，狗之善者也。今志作短狗，误。周《王会》：白民^{即滇白人}贡乘黄^{似麟有角}。卜人人^{即濮人}贡砂^{丹砂也}。黑齿^{即永昌夷}贡白鹿。(《滇略》卷3第228页)

周成王初，越裳氏献白雉，重译而至，曰："吾受命国之黄耇曰：'久矣夫，天下之无烈风淫雨，海不扬波三年矣。意者中国有圣人乎？盍往朝之？'"及返，迷失故道，周公锡以指南车，期

年乃至其国^{越裳即今}。（《滇略》卷 7 第 270 页）

和帝永元六年，永昌徼外夷遣使译献犀牛、大象。九年，徼外蛮及掸国王遣重译贡珍宝，赐以金印紫绶，小君长皆加印绶、钱帛。安帝永初元年，永昌徼外僬侥种夷三千余口内附，献象牙、水牛、封牛。……永宁元年，掸国王复来贡，献乐及幻人。（《滇略》卷 7 第 271 页）

政和七年，南诏遣进奉使天驷爽彦贲李紫琮、副使坦绰李伯祥来朝，贡马三百八十四，及麝香、牛黄、细毡、碧玕山诸物。诏册其主和誉为大理国王^{按《宋史》作段和誉，《南诏通纪》作段正严。}……高宗绍兴六年，广西经略安抚司奏大理贡象马，诏护送行在所，优礼答之。（《滇略》卷 7 第 274 页）

明郭文《贡章赋》：金沙之源发西域，众派合流深莫测。喷烟卷雪走万里，紫蛮络缅南归极。平原靡靡望不尽，海峤遥峰一丝碧。何年贡章城，雄压江之侧？甃砖为门木为栅，二水回环犹拱璧。犀且及鱼盐，杂沓来诸国，异服殊音类非一，市贸纷纭互重译。利之所在势必争，豪酋攻夺岁靡宁。瘴烟漠漠遮尧日，炎海茫茫隔使星。麓川蕞尔寇，乃敢窥边城，王师振武飞电霆，动摇坤轴掀南溟。裸形髡首总慑服，卉裳椎髻咸来庭。白氎紫罽箱筐盈，筒茶树酒陈纵横。有象动千百，驯立驯不惊，朱鞍白盖黄金铃，夷奴驭之如马行，象识夷语随夷情。草树足异色，禽虫多怪声，严冬蛇走喧蚊蝇，夜寒挟纩昼絺绤，瘴毒中人如中醒。吁嗟汉与夷，彼此皆苍生，一为风土移，习俗与性成。我愿天公驱六丁，尽将山岳填谷坑，坐令八荒如砥平，地无南北交化并，同归熙皞为王氓。呜呼！同归熙皞为王氓。（天启《滇志》卷 18 第 603 页）

唐元积《贺南诏献地图土贡诗》（七古）：西南六诏有遗种，僻在荒陬路寻壅。部落支离君长贱，比诸夷狄为幽冗。犬戎强盛频侵削，降有慎心战无勇。夜防钞盗保深山，朝望烟尘上高冢。鸟道绳桥来款附，非因慕化因危悚。清平官系金呿嵯，求天叩地持双琪。益州大将韦令公，顷实遭时定汧陇。自居剧镇无他绩,幸得蛮来固恩宠。为蛮开道引蛮朝,迎蛮送蛮常继踵。天子临轩四方贺,朝庭无事唯端拱。漏天走马春雨寒,泸水飞蛇瘴烟重。椎头丑类除忧患,瘇足役夫劳汹涌。匈奴互市岁不供,云蛮通好辔长靳。戎王养马日渐多,南人耗悴西人恐。(天启《滇志》卷27 第907 页)

洪武十七年,云南又金、银、贝、布、漆、丹砂、水银代秋租,于是谓米麦为本色,而诸折纳税粮者,谓之折色。(《明史·食货志》卷78 第1894 页)

威远,唐南诏银生府地,旧为濮落杂蛮所居。……洪武三十五年,以土官刀算党为威远知州。永乐三年,(土官)算党进象马方物谢,颁降敕谕金字红牌,赐之金带、织金文绮、袭衣及银钞、锦币。二十二年,土官刀庆罕等来朝,贡马及方物,赐庆罕钞八十锭,紵丝、罗纱,及头目以下,皆有加。……正统二年,土知州刀盖罕遣人贡马及银器,赐綵币等物,并以新信符给之。……时西南诸部多相仇杀,所给金牌、信符,烧毁不存。景泰六年,刀盖罕、随乃吾等来朝贡,因命其管属本州人民,复给与金牌、信符、织金文绮,赐敕谕遣之。成化元年,威远州土舍刀朔罕遣头目刀昔思贡象马并金银器,赐予如例。其俗勇健,男女走险如飞。境内有河,汲水练炭上即成盐。无秤斗,以篓计多寡量之。(《明史·云南土司》卷314 第8105 页)

大侯,蛮名孟祐,百夷所居。元中统初,内附,属麓川路。洪武二十四年,置大侯长官司。永乐二年,颁给信符、金字红牌。三年,大侯长官司长官刀奉偶遣子刀奉董贡马及银器,赐钞币。六年,长官刀奉偶遣弟不纳狂来贡,赐予如例。宣德四年,升大侯长官司为大侯州,以土官刀奉汉为知州。时刀奉汉奏:"大侯蛮民复业者多,岁纳差发银二百五十两。湾甸、镇康二长官民少,岁纳差发银各百两,永乐中俱升为州,乞援二州例。"帝谕吏部曰:"大侯民多复业,亦其长官善抚绥也,宜增秩旌之。"故有是命。八年,大侯州入贡,遣内官云仙往抚之,并赐锦绮有差。正统三年,土官刀奉汉子刀奉送来贡,命赏敕并织金文绮绒锦诸物,赐刀奉汉并及其妻。……十一年,大侯知州奉外法等贡银

器、象马,赐綵币、衣服有差。(《明史·云南土司》卷 314 第 8109 页)

干崖,旧名干赖睒,僰人居之。……境内甚热,四时皆蚕,以其丝织五色土锦充贡。……永乐三年,干崖长官曩欢遣头目奉表贡马及犀、象、金银器,谢恩,赐钞币。五年设古剌驿,隶干崖。曩欢复遣子刀思曩朝贡,赐赉如例。自是,三年一朝贡不绝。宣德六年改隶云南都司。时长官刀弄孟奏,其地近云南都司,而岁纳差发银于金齿卫,路远,乞改隶,而输银于布政司。从之。正统三年,命仍隶金齿军民指挥使司。(《明史·云南土司》卷 315 第 8136 页)

《唐初经理滇中①》:……按:滇本瘠土,前史咸言其地有金银、丹漆、牛马、盐布之利。故历代英主争尽心焉。究之岁入,未足以供设官置兵之费,动耗内地数百万金钱以益之,而尝不免于乱,则亦何资于此哉?善矣,夫张蜀州之请罢之也。其略曰:姚州,古哀牢之旧国,绝域荒外,山高水深,自生人以来洎于后代,不与中国交通。前汉唐蒙开夜郎、滇、笮,而哀牢不附,至光武季年始请内属,汉置永昌郡以统理之,乃收其盐、布、氍、罽之税,以利中土。其国西通大秦,南通交阯,奇珍异宝,进贡岁时不阙。先主据有巴、蜀,尝以甲兵不充。及备死,诸葛亮五月渡泸,收其金、银、盐、布以益军储。使张伯岐选其劲卒勇兵以增武备。故《蜀志》称:自亮南征,而国以富饶,甲兵充足。由此言之,则前代置郡,其利颇深。今金、银、盐、布之税不供,珍奇之贡不入,戈戟之用不实于戎行,宝货之资不输于大国,而空竭府库,驱率平人受役蛮夷,肝脑涂地,臣窃为国家惜之。……(《滇考》卷上第 95 页)

缅人于壬辰岁以贡物入,余时在澜沧犒之。牙象一、母象一、番布、古喇锦、金段诸布帛,皆与中国异,一金瓶嵌碎宝极工。(《肇域志》册 4 第 2425 页)

---

① 以下诸字,原本无,据四库全书文渊阁本《滇考》补。

（六）钱法

本土不用钱。凡交易缯帛、毡罽、金、银、瑟瑟、牛、羊之属，以缯帛幂数计之，云某物色直若干幂。（《云南志补注》卷8第118页）

他们使用的金钱或货币是这样制法的：将金子制成小条，不经任何造型，按照重量通用，这是他们较大的货币。至于较小的货币制法如下：这里有许多盐井，他们从井中取水，放在小锅内煮成盐。当水沸腾一小时后，变成糊状，将其制成小饼，每枚价值二辨士。这种小盐饼下平上凸，放在近火的热瓦片上，让它烤干变硬。这种盐币上，打有大汗的印记，非他自己的官员，不得铸造这种盐币。八十个盐饼当作一个金萨吉。可是，当商人将这些盐饼运到山区地带或人迹罕至的地区去时，按当地土人的落后情况，以及远离城市和安居本土程度不同，分别可以用六十、五十、甚至四十个盐饼换得一个金萨吉。这些商人，也同样流串在上述的西藏省的各地山区和其它地方，盐币在那里也一样通用。这此商人获得相当大的利润，因为这里乡下人的食物中要放盐，并且认为食盐是必不可少的。同时，城市居民仅仅把盐饼的碎片用在食物中，至于整块的盐饼则当做货币流通。（《马可波罗游记》卷2第47章《云南省》第143页）

他们是用从海里捞取的一种白贝壳作为货币，亦可作为项饰。八十个贝壳等于一个银币的价值，或两个威尼斯银币。八个真的银币等于一个纯金的萨吉。这里有许多盐井，居民所用的盐都取自这里。盐税是皇帝的大宗收入。（《马可波罗游记》卷2第48章《哈剌章大省和省会大理》第145页）

钱价，百物皆贵，惟钱最贱。予初到时，纹银一两，易大钱一千一百五六十文。日渐平贱，至四十六七年，易大钱一千五六百文，大理永昌竟至二千余文。故物价虽贵，合之银数，其实与他省相似。钱有折头，有串底。吾乡市钱，雍正年间用八十为百，后减至七十,近则六十七八。苏州又有土串名色,仅六十二三矣,此所谓折头也。滇省用足百钱,并无折头名色。至于串底,各省皆有,吾乡向例:七百钱短四文,今则十文。滇中每千向短二文,今则渐短至二十二文矣,风俗之渐趋于浇薄如此。(《滇南闻见录》卷下第 26 页)

平色,滇平较库平仅减二分,惟大理平轻,与京平略相似。滇省通行银九八九色,锭如粟形,约重二两,无低潮色银。苏圆银不行,易钱多吃亏也。(《滇南闻见录》卷下第 27 页)

《钱谷》:云南地丁钱粮银不满十六万,米不满十七万,盐课六万有奇,此前朝之大略也。顺治十六年,平定滇南,地丁钱粮,悉从旧额,无复可加矣。逆藩以冗滥太多,遂于盐课之内,增为二十四万,留充兵饷,是四倍于旧额矣。盐价暴起,官民苦之,而饷复不足,于是司盐政者始日详督抚,请减盐课矣。逆藩又虑自我增之,自我减之,尤为司农所短,乃以美言唉司盐政者曰:"盐额不足,且无请减,贵道但具借状一纸,本藩自发兵饷,俟次年补还,可不累汝考成矣。"是徒以文具相饰,在逆藩固未尝责偿,在盐道固未尝奉还也。今逆藩授首,而弊政如故,六井灶户,蹙额相向,峒寨之民,半为淡食。若不稍为变通,终为兵饷之累矣。又山僻小县,户不满二千,银不满四百两,米不满五百石,乃有一印官、一尉、一教职,计其官吏俸红、衙役工食,反浮于地丁钱粮之外,而民间之夫差柴料不与焉。在朝廷何利有此县,在民间亦何赖此冗物也?谓宜将此等小县尽行裁并,而设一巡司以统之,亦宽民力之一端也。(《南中杂说》第 9 页)

《往昔云南之钱法》:钱,古作泉,取其流行周遍也。《正字通》曰:冶铜为钱,易货也。古之为市,以其所有,易其所无,布币、金刀、龟贝之法穷,钱始行。太公立九府圜法,外圆而内孔方,轻重以铢。秦则废贝而行使钱,汉以后大小轻重不一,名称各殊,国家改元,必要铸,以年号为文,轮廓必如旧。据此而谈,是每一朝代都必铸有些钱出也。云南在明朝嘉靖年间,即开始在昆明设局铸钱,于是嘉靖、万历、天启、崇祯四朝,云南俱铸有钱出,而尤以天启、崇祯两朝之钱为多。市面上流行之钱,在清初时,亦不只有嘉靖、万历、天启、崇祯四种,亦有唐之开元(713~741年)、宋之元祐、元丰(应为元丰、元祐,1078~1094年)、元之至正(1341~1368年)及张献忠之大顺(1644~1646年)、安南之宽永、吴藩之昭武、洪化(吴三桂称王之年号)等钱杂于其间。按开元、元祐、元丰等钱,实非云南之所铸,是由外省而流入者。大顺钱全由四川流入,宽永钱由安南流入,此一些钱亦不是在清初得流,于是即在清末光绪年间,亦能与清代所铸之一切制钱共同行销于市。清代在云南设局铸钱,是在康熙三十年(1691年)后,局曰宝源,其地址即是后来之造币厂。于康熙某年间开局铸造,然铸出之钱不多,故市面无多的康熙及雍正钱流行,而铸出的康熙、雍正钱,在色质上亦只平平。逮至乾隆时,云南宝源局铸出之乾隆钱,则大异于康熙、雍正两个时代之所铸者。宝源局所铸之乾隆钱,在色质上、轮廓上、重量上,无不强于他省。所以然者,盖由纯用白铜和以其它金属,复用沙极少,而每文重量为一钱二分,每吊为七斤半(清制每斤为十六两,相当于596.82克)。以是,既大样而又整齐,既滑泽而又漂亮,真堪称为盛世之国宝也。同时,尚铸有一种金钩钱,尤为整齐漂亮,但不多耳。据前辈人云,此是一标本也,得者多宝而存之,今则难于寻获也。乾隆钱中,亦有一种圜形较小、体重一钱者,昔时咸名之为小金墩钱,其铜色虽好,终不若重一钱二分之一种乾隆钱中能泛银光也。闻此是江南省所铸造者。在嘉庆时,云南所铸之嘉庆钱,其色质则有次于乾隆钱。道光钱在道光二十年(1840年)以前铸者,其重量每吊固仍为七斤半,但轮廓上、色质上则有逊于乾隆钱多矣。缘质地上,铜只占百分之六十,其百分之四十系他种金属与沙也。在道光末叶及咸丰初年,云南钱法即有改变,重量上每文改为一钱,是每一吊钱只重六斤四两。不久,云南即有乱事发生,三迤骚然,各处矿厂停业,铜之来源顿告缺乏。省中大吏们乃将钱法大为改变,每文钱订为八分重,每吊钱只重五斤。而且铜只用百分之五十,余则为他种金属,而含沙愈重。此则自咸丰七年(1857年)后至光绪十年(1884年)前,都作如是办法,制出之钱,咸称为小钱。若乾隆、嘉庆、道光三朝,与康、雍两朝之钱及唐、宋、元、明时代之一切古钱，则称为大钱。在同治元年（1862 年）后光绪十二三年前，云南钱法十分凌乱。如昆明城市上作一切交易，有用净大钱、净小钱者，有用大钱而杂以小钱，用小钱而杂以毛钱者。杂小钱、杂毛钱，又有杂二八、杂三七，乃至杂四六之分。因而以钱易银，以银易钱，都有种种之不同。有一两银换钱一吊二三百文者，换一吊四五、换一吊六七、换一吊八九乃至二吊以上者，故一切交易，俱依据钱文之好丑来论价。如买一顶川缎瓜皮小帽，用净小钱买只须三百文，用杂有四成毛钱之小钱买，则要三百七八十文。其情形如此，真不足以言币制。毛钱不是官方铸造之钱，是倭铅厂及一些小铜厂上，用倭铅及沙，稍入点铜而铸成者。每文钱上亦无字文，亦无铜色现出，只不过略具轮廓眼孔而已。此亦有大小不同之两三种，大者每文能重四五分，小者只重二三分。每文钱仅重二三分，其小可知，因而一般人称此一种小毛钱为鹅眼钱。是时的毛钱，不啻一种货品，凡铸造毛钱之一些地处，自有些商人前往购致十驮八驮的，彰明较著，运入省来售卖与一切银钱铺，贩运时，官府亦不之禁。又在咸丰年间，云南曾造过一种当十大钱，系以六成黄铜、四成倭铅及沙而铸成。每文重五钱，正面为"咸丰重宝"四字，背面有"当十"二字及满文二。此种钱在初造出时，颇能流通于市，未二年，咸丰驾崩，同治即位，此种当十钱遂停铸，人民便存此为玩物。云南钱法，直淆乱至光绪十二三年，既而镇远谭公钧培来抚滇，始与岑督毓英商订，改良钱币办法。乃另铸一种重库平一钱之大钱，千文重六斤四两，其大处则差小于云南所铸之乾隆、道光两朝钱，而与云南所铸嘉庆钱之大小厚薄处相同。准以银一两易新大钱一吊四百文，用时以八十文准一百，但不得杂入小钱于新大钱中，原有之康、雍、乾、嘉、道光五朝大钱，得与新大钱同一价值。市面流行之咸丰、同治、光绪三朝小钱，仍许在市通用，所有毛钱也不禁止使用。自是之后，新大钱遂与旧小钱并同流行于市，至于毛钱，亦渐次稀少。小钱之搭毛钱者，至多不过三七成。而一些乾隆、嘉庆钱，便有人取而熔化，制造铜器。在光绪三十年（1904 年）前后，每千文乾隆、嘉庆钱，即值银一两二三钱。光绪二十八年（1902 年），云南造币厂始成立，造银币而又兼造铜币。铜币只两种，一为抵旧小钱十文之单铜元，一为抵二十文之双铜元，单铜元重库平一钱八分，双铜元重二钱八分。此两种铜元，在初造时，铜的成分极高，色紫而润，轮廓极整齐，字迹花纹极显明，无纤毫之模糊。人民动美好之观感，遂舍一切大钱、小钱、毛钱而弗用。总之，是以其携取便利也。此而所有的一切旧制钱，便逐渐的冻结于外县。积至入于民国，省内外之一切地方，无不畅用铜元，旧制钱竟归于无用。此而一般愚卤（鲁）者，遂将其存有之钱埋存于地下，黠者则取而熔化之，于是旧制钱遂告绝迹。云南铜元，在初造时，质与色俱好，故有价值，后则愈造愈劣，竟大不得人重视，遂至于滥。铜元滥，物价当然增高，所以民国八九年间之物价，较民国元二年间，实增高至一倍有奇。民国八九年，造币厂又造出一种唐头（铸有唐继尧像者）当十大铜元，此系用黄铜制造，究不甚通行。至于单双铜元，又因市面铜价高，黠者又取铜元而熔化，所以到了民国三十年前后，单双铜元亦不多见于市面矣。此为近二三百年来云南钱法上之一概略。（《云南掌故》卷 6 第 165 页）

《往昔云南之货币》：货币为商业交易上所用之一种媒介物也，可大别为三：一、古代以贝壳、兽皮、谷玉等为币，曰物品货币；二、后世用金、银、铜、铁等为之，曰金属货币；三、曰信用货币，即纸票也，而此亦曰代表货币。云南在五百年前，有许多地方尚未开化，仍是固守蛮夷之俗，作一切交易多是用物品货币，复专以贝壳为主，即今人所谓之海巴也，少数用金属货币，而亦惟铜钱也。降至三百年前，始多用钱而少用海巴，若省会地方，则纯用钱，复兼用银块。云南自康熙朝后，三迤产银颇盛，于是在商业交易上，便银块与铜钱并重。闻在一百五十年前，云南所用之银块，尚无一正当形体，在厂提炼出来之纯银，大都是一大块、一大饼者，此亦可以入市使用，则名为厂饼。迤西方面的人，则以一小模型，复将其大夬大饼熔化，倾入模型中，取出则成一底圆而面平之一小锞，是为母鸡锞。迤西母鸡锞约重一两或不足一两，于使用时殊便。迤南方面亦仿此而造锞，但模型较为深大,制出之锞则高而且大,是为箩箩锞。迤东方面熔造之银锞,则形圆而冇(读卯,意为没有,此处用意不明),有如一筛子形,咸称为银鳖子,以其有类于鳖也。然母鸡锞与箩箩锞之成色殊高,直有百分之九十八或九十九净银。迤东之银鳖成色低极,有六七成者,有八成上下者,而最高亦不足九成。昆明银块较有规模,熔化银于一方而微长之模型内,取出后,则以一钢印捶凹其两头,中间亦捶一浅浅印痕,如是则依稀似一牌坊形,是名为牌坊锭。每一深凹处,俱藉钢模而现出"某某字号足色纹银"八字。造牌坊锭之字号称为煎销铺。煎销铺之造牌坊锭,是收买厂饼、银块、银锞及由外输入之川锭、广锭、江西宝等,配合成色而熔化之,制造之。在同治年间,每一牌坊锭只重三两二三钱,轻者犹不足三两,然大都是在三两上下也。后以每百两有三十余锭,包裹上不易于整齐,至光绪初年,遂改其模型,概造成五两上下一锭之牌坊锭。如是,每百两只有二十个,包裹上自见整齐也。云南之牌坊锭,在咸同年间,多是成色不一,有九七八者,有九五六者乃至有九一二者。在商业交易上,是看银水来订货物之价值。因而是时的学生易(意)人,须学会看银水,学熟算盘,才够得上站铺面。有人来购大批的货,在生易(意)将要拢膛时,就得要向买主方面索出其银,看其成色如何。总之,是抱定着一个九八银水来做生易(意)。故尔,是时的生易(意)颇难做,站栏柜的人真要有本事。光绪初年,将牌坊锭模型改变后,银色也就认真,通统订为九八成色。煎销行中又订出一办法,就行次中推举出一家为勘定银水者,呈请官厅批准该勘定银水者,得使用一钢戳,戳上有文为"某某公估勘讫"数字。于是此勘定银水者便称为某公估,银即称为公估纹银。自是之后,一切煎销铺造出之牌坊锭,都得要送往公估家盖戳,凡不足九八成色者,公估处则拒绝而不盖戳。所谓不足九八者,亦只是在九七成色之上下,亦绝不至低到九六。不得盖上公估戳之牌坊锭,便宰作两节使用,时人则名之为砍头公估。此种银只能在市面使用,不能在交纳赋税上使用。煎销铺,除造公估纹银外,又代盐政上煎造一种足色盐锞银,其型仍是一种牌坊锭,只成色较高,银水较足耳,此则是各盐场解交盐课之所用者。此外,有造滴水珠,有造两许重一枚之小元宝、小银锭者,是玩意儿也。又是时市面有一种四方形银锭,中有一槽,现有字纹,是乔后盐场之锞锭,其成色最足,人多宝之。自光绪二十年(1894年)后,即有多数洋蚨(音芙,古代用做钱的别名)流入云南,且种类甚多。其间则有站人、天秤两种,银水较高,能值七钱银一文。若飞鹰、扳桩、日圆等,都只值六钱四五分一文。虽然,亦能行使于市面也。逮至光绪二十五年(1899年)后,云南始有大理湖北龙圆输入。至二十八年(1902年),云南造币厂成立,云南货币乃起重大之变化,于是半开银圆日渐充斥,牌坊锭、母鸡锞等,便日就消灭矣。(《云南掌故》卷6第168页)

币制:永宁在清末时,以铁片为贸易的媒介物,等于辅币。铁片形状,为长方形,长二寸,宽一寸,厚一分。以铁片壹百枚,抵银壹两,可以购买货物。以银一分,为铁片一枚,照算付价。现在这种铁片,还保存于喇嘛寺内,作为香客送僧侣的赆敬。凡香客之到喇嘛寺施舍者,出银三两,可兑铁片三百。广为施舍,以便普遍。至于市面上已失效用。一九四〇年前后,以半开洋帽充藏钱,为通行货币,以镍币为辅币。银币一元,抵镍币叁百分。帽圆一元,抵镍币壹百分。藏钱壹枚,抵镍币五十分。至一九五〇年解放后,施用人民币,以半开银元一圆,抵人民币陆仟元。(《宁蒗见闻录》第3篇第293页)

二十六、综录

哀牢王出入射猎骑马，金银鞍勒加翠毛文饰。《太平御览》卷三百五十八《兵部》八十九引。（《云南古佚书钞·附永昌记》第4页）

宁州，……先主薨后，越嶲叟帅高定元杀郡将军焦璜，举郡称王以叛。益州太守雍闿亦杀太守正昂，更以蜀郡张裔为太守。……丞相诸葛亮以初遭大丧，未便加兵，遣越嶲太守巴西龚禄住安上县，遥领郡。从事蜀郡常颀行部南入，以都护李严书晓谕闿。闿答曰："愚闻天无二日，土无二王。今天下派分，正朔有三，远人惶惑，不知所归。"其傲慢如此。颀至牂牁，收郡主簿考讯奸。褰因杀颀为乱。益州夷复不从闿，闿使建宁孟获说夷叟曰："官欲得乌狗三百头，膺前尽黑，蟎脑三斗，斲木构三丈者三千枚，汝能得不？"夷以为然，皆从闿。斲木坚刚，性委曲，高不至二丈，故获以欺夷。（《华阳国志》卷4第351页）

永昌郡，……土地沃腴，（有）黄金，光珠、虎魄、翡翠、孔雀、犀、象、蚕桑、绵绢、采帛、文绣。又有貊兽食铁，猩猩兽能言，其血可以染朱罽。有大竹名濮竹，节相去一丈，受一斛许。有梧桐木，其华柔如丝，民绩以为布，幅广五尺以还，洁白不受污，俗名曰桐华布。以覆亡人，然后服之及卖与人。有兰干细布，兰干，僚言纻也，织成文如绫锦。又有罽旄、帛叠、水精、瑠璃、轲虫、蚌珠。宜五谷，出铜锡。（《华阳国志》卷4第430页）

骠国，在蛮永昌城南七十五日程，阁罗凤所通也。其国用银钱。……有移信使到蛮界河赕，则以江猪、白氈及琉璃罂为贸

易。(《云南志补注》卷9第128页)

昆仑国,正北去蛮界西洱河八十一日程。出象及青木香、旃檀香、紫檀香、槟榔、琉璃、水精、蠡杯等诸香药珍宝犀牛等。(《云南志补注》卷9第129页)

尾濮国,一名木濮,汉魏以后在兴古郡,今云南郡西南千五百里徼外……地有稷及陆稻,多盐井,有犀象,兵有弓矢甲铠,以赤猱猴皮加垂锡珠翠羽为冠帻。木绵濮,土有木绵树,多叶,又生房甚繁,房中绵如蚕,所作茧其大如捲。黑僰濮,在永昌西南,山居,耐勤苦,其衣服,妇人以一幅布为裙,或以贯头,丈夫以毂皮为衣,其境出白蹄牛、犀、象、琥珀、白金、桐华布,又诸濮之域,皆出楛矢。《尔雅》云南至于濮铅,《周书·王会篇》卜人丹砂注云:卜人,西南之夷蛮,丹砂所出。今按濮人,盖卜人也。按诸濮与哀牢地相接,故附之。(《太平寰宇记·南蛮》卷179)

境内有猛永山、沙木江。产鍮石、铜、木香、沉香。(景泰《云南图经志书》卷6《车里军民宣慰使司》第346页)

所产有象,土酋畜之骑坐,凡战斗用为前阵。有白檀、安息二香。(景泰《云南图经志书》卷6《八百大甸军民宣慰使司》第346页)

境内甚热,四时皆蚕,以其丝染五色,织土绵充贡。其土产有白莲花、猫头竹,又有竹𪕤,大如兔,至肥可食。(景泰《云南图经志书》卷6《干崖宣抚司》第347页)

其结亲则用谷茶二长筒,鸡卵五七笼为聘礼。客至则以谷茶供奉,手拈而食之。所产有叫鸡,昼夜依时而鸣。又有红藤葰,夷妇用为腰饰。(景泰《云南图经志书》卷6《南甸宣抚司》347页)

杉、榿、熊、豹。(正德《云南志》卷12《新化州》第511页)

麝香、鹿茸、毡、松子、山鸡、牦牛俱滇蒵州出。(正德《云南志》卷12《澜沧卫指挥使司》第525页)

铜、铁、锡、茶、漆、靛、细布。(正德《云南志》卷13《金齿军民指挥使司》第540页)

犀、象、鍮、盐、金、银、铁、丝、石铜、木香、沉香、乳香、安息香、槟榔、棚椒、苏木、莎罗被、红手帕^{俗云}、白檀香。（正德《云南志》卷14《车里军民宣慰使司》第574页）

象、犀、马、椰子、石油^{自石缝流出，臭恶而色黑，可搽毒疮}、白毡布、兜罗锦。（正德《云南志》卷14《缅甸军民宣慰使司》第578页）

犀、白檀香、安息香。（正德《云南志》卷14《八百大甸军民宣慰使司》第580页）

犀、乳香、西木香、鲜子、诃子。（正德《云南志》卷14《老挝军民宣慰使司》第582页）

孔雀、叫鸡^{昼夜依时而鸣}、红藤篾^{夷妇用为腰饰}。（正德《云南志》卷14《南甸宣抚司》第587页）

土锦、白氎布、白莲花、竹𪕏^{大如兔，肥可食。至}（正德《云南志》卷14《干崖宣抚司》第590页）

芋^{大者长一尺二三寸}、孔雀、毫猪、紫胶、大药、鲜子、鳞蛇、鹦鹉。（正德《云南志》卷14《陇川宣抚司》第593页）

香橙、橄榄、芋、蔗、籐。（正德《云南志》卷14《芒市长官司》第602页）

鍮石铜、木香、沉香。（万历《云南通志》卷4《车里军民宣慰使司》第37页）

响锡、胡椒。（万历《云南通志》卷4《木邦军民宣慰使司》第38页）

琥珀、碧瑱、马、蟒^{巨蟒也，有四足，胆可解诸毒。}（万历《云南通志》卷4《孟养军民宣慰使司》第39页）

象、犀、马、树头酒^{树类棕，高五六丈，结实大如掌，土人以曲纳罐中，而以索悬其罐于实下，划其实取汁，流于罐以为酒，名曰树头酒。或不用曲，惟取其汁熬为白糖，其叶即贝叶，写缅书之}、椰子、石油^{自石缝流出，臭恶而色黑，可搽毒疮}、白氎布、兜罗锦。（万历《云南通志》卷4《缅甸军民宣慰使司》第39页）

象^{土酋畜之骑坐，凡战斗，用为前阵}、白檀香、安息香。（万历《云南通志》卷4《八百大甸军民宣慰使司》第40页）

犀、乳香、西木香、鲜子、柯子。（万历《云南通志》卷4《老挝军民宣慰使司》第41页）

孔雀、叫鸡（昼夜依时而鸣）、红藤篾（夷妇用为腰饰）。（万历《云南通志》卷4《南甸宣抚司》第42页）

土锦、白氎布、白莲花、竹鼬（大如兔，至肥可食）。（万历《云南通志》卷4《干崖宣抚司》第43页）

芋（大者长一尺二三寸）、孔雀、毫猪、紫胶、大药、鲜子、鳞蛇、鹦鹉。（万历《云南通志》卷4《陇川宣抚司》第44页）

大药（有大如斗者，味极甘美）、鲜子（大如枣，味酸）、蟒胆（可解诸毒药）、水乳香。（万历《云南通志》卷4《镇康州》第46页）

金沙（金沙江出）、香橙、橄榄、芋、蔗、篾。（万历《云南通志》卷4《芒市长官司》第47页）

明何镗《游点苍山记》：自余从事四方，则知点苍为南中胜景，然去中州万里而遥，海内士人所希觏，故载记亦缺略。……乃余辖诸银场，而银场诸硐半在迤西，遂以督课行部，腊后始发，浃旬至洱海。……又登老君庵，见山南林木佳茂，问为王氏静修所。遂合诸宾，渡小涧，入坐佛堂，赏玩前墀山茶，花鲜红，大如盘，可爱。乃小饮于前，阁外棕林萧萧罗列，可手抚弄。……开岁之二日，云川高公戒游天台寺。寺在龙泉峰下。从一塔寺西上可三里，见松柏丛茂，为高氏乐丘。……遂宴于前佛宫北院。院后有迎春花棚，高丈余，周遭可五十武，花干大可合园，亦百年物。……又闻点苍山巅有龙湫，名高河，周遭石甃，水澄碧无底。湫旁四周，有五色杜鹃树，皆大合抱，花时如锦城，每叶落入水，辄有鸟衔去。（万历《云南通志》卷14第52页）

隋梁睿《请略定南宁州疏》：梁睿威振西川，夷、獠归附，唯南宁酋帅爨震恃远不宾。睿上疏曰：窃以远抚长驾，王者令图，易俗移风，有国恒典。南宁州，汉世牂牁之地，近代以来，分置兴古、云南、建宁、朱提四郡。户口殷众，金宝富饶，二河有骏马、明珠，益宁出盐井、犀角。（万历《云南通志》卷14第31页）

僰夷风俗：……诸夷物之珍者，犀象、孔雀、鳞蛇、云母、琥珀、古剌锦、编藤、漆器。（万历《云南通志》卷16第6页）

泛海有至伽庐国者,述其事曰:土热,衢路植椰子、槟榔,仰不见日。王居以金银为甓瓦,以香木为炊爨,堂饰明珠,有二池,以金为堤。舟楫皆饰金宝。……(骠)王出,舆以金绳床,远则乘象,嫔史数百人。青甓为圆城,周百六十里,有十二门,四隅作浮图,民皆居中,铅锡为瓦,荔支为材。……有百寺,琉璃为甃,错以金银、丹彩,紫矿涂地,覆以锦罽。王居亦如之。……衣用白氎,朝霞以蚕帛伤生,不敢衣。戴金花、冠翠,胃络以杂珠。王宫设金、银二钟,寇至,焚香击之,以占吉凶。有巨白象,高百尺,讼者焚香跽象前,自思是非而退。有灾疫,王亦焚香对象跽自咎。……土宜椒、粟、稻、粱,蔗大若胫,无麻、麦。以金银为钱,形如半月,号"登伽佗",亦曰"足禅佗"。俗无膏油,以蜡杂香代炷。与诸蛮市,以江猪、白氎、琉璃、罂缶相易。妇人当顶作高髻,饰银珠,琲衣青婆裙,披罗缎,行持扇,贵家者傍至五六。(万历《云南通志》卷16第6页)

爨蛮风俗:……其在丽江府附近,于四川者曰麽些,与吐蕃接界,多羊马及麝香、名铁。(万历《云南通志》卷16第7页)

催生石,亦出西陲山下,色翠而间以白,作酒器,饮之云能治产难,然不甚验。至于紫英、云母、石青、深绿、石黄,地所时有,不足珍也。其他如水精、绿玉、墨玉、碧瑱、古刺锦、西洋布、孩儿茶之属,皆流商自猛密迤西数千里而至者,非滇产也,而为滇病最甚。然《后汉书》已称永昌出金、银、光珠、琥珀、水晶、瑠璃、轲虫、蚌珠、孔雀、翡翠、犀、象、猩猩、貊兽,以今较之,又不逮矣。(《滇略》卷3第235页)

云南郡雄据滇池,方广三百里,旁平地肥饶千里,有盐池、田渔之利,金银、畜产之富,人俗豪汰,自汉已然。史谓巴蜀商贾窃出取其筰马、僰僮、牦牛,以致殷富。自唐以来,日寻干戈。国朝一以汉法绳之,贡赋烦重,损瘠之色可掬。然田无旱潦,米不转输,山泽之利,取之无禁,民至老死不相往来,他方乐土未必胜此也。(《滇略》卷4第242页)

临安之繁华富庶,甲于滇中。谚曰:金临安,银大理。言其饶也。其地有高山大川,草木鱼赢之产,不可殚述。又有铜、锡

诸矿,展转四方,商贾辐辏。其民习尚奢靡,好宴会,酒肴筐筐,殆无虚日。近来多盗,炮鼓不时起矣。(《滇略》卷4第243页)

永昌、腾越之间,沃野千里,控制缅甸,亦一大都会也。山高水深,饶竹、木、鱼、豕、鹿、虾之利。其人儇巧,善制作,金、银、铜、铁、象牙、宝石、料丝、什器、布罽之属皆精好,甲他处。加以诸夷所产琥珀、水精、碧玉、古喇锦、西洋布及阿魏、鸦片诸药物,辐辏转贩,不胫而走四方,故其习尚渐趋华饰,饮食宴乐。谚谓永昌一日费三百石酿米,亭午以后,途皆醉人,此其敝也。(《滇略》卷4第243页)

缅甸以西,其人不知四时节序,望月测时。地多平川,土沃人繁,勤于务本。牛不穿鼻,故不服耕,惟妇人用钁锄之。……草木禽兽皆有异者。有草,小穗而尖,自结为一蘽,衣染之,身即染瘴。路旁大木多二干并生,高三五丈许,结为连理。有矮脚鸡,其鸣无时,牝鸡亦然。鱼有鲇头而鲤身者,牛有水牛头而黄牛身者,又有牛峰如驼者。……物之珍者,犀、象、孔雀、蟒蛇、云母、琥珀、古刺锦、编藤、漆器,以毡、布、茶、盐互相贸易。欧阳文忠公《归田录》云:家藏西南夷人所卖蛮布、弓衣,其文织成梅圣俞《春雪诗》,真宝玩也。此物即古刺锦也。(《滇略》卷9第325页)

永昌之产,在通省独多而奇,然有取之三宣六慰缅甸者,远之数千里。据《腾越志》谓,宝石、琥珀、象牙、水晶、绿玉、黑玉、催生石、古喇锦、西洋布、哈芙蓉、阿魏、黑药、孩茶,不产于腾,其语甚详,盖祖仁甫氏所引杨士云屏石之论。然今日圣祖在上,远地恬然,莅兹土者,相尚以清静宁谧,一切如不闻不知,只以供五方商贾,作无翼不胫自然飞走之奇兽已耳。且既已称永昌产矣,忍令埋没不闻于海内?今取前志所载,录其异者如左①。……参考《腾越志》,续修于郡人黔司李张邦教,其人奇士也,所载色色多奇字,以识物之奇。如谷之类,有其子者,可以作油,焚林而取之,伤生实多,水源涸,宜加厉禁。有树窝者,分青、白、黄三

---

① 异产内容,详见各属条目中,此处略。

色。蕨，分四色，或黄、或白与红、紫。鸡葼，分青、白二种。甘蔗，有黑者。樱桃，有苦味。葡萄，有出于山中者。橄榄，两种，一加小字，一加花字。梧桐子，家者小，山者大。一名山松，天下所共珍而黜于郡志。又云棋，即瓜楠，如杏。榹，即山桃。橵，即山栗，有大有小。苀，即土瓜。栭，即小栗。蛇皮果，不知其似。如云慈竹、斑竹、筋竹，坚而理；实竹，中坚；苦竹，作栀；濮竹，作渔鼓；麻竹，取为麻，作屦，作绳；空竹之叶大于掌，即箬叶箭杆竹，为矢——然皆此君之厄矣。又云深山古木，不知名者甚多。卉，分十二月：正月茶花，曰坐马樱、上苑胭脂、单叶毬，皆遍植如林；二月茶，曰盛冬妆，会城无此名；五月，为蝴蝶兰，五色，寄生古树；石斛，一名栽稯兰莽，有三色，紫绿根，即山豆根；十一月，为童子山茶，蓝叶，有大有小，皆可取靛。莴，即寄生。蒚，即马鞭草。蘁，即鸡头薇，有二种，有金丝荷叶，有老军须，皆药草。鳲鸠，即布谷。白鹭，有大有小。鹬，即翠。鴂，即博劳。鷽，即山鹊，滇郡即叫天小鸟，疾飞高，自坠而下，《庄子》所谓"抢榆枋"也。又有金金齿，有冬至、水鸦及十二红，皆禽类。鸳鸯，有真鸳，有草鸳，不知何分别。虫，曰熠火^{即萤}、曰蟠^{即鼠妇}、蝼蛄^{即土狗}。又有蟿，有百鸡，或禽虫述所未及者。药，曰蚤休^{即紫河车}、诃梨勒子^{即诃}、煮鸡药^{一名轩辕草}。又有名七叶一枝花，有名排风藤，有名大蓟根、昌黎。所谓医师之良，俱收并蓄而待用者乎！（天启《滇志》卷3《永昌府》第115页）

明俞纬《滇南赋》（节选）：滇南草木子尝慕司马子长之游，恨其时初事南服，心多体倦，役目骋耳，未足以尽其大观也，怅然言于西蜀石潭先生曰：夫人居胜地，则其志朗，其御远；处偏安，则其中偃，其气索。此牵乎地者也。又读《帝系》，舜以诸冯而继命，西伯以岐山而造周。为之而已，曷与地谋？此系乎人者也。先生以余歉处滇者乎？请诵所见闻而先生就正焉：夫滇之处绝镇也，地衍西南之域，天文井鬼之分，肇自巨唐，宅西于昧谷。《禹贡》导水于南滇，庄蹻据众而可王，既又通五尺于嬴秦。迄乎汉氏，置五郡，凿昆明，张骞之通西徼，诸葛之事南征。控八垓于神州，辟万里之烟云，廓泸江而为门，掘西缅以为塞。接交益而井峙，抗昆仑之重扼。紮乎数陆之所凑，族类不减乎中土。或炫烂之怪错，奄八区而会五。于前，则跨带交趾，连延南海；危岩撑空，悬石云霭；溪汨汨而渚流，谷掩掩以伏偃；途迷迷乎横宇，亘万里而愈远。于后，则据踱吐蕃，枕輶石门；崎岖跳跌，要害之屯；北指辕以岷巴，复远御乎陇右；背长江以为堑，还九嶷而错缪。于东，则右绵施鬼，万堑所充；嵩峻岘嶙，肩鳌柱空；涵沃野于千里，负天限之关垣；引长渠于二广，却风门于辰沅。于西，则遥制八百，控有孟密；老挝肢属，干崖附籍；皇图远踱乎退陬，犷悍驯扰于帝怀；恒恳恳以纳款，又何间乎菁莱？其封域之内，则夷险崇阜，雄据千里；长林邃谷，屏岭堑水。盖将自其大者而观之。其山，则龙盘凤翥，虎踞蛇伸，冈峦拱卫，翠壁霄青。左哀牢，右太华，阳瓜有天耳之扼隘，银生连乌蒙以接霞。牟寻所岳之点苍，王褒使祀之金碧。青岭崇峰，修谷成会要之区；柘南岭嶂，摩云为控扼之邑。于是乎，竹箭绿壑，杨柳临岸；傍抽林猛，松柏挺干；梭罗婆罗之殊其华，棠梨樾子之贲其实；紫榆杏桁，椒桓杉漆；木兰椿槐，樱李桃栗；园桂之馥秋馨，霜梅之传春信；乳檀烁烁而腾霞，安息霭霭而云喷。卉，则紫花白莲，索馨杜鹃，蔷薇芍药，芭蕉紫菀；青兰芬芳于幽谷，山茶葱郁于峰巅。蔓修藤吐，种种奇葩，有标其叶，有芍其华；或经秋而傲霜，或蒸日而拂霞。尔乃孔羽斓翠，鹤顶冠朱；雄雌禀素，鹦鹉人呼；哈蚧穿其木，鹡鸰鸣其阴；宝树巢珊瑚之鸟，茸山来鸱鸪之吟；鹰隼鸷搏，乌乌反哨；白鹇于飞，翡翠啄雾；子规东作而促耕，燕雀趋暖而春至，翘回鸣号，戾止乎其内。兽，则熊罴咆号于深林，虎豹长啸而风烈；夕羊畏露，狡兔迎月；猩猩夜啼，猿猱竞捷；松鼠之攀缘，神鹿之隐穴；犀象嗷牙，豪猪刺臂；麝狐假威，牦牛踞山，踟蹰乎其间。珍，则有琥珀丹青，珠珥瑕英；金沙银矿，泽媚石炳；玛瑙珊瑚，绝蕴宝井；锡铁铜铅，石绿碧琪。果，则无花猩猩，胡桃松实，槟榔无柯，南枣刺棘；摇颗香橙，累累金橘，密桶狮头，同族异育；羊桃橄榄，柿榴柳霜。或托根于崆峒之阴，或莽藌于圃圃之阳。……

尔乃泄泡涌咸于浚井，采山煮水于盐池，内帑输赋，巨商贷贸。于是乎，蛟龙隐滩，鼋鼍处水，乃见怪物，兴云致雨。其族，则有长鲸吞舟，修鳢吐沫；金钱竹钉，水母蚌蛤；江公大头，康郎细鳞；鲭鲔鲲鲵，蝤蛏螺蛣蜗鲫，目虾喷霓。鳞甲雈错，焕烂珀斑；溯回顺流，唅喁沉浮……。"（天启《滇志》卷18 第601页）

芒市长官司，……川原旷邈，田土富饶，而人稍脆弱。男子以酸石榴皮染齿使黑。……地产沙金、香橙、橄榄、芋、蔗，又多银矿。……正统元年，改置芒市长官司，额征差发银一百两。（天启《滇志》卷30 第992页）

僰夷，种在黑水之外，今称百夷。……无仓廪租赋。每秋冬，遣亲信往各甸计房屋征金银，谓之取差发，每屋一楹，输银一两或二三两。承使从者，象马动以千百计，恣其所取而后输于公家。……民间器皿，多以陶冶，孟艮等处，则有漆器甚精。其酋用金银、琜瑵、琉璃等器，其下亦以金银为之。……在江川、路南者……知蚕桑，勤于耕织。……在临安者，……其食糯黍、蜻蜓。……在腾越者，火炙肉食，不求其熟，或取蜂槽而食之。习缅字，器用粗磁。……在姚安者，……箬叶为尖顶帽。擅土布、羊毛之利。在元江者，……地产槟榔，种蒟如中国农桑，葩时杀犬洒血污树，乃成实。估人出之，多厚利。（天启《滇志》卷30 第997页）

香糯出富民、优昙花出安宁曹溪寺,状如莲,有十二瓣,闻月明多一瓣,色白气香,种来西域、巨竹出易门深谷,节高数尺、金线鱼出滇池中金线洞、拐枣、五叶草能治毒疮,入彝方者携以自随,如嚼此草无味,知中蛊毒,急服其汁而吐之即解、镜面草和敷襄煎酒服，能治月闭、韭叶芸香、太华茶[出太华山，味色俱似松罗]、乌帕、银硃、铅粉、黄丹[俱出昆明]、焰硝、石绿[俱出易门]、塘头布[出晋宁塘头，极细密]、五色花石[出嵩明弥雄山，大如豆，五色错杂，取渍盆中作玩。旧志云可为器皿，误矣]。（康熙《云南通志》卷12《云南府》第226页）

茶子[丛生单叶，子可作油]、圆松、木瓜梨、马蹄香、毫猪、石燕[文，出响水，类燕，有雄大雌小，遇风雨则飞，能疗目疾]、棉花[平，出罗平]。（康熙《云南通志》卷12《曲靖府》第226页）

蕨菜[出建水山谷，叶嫩味佳]、树头菜[出石屏]、藕粉[出建水]、佛桑花、鹈鸡[出通海杞箓湖，鸡身鸭掌，上巳前来，重阳前去]、淡豆豉[出阿迷治伤风]、薏苡仁、纹布[出通海]、莎罗布[出建水]、石青[出宁州]、胆矾[阿迷、蜡、新平]、紫石[出石屏可作砚]、松花[出通海]、沙糖[红白二色，出建宁州、阿迷]、胜沉香[出河西]。（康熙《云南通志》卷12《临安府》第226页）

青皮香[出河阳]、康郎鱼[出抚仙湖，鳞细味美，长仅五六寸，相传可以御瘴。明杨慎以为鰊鰝，谓其干而中空也]、碌鱼[出星云湖，形似鲤而首巨，极肥美，俗呼大头鱼]、青鱼[出旧阳宗，胆可疗目]、紫蟹[出河阳、江川]、芦泔石、土青、靛[出新兴]。（康熙《云南通志》卷12《澄江府》第227页）

梭罗木、酸角[形似皂角而小味酸]、鲭鱼、岩羊[出禄劝州]、龙脑石[出狮山]、明矾[出元谋县]。（康熙《云南通志》卷12《武定府》第227页）

鸡腿竹[出山谷间，每节上大下小，可以为仗]。（康熙《云南通志》卷12《广西府》第227页）

抹猛果[树高丈余，叶大如掌，熟于夏月，味甘]、槟榔[一名仁频，树高数丈，旁无附枝，正月作房，从叶中出一房百余实，大如核桃，剖干和芦子、石灰嚼之，色红味香]、荔枝[仅数本，味酸肉薄]、普耳茶[出普耳山，性温味香，异于他产]、降真香、麒麟竭[木高数丈，叶类樱桃，脂流树中，凝红如血，为木血竭，又有白竭]、苏木、鳞蛇胆[有黄黑二种，长丈余，具四足，能食鹿。春夏在山，秋冬在水，土人取食之，其胆治牙痛，解诸毒，黄为上，黑次之]。（康熙《云南通志》卷12《元江府》第227页）

千张纸[木实也，形似扁豆，其中片片如蝉翼，焚之为灰，可治心气痛]、草果。（康熙《云南通志》卷12《广南府》第227页）

马金囊[即紫槟榔，嚼之饮水，味甘除热，又可敷毒疮]、攀枝花、苏木、姜黄、鳞蛇胆[出安南长官司，与元江产者同]、熊、虎。（康熙《云南通志》卷12《开化府》第227页）

点苍石[出苍山麓，白质黑文，间有山水草木之状，好事者制为屏玩]、高河菜[出苍山高湶泉，茎红叶绿，味辛香，五六月采之，味不可多得]、石花菜[出北胜州]、龙女花[出太和感通寺]、黑竹[出浪穹，色黑，可为箫管]、工鱼[出洱海，如鰷而鳞细，长不盈尺。明杨慎称为鱼魁，工或作公，又作弓、洱海红布、感通茶（出太和感通寺）、纸、墨、靛、胭脂（俱出太和）、乳扇、酥油、红花（子亦可作油）。（康熙《云南通志》卷12《大理府》第227页）

麻竹（其质绵软,可为绳为屦）、董棕、飞松子、蒌叶（可和槟榔食之）、波罗蜜（实大如瓜,味甘酸）、时鱼（出兰沧江,味美,雷鸣始出）、硫黄、花班藤（出高黎贡山,可为杖）、紫英石、云母石、海金沙、排风藤、碁（质坚色莹）、缥毺（出腾越）、白蜡、桐花布（《华阳国志》言:宁州有梧桐花,可绩为布。《通雅》谓即木棉花,常璩误记）、象牙（象尾）、琥珀、水晶、菜玉、墨玉、催生石（作杯饮酒,可治产难）、黑药、乳香、浸药、儿茶、哈芙蓉、冰片、神黄豆（稀痘）、青花豆（治疮）、宝沙（俱出猛缅外国,非永昌所产,且如水晶、墨玉诸物,又皆极难得者,旧志相仍,姑存之以载其名耳）。（康熙《云南通志》卷12《永昌府》第227页）

越瓜、青鱼（味佳）、藿香、响石（可为磬）、白碱（能去垢,出定边）。（康熙《云南通志》卷12《楚雄府》第228页）

木槵子（一名菩提子,圆净可为念珠）、锦鸡、白鹇、木罗布。（康熙《云南通志》卷12《姚安府》第228页）

石耳（形如木耳,生感极清之气,久食延年）、数珠菜（生江中,形类念珠）、海棠果（出剑川,类花红,味酸）、榧子（出剑川,能乌须）、山驴、青铜鱼（出漾共江中,细鳞,长不盈尺,夏月始出）、麝。（康熙《云南通志》卷12《鹤庆府》第228页）

猩猩果（色红味酸,子即酸枣仁）、斑竹（出云州）、濮竹（即《南中志》所谓节去一丈,可受一斛者。今产不过去二三尺,受升合而已）、长鸣鸡（身小形昂,其鸣无时,声异常鸡）、矮犬（毛深足短,即《竹书》所载矮狗）、绿鸠、脆蛇（见人则断,人去复续,可治肿毒）、蛤蚧（出云州）、漆、芦子、棉花（出云州）。（康熙《云南通志》卷12《顺宁府》第228页）

锦鸡、沙沟滇（大仅如指,同滇之金线）、自然铜、石黄、红花、绵花、乳扇、酥油、土人参（一名西参）。（康熙《云南通志》卷12《蒙化府》第228页）

鹿茸。（康熙《云南通志》卷12《永宁府》第228页）

苦子、净瓶蕉（布子而生,末锐,俨若净瓶）、孔雀（本大）、竹𪕣、青纸、石风丹、仙茅、娑罗布（镇沅亦有,织文如）、羊肚布（羊肚）。（康熙《云南通志》卷12《景东府》第228页）

无芒麦（出宝山,穗无芒而实圆）、牦牛（尾可作缨）、紫金锭（以雪山水和硃砂、麝香诸药为之,能敷众毒）、毛毡、毺氍、自然铜、青石、漆、花马石、牛黄、阿魏、大犬^{即獒也}、唵叭香^{俱出吐蕃外境}。（康熙《云南通志》卷 12《丽江府》第 228 页）

南枣、白鹇、莎罗布。（康熙《云南通志》卷 12《镇沅府》第 228 页）

香橼^{比之他府者尤大}。（康熙《云南通志》卷 12《孟定府》第 228 页）

物产：百物之生，所以备财用。江南金锡，西蜀丹青，尚矣。富民介在山崖间，菽粟薪蔬之外，无奇可居，惟恒留有余，毋令匮竭，庶不失樽节爱养之意，志物产。（康熙《富民县志》第 27 页）

清^{郡守}章履成《元江杂记》^{元江府处滇之东南极边，外连诸国，同辖众彝，地气极热，风土迥殊，漫记之，志其异也。}其一"荒远元江风土偏，彝民古朴尚依然。居家有米无烦锸^{彝民不识用戥，故不使银}，入市需盐不用钱^{不能识数，故不用钱，市中买物，以盐计算易之}。十树槟榔中户产^{每树槟榔成熟，可得一金}，两栽粳稻上农田^{稻谷一年两熟至三熟者，未免薄耳}。难堪炎气经年盛，腊月犹如六月天。"其二"冬抄炎蒸尚不停，平生闻见未曾经。黄瓜茄子园中熟，麦穗苗秧野外清^{岁十二月，予至其地，亲食瓜茄，亲见穗麦}。山色枯焦无润泽，人容憔悴甚伶仃。农家平屋重铺土，蔽日藏阴得少宁。"其三"郡城虽热瘴犹平，再入彝方毒不轻。稻穗垂时须谨避^{七、八、九月稻谷熟时，瘴不可当}，槟榔开处莫频行^{二三月槟榔花开，闻其香者即受其毒}。感深发哑终难救^{哑瘴毒深，数日必死}，蓄浅成灾尚可生^{感受轻者或腹胀，或发疟，尚可救也}。最忌贪花兼爱酒，犹当珍重保长庚^{此，最忌饮酒色欲，犯者受瘴莫救，土著稍轻}。"（康熙《元江府志》卷 2 第 722 页）

土产：诸葛菜、巨竹^{出深为中节，高数丈}、石青、石绿。（康熙《易门县志》第 80 页）

物产：稻之属八种、麦之属四种、蔬之属二种、豆之属十种、荞之属二种、稗之属二种、蔬之属十四种、菌之属五种、果之属二十种、花之属二十四种、木之属十五种、竹之属六种、药之属十三种、羽之属九种、毛之属十一种、鳞之属五种。食货：油、蜜、烟、蜡、毡、铜、花椒、麝香、纸、五加皮。（康熙《平彝县志》卷 5 第 11 页）

物产：宝石象齿，皆非永之产也，然为永之累者久矣。永平出黄金,而索金于永平之市则至难,亦何赖此产乎。夫物集于所好,苟不好焉,举富贵功名而弃之,而况于物?虽然富贵功名可弃也,金宝象齿可不有也,若布帛菽粟之常,药石盐铁之细,于物若其微,而其有关于民生者则甚重。《诗》曰:"民之质矣,日用饮食。"烹葵剥枣,虽琐必详焉。志物产。……各属诸物,皆郡县同,有其为各处所独产者另志于下,以别之:象、象牙、象尾、琥珀、水晶、菜玉、墨玉、催生石作杯饮酒可治产难、黑药、乳香、没药、儿茶、哈芙蓉即鸦片、冰片、神黄豆稀痘、青花豆治疮、缅茄可雕为玩物、宝砂、缅虫可为妇人之饰、缅铃、宝石。以上诸物,皆出于外地,有千余里者,有数千里者,贾人裹粮行数十日始至其处,构之甚难,货之亦甚贵。若宝石、琥珀、墨玉之类,则尤其贵且远者。《一统志》竟指为永昌所产,《通志》辨之而未详,此盖因其由永而来,实未考其所自出,甚至应者难,继而索者不已,遂为永郡之累。又如野人驯象,有经年不得者。腾越旧志载产善马,今则绝无佳者。永平上江出金,而淘汰甚难,一人之力,终日所得不过分厘,价反浮于他处。事变无常,诸如此类,故特表而出之,以见物力维艰,不可不知也。(康熙《永昌府志》卷10第1页)

物产:富阳产茶与鲥鱼,韩邦奇作歌曰:"茶香破我家,鱼肥卖我儿。"是茶鱼之产,富阳之累也。宣饶产佳矿,权万纪请开采,唐太宗诏言:产佳矿何如产佳士,采佳银不若采嘉言,物产不足为国家重也,明矣。不知天地自然之物产,所以养人,若尽捐之民,则纵末作而资游惰之弊生;尽属之官,则夺民日用而宫室有近宝之害。唐太宗、韩邦奇所以长叹息也。至于竹木花鸟之细,药苗禽兽之微,不过供耳目玩好已耳,故虽小而亦书,为志物产。(康熙《鹤庆府志》卷12第23页)

物产:百物之生,所以备财用,南金东箭,由来尚矣。富邑介在山崖,菽粟薪蔬而外,无奇可居,惟恒留有余,毋令匮竭,庶不失樽节爱养之意,志物产。(雍正《富民县志》卷上第30页)

物产:人之生也,不限以地;物之产也,亦不限以地。故微论通都大邑,物产之烦足贡赋用,即穷陬僻壤,亦莫不各有所产,以为愚夫愚妇之所取携。盖天生一人,必备百物以养之,有余不足则通之以交易,而后人无不各适其天,而天乃能以释憾于人。阿之为区也,譬之宇宙,不过太仓一粟,其为物之产也,宁有幾哉?然而有稻粱焉,可以养生;有布缕焉,可以适用;有种植焉,可以果腹。而娱目则何必通都大邑始足记,而阿遂无足记哉。若夫奇淫之好侈靡之习,则固阿之所短,而亦即阿之所长也,志物产。(雍正《阿迷州志》卷21 第253页)

物产:天不爱道,地不爱宝,故河洛呈醴芝产焉。但圣王不贵异物贱用物,故奇技淫巧之属,概置不道取,其有功服用者。《诗》不云乎"民之质矣,日用饮食。"作物产志。(雍正《建水州志》卷2 第6页)

东川初辟之时,莽厥丰草,土田亦瘠,今则气运日新,铜山之富,既甲滇中,而百昌咸遂,凡鸟兽、草木、虫鱼、果蓏之属,可以资民用者,自当与布帛、菽粟同登矣,志物产。(乾隆《东川府志》卷18 第1页)

大哉乾元,万物资始,至哉坤元,万物资生,生物不齐,圣人裁成,辅相以尽,厥性而飞潜,各若其天,动植咸因乎地,故《山经》种植之书,历历可考也。弥辟土未久,产物有限,不特光珠翡翠,莫比通都,即鳞羽木花,亦难同大厦。国家太和,所蒸淑气,旁洽物类,竞奇效灵,以供利用,兹即日用所需,耳目所及者,悉著于篇,俾辨各物而察土宜者,以按籍而考焉,志物产。(乾隆《弥勒州志》卷23 第113页)

土产:前明尽大金沙江内外,三宣六慰皆受朝命。而腾越且兼戛鸠、蛮暮、猛拱、猛养而有之,皆宝薮也。若使尽郡县其地,参用流官,以士大夫治之,可以渐兴文教。顾设卫所,专用武夫,刻薄摧残。又遣阉竖刑余为之镇守,外假监军之名,内行盗夸之计,致民夷咸怨,畔衅联延,八关之外,复成异域,缅酋逆命,遂踞而有之,中国不敢过而问矣。盖大金沙江内外,万宝鳞萃,真如范《史》所称:哀牢土地沃美,宜五谷蚕桑,知染采文绣,罽㲲,兰干细布,织成文章如绫锦。梧桐花布,幅广五尺,洁白不污。节丈濮竹。出铜、铁、铅、金、银、光珠、琥魄、水精、琉璃、柯虫、蚌珠、孔雀、翠羽、犀、象、猩、貊,无不具备。而今所名宝石、碧霞、印红,大抵皆光珠之类,皆从腾越进,故州城八保讹为百宝街,职此之故。而不知所产之处已为蛮据,非复腾越所有矣。今据腾所产者①……皆常产,与各郡邑俱同,惟濮竹为异耳。而《唐书》所称:永昌之西,野桑生石上,其材上屈两向而下植,取以为弓,不筋漆而利,名曰瞑弓。越赕之西,多荐草,产善马,世称越赕骏。始生若羔,岁中纽莎縻之,饮以米渖,七年可御,日驰数百里。又《续博物志》云:犀出越赕,以陷阱取之,每杀,天震雷,暴雨。又《郭注》云:永昌有钩蛇,长数十丈,以尾钩岸上人畜食之。诸志所不载,而今亦无此物,大抵今昔地气之盛衰不同也。今商客之贾于腾越者,上则珠宝,次则棉花。宝以璞来,棉以包载,骡驮马运,充路塞道。今省会解玉坊甚多,砉沙之声,昼夜不歇,皆自腾越至者。其棉包则下贵州,此其大者。而吴《志》所载《食货》,惟取布_{猛连、大董者,其土司地方,摆夷布有斜纹者,有五色者}^{州境少丝蚕之利,无工匠能织,土司}、锦^{则有干崖锦见于记载。摆夷妇有手巧者,能为花卉禽兽之形,有极细致者}、毡^{以羊毛为之,地无缅草,不能染也}、纸^{出小西练,有双抄纸,较为坚实}、蜡^{有黄蜡、白蜡、栗蜡三种,野人上时携}_{下售}、团茶^{色黑,远不及普洱,滇滩关外小茶山境}、蜂蜜^{有黄白二种}、烟叶^{夷地皆种树}、酒^{本地有火酒,饮之软人}、油^{有菜油油}、麻油、桐油、芦花子油_{苏油数种,不能佳}、盐^{详《盐法》}、芦子^{盛达有芦子山,州境植者近边夷寨为多}、金、银、铜、铁、锡^{滇省五金}之地,旧时明光、阿幸处皆开采,惟银、铜有,金则无也。今阿幸等处尚有铁厂。详《厂课》、麂皮^外_{出关}、漆^{界头出}、檀降香、靛石、瓦^{北练、曲}_{甸、界头一带均有}、雨伞^{出界头}。……(乾隆《腾越州志》卷3第26页)

干崖宣抚司者,……其土产则四时皆蚕、土锦、白氎、白莲、竹鼬,鼬肥如兔云。今征差发银六两六钱。(乾隆《腾越州志》卷10第22页)

食货志_{土产、水利、附劝农诸条}:九川之风土不齐,而所产亦异。南之金,东之箭,江北枳,江南橘,因土异产也。河西地狭民朴,无银镂之饰,无织皮之文,载之地舆,仅胜沉香、波罗蜜耳,他若水芹之清味节也,海鹣之瓜果之必陈,且禽鱼实与。(乾隆《河西县志》卷1第126页)

---

① "所产者",分别有谷、蔬、果、花草、木、竹、石、鳞、羽、毛、虫等各属,详见各属下条目,此处略。

大理西门外,去点苍山麓仅三里许,每年三月中旬,夷民、苗、倮及土司部落咸集。苦盖草竹布寮,延袤数里,贸易辐辏,牵车牛而服贾者,不远千里,其所买卖皆珍异之物,如宝石、琥珀、翡翠、玛瑙、车渠、赤金、珍珠、风磨铜、缅锡、缅锦、法琅、走乌白铜、象牙、象尾、五色石,其鸟兽,则孔雀、锦鸡、鹦鹉、秦吉了、桐花凤、麝、鹿、香狸、獐、兔之属。入其市,珍奇不一,货与人日以万计。提督拨兵逻守,当事亦日莅焉。(《云南风土记》第50页)

此其产之与他郡县同者也,若为县之所特产,则旧《志》曰:谷之属有香糯,货之属有乌帕、银硃、铅粉、黄丹、金银、锡箔、绸绫、铜丝、羊弦、太华茶。蔬之属有荬笋、蒲笋、鱼芛、黄牙韭。果之属有海口桃、宝珠梨、拐枣、菱角、罗汉松。药之属有五叶草、镜面草、韭叶芸香。花之属有衣钵莲、千叶茶花、桃瓣梅、美人蕉。羽毛之属有黄鸭、金丝犬。鳞之属有金钱鱼、带鱼、金鱼,然犹未备也。考王佐《格古论》:云南叶子金,皆熟金也。其性柔而重,其色七青、八黄、九紫、十赤,以赤者为足色。谷泰《博物要览》:叶子金以生云南会城者为道地。檀萃《滇海虞衡志》:滇制白铜面盆,为天下最,皆江南匠造之。自三牌坊以上,总其居肆。又《一统志》曰:铁出昆明,是货之属,宜增也。《滇南本草》载:药之生于陇山者三,曰如意草,曰金钱草,曰楼台草。《唐书·地理志》曰:昆明土贡牛黄,是药之属,宜增也。至如滇池所产,其见于段公路《北户录》者曰:白发鱼,戴发形如妇人,肥白无鳞。见于张揖《广雅》及杨慎《异鱼图》者曰:鯅,竹头鯅也,亦名竹丁。见于檀萃《滇海虞衡志》者曰:鱧鳊,一名鲣,大者鲴,小者鮸,今乌鱼也,曰黄师鱼,即鳝鱼,江乡名黄颊鱼,为其颊之黄也,《山海经》作师鱼。谓獭祭鱼,捉鳝为巫师,能作声以祭天。俗讹师为丝,失其义矣。曰麦鱼,有黑、白二种,又谓之草鱼。曰蚬,土人谓之歪歪。曰巨螺,池畔人贩之,遗壳,山积名螺狮湾。曰蟹,亦出滇池,熟而卖于市,一枚直钱一文,但际江乡殊瘠甚,无可食者耳。曰鳐鰕,曰海参,皆偶获之,非常见者。志亦云滇池多藻,出细鰕,渔人乾之,鬻于市,百钱一筐。土人言亦有大鳅,长数寸。池亦产海参,每年水盛时,渔者于云津桥柱下得十数枚,长大白色,味殊美,皆匿之而私市,恐官之诛求也。又曰驼背鱼,出黑龙潭,脊起如卵,眼赤如硃砂,潭鱼种类多,此鱼亦间出,人不敢犯,是鳞介之属,宜增也,然则县之产何乏哉?(道光《昆明县志》卷2第7页)

物产:五行百产之精,生不择地。灵草嘉禾之瑞,出必应时。故土宜辨于《职方》,备详乎稻粱黍稷。筐筐订于《禹贡》,旁及乎金玉琳琅。晋宁地狭人稀,山多田少,农功则力勤稼穑,女红则利少蚕桑,珍奇不达于四方,鱼米祗给乎境内,然而布帛菽粟,实为生人所取资,何必锦绣珠玑,徒供耳目之玩好也哉,志物产。(道光《晋宁州志》卷3第25页)

物产:我皇上厚泽深仁,及于庶类,五行百产,各献精华。其在通都大邑,珍物瑰产勿论已,即如昆阳一属,自黍稷稻粱、蔬菜花木,以及羽毛鳞介、日用所需之物,莫不滋生蕃衍,供取资于闾阎。邑之人顺土宜以布利,尽物性以调元,是予之所厚望也。志物产。(道光《昆阳州志》卷5第12页)

清 贵州都习府同知邑人 董良材《大龙泉赋》:……其木则柘、榔、杉、棠、杉、柏、松、栗、檓、柿、枇杷、橡、臬、梅、桔,挺直干于参天,垂浓荫于蔽日。旖旎迎风,则如坠以如遭,偏反献媚,则似疏而似密。草则蒋、蒲、芳、杜、芝、蕙、芍、兰、葳、菅、莎、荔、薇、蕨、芩、芄,含英昭灼,沆露弥漫。金勒斯分,喜芳华之在目;锦茵布兮,觉秀色之可餐。鸟则元鹤鸣嘷,晨鸠拂羽。鸲鹆、鹡鸰、鹌鹑、鹦鹉,子规叫月,老鹳鸣雨,文莺啭于长杨,白雏集于苞栩。兽则豺狐夜叫,猿蜼昼鸣,。狡兔寻窟,文豹腾声。特麏榿猫,栖息谷隐。撕猢猱狄,偃蹇枝轻。……(道光《续修易门县志》卷12第250页)

物产:天之所生,地之所产,人之所造,有多寡盈虚之数,总在人之裁成,辅相搏节爱养耳。呈贡山多田少,黑白二龙潭外,常苦亢旱。地之所产有限,谷麦而外,间种西瓜,植桃杏梨栗,不过以佐粒食之所不足,未始非百姓之膏血为之不知者,以为土产,惟其所取且为馈送。呜呼!养人也,而厉人如此哉!须知官

有常俸，民有常产，正供而外，不得多取，志物产。（光绪《呈贡县志》卷5第1页）

中甸地处北方，冰霜凝寒，孕红胎绿之资迟于发育，干霄蔽日之体未易挺生，谨将所产物品录后：金、银、铁、铅、毛牛、乳羊、乌鸦、野鸡、酥油、奶渣、香菌、木耳、黄精菜、佛掌参、母（贝）、虫草、干丹香、竹叶菜、金不换、大黄、茯苓、秦艽、麝香、鹿茸、豹骨、熊掌。（光绪《新修中甸厅志》卷上第14页）

物产：王者不贵异物而贵用物。《禹贡》所载则壤成，赋外九州之产，罗列纷纶，亦以天宝地灵，或生色于山川，或增辉于朝庙，不容秘也。宝石与玉皆产自外地，其去永千余里，或数千里不等，且为物不过供玩好，究无所用，亦安足贵哉？何如布帛菽粟之计，药石盐铁之需，物本甚微而关于民生者甚重，可以其数见不鲜而无烦珥笔乎？《诗》曰：民之质矣，日用饮食。烹葵剥枣，虽琐必详焉，志《物产》。……以上诸物，厅州县皆同，共为各处所独产者，另注于下以别之：象、象牙、象尾、琥珀、水晶、菜玉、墨玉、催生石作杯饮酒可治产难、黑药、乳香、没药、儿茶、哈芙蓉即鸦片、冰片、神黄豆稀豆、青花豆治疮、缅茄可雕为玩物、宝砂、缅虫可为妇人之饰、缅铃、宝石。以上诸物，皆出于外地，有千余里者，有数千里者，贾人裹粮行数十日始至其处，购之甚难，货之亦甚贵，若宝石、琥珀、墨玉之类，则尤其贵且远者。《一统志》竟指为永昌所产，《通志》辨之而未详。此盖因其由永而来，实未考其所自出。又如野人驯象，有经年不得者。腾越旧志载产善马，今则绝无佳者。永平上江出金，而淘汰甚难，一人之力，终日所得不过分厘，价反浮于他处。事变无常，诸如此类，故特表而出之，以见物力维艰，不可不知也。（光绪《永昌府志》卷22第1页）

稽物产之盛衰，人民之勤惰见焉，田野之芜治关焉，郡邑之瘠饶强弱亦莫不系焉。《汉书》地志详纪物产，皆以辨土宜，教树畜也。方今海外各国励精生殖，其君臣上下竭志殚力，扩农商工诸学校，察有异种奇植、新器妙制，悉研求性质而广传之，意非在竞美争奇，谓其民命国脉有系于斯，故举国重之，为学问之实功，而不以为病也。爰举郡地物产，分类备载，苟郡之学者，能因此详考土宜,扩其利而有进焉,记者之意也。五金矿厂,亦山泽自然之利,并类及附载乎,此志物产。(光绪《续修顺宁府志》卷13第1页)

南中富饶,《南中志》云:"益州西部,金银宝货之地,居其官者,皆富及十世。"《后汉书》同。又云晋宁郡"盐池田渔之饶,金银畜产之富,俗奢豪。"《蜀志·诸葛亮传》:"三年春,亮率众南征,其秋悉平。军资所出,国以富饶。"《李恢传》:南中"赋出叟、濮耕牛、战马、金银、犀革,充继军资,于是费用不乏。"《谯周传》:"亮南征,兵势逼之,穷乃幸从。是后供出官赋,取以给兵。"滇之关系于蜀汉,非浅鲜矣。(《滇绎》卷1第668页)

物产:《周官·大司徒》以土宜辨十有二土之名,以蕃鸟兽,以毓草木;辨十有二壤之名,以教稼穑。树艺后世,志书宗之。自班固《地理志》而下,必详载物产,非仅示博洽也。宜邑地接省垣,夙称沃壤,地利五谷,甲于邻封,兹谨详考而备纪之,分植物、动物、矿物、货物四类,俾官斯土、生斯土者,得以验物产之丰盈焉。(民国《宜良县志》卷4第21页)

右植物、动物,其产之与他县同者也,若为县之所特产者,则有左列二十种。**羊毛谷** 各处皆种,而肥田尤宜,二三月播种,四五月移栽田中,六七月抽穗扬花,八九月成熟,与各大小白谷、红谷、糯谷、香谷同,惟粒有长芒如针,谷上悉有白毛,米白色,形微圆,炊熟,性柔滑而香气蓬勃,杂少数入他米中香亦不减。**老瓜** 产梨花村,味最甜,大炊熟 **冬萝蔔** 产梨花村,长尺许,**紫芋** 出南屯章堡村、黄家庄、南古城、白莲寺一带,春间铲地深二三尺,植大如碗,口味最佳 芋其中,俟长以肥料壅之,九十月间长成,附子五六枚,形layer级如棕之包树上,下锐而中肥大,叶如慈姑而阔圆,柄皆紫色,开黄花,中杂赤点,大者每枚重二十余斤 **紫薑** 二三月间铲地取薑块之有芽者,植土中即出,八九月长成一根而分数瓣,瓣大小间相,端皆有芽,芽出土为幹,叶脉平行,状如竹枝,结体如针,指形稍扁,色黄白而芽紫,味甚辛,各处皆植,惟玉龙村产者味辛而甘,以盐醋浸食,色白而多淀粉,为他处所不及,殆水土之特异耳。师范《滇系》云:宜良者佳,岂过誉哉 **早桃** 出红石岩河者沟及七星村大小山后一带,立春前开花,谷雨前果熟,种者取以埋土中,既出,俟长尺余,移栽于地,至次年春初,削去其头,取他佳桃之芽连皮贴上,以纸裹之,发芽结实,即成各项之佳种 **栗子** 树高三四丈,根盘数围,枝干枒杈,寿可二三百岁,春初发叶,三月开花,下垂如穗串,七八月成熟,皮凡三层,外皮有刺如猬毛,熟则自裂,中含子一二三枚不等,肉色黄白,味甘香。种者乘初裂时取含三枚中之一枚埋土中,自出移栽成列,十余年始结实,邑中种者十余叶,惟骆家营产者无虫蛀,而味亦胜 **油枣** 产南屯左所右所、苗家营等处沙石冲积之地,树高丈余,枝有刺如针,叶互生;绿色光滑,三月间开小碧花如桂,结实叠叠,六七月间果熟,色红如朱,味甘如饴,剥而曝之,乘热覆之使汗,检其色褐而泽者别曝令乾,名曰油枣,味最甘润,余者曰红枣,味逊之,中有核无子,附根发小树,移而栽之即结实,若北屯沙泥地产者,则皆红枣矣 **云台松子** 产城南五十里云台山,树高数丈,终岁不凋,其叶如针,有稍较青松稍短,春间结毬如鳞片,至秋成熟,曝而乾之,鳞裂子出,状如小蛤而稍圆长,仁肥心绿,异于常产，味之甘香，为他处所不及，近来多伐树以为材料，产者甚少，不易购 **宝洪茶** 产城北十五里宝洪山，树高三四尺，丛生，叶稍尖长，边如细锯齿，花白色，单瓣，有雌蕊一本，雄蕊数十本，结子褐黑色，埋子土中，即发芽成树，惊蛰后发白色嫩芽，采取焙而揉之，曝乾收贮，味香烈异常，他处产者亦多，然味则逊于宝洪矣 **兰** 《云南通志》：出宜良者曰独占春，花最大 **蒲草** 出屯温泉寺及南屯湾子营、小里营、山脚营。冬末春初，移蒲秧插水田中，二三月长至四五尺，形圆直而中虚软，距末端数寸小穗有旁枝数股，如结子离离状，刈而乾之，织成席，温润滑柔，至敝不起一刺，他处者皆不及，盖以此数村均有温泉，田得温水浸润故也 **半夏** 《云南通志》：产宜良，圆白如蜀产者 **青鱼** 师范《滇系》：出明湖，味最佳，胆可疗目疾 **鲤鱼** 产大池江，肉颇肥嫩，无腥膻气味，鲜浓可比黄河之鲤，淞江之鲈 **洞鱼** 产汤池渠下流官家鱼洞。秋末冬初，由石洞中出，长数寸，巨口细鳞，肉肥而脂多，味最佳。丙穴嘉鱼，殆不过是 **比目鱼** 形如鲤而一目，两鱼相比而行，大池江中间有之 **细鳞鱼** 产大赤江石马礁，以上鱼卷，黄黑绿诸色相间，鳞最细，味异常鲜美，大者约重四五斤，入冬煮食之成冻块 **小金鱼** 产雄山石小池中，色金红，长不满寸，双睛进出，圆结如珠，腹下两鬐细密如丝，尾分为二，各有小点若骊珠，然儿童捕之，游泳水中，可作盆景清玩。（民国《宜良县志》卷4 第34 页）

吾嵩为滇中名地，日用所需，无论已有药材焉，有铜矿焉，有钴矿焉，而煤矿尤所在皆是，苟能藉之，以兴实业，又何贫之足患，志物产。(民国《嵩明县志》卷16 第239 页)

天之生人，必生其物，以济其用。然地有寒热，土有肥瘠，要皆视其性之所宜。如吾邑所产，则较他县为特出，杉木之采取，三七之种植，有非局外人所能知者，天地之精英，山川之灵气使然耳。至于矿产则为全省冠，其他食物亦应有尽有，惟愿邑之人去游惰之习，生勤俭之心，虽不能致倚顿之富，而日用饮食，何难之有？志物产。(民国《马关县志》卷10 第1 页)

《境内动、植、矿各物产之详目，并述其特色》：阿迷动植物甚夥，矿物次之。动物约有百余种，其特色者有燕窝、沙蛆、白鸡、火雀等。植物亦有百余种，其特色者有臭头参、糯白果、雷打菌、甜竹笋、细木耳、缅桂花、草芽等。矿物仅有十余种，其特色者以鸟格之土煤及布沼之柴煤为最。(《阿迷州志》册2 第505 页)

查曲江(即俅江)，……两岸地势险峻，出产麝香、黄连、皮革、毛货等物。(《怒俅边隘详情》第149 页)

云南物产丰盈，花木果蔬之繁硕，无不美备。宝珠梨、黑井石榴，呈贡之桃、李、苹、柿，迤南之香橼、佛手，人多习知，而鸡棕菌所在皆出。即余所历之地，如广通之金黄色荷包辣，昆明之茭瓜，开化之黄果，临安之田养鳅鱼，澄江之青鱼，昆池之金线鱼，其味甚美,皆他处无未有。茶花之盛,高至寻丈,花大如碗,鲜红绚烂。浪穹独产牡丹,无色弗备,蔚为奇观。西邻缅甸产翠玉、碧洗、各色宝石、琥珀、象牙、缅燕、缅刀及铸、缅布,种类之繁多,腾越、永昌商人,往来其地,贩运入滇,往昔极盛,自开海禁,其上品多渐由海道集于两广、香港矣。尝闻宝玉之类,新山所产,远逊老山,精于此者,一见能辨。或得老山璞,剖之,白底纯洁,而浓翠中聚,价值巨万。宝石以大红为贵,次蓝色,照光而有六角线者,重至数钱,其值皆不赀。新山碧洗有石膏纹,老山气足,光色分两不同。余任藩库,有商人以桃花碧洗数十颗来售者,真如碧桃,值需六十换,余以不谙失之,后此未之见也。承平时督署厅事,有五色碧洗,镶成牡丹小屏二座,回乱失之,厥后杨玉科得其一,初送刘武慎公,曰:"此物非吾所宜有,盍送李傅相。"杨从其言,因得补韶州镇总兵缺。余在山东时,李子本观察言,曾见于傅相家中琥珀,红色似鹤子血为上,黄色者以柳青为上,皆系松香凝结而成,不知何以独钟于缅? 大理府城,每岁暮春有月场,以一月为期,远近诸商云集,环货山积,余榷下关,曾一览之,惜乎宝山空入,聊扩眼福而已。(《幻影谈》卷下第 136 页)

《农业》:县属第三区地面,系伏于石夐、哈巴两大雪山之麓,沿金沙江而居,气温土润,能产稻麦、包谷、膏粱、棉花、蚕豆、菀豆、黄豆、绿豆、羊芋、菜子、西瓜、苏麻、火麻、荞麦、辣椒、菸叶及各种蔬果,自禁种鸦片后,复改种秦归、川芎、秦艽,收获甚厚。第一、二、四、五区地居高原,气候严寒,仅产青稞、小麦、大麦、荞麦、燕麦、小米、莱菔。综计全县粮食产量,虽不甚丰,顾因人口稀少,中稔之年尚能酌盈剂虚,自给自足,岁丰则有盈余,可输出康边各县,故非遇极严重之灾祲荒歉,绝不至于饥馑。兹将每年农产物数量估计,列表如下:稻 20000 石、小麦 8000 石、大麦 5000 石、包谷 19000 石、青稞 30000 石、高粱 15 石、蚕豆 100 石、菀豆 50 石、黄豆 100 石、绿豆 5 石、菜子 20 石、荞麦 10000 石、燕麦 100 石、小米 10 石、苏麻 5 石、西瓜子 10 石、羊芋 100000 斤、火麻 10000 斤、莱菔 100000 斤、秦归 1000 斤、川芎 300 斤、秦艽 300 斤、辣椒 15000 斤、菸叶 15000 斤。按上表所列数量,系根据历次出巡,逐细访问调查所得,不过各区乡之职员绅首农夫,亦均系约略答覆,不能指出确数,故但称为估计。综计全县农产物数量,与人口数目比较,每人每年可得食粮三石、羊芋三斤、莱菔三斤,但因高粱系全数酿酒,大麦与青稞亦有一部分酿酒,蚕豆、荞麦、青稞又有一部分饲养马牛,黄豆、绿豆又十九输出境外,余如菜子完全榨油,苏麻完全制糖,莱菔又多数饲养牲畜,是以每人每年平均仅得食粮二石五斗、羊芋三斤、莱菔一斤,惟西瓜、火麻、秦归、川芎、秦芃、辣椒、菸叶各种变价,每人平均可得一元。(民国《中甸县志稿》卷下《职业》第53页)

《滇中出产物品之丰富》:言地方出产,当然首重百谷。云南除迤东方面东川、昭通两府所属各地及曲靖府属内有二三州县,又迤南方面有三五州县,出产谷米薄弱者外,余都为产米之地。只不过此则有余,彼则不足,以羡补不足,亦足以供全省人民食用也。即如恩安(今昭通市)、永善、会泽、大关、巧家、鲁甸、镇雄等处,虽云出米甚少,然有包谷、荍麦、洋芋等佐食,以是不能云滇省是一谷食不足之地。原日,云南府十一属是无不各有余粮出境,其间,以宜良、晋宁、昆阳、嵩明、富民五个州县运出境外之米粮为最多,云南府十一属实为出产米粮较多之地处也。云南三迤,以迤西区域最广大,南北几近二千里,东西亦逾千里,以面积论直超过浙江一省,惟惜山谷多过于平原,区中沃壤只占四分之一,余皆山谷林箐耳。虽然区域内之土冈较多而石谷较少,且山间不乏膏原肥壤,能资生庶类百物,故栽种五谷亦能苊勃茂郁也。如迤西边鄙上之芒市、遮放一带,年产谷米极多,本地人民只能食去五之二,余者,以往昔交通不便,弗能运出境外销售,竟年年将余粮烧去,此足见迤西方面之出产谷米丰盛也。又如丽江、永北(今永胜)、鹤庆一带产麦极佳,亦常有余剩运出境外销售。中甸虽冷极,不能种谷麦,只能种青稞,是亦犹东昭方面之盛产包谷也。据此而论,云南所产之谷米豆麦,在往昔时就民食而言,似任何一年无不绰绰有余。稻、粱、菽、麦、黍、稷,六谷也。云南稻子实有不少的种类。盖此处种子与彼处种子不同,此处地土与彼处地土有异,因而种出谷米来,颗粒则有大有小,实质则有滋润与不滋润之等等差别。若括总来言,又无非有白米、有红米、有香谷米、有糯米及一种特产之紫米几种而已。麦子则有大麦、小麦、燕麦三种。菽,豆也,豆之种类则多矣,有蚕豆、黄豆、豌豆、扁豆、干(豇)豆、花刀豆、绿豆、黑豆、红饭豆、白饭豆等等类类之分。其间以蚕豆之出产数量为最大。其次,则为黄豆,而黄豆亦可能年产几千万斤,若绿豆、黑豆、红饭豆、花刀豆等,其出数虽不多,然亦各能产出千把万斤也。若黍、若稷、若高粱,滇中农人多不重视,有种高粱者,成熟后则卖与人煮酒,黍米卖与人做糖,稷谷用以饲雀。此外,尚有种甜荍、苦荍、燕麦、洋芋者,是皆苦寒人之口粮也。就民食方面言,除六谷外,次要者为盐、糖、油三项。云南产盐之地,多在迤西方面,迤南方面次之,迤东则无一产盐处,以致自会泽而下之一些州县,在昔里都是食川盐,即宣威一郡,亦有一大半地处都是食川盐,此则是本省所产之盐不十分够分配也。论产盐之地,在近昆明地处则有安宁井,稍远则有黑盐井、元永井、阿陋井、琅井,上到迤西则有白盐井、乔后井、云龙井、喇鸡井、丽江井等;迤南方面则有磨黑井、按板井、石膏井、香元井等,此一些盐井上所产之盐,在质味上以黑盐、石羔(膏)两井之盐为最好,余只平平,最劣者为琅井盐,味苦而涩。在产量上,第一是元永,第二为乔后、磨黑、白井。黑井与石膏之盐本好,但卤水不十分充足,故年中产额不甚丰富。虽然,合计各井出产之盐,亦差足以供本省食用也。云南迤东、迤西、迤南三面,均有很多地处产糖,以云南省内言,气候不是纯净温和,气候炎热之地很多,故能种蔗制糖。各个地处所产之糖,在质与味上,都很有高低,产量尤分强弱,质味好而又产量强者,则有巧家、竹园(属弥勒县)、婆兮(属华宁县)三处,若易门、布沼(属开远市)、宾川、保山等处,出数虽多,云质味则差矣。又在其它地处所产者,只有近于新平之大开门所产之化念糖,则香而甜,以函有芝麻也,但颜色终不鲜明。竹园能制冰白糖,冰糖犹较入口之太古糖为鲜明,白糖色洁而含有一种玫瑰香味,以较川、桂两省所产之白糖则强多矣。云南出产之糖,除供本省食用外,尚有很多的数量运往他省销售。油,用以治馔,用以点灯,人于人口者是猪油、牛油、菜子油、核桃油、芝麻油、花生油等,而茶油和豆油,云南则无所(多)产也。若萝卜子油、麻子油、烟子油,虽可入口,人们却不多取用。若乌臼树子油、苦楝子油、桐子油、楝子油等,是纯用来燃壳或作其它用途。此十多种类油,滇中俱出产甚丰,除供本省人食用外,亦有很多的数量输出省外销售。云南全省几无一郡一邑不出产烟叶,只不过在种多种少和质味上有所差别耳。滇中男子十有八九俱爱吸烟,而尤以乡间男子为甚,所以常人待客无不以烟、茶为先。因而种烟者多,出产数量也盛,虽然终不能供求相济,尚须要些川烟叶和些外省烟丝来补助。本省烟叶以产于弥勒十八寨及蒙化(今巍山县)乐秋等处者为最佳。此最合作卷而吸。次若产于永北(今永胜县)、丘北、嵩明等处者,虽足以卷,足以吸,惟在形色上,究不得人爱重。在其它地处之所产者,大都如是。若蒙自、玉溪、江川、澄江等处都盛产烟叶,然是切成烟丝销售,以叶子不大,色味不同,不合卷而吸,以另是一类籽种也。此在数十年前,一切都无法度,本省所产烟叶烟丝,每年究有若干,自无从稽考,以意揣度,当有二三千万斤也。云南人亦喜饮酒,合男女老少而计,或许二十人中,能有一人必日饮三杯者,此则是就城市中人而论也。酒是省中任何一郡一邑,都有不少的酒房在制造着,但在以前,是任何一郡邑都无统计,虽有酒课,只不过由熬酒行业中人年缴数两银至官方耳。此是前清时代之征酒课,于酒之出产数量上毫不过问,是虽谓为宽厚,实是放任。本省出产之酒,以昆明大曲酒、杨林肥酒、富民谷子酒、定远(今牟定县)力石酒、鹤庆大麦酒最有名。其热度都在六十度以上,本省人则入口欣然,醉而陶然,他省人则不敢入喉下咽。全省产酒之数量,在前百数十年内,虽无统计,以意度之,每年当有十万担以上之产量也。有此丰富产量,因此,本省人毋须求取他省酒来补助。云南普洱茶,不仅驰名于全省,驰名于中国,且博得声誉于国外。然而普洱茶亦不尽产于普洱方面,凡近于普洱一带俱有所产也。普洱茶中,以迤邦之雨前茶为第一,其色香味俱佳,惟是此种茶,云南人多不得入口,百分之九十五是运往川中,此则是五六十年以前情形。次为攸乐茶，此却稍逊于迤邦，以其色艳，有类于红茶也。接近于普洱之景谷，亦产茶最盛，而亦最有名，其味终逊于迤邦雨前。凤山茶是产于顺宁，此在本省亦有名，其色香味亦差可与景谷茶相若。又由元江、石屏南去二三百里，有一大茶山，产茶甚多，质却粗劣，香味两乏，色则有如外省之六安茶，是名为猪街茶。又有宝洪茶，是产于宜良宝洪寺山，此一山外，亦有人在一些小土坡上种植者，然出数究不多也。且此茶性寒味涩，往昔讲究饮茶之人多不取重。论到云南全省产出之茶，数量颇巨，然究有若干万担产出，亦无一切实证明，不过知道在光绪年间，本省出产之茶，有二之一能归本省人享受，二之一运往省外销售也。云南亦出产棉、麻。麻有苎麻、火麻两种，此则三迤俱有所产，而尤以滇北之武定、禄劝、元谋、罗次（今属禄丰县）、寻甸一带产麻最盛，但质不甚纯，而人又不善治，故制出之一切物品俱不甚漂亮。制出来之麻布亦有好有丑，细而密者，夷族人则用作衣料，粗而稀者则用来缝口袋，以装粮食或用来包裹什物。火麻多是制绳索。顾此一些物品，年中出产甚巨，足供本省人需用。至于棉花，滇人亦解得种植，然无多处能云盛产，以少有适当之地落子也。故三迤之内，仅有宾川一处，能云年中有不少的棉花产出。顾此一县所产，只不过于省内之需要上得到些须补助。滇人之纺纱织布，都是靠望外来棉花，是棉花一项，不能云滇中亦有出产也。蚕丝一项，在百数十年前，是滇中实无一栽桑养蚕之人家，逮至光绪末叶，官方始起而提倡栽桑养蚕，仅五六年间，即稍见成效。三迤之间，竟有多人务于此者。在某一年间，省内省外亦共有若干担蚕丝产出也。已而因时事变更，蚕桑业遂完全废去，殊惜。云南森林自较他省森林为大，更较他省为多，复较他省森林为古老。有入一森林，行百数十里犹未行尽者，则可知其大矣。若求巨材于山中，于两人合抱不完之松、柏、杉、桧是随在皆见。能做梁、做柱、做枋板之树，不知凡几。而且林木中种类繁多，若枫、樟、椿、楛、楸、栗、棕、栎、桦、桐、漆、楮等，皆是大大有用之木材也。有人云，每一个大森林中，树之种类都近百，此似可以相信。云南森林中之木材，最出色者是扁柏与香椆(杉)。扁柏实较他省所产者为香,为细铁。香椆(杉)尤香气喷鼻,山中直有粗至五六人合抱者,真千年古木也。边鄙上之大森林中,更有岩桂,此尤为他省所无。又开化所属之边境上,地面下多藏有涂椆(杉),色泽极华,香味极醴,用来制棺椁,多得人重视。在恩安(今昭通市)、永善、巧家等治之金河边,在地面下亦有很多涂椆(杉)木和阴沉木埋藏着。有人掘出,即解锯成棺材板,名曰花板,运往川省货卖,此一出产不少。又有若干地处之山间长遍竹子,人砍伐而作各种用具,或造草纸,因而滇中有不少的草纸出。又有一些地处有不少的楮树,故尔,滇中有很多的棉纸出,且能行销于他省,此足见云南之山林中实出产丰富。云南出产之药材极多,据药材行业中人言,合草木、果实、金石、虫豸各类而言将近三百种。今从简而述,尚是就余所知者也,有沙参、丹参、苦参、玄参、黄精、远志、狗脊、石斛、石菖蒲、天冬、麦冬、紫菀、桔梗、马兜铃、白芨、百部、白前、半夏、南星、贝母、栝楼、防风、防己、藁木、葛根、天麻、升麻、白芷、柴胡、前胡、麻黄、紫苏、薄荷、荆芥、木贼草、夏枯草、益母草、谷精草、龙胆草、双果草、八仙草、芸香草、苍耳子、地肤子、女贞子、兔丝子、蔓荆子、蛇床子、车前子、五倍子、牛蒡子、白芥子、青箱子、覆盆子、草乌头、破故纸、淫羊藿、勾藤勾、何首乌、牡丹皮、地骨皮、五加皮、桑白皮、桑寄生、骨碎补、胡黄连、续断、蒲公英、山豆根、土茯苓、白茅根、茨蒺黎、白头翁、当归、芎䓖(即川芎)、芍药、泽兰、艾叶、红花、紫草、地榆、蒲黄、大黄、黄芩、黄柏、黄连、知母、牵牛、葶苈、常山、威灵仙、木通、通草、泽泻、茵陈、香附、香薷、良姜、射干、肉桂、茯苓、猪苓、杜仲、厚朴、槟榔、皂角、苏木、枣子、桃仁、白果、杏仁、木瓜、山楂、乌梅、胡麻、山药、百合、吴茱萸、山茱萸、石膏、赤石脂、五灵脂、芒硝、雄黄、夜明砂、青鱼胆、穿山甲、龟板、鳖甲、獭肝、蛤蚧、蝎子、桑螵蛸等,是皆最普通而又为医家所常用之药也。约之亦在一百三四十种。据此,可推想云南出产之药材自是不少也。且更有若干特产而为药品中珍贵者,如蚱蟆连、冬虫草、三七、麝香、牛黄、獭肝、蟾酥、熊胆、鹿茸、鹿胶、虎骨、虎胶、猪砂、天生磺、珍珠、贝母等,更如顺宁特产之鹿衔草膏、鸡血藤膏等,是皆能行销于外省者也。云南蔬菜殊多,约近百种,产于四季,日常供人食用饶有盈余,然于春韭晚菘可不必谈。有属于特殊者,有属于芝栭类(芝栭是菌类)而有又名,且可以曝干作成山货,售于外省者,如鸡㘉(㙦)、香蕈、梨窝、白生、笋干、虎掌菌、羊肚菌、黄木耳、黑木耳、葛仙米、石花菜、竹叶菜等是。顾此种种类类,年中运出境者,实属不少,然都称之为山货也。云南果品,亦多至百数十种,其间则以呈贡宝珠梨、大理雪梨、昭通黄梨最有名。若呈贡苹果、黑井与巧家之石榴,在西南数省内亦甚出色。宜良油枣为大枣中之最佳者,而年中出数亦不少也。其它果品可不必言其好丑,总之,各都能有巨大数量产出。恒使人们食之不尽也。他如板栗、核桃、花生、瓜子、松子、葵花子、酸饺(角)、山楂等,出处甚多,产量亦大,不必深论。至云蜜食,以蒙化、弥渡、保山三处制出之品为佳,如蒙化之套橄榄、弥渡之蜜芹菜、保山之蜜梅,真正好极,昆明制出之元红、木瓜干亦好。其它各处制出一切蜜食,只归于平常,然出数不少也。滇中六畜,可云充牣已极。骡马以滇东、滇西之出产数为最多,每年孳生能有万匹。论滇中骡马之躯干,固小于陕马、陕骡,而体力则强,脚力尤健,于翻山越岭则强于陕马、陕骡多矣。所以川、桂两省,在往昔时都是来滇求骏材。在迤东方面,且有一种扒步马,是产于扒步凉山一带者,躯干极小,足力极健,亦是一种良马也。牛以维西、中甸一带之牦牛为最硕大,但不能生活于气候较热之地处。此外,在各个地处出产之水牛、黄牛,亦强于他省所产者。羊有岩羊、山羊、绵羊三种,供人食者是山羊与绵羊,此则各处俱有所产生,而且多极,但羊不十分壮大,较北五省之羊则大差。猪,凡是农家,无不豢养三、四、五头,大者能重至三百斤,在百斤重之猪,直无人宰食。在年底宰肥猪,则取其腿而腌成火腿,第一是宣威,第二是鹤庆,富民方面亦有妥基腿出,究少也。鸡则以武定骟鸡最有名,大者重逾十斤。鸭以新兴(今玉溪市)为最多,每年运小鸭于他处售卖。数在数十万。鸽亦多极,有些地处之鸽蛋,价犹贱于鸡蛋。鱼之种类亦多,然俱不甚大,最美者,为阳宗海内青鱼,独此能重至十多二十斤一条,次为牛栏乡之金线鱼、大理弓鱼、澄江寁寋鱼、昭通面肠鱼,亦各有名。此段所述,自以马、牛、猪、羊四者为重。骡马强健而众多,是得力于运输上,可不必深论。若牛也,则有角有皮,羊则有皮毛,猪则有鬃,每年间,牛皮、羊皮、猪鬃等,犹是大宗出口货也。云南最富足之物,厥惟矿产。此则有金、银、铜、铁、锡、铅、镰(?)、钨、锑、煤炭、石磺、水银、硝、磺、碗花等。此一些矿,俱是无与伦比之丰富,直有采之不尽,取之不穷之概。又有许多归于化学金属而产量不大之铂、铬、镭、铋等类之矿,在各个地处发现,将来之成果如何固是不可知之事,然就蕴藏上来说,是地下更有此不少之矿物也。惟金、银、铜、铁、锡五种金属,通称为五宝,此可云十分多也。兹则先言金、银两矿,再述铜、铁、锡矿等,以见云南矿产之富足也。在清代道光年间,云南产金之处,则以他郎(今墨江县)金厂、中甸金厂、永北金厂为最有名。若沙金一种,在金河边上长逾二千里之地处,俱有所出,然在昔时,年中亦出数不少也。至于银矿,在迤东、迤西、迤南三面俱有,考之于旧书藉,当道光中叶,云南三迤共有金矿十数处,银厂二三十处。由户部定有课额者,银厂计有十五处,而征收税课,每年总额只为二万六千五百两,真微极矣。此十五厂中,以麟角、太和、悉宜、白羊、白沙五厂为最有名。此外如永北之东升厂、会泽之碌山厂、新平之白达母厂、南安(双柏县)之石羊厂、镇雄之土革厂、会泽之金牛厂、永平之三道沟、他郎之坤勇箐,又小凹子厂、三堵墙厂、镇沅之兴隆山厂、大姚之铁锁箐厂、文山之白得牛厂、广通之象山厂、安宁之斑鸠村厂等,在是时,俱有人民开辟礛硐,有矿可采之处也。顾此二三十处纯是银厂,金矿无与焉。此则是见于林文忠公奏议中者也。至于三迤之间,有地方人士云,某山有金矿,曾经有人开采,某处有银矿,曾旺过一次,如约而计之,又不下数十处也,此足见云南金、银矿之多也。云南之铜、铁、锡矿,在迤东方面产铜之地处,实多过于迤西、迤南。铜厂之最驰名者,为会泽、巧家两属接界处之汤丹、落雪、棉花三厂。此则是在二三百年来无一时不旺之大铜厂也。其出产数量之巨,实压通(过)一切。至于不甚著名之铜厂,在迤东方面则甚多甚多,即如宣威所属之坦淌一隅,亦有两三个厂,每年都能各产铜一二十万斤。举此一隅以概一方,举迤东一方面,可概迤西、迤南。至于铁矿,滇中极多,以百数十年前,铁之用途不广,不过用铁来制造点刀、矛及一切普通器具,及铁条、铁线等。以故,在一个铁厂上,炼出一二万斤熟铁来,要想于一二月内将其数销尽,是不可能之事。因此,无人肯投重资,认真采取。不然,有许多地方,铁矿直呈露于地面上,仅可以锄头、钉耙掠取之,而且是一朵一朵的菊花矿。云南铁矿真丰富极矣!个旧锡矿,不只压通(过)全国,即在东亚,亦是数一数二的厂位。若锑若铅,虽不能云随在皆是,而有锑矿或铅矿之地处则甚多甚多。钨是近数十年发明之矿物,往昔有人遇此都去而不顾,是不解其用途也。煤则可云随地皆有,而且得一大矿不难。煤更多有呈露于地面者,余于迤东、迤南两方面,亦恒得寓于目中,足见地下藏煤之多也。但是开矿而得到无烟煤、白煤、石炭、乌金黑煤等可贵之煤则少,而大都是褐煤、土煤、柴煤等。其间,尤以草煤为多,草煤更是浮露于地面上,在往昔时,人直不乐于取用。石质中,则以点苍石为最有价值,制成大小方圆块子,能行销于各省。次为墨石,亦殊华美,此则出处较多,然以产于呈贡者为佳,以无甚疵瑕也。又苴却(永仁县)、石屏两处,各产一种美石,制成砚池,亦甚行销。富民方面产一种白石,可作石印机上印板。更有许多地方能产一些奇异莫名之美石,都可制成玩物,供人取用。又有属于矿物类之碗花、石青、石绿、石黄等,亦是有价值之物。若雄黄、硫磺、石膏、石棉、硝石等,虽非珍贵之物,而出产数量极多,大可以取用不竭也。又有向地方上之生物界、植物界、矿物界中,求取材质,而制成品物以供人取用者。如腾越方面之玉器、琥珀器,永北之珐琅器,个旧之锡器,东川之斑铜器,石屏之乌铜走银器,永昌之围棋子,苴却之石砚,鹤庆之棉纸,宁州(华宁县)之陶器,广南油笠,东川毡条,马落坡草帽,均著名于社会上也。又云南三迤皆山,林木密茂,生息于其间之飞禽走兽,实不易纪,亦不易述。其具有之羽、毛、皮、角,有足以作材料而制成物品者,亦甚多甚多。鹦鹉、鸲鹆、画眉、鹌鹑等,只是供人玩弄,不足以云宝贵。孔雀与锦鸡之毛羽,既美丽能供人赏玩,而又用途不少。若白鹭头上之毛,雕鸟翅上之羽,其为用更大矣。此属于禽的方面。至于兽中,除虎、豹、熊、狼、麕、麂、兔、鹿、狐、貉、猿、猱外,有獭、有獾、有猞猁、芝麻貂、岩羊、草狐、家兔、毫猪、竹鼠、野猫、鼬鼠、猬鼠、鲮鲤(即穿山甲),是皆有用者也。总之,云南之一切出产,若与黔、桂两省之出产相较,是"或相倍蓰(蓰音洗,倍蓰意为数倍),或相什百"也,斯不能不云云南出产物品丰富。(《云南掌故》卷9第284页)

《寻甸之概况》:寻甸县治,近省会只二百里,昔为州治,属于迤东曲靖府。……农产物虽多为杂粮、豆、麦及洋芋、山药、花生、薏米等,亦足以谋衣济食。其富厚之区,则为羊街、马街、牛街、鸡街、四甲等处,是则谷米豆麦、瓜果蔬菜无不蕃实,更如各种花豆、各种瓜芋尤硕大且肥,每年出产之数量动在十数万车,亦知其农民之富足也。若居南方附近马龙一带之村寨,则贫苦矣。……寻甸山箐中多山竹子,为造草纸之原料,每一山阿或一林下必有一二造纸厂,大者十数人工作,小者三五人而已,故寻甸草纸之出产极盛。寻甸又多林树,凡行于山间,必闻丁丁伐木之声、霍霍锯木之声,其每日驮出之大小木料实不胜计也。在款庄、鱼兰坝一带,则黄栎、刺栎满山,烧炭窑户极多,而谷米出产亦丰厚。至于寻甸城中,烟户亦不甚众,房屋亦不甚整齐,公廨虽然阔大,以年久失修,亭台亦多倾圮。往昔迤东兵备道驻扎寻甸,今日道署犹然存在,此为二百五十年以上之建筑物,现改为学校,亦物质之不受摧残也。城中回族人甚多,故市上牛羊肉较肥美,鸡亦壮大,一五六斤重之鸡母,煮于釜中,黄油盖满汤面,饮汤嚼肉,香美异常。此外有五六种特殊产物,如附近牛街之某村,其种莳之百合,每枚能至十数两,大则逾于人拳,每瓣几有三指宽,而色白如玉,且细腻如牙,煮而食之,无丝毫苦味,真佳品也。又某乡产小核桃一种,大仅及于拇指,壳则薄如一硬纸,以指捺开,内瓤丰满,入口香甜,味犹胜于滇西之漾濞核桃。又马街所栽之黄牙白菜,棵之大者可重十五六斤,洁白如雪,落地即碎。又有一种杂豆,粒如指拇大,形扁而长,皮色鲜红,艳于鸡血,剥皮煮食,见火即烂,亦他处所无者。境内气候极不调匀,凡近高山地处,入秋后一遇阴雨,即要以裘御寒;若近于牛栏江边一带,气候则热极,而物产却丰富也。又有一种名蚂蟥箐,箐中极多旱蚂蟥,能由地面飞起而叮人,过是处者,须以手巾遮蒙口鼻耳窍及扎紧裤脚,不然即大受其害;骡马行经是处,口鼻之上无不血泺泺滴,真恶厉之地处也。余以事而经其各处,目有所击,特泚笔记之,民国乙亥(1935年)九月望日记。(《云南掌故》卷11第336页)

《巧家区域之辽阔》:巧家为迤东方面地广而又最寥廓之一郡也。……计其面积,亦不下二十五万方里,丁口又无二十万,似每一人可占两个半方里也。地广人稀,农产自不成问题。……大凡气候炎热之地,一切种植都易于成熟,所以巧家境内之山田、山地、广阜、高原,栽种杂粮及甘蔗、芝麻等无不丰茂也。农产丰茂,谷食自有盈余,饲养六畜,大利生焉。郡内牧豕之家,一乡之中能占九成,巧家猪油之运出境者,年不知有若干千笼。而畜鸽者亦多,市面鸽蛋与鸡蛋同贱。其他食物,如糖、如蜜、如花生、木瓜子等,尤是大宗出产,运出境者不知凡几。山中药材极繁,林树极茂,药材中略举一物而言,吴茱萸遍岭皆是。人们种植之树,若桐子、若楝子、若漆树、若楮树,直是荫满山谷,有此丰厚出产,所以境内居民大都为小康之户也。至于铜矿,在迤东方面,巧家之汤丹、落雪两厂当称巨擘,数百年来,不惟挖掘不竭,且能日旺一日。按:此两厂俱在大山之间,山高数十里,其上、中、下三段气候各别,山脚极热,犹热带也。山半犹温带,山顶直如寒带。名以落雪者,实由是山之巅有雨即成雪也。山在巧家、会泽分界处,山上属巧家,山脚属会泽,今东川矿业公司所开之厂,即以汤丹、落雪为主要,余皆附属。巧家又有棉花、七里等厂,则不若汤丹、落雪之有名也。……巧家无甚名胜可言,所谓之大、小药山,要不过山之形势特别,有异于一切蛮山峻岭,而又满山皆药材也。大药山在金江东岸深处、木期东北之群山间,……路之两旁极多草木,而十之六七俱属药材,其种类甚多,自不合一一举出。总之,草木、金石、鸟兽、虫豸之足以入药剂者当不下二三百种,是名大药山,亦名实相称也。……此段山间极多厚朴树,枫木、香樟亦多,岩际则多石楠藤。……林树间野雉与白鹇最多,随在皆见,而见人亦不惊飞,此由无往猎者,都未受过网罗之苦也。……小药山,由郡城南去不远,仅数十里耳,则在江之西面。……上段山间多产黄连、贝母等贵重药品,亦产木香。而下段山间,则百药俱备,故以药山名之也。……山顶风极刚劲,草木多不能耐其栗烈,有古老松柏,多是蟠屈于地或倒卧于地而生,然亦能长长至三四丈。但柏叶、松针异常硬健,与生长于下界者相较,大有不同,可谓"柯如青铜根如石"也。山之后面则林木茂盛,大杉树、大桧树逾于二人合抱者甚多。灌丛之间,惟潜藏野猫、野兔,若豺、狼、虎、豹等却渺无形迹。山顶有庙宇一座,传云:二百余年前,有川人某上山采药,爱是处清幽,乃结茅数椽于岩际,以便采取药物,且专于搜求贝母、黄连、木香等。既而又见山间有代赭石、礞石、砒石及大青、石绿等有价之物,乃尽量采掘,积有成数,即背入城售卖。既而结得一青年同志,有若师与弟,二人即以采药为事,于三五年间,在售卖药物上,竟积得若干银钱,乃在八石种处,倩人烧砖瓦,在山后伐树,更倩人解锯成材,此而两人俱作道士装,出而募化工(功)德,倡建庙宇于山。郡人见其如此苦行,无不乐于捐助,得到大有可观之数,便鸠工庀(庇)材,期年而殿宇落成,奉以道祖,名以老君殿,于是游人渐至,且香火称盛。师徒二人仍在山采药,藉以密(弥)补生活。如此者二十有余年,老道士已年逾七十。某一年,山中气候特别严寒,大雪下至二十余日,此师徒二人遂冻死于庙中。雪晴后,八石种人走往庙中,始知师徒死去。村人念彼师徒苦行修持,且营成庙宇于山中,功行不可以没,遂营葬师徒于庙侧,复为之立碑作志,以垂永久。此为汤锡之君详语我者。锡之名祚,曾两任巧家县长,积三四年,自云尝到过大、小药山上。(《云南掌故》卷11 第347页)

《绥江途次中之奇异景物》:绥江为滇东极边之一县,自省到绥江,路长二千里,亦等于省到维西、中甸。……路之两旁,均长满排密而高不及丈之一种霸王鞭草(亦仙人掌草属,但形同鞭铜耳），直无一空，真生发茂甚，排连得齐也。按：此野生植物当然是根草相属，然又不串及于山谷间，只夹路而生，且只生长在此四十五里之山路两侧，上至山顶，即一茎不见，似此生法，真不易解索。……再前进之站曰木杆河，距此站三十里之一山谷内，地势殊开展，约有十数里宽之一地场，四面山岭环列，然大半为土坡，坡上多杉木，亦不甚密杂，其参差远近，有如画图上之排列，是处林间多练雀，练雀为飞禽中雅丽者，状颇类鹊，体则大于鹊，稍小于白鹇，头颈、背上毛青而带绿，腹部毛白如雪，双翼舒开，白质黑章，颇似鹊之双翅，后拖两匹尾毛如练，长约二尺，亦是白质黑章，则似锦鸡之尾翎，而宽则过之。鸣声略似鸦鸣，却清脆而长，且喜在空中飞鸣，其飞鸣时势态翩跹，大不似他鸟之翱翔，是径往径来也。此鸟在山林中实不易觏，不意此一地处尽属此种禽鸟之乐国，行尽十数里之遥，均与此种禽鸟相值，或飞翔于空际，或栖息于树间，此往彼来，东聚西集，真不知若干万千耳。惟跨过一条河流，越过一座山岭，便无此鸟。……对面山谷中，有百数猿猱相牵相连，分路而下，大者在前，小者在后，大者似高二三尺，小者约尺许，走至溪边，排成一字，俱俯就清流而饮吸，秩序井然。我以望远镜察视，猴分三种：一青、一黑、一黄，而青者独多，黄者稍次，黑者只十数个，却各以类聚，不稍凌乱，饮讫，复分行而上，仍是大者前而小者后。据店主人云："山中猴类甚多，每于早、午、晚三时，必下而饮水，幸河流深阔，猴不能越，不然，难免其来骚扰矣！"顾此种景物亦属人生之偶一相逢，睹此心殊快愉！……何曰老林，一出产笋子之大林薮也，而满山俱是罗汉竹，林薮长至五十里，其间少有人客往来。惟春夏间则有人入林掘笋，闻年有数千背笋产生，此而运入川，制成笋干，复运入滇销售，是为川笋，实则是滇中产品也。……福荫溪，有烟户三四家，憩息于斯，始闻前途十分难行。据此寨士人云："山中多猛兽出没，然不甚伤人，惟不宜惊之也。"……由此小寨出去约数里，便步入竹树丛中，旋又沿一箐边而行。不意隔箐一望，无不毛骨耸然。一斑斓猛虎在箐之西边，徐步于草际。幸箐深十数丈，阔四五十丈，虎不能越，只昂头向东一望，仍低头徐步

而去。第见其去远,乃额头称庆。……(《云南掌故》卷11第352页)

《小罗坪山之景象》:由洱源县城北行十数里,即至小罗坪山麓。小罗坪山,在迤西方面,亦一极有名之大山也。……山之北面,在秋冬两季,尚无风景可言,在春夏两季,行于山间,真锦天而绣甸。山中树木是无一树不着花,地面杂卉是无一茎不绽蕊,若杜鹃也,马缨也,山茶、山栀也,夭桃、秾李也,棠梨、木瓜也,芒种、报春也,蔷薇、木香也,更有无数野花,或红或紫,或黄或白,真无一处不钻入花间,无一步不行于花畔。而又药草满山,兰蕙遍地,复一一缀花,尤增香艳。当春夏时,群鸟和乐,俱在林间争鸣,提壶劝酒,布谷催耕,杜宇声悲,黄鹂声嫩,画眉高唱,鹧鸪远啼,山鸡飞来,彩色炫目,鹦鹉飞过,翠黛扑眉。昔蒲留仙记西湖院中景云:"山鸟一鸣,则花片齐飞,深院微风,则榆钱自落。"是诚妙景矣。使留仙觏此佳境而志之以笔,又不知有若何妙文也。惜也,山中美景,惟使一般贩夫走卒得之,幽人雅士鲜有所及,殊辜负之也!(《云南掌故》卷12第375页)

《中甸地处特殊》:……时人举迤西方面之寒冷地处,无不曰维西、中甸,实则维西气候只略冷于昆明,差可与迤东宣威同,较中甸则相悬远矣。中甸可云别有天地,在一切生物上亦与各处不同,如乌鸦一物,都是红嘴壳,栖宿亦不在树间,而在屋角墙头;老鼠亦不类于他处,后半截身子大于前半截几一倍,而只能纵跳,不能以足行;猫与犬之毛俱长至寸多两寸,望之蓬蓬茸茸;山间多雕鸟,大者展翅及六七尺;六畜中以毛牛(牦牛)最多,亦极肥壮。森林殊茂,但只有松柏两种,能冲霄汉,他种树木则少极。地面植物,以冬虫草、贝母、黄连为最多。雪山上产大黄随在皆是,特别物产是雪茶、雪蛆,而雪茶则在在皆有,雪蛆又几如苹实之谈也。……(《云南掌故》卷13第411页)

《开化之见见闻闻录》:前清时,开化府治仅辖一厅一县,厅曰安平(马关县),县曰文山。开化郡治殊广,南北约三百余里,东西逾六百里,以三之一属文山,以三之二属安平,因而安平同知所辖之地面,纵约二百余里,横及四百里,即今之马关、西畴、砚山、金屏皆为安平所有之地。又南自河口沿新店、老卡、麻栗坡、交趾城、桥头一带，俱为安平厅边境，此足见其幅员之广也。安平厅署在去开化城百四五十里之马白，然有行署在开化城，郡丞得往来于其间。光绪癸卯年（二十九年，1903年），余随侍家君于安平任上，得见安平、文山一带之异事，得耳安平、文山一带之奇闻不少。惜以日久，多半遗忘，今将强能记及者写出，他日有写地方情事者，亦可取此作资料。……开化境内之出产物，最出名者，第一是涂杪（杉）板，第二是三七，第三是金钗石斛与耳环石斛。此三者，开化之特产物也。涂杪（杉）板通称为开化板，制成棺椁，极其贵重，在百数十年前，每年出产数量不少，有时一年可能出棺材板至二三百副。此种材质，大都是在安平所属古林箐一带之地下挖出，在他一些地处虽有所产，究不如古林箐一带之多，而且格外美好也。涂杪（杉）板讲花纹，讲香味，讲色道，做成棺材后，方讲完美无疵。花纹以金钱花为最稀罕，次为云蝠花，再次为麻雀花，更次为箭鍟花，等而下者，以花头不足名也。香味，以带有檀香味者为上上品，香而味纯者为上中品，香而酸者为中品，香而辣鼻者为下品。色道以降（绛，下同）而黄者居第一，降而赤者居次，降而乌者更次。若纯系乌色则名为乌杪（杉），是又为涂杪（杉）板中之最劣者也。此种涂杪（杉）板，在百数十年前，在开化地方价值亦不十分大贵，即一副极其希罕之金钱花杪（杉）板，亦不过值银六八百两，其它可以类推。此种材质，大体是一二万年前，太古时代之巨大树木，因地面上起了剧烈震动，山陵大肆改变，地上树木翻入地里，其最大之树，生气完全存在，埋于土中，因而毓成此种材质，此则是定而不移之理。但是伐（发）掘此种材质者，多是得到一大团或一大段，而又全不似一棵树形，此则令人索解不出其成团成段之理由也。三七，不产于近城地处，生产之地处曰田蓬，而距城甚远，以三七出产于是，故曰田七。惟是，三七实是一种不易栽种之物，于培养上极费工夫，如一斤只八十枚者，要必蓄养至十一二年而后成；一斤只六十枚者，必是蓄养至十三四年或十五六年。三七极容易受病，一棵有病，可能传染到一遍（片），所以说，三七是一种不易种植之物。金钗石斛与耳环石斛,是自然界中生长于石岩上之植物,实则即是人们栽种之石斛花,只不过茎细而色黄,故美其名曰金钗石斛。金钗石斛亦医药界中重要品物,省内省外销行甚广,开化一带,年中亦出产不少。耳环石斛在医药本草及《本草纲目》中,都无此一名目,在百数十年前,即在开化地方,亦少有人得知石岩间有此种贵重药品也。前五十余年,余在开化时,即稍闻有此一药物,然不甚了悉其性,亦惟以金钗石斛同视。可是在近三四十年,此物便盛销于沪、汉上,云能极其生津润喉,益胃补肺,所以国中最驰名之花旦梅兰芳,在步上红氍毹(毹)时,水壶中都是泡着此物,因而开化之耳环石斛竟大驰名于国内。开化府属之地面十分寥廓,其边境上,在接近安南边地一带,尤是山深箐密,林树丛杂,路途弯窅,不惟人迹罕到,或者尚有许多地处,直无一人到过。以是,此一带地处之山间,究有无珍奇之物在着,一般土人亦不了悉。清代光绪十八年(1892年)间,有住近马白之土人某甲(因日久而佚其姓名),一日入一距离马白街约三十余里之山中,采樵而兼采药,以入山太深,致迷路不得出,顾天色已晚,不敢强寻路途希图还家,见一段石岩上,有大树一株,且有隙地,足以安身。是处距离地面甚高,虎狼绝不能走至,乃梯石而上到是处度夜。入卧后,即闻桂气扑鼻,天明审其树,实岩桂也。而树身已逾合抱,又见其根干苍老,皮具五色,料定为山中之千年桂树,或者是一株神桂。乃出腰间利斧划取其皮,剥下,度之约及五尺长,宽约近尺,遂携之还,泡水试尝 为白水而有冰糖味者,乃裁制成条,配合成对,宝而藏之。逾数月,偶出以示人,为一走越南桂客所见,遂设法以利诱某甲,甲为所惑,尽出其藏共三十余条以示客,客亦不大恶,愿出三千元为值。某甲原一窭(音句,贫穷)人也,暴得此巨数,喜出望外,遂允之。即尽其所有付与客,己则余三五断条及一些裁不成条之碎件而已。桂客得此一批神桂,便急趋至河内,落唐人街之某粤商店内,大放炮竹竟日,表示得到宝也。闻桂客随藉此而发财逾十万。事传于某甲耳中,甲始大悔,然亦无如之何也!是年安平、文山境内,人民多病烧热症,直是一种流行的轻微瘟疫,诸药不能治,竟死去不少的人。某甲之家中人口亦有三五染此症者,甲乃出所藏神桂试治,立愈。邻里知悉,咸来求桂治症,但病人多,甲存之桂无几,甲乃昂其价而售焉。初犹每元售桂二分,既则一分,逮至桂只存有两短节时,则只许人以土碗底来注水磨桂。初时,磨一转取银二角,继则增至五角,以至一元,但磨此饮者无不立效,于是治好二三百人。已而甲之神桂,仅存有二三寸长一节,便吝不之出,而郡邑中之流行病,亦渐渐消灭矣。甲亦以桂而发得不少之财。后闻人言,甲是一孝子也,有母在堂,母喜食兔肉,甲必入山猎取此物以供母馔,母死,始专事采药采樵,得此神桂,或天之报施也。……董干,山间多香木树,香木树是虚有其名,实则无甚香味,香木却是一种四季常青不落叶之乔木,树杪距地能高至五六丈,树身粗及二三人合抱,甚有大过于此者,地方人云:"此多是一千几百年前之树。"但在山间要寻找仅粗及拱把者,则又少见,岂一个时代上所特产之物欤?实难于索解也。香木树之木质则异常坚结,云解锯成材,大费人力,盖此一种树,木质上之纤维系极密而又不稍含脂油,故硬而且燥。云锯成薄板细条,是万不可能。若锯作大样的材料,又异常沉重,且无一点花纹可观,用作燃料,烧之又无焰,真可咏"古来材大难为用"之句,又此一种树,在西洒街出去之一带山上,亦甚多甚多。由近于河口之新店、老卡而横过都龙、茅坪,以至大坝、马街、董干一带之山间,则多有草果树。树却大小不一,有大至二人合抱者,有不及手指两围者。草果不结于树之权桠枝叶上,是结于树之根脚,且是围绕攒集于一些微涵在土中之根上,仿佛是根上有须,须上结果,密密杂杂地陈露于土面上。但是草果树多生长于卑湿地处,若根脚上有水浸着,则结实多而且大,此亦大陆上之一种奇异植物。自西洒街南去约及百里,是为大坝,名以大坝者,以是处有一大平原也。由大坝西行而翻两重大山,再越过一些小山坡,便是麻栗坡,然须两日脚程才能走到。此两重大山中,藏有一种异兽,远看直是一匹斑马,毛灰白而有黑色花纹,亦略似虎身之镰刀花;近看则头上有两角直竖,亦有类于羚羊头上之角;头则是马头,颈则较马颈脖微细而微长,尾子上毛则蓬蓬然,高可至三尺。见人却不自惊,亦不似豺虎之辄欲扑人而食,只低头而啮草。人若行近其身旁,则举一前脚将人掀翻,即一蹿而逸去,其脚程甚快,一转眼即在十丈外。在举足掀人时,似足力极强,任何强大汉子都能掀跌于丈外。有细审其足者,云不是四只马蹄,是有类于四只虎掌。盖此两座大山中多桂树,寻找桂者恒结伴三五,持器械而至山之深处,偶尔能见到此一种异兽一只,似其种类不多耳。究属何兽,却无人能知,古书云:"滇中多犀、象、驳马。"或者此亦驳马之属也。……开化文山县属之东安里,其极边处则与安南接壤。是处有一种夷族人,名为普岔,系交州之苗裔也。开化在汉为句町国,唐属南诏,明设教化、王弄、安南三长官司。清康熙六年(1667 年)置开化府,以土人周应龙世袭土经历,俾领其众。普岔性纯朴,多信鬼,专种水田。男衣黑色,制同汉人,但衣著上身永不洗濯。妇女五色花衣,绣花桶裙拖地,食菜饭不用箸,只以匙挖之。婚姻全由两相爱悦,会亲友宴,必击鼓鸣锣、吹角唱歌以为乐。人死则装之于一大木槽内,槽形有如一猪食盆,槽面上盖以一马鞍,三日出殡,孝子披白抱鸡,亲戚吹唢呐以送之,木槽藏于石硐,岁余,取出而横葬之。……今之滇越铁路,其近于河口之四五个车站,如大树塘、蚂蝗堡等处,都系往昔安平厅所属之地。在开辟路线时,有路工在大树塘近处,在土内掘得三个大石蛋,一长二圆,长者具腰子形,宽华尺四寸余,长及八寸;圆者为一大一小,大者围圆一尺八寸余,球径当为六寸,小者犹不及大者之一半,三者俱色白而体轻,权之共重三十七两。两圆蛋之皮面,均现满如绿豆大之麻子窝,而又个个窝痕匀净;其长大者之一枚,皮面上则似牛肚子上现出之密密绉纹。一般人都不解为何物,以斧捶之,面层碎裂脱落,底层又透露而出,形色仍与面层相同,再捶再碎,形色都无改变,而每层亦只厚分许。嗣为一法国工程师所见,遂以二银蚨向工人等将此三石卵购去,云将送往巴黎博物院考查。又炸河口钻洞时,有两条极大之四脚蛇,由一石缝中钻出,通身金色,光灿人目。长及二尺,粗逾小儿臂,驰如电急。径入山中。吁!四脚蛇能有如此之长大,真不知生息于此有若干千百年也。

安平所属之老卡，实地处荒僻而又有瘴疠，只以逼近安南边境，故置对汛于是。钱君朴生，余乡人也。任老卡对汛有年。光绪癸卯（二十九年，1903 年）春间，因事至开化城，与余相值，询以老卡地方情形，答云："老卡一带，林茂草丰，一入夏后，即瘴雨蛮烟，将四山遮蔽。以是，深山大壑内一切动植物，多秉毒疠气而生，形形色色，百怪千奇。如丈余长之大蛇，斗大之蛤蟆，饭箅箕大之蜘蛛，是最普通极寻常者也。假见此而道异称奇，人必诮其少见多怪。有足以称为奇异者，一经道出，人必惊疑，或认为是撒谎之言，虽然，亦可略述二三事，以闻于子。芝菌，常见之物也，似不足以言奇，即云一朵毒菌，菌面大过于酒席上所用之拼盘，此相信深山大壑中，不免有此一物产出。若云一朵菌子长出土来，菌头铺展开来，其大处直与吾人头上之竹笠相同，此真齐东野语，似不足以相信也。殊知在瘴雨蛮烟之地处，山谷中、林树下，亦时能得见也。前二年，余缉私于去老卡三十余里之土革拉寨，路经一深谷中，时在初秋，山间仍是郁热，因困而憩息于路旁石上。回首见去石不远之土埂下，有一簇红、紫、黄、蓝之物，其大处可及于一张圆桌面，高于地面约二尺，初不解为何物，趋近其前审视，始辨出为五六朵菌子丛生于是处，知为毒物，不敢逼近，略辨出其最大之一朵，实大过于一顶油篓帽。偕我行之缉私兵某，以手中竹棍击之，一朵菌头立即碎落一大块，破口上仿佛有一些轻烟冒出，余大饬其非，已而遂行，前往土革拉寨。次日回老卡，未及五个钟头，此缉私兵即死去，足见其菌之毒也。又一次，因有事于去老卡四十里之柴棚地方，迷路于一深山之中，回环转折达二三小时，行经一大箐沟侧，闻箐底泉流有声，俯而瞰之，箐底直是一条血河，水赤而微带黑色，虽经阳光注射，其色亦不甚鲜明。流不甚长，下至百数十丈即隐而不见，当然是归入落水洞内。身旁之一缉私兵，亦住近柴棚地处之人也，亦甚惊异，云其向未经过此一地处，更未闻山中有此一条红水，后又特往是处查看，又迷路而不能至。老卡汛署建于山椒，官廨之后有空地十数方丈，矮垣围绕，犹一片园地也。然蔓草蓬柯，几满园地，以是，鲜有人步入其中。一日饭后，余偶至其处，竟得见一梦想不到之奇事。一群癞哈蟆据于草地上，数为二十有三，是大者在前，小者居后，依次排列阵势，形如一字长蛇。其带头者之体格可大及汤盘，最后一亦大及人拳，俱蹲而不动，若有所待，异之，伫而观其动静。少顷，草丛中一白花蛇钻出，长约五尺，直蹿至蛤蟆阵前，有来吞噬其弱小者之概况。此时，在当头之大蛤蟆则胀其颈而臌其腹，一口毒雾喷出，蛇之头颈一段立变黑色，蛇在地面便翻腾回曲，若有不胜其痛苦之情形。已而头部黑色渐淡，颈部黑色亦退去，蛇又得精神回复，行动如故，仍来进攻蛤蟆。蛤蟆又作势喷气以抵抗蛇，蛇复受伤，仍退而扳荡不宁。但在第二次蛇受蛤蟆之毒，竟不若头一次之重也。仅低昂伸缩少许，黑色便消，来作第三次之进攻，蛤蟆以毒雾喷之，蛇竟若无事者然，终衔一小蛤蟆而去。咦！此亦犹人世间之一场大奋斗也。余在老卡官廨中，所占卧室十分宽大，但四面俱属土墙，惧有蛇蝎钻隙而入，遂支床于当中，四围墙脚洒以石灰、雄黄，藉防一切毒虫也。一夕，卧于床，见有无数萤光，集于东墙脚下，且排成一椭圆形，起而引火烛视，讵知为一长五六寸，宽二三寸之黑色草鞋虫，足有二十余只，每足有萤火一点，在是处舐食石灰、雄黄，以棍扑击，虫便钻入墙隙。此数者，真奇异已极。"钱君之语我者如是，特泚笔记之，此足见滇省之边鄙上，复在一些荒僻地处，所产生之一切奇奇怪怪物品，实属不少也。（《云南掌故》卷14第452页）

《思茅西南方面之倮黑山》：倮黑山不是一座大山之名，有如鸡足山、点苍山等之称谓，是在迤南思普方面，而再由思茅进去，复向着西南而行，约有五几百华里之一地处。在云南的版图上，为滇省南疆，逼近缅甸边境，过界即为缅甸之孟卡。……惟是，倮黑山中亦多出产，第一是木材，以隔离内地太远，概成为废物。地面上亦产生不少的药材，以内里的水土恶劣，复多瘴气，无人敢在山中留恋。且卡佤所在之地，更无人敢到，以是一些可宝可贵之药材，惟与一些蒿茅同枯荣。至于锦鸡、孔雀、白鹇、鹦鹉极多，虎、豹、熊、狼、猿、猱、鹿、麂、野猫、岩羊等，亦极充斥。山中人亦常将虎豹之皮及虎骨、鹿角、熊胆等，携到上下改心、双江渡、南北渡一带售与内地人。又在种烟时代,山中之倮黑与卡佤都喜种烟于山地上,所种之烟成分极高,故倮黑烟土不仅有名于迤南,亦驰誉于省城。惟是,倮黑山里之烟土,每年出产数甚巨,此则不自运出销售,是专待内地人入山购致。以是,一般喜走夷方做生易的人,当出烟之季,则办些边地夷人所需之什物,如棉麻织品、铜铁器具,与夫油、盐、糖、茶等,驮运入山,掉换烟土而出,此一出一入,实获利不菲,故人多乐为之。此是倮黑山中人与内地人民,在未经改土归流,未置官设治时,往来通商交易之大致情形。又是时人去做生易的人,亦只能由下改心、大丫口等处,于入去不远之迤宋、猛朗、猛宾几处地方。此若再入去百数十里,路则十分难行,林树愈阴森,蹊径愈隐微难辨,故多以此一些地处为止境。有能再深入一二日路者,是必在此条路上做了多年生易之人也。有深入其内者云:其弯窅之处,走着十分害怕,日间闻树上怪鸟声啼,能使人战栗,又毒虫野兽时出没于草间林下。更有可怕者,是粗若水桶、长及三五丈之蛇,时横躺于路上,此真令人惊心动魄。行到日落时,犹不易找一适当之歇宿处,铺毡展席于一较为平坦之地上而卧,地下红黑两色之蚂蚁俱有六七分长,其体之壮大可以想象。夜间卧下,全身都要遮盖严密,若受到毒虫之害,则十分难治,而且处处地气溽热,在四五月间,虽无瘴气,然亦能身中湿毒。一到雨季后,山中便有瘴气,时则无人敢入。云到倮黑人之家中,固可借宿,而又居于弯窅深处,实大不易求,故尔鲜有人敢于深入也。至于接近缅界之猛马、猛邛一带,在往昔走入倮黑山中做生易的人,恐百中无一人走到也。……(《云南掌故》卷14 第470页)

庚《物产》:永宁僻处滇西北边隅,境内山岳绵亘,河流横绕,路政尚未修筑,交通因之障碍,兼之天气稍寒,人烟疏落,陇亩之间,自无嘉谷;藩圃之内,亦乏良蔬;园林之中,没有美果;堵除之下,没有好花,这是由于环境的限制而使然。我们一到此间,常常感到枯燥,缺乏新鲜菜蔬,没有美丽花卉。而野生的山花山果、野蔬野菜,不一而足。兹将就其境内所产之物品,略分为动物、植物、矿物三大类。例如动物,则分为鸟兽虫鱼,又将鸟类分为家禽与野禽。兽类分为家畜和野兽。至于植物方面,分为食用植物、工用植物、药用植物、赏用植物四项,列其名称如下①。……特产物品:薰鱼、酥油、菖蒲、竹叶菜、冬虫夏草、贝母、黄蜡、秦艽、大黄、瓜子金、延寿果、圆麻布、氂牛尾、山驴皮、鹿茸、熊胆、豹皮、麂子皮。(《宁蒗见闻录》第 2 篇第 60 页、72 页)

楚郡土瘠,物产无多。旧《志》所载,如石青、石绿、箭竹、翡翠之类,求之绝不可见。聊举见存者,著其出处。其他蔬果牲畜,所在皆同,姑存其名,以识一方所有。然地不爱宝,勤者取之,愿毋瘝毋惰云。(楚雄旧志全书"楚雄卷上"康熙《楚雄府志》卷 1 第 193 页)

《物产志》:《明志》云楚郡山川膏沃,物产颇饶。今《郡志》云:楚郡土瘠,物产无多。旧《志》:石青、石绿、竹箭、翡翠之类,绝不复见。二《志》不同,核其实,楚邑固瘠。第地不爱宝,其因天地自然之利,而尽撙节爱养之方,惟当事者念之。志物产。(楚雄旧志全书"楚雄卷上"嘉庆《楚雄县志》卷 1 第 640 页)

十二《天产》:植物之天产者仅药类有茯苓、黄芩、防风、升麻、柴胡诸种。茯苓,生于松根之下。松树被人所伐,其桩腐朽,树之精华贯注于根,结合而成,故服久可以延年。其状态有圆、长二形,而体重至十余斤,有椒椒皮者最佳,长形者低劣。升麻,有红、绿二种,红色者不宜用。防风、柴胡有杏叶形、竹叶形。杏叶形者不宜服,服则令人呕吐。以上诸种,每年出产无多,不能称为大宗,间有运至省城售买者。动物,仅有鸟类之雉鸡、锦鸡及兽类之野猪、豪猪、岩羊、獐、鹿。鱼类:青鱼、花鱼、鲤鱼、细鳞鱼等物,间为人民网获,入市售买,但所得不易,卖者亦少。武定,素称产矿之区,近年以来,因硐老山空,矿苗衰败,间之开采不得其法,每办理一次,均属折本,所以现在无人开采。兹仅就其矿之种类及所在地点,列表如下(原为表,现依"类别、所在地、矿苗衰旺、矿界面积、距大河或通路之里数、距相近之城镇村

---

① 具体名称,详见各属名下。

里数、附记"等依次按文字记叙)铅矿:乾河,衰,现无人办理,未曾划分划过矿区,不便填入,在大路旁距河三里,距城三十里,距村八里,因矿苗衰,价低,销路滞塞,折本停办。铜矿,狮子口葛山箐迤那厂、大保厂、鹅头厂、金钟罩、大麦地、平地厂、深沟箐,衰败,衰败,以上各厂与四周均无大河,或距三五里、八九里、一二十里即与路相通;以上各厂与城镇村相距二三十里八九十里者;以上各厂,先年大盛,早已办过,现因硐老山空,无人开办,惟鹅头一厂,矿苗尚旺,惜水不能泄,无人开采。铁矿:只苴、五拃甸、大善勒、沙拉箐、河底眼哨二,虽不十分旺,尚能办理,以上铁矿因无大资本,时停,每年只办一次,又复停止,现无人办理,每斤价七八仙。(楚雄旧志全书"武定卷"民国《武定县地志》第443页)

物产:知关则修备,时同则修物,二者形则万物之情可得而睹。故岁在金,穰;水,毁;木,饥;火,旱,皆言时之用。旱则资舟,水则资车,而物理可知,此计然与范蠡言也。又曰:粜,二十病农,九十病末,平粜齐物,关市不乏,治国之道也。积贮之理,务完物,无息币,以物相贸易。斯言也,东南用之富其家,若南安,舟车无可用,土瘠地硗,不产丝、棉,无纺绩物产,不特千之一于计然之地也。故人民恒苦饥,恒苦寒。旧志载石青、石绿、箭竹、翡翠之类,求之杳不见。即禾黍菽麦,五方之产亦产之,收则百之一,即有然与蠡,亦无术于斯土之恒饥恒寒者也。或曰:"地产矿,夫何虞?"为是者,乃四方之民,采掘靡遗,凿石窍山,莫偿工作者,往往皆然。甚有破产捐生而不一遇者。辟之酿之利昂,而有时不然,秫者十之四,秔者十之六,酿未行而炊且阻,农者且病农而莫之知也,况乃制其末乎。故曰:虽有然与蠡,未知其将何如也。(楚雄旧志全书"双柏卷"康熙《南安州志》卷1第12页)

农桑:礓嘉之民有农事而无蚕桑,然王政所在,不可缺也,因附记于此。农事:正月二月种春荞,正月为灯火荞,二月为桃花荞。三月整秧田,播艺早禾种。杂粮如高粱、山谷、粟谷、稗子、包谷之类,皆乘时种植,以备一岁食用。四月一月栽插晚田秧苗，种苎麻、芝麻、黄黑赤绿豆，收割豌豆、胡豆、二麦、早荞；芸田草。六月芸田草，储水御旱，早稻有刈获者。七月芸豆草，采包谷。八月九月晚稻、秫黍皆登场。十月收完豆谷，播种小春，如胡豆、菜子、小麦、大麦等类。十一月整犁田块。十二月种植麦菜。各项已毕，农人稍有暇日，经营小商，以资生计。《物产》：滇南夙产宝物，而碌嘉独无。《竹书·王会图》言："卜人丹砂"。碌为卜国，今日丹砂并未之见，盖山川灵气，有胜有衰，古今原不相埒也。惟菽粟鸡豚之类，为民所常用者，兹土尚各存焉，故备志之。（楚雄旧志全书"双柏卷"乾隆《碌嘉志》第 228 页、230 页）

物产：滇南崇山邃谷，气暖风和，珍物瑰产，诡恢缤纷，往往为中土人所罕见。昔桓溪裁槃蛇赪水之歌，常璩补筹马髦牛之关，良有以也。定邑以百里地，常食则有菽粟荞粱，额往则有铜铁盐米，其余胎生、卵生、丛生、横生、草木之实、花果之属、蔬笋之类间有。四时常新，较胜于内地者，宜备载之，以辨方物而察土宜焉！志物产。（楚雄旧志全书"牟定卷"道光《定远县志》第 243 页）

《物产》：地不爱宝，物产斯殖。故金镂作贡，臣人享贽之义也。《禹贡》所载，橘、柚锡贡。夫橘、柚至细，岂必待锡而后贡哉？盖圣人不以口腹累百姓，仁天下之心也。况属在边方，奇异之珍，皆所却之而弗纳矣。武多荒岩邃谷，正赋之外，不贡方物，然而一草一木，孰非朝廷樽节爱养之贻乎？践其土，食其毛，睹芄苗而歌膏雨，讵感忘诸？作物产志。（楚雄旧志全书"武定卷"康熙《武定府志》卷 2 第 82 页）

《物产》：《周礼·司徒》以土会之法，辨五地之物生，《职方》掌天下之图，布九州之物利。惟圣人为能，遂物生而尽民性也。我朝中和位育与天地参，又蒙列圣相承，慎乃俭德，不贵异物贱用物。滇南除正供常税外，方物无取乎毕献，岂非惟德翳物耶。姚土地瘠薄，六谷之余，所产者不过草木之实、蔬笋之属耳，无他奇也。志物产。（楚雄旧志全书"姚安卷上"道光《姚州志》卷 1 第 241 页）

姚居僻壤,物鲜奇珍,幸五谷之咸宜,为四民所攸赖。乃空青、橦布,无其物,徒有其名,而面鲫、刺鱼泳于川,不载于志。赝真未别,笺注奚辞;遗漏孔多,补搜难缓(援)。目见耳闻如斯尔,夸多斗靡云乎哉。……论曰:禾黍桑麻,山泽萑蒲之利,黔首之命脉所托也。其源远则其流长,其土厚其水深,则其民不匮。史迁云:"渊深而鱼归之,山深而兽往之。"然哉。而仍不免于空乏者,讵不谓贫生于不足,不足生于不农。农矣,耡声甫息即闻啼饥,丰室富户称贷盈门,岂地爱其宝,人爱其力欤?"不患寡而患不均",诚哉是言也。(楚雄旧志全书"姚安卷上"光绪《姚州志》卷3第559页)

《物产》:姚安物产,自以粮食为大宗。塾田亩积虽二十一万余亩,种稻仅三分之二,平均产谷,约可供人口十之六七,贫民多食杂粮。近年供应军米,纪实征购,此种情形,益应加重。此外,黄丝可出二三千斤,蜂蜜二万斤以上,茯苓、香菌、苹果,向称特产,但产量无多。矿产以回龙厂著名,清初后即已停闭。光绪初,厘员何受祐招股开采,银璜混合,不能化分,遂致停止。此外如白马山苴之琉璜,格子之石膏,龚家坟、弥兴之煤矿,亟待开发。至回龙厂之铁矿,质软,不能鼓铸。三区之铜矿,至因办理未善,现亦停止。(楚雄旧志全书"姚安卷上"民国《姚安县史地概要》第960页)

《物产志第六》:《周礼》大司徒之职:"以五会之法,辨土地之物生。"《山经》、《尔雅》随方著物。是知"物产"一门,伊古重视。厥后,朱应作《扶南异物志》,杨震作《南州异物志》,万震作《巴蜀异物志》,薛莹作《荆扬已南异物志》,所记物产皆限方隅。后世作志,亦就当地之产而录之。乃或仅据土贡,不广搜采,以致有特产者,朝廷因之而婪索,官吏因是以诛求。遂使黄蓍之根堀于淳化,荔枝之林剪于元江,大理之石骚扰于明代,楚雄之梨移植于丽江^{见楚雄府知府秦大博《笔记》}。而绅耆之修志乘者,虑征求物产足以病民,遂以物产为讳言。呜呼!此中国所由日贫也。加以儒生不辨菽麦,老农老圃又不识诗书。博物之学,旧者浸以失传,新者不知推广,乡土之志未完,斯编之辑为要。编辑大意约有三端:一者因今以考古;二者举名而证形;三者辨物以明用。古人之物,今人往往不知,遂以为古有而今无。近儒桂馥治《说文》于古书所记,必释以今名,如鼠部"鼬"字注云:《说文》以"鼬"为竹鼠。即此一则,可知古人之物,今皆有之,得之目验,自尔释然,未可武断为无也。得其名矣,又必证其形。近人蔡有守绘动植物,必征之实验,盖即物形以穷物性,其功用宏矣。一物有一物之用,甚至有数物之用,所谓副产,所谓利用,皆有益于民生,不仅有裨于学术也。动、植、矿物之外,工艺有特殊者,农商有出众者,迁《史》所云:"农不出则乏食,工不出则乏事,商不出则乏用。"是宜兼收并蓄,力为倡导,俾物产日丰,民生日裕,民俗民德亦当因之并进矣,所系岂不重哉!(楚雄旧志全书"姚安卷下"民国《姚安县志》卷43《小引》第1650页)

《物产志》:百谷草木丽乎土。土无不产者,特异宜耳。《禹贡》:梁州土青黎,而田赋皆下,则土之瘠而产亦可知矣。至以璆铁银镂、熊罴狐狸充贡,以视青、兖、徐、扬,岂不悬绝哉?大姚,当滇蜀之交,土性近蜀,而物产又逊于蜀。他处所产者,不必不产,然亦具其名耳,豁涧之植,草木之实,均胪其种类,亦以见天壤之间,无不毛之地也!志物产。(楚雄旧志全书"大姚卷上"道光《大姚县志》卷6第170页)

《物产》:地不爱宝,故四时行而百物生,其地同、种植同,则生成者宜无不与姚郡同也。独是白井处山涧中,地洿卤而山多童,土田最少,百谷鲜殖,类资外境之贸迁以足食,惟园蔬稍给耳。然食货与鸟兽草木之名,亦不可以无稽也。志物产。(楚雄旧志全书"大姚卷上"乾隆《白盐井志》卷3第487页)

《物产志》:昔司马子长传《货殖》,后世瞀儒不察,犹或讥之。晚近泰西人精研科学,于"博物"一门,极为注意,凡天地间所有之万物,微论植物、动物、矿物,莫不物物而知其所以然。乃迂儒者流又猥以泰西为物质上之文明、不如中国为精神上之文明以自憙。噫,亦惑矣!夫农工商矿,古有专官。至太史公又称农不出则乏其食,工不出则乏其事,商不出则三宝绝,虞不出则财匮少。此其先识,为何如今之世界实业竞争,而中国竞瞠乎其后？若仍不求实际,徒尚空谈,将不免于天演之淘汰矣！本编合"天产"、"产业"二而一之,犹古"食货志"之义,而其体例则不尽相同。爰分类如左:天产、农业、蚕业、林业、牧业、工业、商业、物类、矿物附。天产之一^{物产志}天产物之类,必系特产,抑或系大宗物产,乃即其名称、产地、状态、产额、用途而著明之,余皆从略。植动物名称、产地、状态、产额、用途。（楚雄旧志全书"大姚卷下"民国《盐丰县志》卷4 第1147页）

植物名称、产物、状态、产额、用途:本县植物特产最稀,惟茨拉河之江毛可供食用,形似毫发,其色绿黄,其味别有清香,中空无节。产于河中石上,每年约值产五百余斤,每斤约银一元,食中之最佳者。地檀香,亦县属中之特产,叶似楚荷,为最小灌木,有治病之功用,如腹中饱闷,寒气疼痛,以及烟瘴等症,均能治之。每至五月五日,民间多采叶存储。动物名称、产物、状态、产额、用途:本县动物殊无特产,惟蜻蛉河之蜻蜓较他处为甚,相传蜻蛉河因产蜻蜓及名,诚非虚也。本县矿产尚未发见,采取维艰,故从略。（楚雄旧志全书"大姚卷下"民国《大姚县地志》第1692页）

十一《天产》(甲)植物　植物以松为最多,椿树次之,均作建筑、木器之用。果树以石榴最宜,随地可以插种。(乙)动物　动物以牛、羊为出口大宗。野兽狼为最多,狐次之。(丙)矿物　《云南苴却矿产表》:类别　所在地　矿苗衰旺　矿界面积　距大河或通路之里数　距相近城镇村里数　附记。金矿,输诚里,时现豆粒大后衰,十里,十余里,距苴九十余里,尚未开矿。铜矿,悦来里,先旺后衰,二十余里,十余里,百余里,现已停工。铁矿,仁和,旺,五十余里,七里,三十里。（楚雄旧志全书"大姚卷下"民国《苴却行政区域地志》第1718页）

《物产》:有一方之气化土宜,必有一方之物类生植。元谋弹丸僻壤,虽产乏珍异,然而布帛菽粟,凡所以资民生者,一草一木,以及昆虫鸟兽,孰非自然之美利,咸与他境无殊异焉。故虽常,必录。亦留心于樽节,爰养之所当备悉也。志物产。（楚雄旧志全书"元谋卷"康熙《元谋县志》卷2第58页）

第四十课《动植矿三界之关系》：动、植、矿三界于人之关系，既略言之矣，今更以三界之互相关系言之。植物由空气与土壤中取饮（养）料，以为生活。动物不能由是二者，故代之以植物与水。是植物生活必要之养料，取之于矿物界。而动物则取之于植物界也。然动物、植物一旦枯死，其体质复归于矿物。三界之间循环不已，运动不息，苟缺其一，即不能生。故今日世界上之天然物非纷乱之陈列品，实一整齐之大机关也。（楚雄旧志全书"元谋卷"光绪《元谋县乡土志》修订本卷下第403页）

植物：元谋特产植物以西瓜子、沙糖、落花生三种为大宗，其产额、销路载在"农产表"内，兹不赘录。（楚雄旧志全书"元谋卷"民国《元谋县地志》第418页）

自南中有草木之纪，而金银齿革，咸载于书，然百物为利用之资，而禾稻蔬果皆资于食。罗虽山陬僻壤，不产珍，尤然烹葵剥枣，以娱高年，采茶食瓜，以享妇子，亦樽节之一道也。姑就僻壤之所生，以备成书之琐屑，作物产志。（楚雄旧志全书"禄丰卷上"康熙《罗次县志》卷2第146页）

《语》曰：天下之物皆物也，而物有一节之可取。又曰：无土不生物。又曰：生物不测，或生于山，或生于水，或生于天，或生于人，翼而飞，跂而走，夭而草，乔而木，蓏而果，华而实。形气变化，燥湿感应，不可纪极，而要之曰物产。然不可以一定论也。《传》曰：北至无棣。又曰：南至无貉。又《周礼》：江南之桔，逾淮自变为枳。物盖有产于此，不产于彼者；有产于古，不产于今者，无乃类是。《禹贡》：华阳黑水惟梁州，厥贡璆铁，银镂砮磬，熊罴狐狸织皮。云南梁州域也，任土作贡，无代无之。而叔季之世，务为苛横，珍禽异兽，袤服异味，希旨索取，有出于经常之外者。上下相蒙，苟悦其名，而于百姓则重困矣。云南在职方为一隅，而黑井于云南又为一隅，无论《禹贡》所载，固不可得，即布帛菽粟，且仰给于他所。盖盐之外，无产也。凡百君子，尚体我皇上不贵异物之意，更无逐逐于口腹之末也。志物产。（楚雄旧志全书"禄丰卷上"康熙《黑盐井志》卷1第600页）

境内动植矿各物产之详目，并述其特色：境内动植矿各物类繁,不胜枚举,如动物,兽类有噬肉类之虎、豹、豺、獾、狼、狸、獭、鼬等;啮齿类之獐、麟、兔、鼠、毫猪、松貂等。鸟类有鸣禽类之雀、鹠、鹰、莺、鹦、鸠、鸦、鹊、郭公、鹌鹑等;攀禽类之啄木、杜鹃等,涉禽类之鹭、鹅、鸭、鹳、凫、秧雉等。虫类有昆虫、湿虫、草虫之别,殊难尽举。其特色者窃维邑中之花鱼一种,殊美可脍,其状如鳅,体圆而首大,细鳞四腮,与松江之鲈鱼无异,此外则无之。至于植物,如材类之松、杉、柏、栗、桑、樟、椿、柳等,果类之桃、李、梅、柿、榴、梨、橡、桔等。蔬类有瓜、豆、芋、苗、茄、葡、芎、菔等。菜(药)类之沙参、苓、芩、麻黄、细辛、泽泻、天冬、菖蒲、白芥、夏枯、益母等。卉类之芍药、牡丹、凤仙、栀子、兰蕙、丁香、海棠等。其特色者无之。矿物如孝母山之银矿、老鹰山之铁矿,此外如桑家湾之煤炭、白石岩之大硝、鸡公厂之紫土、前所之石膏、老鸦关之白泥等,额不多,惜不知讲求,矧其特色者。(楚雄旧志全书"禄丰卷下"民国《禄丰县志条目》第1361页)

天产:县属所产之物,综查各类,均系最普通者,无一特产之可言。然其间占最多数而为出口之大宗者,惟植物之米及黄豆二种。米除民食外,每岁运销省垣者约二千余石,黄豆供食外,约千余石。花果之属,求一奇异者不可得。动物羽属、毛属,自古及今,未见有珍尤者。《云南罗次县矿产表》(略录)(楚雄旧志全书"禄丰卷下"民国《罗次县地志》第1396页)

物产:《禹贡》九州物产各著,《洪范》八政,食、货为先,又曷贵采合浦之珠、蓝田之玉乎?永善向为夷地,膏腴沃壤,尽委诸深箐茂莽之间。自改(土)归流而后,召募开垦,田土固倍增矣。然而禾麻蚕绩,断苴食瓜,似犹逊于他邑,是司牧者之责也。唯必教之以重稼穑而轻服贾,兴树蓄以滋生息,庶几乎,物产蕃昌,堪称饶裕矣。(昭通旧志汇编本嘉庆《永善县志略》卷1第751页)

物产:卑湿宜粳稻菱藕之属共之,高燥宜黍稷瓜果之属共之,三壤之利,殆有不相通者矣。登山采碧,入海求珠,弓燉网罟,皮革骨角,毛羽龟贝,九土之利,盖有不相及者矣。我国家德产精微,万汇争新,芝草无根,体泉无源,麟游郊薮,凤翔郡邑,或昔少今蕃,更昔无今有,镇虽遐僻,仰荷茂育,屡丰而黍稌俱多,厉禁而山泽充用,诵诗则苗,彼葭蓬并征,圣化说礼,则貌兹胎卵,咸被仁风,蕃庑富有,畅遂相忘矣。志物产。(光绪《镇雄州志》卷5第54页)

物之生也,相上以为尤宜。因土而各异,彼荆杨下湿,多产禾稻;雁翼高燥,只种黍麦。旦(但)橘移江北转以枳,碧豕东生,见讥中国。此直(宜)者宜,异者异也。昭在滇省,新疆初辟,土不甚沃。所喜(产)之物,无非山蔬野禽、鄙材贱质、毛介鳞鲜等类。非若复宇中州,偏(遍)生尤物。然既属在会治,各有土宜土生者焉。志物产,而以万(方)物附。(昭通旧志汇编本乾隆《恩安县志稿》卷3第36页)

第十四物产志^{草木、花果、药材、烟叶、禽}^{兽、水产、矿产、各种特产}:泰西人有言曰:"疆场之事,十战九败,不足虑也。物产微薄,则国命倾焉,元气削焉。"是故,物产之丰歉,国家社会之贫富系之也。昭之四境,童山濯濯,北风凛冽,动植物之产殖甚微,矿产之开采尤歉。复以开疆较晚,科学落伍,文化不进,城市士夫不知生产,虚耗物力;乡鄙住民不知利用,弃货于地。唯产煤与米黍杂粮差堪自足,其余服食器用均尚仰给于外。漏卮外溢,出超于入,有识者深为惧焉。虽然,岂无补救之方者欤?诚能于己所有者,加意以培养,设法以开采;于己所无者,移种以生殖,设法以利用。太史公曰:"善者因之,其次利导之,其次整齐之,其次教诲之。"又安见物产不加丰,物力不加厚也。特志之以告昭之有官守言责者。志物产。(昭通旧志汇编本民国《昭通县志稿》卷5第380页)

物产:县属区域辽阔,土性随地而异,且地势高下悬殊,气候具寒、热、温三带,各有不同。各区物产亦因土性与气候之关系,种类攸殊,数量亦多少不一。尤其山岭磅礴,矿产蕴藏极富,此则县属之天然美利也。兹类别为植物、动物、矿物三部,分别志其概要。植物,如粮食类已详于农政篇之辩谷章,瓜蔬类已详于园蔬章,甘蔗、棉、桑等已详于蔗、棉、蚕桑各章,不再赘述,其余草木花果竹药之属皆可得而记者,药材之属尤夥。分别列举于后。(昭通旧志汇编本民国《巧家县志稿》卷7第695页)

物产:《周礼·职方氏》以岁时贡献方物,物产之见重于吾国也久矣。今世注重实业,欧美以博物学专科名家,其于物产之采访研究不遗余力,则物产一门不特有关地方之贫富,亦且足征国力之盛衰。吾绥幅员虽狭,物产尚丰,且多大宗出口品、特产品,故分类详列之外,并附今昔产物比较表于后,藉以觇国力之盛衰,而俟实业家之补救。作物产志。(昭通旧志汇编本民国《绥江县县志》卷2第858页)

绥江县大宗产品表①:棉花,沿河上至半山,六万斤,万余斤,销本境。草烟,全县产,二十万斤,五万斤,销本境。兰花烟,全县产,十余万斤,六万斤,销本境。红糖,金河沿岸,百余万斤,二十万斤,销本境外,兼运出川。落花生,金河沿岸,五百余万斤,百万斤,生食、炒食、煮食、制油均可。蚕丝,全县产,百余万斤,万斤,或运昆明,或运叙、泸。柏子,全县除高地外皆产,八十万石,二十万石,销本境外,兼运出川。桐子,全县除高地外皆产,三十万石,十万石,同上。笋子,全境高山竹林,百万斤,数万斤,同上。川连纸,全境高山,十万捆,二万捆,同上。杉木,全境高山,不计数,少数,同上。斑竹,全境高山,不计数,少数,运川销产盐地。慈竹,全境皆出,不计数,少数,用途最广。药材,不计数,数万斤,用途最广。特产表(名称、产地、产量、附记):品芋,沿河及半山。约十万斤,烧火锅、蒸豉子最宜。岩鲤,金沙江,百余斤,味极鲜美。江团,金沙江,数百斤,味美无刺。鲳鱼,金沙江,晒干,白酒糟食,多销川境。尤真鱼,新滩溪九龙岩,百余斤。(昭通旧志汇编本民国《绥江县县志》卷2第860页)

植物,产靛蓝、花椒、木瓜、桐油及桃、梨、花红、核桃等果实。又蜡树即冬青树,所产亦多,每年所出白蜡行销外县。又药物产玉竹、半夏两种,亦为鲁邑出口大宗。矿物,昔年以乐马厂银矿为全省最旺之矿产,现已荒废。此外小寨铜厂向曾开采,未著大效。又有黑鲁基铁厂、拖麻煤厂皆时办时辍,获利有限。动物,

---

① 以下内容,原为列表,现依种类、产地、产额(前为昔产,后为今产)、附记四部分依次记录。

无其他特异者,农民所养一切家兽家禽与邻县同。其余农产分表于后(略),除此之外,别无特种农产,亦无农业团体。(昭通旧志汇编本六《鲁甸县民国地志资料》第 1858 页)

　　农业:永宁农业,应分区研究,大约可分为"三个区域"。一为"江边区"、二为"平坝区"、三为"山头区"。所谓"江边区",就是靠着金沙江畔的农村,自刺看形里一直到崔驿一带之地域,土质肥美,温度最高,居民富庶,农业极其发达,农产品也最繁多。如粳米、糯米、大麦、小麦、蚕豆、碗豆、包谷、黄豆、芝麻、甘蔗、菉豆、西瓜等重要作物,都很适宜。其产出之粮食数量,足以供给全郡人口的食粮,所以永宁土司及舍目、头人、总管等官产,多半在江边区。所谓"平坝区",就是开基坝、宅地、交主坝、北渠坝、滇金坝,其耕地较江边区宽四五倍,唯土壤稍逊,温度亦差,在开基、宅地二区,其田中作物,多半大麦、小麦、青稞、燕麦、黄豆、碗豆、大麻、苎麻,但统计其产量,远不如江边区。所以开基、宅地等地区的农田,比较江边区的农田,以五亩之产量,不如一亩之产量,其相差数,已逾倍蓰。至于北渠坝、滇金坝二区,较诸开基、宅地二区,土壤较好,气候较暖,出产也较丰,粳米、糯米的产量,较诸江边区稍逊,然数量亦颇可观。且菉豆、黑豆、包谷、大麦、小麦、甘蔗等作物,也很适宜,产量亦佳,为宁蒗县境内之标准耕地。所谓"山头区",就是甲母山、药山、兀山、绵縣山上的猡猡、栗粟的耕地。地域很广,刀耕火种,或间耕,或偶耕,轮流播种。其作物以荞麦、青稞、马铃薯为主要食粮。并种大麻、菜子、蕉菁、蓝花子等,为附产物。终年辛苦工作,仅够食用,倘遇荒年,则采食草根、树皮,甚为可怜。而猡猡、栗粟二族的农民,极肯勤苦,胼手胝足,拼命的与山岳斗争,征服冰霜的寒冷,种出肥美的马铃薯,发售与汉人,在宁蒗境内可算为标准的农人。如果我们领导他们,利用科学,研究土壤、气候于作物营养之要素,品种肥料之配合,则农产日渐增进,且境内之荒山荒地,都可以垦殖,而变为良田。(《宁蒗见闻录》第 3 篇第 298 页)

附录　征引书目

主要文献

《毛诗草木鸟兽虫鱼疏》,三国吴陆玑撰,影印四库全书文渊阁本。

《国语》,春秋左丘明著,三国吴韦昭注,影印四库全书文渊阁本。

《尚书注疏》,汉孔安国传,唐孔颖达疏,影印四库全书文渊阁本。

《尚书大传》,清孙之騄辑,影印四库全书文渊阁本。

《史记》,西汉司马迁撰,宋裴骃集解,唐司马贞索隐,张守节正义,中华书局1959年。

《南方草木状》,晋嵇含撰,影印四库全书文渊阁本。

《左传》,晋杜氏注,唐陆德明音义,孔颖达疏。影印四库全书文渊阁本。

《逸周书》,旧本题曰《汲冢周书》,晋孔晁注,影印四库全书文渊阁本。

《尔雅》,晋郭璞注,唐陆德明音义,宋邢昺疏,影印四库全书文渊阁本。

《竹谱》,晋戴凯之撰,影印四库全书文渊阁本。

《博物志》,西晋张华撰,影印四库全书文渊阁本。

《华阳国志》,东晋常璩撰,刘琳校注,巴蜀书社1984年。

《后汉书》,南朝宋范晔撰,唐李贤等注,中华书局 1965 年。

《水经注》,后魏郦道元撰,影印四库全书文渊阁本。

《爨龙颜碑》,杨世钰主编《大理丛书·金石篇》,中国社会科学出版社 1993 年。

《云南志》,唐樊绰撰,向达原校,木芹补注,云南人民出版社 1995 年。

《酉阳杂俎》,唐段成式撰,影印四库全书文渊阁本。

《旧唐书》,后晋刘昫等撰,中华书局 1975 年。

《新唐书》,宋欧阳修、宋祁撰,中华书局 1975 年。

《太平御览》,宋李昉等撰,影印四库全书文渊阁本。

《六一诗话》,宋欧阳修撰,影印四库全书文渊阁本。

《续博物志》,宋李石撰,影印四库全书文渊阁本。

《证类本草》,宋唐慎微撰,影印四库全书文渊阁本。

《太平寰宇记》,宋乐史撰,影印四库全书文渊阁本。

《桂海虞衡志》,南宋范成大撰,影印四库全书文渊阁本。

《大理行记》,元郭松年撰,王叔武校注,云南民族出版社 1986 年。

《云南志略》,元李京撰,王叔武校注,云南民族出版社 1986 年。

《文献通考》,元马端临撰,浙江古籍出版社 1988 年。

《宋史》,元脱脱等撰,中华书局 1985 年。

《马可波罗游记》,意大利马可波罗口述,鲁思梯谦笔录,曼纽尔·科姆罗夫英译,陈开俊、戴树英、刘贞琼、林键合译,福建科学技术出版社 1981 年。卷二第四十七章第 142 页为《云南省》。

《元史》,明宋濂等撰,中华书局 1976 年。

《新元史》,清柯劭忞著,中国书店 1988 年。

《滇南本草》,明兰茂撰,于乃义、于兰馥整理主编,胡月英、熊若莉、李德华整理副主编,云南科技出版社 2004 年。

《本草纲目》,明李时珍著,影印四库全书文渊阁本。

《石仓历代诗选》,明曹学佺编,影印四库全书文渊阁本。

《炎徼纪闻》,明田汝成撰,影印四库全书文渊阁本。

《椒邱文集》,明何乔新撰,影印四库全书文渊阁本。

《担当诗文全集》,明担当著,余嘉华、杨开达点校,云南人民出版社 2003 年。

《蜀中广记》,明曹学佺撰,影印四库全书文渊阁本。

《通雅》,明方以智撰,影印四库全书文渊阁本。

《升庵集》,明杨慎撰,影印四库全书文渊阁本。

《滇程记》,明杨慎撰。转录于希贤、沙露茵《云南古代游记选》,云南人民出版社 1988 年。

《异鱼图赞》,明杨慎撰,影印四库全书文渊阁本。

《异鱼图赞笺》,明杨慎原本,清胡世安笺,影印四库全书文渊阁本。

《增订南诏野史》,明杨慎辑,清胡蔚订正,光绪六年云南书局刻本。

《南诏野史会证》,明倪辂辑,清胡蔚增订,王崧校理,木芹会证,云南人民出版社 1990 年。

《郡大记》,明杨士云撰。转录王叔武著《云南古佚书钞》附录二第 114 页。

《南园漫录》,明张志淳著,李东平等校注,云南民族出版社 1999 年。

《何文简疏议》,明何孟春撰,影印四库全书文渊阁本。

《僰古通纪浅述校注》,尤中校注,云南人民出版社 1988 年。

《百夷传》,明李思聪纂,李春龙、刘景毛校注:景泰《云南图经志书校注》本第 537 页,云南民族出版社 2002 年。

《百夷传校注》,明钱古训纂,江应樑校注,云南人民出版社 1980 年。

《土官底簿》,著者不详,影印四库全书文渊阁本。

《徐霞客游记》,明徐霞客著,朱惠荣校注,云南人民出版社 1985 年。

《大明会典》,明李东阳等总裁,毛纪等纂修,影印四库全书文渊阁本。

《明实录》,台湾中央研究院历史语言研究所校印本。

《明史》,清张廷玉等撰,中华书局 1974 年。

《明一统志》,明李贤等撰,影印四库全书文渊阁本。

洪武《云南志书》,转录王叔武著《云南古佚书钞》第 77 页。

景泰《云南图经志书》,明陈文修,李春龙、刘景毛校注,云南民族出版社 2002 年。

正德《云南志》,明周季凤修,《天一阁藏明代方志选刊续编》,上海书店据明正德刻本影印。

万历《云南通志》,明邹应龙修,李元阳纂,民国二十三年龙氏灵源别墅重印本。

《图书编》,明章潢编,影印四库全书文渊阁本。

《滇略》,明谢肇淛撰,转录李春龙等《正续云南备征志精选》点校本,第 211 页,云南民族出版社 2000 年。

天启《滇志》,明刘文征编纂,古永继校点,王云、尤中审订,云南教育出版社 1991 年。

康熙《云南通志》,清范承勋、吴自肃纂修,北京图书馆古籍珍本丛刊 44 册,据康熙五十二年影印,其中卷二十九《艺文志》三、四两部分漏缺。

雍正《云南通志》,清鄂尔泰修,靖道谟纂,乾隆元年刻本,影印四库全书文渊阁本。

《大清一统志》,乾隆二十九年奉敕撰,影印四库全书文渊阁本。

《历代通鑑辑览》,清傅恒等编纂,影印四库全书文渊阁本。

《尚史》,清李锴撰,影印四库全书文渊阁本。

《大理行记》、《滇游记》、《滇南新语》、《维西见闻纪》、《南中杂说》、《滇载记》,王云五主编《丛书集成》初编本,上海商务印书馆 1936 年,六书合为一册。此次辑录所引六书,皆为此初编本,不再一一说明。《大理行记》,元郭松年撰。《滇游记》,清陈鼎著。《滇南新语》,清张泓纂。《维西见闻纪》,清余庆远撰。《南中杂说》,一卷,清刘崑著。《滇载记》,一卷,明杨慎撰。

《滇黔纪游》，清陈鼎撰，转录李春龙等编《正续云南备征志精选点校》本第 69 页。

《六艺之一録》，清倪涛撰，影印四库全书文渊阁本。

《藏行纪程》，清昌丁著，转录方国瑜主编《云南史料丛刊》卷 12 第 168 页。

《肇域志》，清顾炎武撰，谭其骧、王文楚、朱惠荣等点校，上海古籍出版社 2004 年。

《御定佩文斋广群芳谱》，清汪灏等撰，影印四库全书文渊阁本。

《云南蛮司志》，清毛奇龄撰，转录李春龙等编《正续云南备征志精选点校》本第 75 页。

《鸡足山志》，清高奣映著，侯冲、段晓林点校，中国书籍出版社 2005 年。

《滇云历年传》，清倪蜕辑，李埏校点，云南大学出版社 1992 年。

《皇清职贡图》，清傅恒撰，影印四库全书文渊阁本。

《云龙记往》，清王凤文撰，转录李春龙等编《正续云南备征志精选点校》本第 167 页。

《滇南杂记》，清吴应枚撰，转录方国瑜主编《云南史料丛刊》卷 12 第 51 页。

《云南风土记》，清张咏撰，转录方国瑜主编《云南史料丛刊》卷 12 第 49 页。

《顺宁杂著》，清刘靖撰，转录方国瑜主编《云南史料丛刊》卷 12 第 53 页。

《滇南闻见录》，清吴大勋撰，转录方国瑜主编《云南史料丛刊》卷 12 第 1 页。

《滇海虞衡志》，清檀萃辑，宋文熙、李东平校注，云南人民出版社 1990 年。

《滇游续笔》，清桂馥撰，转录李春龙等编《正续云南备征志精选点校》本第 463 页。

《滇系》，清师范纂辑，民国三年云南丛书处据光绪十三年重刻本重印。

道光《云南通志稿》,清阮元、伊里布修,王崧、李诚纂。道光十五年刻本。

《揅经室集》,清阮元撰,转录李春龙等编《正续云南备征志精选点校》本第458页。

《云南备征志》,清王崧编纂,云南丛书本。

《滇考》,清冯甦撰,李孝友、徐文德校注,云南民族出版社2002年。

《滇行日录》,清王昶著,转录《小方壶斋舆地丛钞》12册第197页。

《植物名实图考》,清吴其浚撰,吴应毂校刊,《续修四库全书》本,上海古籍出版社1992年。

《滇南矿厂图略》,清吴其浚纂,徐金生绘辑,转录李春龙等编《正续云南备征志精选点校》本第513页。

《游鸡足山记》,清王昶撰。转录方国瑜主编《云南史料丛刊》卷12第197页。

《怒俅边隘详情》,清夏瑚撰,转录方国瑜主编《云南史料丛刊本》卷12第147页。

《滇游日记》,清包家吉撰,转录方国瑜主编《云南史料丛刊》卷12第249页。

《双江一瞥》,民国彭桂萼著,双江县府省立双师1936年。

《正续云南备征志精选点校》,李春龙、刘景毛主编,云南民族出版社2000年。

《幻影谈》,清谈者己巳居士、次者未山道人撰,转录方国瑜主编《云南史料丛刊》卷12第89页。

《滇绎》,清袁嘉谷撰,转录李春龙等编《正续云南备征志精选点校》本第660页。

《古滇土人图志》,民国董一道制,云南崇文石印书馆发行所印刷。

《永昌府文征》,李根源辑,杨文虎、陆卫先主编校注,云南美术出版社2001年。

《滇西边区考察记》,方国瑜著,国立云南大学西南文化研究室编,《西南研究丛书》之二,1932 年。

《滇史论丛》第一辑,方国瑜著,上海人民出版社 1982 年。

《清史稿》,民国赵尔巽等撰,中华书局 1977 年。

《云南古代游记选》,于希贤、沙露茵选注,云南人民出版社 1988 年。

《云南矿产志略》,朱熙人、袁见齐、郭令智著,云南大学丛刊第一号,国立云南大学、中华教育文化基金董事会印行,民国二十九年六月初版。

《云南掌故》,原名《纪我所知集》,民国罗养儒撰,王樵、施之厚、杨名锐、李自强点校,云南民族出版社 2002 年。

《云南古佚书钞》(增订本),王叔武辑著,云南人民出版社 1996 年。

《新纂云南通志》,周钟岳等纂,云南省社科院文献所点校,云南人民出版社 2006 年。

《云南风物志丛书》,分别为新编(昆明、德宏、临沧、红河、怒江、玉溪、文山、昭通、思茅、西双版纳、大理、保山、楚雄、丽江、迪庆、曲靖)风物志,云南人民出版社相继出版。

府州县地志

昆明市

道光《昆明县志》，十卷，清戴絅孙纂辑，光绪二十七年刻本。

康熙《晋宁州志》，五卷，清杜绍先纂修，康熙五十五年钞本，1960年云南少数民族社会历史所抄录本（下简称1960年抄本）。

道光《晋宁州志》，十六卷，清朱庆椿纂修，道光十九年刊本。

道光《昆阳州志》，十六卷，清朱庆椿修，道光十九年刊本。

康熙《路南州志》，四卷，清金廷献修，李汝相等纂，民国十七年石印本。

民国《路南县志》，十卷，马标修，杨中润纂，民国六年铅印本。

康熙《富民县志》，一卷，清彭兆逵修，1960年抄本。

雍正《富民县志》，二卷，清杨体乾、陈宏谟纂修，1961年昆明志编纂委员会翻印云南省图书馆藏抄本。

嘉靖《寻甸府志》，二卷，明王尚用修辑，1963年上海古籍书店据宁波天一阁藏明嘉靖刻本影印。

光绪《续修嵩明州志》，八卷，清胡绪昌等修，王沂渊等纂，光绪十年刻本。

民国《嵩明县志》，三十八卷，陈诒孙等修，民国三十四年铅印本。

乾隆《东川府志》，二十卷，方桂修，胡蔚辑，乾隆二十六年刻本。

光绪《续修东川府志》，四卷，清余泽春辑，光绪二十三年刻本。

民国《宜良县志》,十卷首一卷,王槐荣等修,许实纂,民国十年铅印本。

光绪《呈贡县志》,八卷,清朱若功原修,李明鋆续修,光绪十一年刻本。

《安宁县志》,安宁县地方志编纂委员会编纂,云南人民出版社 1997 年出版。

曲靖市

康熙《罗平州志》,四卷,清黄德巽修,胡承灏、周啓先等纂,传钞康熙五十七年刻本。

康熙《平彝县志》,清任中宜撰,康熙四十四年刊本。

乾隆《陆凉州志》,六卷,清沈生遴纂修,民国二十六年刊本影印,中国方志丛书·华南地方·第二六二号,成文出版社有限公司印行。

雍正《师宗州志》,两卷,清管楡原本,夏治源增修。雍正七年刻本;又,雍正《师宗州志》传钞本。二书文字多漫漶不清,此次辑录,以传钞本为底本,校之于刻本。

咸丰《南宁县志》,十卷,清毛玉成修,张翊辰、喻怀信纂,咸丰二年抄本。

玉溪市

康熙《宁州郡志》,不分卷,清马世俊纂修,1960 年抄本,此本漏"风俗"条下所附"土产"。

康熙《易门县志》,不著纂者姓名,无序目,康熙五十三年抄本。转录梁耀武主编《玉溪地区旧志丛刊·康熙玉溪地区地方志五种》点校本第 53 页,云南人民出版社 1993 年出版。

道光《续修易门县志》,十四卷,严廷珏纂修,道光二十五年刊本。转录梁耀武主编,梁耀武、李亚平点校《玉溪地区旧志丛刊》本,云南人民出版社 1997 年出版。

康熙《嶍峨县志》,四卷,清陆绍闳、彭学曾纂修,薛祖顺增纂,康熙五十六年增刊康熙三十七年刻本。

咸丰《嶍峨县志》,二十九卷,署思槐堂主人编纂,咸丰十年抄本,,梁耀武主编《玉溪地区旧志丛刊·康熙玉溪地区地方志五种》点校本(第 87 页,云南人民出版社 1993 年),按书中所记内容,当为咸丰《嶍峨县志》。全书照原刻抄录,并节《临安府志》以补之,故康熙《嶍峨县志》物产所缺内容,据此书可补。

康熙《新平县志》,四卷,张云翮纂修。转录梁耀武主编《玉溪地区旧志丛刊·康熙玉溪地区地方志五种》点校本第 291 页,云南人民出版社 1993 年出版。

道光《新平县志》,八卷,清李诚纂修,道光六年抄本。

康熙《河西县志》,六卷,清周天任纂修,1960 年抄本。另,有梁耀武主编《玉溪地区旧志丛刊·康熙玉溪地区地方志五种》点校本第 403 页,云南人民出版社 1993 年出版。此志“物产”缺。

乾隆《河西县志》,四卷,清董枢修,罗云禧等纂,乾隆五十三年刊本,民国十三年重印。《新修方志丛刊·云南方志之六》,民国五十七年台湾学生书局影印,云南崇文印书馆代印。

康熙《通海县志》,八卷,清魏荩臣修,阚祯兆纂,康熙三十年刻本。

康熙《元江府志》,清章履成、李崇隆纂修,梁耀武、李亚平点校,康熙五十三年刻本。转录《玉溪地区旧志丛刊》点校本,云南人民出版社 1995 年出版。

康熙《澄江府志》,十六卷,清柳正芳修,李庆绥等纂,康熙五十八年刻本。

道光《澄江府志》,清李熙龄纂修,道光二十七年抄本。

康熙《新兴州志》,十卷,清任中宣纂修,康熙五十四年刻本。

乾隆《黎县旧志》,不分卷,未著纂者,清乾隆年间刘启藩增修。又,《中国方志丛书·华南地方》第二五四号,全一册,民国五年排印本,成文出版社有限公司印行。

大理白族自治州

嘉靖《大理府志》,明江应昂修,李元阳纂,嘉靖四十二年刊本。转录大理白族自治州文化局1983年翻印云南省图书馆传钞本,全一册,云南大理文史资料选辑地方志之一。

万历《赵州志》,四卷,明庄诚修,王利宾纂,万历十五年刊本。转录大理白族自治州文化局1983年翻印云南省图书馆传钞本,全一册,云南大理文史资料选辑地方志之二。

乾隆《赵州志》,四卷,清程近仁修,赵淳等纂,乾隆元年刻本传钞本。

道光《赵州志》,六卷,清陈钊铿、郭渼总纂,李其馨、戴沛纂修。道光十八年刻本。

康熙《大理府志》,三十卷,清李斯佺、黄元治纂修,北京图书馆古籍珍本丛刊45《史部·地理类》,书目文献出版社据清康熙刻本影印。

康熙《蒙化府志》,六卷,清蒋旭纂修,康熙三十七年刻本。又,大理白族自治州文化局1983年传钞本,全一册,云南大理文史资料选辑地方志之四。

康熙《鹤庆府志》,二十六卷,清佟镇等纂修,1960年抄本。

乾隆《续修蒙化直隶厅志》,清刘垲修,吴蒲续修。乾隆五十五刊本。

光绪《浪穹县志略》,十三卷,清罗瀛美修,周沆纂,光绪二十六年修,民国元年重刊本。

丽江市

乾隆《丽江府志略》,二卷,二册,清管学宣、万咸燕纂修,乾隆八年抄本。

《宁蒗见闻录》,一册,周汝诚撰,1950年稿本复印本。

文山壮族苗族自治州

乾隆《开化府志》，十卷，清汤大宾修，赵震纂修，1960 年抄本。

道光《广南府志》，四卷，清李熙龄纂修，云南省图书馆传抄上海徐家汇藏书楼清道光五年刻本。

道光《古越州志》，残存八卷，首一卷，清何暄原纂，何杓朗增纂，云南省图书馆传抄清同治六年李家珍重订本。

民国《马关县志》，十卷，张自明修，王富臣等纂，民国二十一年石印本。

民国《邱北县志》，不分卷，缪云章纂。民国十五年代印本。

民国《富州县志》，甘汝棠修纂，《中国方志丛书·华南地方》第二七二号，民国二十一年油印本。

红河哈尼族彝族自治州

康熙《石屏州志》，十三卷，清程封纂修，佘孟良标点注释，石屏县地方志编纂委员会办公室编，个旧市印刷厂 1991 年内部发行本。

乾隆《石屏州志》，八卷，清官学宣纂修，乾隆二十四年刊本。

雍正《建水州志》，十六卷，清祝宏纂辑，民国重印本。

乾隆《弥勒州志》，二十七卷，清秦仁、王纬纂辑，傅腾蛟、徐光、张景澍增订。

雍正《阿迷州志》，清陈权修，顾琳纂，《新修方志丛刊·云南方志之七》，清雍正十三年刊本，台湾学生书局民国五十七年影印。

保山市

康熙《永昌府志》，二十六卷，清罗纶、李文渊纂修，北京图书馆古籍珍本丛刊45《史部·地理类》，书目文献出版社据清康熙四十一年刻本影印。

光绪《永昌府志》，六十六卷，清刘毓珂等纂修，光绪十一年刊本。

乾隆《腾越州志》，十三卷，清屠述濂修，乾隆五十五年刻本。

光绪《腾越厅志稿》，二十卷，清陈宗海修，赵端礼纂，光绪十三年刊本。

民国《腾冲县志稿》，三十二卷，李根源、刘楚湘总纂，腾冲县志办公室编，民国三十年修。此书为手抄本光电誊影本，文字多漫漶不清，故未辑，物产史料，可参许秋芳主编《民国腾冲县志稿》点校本，云南美术出版社2004年。

民国《保山县志》，虞铖等纂修，未刊印，民国三十五年。

民国《保山县志》校正本，保山县志机关、保山县文化馆1963年校正。卷三十四第22页《杂载一·风土·物产》。此书为手抄光电誊影本，文字多漫漶不清，物产沿引旧志，故未辑。

《腾冲县文物志》初稿，马长舟、杨复兴主编，腾冲县文物志编于1984年。

迪庆藏族自治州

光绪《新修中甸厅志》，三卷，清吴自修校，张翼夔纂，1960年抄本。

民国《中甸县志稿》，三卷，段绥滋纂修，民国二十八年稿本。

民国《维西县志》，四卷，李翰湘纂辑，民国二十一年稿本。

普洱市

雍正《景东府志》,五卷,清徐树闳修,张问政等纂,云南省图书馆传钞北京图书馆藏清雍正十年(1732年)钞本。

道光《普洱府志》,二十卷,清郑绍谦纂,李熙龄续修,云南省图书馆藏清咸丰元年刻本。

光绪《普洱府志》,五十一卷,清陈宗海修,陈度等纂,光绪二十六年刻本。

临沧市

康熙《顺宁府志》,三卷,清董永艾纂修,1960年抄本。

雍正《顺宁府志》,十卷,清范溥修,田世容纂,雍正三年刻本。

光绪《续修顺宁府志》,三十八卷,党蒙、朱占科纂,周宗洛修,光绪三十年刊本。

民国《顺宁县志初稿》,十四卷。卷八《物产》与前志所引多有重复,故不辑,仅录卷十三《艺文》杨永荣《俣山特产》(第10页)、赵资人《蒲门岁时花木记》(第38页),卷十四方树梅《红豆考》(第4页)、杨香池《断肠草补证》(第5页)共4篇。

楚雄彝族自治州

(杨成彪主编《楚雄彝族自治州旧方志全书》,九卷,十三册。楚雄自治州旧方志整理出版委员会编,云南人民出版社2003年出版。有关楚雄地区物产史料辑录,皆以此为底本,简称"楚雄旧志全书",其中有原书可查,内容有出入地方,辑者略作修改,不再一一说明。)

隆庆《楚雄府志》,六卷,明徐栻、张泽纂修,杜晋宏校注。

康熙《楚雄府志》,十卷,清张嘉颖纂修,芮增瑞校注。

嘉庆《楚雄县志》,十卷,清苏鸣鹤修,陈璜纂,熊次宪校注。又,见嘉庆二十三年刻本。

宣统《楚雄县志述辑》,十二卷,清崇谦修,沈宗舜纂,张海平校注。又,见宣统二年抄本。

民国《楚雄县乡土志》,上中下三卷,初等小学堂学童著,熊次宪校注。

民国《楚雄县地志》,不分卷,十八目,民国楚雄县署编辑,熊次宪校注。

康熙《南安州志》,七卷,清张伦至纂修,杨壬林、张海平校注。

乾隆《碍嘉志书草本》,不分卷,清罗仰錡纂修,芮增瑞校注。

乾隆《碍嘉志》,四卷,清王聿修纂修,芮增瑞校注。

民国《摩刍县地志》,不分卷,民国王国栋纂修,杨壬林校注。

康熙《定远县志》,八卷,清张彦绅纂修,卜其明校注。

道光《定远县志》,八卷,清李德生纂修,卜其明校注。

民国《牟定乡土地理志初稿》,不分卷,民国吴联珠编辑,卜其明校注。

民国《牟定县地志》,不分卷,民国赵培元纂修,卜其明校注。

康熙《镇南州志》,六卷,清陈元、李犹龙纂修,曹晓宏、周琼校注。

咸丰《镇南州志》,六卷,清华国清总修,曹晓宏、周琼校注。

光绪《镇南州志略》,十一卷,清李毓兰修,甘孟贤纂,曹晓宏、周琼校注。又,见光绪十八年刊本。

民国《镇南县志》,十一卷,民国郭燮熙编辑,曹晓宏、周琼校注。

康熙《姚州志》,五卷,清管棆纂修,陈九彬校注。

乾隆《姚州志》,六卷,清管棆纂辑,丁士可重订增刻,云南省图书馆历史文献部、云南省社会科学院文献研究所点校。卷二《物产》内容同康熙《姚州志》，不再辑录。

道光《姚州志》，四卷，清额鲁礼、王垲纂修，芮增瑞校注。

光绪《姚州志》，十一卷，清甘雨纂修，张海平校注。又，见光绪十一年刻本。

民国《姚安县地志》，不分卷，民国段世璋纂修，卜其明校注。

民国《姚安县史地概要》，不分卷，民国刘念学纂修，张海平校注。

民国《姚安县志》，六十六卷，八册，霍士廉等修，由云龙总纂，芮增瑞校注。又，见民国三十六年铅印本。

康熙《大姚县志》，不分卷，清吴殿弼纂修，张海平校注。

道光《大姚县志》，十六卷，清刘荣黼纂修，陈九彬校注。又，见道光二十五年刻本。

乾隆《白盐井志》，四卷，清郭存庄纂修，张海平校注。又，见乾隆二十三年刊本。

光绪《续修白盐井志》，十一卷，清李训鋐、罗其泽纂修，赵志刚校注。

民国《盐丰县志》，十二卷，民国郭燮熙纂修，杜晋宏校注。其《物产志八·物类》，多沿引光绪《续修白盐井志》，"新增"两字改为"续井志"，此次辑录，除个别条目如"虫之属"出入较大保留外，余皆不辑。

民国九年《盐丰县地志》，民国郭燮熙纂修，卜其明校注。其《物产志一·天产》所记"山竹、楮皮、茯苓、细鳞鱼、水蜈蚣、箐鸡"六条，沿引民国《盐丰县志》，故不再录；《物产志八·物类》沿引光绪《续修白盐井志》、民国《盐丰县志》二书，亦不再辑录。

民国二十一年《盐丰县地志》，不分卷，民国甘纶纂修，卜其明校注。

民国《大姚县地志》，不分卷，清大姚县署纂修，张海平、卜其明校注。

民国《苴却行政区域地志》，不分卷，李家祺纂修，张海平校注。

康熙《元谋县志》，五卷，清莫舜鼐纂修，王弘任续补，李在营校注。

乾隆《华竹新编》，十四卷，清檀萃纂修，张海平、李在营校注。

光绪《元谋县乡土志》（初稿本），不分卷，清杨德恩、吴集贤撰，李在营校注。

光绪《元谋县乡土志》（修订本），上中下三卷，共四十课。

民国《元谋县地志》，不分卷，十一部分，民国赖春荣撰，李在营校注。

康熙《武定府志》，五卷，清王清贤、陈淳纂修，曹晓宏、周琼校注。

光绪《武定直隶州志》，六卷，郭怀礼、孙泽春纂修，赵志刚校注。又，见光绪九年刻本。

民国《武定县地志》，不分卷，民国葛延春、陈之俊纂修，张海平校注。

康熙《禄丰县志》，四卷，清刘自唐纂修，张海平校注。

康熙《罗次县志》，四卷，清王秉煌、屈正宸纂修，张海平校注。

光绪《罗次县志》，四卷，清胡毓麒、贾汝让纂修，张海平校注。

康熙《广通县志》，九卷，清李铨纂修，张海平校注。

康熙《黑盐井志》，八卷，清沈懋价、杨璇纂修，赵志刚校注。

嘉庆《黑盐井志》，六卷，清管棆纂修，云南省图书馆历史文献部，云南省社会科学院文献研究所点校。

康熙《琅盐井志》，三卷，清沈鼐纂修，芮增瑞校注。

乾隆《琅盐井志》，四卷，清孙元相纂修，芮增瑞校注。此书物产内容与康熙《琅盐井志》同，不再辑录。

民国《禄丰县志条目》，不分卷，民国禄丰县志局纂修，张海平校注。

民国《罗次县地志》，不分卷，民国张学海纂修，卜其明校注。

民国《广通县地志》，不分卷，民国伍作楫纂修，卜其明校注。

民国《盐兴县地志》，民国李钤纂修，张海平校注。

昭通市

（《昭通旧志汇编》，共六册，昭通旧志汇编编辑委员会编，云南人民出版社 2006 年出版。此次昭通市物产史料辑录，皆以此为底本，简称"昭通旧志汇编本"，其中有原本可查，内容有出入地方，辑者略作修改，不再一一说明。）

乾隆《恩安县志稿》，六卷，清戴芳、马洲编纂，雷世电、訾昌义点校，刘宗伯、李正清审校。乾隆四十年成稿，未刊行。

民国《昭通志稿》，十二卷，民国符廷铨、蒋应澍总纂，杨履乾编辑，刘宗伯点校，杨光文、谢崇崑审校。又，见民国十三年铅印本。

民国《昭通县志稿》，九卷，李文林、卢金锡修，杨履乾、包鸣泉纂，张宁点校，刘宗伯、谢崇崑审校。又，见民国二十七年铅印本。

民国《巧家县志稿》，十卷，陆崇仁修，汤祚等纂，康承瀛点校，邹长铭、聂顺荣审校。又，见云南印刷局承印民国三十一年铅印本。

嘉庆《永善县志略》，二卷，清查枢等纂，刘伯墉补修，刘万品点校，刘宗伯、邹长铭审校。又，见光绪年间抄稿本。

民国《绥江县县志》，四卷，钟灵总编，李兴禄、杨坤、祝吉琼点校，刘宗伯、李兴禄、陈孝宁审校。

乾隆《镇雄州志》，六卷，清屠述濂纂修，庞金祥点校，曹吟葵、聂顺荣审校。

光绪《镇雄州志》，六卷，清吴光汉修，宋成基等辑，陈朝栋点校。又，见光绪十三年刻本。

民国《大关县志稿》，四卷，王心田等编辑，唐洁誉、刘仁键、杨小平点校,陈孝宁、杨光文审校。

《大关县志》,十六卷,张维翰审订,张铭琛主编,周华宗、陈秉仁、游孟庄编辑,刘宗伯、聂顺荣、杨光文、刘萍、陈朝栋、孔靖桃、雷世电、马才国点校。

民国《盐津县志》,十六卷,陈一得编辑,韩世昌、谢远辉点校,杨光文、邹长铭审校。

《鲁甸县民国地志资料》,不分卷,张瑞珂编纂,邬永飞点校,聂顺荣审校。

后 记

　　本课题是 2005 年云南省社会科学院院级课题，衷心感谢院学术委员、科研处对基础学科一如继往的倾力支持和经费资助，使课题得以顺利进行，并于 2008 年如期结项，获得评审专家的一致好评。

　　课题主持人江燕负责全书选题设计、内容编排、前言、后记、书目索引等的撰写。毕先弟承担目录编排，《滇南本草》、《滇海虞衡志》、《永昌府文征》、《云南掌故》，及楚雄、昭通两地区物产文献辑录。

　　衷心感谢云南大学朱惠荣教授激励后学，不吝赐教，并为本书作《序》，让我受益颇深，更不敢有丝毫懈怠之念。

　　感谢云南省社科院副院长、原文献所所长王文成研究员、历史文献所副所长刘景毛研究员给予的大力支持和帮助，从课题选项、名称，及在实际辑录整理过程中遇到的难点、疑点，他们都给予热心指导，提出很多宝贵意见，并在科研环境、设备上提供许多方便。

　　感谢社科院院长助理、科研处处长郑晓云研究员及其他各位老师，对课题的申报、结项、出版方面的热心支持和辛勤劳动。感谢《云南社会科学》编辑部主任黄淳、副主任杨宪及其他编辑老师的支持。感谢经济所副所长马勇研究员对课题提出的修改意见和工作方法，使我获益非浅。感谢院图书馆古籍文献部各位老师，及云南省图书馆文献部副主任郭劲老师，不甚劳烦，提供查阅的方便。

　　还要感谢云南大学副校长林文勋教授,《西南古籍研究》副主编古永继教授、潘先林教授、郑志惠教授、陈宝国教授等,对课题阶段性成果发表给予的大力支持。

　　感谢中国文联出版社责任编辑顾苹老师及同仁,为本书的顺利出版做出的辛勤付出。

　　感谢所有支持和帮助过我们的各位前辈、师长、朋友、同学。

　　最要感谢的是我的父母亲,是他们对我工作的一贯支持和默默奉献,才使我健康成长,学有所长,衷心祝愿他们健康长寿!

　　由于时间、物力等条件限制,一些善本、孤本未能一睹,加之新史料的不断重新发现,本书是一个不断补充完善的过程,敬请各位专家惜之、实之、正之。

编　者

2009 年 3 月 20 日